le Guide du **routard**

Directeur de collection et auteur
Philippe GLOAGUEN

Cofondateurs
Philippe GLOAGUEN et Michel DUVAL

Rédacteur en chef
Pierre JOSSE

Rédacteurs en chef adjoints
Amanda KERAVEL et Benoît LUCCHINI

Directrice de la coordination
Florence CHARMETANT

Directrice administrative
Bénédicte GLOAGUEN

Direction éditoriale
Catherine JULHE

Rédaction
Olivier PAGE, Véronique de CHARDON,
Isabelle AL SUBAIHI, Anne-Caroline DUMAS,
Carole BORDES, André PONCELET,
Marie BURIN des ROZIERS, Thierry BROUARD,
Géraldine LEMAUF-BEAUVOIS,
Anne POINSOT, Mathilde de BOISGROLLIER,
Alain PALLIER, Gavin's CLEMENTE-RUÏZ
et Fiona DEBRABANDER

CAMBODGE, LAOS

2010/2011

ha

Avis aux hôteliers et aux restaurateurs

Les enquêteurs du *Guide du routard* travaillent dans le plus strict anonymat. Aucune réduction, aucun avantage quelconque, aucune rétribution n'est jamais demandée en contrepartie. Face aux aigrefins, la loi autorise les hôteliers et restaurateurs à porter plainte.

Hors-d'œuvre

Le *Guide du routard*, ce n'est pas comme le bon vin, il vieillit mal. On ne veut pas pousser à la consommation, mais évitez de partir avec une édition ancienne. Les modifications sont souvent importantes.

routard.com dépasse 2 millions de visiteurs uniques par mois !

● ***routard.com*** ● Sur notre site, tout pour préparer votre périple. Des fiches pratiques sur plus de 200 destinations, de nombreuses informations et des services : photos, cartes, météo, dossiers, agenda, itinéraires, billets d'avion, réservation d'hôtels, location de voitures, visas... Et aussi un vaste forum pour échanger ses bons plans, partager ses photos, définir son paseport routard ou trouver son compagnon de voyage. Sans oublier *routard mag*, ses reportages, ses carnets de route et ses infos pour bien voyager. La boîte à outils indispensable du routard.

Petits restos des grands chefs

Ce qui est bon n'est pas forcément cher ! Partout en France, nous avons dégoté de bonnes petites tables de grands chefs aux prix aussi raisonnables que la cuisine est fameuse. Évidemment, tous les grands chefs n'ont pas été retenus : certains font payer cher leur nom pour une petite table qu'ils ne fréquentent guère. Au total, 510 adresses réactualisées, dont une centaine de nouveautés, retenues pour la qualité et la créativité de la cuisine, sans pour autant ruiner votre portefeuille. À proximité des restaurants sélectionnés, 510 hôtels de charme sont indiqués pour prolonger la fête.

Nos meilleurs campings en France

Se réveiller au milieu des prés, dormir au bord de l'eau ou dans une hutte, voici nos 1 800 meilleures adresses en pleine nature. Du camping à la ferme aux équipements les plus sophistiqués, nous avons sélectionné les plus beaux emplacements : mer, montagne, campagne ou lac. Sans oublier les balades à proximité, les jeux pour enfants... Des centaines de réductions pour nos lecteurs.

Avis aux lecteurs

Les réductions accordées à nos lecteurs ne sont jamais demandées par nos rédacteurs afin de préserver leur indépendance. Les hôteliers et restaurateurs sont sollicités par une société de mailing, totalement indépendante de la rédaction, qui reste donc libre de ses choix. De même pour les autocollants et plaques émaillées.

Pour que votre pub voyage autant que nos lecteurs,
contactez nos régies publicitaires :
● *fbrunel@hachette-livre.fr* ●
● *veronique@routard.com* ●

Le contenu des annonces publicitaires insérées dans ce guide n'engage en rien la responsabilité de l'éditeur.

Mille excuses, on ne peut plus répondre individuellement aux centaines de CV reçus chaque année.

TABLE
DES MATIÈRES

COMMENT Y ALLER ?

CAMBODGE UTILE

CAMBODGE : HOMMES, CULTURE ET ENVIRONNEMENT

LE CAMBODGE

PHNOM PENH ET SES ENVIRONS

LE CAMBODGE MÉRIDIONAL ET MARITIME

AUTOUR DU TONLÉ SAP

SIEM REAP, ANGKOR ET ENVIRONS

LE NORD-EST

LAOS UTILE

LAOS : HOMMES, CULTURE ET ENVIRONNEMENT

LE LAOS

LE NORD-OUEST

LA PROVINCE DE PHONGSALY

LE NORD-EST

LE SUD

LE DISTRICT DE SIPHANDONE

NOS NOUVEAUTÉS

PÉRIGORD (décembre 2009)

Il faut bien tout un guide pour raconter la beauté de ces paysages piquetés de châteaux forts. La pierre blonde éclate au soleil couchant et les vins généreux donnent une troisième dimension à la découverte de cette contrée. Où la nature a, de tout temps, donné à manger, à voir et à boire. On va en quête d'un mode de vie, fondé sur des choses simples. On visite de sublimes villages, des demeures merveilleuses ou la descente d'une rivière permet de parcourir le fil de l'histoire jusqu'à la préhistoire. Nos ancêtres devaient déjà grogner de plaisir, au petit matin de l'humanité, en sortant de leur grotte. En ouvrant ses volets sur la beauté naturelle d'un site, sur la courbe d'une colline, sur la majesté d'une falaise ou l'élégance d'un village, *l'homo-turisticus* prend aujourd'hui le même plaisir. Et quand, le soir venu, épuisé par tant d'émotions, l'on s'asseoit à la table d'une ferme-auberge en dégustant un foie gras fondant, en savourant un tendre magret, on se dit que l'homme préhistorique avait bien raison.

BERRY (mai 2010)

Tous les chemins mènent au Berry, le centre de la France. On y pénètre aussi au cœur de l'histoire. Les sens en éveil, on aborde ce mystérieux pays qui réunit le Cher, l'Indre et une partie de la Sologne, dans un paysage rural alternant sombres forêts, douces collines, vignobles prospères et cours d'eau... Un univers propice aux baguenaudes dans des sites naturels comme le parc de la Brenne, ces marais baptisés « pays des mille étangs », d'une richesse écologique fantastique. On remonte l'histoire sur les traces de Talleyrand, au prestigieux château de Valençay, qui n'a pas à pâlir de son vin blanc, et peut s'enorgueillir de son fromage de chèvre. En se promenant dans les petites rues bordées de maisons médiévales de Bourges, on pense également à ces alchimistes qui y jouaient, il y a quelques siècles, les apprentis sorciers. La pierre philosophale serait d'ailleurs cachée, selon une légende, au cœur même du Berry ! Mais la richesse du pays de George Sand et de Jacques Cœur ne repose pas uniquement sur cette atmosphère ésotérique ! Le charme des vastes étendues céréalières de la Champagne berrichonne et les verts bocages de la vallée de Germigny enchantent le visiteur à la recherche de calme et de douceur de vivre.

LES GUIDES DU ROUTARD 2010-2011

(dates de parution sur **routard.com**)

France

Nationaux

- Nos meilleures chambres d'hôtes en France
- Nos meilleurs campings en France
- Nos meilleurs hôtels et restos en France
- Petits restos des grands chefs
- Tables à la ferme et boutiques du terroir
- Pays basque (France, Espagne), Béarn
- Pays de la Loire
- **Périgord (décembre 2009)**
- Picardie
- Poitou-Charentes
- Provence
- Pyrénées, Gascogne et Pays toulousain
- Réunion
- **La Route des Impressionnistes en Normandie (avril 2010)**

Régions françaises

- Alpes
- Alsace (Vosges)
- Ardèche, Drôme
- Auvergne
- **Berry (mai 2010)**
- Bordelais, Landes, Lot-et-Garonne
- Bourgogne
- Bretagne Nord
- Bretagne Sud
- **Champagne, Ardennes (mai 2010)**
- Châteaux de la Loire
- Corse
- Côte d'Azur
- Franche-Comté
- Guadeloupe, Saint-Martin, Saint-Barth
- Languedoc-Roussillon
- Limousin
- Lorraine
- Lot, Aveyron, Tarn
- Martinique
- Nord-Pas-de-Calais
- Normandie

Villes françaises

- Lyon
- Marseille
- Nice
- Strasbourg
- Toulouse

Paris

- Environs de Paris
- Junior à Paris et ses environs
- Paris
- Paris balades
- Paris la nuit
- Paris, ouvert le dimanche
- Paris à vélo
- Paris zen
- Restos et bistrots de Paris
- Le Routard des amoureux à Paris
- Week-ends autour de Paris

Europe

Pays européens

- Allemagne
- Andalousie
- Angleterre, Pays de Galles
- Autriche
- Baléares
- Belgique
- Catalogne (+ Valence et Andorre)
- Crète
- Croatie
- Danemark, Suède
- Écosse
- Espagne du Nord-Ouest (Galice, Asturies, Cantabrie)
- Finlande
- Grèce continentale
- Hongrie, République tchèque, Slovaquie
- Îles grecques et Athènes
- Irlande
- Islande
- Italie du Nord
- Italie du Sud
- Lacs italiens
- Madrid, Castille (Aragon et Estrémadure)
- Malte
- Norvège
- Pologne et capitales baltes
- Portugal
- Roumanie, Bulgarie
- Sicile
- Suisse
- Toscane, Ombrie

LES GUIDES DU ROUTARD
2010-2011 *(suite)*

(dates de parution sur **routard.com**)

Villes européennes

- Amsterdam et ses environs
- Barcelone
- Berlin
- **Bruxelles (novembre 2009)**
- Florence
- Lisbonne
- Londres
- Moscou, Saint-Pétersbourg
- Prague
- Rome
- Venise

Amériques

- Argentine
- Brésil
- Californie
- Canada Ouest et Ontario
- Chili et île de Pâques
- Équateur et les îles Galápagos
- États-Unis côte Est
- Floride
- Guatemala, Yucatán et Chiapas
- Louisiane et les villes du Sud
- Mexique
- New York
- Parcs nationaux de l'Ouest américain et Las Vegas
- Pérou, Bolivie
- Québec et Provinces maritimes

Asie

- Bali, Lombok
- Birmanie (Myanmar)
- Cambodge, Laos
- Chine (Sud, Pékin, Yunnan)
- Inde du Nord
- Inde du Sud
- Istanbul
- Jordanie, Syrie
- Malaisie, Singapour
- Népal, Tibet
- Sri Lanka (Ceylan)
- Thaïlande
- Tokyo, Kyoto et environs
- Turquie
- Vietnam

Afrique

- Afrique de l'Ouest
- Afrique du Sud
- Égypte
- Kenya, Tanzanie et Zanzibar
- Maroc
- Marrakech
- Sénégal, Gambie
- Tunisie

Îles Caraïbes et océan Indien

- Cuba
- Île Maurice, Rodrigues
- Madagascar
- République dominicaine (Saint-Domingue)

Guides de conversation

- Allemand
- Anglais
- Arabe du Maghreb
- Arabe du Proche-Orient
- Chinois
- Croate
- Espagnol
- Grec
- Italien
- Japonais
- Portugais
- Russe

Et aussi...

- Le Guide de l'humanitaire
- Tourisme durable
- G'palémo

Nous tenons à remercier tout particulièrement Loup-Maëlle Besançon, Thierry Bessou, Gérard Bouchu, Grégory Dalex, Fabrice Doumergue, Cédric Fischer, Carole Fouque, Michelle Georget, David Giason, Claude Hervé-Bazin, Lucien Jedwab, Emmanuel Juste, Fabrice de Lestang, Pierre Mitrano, Jean-Sébastien Petitdemange, Thomas Rivallain, Claudio Tombari et Solange Vivier pour leur collaboration régulière.

Et pour cette nouvelle collection, nous remercions aussi :

David Alon
Jean-Jacques Bordier-Chêne
Michèle Boucher
Nathalie Capiez
Raymond Chabaud
Alain Chaplais
François Chauvin
Cécile Chavent
Stéphanie Condis
Agnès Debiage
Isabelle Delpière Revéret
Jérôme Denoix
Solenne Deschamps
Tovi et Ahmet Diler
Céline Druon
Nicolas Dubost
Clélie Dudon
Sophie Duval
Alain Fisch
Aurélie Gaillot
Adrien et Clément Gloaguen
Stéphane Gourmelen
Claudine de Gubernatis

Xavier Haudiquet
Bernard Hilaire
Sébastien Jauffret
François et Sylvie Jouffa
Dimitri Lefèvre
Jacques Lemoine
Sacha Lenormand
Valérie Loth
Romain Meynier
Éric Milet
Jacques Muller
Caroline Ollion
Nicolas Pallier
Martine Partrat
Odile Paugam et Didier Jehanno
Xavier Ramon
Dominique Roland et Stéphanie Déro
Corinne Russo
Prakit Saiporn
Jean-Luc et Antigone Schilling
Julien Vitry
Céline Vo
Fabian Zegowitz

Direction : Nathalie Pujo
Contrôle de gestion : Joséphine Veyres, Héloïse Morel d'Arleux et Aurélie Knafo
Secrétariat : Catherine Maîtrepierre
Direction éditoriale : Catherine Julhe
Édition : Matthieu Devaux, Géraldine Péron, Jean Tiffon, Olga Krokhina, Gia-Quy Tran, Vanessa Di Domenico, Julie Dupré, Christine de Geyer et Gaëlle Leguéné
Préparation-lecture : Estelle Gaudin
Cartographie : Frédéric Clémençon et Aurélie Huot
Fabrication : Nathalie Lautout et Audrey Detournay
Relations presse France : COM'PROD, Fred Papet. ☎ 01-56-43-36-38.
● info@comprod.fr ●
Direction marketing : Dominique Nouvel, Lydie Firmin et Claire Bourdillon
Responsable des partenariats : André Magniez
Édition des partenariats : Juliette de Lavaur et Mélanie Radepont
Informatique éditoriale : Lionel Barth
Couverture : Seenk
Relations presse : Martine Levens (Belgique) et Maureen Browne (Suisse)
Régie publicitaire : Florence Brunel

Remerciements

Pour cette nouvelle édition, nous tenons à remercier :

- **Stéphanie Déro,** active et attentive comme à son habitude.
- **Dominique,** arpenteur infatigable.
- **Antoine Leménager,** roi des cartes.
- **Sandrine** et **Martin,** à Vientiane, pour leurs bons tuyaux.
- **Jérémie** et toute son équipe.

COMMENT Y ALLER ?

LES LIGNES RÉGULIÈRES

À l'heure actuelle, il n'existe aucune liaison aérienne directe entre l'Europe (ou l'Amérique) et le Laos ou le Cambodge. Tous les voyageurs sont donc obligés de transiter par Bangkok (Thaïlande), Singapour, Hanoi et Hô Chi Minh-Ville (Vietnam). Ou encore par Canton (Chine) ou Kuala Lumpur (Malaisie).

▲ AIR FRANCE
Rens et résas au ☎ *36-54 (0,34 €/mn, tlj 6h30-22h), sur* ● *airfrance.fr* ●*, dans les agences Air France et dans ttes les agences de voyages. Fermées dim.*
Air France propose une gamme de tarifs accessibles à tous : du *Tempo 1* (le plus souple) au *Tempo 6* (le moins cher) selon les destinations. Pour les moins de 25 ans, Air France offre des tarifs très attractifs, *Tempo Jeunes,* ainsi qu'une carte de fidélité *(Flying Blue Jeune)* gratuite et valable sur l'ensemble des compagnies membres de *Skyteam.* Cette carte permet de cumuler des *miles.*
Tous les mercredis dès minuit, sur ● *airfrance.fr* ●, Air France propose les tarifs « Coup de cœur », une sélection de destinations en France pour des départs de dernière minute.
Sur Internet, possibilité de consulter les meilleurs tarifs du moment, rubriques « Offres spéciales », « Promotions ».

▲ MALAYSIA AIRLINES
– *Paris :* 1, rue Pépinière, 75008. ☎ 01-44-50-15-00. ● *malaysiaairlines.com* ● Ⓜ *Saint-Lazare.*
➢ Dessert le Cambodge via Kuala Lumpur. 1 vol/j. de Paris à destination de Kuala Lumpur. Au départ de Kuala Lumpur, 1 vol/j. en correspondance à destination de Phnom Penh et 4 vols/sem à destination de Siem Reap.

▲ SINGAPORE AIRLINES
– *Paris :* 43, rue Boissière, 75116. ☎ 0821-230-380 (0,12 €/mn). ● *singaporeair. com* ● Ⓜ *Boissière.*
➢ 10 vols/j. au départ de Paris CDG vers 2 destinations au Cambodge, via Singapour : Phnom Penh et Siem Reap.

▲ THAI AIRWAYS INTERNATIONAL
– *Paris La Défense :* Tour Opus 12, 77, esplanade du Général-de-Gaulle, 92914. ☎ 01-55-68-80-00 ou 70. Ⓜ *La Défense.*
– *Nice :* 8, av. Félix-Faure, 06100. ☎ 04-93-13-80-80.
● *thaiairways.fr* ●
➢ Propose 2 vols/j. à destination de Vientiane (Laos) via Bangkok et 2 vols/j. pour le Cambodge à destination de Phnom Penh. La liaison Paris-Bangkok se fait sans escale, en 11h. Les vols vers le Cambodge et le Laos sont en correspondance quasi immédiate.

▲ VIETNAM AIRLINES
– *Paris :* 49-53 av. des Champs-Élysées, 2ᵉ étage, 75008. ☎ 01-44-55-39-90. ● *vietnamairlines.com.vn* ● Ⓜ *Franklin-Roosevelt.*
➢ Vols directs pour le Vietnam, puis desserte de Phnom Penh, Siem Reap et Vientiane. Organise aussi la Transindochine, avec escales à Hô Chi Minh-Ville, Phnom Penh, Vientiane et Hanoi, ainsi qu'un vol circulaire reliant Hanoi, Luang Prabang et Siem Reap.

ASIA

Toute l'Asie en voyage individuel sur mesure

concept manook *(3)/01 43 31 02 03*

LICENCE LI 075 95 0120

PHOTO : ASIA DR

**Dormir dans un lodge traditionnel tout en bois
et apprivoiser le Mékong lors d'une descente en bateau
vers les temples graciles de Luang Prabang.
Embarquer à bord du "Vat Phou" pour une croisière
exclusive vers les chutes de Khong.
Explorer les plus beaux temples d'Angkor,
grands classiques ou secrets perdus au milieu de la forêt**

...

LES ORGANISMES DE VOYAGES

– Ne pas croire que les vols à tarif réduit sont tous au même prix pour une même destination à une même époque : loin de là. On a déjà vu, dans un même avion partagé par deux organismes, des passagers qui avaient payé 40 % plus cher que les autres. De plus, une agence bon marché ne l'est pas forcément toute l'année (elle peut n'être compétitive qu'à certaines dates bien précises). Donc, contactez tous les organismes et jugez vous-même.

Les organismes cités sont classés par ordre alphabétique, pour éviter les jalousies et les grincements de dents.

En France

▲ ASIA

– *Paris : Asia, 1, rue Dante, 75005.* ☎ *01-44-41-50-10.* Ⓜ *Maubert-Mutualité. Lun-ven 9h-18h30 ; sam 10h-13h, 14h-17h.*
– *Lyon : 46, rue du Président-Herriot (entrée 10, rue Saint-Viguier), 69002.* ☎ *04-78-38-30-40. Lun-ven 9h30-12h30, 13h30-18h30 ; sam 10h-13h, 14h-17h.*
– *Marseille : 424, rue Paradis, 13008.* ☎ *04-91-16-72-32. Lun-ven 9h-12h30, 14h-18h30 ; sam 9h30-12h30.*
– *Nice : 23, rue de la Buffa, 06000.* ☎ *04-93-82-41-41. Lun-ven 9h-12h30, 14h-18h30 ; sam 10h-12h.*
– *Toulouse : 5, rue Croix-Baragnon, 31000 Toulouse.* ☎ *05-61-14-51-50. Lun-ven 9h30-18h30 ; sam 10h30-13h, 14h-17h.*
● *asia.fr* ●

Asia propose des voyages personnalisés en individuel ou en petits groupes, de la Jordanie à la Nouvelle-Zélande en passant par l'Ouzbékistan, l'Inde, la Mongolie, la Chine, l'Australie, l'Asie du Sud-Est et donc bien sûr au Cambodge et au Laos. Dans chaque pays, Asia construit avec passion un voyage à la carte ou sur mesure selon ses envies, ses contraintes et son budget. Asia, c'est le respect du patrimoine culturel et l'esprit des lieux avec ses produits maison comme le *Luangsay Lodge* au Laos, écolodge sur pilotis adossé à la montagne et dominant le Mékong où l'on accède par bateau. Le *Vat Phou*, bateau-hôtel pour découvrir les îles au sud du Mékong. En Thaïlande, la jonque *Mekhala,* mais aussi les petits hôtels flottants construits à l'ancienne selon les plans des barges traditionnelles reliant Bangkok à Ayutthaya ; *Lisu Lodge,* hébergement dans des maisons traditionnelles dans le décor typique d'un village lisu ; *Kum Lanna,* maison lanna traditionnelle au cœur d'une petite vallée luxuriante. Asia a sélectionné des sites paradisiaques de l'océan Indien à la mer de Chine, pour des séjours au bord de plages idylliques. Également des spas luxueux bien-être. Asia, c'est aussi *Air Asia* : une expertise dans le choix des vols de l'Asie Mineure au Pacifique aux meilleures conditions.

▲ ASIE AUTREMENT

– *Rens et résas :* ☎ *01-48-73-34-79.* ● *asie-autrement.com* ●
L'Asie Autrement ne dispose pas de catalogue de circuits pré-établis. Des spécialistes bâtissent avec vous votre voyage individuel. Que vous disposiez déjà de vos vols internationaux ou non, quels que soient vos centres d'intérêt et les motivations qui vous incitent à voyager dans ce pays, l'équipe de l'Asie Autrement construit pour vous le voyage qui vous ressemble. L'Asie Autrement s'attache à développer un tourisme équitable pour les partenaires locaux et soutient financièrement des actions visant à améliorer les conditions de vie des populations sur place.

▲ COMPAGNIE DU CAMBODGE

– *Paris : 5, av. de l'Opéra, 75001.* ☎ *0892-234-432 (0,34 €/mn).* ● *compagniesdu monde.com* ● Ⓜ *Palais-Royal – Musée-du-Louvre ou Pyramides. Lun-ven 9h-19h ; sam 10h-19h.*
Compagnie du Monde ouvre un concept store où vous trouverez non seulement des conseillers vendeurs connaissant parfaitement la destination mais également

nouvelle adresse

Voyager est un art

LE ROYAUME KHMER

(2 340 Euros TTC au départ de Paris)

Circuit individuel 11 jours/8 nuits

Vol Thaï Airways Paris/Phnom Penh/Paris (taxes aéroport et frais de services inclus), hébergement en chambre double dans hôtels 3*Charme, les petits-déjeuners, tous les transferts privés en véhicule avec chauffeur, les entrées sur les sites et visites avec guide local francophone. Un périple inoubliable et complet au Cambodge pays somptueux dont la beauté ne se limite pas à celle des temples. Un face à face unique avec Angkor, merveille des merveilles. Emotions garanties !

SPLENDEURS ET RICHESSES DU LAOS

(2 785 Euros TTC au départ de Paris)

Circuit individuel 12 jours/9 nuits

Vol Thai Airways et Bangkok Airways Paris/Luang Prabang/ Ubon Ratchathani/Paris (taxes aéroport et frais de services inclus), hébergement en chambre double dans hôtels 2-3* Standard et charme, les petits-déjeuners, 2 déjeuners et 1 dîner, tous les transferts privés en véhicule avec chauffeur, les vols intérieurs, les entrées sur les sites et visites avec guide local francophone ou anglophone. Cette expérience unique de beauté et sérénité au cœur de ce pays traversé de part et d'autre du légendaire et mythique Fleuve Mékong, vous mènera de Luang Prabang, la cité joyau à la région des 4000 îles où le temps semble s'être arrêté.

À partir du lundi 27 juillet 2009
Ouverture d'un nouvel espace,
Voyages, galerie d'art, salon de café
5, avenue de l'Opéra 75001 Paris
Tél. : 0892 234 432 *(0,34€ttc/mn)*
myriam ou pascale@compagniesdumonde.com

Cⁱᵉ DES INDES
& DE L'EXTRÊME ORIENT

GDR Laos/Camb. 2009/10 Li 075 01 0012 Compagnies du Monde - 2009/10

une galerie d'art contemporain exposant des artistes asiatiques reconnus sur le plan international ainsi qu'un salon de café avec des variétés en provenance directe de plantations situées au Cambodge. La Compagnie vous fait également profiter de très nombreux vols négociés et de toutes les formules de voyages individuels sur mesure. En effet les circuits et les séjours sur mesure représentent la spécificité de ce voyagiste avec son espace tourné vers le « Beau » qui est pour les Compagnies la meilleure façon de respecter et de découvrir le monde, notre terre. C'est pourquoi la Compagnie est aussi spécialisée dans les séjours et circuits tournés vers l'art, l'archéologie, les sites religieux et évidemment la nature.

Compagnie du Cambodge fait partie du groupe Compagnies du Monde, comme Compagnie des États-Unis et du Canada, Compagnie des Indes et de l'Extrême-Orient, Compagnie de l'Afrique australe et de l'océan Indien, Compagnie de l'Amérique latine et des Caraïbes et Compagnie des plages.

Une envie de croisière, consultez le site le plus complet ● *mondeetcroisieres. com* ●

▲ COMPTOIR DES PAYS DU MÉKONG

– *Paris : 2, rue Saint-Victor, 75005.* ☎ *0892-231-251 (0,34 €/mn).* Ⓜ *Cardinal-Lemoine. Lun-ven 9h30-18h30 ; sam 10h-18h30.*
– *Lyon : 10, quai de Tilsitt, 69002.* ☎ *0892-230-465 (0,34 €/mn). Lun-sam 9h30-18h30.* Ⓜ *Bellecour.*
– *Toulouse : 43, rue Peyrolières, 31000.* ☎ *0892-232-236 (0,34 €/mn).* Ⓜ *Esquirol. Lun-sam 10h-18h30.*
● *comptoir.fr* ●

Le vert éclatant des rizières, la magie des temples d'Angkor, l'envoûtante procession des moines de Luang Prabang ne sont jamais bien loin lorsque leurs conseillers vous aident à bâtir un voyage. Comptoir des Pays du Mékong propose un grand choix d'hébergements de charme, des idées de voyages originales et bien d'autres suggestions à combiner selon son budget, ses envies et son humeur.

Chaque Comptoir est spécialiste d'une ou plusieurs destinations : Afrique, Brésil, Canada, Chine, Égypte, États-Unis, Grèce, Indonésie et Philippines, Islande et Groenland, Italie et Croatie, Japon, Maroc, Pays celtes, Pays scandinaves, Pays du Mékong, Pays andins et Pays mayas.

▲ COMPTOIRS DU MONDE (LES)

– *Paris : 22, rue Saint-Paul, 75004.* ☎ *01-44-54-84-54.* ● *comptoirsdumonde.fr* ● Ⓜ *Saint-Paul ou Pont-Marie. Lun-ven 10h-19h ; sam 11h-18h.*

C'est en plein cœur du Marais, dans un décor chaleureux, que l'équipe des Comptoirs du Monde traitera personnellement tous vos désirs d'évasion : vols à prix réduits, mais aussi circuits et prestations à la carte pour tous les budgets sur toute l'Asie, le Proche-Orient, les Amériques, les Antilles, Madagascar et maintenant l'Italie. Vous pouvez aussi réserver par téléphone et régler par carte de paiement, sans vous déplacer.

▲ DIRECTOURS

– *Paris : 90, av. des Champs-Élysées, 75008.* ☎ *01-45-62-62-62. Depuis la province :* ☎ *0811-90-62-62 (prix d'un appel local).* ● *directours.com* ● Ⓜ *George-V. Lun-ven 10h-19h ; sam 11h-18h.*

Directours présente la particularité de s'adresser directement au public en vendant ses voyages, plutôt haut de gamme, par Internet et téléphone, ou encore à son agence, sans intermédiaire.

Spécialiste des voyages à la carte, Directours propose une grande variété de destinations dont le Cambodge et le Laos, mais aussi les États-Unis, le reste de l'Asie du Sud-Est, la Chine, les îles de l'océan Indien, le Moyen-Orient, l'Inde et le Sri Lanka, les Antilles, la Grèce et ses îles, la Méditerranée et le Maghreb, la République dominicaine ainsi que des week-ends en Europe, tels qu'aux Pays baltes. Le best-seller : le séjour au Japon en circuit individuel.

D 33

SIGAPOUR

▲ FLEUVES DU MONDE

– *Paris : 28, bd de la Bastille, 75012.* ☎ *01-44-32-12-85.* ● *fleuves-du-monde. com* ● Ⓜ *Bastille. Lun-ven 9h-18h30 ; sam 10h-18h.*

Fleuves du Monde défend l'élément naturel du voyage. Appréhender l'histoire d'un pays, pénétrer le cœur d'une civilisation, toucher l'intimité d'une culture et savourer le silence de la nature constituent l'objet de ces voyages au fil de l'eau. « Voguer » ou « explorer » sont les deux thèmes de Fleuves du Monde. Le premier savoure l'exotisme et le confort d'une embarcation traditionnelle, pour aborder les coutumes de lointaines destinations. Le second éveille l'esprit et l'œil en touchant des cultures à peine déflorées, rencontrées en felouques, pirogues, sampans ou canots.

▲ LASTMINUTE

Leurs offres sont accessibles au ☎ *04-66-92-30-29 et sur* ● *lastminute.com* ●

Lastminute.com propose une vaste palette de voyages et de loisirs : billets d'avion, séjours sur mesure ou clés en main, week-ends, hôtels, locations en France, location de voitures, spectacles, restaurants... pour penser ses vacances selon ses envies et ses disponibilités. Les prix sont TFC (tous frais compris). Le tarif affiché est celui payé à la fin. Si vous trouvez moins cher, lastminute.com rembourse le double de la différence grâce au contrat Zen.

▲ NOMADE AVENTURE

– *Paris : 40, rue de la Montagne-Sainte-Geneviève, 75005.* ☎ *0825-701-702 (0,15 €/mn).* Ⓜ *Maubert-Mutualité. Lun-sam 9h30-18h30.*
– *Lyon : 10, quai Tilsitt, 69002.* ☎ *0825-701-702 (0,15 €/mn). Lun-sam 9h30-18h30.*
– *Toulouse : 43, rue Peyrolières, 31000.* ☎ *0825-701-702 (0,15 €/mn). Lun-sam 9h30-18h30.*
● *nomade-aventure.com* ●

Loin des voyages préfabriqués, Nomade Aventure propose des circuits inédits partout dans le monde à réaliser en famille, entre amis, avec ou sans guide. Également la possibilité d'organiser, hors de groupes constitués, un séjour libre en toute autonomie. Spécialiste de l'aventure avec plus de 400 itinéraires (de niveau tranquille, dynamique, sportif ou sportif +) qui vont à la rencontre des pays et de leurs habitants, Nomade Aventure donne la priorité aux expériences authentiques à pied, à cheval, à dos de chameau, en bateau ou en 4x4.

▲ NOSTAL'ASIE

– *Paris : 19, rue Damesme, 75013.* ☎ *01-43-13-29-29.* ● *ann.fr* ● Ⓜ *Tolbiac. Sur rdv. Permanence : lun-ven 10h-13h, 15h-18h.*

Parce qu'il n'est pas toujours aisé de partir seul, Nostal'Asie propose des voyages sur mesure, notamment au Cambodge et au Laos, des lieux les plus connus jusqu'aux contrées les plus reculées, en individuel ou en groupe déjà constitué. Deux formules au choix : *Les Estampes* avec billets d'avion, logements, transferts entre les étapes, ou *Les Aquarelles* avec en plus un guide et une voiture privée à chaque étape. Les itinéraires ne sont que suggérés, ils sont modifiables à souhait sur ces formules à la carte. La patronne est asiatique, donc elle sait ce qu'elle vend !

▲ NOUVELLES FRONTIÈRES

– *Rens et résas dans tte la France :* ☎ *0825-000-825 (0,15 €/mn).* ● *nouvelles-frontieres.fr* ●

Les brochures Nouvelles Frontières sont disponibles gratuitement dans les 300 agences du réseau, par téléphone et sur Internet. Plus de 40 ans d'existence, 1 million de clients par an, 250 destinations, deux chaînes d'hôtels-clubs, *Paladien* et *Koudou*, et une compagnie aérienne, *Corsairfly*. Pas étonnant que Nouvelles Frontières soit devenu une référence incontournable, notamment en matière de tarifs. Le fait de réduire au maximum les intermédiaires permet d'offrir des prix « super-serrés ». Un choix illimité de formules vous est proposé : des vols sur la compagnie aérienne de Nouvelles Frontières au départ de Paris et de province, en classe « Horizon » ou « Grand Large », et sur toutes les compagnies aériennes régulières, avec une gamme de tarifs selon votre budget. Sont également proposés

Voyageurs
DU MONDE

À nous de repérer, sélectionner, conseiller, écouter, informer.

À vous de voir.

toutes sortes de circuits, aventure ou organisés ; des séjours en hôtels, en hôtels-clubs et en résidences ; des week-ends, des formules à la carte (vol, nuits d'hôtel, excursions, location de voitures...), des séjours neige, des croisières, des séjours thématiques, plongée, thalasso.
Avant le départ, des réunions d'information sont organisées. Intéressant : des brochures thématiques (plongée, aventure, rando, trek, sport et Nouvelles Rencontres).

▲ ORIENTS
– *Paris : 25, rue des Boulangers, 75005.* ☎ *01-40-51-10-40.* • *orients.com* • Ⓜ *Cardinal-Lemoine. Lun-ven 10h-19h ; sam 10h-13h, 14h-18h.*
Agence spécialisée dans les voyages culturels sur les routes de la Soie et les routes millénaires au sens le plus large, d'Istanbul à Pékin. Une équipe très expérimentée qui a juré de vous faire renouer avec la tradition des grands voyageurs. De beaux périples axés sur les routes d'histoire et d'échange, guidés par un spécialiste. Enfin, Orients propose des vols secs vers les principales escales des routes de la Soie. Également des voyages à la carte pour toutes les destinations. Au Laos : un circuit en petits groupes ou en individuel, « Pirogues et Pagodes », 15 jours Paris-Paris. Au Cambodge : un circuit 15 jours Paris-Paris, « un voyage à Angkor » et deux combinés Thaïlande-Laos-Cambodge et Laos-Vietnam-Cambodge, et un combiné « Birmanie-Cambodge ». À la carte aussi : programmes pour l'Indonésie, le Japon et la Thaïlande.

▲ ROUTES DE L'ASIE (LES)
– *Paris : 7, rue d'Argenteuil, 75001.* ☎ *01-42-60-46-46.* • *laroutedesindes.com* • Ⓜ *Palais-Royal ou Pyramides. Lun-jeu 10h-19h ; ven 10h-18h.*
Les Routes de l'Asie s'adressent aux voyageurs indépendants et proposent des voyages individuels organisés, sur mesure, à travers l'Asie du Sud-Est et l'Extrême-Orient, adaptés au goût et au budget de chaque voyageur. Les itinéraires sont construits par des spécialistes après un entretien approfondi. La librairie offre un large choix de guides, de cartes et de littérature consacrée à l'Asie du Sud-Est et à l'Extrême-Orient. Des expositions sont régulièrement organisées dans la galerie photo et des écrivains sont invités à venir signer leurs ouvrages.

▲ ROUTES SOLIDAIRES (LES)
– *Toulouse : 9, rue Saint-Antoine-du-T, 31000.* ☎ *05-62-27-00-68.* • *routes-solidaires.com* •
Spécialiste du voyage sur mesure et solidaire, Routes solidaires propose une formule innovante. Des séjours solidaires au cœur de projets locaux gérés de manière collective sont insérés dans les itinéraires de découverte individuelle. Une manière de comprendre le pays de l'intérieur, de partager des expériences fortes, dans le respect des hommes et de leur environnement.

▲ TERRE INDOCHINE
– *Paris : 28, bd de la Bastille, 75012.* ☎ *01-44-32-12-82.* • *terre-indochine.com* • Ⓜ *Bastille. Lun-ven 9h-18h30 ; sam 10h-18h.*
Combinant le Laos, le Cambodge et le Vietnam, l'équipe de Terre Indochine a la passion du voyage innovant. Spécialiste de la destination, cette agence assure sa logistique avec des partenaires, experts et amis, réunis par les mêmes expériences et dans le respect des traditions locales. Avec souplesse, précision et diversité, c'est en 4x4, à pied, à vélo, à moto, en bateau que sont proposés des séjours ou des circuits programmés ou à la carte jusque dans les terres les plus reculées d'Indochine.

▲ TERRES D'AVENTURE
N° Indigo : ☎ *0825-700-825 (0,15 €/mn).* • *terdav.com* • *terdav-haute-montagne.com* •
– *Paris : 30, rue Saint-Augustin, 75002.* Ⓜ *Opéra ou Quatre-Septembre. Lun-sam 10h-19h.*
– *Agences également à Bordeaux, Caen, Chamonix, Grenoble, Lille, Lyon, Marseille, Montpellier, Nantes, Nice, Rennes, Rouen, Strasbourg et Toulouse.*

Depuis 1976, Terres d'Aventure, spécialiste du voyage à pied, propose aux voyageurs passionnés de marche et de rencontres des randonnées hors des sentiers battus à la découverte des grands espaces de notre planète. Voyages à pied, à cheval, en 4x4, en bateau, à raquettes... Sur tous les continents, des aventures en petits groupes ou en individuel encadrés par des professionnels expérimentés. Les hébergements dépendent des sites explorés : camps d'altitude, bivouac, refuges ou petits hôtels. Les voyages sont conçus par niveaux de difficulté : de la simple balade en plaine à l'expédition sportive, en passant par la course en haute montagne.

En province, leurs agences sont de véritables *Cités des Voyageurs.* Tout y rappelle le voyage : librairies spécialisées, boutiques d'accessoires de voyage, expositions-vente d'artisanat et cocktails-conférences. Consultez le programme des manifestations sur leur site internet.

▲ VOYAGES-SNCF.COM

Voyages-sncf.com, acteur majeur du tourisme français qui recense 9 millions de visiteurs par mois, propose d'acheter en ligne des billets de train, d'avion, des chambres d'hôtel, des locations de voitures, de vacances et des séjours clés en main ou Alacarte®, ainsi que des spectacles, des excursions et des musées. Un large choix et des prix avantageux sont offerts toute l'année, pour tous types de voyages dans le monde entier : SNCF, 180 compagnies aériennes, 84 000 hôtels référencés et les principaux loueurs de voitures.

Leur site • *voyages-sncf.com* • permet d'accéder tlj, 24h/24 à plusieurs services : envoi gratuit des billets à domicile, Alerte Résa pour être informé de l'ouverture des réservations et profiter du plus grand choix, calendrier des meilleurs prix (TTC), mais aussi des offres de dernière minute et des promotions...

Pratique : • *voyages-sncf.mobi* •, le site mobile pour réserver, s'informer et profiter des bons plans n'importe où et à n'importe quel moment.

Et grâce à l'Écocomparateur, en exclusivité sur • *voyages-sncf.com* •, possibilité de comparer le prix, le temps de trajet et l'indice de pollution pour un même trajet en train, en avion ou en voiture.

▲ VOYAGEURS EN ASIE DU SUD-EST

☎ 0892-23-81-81 (0,34 €/mn).

Le grand spécialiste du voyage en individuel sur mesure. • *vdm.com* •

– *Paris : La Cité des Voyageurs, 55, rue Sainte-Anne, 75002.* ☎ *0892-23-56-56 (0,34 €/mn).* Ⓜ *Opéra ou Pyramides. Lun-sam 9h30-19h.*

– *Également des agences à Bordeaux, Caen, Grenoble, Lille, Lyon, Marseille, Montpellier, Nantes, Nice, Rennes, Rouen, Strasbourg et Toulouse.*

Pour partir à la découverte de plus de 150 pays, des experts-pays, de près de 30 nationalités et grands spécialistes de leurs destinations, guident à travers une collection de 30 brochures (dont 6 thématiques) comme autant de trames d'itinéraires destinées à être adaptées à vos besoins et vos envies pour élaborer étape après étape son propre voyage en individuel.

Dans chacune des *Cités des Voyageurs,* tout appelle au voyage : librairies spécialisées, boutiques d'accessoires de voyage, expositions-ventes d'artisanat ou encore cocktails-conférences. Toute l'actualité de VDM et des devis en temps réel à consulter sur leur site internet.

Voyageurs du Monde est membre de l'association ATR (Agir pour un tourisme responsable) et a obtenu en 2008 sa certification Tourisme responsable AFAQ AFNOR.

En Belgique

▲ CONTINENTS INSOLITES

– *Bruxelles : rue César-Franck, 44B, 1050.* ☎ *02-218-24-84.* • *continentsinsolites. com* • *Lun-ven 10h-18h ; sam 10h-13h.*

Continents Insolites, organisateur de voyages lointains sans intermédiaire, propose une gamme étendue de formules de voyages détaillées dans leur guide annuel gratuit sur demande.

– *Voyages découverte taillés sur mesure :* à partir de 2 personnes. Un grand choix d'hébergements soigneusement sélectionnés : du petit hôtel simple à l'établissement luxueux et de charme.

– *Circuits découverte en minigroupes :* de la grande expédition au circuit accessible à tous. Des circuits à dates fixes dans plus de 60 pays en petits groupes francophones de 7 à 12 personnes. Avant chaque départ, une réunion est organisée. Voyages encadrés par des guides francophones, spécialistes des régions visitées.

▲ GLOBE-TROTTERS

– *Bruxelles :* rue Victor-Hugo, 179 (angle av. E.-Plasky), 1030. ☎ 02-732-90-70. ● globe-trotters.be ● Lun-ven 9h30-13h30, 15h-18h ; sam 10h-13h.
En travaillant avec des prestataires exclusifs, cette agence permet de composer chaque voyage selon ses critères : de l'auberge de jeunesse au *lodge* de luxe isolé, du *B & B* à l'hôtel de charme, de l'autotour au circuit accompagné, d'une descente de fleuve en pirogue à un circuit à vélo... Motoneige, héliski, multi-activités estivales ou hivernales, équitation... Spécialiste du Québec, du Canada, des États-Unis, Globe-Trotters propose aussi des formules dans le Sud-Est asiatique. Assurances voyage. Carte des auberges de jeunesse (IYHF). Location de voitures, motorhomes, motos.

▲ NOUVELLES FRONTIÈRES

– *Bruxelles (siège) :* bd Lemonnier, 2, 1000. ☎ 02-547-44-44. ● nouvelles-frontie res.be ●
– *Également d'autres agences à Bruxelles, Charleroi, Liège, Mons, Namur, Water-loo, Wavre et au Luxembourg.*
(Voir texte dans la partie « En France ».)

▲ TERRES D'AVENTURE

– *Bruxelles :* Vitamin Travel, rue Van-Artevelde, 48, 1000. ☎ 02-512-74-64. ● vita mintravel.be ●
(Voir texte dans la partie « En France ».)

▲ VOYAGEURS DU MONDE

– *Bruxelles :* chaussée de Charleroi, 23, 1060. ☎ 0 900-44-500 (0,45 €/mn). ● vdm. com ●
Le grand spécialiste du voyage en individuel sur mesure.

En Suisse

▲ ÈRE DU VOYAGE (L')

– *Nyon :* Grand-Rue, 21, CH-1260. ☎ 022-365-15-65. ● ereduvoyage.ch ●
Agence fondée par quatre professionnelles qui ont la passion du voyage. Elles pourront vous conseiller et vous faire part de leur expérience en Asie, en Afrique australe et au Moyen-Orient. Des itinéraires originaux, testés par l'équipe de l'agence : voyages sur mesure pour découvrir un pays en toute liberté en voiture privée avec ou sans chauffeur, guide local et logements de charme ; petites escapades pour un week-end prolongé et voyages en famille.

▲ HORIZONS NOUVEAUX

– *Verbier :* centre de l'Étoile, CP 196, 1936. ☎ 027-771-71-71. ● horizonsnouveaux. com ●
Horizons Nouveaux est le tour-opérateur suisse spécialisé dans les régions qui vont de l'Asie centrale à l'Asie du Sud en passant par les pays himalayens tels que le Kyrgystan, le Tajikistan, la Mongolie, l'Inde, le Sri Lanka, le Népal, le Tibet, la Birmanie, le Cambodge, le Laos, Java ou encore Bali. Nicolas Jaques et Paul Kennes, qui voyagent dans ces régions depuis plus de 20 ans, organisent principalement des voyages à la carte, des voyages culturels à thème, des trekkings souvent inédits et des expéditions. Photographes et auteurs de nombreux reportages sur ces destinations, ils pourront vous renseigner sur tous les aspects du pays et vous aider à préparer votre voyage dans les meilleures conditions.

▲ JERRYCAN

– *Genève : rue Sautter, 11, 1205.* ☎ *022-346-92-82.* • *jerrycan-travel.ch* •

Tour-opérateur de la Suisse francophone spécialisé dans l'Afrique, l'Asie et l'Amérique latine. Trois belles brochures proposent des circuits individuels et sur mesure. L'équipe connaît bien son sujet et peut construire un voyage à la carte.

En Amérique latine, Jerrycan propose des voyages privés à partir de deux personnes en Bolivie, au Pérou, en Équateur, au Chili, en Argentine, au Guatemala, au Costa Rica, au Brésil et au Mexique. En Asie, Jerrycan propose le Cambodge et le Laos naturellement, mais aussi la Chine, l'Inde, l'Indonésie, la Malaisie, le Myanmar (Birmanie), le Népal, les Philippines, la Thaïlande, le Tibet, le Vietnam et l'Asie centrale. En Afrique, Jerrycan propose des safaris en petits groupes en Afrique du Sud notamment. Voyages privés et à la carte possibles dans ces pays, ainsi qu'au Kenya et en Tanzanie. Séjours balnéaires au Kenya et à Zanzibar.

▲ TERRES D'AVENTURE

– *Genève : Néos Voyages, rue des Bains, 50, 1205.* ☎ *022-320-66-35.* • *geneve@ neos.ch* •

– *Lausanne : Néos Voyages, rue Simplon, 11, 1006.* ☎ *021-612-66-00.* • *lausan ne@neos.ch* •

▲ TUI – NOUVELLES FRONTIÈRES

– *Genève : rue Chantepoulet, 25, 1201.* ☎ *022-716-15-70.*

– *Lausanne : Grand Chêne, 4, 1002.* ☎ *021-321-41-11.*

(Voir texte dans la partie « En France ».)

Au Québec

▲ RÊVATOURS

• *revatours.com* •

Ce voyagiste, membre du groupe Transat A.T. Inc., propose quelque 25 destinations à la carte ou en circuits organisés. De l'Inde à la Thaïlande en passant par le Vietnam, la Chine, Bali, l'Europe centrale, la Russie, des croisières sur les plus beaux fleuves d'Europe, la Grèce, la Turquie, l'Italie, la Croatie, le Maroc, l'Espagne, le Portugal, la Tunisie ou l'Égypte et l'Amérique du Sud, le client peut soumettre son itinéraire à Rêvatours, qui se charge de lui concocter son voyage. Parmi ses points forts : la Grèce avec un bon choix d'hôtels, de croisières et d'excursions, les *Fugues musicales* en Europe, la Tunisie et l'Asie. Nouveau : deux programmes en Scandinavie, l'Italie en circuit, Israël pouvant être combiné avec l'Égypte et la Grèce et aussi la Dalmatie.

▲ TOURS CHANTECLERC

• *tourschanteclerc.com* •

Tours Chanteclerc est un tour-opérateur qui publie différentes brochures de voyages : Europe, Amérique du Nord / Amérique du Sud, Asie + Pacifique sud, Afrique et le Bassin méditerranéen en circuits ou en séjours. Il se présente comme l'une des « références sur l'Europe » avec deux brochures : groupes (circuits guidés en français) et individuels. *Mosaïque Europe* s'adresse aux voyageurs indépendants qui réservent un billet d'avion, un hébergement (dans toute l'Europe), des excursions ou une location de voiture. Aussi spécialiste de Paris, le grossiste offre une vaste sélection d'hôtels et d'appartements dans la Ville Lumière.

▲ VACANCES AIR CANADA

• *vacancesaircanada.com* •

Vacances Air Canada propose des forfaits loisirs (golf, croisières et excursions diverses) flexibles vers les destinations les plus populaires des Antilles, de l'Amérique centrale et du Sud, de l'Asie et des États-Unis. Vaste sélection de forfaits incluant vol aller-retour, hébergement. Également des forfaits vol + hôtel et vol + voiture.

"Qui **sauve un enfant,** sauve le **monde"**

Espace offert par le Guide du Routard

Pour nous soutenir, vous pouvez envoyer vos dons à :

**La Chaîne de l'Espoir
96, rue Didot
75014 Paris**

www.chainedelespoir.org

LES QUESTIONS QU'ON SE POSE LE PLUS SOUVENT SUR LE CAMBODGE

➤ **Faut-il un visa ?**
Oui, mais on peut aussi l'obtenir aux postes-frontières terrestres et à l'aéroport en arrivant.

➤ **Quelle est la meilleure période pour y aller ?**
De fin novembre à mars, car en avril-mai il fait chaud et étouffant, et à la chaleur s'ajoute l'humidité pendant la mousson d'été (de mai à novembre).

➤ **Quel est le décalage horaire ?**
Comme au Vietnam et au Laos : 5h de plus qu'en France (6h en hiver). Quand il est 12h à Paris, il est 17h à Phnom Penh.

➤ **Y a-t-il encore des problèmes de mines ?**
Un énorme travail de déminage a été effectué ces dernières années. On peut dire que l'ensemble des sites touristiques ont été nettoyés et ne présentent plus de danger.

➤ **La vie est-elle chère ?**
Non, la vie est bon marché. On peut voyager à la routarde avec un petit budget. Hôtels bas de gamme, le plus souvent bien tenus. De 15 à 30 €, on trouve des établissements d'excellent confort. Restos et transports (taxis locaux, bus) à prix fort modérés. Les prix ont toutefois tendance à grimper à Siem Reap et à Phnom Penh. Et l'aérien local reste à des prix internationaux.

➤ **Quelles sont les précautions de santé à prendre ?**
Traitement antipaludéen à établir avec votre docteur, vaccination contre l'hépatite A recommandée. Vérifiez aussi avant de partir vos vaccinations traditionnelles (polio, tétanos, etc.) ; ne buvez que de l'eau en bouteille capsulée ; choisissez vos gargotes avec discernement. Enfin, n'oubliez pas d'emporter les médicaments que vous avez l'habitude de prendre ; là-bas, vous les trouverez très difficilement.

➤ **Quelle langue parle-t-on ?**
Le français est encore pas mal parlé par les gens de plus de 50 ans qui l'apprenaient systématiquement à l'école. L'anglais est évidemment la langue favorite des jeunes, des affaires et du tourisme.

➤ **Que peut-on visiter ?**
Bonne question ! Bien sûr, il ne faut pas se limiter à Angkor et à ses merveilleux temples. Le pays possède énormément d'autres richesses. À découvrir : des villes intéressantes (comme Battambang, Kampot), des régions (Kratie, etc.) et nombre de temples encore à l'écart des itinéraires touristiques.

➤ **Peut-on se baigner ?**
Oui. Sihanoukville, la seule vraie station balnéaire du pays, commence à se bétonner afin d'attirer le tourisme de masse. L'endroit demeure quand même bien relax. Il reste des kilomètres de côtes sauvages et de nombreuses îles à découvrir entre Koh Kong et Kep. C'est aussi l'occasion de faire une cure de fruits de mer et de poissons frais à prix très abordables.

LES COUPS DE CŒUR DU ROUTARD AU CAMBODGE

● Partir du Palais royal pour rejoindre les Cambodgiens en fin de journée sur la promenade du Tonlé Sap : badauds, vendeurs et bateleurs sont au rendez-vous.

● Rejoindre une des terrasses du quai Sisowath, la Croisette de la capitale, et siroter un cocktail à la terrasse du *FCC*, l'ancien repaire des correspondants de guerre.

● Se pourlécher les babines sur la plage de Kep en se régalant du célèbre crabe au poivre vert de Kampot.

● Coup au cœur plutôt que coup de cœur : visiter Tuol Sleng, ancienne prison des Khmers rouges.

● Le marché russe à Phnom Penh, pour les emplettes et tester ses talents de négociateur.

● Croquer dans un sandwich baguette (c'est un petit plat local, si, si !) accompagné d'un *teukolok* (jus de fruits et lait) bien frais après une journée passée à arpenter les vieilles pierres.

● Flâner à Kampot, une cité coloniale bien assoupie.

● Vivre sa découverte d'un site archéologique éloigné, votre choix sera le bon.

● Angkor au lever du soleil et le Bakong au coucher : s'il y a parfois du monde, c'est qu'il y a une raison.

● Ressentir l'harmonie et la majesté d'Angkor, le mystère incarné du Bayon, puis le romantisme de Ta Phrom : une trilogie architecturale my-thi-que.

● Le monde lacustre du Tonlé Sap. Symbioses magiques et villages flottants ou posés sur de gigantesques échasses.

● La campagne khmère, partout... Parfois, son atmosphère et ses scènes semblent sorties tout droit de l'ère angkorienne.

CAMBODGE UTILE

Pour la carte générale du Cambodge, se reporter au cahier couleur.

Le paradoxe du Cambodge, c'est d'être médiatisé au travers de ce qu'il a donné de plus grandiose, Angkor, et de pire, les Khmers rouges, synonymes de génocide et de terreur.

Sur son territoire, les drames contemporains commencent à émerger au chapitre de l'Histoire, notamment parce que les nouvelles générations ne les ont pas vécus. Au fil des ans, le présent est maintenant moins hanté par le passé, bien que l'ouverture des procès pour juger les derniers dirigeants khmers rouges ravive des plaies à peine cicatrisées. Il n'en reste pas moins que l'histoire tourmentée du royaume khmer est incroyablement fascinante, peut-être plus encore que celle de ses voisins du Sud-Est asiatique.

Beaucoup de voyageurs tombent amoureux du Cambodge et de sa population si attachante, qu'ils y aient trouvé une cause à défendre ou, plus égoïstement, qu'ils aient enfin découvert cette terre humaine où l'on peut se confronter à soi-même.

La sécurité qui règne désormais sur tout le territoire et l'amélioration des infrastructures permettent à tout le monde d'aller chercher ce pays au-delà du seul et fabuleux Angkor. C'est le moment de pousser l'aventure vers d'autres vestiges, parfois encore noyés dans la jungle qu'on atteint par des pistes de traverse. Ou, au-delà de tous ces vestiges historiques, d'aller simplement s'enivrer de la magie bien actuelle des campagnes khmères. Bourgs et villages parsèment des paysages non pas impressionnants mais suprêmement authentiques et diablement générateurs d'atmosphères. Les étendues régulières plantées de rangées de cocotiers et de palmiers à sucre qui marquent à perte de vue le tapis des rizières, dominées au loin par quelques collines incongrues et esseulées, exercent un indicible pouvoir hypnotique.

Alors, comment ne pas tomber sous le charme d'une société si attachante, insouciante et jeune ? Le nez collé à la vitre du bus, un spectacle permanent défile sur fond technicolor : moto-charrette chargée de 30 personnes, char à bœuf dont la forme n'a pas évolué depuis les bas-reliefs d'Angkor, échappée riante de jeunes écoliers cyclistes, affiches attendrissantes encourageant le port du préservatif ou permettant de gagner un camion-citerne entier rempli, peu importe... la vertu cardinale, qui imprègne le théâtre de la vie khmère, c'est d'abord la douceur de vivre à présent retrouvée.

Si le grand voisin thaïlandais fait toujours sa pub comme pays du sourire, plus ambigu qu'autrefois admettons-le, le Cambodge est à coup sûr le pays du sourire... contagieux !

Si vous êtes venu pour Angkor, on vous le garantit, vous reviendrez pour les Cambodgiens et leur pays.

ABC DU CAMBODGE

- *Superficie :* 181 035 km².
- *Population :* 14,2 millions d'hab.
- *Capitale :* Phnom Penh.
- *Religion :* bouddhisme.

- *Régime politique :* monarchie constitutionnelle à tendance autoritaire.
- *Roi :* Norodom Sihamoni (depuis 2005).
- *Premier ministre :* Hun Sen.
- *Langues :* khmer, français (celle de l'écrit administratif), anglais et vietnamien.
- *Monnaie :* le riel (1 € équivaut à environ 5 500 riels).
- *Espérance de vie :* 62 ans.

AVANT LE DÉPART

Adresses utiles

En France

■ *Ambassade et consulat du Cambodge :* 4, rue Adolphe-Yvon, 75116 Paris. ☎ 01-45-03-47-20. Fax : 01-45-03-47-40. ● *ambcambodgeparis@mangoosta.fr* ● *ambcambodgeparis.info* ● Ⓜ *Rue-de-la-Pompe.* RER C : *Henri-Martin.* Lun-ven 9h-13h (pour le visa), 14h-17h. On peut y obtenir son visa en 48h (voir plus loin « Formalités ») et dans la journée avec un supplément de 15 €. Pour la Suisse, contacter également l'ambassade du Cambodge à Paris.

■ *Espace Cambodge :* 98, rue d'Aubervilliers, 75019 Paris. ● *espace.cambodge@wanadoo.fr* ● Ⓜ *Riquet.* Association s'adressant avant tout à la diaspora cambodgienne. On peut y consulter des ouvrages sur le pays et s'y procurer plusieurs plaquettes, dont 2 petites brochures sur la *Mentalité khmère* et *Une brève histoire du Cambodge* par François Ponchaud. Dispose d'un espace culturel. Artisanat.

■ *You Feng :* 45, rue Monsieur-le-Prince, 75006 Paris. ☎ 01-43-25-89-98. Ⓜ *Odéon.* Tlj sf dim 9h30-19h. Réduc de 5 % sur présentation de ce guide. Éditeur-libraire très sympa, spécialiste du Cambodge et de l'Extrême-Orient. Tous les ouvrages disponibles (en anglais et en français). Vend aussi cassettes et journaux.

■ *You Feng :* 66, rue Baudricourt, 75013 Paris. ☎ 01-53-82-16-68. Ⓜ *Tolbiac.* Tlj sf lun. Ce même libraire a ouvert un 2nd magasin au cœur du quartier chinois. Mêmes services avec dépaysement garanti !

En Belgique

■ *Ambassade du Cambodge :* av. de Tervueren, 264A, Bruxelles 1150. ☎ 02-772-03-72. Fax : 02-770-89-99. ● *recbelgium@yahoo.com* ●

Au Canada

■ Contacter l'*ambassade du Cambodge aux États-Unis :* 4530 16th St NW, Washington DC, 20011. ☎ 001-202-726-77-42. ● *embassyofcambodia.org* ● Lun-ven 9h-12h, 13h-17h.

En Thaïlande

■ *Ambassade du Cambodge :* 185 Ratchadamri Rd, Lumphini Patumwan, Bangkok 10330. ☎ 001-66-2-254-66-30. ● *recbkk@cscoms.com* ● Lun-ven 9h-11h. Entrée sur Sarasin Road, face au parc de Lumphini, dans une impasse.

Au Vietnam

■ *Ambassade du Cambodge :* 71A Tran Hung Dao St, Hanoi. ☎ (844) 942- | 47-89. Fax : (844) 942-32-25.

Au Laos

■ *Ambassade du Cambodge :* Thadeua Rd au km 2, BP 34, Vientiane. | ☎ (8562) 131-49-50. Fax : (8562) 131-49-51. ● recamlao@laotel.com ●

Carte internationale d'étudiant (carte ISIC)

Elle prouve le statut d'étudiant dans le monde entier et permet de bénéficier de tous les avantages, services, réductions étudiants du monde, soit plus de 37 000 avantages, dont plus de 8 000 en France, concernant les transports, les hébergements, la culture, les loisirs... c'est la clé de la mobilité étudiante !
La carte ISIC donne aussi accès à des avantages exclusifs sur le voyage (billets d'avion spéciaux, assurances de voyage, carte téléphonique internationale, cartes SIM, location de voitures, navette aéroport...).
Pour plus d'informations sur la carte ISIC et pour la commander en ligne, rendez-vous sur les sites internet propres à chaque pays.

Pour l'obtenir en France

Pour localiser un point de vente proche de chez vous : ● *isic.fr* ● ou ☎ 01-40-49-01-01.
Se présenter au point de vente avec :
– une preuve du statut d'étudiant (carte d'étudiant, certificat de scolarité...) ;
– une photo d'identité ;
– 12 €, ou 13 € par correspondance, incluant les frais d'envoi des documents d'information sur la carte.
Émission immédiate.

En Belgique

Elle coûte 9 € et s'obtient sur présentation de la carte d'identité, de la carte d'étudiant et d'une photo auprès de :
■ *Connections :* ☎ 02-550-01-00. ● *isic.be* ●

En Suisse

Dans toutes les agences *STA Travel* (☎ 058-450-40-00), sur présentation de la carte d'étudiant, d'une photo et de 20 Fs. Commande de la carte en ligne : ● *isic.ch* ● *statravel.ch* ●

Au Canada

La carte coûte 16 \$Ca ; elle est disponible dans les agences *TravelCuts/Voyages Campus,* mais aussi dans les bureaux d'associations étudiants. Pour plus d'infos : ● *voyagescampus.com* ●

Formalités

Visa

Un *visa* est obligatoire pour entrer au Cambodge. à une seule entrée, permet de séjourner 30 jours dans le pays. Sa durée de validité est de 3 mois à partir de la date d'émission. Il peut être prolongé une seule fois sur place auprès de l'***Immigration Department,*** situé à Phnom Penh (voir « Adresses et infos utiles » de cette ville).

– ***Visa périmé à la sortie du pays*** *(« overstay ») :* amende de 5 $ par jour. Toujours conseillé de ne pas accumuler les jours « illégaux » !

Pour obtenir un visa, 4 possibilités.

Par Internet

Le ministère cambodgien des Affaires étrangères et de la Coopération internationale a créé un *e-Visa* touristique qui permet d'obtenir un visa de tourisme par Internet. Au lieu de demander votre visa à l'ambassade, il vous suffit de compléter le formulaire et de régler par carte de paiement. Vous recevrez votre visa par courrier électronique. Il ne vous restera plus qu'à l'imprimer et le conserver sur vous durant votre séjour au Cambodge. Il faut disposer d'une photo d'identité scannée dans l'ordi et d'une carte de paiement.

● *mfaic.gov.kh* ● Cliquer sur « e-visa ».

Auprès de l'ambassade

– Pièces nécessaires : 2 photos d'identité, passeport (doit être valable 6 mois au-delà de la date de retour), photocopie du passeport, 22 € en espèces et un formulaire à remplir (téléchargeable sur le site de l'ambassade, voir ci-dessus). Délai de 48h au minimum. Visa par correspondance possible.

– Noter que le visa d'affaires (prix : 25 €), utilisé par la grande majorité des expats, d'une durée de séjour initiale de 30 jours comme celui de tourisme, est prolongeable sur de très longues périodes depuis le territoire cambodgien. Prix indicatifs pratiqués par le bureau de l'immigration (un peu moins cher dans les agences privées) : 75, 160 et 290 $ pour respectivement 3, 6 et 12 mois.

Dans une agence spécialisée

Voici trois agences spécialisées dans le service d'obtention de visas. En fonction du service demandé, des tarifs proposés et des rabais accordés à nos lecteurs, il ne vous reste plus qu'à sortir votre calculette !

■ ***Action-Visas.com :*** *10-12, rue du Moulin-des-Prés, 75013 Paris.* ☎ *01-45-88-56-70. Fax : 01-45-88-59-84.* ● *action-visas.com* ● Ⓜ *Place-d'Italie (sortie Bobillot). Lun-ven 9h30-12h, 13h30-18h30 ; sam 9h30-13h. Prix du service pour nos lecteurs : 14 € (soit une réduction de 13 à 21 € selon la destination), tarif unique par personne, quelle que soit la destination, en plus des frais consulaires (et des frais d'expédition si besoin). Il est impératif de fournir la copie de la page du guide avec la demande de visa pour que le tarif vous soit appliqué.* Cette agence sérieuse s'occupe d'obtenir votre visa pour toutes destinations. Délais rapides, traitement immédiat du dossier dès réception (aucune attente) et service fiable. Pour la province, demandez le visa par correspondance quelle que soit la destination. Possibilité d'imprimer les formulaires sur leur site et de suivre l'évolution de votre dossier en ligne. Par ailleurs, *Action-Visas* prélève 1 € de sa marge commerciale pour financer un projet humanitaire qui peut être suivi en direct sur leur site internet.

■ ***Home Visas :*** *55, av. Édouard-Vaillant, 92100 Boulogne-Billancourt.* ☎ *01-46-21-80-40. Fax : 01-46-21-01-15.* ● *homevisas.com* ● Ⓜ *Marcel-Sembat. Lun-ven 9h-13h30, 14h30-18h30 ; sam 9h30-12h30.* Prix du service : 26 € en délai normal et 58 € en urgent, de 1 à 4 passeports, quelle que soit la destination, en plus des frais consulaires (et des frais d'expédition si besoin) ; tarifs intéressants quand on est plusieurs. Possibilité d'imprimer les formulaires sur Internet. *Pour nos lecteurs, avec copie de cette page du* guide, tarif unique de 15 € par personne dès le premier visa (quelle que soit l'urgence).

■ *Visas Express :* 54, rue de l'Ouest, BP 48, 75661 Paris Cedex 14. ☎ 01-44-10-72-72 ou 0825-08-10-20. Fax : 01-44-10-72-73. • visas-express.fr • Ⓜ Pernety ou Gaîté. Lun-ven 9h-12h30 (9h30 par téléphone), 14h-18h ; sam 10h-12h30. Se charge de l'obtention de votre visa pour toutes destinations. Prix du service de 27 à 40 € en fonction de la destination, mais dégressif en fonction du nombre de passeports (par exemple en zone B, c'est 27 € pour un seul pas-

seport et 19 € au total pour 8 passeports supplémentaires). Intéressant donc lorsque l'on est plusieurs. À cela il faut ajouter les frais consulaires (et des frais d'expédition si besoin). Se charge de l'obtention de votre visa pour un grand nombre de destinations. Devis, téléchargement des formulaires, tarifs détaillés et suivi des dossiers sur leur site. On y trouve par ailleurs toutes les coordonnées et horaires des consulats, ce qui permet aux voyageurs d'obtenir leur visa par eux-mêmes s'ils le souhaitent. *Remise de 5 % sur le prix du service pour nos lecteurs.*

À l'arrivée

Le *visa on arrival* peut être obtenu à toutes les frontières terrestres et dans les aéroports internationaux. À ceux de Phnom Penh ou de Siem Reap, prévoyez une photo d'identité et 20 $ (ou 22 $ si vous arrivez sans photo). Aux frontières terrestres (voir plus loin « Comment y aller à partir du Sud-Est asiatique ? »), les prix varient selon le degré de petites entourloupes pratiquées. Ceux qui ne veulent pas y souscrire se muniront préalablement d'un visa. Et attention, assurez-vous que les frontières soient bien ouvertes.

Assurances voyage

■ *Routard Assurance :* c/o Avi International, 28, rue de Mogador, 75009 Paris. ☎ 01-44-63-51-00. • avi-international.com • Ⓜ Trinité-d'Estienne-d'Orves. Depuis 1995, *Routard Assurance,* en collaboration avec *AVI International,* spécialiste de l'assurance voyage, propose aux routards un tarif à la semaine qui inclut une assurance bagages de 2 000 € et appareils photo de 300 €. Pour les séjours longs (2 mois à 1 an), il existe le Plan Marco Polo. Depuis peu, également un nouveau contrat pour les seniors, en courts et longs séjours. *Routard Assurance* est aussi disponible en version « light » (durée adaptée aux week-ends et courts séjours en Europe). Vous trouverez un bulletin de souscription dans les

dernières pages de chaque guide.
■ *AVA :* 25, rue de Maubeuge, 75009 Paris. ☎ 01-53-20-44-20. • ava.fr • Ⓜ Cadet. Un autre courtier fiable pour ceux qui souhaitent s'assurer en cas de décès-invalidité-accident lors d'un voyage à l'étranger, mais surtout pour bénéficier d'une assistance rapatriement, perte de bagages et annulation… Attention, franchises pour leurs contrats d'assurance voyage.
■ *Pixel Assur :* 18, rue des Plantes, 78600 Maisons-Laffitte. ☎ 01-39-62-28-63. • pixel-assur.com • RER A : Maisons-Laffitte. Assurance de matériel photo et vidéo tous risques dans le monde entier. Devis basé sur le prix d'achat de votre matériel. Avantage : garantie à l'année.

Astuce en cas de perte ou vol

Qui n'a jamais redouté des vacances gâchées par la perte ou le vol de ses papiers d'identité, billets d'avion, assurances… ? Pour éviter de perdre de précieuses heures en tracasseries administratives, pensez à scanner tous vos documents indispensables une bonne fois pour toutes, puis à vous adresser les fichiers par e-mail. En cas d'urgence, vous aurez tout sous la main en un clic !

Comment y aller à partir du Sud-Est asiatique ?

De Thaïlande, Vietnam, Laos, Malaisie, Singapour, Hong Kong et Chine par avion

Consulter les rubriques « Arriver – Quitter. En avion » des chapitres Phnom Penh et Siem Reap.

Par voie terrestre et fluviale

Voir aussi « Quitter le Cambodge » à la fin du... Cambodge !
– *Avertissement :* état des routes, petites arnaques sur le tarif des visas ou sur le déroulement du voyage, il est toujours judicieux de se renseigner à nouveau sur place au sujet des pratiques frontalières, d'autant plus si on envisage un passage peu fréquenté.
– Exemple de petite arnaque : au poste de Hat Lek/Koh Kong, les préposés « affectent de ne pouvoir accepter » (sauf longs palabres) que des bahts et la somme de 1 200 Bts (soit 24 € environ !), à comparer avec le prix officiel de 20 $! Savoir aussi que les rabatteurs présents aux frontières (Koh Kong, Poipet) sont très pénibles. Refuser poliment mais fermement leur aide.

Du Vietnam

Les 2 postes principaux sont :
– Bavet (Cambodge) / Moc Bai (Vietnam).
– Kaam Samnor (Cambodge) / Ving Xuong (Vietnam). Compter 20-25 $. On peut aussi passer dans le sud à Preh Chah (Cambodge) / Ha Tien / Xa Xia (Vietnam). Idéal si vous êtes à Kep. Parfait ensuite pour rejoindre Chân Dôc (4-5h). Mais renseignez-vous d'abord pour être sûr que ce poste soit bien ouvert !
➢ *En bus et en bateau :* trajet ou circuit proposés par de nombreuses agences comme le *Sinh Café* ou *Saigontourist (Delta Adventure, 267, De Tham St, Ward Pham Ngu Lao ; ☎ (8)9202-107)* basées dans le « quartier routard ».
– *Exemple :* bus pour Can Tho (3h de trajet), puis bateau jusqu'à Châu Doc et nuit sur place. Le lendemain, 1er bateau jusqu'à la frontière de Vinh Suong, puis un autre (voire un rapide climatisé) pour Phnom Penh.
➢ *En bus seul :* là aussi, plusieurs compagnies dont *Saigontourist, Mekong Express.* Voir « Arriver – Quitter » à Phnom Penh. Très nombreux départs quotidiens (de 6h30 à 13h environ, 6h de trajet). Bus généralement directs. 75 km jusqu'à la frontière, puis 150 km jusqu'à Phnom Penh. Prix : 12 $ environ.

Du Laos

➢ *Par la route :* via le poste-frontière Veunkham / Dom Kramlor. Tout près du Mékong (voir « Le district de Siphandone » au Laos). Route bien meilleure que par le passé. En 2009, l'immigration laotienne ne délivrait pas de *visa on arrival* à la frontière du Cambodge, obligeant ainsi les routards à une démarche préalable auprès d'un consulat du Laos.

De Thaïlande

Bangkok est la porte d'entrée la plus utilisée pour le Cambodge. On y trouve d'ailleurs des vols secs et des circuits sur le Cambodge nettement moins chers qu'en Europe.

➢ *Par la route :* il existe 6 points de passage entre les deux pays. Les plus populaires sont Aranyanapratet-Poipet et Hat Lek - Koh Kong. Entrer par l'un et sortir par l'autre permet de visiter tout le pays sans revenir sur ses pas. Pour les autres points de passage (comme Chong Chom-O'Smach, etc.), voir « Quitter le Cambodge ».

– *Aranyanapratet-Poipet* (de 7h à 20h).

Avertissement : les formules de bus Bangkok - Siem Reap, achetées notamment dans les petites agences de Khao San, sont toutes empreintes d'arnaque. Prix intéressant, mais le bus traîne énormément, voire emprunte la frontière Ban Pakard - Païlin, pour débarquer dans la nuit à Siem Reap, dans une *guesthouse* « amie ». Jusqu'à 8h de retard sur un trajet normal ! **Il est donc conseillé de se débrouiller seul.** De Bangkok, prendre un bus matinal (avant 9h, c'est mieux) à la station de Mo Chit (de 170 à 220 Bts, soit 3,40 à 4,40 € ; départs de 4h à 18h ; 5h de route) ou un train depuis la gare de Hualamphong (50 Bts en 3e classe, soit 1 € ; départs à 6h et 13h ; 6h de voyage) jusqu'à Aranyaprathet. Puis *tuk-tuk* jusqu'à la frontière (80 Bts, soit 1,60 € ; 6 km) et passage de celle-ci à pied. De l'autre côté, ne pas suivre un rabatteur, mais marcher jusqu'au sens giratoire pour trouver bus (10 $) ou taxis collectifs (40 $ environ le véhicule entier) rejoignant Siem Reap.

– *Hat Lek - Koh Kong* (de 7h à 20h) : permet de rejoindre Sihanoukville ou Phnom Penh, entièrement par la route ou en partie en bateau. De Bangkok, rejoindre la station de bus d'Ekkamai. Prendre un bus pour Trat (de 8h30 à 22h30 ; 250 Bts environ, soit 5 € ; 5-6h de trajet). Arrivée au nouveau terminal de Trat (en dehors de la ville) d'où partent des vans pour la frontière (départs réguliers ; 110 Bts, soit 2,20 € ; 1h30 de route). Voir plus haut « Formalités. Visa. À l'arrivée » pour l'arnaque sur le prix. Rabatteurs particulièrement pénibles ; s'en débarrasser poliment mais fermement. Compter 100 Bts (2 €) à moto ou 200 Bts (4 €) pour un taxi entier (+ péage du pont : 0,30 € à moto et 1 € en voiture) jusqu'à la ville de Koh Kong. En franchissant la frontière dès son ouverture, on peut poursuivre son voyage dans la foulée vers Phnom Penh ou Sihanoukville (bus ou bateau de 8h). Plus tard, parfois un bus à 14h pour Sihanoukville ; sinon, il faut tenter sa chance en taxi public ou... passer la nuit à Koh Kong. Voir « Arriver – Quitter » et « Où dormir ? Où manger ? » à Koh Kong.

Vaccinations

Aucune vaccination n'est obligatoire pour les voyageurs en provenance d'Europe. Sont très fortement conseillées :

– être à jour pour les vaccinations « universelles », encore plus utiles là-bas. Diphtérie, tétanos, polio, coqueluche (Repevax ou Boostrix tetra) : un rappel tous les 10 ans. Hépatite B : immunité d'autant plus longue que la primovaccination a été faite tôt dans la vie (avant 20 ans, probable immunité à vie).

– Hépatite A (Havrix 1440 ou Avaxim) : absolument indispensable. Après la 1re injection (protectrice 15 jours plus tard, à quasiment 100 %), une 2de injection faite 6 à 18 mois plus tard entraîne probablement une immunité à vie.

– Typhoïde (Typhim Vi) : indispensable, sauf peut-être pour un très court séjour dans la capitale. Immunité : 3 ans. N.B. : vaccin combiné hépatite A + typhoïde = Tyavax.

– Séjours longs ou ruraux : vaccin préventif contre la rage. Attention, 3 injections nécessaires (J0, J7, J28). N.B. : peut être fait par tout médecin, délivré par tout pharmacien.

– Séjours ruraux de plus d'un mois, en particulier en période de mousson : vaccin contre l'encéphalite japonaise (Ixiaro®). 2 injections (J0, J28), en centre de vaccinations internationales ou en pharmacie sur prescription.

– Pour les **centres de vaccinations** partout en France, consulter notre site ● *routard.com/guide_voyage_page/66/les_vaccinations.htm* ●

ARGENT, BANQUES, CHANGE

Monnaie et change

– La devise cambodgienne s'appelle le *riel.* Cependant, **c'est le dollar de l'oncle Sam** (que nous abrègerons simplement $ dans cet ouvrage) **qui vous sera le plus utile dans le pays !** Tout le monde l'accepte depuis le passage des contingents de l'ONU qui en ont inondé le pays. On vous rend la petite monnaie en riels, ce qui permet d'avoir toujours des coupures des deux devises sur soi. Le change riels/dollars est à peu près stable. À titre indicatif (sous réserve de fluctuations) : compter 4 400 riels pour 1 $. Aux régions frontalières avec la Thaïlande, le *baht* (Bts) thaïlandais est aussi utilisé. Conversions usuelles pas trop difficiles : 1 $ = 36 Bts = 4 400 riels, soit 1 Bts = 122 riels. En général, tout se passe très bien, sans arnaques, après avoir enregistré cette petite mathématique. Essayer d'avoir un maximum de petites coupures (1 et 5 $) pour les tractations de base (*tuk-tuk,* repas, etc.). Attention aux dollars trop abîmés et aux billets douteux de 50 et 100 $.
– *L'euro* est monnayable dans les banques des grandes villes. On vous donnera un drôle de taux (exemple : 1,35 en 2009). Eh oui, il s'agit de celui de l'omniprésent billet vert (qu'on va vous remettre) et non pas du riel (sauf demande expresse) ! Avec 1 €, on aurait alors obtenu 5 500 riels environ (soumis au taux de change €/$). Remarquez qu'il est de toute façon peu intéressant de se trimballer avec une grosse somme en riels.

Cartes de paiement

– *Retrait d'argent :* les villes de Phnom Penh, Siem Reap Sihanoukville, Battambang – et, bientôt toutes les autres villes de province – voient apparaître les distributeurs automatiques, délivrant directement des... dollars à un très bon taux. C'est le **moyen de change le plus pratique.** L'initiative vient de *ANZ Royal Bank,* une banque moderne d'origine néo-zélandaise, mais les concurrents s'y mettent. Noter qu'il est presque toujours possible d'obtenir directement au guichet des banques une avance en espèces avec sa carte de paiement (avec ou sans 2 % de commission).
Petite mesure de précaution : si vous retirez de l'argent dans un distributeur, utilisez de préférence les automates attenants à une agence bancaire. En cas de pépin avec votre carte (carte avalée, erreurs de numéro...), vous aurez un interlocuteur à portée de tong, pendant les heures ouvrables du moins.
– *Paiement par carte :* de plus en plus utilisé dans les grands hôtels, restaurants haut de gamme, boutiques de luxe, agences de voyages, mais aussi dans de grosses *guesthouses,* certains supermarchés, etc. Comme dans tous les pays asiatiques, une commission supplémentaire (autour de 3 %) est prélevée. Gardez donc plutôt l'usage des cartes de paiement pour les grandes occasions. La *MasterCard* reste un peu moins répandue que sa concurrente *Visa.* Lors de l'utilisation du sabot, appliquer les précautions d'usage (vérifier la somme signée, la destruction de la facturette en cas d'annulation, etc.).
Quelle que soit la carte, chaque banque gère elle-même le processus d'opposition, et le numéro de téléphone correspondant ! Avant de partir, notez donc bien le numéro d'opposition propre à votre banque en France (il figure souvent sur votre contrat, au dos des tickets de retrait ou à côté des distributeurs de billets), ainsi que le numéro à 16 chiffres de votre carte. Bien entendu, conservez ces informations en lieu sûr (clé USB), et séparément de votre carte. L'assistance médicale se limite aux 90 premiers jours du voyage.
– *MasterCard :* assistance médicale incluse ; n° d'urgence : ☎ (00-33) 1-45-16-65-65. ● mastercardfrance.com ● En cas de perte ou de vol, composez le n° communiqué par votre banque ou, à défaut, le numéro général : ☎ (00-33) 8-92-69-92-92 pour faire opposition ; numéro également valable pour les autres cartes de paiement émises par le Crédit Agricole et le Crédit Mutuel.

– *Carte American Express :* en cas de pépin, ☎ (00-33) 1-47-77-72-00. Numéro accessible tlj 24h/24, PCV accepté en cas de perte ou de vol. • americanexpress.fr •
– *Carte Bleue Visa :* assistance médicale incluse ; n° d'urgence (Europ Assistance) : ☎ (00-33) 1-41-85-88-81. Pour faire opposition, contactez le numéro communiqué par votre banque. • carte-bleue.fr •
– Pour ttes les cartes émises par **La Banque Postale,** composez le ☎ 0825-809-803 (0,15 €/mn) ; pour les DOM ou depuis l'étranger : ☎ (00-33) 5-55-42-51-96.
– Également un numéro d'appel valable quelle que soit votre carte de paiement : ☎ 0892-705-705 (serveur vocal à 0,34 €/mn). Ne fonctionne ni en PCV ni depuis l'étranger.
– *Petite mesure de précaution :* si vous retirez de l'argent dans un distributeur, utilisez de préférence les distributeurs attenant à une agence bancaire. En cas de pépin avec votre carte (carte avalée, erreur de numéros...), vous aurez un interlocuteur dans l'agence, pendant les heures ouvrables du moins.

Chèques de voyage

Utilisables à Phnom Penh, Sihanoukville, Siem Reap, Battambang, Kampot et dans quelques autres villes, la plupart du temps uniquement s'ils sont libellés en dollars. **Proscrivez les euros,** sauf si vous souhaitez faire une visite de toutes les banques de la ville.

Western Union Money Transfer

En cas de besoin urgent d'argent liquide (perte ou vol de billets, chèques de voyage, carte de paiement), vous pouvez être dépanné en quelques minutes grâce au système *Western Union Money Transfer.* Pour cela, demandez à quelqu'un de vous déposer de l'argent en euros dans l'un des bureaux *Western Union* ; les correspondants en France de *Western Union* sont *La Banque Postale* (fermée sam ap-m, n'oubliez pas ! ☎ 0825-009-898, 0,15 €/mn) et *Travelex* en collaboration avec la *Société financière de paiement (SFDP,* ☎ 0825-825-842, 0,15 €/mn). L'argent vous est transféré en moins de 15 mn. La commission, assez élevée, est payée par l'expéditeur. Possibilité d'effectuer un transfert en ligne 24h/24 par carte de paiement (*Visa* ou *MasterCard* émise en France). • westernunion.com •

ACHATS

L'artisanat traditionnel a presque entièrement disparu pendant la guerre, mais certains tentent de le faire revivre. En attendant, il reste pas mal de souvenirs à rapporter, que vous trouverez surtout dans les nombreux marchés de Phnom Penh. Quelques beaux objets un peu anciens, en cherchant bien.
– Le *krama,* très beau foulard à carreaux en soie ou en coton, est une production typiquement cambodgienne, ainsi que le *sampot,* étoffe portée autour de la taille et les boussoles en faux ivoire ou en corne. Également en vente sur les marchés, des objets en bois sculpté, des statuettes en cuivre, des bijoux intéressants et des pierres précieuses (à condition de s'y connaître).
– *Les fripes* valent vraiment le coup : on trouve des chemises d'occasion en soie à des prix encore plus bas qu'en Thaïlande.
– Pour les nostalgiques de l'Indochine, les gamins des rues proposent de vieilles cartes du pays, des billets anciens et des livres en français photocopiés.
– Les cigarettes *Alain Delon :* bas de gamme, mais ça amusera les copains. Le slogan « A taste of France » est quelque peu mensonger puisqu'on ne les trouve même pas chez nous !
– À Angkor, tout le monde vend la même chose : illustrations rudimentaires sur carton, instruments de musique et figurines en toc. Prenez soin toutefois de vous munir d'un papier délivré par les sculpteurs pour la douane.

– Rappelons qu'il est strictement INTERDIT de sortir du pays des *antiquités* khmè-res : Angkor a été déjà suffisamment pillé ! Ne tentez surtout pas de rapporter le moindre caillou ramassé dans un temple ou une sculpture ancienne achetée sur le site : la douane fouille scrupuleusement les bagages à l'aéroport de Siem Reap...

Marchandage

Une vieille tradition asiatique à laquelle vous n'échapperez pas. Tous les prix se discutent, surtout dans les marchés. Un art qui demande un peu de patience et beaucoup de sourires (très important !). Deux raisons à cela : l'abolition de l'argent à l'époque khmère rouge, puis, plus récemment, l'excès inverse avec la flambée des prix due à l'incroyable pouvoir d'achat des forces onusiennes. Certains habi-tants en contact avec les étrangers ont donc pris l'habitude d'avancer des prix sans commune mesure avec les tarifs habituellement en vigueur dans la popula-tion. En revanche, au marché russe de Phnom Penh, les prix restent en général fort raisonnables.

Le marché répond logiquement à la loi de l'offre et de la demande : si vous êtes prêt à payer le prix annoncé, tant pis pour vous. Mais les habitants n'accepteront pas non plus de vous faire payer le prix qu'ils demandent à leurs compatriotes, ce qui est normal puisqu'ils savent que vous avez forcément plus d'argent qu'eux... À vous de faire la juste mesure entre ce que vous êtes prêt à mettre et ce qu'attend le vendeur.

En province, les habitants sont beaucoup moins gourmands, dans tous les domai-nes : il convient donc de ne pas y appliquer les mêmes principes. En règle géné-rale, renseignez-vous à votre arrivée dans le pays sur les prix pratiqués, pour savoir sur quelle base négocier.

BUDGET

Le Cambodge est un pays bon marché pour les routards. À 5-15 $, l'immense majo-rité des chambres que nous avons visitées étaient propres. Dans la catégorie « Prix moyens », on trouve souvent des établissements dignes de la catégorie « Plus chic ». En revanche, c'est vrai, les grands hôtels internationaux pratiquent des prix... internationaux. Même remarque pour les restos où les prix restent extrêmement abordables, ainsi que les moyens de transport (bus, train, minivan, moto-taxi, etc.). Chacun se rendra compte aussi que les prix des vêtements au marché russe de la capitale se révèlent incroyablement intéressants. Pays émergeant au tourisme bal-butiant, le Cambodge n'a pas encore intégré mentalement et économiquement les prix internationaux dans ses prestations (au contraire de l'Afrique et de certains pays de la Caraïbe, d'Amérique du Sud ou d'Amérique centrale, par exemple !). C'est pour cela qu'il est important de ne pas culpabiliser si le prix d'une course en *moto-dop* vous paraît incroyablement bon marché (500 ou 1 500 riels, c'est le prix que paient les autochtones). En résumé, en adoptant un mode de vie routard nor-mal, on peut visiter sans frustration le pays avec un petit budget. En prenant du temps, bien sûr, car les transports sont longs.

Hébergement

Attention, les fourchettes de prix sont plus élevées à Siem Reap et à Phnom Penh, tourisme oblige ! Les prix s'entendent pour 2 personnes.
- *Très bon marché :* de 3 à 5 $.
- *Bon marché :* de 5 à 10 $.
- *Prix moyens :* de 10 à 30 $.
- *Un peu plus chic :* de 30 à 50 $.
- *Plus chic :* plus de 50 $.
- *Spécial coup de folie :* plus de 80 $.

Nourriture

Prix par personne :
– **Bon marché :** de 2 à 7 $.
– **Prix moyens :** de 7 à 15 $.
– **Plus chic :** de 15 à 25 $.
– **Encore plus chic :** plus de 25 $.

Transports

Dans les villes

Consulter la rubrique « Comment circuler en ville ? ».

Dans le pays

– **Bus :** prévoir 0,02 $/km, soit 88 riels/km. Exemple : Phnom Penh - Siem Reap ou Battambang, à partir de 4 $.
– **Un siège en taxi :** prévoir 0,03 $/km, soit 132 riels/km. Exemple : Siem Reap - Battambang, 8 $ environ. Sur les pistes, prévoir 0,06 $/km, soit 264 riels/km, la place en taxi ou minivan. Exemple : Koh Kong - Sihanoukville ou Phnom Penh, 15 $.
– Location d'un **taxi entier :** multiplier le prix d'un siège par 5 au minimum, généralement par 7.
– **Location de véhicules** pour des excursions touristiques : voir « Transports en ville et sur le site d'Angkor » au chapitre « Siem Reap ».
– Une place en **bateau :** de 3 à 6 fois plus cher que le bus.
– **Avion :** 18 fois plus cher que le 1er prix en bus sur la ligne Phnom Penh - Siem Reap (75 $ environ), 7 fois plus que la compagnie *Mekong Express.* La nouvelle liaison Siem Reap - Sihanoukville (80 $) est plus « rentable », seulement 5 à 10 fois plus chère que le même trajet en bus.

CLIMAT

Comme tout pays tropical digne de ce nom, le Cambodge connaît deux saisons : la **période d'hiver (de novembre à mars)** et la **mousson d'été (d'avril à octobre).** La première est relativement sèche (avec une température autour de 25 à 30 °C) ; la seconde est très chaude (jusqu'à 35 °C) et surtout très humide (pluies violentes mais courtes, en fin de journée, et pas mal d'inondations). Avril et mai sont deux mois particulièrement étouffants.
En résumé, il fait (très) chaud toute l'année ! Mais la chaleur est plus facilement supportable en hiver (janvier est idéal), moment où les pluies sont très rares. La meilleure période pour partir est donc de novembre à mars.

À emporter

Toute l'année : vêtements légers en coton. Shorts, chemisettes, T-shirts, sandalettes (Pataugas pour Angkor), chapeau ou casquette (indispensable sur les sites), lunettes de soleil, crème solaire, lampe de poche (coupures fréquentes). Ne pas oublier que le Cambodge est l'un des premiers producteurs de textile au monde et que ce n'est pas la peine de surcharger la valise : vous trouverez sur place T-shirts, chemisettes, pantalons légers. Peu de grandes tailles toutefois pour les vêtements et chaussures. En été (saison des pluies) : ajouter un parapluie pliable ou un imper léger.

CAMBODGE UTILE

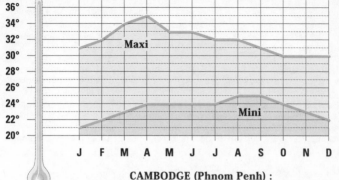

CAMBODGE (Phnom Penh) :
Moyenne des températures atmosphériques

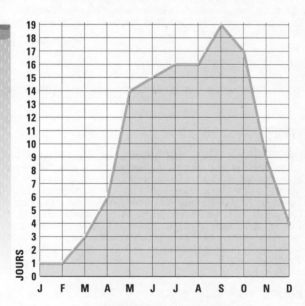

CAMBODGE (Phnom Penh) :
Nombre de jours de pluie

DANGERS ET ENQUIQUINEMENTS

Voici la liste des pépins qui ne vous arriveront jamais une fois que vous aurez lu ces lignes !

Après des années d'insécurité dues à la guérilla des Khmers rouges, le Cambodge est progressivement rentré, depuis 1998 (année de la fin des combats), dans une période de stabilité et de sécurité civile. Phnom Penh a connu une véritable métamorphose et quitté (durablement, on l'espère) le cercle des capitales dangereuses du monde. De même, Siem Reap, la région des temples d'Angkor et l'immense majorité des grandes villes sont devenues des destinations quasiment sûres. Jusqu'aux provinces reculées de *Kratie* et du *Ratanakiri* et, surtout, de *Païlin* (l'ancien fief des Khmers rouges) qui s'ouvrent de façon dynamique au tourisme, preuve s'il en est que le spectre de l'insécurité militaire et civile est désormais bien loin.

On peut donc se balader de façon autonome presque partout. Cela n'empêche pas de continuer à se méfier, comme dans n'importe quel autre pays, des pickpockets dans les marchés et les bus, des vols à l'arraché, ainsi que des quartiers excentrés un peu trop sombres. Les braquages armés sont de plus en plus rares mais pas encore à exclure. On donne la même consigne qu'en maints autres pays : pas de panique, ne pas tenter de résister, donner sur-le-champ l'argent ou la montre que vous avez eu la mauvaise idée d'exhiber au poignet. Concernant l'argent, ne jamais en emporter beaucoup en balade. Privilégier les petites coupures en dollars.

DÉCALAGE HORAIRE

L'heure locale au Cambodge est la même qu'au Vietnam, au Laos et en Thaïlande (pas de décalage horaire si vous arrivez de Bangkok) : 5h d'avance sur Paris en été, 6h en hiver. Quand il est 12h à Paris, il est donc 17h (en été) ou 18h (en hiver) à Phnom Penh.

ÉLECTRICITÉ

Pas de problème majeur. Les prises françaises s'adaptent parfaitement aux prises cambodgiennes.

HÉBERGEMENT

Détruite par vingt ans de guerre, puis squattée par les réfugiés rapatriés, l'infrastructure hôtelière est aujourd'hui restructurée. Des dizaines d'hôtels avaient poussé après l'arrivée de l'ONU, et les habitants avaient vite compris l'intérêt qu'ils pouvaient trouver en ouvrant des *guesthouses.* Après une flambée des prix pendant la « période UNTAC », les tarifs sont redevenus raisonnables une fois les Casques bleus partis. Pour l'instant, ni camping ni AJ dans le pays. Le meilleur rapport qualité-prix est proposé par les *guesthouses*, qui, pour une poignée de dollars, vous permettent souvent de vivre en proche contact avec des Cambodgiens. Assez chers (pour le pays), les hôtels sont généralement tenus par des Chinois ou des Thaïlandais.

ITINÉRAIRES

Inévitable, *4 à 5 jours à Siem Reap* pour visiter les temples d'Angkor. Prévoir 1 à 2 jours supplémentaires avec la route inconfortable pour les temples alentour, comme le Beng Mealea ou le Kbal Spean, et d'autres encore qu'on ne cesse de découvrir sous la jungle. *Battambang (2 jours),* ancienne capitale, pour d'autres temples et des tranches de vie quotidienne, et *Kompong Chhnang,* ses maisons sur pilotis et son village de pêcheurs. Puis suivre le Tonlé Sap en bateau pour rejoindre *Phnom Penh (4 jours),* ses marchés, son Palais royal et son beau musée ouvert au vent. Descente vers le sud : *Tonlé Bati, Phnom Chisor, Angkor Borei et Phnom Da,* d'autres temples khmers, villages de tisserands, *Kampot et le Bokor (5 jours), Kep et Sihanoukville* pour les vestiges coloniaux et les plages. Autre alternative, depuis Phnom Penh, *Kratie* sur le Mékong et le *Mondulkiri,* une nature sauvage *(5-6 jours).*

LANGUE

L'idiome officiel est le *khmer,* grammaticalement simple : il n'existe ni conjugaison ni genre ni nombre ni article. Ce sont les élèves qui doivent être heureux ! Ainsi, pour exprimer une action passée ou future, il suffit d'ajouter des adverbes avant ou après le verbe (hier, aujourd'hui, demain) ou des particules avant le verbe.

C'est avec la prononciation que tout se complique : le « r » est par exemple roulé en début et milieu de mot ; il est en revanche à peine audible quand placé à la fin ou carrément guttural. De même, le « tch » est tout juste esquissé et le « b » final se prononce entre le « b » et le « p ».

Pour ne rien arranger, l'écriture (d'élégantes volutes) est indéchiffrable pour qui n'a pas fait Langues O, l'alphabet étant issu du sanskrit... Rassurez-vous, (presque) tout est traduit en français ou en anglais dans les magasins, les restos et les édifices publics. N'oublions pas que le français est la deuxième langue du pays et que tous les textes administratifs sont traduits dans la langue de Rabelais.

Aujourd'hui, depuis le passage de l'ONU, les jeunes apprennent surtout l'anglais. Une rue de Phnom Penh, spécialisée dans les cours privés, a été baptisée « English Street » ! Mais le Centre culturel français attire tout de même près de 7 000 élèves. Il y a également beaucoup de francophones, généralement d'anciens exilés revenus au pays (les « Franco-Khmers »), dans l'Administration. Les motos-taxis connaissent quelques mots d'anglais, mais vous vous rendrez vite compte que la plupart ne comprennent pas grand-chose, excepté le montant de la course, accessoirement le nom des rues. Ils vous feront toujours croire qu'ils ont compris, donc faites attention !

Quelques rudiments de khmer ne vous seront pas inutiles, surtout en dehors de la capitale. On peut se procurer, dans les librairies de Phnom Penh ou auprès des gamins qui vendent des livres aux étrangers (dans les restos du centre), l'excellent petit lexique français-khmer de Pierre Guynot. Voici quelques mots indispensables, que nous vous conseillons de prononcer de différentes manières tant que vous n'êtes pas compris.

Vocabulaire de base

Expressions courantes

Bonjour	*souô sadaï*
Pardon	*somto*
Au revoir	*léa haï*
Pas de problème	*kmieun pagnha*
Merci (beaucoup)	*or koun (charan)*
Peut-être	*prohel*
Oui	*baat* (par les hommes) ou *chaah* (par les femmes)
Non	*tè*
Argent	*loï*
Combien ?	*ponman ?*
Je voudrais	*kioum choung ban*
S'il vous plaît	*som* (ou *someta* : plus poli)
Cher	*tlaï*
Encore	*tiièt*
Bon marché	*thaok*
Excusez-moi	*som toh*
Comment t'appelles-tu ?	*ta neak tchmo haï ?*
Je m'appelle...	*khniom tchmo...*

Au resto

Manger	*niam*
Viande	*satch*

Boire	*niam teuk*
Porc	*tchrouk*
Bouteille	*dâp*
Poulet	*moan*
Eau (pure)	*teuk (sot)*
Bœuf	*satchko*
Bière	*biia* (ou *beer* en anglais)
Sel	*amboel*
Riz que l'on achète	*baï*
Riz (que l'on mange)	*angkâr*
Fruit	*plètcheu*
Soupe	*sômlâ*
Banane	*tcheik*
Œuf	*po(r)ng* (!)
Fourchette	*sâm*
Poisson	*treï*
Lait	*teuk dâ ko chhao*

À l'hôtel

Hôtel	*santhakea*
Douche	*bantop teuk*
Chambre	*bantop*
Lumière	*ponlü*
Lit	*kré*
Moustiquaire	*mung*
Draps	*kom ral pou*
Savon	*sabou*

Sur la route

Bus	*lan krong*
Gare routière	*ben lan*
Vélo	*kâng*
Moto	*môtô*
Billet (pour)	*tinh sâmbot (theou)*
Petit bateau (pirogue)	*touk*
Grand bateau	*kapal*
Quand ?	*pel na ?* (ou *kal na ?*)
Voiture	*lan*
À quelle heure ?	*mâong ponman ?*
Gare	*sathani*
Où ?	*ti na ?*

Lieux

Ville	*ti krong*
Lac	*boeng*
Pagode	*wat*
Temple	*prasat*
Pont	*spiean*
Colline	*phnom*
Fleuve	*tonlé*
Rizière	*srê*
Port	*kompong*
Marché	*psaa(r)*
Banque	*th'niakia*
W-c	*bankone*

En cas de problème

Très urgent	*progna pnah*
Ambulance	*lan pèt*
Vite	*tchap tchap*

Médecin	*krou pèt*
Hôpital	*monti pèt*
Français	*barang*
Je suis français	*kniom chon cheat barang*

Nombres

Un	*mouï*
Deux	*pi*
Trois	*beï*
Quatre	*boun*
Cinq	*pram*
Six	*pram mouoï*
Sept	*pram pi*
Huit	*pram beï*
Neuf	*pram boun*
Dix	*dâp*
Onze	*dâp mouï*
Douze	*dâp pi*, etc.
Seize	*dâp pram mouï*
Dix-sept	*dâp pram pi*, etc.
Vingt	*mapeï*
Vingt et un	*mapeï mouï*, etc.
Trente	*samsap*
Quarante	*sairsap*
Cinquante	*asap*
Soixante	*oksap*
Soixante-dix	*tchetsap*
Quatre-vingts	*pètsap*
Quatre-vingt-dix	*kaosap*
Cent	*mouï roï*, etc.
Mille	*mouï poan*, etc.

– Faux amis : même si le français a quelques adeptes parmi les Cambodgiens, attention aux faux amis et ne vous méprenez pas sur le sens de « en kouille », par exemple, qui signifie tout simplement « asseyez-vous ».

LIVRES DE ROUTE

Romans, récits

– *Un barrage contre le Pacifique :* de Marguerite Duras (Folio, n° 882, 1977, 364 p.). Porté à l'écran par René Clément quelques années après sa parution en 1950, il faut surtout relever l'adaptation récente (2008) du cinéaste franco-cambodgien Rithy Panh. Dans ce roman autobiographique, Marguerite Duras nous immerge dans l'ambiance du Cambodge de l'époque coloniale en relatant l'histoire d'une famille française marquée par le déclassement social.
– *La Voie royale,* d'André Malraux (Livre de Poche, n° 86, 190 p.). Quelque part au Cambodge serpentent les restes de ce qui fut la Voie royale, la route mythique et disparue qui reliait, à travers la jungle, Angkor au bassin de la Menam, la route des temples khmers, somptueux et inviolés. Dans cette région sauvage iront se perdre un archéologue et un vieil aventurier unis par leurs quêtes parallèles, à la recherche d'inestimables sculptures de grès. Récit semi-autobiographique fiévreux et sombre, magnifique roman d'aventures.
– *Le Bruit de nos pas* (Grasset, 1992) et *Nos vingt ans* (Grasset, coll. « Cahiers Rouges », n° 238, 1996, 210 p.), de Clara Malraux. Avoir la vingtaine dans les années 1920. L'ex-femme du célèbre ministre de la Culture du grand Charles dédie ses mémoires aux beatniks deux ans avant Mai 68. Carnet de route d'un jeune écrivain ambitieux et d'une petite (par la taille !) bourgeoise juive attirés par les voya-

ges et les œuvres d'art. Malraux organise une expédition à Angkor pour aller dérober des statues et les revendre aux antiquaires. Tout ne se passe pas comme prévu. Il manque de croupir dans les geôles de Phnom Penh, mais un manifeste d'intellectuels (Aragon, Mauriac, Breton, etc.) prend fait et cause pour sa libération.

– **Jarai,** de Loup Durand (Kailash, 2006, 503 p.). Heureuse initiative de l'éditeur de Pondichéry que cette réédition d'un roman dont l'action se déroule dans le Cambodge du début des années 1970. On peut à la fois le considérer comme un roman d'aventures mais aussi comme un récit initiatique ! Tout premier voyageur au Cambodge se doit de l'avoir lu et tout résident de le relire car il est à la fiction ce que fut l'essai de Charles Meyer *Derrière le sourire khmer* (une rareté très recherchée), une mine d'informations et de réflexions pour mieux appréhender ce pays mystérieux.

– **Le Roi lépreux,** de Pierre Benoit (Kailash, 1999, 306 p.). L'auteur de *L'Atlantide* inventait le polar archéologique dans les années 1930 avec ce *road-book,* dont le thème se résume à une question : pourquoi la statue de ce roi lépreux présente un visage souriant alors que les peintures le représentent avec un air soucieux ? Un trio composé d'une danseuse apsara, d'un conservateur français et d'une milliardaire américaine s'attache à dénouer cette énigme.

– **La Montagne rituelle,** d'Yves Di Manno (Flammarion, 1998, 336 p.). L'histoire d'un architecte dont la mission à Angkor se transforme peu à peu en enquête archéologique semée de mystères... Véritable voyage initiatique, ce roman d'aventures écrit par un amoureux du Cambodge renoue avec la tradition du réalisme magique.

– **L'Archéologue,** de Philippe Beaussant (Gallimard, 1978, 143 p.). Mordu par un serpent, un archéologue se meurt sur les berges du Nil. Son passé lui revient, en particulier son itinéraire cambodgien. Dans un long monologue philosophique passionnant et superbement écrit, où il est tout autant question de musique que d'archéologie, le narrateur sonde avec une rare acuité l'âme khmère et l'essence de son expression artistique.

– **Eaux et lumières :** journal du Mékong cambodgien de Georges Groslier (éditions La Bibliothèque, 2008, 200 p.). Réédition d'une perle : le fondateur et directeur des Arts cambodgiens entreprend en cette année 1929 un voyage unique que plus personne ne réalisera après lui : naviguant sur le Mékong, il s'arrête de pagode en pagode, pour nous donner l'un des récits les plus sensibles et proches du peuple khmer jamais écrit par un *barang* (mais Groslier était né au Cambodge, parlant la langue et connaissait parfaitement sa culture).

– **Le Saut du Varan,** de François Bizot (Flammarion, 2006, 297 p.), un polar historique qui met en scène deux hommes, un inspecteur et un ethnologue, amenés à enquêter sur le meurtre d'une jeune Cambodgienne sur fond de traditions et de terres ancestrales.

Histoire et civilisations

– **Les Khmers,** de Bruno Dagens (Les Belles Lettres, 2003, 336 p.). Un vrai jeu de piste ayant pour thème dans la culture khmère. Tant d'érudition en si peu de pages et exposée d'une façon aussi simple et ludique mérite le respect. À consulter pour devenir incollable sur les us et coutumes et l'histoire du Cambodge.

Sur la période khmère rouge

– **Cambodge année zéro,** de François Ponchaud (Kailash, 1998, 313 p.). Le récit jour par jour de la prise de Phnom Penh par les Khmers rouges en 1975, puis de la déportation de toute la population vers les campagnes. Un document implacable, écrit avec la plus grande objectivité par le père Ponchaud, témoin de ces moments tragiques. On assiste en détail, à travers les recoupements des témoignages de réfugiés, à l'exécution de l'un des programmes politiques les plus radicaux du siècle. Édifiant.

– **Le Portail,** de François Bizot (Folio, n° 3606, 2002, 448 p.). Ethnologue, membre de l'École française d'Extrême-Orient, l'auteur est fait prisonnier au Cambodge par les Khmers rouges, en 1971. Enchaîné, il passe 3 mois dans un camp. Il est interrogé par Douch, le tortionnaire, plus tard directeur de la prison S-21 et responsable de 17 000 morts. À la chute de Phnom Penh, les Khmers rouges le nomment interprète des réfugiés qui se sont retranchés à l'ambassade de France. Il démontre ici les mécanismes de l'épouvante du régime khmer rouge et fait tomber le masque du bourreau monstre, qui, grâce à une écriture splendide, redevient presque humain.

– **Tu vivras mon fils,** de Pin Yathay (Archipel, 2000, 299 p.). Récit autobiographique du passage miraculeux d'un jeune ingénieur à travers les mailles sanglantes de l'univers concentrationnaire des Khmers rouges. De l'évacuation de Phnom Penh jusqu'à la fuite à travers la jungle vers la Thaïlande, l'odyssée tragique d'un homme ordinaire propulsé chef d'un clan familial qui sera entièrement décimé, compose un véritable manuel de survie allant jusqu'à traiter les cas de conscience les plus douloureux. Un des meilleurs exemples de cette littérature.

– **Une enfance en enfer, Cambodge 17 avril 1975 – 8 mars 1980,** de Malay Phcar (J'ai Lu, 2007, 282 p.). L'auteur n'avait que 9 ans quand les Khmers se sont emparé de Phnom Penh en 1975. Une vision de l'intérieur avec les yeux d'un enfant. Le travail forcé et toutes ses horreurs. Émouvant. En regard de cet ouvrage poignant, **D'abord ils ont tué mon père,** de Loung Ung (2002, Plon, 280 p.). Même point de vue de l'enfant, même horreur.

B.D.

– En plus des récits des rescapés cités ci-dessus, il faut lire la trilogie de **Séra,** auteur de B.D. franco-khmer, imprégnée du traumatisme cambodgien et très documentée (cartes, plans, bibliographie). Le style de l'illustrateur inspiré par la photographie, aux tonalités sombres et angoissantes, accentue l'horreur et les tourments, en prenant parfois le pas sur la narration.

– **Impasse et rouge** (Albin Michel, 2003, 104 p.). La chute de la République khmère de Lon Nol.

– **L'eau et la terre : Cambodge 1975-1979** (Delcourt, 2005, 102 p.). Le Cambodge durant les années de plomb de l'autogénocide.

– **Lendemains de cendres : Cambodge 1979-1993** (Delcourt, 2007, 112 p.). La fin du régime de Pol Pot et la fuite des premiers réfugiés vers la Thaïlande.

Actualité économique et sociale

– **Cambodge contemporain,** sous la direction d'Alain Forest (Indes Savantes/Irasec, 2008, 525 p.). Au sein de cette somme pluridisciplinaire, on retiendra, entre autres, le chapitre très instructif « Pour comprendre l'histoire contemporaine du Cambodge », signé Alain Forest, l'un des meilleurs connaisseurs francophones du pays.

Sur Angkor

Quelques ouvrages indispensables pour mieux comprendre le Cambodge, avant et après votre voyage... Cette liste n'inclut pas tous les livres consacrés à Angkor, trop nombreux. Vous en trouverez sur place, la plupart épuisés en France, photocopiés par des revendeurs cambodgiens... L'un des plus réputés est celui de Maurice Glaize, **Monuments du groupe d'Angkor** (J. Maisonneuve, 1993, 298 p.), disponible à l'aéroport et au marché Psa Chaa de Siem Reap ou directement sur les sites.

– La référence est l'ouvrage de Jean Laur, **Angkor, temples et monuments** (Flammarion, 2002, 391 p.). Ancien conservateur du site, il a répertorié chaque emplacement avec minutie et passion. Un beau livre assez lourd, plutôt à consulter avant ou après le voyage. On trouve cet ouvrage en solde.

– ***Angkor, la forêt de pierre,*** de Bruno Dagens (Gallimard, coll. « Découvertes » n° 64, 1989, 192 p.). Le plus accessible (financièrement) des livres illustrés consacrés à Angkor. Un panorama complet du site le plus mythique d'Asie du Sud-Est, de sa découverte par un voyageur chinois jusqu'au vandalisme actuel qui le menace. Aucune figure ne manque : archéologues héroïques qui consacrèrent leur vie aux temples, écrivains inspirés par la magie des lieux, grands de ce monde en pèlerinage obligatoire ou simples balayeurs dévoués... Reproductions superbes de cartes et gravures anciennes.

– ***Angkor,*** de Marillia Albanese, dans la collection des guides de voyage culturels du *National Geographic* (2006, 290 p.). Superbement illustré, cet ouvrage pas trop encombrant détaille chaque temple avec force plans et itinéraires.

Langues, guides

– ***Parler le cambodgien, comprendre le Cambodge,*** de Pierre-Régis Martin. Disponible uniquement sur place (librairie « Carnets d'Asie », Mekong Libris). En plus de la partie langue pure, permet aussi d'en savoir plus sur les coutumes et la mentalité khmères.

– ***Guide total des routes du Cambodge :*** disponible sur place (« Carnets d'Asie », Mekong Libris). Élaboré avec le concours du ministère des Transports cambodgiens. Il faut bien cela pour produire une vingtaine de pages de plans étalonnés GPS à l'échelle 1/500 000, avec des légendes bilingues, et autant de pages d'informations touristiques relatives et utiles, le plus à jour possible (3e édition, 2006). Un bel outil (nouvelle édition en 2009).

Sur la cuisine cambodgienne

– ***La Cuisine du Cambodge avec les apprentis de Sala Baï,*** de Joannès Rivière (éd. Philippe Picquier, 2008, 171 p.). Voici le livre de recettes de l'école hôtelière de l'association Agir pour le Cambodge (voir « Aide humanitaire »). Vous pourrez désormais reproduire ce que vous aurez eu la chance de goûter sur place au resto d'application *Sala Bai* (voir également « Où manger à Siem Reap ? »). Les droits d'auteur de l'ouvrage seront intégralement reversés à Agir pour le Cambodge : *148, rue du Faubourg-Saint-Denis, 75010 Paris.* ● *contact@agirpourlecambodge.org* ● *agirpourlecambodge.org* ●

– ***Le vrai goût du Cambodge :*** une traversée du pays en 50 recettes de Céline Anaya Gauthier (Aubanel, 2008, 159 p.). Ouvrage très illustré au titre explicite puisqu'il s'agit aussi d'un beau livre sur le pays khmer.

PHOTOS

Les temples d'Angkor, les marchés de Phnom Penh, les habitations du lac Tonlé Sap et tous les enfants du Cambodge sont des sujets hautement photogéniques ! Très belle lumière le matin et le soir. Le must : le coucher de soleil sur Angkor Wat ou au bord du Mékong. On trouve des cartes-mémoire dans certaines boutiques de Phnom Penh ou sur le site d'Angkor, à des prix assez intéressants. Par courtoisie, demandez toujours aux gens (y compris aux bonzes et aux vieillards) s'ils vous autorisent à les photographier (un signe et un sourire suffisent). S'ils ont quelque chose à vendre, achetez-leur une babiole pour les remercier de la faveur qu'ils vous font. Quant aux moines, donnez-leur une obole en signifiant bien que c'est pour l'entretien du temple.

POSTE

– Coût du timbre pour la France : 2 800 riels.
– Délai de livraison approximatif : compter 15 jours.

– Coût du colis de 5 kg par avion : 140 $. Pas de livraison terrestre.
– Délai de livraison approximatif : 1 mois et plus.
– Horaires d'ouverture et de fermeture de la poste de Phnom Penh et dans les autres villes de province : lun-ven, 7h-18h.

POURBOIRES

Ce n'est pas une tradition répandue, mais les hommes de l'ONU ont habitué le personnel des bars et des restos (surtout à Phnom Penh) à en recevoir. Il est toujours apprécié par les gardiens de parking quand le stationnement est « gratuit ». Cela dit, vous ne vexerez personne en ne laissant pas de pourboire. L'essentiel est de payer.

SANTÉ

Dans un pays ruiné comme le Cambodge, la situation sanitaire est évidemment déplorable. Outre le problème, particulier, des mines (voir, plus haut, la rubrique qui leur est consacrée), la population connaît les ravages du paludisme, de la malnutrition, du sida, de la tuberculose, actuellement première cause de mortalité, et de la rage (pays le plus touché par cette maladie). Voilà, grosso modo, les risques principaux encourus dans le pays... Pas de parano excessive toutefois, les règles élémentaires d'hygiène et les précautions alimentaires habituelles vous préserveront dans la plupart des cas.
– Traitement antipaludique préférable, même si le *paludisme* affecte surtout les zones rurales. Ne pas prendre cette maladie à la légère ! Ainsi, si à Phnom Penh et à Siem Reap il n'y a quasiment pas de paludisme intra-muros, les moustiques vecteurs sont bel et bien présents sur le site d'Angkor, où vous ne manquerez certainement pas d'aller admirer un coucher de soleil... l'heure où se réveillent les moustiques !
N'oubliez pas de porter des vêtements couvrants si possible imprégnés d'insecticides (chemise à manches longues et pantalon) lorsque la nuit tombe et d'utiliser des répulsifs et une moustiquaire imprégnée d'insecticide (moustiquaire souvent fournie dans les hôtels mais rarement imprégnée ; emportez la vôtre !). Pour le traitement préventif, la résistance des souches évoluant constamment, il est plus prudent de demander conseil à un médecin. En cas de fièvre pendant ou après le voyage, consultez d'urgence un spécialiste. Utilisez donc abondamment des répulsifs antimoustiques efficaces (à base de DEET 30-50 %). Demandez conseil à votre médecin ou à votre pharmacien. Il est conseillé de s'enduire les parties découvertes du corps et de renouveler fréquemment l'application toutes les 4h.
– *L'eau* est le principal vecteur de maladies. On ne le répétera jamais assez, NE BUVEZ JAMAIS L'EAU DU ROBINET. Vérifiez bien que les bouteilles d'eau (purifiée) que l'on vous propose sont fermées. Si elles ont été décapsulées avant d'être placées sur votre table, refusez-les. Le cas des glaçons est délicat : à proscrire systématiquement en dehors des villes, sous peine de prendre des risques ; ailleurs, seuls ceux qui ont un trou à l'intérieur sont à priori sûrs car fabriqués industriellement. Éviter autant que possible les glaçons cassés, venant généralement de gros pains de glace peu stériles, bien que ceux-ci aient pu être fabriqués dans des conditions d'hygiène acceptables (endroits bien tenus ou chic).
Se munir éventuellement d'une gourde et de pastilles purifiantes *(Micropur DCCNa®)* ou d'un filtre microbien (Katadyn).
– *Les aliments* sont l'autre source de problèmes : dysenterie, amibiase, etc. Le choix des restaurants s'avère donc primordial : si c'est vraiment très sale, fuyez ! Un endroit vide doit être considéré comme louche. À Phnom Penh, les estomacs fragiles préféreront sans doute les restos occidentaux, non par conservatisme mais par mesure d'hygiène. Ne pas exagérer, on trouve tout plein de bonnes et fiables adresses khmères. Évitez les crudités, les légumes non bouillis, les viandes pas

cuites en général, le porc et le poulet (à cause des risques de grippe aviaire, assurez-vous qu'il soit bien cuit), les coquillages et les abats. De même pour les glaces et fruits déjà épluchés. N'oubliez pas que les restos de catégorie « Plus chic » ont souvent des générateurs : leurs aliments souffrent donc moins des coupures de courant (fréquentes, surtout en saison chaude). Si vous allez dans les adresses bon marché (on ne vous le déconseille pas, ce serait dommage de ne pas goûter la vraie cuisine khmère), il est plus prudent de choisir une échoppe qui dispose de l'eau courante, et de commander des soupes, du riz, du poulet et des viandes bien grillées. Aujourd'hui, le traitement d'une turista simple de l'adulte repose sur l'association d'un antibiotique en une prise, une seule fois : *Ciflox* ou *Oflocet* (2 comprimés), et d'un ralentisseur du transit intestinal : le lopéramide ou *Imodium* (2 gélules, puis 1 gélule après chaque selle non moulée, sans dépasser 8 par 24h).

– Des médicaments stoppant les diarrhées peuvent être achetés en pharmacie sans ordonnance avant votre départ.

– Contre le mal des transports, mieux vaut s'équiper, avant de partir, d'un antinauséeux et antivomissements.

– *Le soleil* tape fort au Cambodge, surtout à Angkor : couvrez-vous la tête et n'oubliez pas votre crème solaire. Buvez beaucoup d'eau (purifiée) ou de Coca Cola pour éviter la déshydratation.

– La bilharziose et certaines parasitoses s'attrapent lors des *baignades.* Éviter de plonger dans le Mékong, bien que sur le plan sanitaire celui-ci puisse en remonter à la Seine !

– Pour éviter les morsures de *serpents,* porter des chaussures montantes et marcher en faisant du bruit. Éviter les sandalettes à Angkor. On trouve aussi des *scorpions* dans les temples : pas de panique, il suffit de ne pas mettre ses mains n'importe où (sous les cailloux notamment).

– En cas de *problème médical,* ne vous fiez pas trop aux pharmaciens du pays (certains vendent des médicaments périmés ou contrefaits et ils ne sont pas plus pharmaciens que vous, bien souvent) ou aux hôpitaux (sous-équipés). Demandez conseil à votre ambassade, qui connaît les bonnes adresses. Si vous avez un pépin sérieux, prenez le premier avion pour Bangkok, qui possède les meilleurs hôpitaux de la région.

– *Les pharmacies :* il en existe de 2 types, les A et les B. Les premières sont tenues par des pharmaciens diplômés qui proposent théoriquement de vrais médicaments. Le problème, c'est qu'il n'y en a quasiment pas. Voir « Adresses et infos utiles » à Phnom Penh. Les secondes (les B) ne sont que des revendeurs de médicaments. Il faut savoir que la plupart d'entre eux sont des faux souvent fabriqués au Vietnam. Ces contrefaçons, sorte de placebos dans le meilleur des cas, toxiques dans le pire, ont la forme, le goût, la couleur et l'emballage des médicaments qu'ils copient et sont, de manière générale, sans efficacité ou de moindre efficacité que les originaux. De plus, il arrive parfois que certaines contrefaçons soient dangereuses et violentes. Une prudence certaine est donc de rigueur dans ce domaine. Pour les gros bobos, adressez-vous aux hôpitaux où interviennent des médecins européens. L'hôpital Calmette et l'Institut Pasteur à Phnom Penh sont très sérieux. À Siem Reap, la pharmacie de l'hôpital est tenue par des personnes de Médecins sans frontières. Donc, c'est tout simple, éviter les petites pharmacies de rue, même si les médicaments qu'on vous y propose vous semblent familiers.

■ Les produits et matériels utiles aux voyageurs, assez difficiles à trouver, peuvent être achetés par correspondance sur le site ● *sante-voyages. com* ● Infos complètes toutes destinations, boutique en ligne en paiement sécurisé, expéditions *Colissimo Expert* ou *Chronopost.* ☎ *01-45-86-41-91 (lun-ven 14h-19h).*

■ *Espace dépôt-vente : Acces Pro Visas, 26, rue de Wattignies, 75012 Paris.* ☎ *01-43-40-11-34.* ● *acces pro-visas.fr* ● Ⓜ *Dugommier ou Daumesnil.*

Centres de vaccination

Pour les centres de vaccination partout en France, consulter notre site internet ● *astrium.com/centres-de-vaccinations-internationales.html* ●

SITES INTERNET

Infos pratiques

● *routard.com* ● Tout pour préparer votre périple, des fiches pratiques, des cartes, des infos météo et santé, la possibilité de réserver vos prestations en ligne. Sans oublier *Routard mag*, véritable magazine avec, entre autres, ses carnets de route et ses infos du monde pour mieux vous informer avant votre départ. Le forum regorge de conseils et bons plans échangés entre les routards.

● *vivrekhmer.free.fr* ● Un cybervillage khmer ! Des infos mises à jour pour suivre l'actualité du pays, une « avenue de la culture », la liste des projets humanitaires. Et plein d'autres choses encore !

● *khmer-network.com* ● Un peu dans le même esprit que le site précédent. Un forum, des liens, un peu de culture, des actualités, les programmes des radios et TV cambodgiennes. Encore en développement.

● *tourismcambodia.com* ● Site gouvernemental en anglais sur l'histoire, la culture, les traditions et des infos touristiques.

● *talesofasia.com/cambodia.htm* ● Un site complet de rapport de voyages, d'infos sur tout le territoire cambodgien (autres pays également). Du Nord à l'Ouest en passant par le Sud, vous saurez tout. Monnaie, argent, visas. Très riche. En anglais.

● *canbypublications.com* ● Le site des gratuits *Visitors Guide* (existe pour Phnom Penh, Sihanoukville et Siem Reap). Vivant de la pub, la couverture des adresses n'y est pas neutre. Plein d'infos pratiques, en revanche. En anglais.

Culture et traditions

● *http://vorasith.online.fr/cambodge* ● De très bonnes pages érudites mais parfaitement lisibles sur la culture khmère et l'histoire du pays.

● *capsurlemonde.org/angkor* ● Les principaux temples d'Angkor (site assez succinct) : photos et histoire...

Actualités

● *cambodiadaily.com* ● Journal cambodgien pour avoir des nouvelles, mais en anglais.

● *missioneco.org/cambodge* ● Infos sur les secteurs économiques du pays, conseils juridiques notamment pour implantation d'entreprises...

● *cambodiajournal.com* ● Journal en ligne présentant l'actualité asiatique en anglais.

● *yellowpages-cambodia.com* ● Les pages jaunes du Cambodge. Peut être utile. Lancer une recherche par catégorie marche parfois mieux.

TÉLÉPHONE, TÉLÉCOMS

Les télécommunications au Cambodge se sont considérablement développées depuis l'ouverture économique. Les portables sont partout ! C'est d'ailleurs souvent le meilleur moyen pour communiquer, le réseau téléphonique fixe souffrant encore de quelques faiblesses.

Téléphones portables

Le Cambodge est assez bien couvert, et ce par plusieurs opérateurs locaux. Renseignez-vous auprès du vôtre sur la possibilité d'un *roaming* local afin d'utiliser votre abonnement habituel sur place. Attention toutefois, c'est cher et vous paierez aussi à la réception ! Les inconditionnels malins du portable apprendront que s'il est théoriquement interdit à un étranger d'acheter une puce cambodgienne, il suffit en pratique de trouver un autochtone prêt à servir d'intermédiaire. Les conducteurs de *moto-dop,* par exemple, le font facilement moyennant une petite com'. Une carte SIM locale coûte à partir de 5 \$, elle se recharge grâce à des cartes prépayées disponibles partout. Équipé ainsi, avec un portable débloqué, on peut : être joint sans payer soi-même, passer un coup de fil local comme les autochtones et même appeler l'étranger à des tarifs très intéressants (0,30 \$/mn) via des indicatifs spéciaux remplaçant le 001, tel le 177 pour *Mobitel.* **Attention :** il est possible de faire débloquer son portable sur place, mais il vaut mieux se renseigner sur les conséquences de cet acte. Autant utiliser un vieux boîtier délaissé. Autre option, la location de portable, possible auprès de certains magasins de Phnom Penh.

Urgence : en cas de perte ou de vol de votre téléphone portable

Suspendre aussitôt sa ligne permet d'éviter de douloureuses surprises au retour du voyage ! Voici les numéros des trois opérateurs français, accessibles depuis la France et l'étranger :
– **SFR :** depuis la France, ☎ 1023 ; depuis l'étranger, ☎ + 33-6-1000-1900.
– **Bouygues Télécom :** depuis la France comme depuis l'étranger, ☎ 0-800-29-1000 (remplacer le « 0 » initial par « + 33 » depuis l'étranger).
– **Orange :** depuis la France comme depuis l'étranger, ☎ + 33-6-07-62-64-64.
Vous pouvez aussi demander la suspension depuis le site internet de votre opérateur.

Services

– Près des postes, on trouve quelques cabines internationales à cartes (elles s'achètent dans ces mêmes établissements) qui fonctionnent bien. Prix : 2,70 €/mn avec le 001 (!), un peu moins avec le 007. Réduction de 20 % le week-end, mais ça reste tout de même hors de prix (voir ci-dessous) !
– Il vaut bien mieux se diriger vers les boutiques Internet qui proposent des connexions téléphoniques à moindre coût via la toile, depuis un poste de téléphone à disposition ou à partir d'un ordinateur équipé d'un logiciel du type « Skype ». Prix moyens constatés : 500 riels/mn (soit 7 \$/h) pour joindre un numéro de fixe français, le triple pour appeler un portable. Seul inconvénient éventuel : communication pas très bonne ou phénomène de double écho (mais on s'y fait).
– Les n°s commençant par **011, 012, 015, 016, 099, 089 et 092** sont des **n°s de portables** locaux. Voir sous Phnom Penh au sujet des minikiosques à portables de rue (présents également dans les autres villes).
– Vous pourrez envoyer un *fax* depuis les postes des grandes villes ou les grands hôtels.
– **France → Cambodge** (1 €/mn le week-end et 1,40 €/mn en semaine) : 00 + 855 + indicatif de la ville (sans le « 0 ») + n° du correspondant.
– **Cambodge → France :** 001 (ou 007, moins cher) + 33 + n° du correspondant (9 chiffres : ne pas composer le « 0 » initial.
– **Cambodge → Cambodge :** les n°s de **postes fixes** comportent 9 chiffres. Ceux de mobiles, en général idem, mais les 10 chiffres commencent à apparaître. Les 3 premiers chiffres des fixes correspondent à l'indicatif de la zone, qu'il n'est pas nécessaire de composer pour les communications intra-urbaines. Pour celles-ci, compter de 40 à 160 riels/mn, pour l'interprovincial, de 240 à 320 riels/mn.

Internet

On trouve désormais de très nombreux cybercafés (ou salles de jeux en ligne) dans les villes. Les prix oscillent de 0,35 à 1 $/h.

TRANSPORTS

Train

Une ligne de chemin de fer relie le sud au nord-ouest du pays, de Sihanoukville à Poipet, en passant par Kampot, Takeo, Phnom Penh, Pursat, Battambang et Sisophon. Elle souffrit énormément pendant les années de guerre, puis d'un manque d'entretien.
Des travaux de rénovation sont en cours. Réouverture prévue courant 2011, si tout se passe bien !

Bus

De plus en plus de bus vont chaque jour vers Sihanoukville, Kampot, Siem Reap, les frontières thaïes, vietnamiennes, laotiennes, etc. Les compagnies se multiplient et rivalisent en matière de confort et de tarifs pour attirer les clients. Raisonnablement rapide et confortable, selon l'état de la voie, c'est le moyen de transport le plus sûr, le plus rapide et le plus économique.

Rouler, un défi permanent

Attention : la circulation urbaine à la mode cambodgienne peut s'avérer particulièrement traumatisante, pas forcément à cause des vitesses atteintes (rarement possible d'aller très vite) mais en raison des trajectoires et modes d'arrêt parfois diamétralement opposés à ceux que nous connaissons. Les feux rouges ne veulent pas dire grand-chose pour l'immense majorité des conducteurs, tout comme le code de la route d'ailleurs. Il faut intégrer quelques règles de base. Le trafic arrive dans les deux sens, même sur une bande de circulation apparemment à sens unique : gardez bien les yeux ouverts ; et le plus gros a toujours raison : cédez donc le passage à tous ceux qui sont plus gros que vous ! On double là où il y a de la place et, en général, la droite de la route est réservée aux motos. À moto, pour couper un boulevard, conduisez en diagonale en sens opposé tout en agitant votre bras gauche. Si vous tournez à droite, le feu rouge ne compte pas. De plus, si un type en uniforme bleu agite de loin un bâton pointant du doigt, faites comme si de rien n'était, essayez de tourner à droite ou à gauche avant d'arriver jusqu'à lui, ou faites demi-tour et repartez en sens inverse. Si malgré tout vous êtes arrêté, gardez le sourire, dites que vous n'êtes pas pressé et que vous n'avez qu'un ou deux dollars sur vous. Après quelques conciliabules (vous n'avez en fait commis aucune infraction, c'est juste un racket), il prendra le dollar en détournant les yeux (il en gagne 30 par mois !). Si vous avez passé outre, aucun risque d'être poursuivi, le réservoir des motos de policiers est souvent quasi vide ! Sorti des villes, c'est beaucoup plus gérable, même si ça vaut aussi son pesant de cacahuètes.
À noter aussi que le port du casque est devenu obligatoire à moto depuis le 1er janvier 2009, donc également comme passager d'un *moto-dop.*

Taxi à deux et quatre roues

Si votre chauffeur est trop kamikaze ou paraît ivre, n'hésitez pas à en changer. Pas mal d'accidents sont à déplorer.
On trouve trois sortes de taxis. Les ***motos-taxis*** (appelées *motos-dops* par les jeunes Cambodgiens) sont le moyen de transport le moins coûteux, mais valable seulement en ville si vous tenez à vos fesses ! Les **tuk-tuk,** carrioles attelées à des

motos, sont bien plus confortables. On y monte jusqu'à 4 personnes, à l'abri du soleil et rafraîchi par la brise. Les **pick-up** et autres petites berlines servant de taxis collectifs ne sont pas très chers. On trouve ces véhicules près des marchés. Le confort est limite, à moins d'acheter plusieurs places pour être plus à l'aise, et il faut attendre qu'ils soient pleins avant de partir. Pour éviter ces inconvénients, louer le véhicule entier est toujours possible, si on a les fonds. Il faut alors payer l'ensemble des places disponibles (7 en général dans le cas d'une berline).

Bateau

Les liaisons en bateaux rapides climatisés ont perdu toute ou partie de leur popularité depuis l'amélioration du réseau routier, qui a rendu les voyages en bus nettement moins chers. Les navigations ne sont plus régulières mais touristiques, souvent liées à des croisières.

Avion

L'aéroport de Siem Reap (Angkor) est désormais desservi par des avions neufs, pilotés par des gens expérimentés, au sein de compagnies totalement fiables. Liaisons quotidiennes. Voir « Arriver – Quitter » à Siem Reap. Autres aéroports : Phnom Penh, bien sûr, et nouveau à Sihanoukville, mais où n'atterrit aucune ligne régulière.

URGENCES

Quelques numéros utiles (attention, les n°s à 3 chiffres ne sont joignables que depuis des postes fixes dont l'indicatif est le 023, donc uniquement depuis Phnom Penh).

■ **SAMU :** ☎ 119 ou 023-724-891 (à Phnom Penh).
■ **Pompiers :** ☎ 023-723-555 (à Phnom Penh).
■ **Police :** ☎ 117, 023-720-235 ou 012-893-297/298 (à Phnom Penh).

■ **Ambassade et consulat de France à Phnom Penh :** ☎ 023-430-026.
■ **Centre antirabique :** le seul du pays est celui de l'Institut Pasteur, à Phnom Penh, bien sûr : ☎ 023-426-009.

CAMBODGE : HOMMES, CULTURE ET ENVIRONNEMENT

AIDE HUMANITAIRE

On ne peut décemment pas revenir du Cambodge sans avoir l'intention d'aider, même modestement, le peuple cambodgien, ruiné et mutilé par plus de 20 ans de guerres. Des centaines d'organisations non gouvernementales travaillent sur place, dans tous les domaines. Nous avons recensé celles que nous connaissons le mieux (ce qui ne veut pas dire que les autres ne valent pas le coup). Le choix va être dur... Vous pouvez les aider en toute confiance : grâce à vos dons, elles continueront à soutenir l'effort de reconstruction du pays. Si vous envoyez directement de l'argent, précisez bien que vous soutenez leur mission au Cambodge.

■ *Enfants d'Asie – ASPECA : 18, rue de la Pierre-Levée, 75011 Paris.* ☎ *01-47-00-19-00.* ● *enfantsdasie.com* ● Parrainer des enfants abandonnés pour leur assurer un toit, de la nourriture et un suivi médical, les scolariser et construire des villages d'accueil : voilà les grandes directions de l'association. Déjà 5 000 enfants ont été parrainés, 7 villages édifiés et plus de 60 maisons individuelles construites. À Siem Reap, sur la route des temples d'Angkor, vous pourrez visiter l'école des arts, où l'on enseigne aux enfants défavorisés la danse classique khmère. Cet enseignement leur permettra de trouver un métier. Il est possible d'assister aux cours. Entrée libre, se renseigner sur place.
■ *Les Enfants du Mékong : 5, rue de la Comète, 92600 Asnières.* ☎ *01-47-91-00-84.* ● *enfantsdumekong.com* ● La première ONG française installée au Cambodge, devenue lauréate du prix des Droits de l'homme (1991). Amoureux du pays et de ses enfants, ses responsables participent chaque année à la construction d'une vingtaine d'écoles. L'association fonctionne par parrainage : en consacrant 21 € par mois à un enfant, vous lui donnez la possibilité de prendre en main son avenir. À travers toute l'Asie, ce sont plus de 22 000 enfants qui sont parrainés. Une belle initiative à encourager.
■ *Agir pour le Cambodge : 148, rue du Fbg-St-Denis, 75010 Paris.* ☎ *01-47-27-50-03.* ● *agirpourlecambodge.org* ● Ⓜ *Gare-de-l'Est ou Gare-du-Nord.* Une petite ONG à taille humaine, dirigée par de jeunes Français incroyablement dynamiques. Dans un pays qui a impérativement besoin de formation professionnelle, ils ont ouvert en 2002 à Siem Reap une école d'hôtellerie-restauration destinée aux jeunes défavorisés, avec restaurant et hôtel d'application ouverts à tous (accueil chaleureux et cuisine fort recommandable). Essentiel pour que ces jeunes bâtissent leur avenir. Ils recherchent des parrains !
■ *Handicap International : 14, av. Berthelot, 69361 Lyon Cedex 07.* ☎ *04-78-69-79-79.* ● *handicap-international. org* ● À *Paris, 104-106, rue Oberkampf, 75011.* ☎ *01-43-14-87-00.* Ⓜ *Parmentier.* Fondé en 1982 par deux médecins français travaillant dans le camp de réfugiés cambodgiens de Khao I Dang, *Handicap International* intervient auprès des personnes handicapées et de leurs familles dans près de 60 pays. Depuis

sa création, l'association se bat pour permettre aux personnes handicapées de revivre debout. Appareillage, rééducation, accompagnement pour la réinsertion sociale, soutien aux associations pour l'application de leurs droits. Elle forme également des techniciens à la fabrication d'atèles, aux techniques de réadaptation, et procède à de nombreuses opérations de déminage. Enfin, parce qu'il est intolérable que les mines antipersonnel continuent de tuer et de mutiler, l'association est cofondatrice de la campagne internationale pour interdire les mines qui a abouti à l'interdiction de ces armes. Prix Nobel de la paix pour cette cause, elle se bat également contre les sous-munitions, à l'origine de nombreux accidents.

■ *Médecins du Monde :* 62, rue Marcadet, 75018 Paris. ☎ 01-44-92-15-15. ● medecinsdumonde.org ● Ⓜ Marcadet-Poissonniers. On ne présente plus *Médecins du Monde*. Sa mission cambodgienne installée à l'hôpital Kossamak, depuis 2004, soigne une population victime du sida, des IST et de la tuberculose. Fin septembre 2008, *Médecins du Monde* se désengage au profit de *SEAD (Sharing Experience for Adapted Development)* mais continue à former ses membres afin d'assurer la continuité des activités de l'ONG.

■ *CARE :* 69-71, rue Archereau, 75019 Paris. ☎ 01-53-19-89-89. ● care.org ● carefrance.org ● Ⓜ Ourcq. Cette ONG intervient dans des projets agricoles, de santé, de sécurité alimentaire, de déminage ou encore de lutte contre le VIH/sida. *CARE* est une des plus importantes associations de solidarité internationale et est présente dans 70 pays.

■ *Association des Amis d'Angkor :* au musée Guimet, 6, pl. d'Iéna, 75116 Paris. ☎ 01-55-04-13-05. Ⓜ Iéna. Ce n'est pas de l'humanitaire, mais cette association aide le peuple cambodgien à conserver sa culture et son exceptionnel patrimoine. *Les Amis d'Angkor* organisent des colloques et des conférences pour faire connaître le site d'Angkor et les traditions khmères.

■ *Krousar Thmey (Nouvelle Famille) :* ● ktfrance@club-internet.fr ● krousarthmey.org ● remiduha.club.fr ● Permanence au 47, rue Greneta, tt à côté, mar

10h-12h, 14h-16h. ☎ 01-40-13-06-30. Ⓜ *Étienne-Marcel.* Au Cambodge : 4, rue 257, Phnom Penh, Kampucha Krom. Cette association humanitaire d'aide à l'enfance cambodgienne s'occupe de programmes à Siem Reap, Takmao, Kompong Som et Sisophon/Poipet, de maisons pour enfants des rues et d'écoles pour enfants aveugles et sourds. Spectacles de danse à *La Noria, guesthouse*-restaurant à Siem Reap, réalisés par les enfants recueillis par l'association. Sur la route des temples, à droite peu après l'hôpital pour enfants « Jayavarman VII », un hall d'expos permanentes, destiné à sensibiliser les touristes sur l'environnement du Cambodge, notamment pour la sauvegarde du lac Tonlé Sap, et une école adjacente pour enfants sourds et aveugles. Les projets sont très innovants et gérés par des volontaires très dynamiques. Au total, 23 programmes au Cambodge, 3 500 enfants aidés. Bravo !

■ *Pour un Sourire d'Enfant :* 49, rue Lamartine, 78035 Versailles. ☎ 01-39-67-17-25. ● pse.asso.fr ● Au Cambodge : Village Trea, district Stung Mean Chey, BP 2107, Phnom Penh 3, Cambodge. ☎ (023) 995-660. L'une des ONG qui nous a le plus émus. Elle s'occupe prioritairement des enfants des familles de chiffonniers qui travaillent sur la plus grande décharge d'ordures de la ville. Près de 6 000 sont pris en charge : un millier sont scolarisés dans le centre (une centaine en internat), plus de 1 000 ados sont en formation professionnelle, 3 500 autres sont « parrainés » dans les écoles publiques des environs. Des sacs de riz sont donnés aux parents en compensation pour ces petits bras manquant aux revenus de la famille. Pour soutenir leur action, nous recommandons vivement de tester le restaurant d'application *(Le Lotus Blanc)* de leur école de Phnom Penh. Les enfants sont scolarisés et formés aux métiers de l'hôtellerie et de la restauration. Très bonne cuisine et possibilité de visiter le centre (voir « Où manger ? » à Phnom Penh).

■ *ONG Friends et Child Safe :* au Cambodge, ☎ (0)12-311-112 (Child Safe Hotline) ou (0)23-997-919 (Police Hotline). ● childsafe-cambodia.org ●

Déjeuner à Sala Baï,
c'est donner plus de sens à votre voyage.

Maja Smend - Agir pour le Cambodge

Sala Baï est une école d'hôtellerie restauration destinée aux jeunes cambodgiens défavorisés, située à Siem Reap. Depuis sa création en 2002 par l'association Agir pour le Cambodge, elle a permis à chacun de ses 500 étudiants, dont 70% de jeunes filles, de trouver un emploi pérenne, suite à l'obtention du diplôme qui récompense un an de formation professionnelle.

Déjeuner à Sala Baï = une journée de formation pour un élève.
Séjourner une nuit à Sala Baï = 4 jours de formation pour un étudiant.

Réservations Sala Baï 155 Phoum Tapoul Siem Reap / Cambodge - Tel : +855 (0)63 963 329 - info@salabai.com. Vous pouvez aussi envoyer vos dons à Agir pour le Cambodge 148, rue du Faubourg Saint-Denis 75010 Paris - Tel : 01 47 27 50 03.

Agir Pour Le Cambodge

25 ans d'action au Cambodge
www.salabai.com

Voir aussi « Où manger ? Les restos d'application d'école hôtelière gérés par des ONG » à Phnom Penh et à Vientiane (Laos). En France : Friends-International, 29, rue Vaneau, 75007 Paris. ☎ 01-45-55-51-59. ● *france@friends-international.org* ● ***Child Safe,*** *reconnaissable à son logo pouce levé dans un cercle orange, est un réseau monté par l'****ONG Friends,*** *soutenue par le ministère du Tourisme et d'autres institutions. Il réunit des hôtels, des guesthouses, des conducteurs de tuk-tuk et d'autres intervenants dans la dénonciation active et préventive de la pédophilie. Dispense aussi une formation permettant à la population locale de mieux identifier et donc de prévenir ce crime. Les plaintes recueillies anonymement sont transmises aux autorités cambodgiennes dans le respect des Droits de l'homme et des dispositions légales.*

■ ***Action contre la Faim :*** *4, rue Niepce, 75662 Paris Cedex 14. ☎ 01-43-35-88-88.* ● *actioncontrelafaim.org* ● Ⓜ *Pernety.* Association reconnue d'utilité publique, créée en 1979, *Action contre la Faim* intervient lors des situations d'urgence, puis aide les populations les plus vulnérables à retrouver leur autonomie alimentaire. Constituée en réseau international avec 4 sièges (Paris, Madrid, New York, Londres), l'association intervient dans une quarantaine de pays. Elle mène des actions dans les quatre domaines de la lutte contre la faim : la nutrition, l'eau, la sécurité alimentaire et la santé. Au Laos, elle favorise l'accès à l'eau potable et le développement des villages à la frontière chinoise pour éviter le départ massif des populations vers la Chine.

BOISSONS

– L'***eau*** du robinet n'est pas potable. On trouve partout des bouteilles d'eau purifiée, très bon marché. Méfiez-vous des glaçons. Quant aux jus de fruits pressés, à vous de juger les conditions d'hygiène dans lesquelles ils ont été préparés.
– L'une des rares boissons nationales est la ***bière*** *Angkor,* plutôt bonne mais légère. La *Tiger* (de Singapour) est également très répandue.
– On peut trouver du ***vin*** français dans la plupart des restos (chic) de Phnom Penh et Siem Reap. Mais le vin australien, de plus en plus répandu, est moins cher.
– Les Khmers consomment surtout du ***vin de palme,*** que l'on peut se procurer sur les marchés. Attention, c'est méchant !
– Également de l'***alcool de riz.***
– Côté Vietnam, à l'est de Phnom Penh, on vous proposera peut-être de l'alcool additionné de... sang frais de cobra ! Ça vaut le coup d'œil : le serpent est saigné devant vous. C'est bien meilleur que la bave de crapaud et certains lui trouvent des vertus médicinales...
– Le ***café*** est en général assez fort et pas terrible.
– Le ***thé*** vert est souvent bon, tradition asiatique oblige. Malheureusement, dans les endroits touristiques, on vous servira bien souvent du thé *Lipton* en sachet.
– Le ***teukolok,*** véritable spécialité khmère, est à la fois rafraîchissant et nourrissant. C'est une sorte de *shake* (appelé comme ça dans les gargotes quand il y a un menu). Les fruits (mangue, banane, pomme, ananas, papaye, orange, etc.) sont mélangés avec de la glace pilée (attention à la propreté ; voir la rubrique « Santé » dans « Cambodge utile »), des œufs, du lait et du sucre. Un must !

CUISINE

La cuisine cambodgienne mélange allègrement les influences vietnamienne, thaïlandaise, chinoise et française. Beaucoup de soupes, de riz (aliment de base de la population) et de légumes. De temps en temps de la viande (buffle et porc), mais surtout du poisson d'eau douce, comme les anguilles (pêchées dans le Tonlé Sap ou le Mékong), et du poulet. Également des tortues d'eau, dans la région du lac, et

Depuis 1958, Enfants du Mékong a soutenu plus de 120 000 enfants grâce au parrainage.

Son action majeure dans sept pays d'Asie du Sud Est est la scolarisation et la formation des jeunes jusqu'à leur autonomie.

Projet de développement d'Enfants du Mékong
> LE GRAND CENTRE DE SISOPHON (Cambodge)

Le Centre d'accueil et d'études est né en 1993 à Sisophon, il est l'un des derniers bastions Khmers rouges au Cambodge.

Il comprend 17 foyers et un centre scolaire. Il accueille 270 écoliers et offre à 374 enfants une structure familiale, propice à l'éducation.

Sans ce centre, tous ces enfants viendraient s'ajouter aux nombreux enfants non scolarisés de la région. Les parents ont l'habitude d'employer leurs enfants pour les travaux des champs ou d'intérieur pour les filles, et réduisent ainsi pour toujours les perspectives d'avenir de leurs enfants.

Grâce au parrainage et à ce centre, tous ces enfants voient leur avenir s'améliorer. Enfants du Mékong forme les cadres de demain et contribue au développement du Cambodge.

Vous souhaitez visiter ce programme ?
Contactez Valérie Jacquot, Chargée des projets de développement
au 01 47 91 00 84 ou sur www.enfantsdumekong.com

Enfants du Mékong

ON A TOUS UN FILLEUL QUI NOUS ATTEND QUELQUE PART.

✂

Je souhaite soutenir ce projet, j'établis mon chèque à l'ordre d'Enfants du Mékong en précisant au dos l'affectation de mon don au projet de Sisophon

Je ne souhaite pas soutenir ce projet maintenant, mais je soutiens l'action d'Enfants Mékong en faisant un don de : ☐ 10 € ☐ 20 € ☐ 50 € ☐ 100 € ☐ Libre : ....€

Je ne souhaite pas faire de don pour le moment mais désire recevoir de la documentation
N.B: Un reçu fiscal vous sera adressé au mois de février

☐ Mlle   ☐ Mme   ☐ M.   ☐ M. & Mme

Nom: ┃
Prénom: ┃
Adresse: ┃
Code Postal: ┃ ┃ ┃ ┃ ┃ Ville: ┃ ┃ ┃ ┃ ┃ ┃ ┃ ┃ ┃ ┃ ┃ ┃ ┃ ┃ ┃ ┃
Tél.: ┃ ┃ ┃ ┃ ┃ ┃ ┃ ┃ ┃ ┃ Mobile : ┃ ┃ ┃ ┃ ┃ ┃ ┃ ┃ ┃ ┃ Newsletter : ☐ Oui   ☐ Non
Mail: ┃

Merci de renvoyer ce coupon à Enfants du Mékong ● 5 rue de la comète ● 92600 Asnières-sur-Seine

du gibier (chevreuil) dans les zones forestières. Les préparations sont agrémentées de citronnelle, coriandre, gingembre et *prahoc,* une spécialité khmère qui s'apparente au *nuoc mam* et n'est autre qu'une saumure de poisson.

Parmi les plats typiques, citons le plus populaire : l'*amok,* poisson ou poulet cuisiné au lait de coco dans une feuille de bananier et parfois servi dans une noix de coco. C'est l'équivalent du *hok mok* thaï. Succulent ! Les plats les plus courants sont le poisson grillé *(trey aing)* ou frit *(trey chean),* la soupe de porc *(samla chapek)* ou de poisson *(somla machou banle),* la salade de bœuf *(phlea sach ko)* et les populaires nouilles de riz sauce coco *(khao phoun).* Notons aussi les *volcans,* de la viande de bœuf grillée sur une pierrade, mélangée avec des légumes épicés (une fondue cambodgienne, en somme !) et le *loc-lac,* bœuf mariné au citron, servi avec un œuf frit, des oignons et des frites.

Sinon, les curiosités gastronomiques ne manquent pas : certains Cambodgiens sont friands de criquets et mygales grillées (dans la région de Skon... si, si, on a aimé !) et même de nos chères cuisses de grenouilles, grillées, farcies au riz et au gingembre et épicées à souhait !

Côté fruits, on retrouve tous les parfums des tropiques : papayes, jacquiers, noix de coco, mangoustans (coque brun-violet au fruit blanc laiteux très parfumé), pommes de lait (de la famille des sapotilles, qui sont également très bien représentées), fruit du dragon (peau rose fuchsia étrangement pétalée, chair blanche acidulée, parsemée de minuscules graines noires) au goût peu prononcé, mais très esthétique, et bien sûr les durians (à l'odeur si... particulière). Les mangues, exquises, n'ont pas le même goût qu'ailleurs.

DROITS DE L'HOMME

Corruption, impunité et pouvoir autoritaire constituent toujours les principaux attributs du régime de Phnom Penh. Les confiscations et expropriations forcées se sont poursuivies à une grande échelle ces dernières années, où plusieurs dizaines de milliers de personnes ont dû quitter leur logement sans pouvoir espérer recevoir une protection judiciaire adéquate. 150 familles ont par exemple été expulsées sans ménagement, en plein cœur de Phnom Penh, le 24 janvier 2009 à l'aube, sans qu'aucune solution de relogement réelle n'ait été proposée. Pire, ceux qui tentent de s'opposer à ces expulsions paient souvent leur engagement de leur liberté. La FIDH souligne en effet les « activités à haut risque » des défenseurs des droits économiques et sociaux au Cambodge ; l'absence d'indépendance et la corruption du système judiciaire bénéficiant la plupart du temps aux plus puissants. Les mesures législatives sans cesse plus contraignantes empêchent en outre les associations de travailler dans de bonnes conditions, et les atteintes à la liberté de la presse et aux droits de l'opposition freinent la mise en place d'un réel multipartisme. Terre de tous les trafics (bois précieux, drogue, etc.), le Cambodge l'est aussi en matière d'êtres humains, sans que ces pratiques ne donnent lieu à de réelles investigations. Enfin, la lente mise en place des Chambres extraordinaires, mêlant juges internationaux et cambodgiens, a fini par aboutir, et les premiers procès des chefs khmers rouges ont pu débuter en février 2009. Les responsables du « Kampuchéa démocratique » ont été à l'origine, il y a plus de 30 ans, de l'extermination de plus de 1,7 million de Cambodgiens (voir le chapitre « Histoire »). Douch, premier d'entre eux à être jugé, n'est autre que l'ancien directeur du sinistre camp S-21 de Phnom Penh, où plus de 16 000 hommes, femmes et enfants ont été torturés et assassinés. Pour plus d'informations, contacter :

■ *Fédération internationale des Droits de l'homme (FIDH) :* 17, passage de la Main-d'Or, 75011 Paris. ☎ 01-43-55-25-18. ● fidh.org ● Ⓜ Ledru-Rollin.

■ *Amnesty International (section française) :* 76, bd de la Villette, 75940 Paris Cedex 19. ☎ 01-53-38-65-65. ● amnesty.fr ● Ⓜ Belleville ou Colonel-Fabien.

N'oublie pas qu'en France aussi, les organisations de défense des Droits de l'homme continuent de se battre contre les discriminations, le racisme et en faveur de l'intégration des plus démunis.

ÉCONOMIE

Saigné par le génocide khmer rouge qui, entre 1975 et 1979, a tué près de 2 millions de Khmers, surtout les élites, et tout détruit, le Cambodge, 14,2 millions d'habitants dont 33 % ont entre 1 et 14 ans, est comme un convalescent après un accident presque mortel : sous perfusion.

C'est un pays faible : avec un produit intérieur brut (PIB) de 1 800 $ par an et par habitant, le Cambodge est l'un des plus pauvres du monde. En outre, ce chiffre masque de fortes inégalités entre un très petit nombre de riches à belles villas et *landcruisers,* une classe moyenne apparue à Phnom Penh au cours de la dernière décennie, et la population rurale, qui représente encore 80 % du total. 36 % des Cambodgiens, villageois pour la plupart, vivent sous le seuil de pauvreté. C'est-à-dire sans eau potable à proximité, avec très peu d'accès à la santé, à l'éducation, à l'information ; des chemins et des routes impraticables en saison des pluies ; une vie quotidienne précaire, étroitement dépendante des conditions climatiques, inondations ou sécheresses, et des accidents de la vie (maladie, matériel à renouveler, etc.). L'espérance de vie au Cambodge est de 62 ans : c'est un critère.

Ce qui rend optimiste cependant, ce qui conforte l'assistance exceptionnelle que la communauté internationale accorde depuis une dizaine d'années au Cambodge, c'est que le pays, comparé à d'autres États en développement, est plutôt bon élève. Depuis les accords de Paris et les premières élections législatives de 1993, les progrès sont très encourageants.

– *Réalisations bien visibles :* la sécurité rétablie partout dans le pays ; le déminage qui permet un accès sûr à tous les centres d'intérêt, à tous les itinéraires ; un réseau routier en pleine reconstruction ; la renaissance de Phnom Penh, redevenue une ville animée, aérée, organisée, presque pimpante ; l'afflux de visiteurs, qui ne cesse d'augmenter au rythme sans doute unique au monde de 30 % par an ; le retour dans la communauté internationale avec l'adhésion à l'*Association des nations du Sud-Est asiatique (ASEAN),* des relations étroites avec la Chine, un rôle central dans la *Greater Mekong Subregion (GMS),* bientôt l'adhésion à l'OMC...

– *Réalisations moins visibles :* un système démocratique qui fonctionne ; une législation en pleine reconstruction ; des réformes en cours (armée, administration, système bancaire, fiscalité, exploitation forestière...) ; des efforts programmés pour lutter contre la pauvreté, établir un État de droit, appliquer dans la pratique les principes de la bonne gouvernance : gestion rigoureuse des finances publiques où la fraude fiscale, la contrebande, la corruption sont progressivement éliminées.

– *Finances publiques :* pour s'en tenir à quelques indicateurs fondamentaux : croissance de 9,1 % en 2008, tirée par le tourisme et la confection ; inflation réduite à 4,4 % ; stabilité monétaire (le Cambodge est très fortement « dollarisé ») ; réserves (4 mois d'importations).

La pression fiscale encore faible (environ 12 %) augmente, de sorte que le gouvernement peut prendre une part croissante des dépenses d'investissements. La part du budget consacrée à la Défense diminue nettement et régulièrement, au profit des budgets sociaux, Santé et Éducation. De grands efforts sont faits pour les écoles. La loi sur les investissements est en cours de modification.

– *Côté sombre :* un problème « structurel », le grand nombre de jeunes arrivant sur un marché du travail qui ne leur offre que très peu d'emplois.

Problèmes réels : beaucoup de contrebande (carburants, produits pharmaceutiques, pièces détachées, voitures, DVD... au total, entre 30 et 50 % des produits consommés), qui décourage les producteurs locaux ; beaucoup de fraude fiscale et beaucoup d'exemptions (trop d'entreprises échappent à la TVA) ; beaucoup de corruption, à toutes les échelles de l'administration ; une exploitation forestière encore mal maîtrisée ; manque de transparence de certains secteurs comme l'hévéaculture ; Code de commerce encore très incomplet (absence de tribunal de commerce)...

De très grandes compagnies internationales sont présentes au Cambodge : Accor, Total, Shell, Caltex, Nestlé, British American Tobacco, Coca Cola, Danzas, SDV (groupe Bolloré), MCC, DHL, Suzuki... Toutes souhaitent un respect plus rigoureux des règles de l'économie de marché, et ne demandent qu'à augmenter leurs activités, à créer des emplois...

– **Le secteur agricole, l'agro-industrie,** c'est le grand espoir pour le long terme. En attendant, 80 % des Cambodgiens vivent pauvrement de la culture du riz. Il faudrait irriguer, mettre à l'abri des inondations et de la sécheresse, moderniser, organiser. Il faut surtout diversifier, et le potentiel est riche : *fruits* et *légumes* pour remplacer les importations du Vietnam et de

> ## UN ÉQUILIBRE ROMPU PAR LA GUERRE
>
> *Il n'aura fallu que quatre ans pour réduire en cendres un pays où l'on avait coutume de dire : le Vietnamien plante le riz, le Cambodgien le regarde pousser, le Lao l'écoute et le Chinois le vend...*

la Thaïlande ; *poivre* de la région de Kampot et le long de la N7 dans le Kompong Cham ; *maïs, manioc, canne à sucre, noix de cajou, sésame*... ne sont encore l'affaire que de quelques pionniers et peu ou pas commercialisés ; comme le *palmier à huile* dont 3 200 ha sont bien visibles le long de la N4 au sud du col de Pich Nil. L'*hévéaculture* avec les immenses plantations de Chup, de Krek, de Mimot, de Snuol, plantées jadis par les Français, a un brillant avenir. Un projet de la Banque mondiale prévoit ainsi d'augmenter sa surface de 150 à 200 000 ha. Bel avenir aussi pour le *tabac,* cultivé sur les berges du Mékong au nord de Kompong Cham. La *pêche,* partout pratiquée, et surtout dans le Tonlé Sap, est encore mal organisée, et le *bois* est dramatiquement surexploité. En revanche, l'*élevage* de bovins a commencé, et le pays exporte déjà. Il existe des projets pour le *café,* le *coton,* la *canne à sucre*...

L'agro-industrie au Cambodge, c'est une longue aventure qui s'annonce. Ce qui manque : la formation et l'organisation des paysans, un financement (pas de ressources propres et les étrangers sont encore timides), une organisation commerciale (collecte de la production, suivi de la qualité, entrepôts, packaging, transport, études de marchés...) et les routes. Mais le Cambodge est admirablement situé, au centre d'une zone de consommation fortement croissante.

– **Commerce :** il est très actif, mais surtout frontalier et relève trop souvent de la contrebande. Les exportations : ce sont des produits de la confection, de la chaussure pour l'essentiel, mais aussi du caoutchouc, du tabac... À l'importation : du carburant, des produits pharmaceutiques... Pour attirer des investisseurs, créer des emplois et exporter, le gouvernement va créer des zones spéciales d'exportation, les premières à Koh Kong et à Poipet, proches de la Thaïlande.

– **Industrie :** pour plus de 90 %, l'industrie au Cambodge, c'est la confection. Elle compte plus de 350 000 emplois, et représente plus de 70 % des exportations du pays, exportations qui ont atteint 4 milliards de dollars en 2008 (71 % vers les États-Unis, 27 % vers l'Europe). Une crainte : la très forte concurrence du Vietnam.

– **Tourisme :** l'essor est spectaculaire, surtout parmi les visiteurs asiatiques (Sud-Coréens, Japonais, Taïwanais et Chinois). Pour l'instant, il est surtout dû à Angkor. Les entrées payantes dans le parc archéologique sont passées de 315 700 en 2002 à plus de 1 million en 2006... Les recettes directes du tourisme atteignent 1,5 milliard de dollars. L'augmentation, sauf accident, devrait se poursuivre sur la pente des 20 % par an. Ce qu'il faut maintenant, c'est que les recettes du tourisme profitent aussi au reste du pays, que les visiteurs découvrent quantité d'autres centres d'intérêt, qu'ils soient culturels ou qu'il s'agisse de sites comme le Bokor, d'itinéraires faciles ou périlleux qui combleront les amateurs de nature sauvage, de grande forêt, de tourisme fluvial, les explorateurs, les accros de la moto, du vélo, comme les partisans du balnéaire ou du farniente (zone côtière, îles)... Il faut pour cela des routes – elles sont construites ; il faut des *guesthouses* et des restaurants meilleurs. Il faut surtout le bouche-à-oreille : il vient.

ENVIRONNEMENT

Pas mal d'associations écologiques, comme *Global Witness,* surveillant écologique officiel, révèlent aujourd'hui le scandale de la déforestation au Cambodge. Les conséquences sont tout simplement catastrophiques pour l'écosystème : l'abattage d'arbres dans la région du Nord-Est entraîne progressivement une diminution annuelle de près de 2 % de la surface forestière cambodgienne. Imaginez qu'en presque trente ans le Cambodge a perdu un quart de ses forêts. Le FMI et l'Unesco essaient tant bien que mal de juguler les conséquences désastreuses de cette non-gestion des forêts. Plus grave encore : des associations ont découvert les relations de l'État avec ces filières clandestines. L'État a fermé et ferme toujours les yeux sur ces trafics illégaux, ouvre les frontières et touche sa commission au passage ! Bizarrement, l'association *Global Witness* n'a pu renouveler son accréditation de surveillant officiel dans les mêmes termes... Une autre association, *WildAid,* joue au chat et à la souris, en traquant tous les trafiquants illégaux, avec l'aide de patrouilles de surveillance écologique. Assez dissuasif, visiblement, notamment dans la région du parc national de Bokor. Plus d'infos sur ● *wildaid.org* ●

La situation du lac Tonlé Sap inquiète aussi les experts de l'environnement. Le plus grand lac d'Asie du Sud-Est, qui multiplie sa superficie par quatre durant la saison des pluies, est surexploité. Les marécages sont propices à la chasse au gibier d'eau et le lac est une source d'alimentation majeure pour les habitants de ses rives fertiles. Du coup, bon nombre d'espèces disparaissent des abords du lac. La biodiversité n'est plus assurée, ce qui posera de nombreux problèmes si rien n'est fait prochainement.

Nécessaire aussi d'évoquer ici la surexploitation touristique du site d'Angkor. Entre 1992 et 2002, la population a augmenté de plus de 44 %, entraînant des problèmes d'évacuation des eaux usées, de plus en plus polluées, et rejetées dans les rizières. Des vols directs arrivent désormais des capitales du Sud-Est asiatique directement à Siem Reap, nouveau miroir aux alouettes pour les Cambodgiens qui affluent. Par ailleurs, le nombre de chambres disponibles a augmenté de 500 % sur la même période. Le sol s'enfonce et des temples vont disparaître si la régulation du nombre de touristes au mètre carré n'est pas respectée. De nouveaux problèmes à gérer rapidement.

FÊTES ET JOURS FÉRIÉS

Pas mal de jours fériés au Cambodge, la plupart promulgués par le pouvoir provietnamien dans les années 1980. Pour les fêtes dont les dates varient selon la lune, renseignez-vous en arrivant pour connaître les jours précis, nous n'indiquons qu'une période. À noter également que lorsqu'un jour férié à date fixe tombe un samedi ou un dimanche, les administrations ferment le lundi suivant.
– *7 janvier :* fête nationale. Elle commémore la chute du régime de Pol Pot, suite à l'intervention de l'armée vietnamienne.
– *Janvier-février :* fête du Têt. C'est le Nouvel An vietnamien. La plupart des magasins ferment à cette occasion pendant plusieurs jours.
– *Fin février :* course de cyclo-pousse à Phnom Penh, dans le quartier du Palais royal. Le 1er rallye eut lieu en 1993, à l'initiative de Serge Chevalier (un boulanger français) et du ministère du Tourisme.
– *8 mars :* journée internationale de la Femme.

– *Mi-avril :* Nouvel An khmer *(Bon Chaul Chhnam)*, fêté pendant 3 jours. Il marque la fin de la saison sèche. Nombreux jeux dans la rue. Les Cambodgiens passent leur temps à s'asperger les uns les autres. Amusant.

– *Fin avril, début mai :* anniversaire de l'Illumination de Bouddha.

– *1er mai :* fête du Travail, comme partout.

– *9 mai :* jour du Génocide. Un hommage est rendu ce jour-là à la mémoire des (nombreuses) victimes des Khmers rouges. La cérémonie la plus émouvante a lieu au mémorial de Choeung Ek, dans les environs de Phnom Penh.

– *14 mai :* anniversaire du nouveau roi Norodom Sihamoni. Le jour chômé ne tombe pas forcément à cette date-là, il peut varier de quelques jours.

– *Mi-mai :* cérémonie du Sillon sacré *(Chat Prea Angkal)*. Cette fête traditionnelle célèbre les premières pluies et donc les premières semailles de riz. Elle a généralement lieu devant le Musée national.

– *1er juin :* journée internationale de l'Enfant.

– *18 juin :* anniversaire de Sa Majesté la reine mère.

– *24 septembre :* journée de la Constitution.

– *Fin septembre :* fête des Ancêtres *(Phchoum Ben)*. Les Cambodgiens commémorent les esprits des morts. Des offrandes sont faites à cette occasion. La croyance veut que si les âmes des personnes mortes ne voient pas leur famille faire des offrandes dans un *wat,* l'âme sera damnée et viendra importuner sa famille pendant l'année.

– *Octobre :* autre fête religieuse importante venant après la fête des Ancêtres. Elle dure 29 jours, pendant lesquels les Cambodgiens se rendent en procession au *wat* pour offrir aux moines de nouvelles robes safran (les veinards).

– *23 octobre :* célébration des accords de Paris de 1991.

– *29 octobre :* jour du couronnement du roi Norodom Sihamoni.

– *31 octobre :* anniversaire de Sa Majesté le père du roi, Sihanouk, né en 1922. Le Palais royal est théoriquement ouvert au public. Grande fête.

– *Novembre* (renseignez-vous sur la date précise, ça change chaque année) *:* fête des Eaux *(Bon Om Touk)*. Une fête à ne pas manquer ! Le jour de la pleine lune, la population acclame le changement de sens du cours d'eau du Tonlé Sap, au moment où le lac se déverse dans le fleuve (voir, ci-dessous, la rubrique « Géographie »). À cette occasion, ne pas rater les régates de pirogues multicolores jusqu'à la tombée du jour, face au Palais royal de Phnom Penh, suivies de danses et feux d'artifice. Des courses de pirogues sont parfois organisées dans les douves d'Angkor Wat. à cette occasion, une partie du Palais royal est fermée au public et l'accès à la ville en voiture est problématique.

Deux légendes se disputent l'origine de la fête des Eaux. La première remonte à l'époque d'Angkor et des combats entre le roi du Champa qui avait envahi le Cambodge et le roi khmer. Les batailles se faisaient en pirogue sur le fleuve. En souvenir de la victoire du roi khmer, des courses de pirogues ont été organisées tous les ans sur le fleuve. La seconde légende raconte que cette fête sert à remercier les génies des eaux qui donnent l'eau pour l'agriculture. À vous de choisir !

– *9 novembre :* fête de l'Indépendance. À cette occasion, tous les magasins suspendent le drapeau national devant leur vitrine, improvisant un mât avec un porte-manteau, par exemple.

– *10 décembre :* journée des Droits de l'homme.

GÉOGRAPHIE

Situé au cœur de la péninsule indochinoise, le Cambodge est coincé entre la Thaïlande (à l'ouest), le Vietnam (à l'est) et le Laos (au nord). Sa superficie n'est que de 181 035 km^2 et des poussières, soit 3 fois moins que la France. Le relief est moyen, avec tout de même un sommet à près de 1 800 m d'altitude (au sud-ouest), quelques plateaux au nord (la chaîne des Dangrek, 400 m d'altitude moyenne) et deux chaînes de basses montagnes (les Cardamomes et l'Éléphant) à l'ouest. La côte sud borde le golfe de Siam sur environ 250 km, avec quelques jolies plages : Sihanoukville, Kep, Kampot, etc.

Étalez de la pâte à modeler. Poussez-y, par en dessous, une pierre plate en forme de triangle. À l'endroit de la collision – simulacre du choc de l'Inde et de l'Asie, vous avez créé l'Himalaya : un gros bourrelet qui, débordant vers la droite, forme les chaînes du Yunnan et de la Birmanie (Myanmar). Poussez encore : la Chine bombe le torse. Quant à la péninsule indochinoise, elle pique du nez. Elle s'étire pour porter les derniers échos du super continent jusqu'au pointillé de l'arc indonésien... Va-t-elle se tuer à la tâche ? Au nord, elle n'hésitait pas à dresser des montagnes ; plus bas, ça s'effiloche déjà en plateaux, en collines ; en fin de course, c'est vraiment la débâcle : deltas, îles, lacs et marais fusionnent dans un no man's land liquide. La terre, à bout de souffle, part en quenouille dans l'océan...

La grande particularité du Cambodge réside dans son système hydrographique, avec bien sûr le Mékong, bras nourricier du pays qu'il traverse sur près de 500 km. Mais il ne faut pas oublier ce lac étonnant qu'est le Tonlé Sap, situé entre Angkor et Phnom Penh. Le Tonlé Sap est un organe vital du Cambodge : relié au Mékong à la hauteur de Phnom Penh par un canal naturel d'une centaine de kilomètres, il se remplit chaque année à la saison des pluies en accueillant les volumes d'eau du Mékong que la mer ne peut plus contenir. C'est le bon vieux système des vases communicants ! Curieux phénomène que celui de ce cours d'eau remontant vers les terres au lieu de continuer vers la mer ! Ainsi le lac voit-il sa superficie quadrupler ! En saison sèche, c'est l'inverse qui se produit : le Tonlé Sap déverse dans le Mékong les réserves accumulées.

Enfin, n'oublions pas les forêts, qui ceinturent le pays du sud-ouest au nord-est. Celles de la chaîne des Cardamomes et de Ratanakiri sont encore le domaine des tigres, des serpents, des éléphants. Ambiance de jungle primitive garantie.

HISTOIRE

L'Indochine ressemble un peu à un grenier de l'Asie, en ce qu'elle a remisé le trop-plein des peuples de ce continent. Ceux dont l'histoire s'est défaussée, parce que d'autres civilisations, plus populeuses, plus brillantes, explosaient lentement au nord et à l'ouest. Certains des peuples arrivés, poussés dans la péninsule, vont s'incruster. Sait-on qu'au Néolithique les ancêtres des Papous et des aborigènes australiens peuplent l'Indochine (et aussi l'Inde et le sud de la Chine) ? On les rencontre encore au Sri Lanka, dans le Deccan et dans les forêts malaises. En tout cas, la plupart habitent à présent la Mélanésie après avoir parcouru à saute-mouton l'archipel indonésien vers les lointains refuges du Grand Océan, volontairement ou forcés.

Des peuples plus « mongolisés » venus de Chine du Sud (ou de l'Inde, on ne sait), avec des haches et de longues pirogues, vont les remplacer. Les chercheurs les ont baptisés « Indonésiens ». C'est vrai que des centaines de millions d'Indonésiens et de Malais sont leurs héritiers. Mais l'Indochine aussi porte leur marque. Dans le sud du Vietnam et du Cambodge, ils se sont constitués en royaume pirate : le Cham.

Au Cambodge et en basse Birmanie, des tribus plus métissées vont former un groupe à part : le rameau môn-khmer. Signes particuliers : ont inventé le *nuoc mam* et les paillotes.

Sur leur berceau, deux bonnes fées se sont penchées. Deux géantes : la Chine et l'Inde. La Chine, ils s'en étaient déjà imbibés en la traversant. D'ailleurs, elle ne se fait pas oublier : l'empire pousse, pousse sans cesse vers le sud. Dès le début de notre ère, ses mandarins et ses soldats mettent la main sur l'Annam (centre du Vietnam). Les Indiens, eux, n'ont pas cette soif de pouvoir. Débonnaires, ce sont

– comme les Portugais plus tard – de paisibles marchands de mer. Leurs lourds bateaux à 600 membres d'équipage cabotaient depuis longtemps plein est, vers ces « Terres de l'or » où ils voyaient la source des épices.

Le fiancé de la pirate

Au départ, un conte. Vers le IIe s, Kambou (son nom donnera *Kambou-dja* : le royaume des fils de Kambou), un prince brahmane venu d'Inde, double les côtes du Cambodge. Un bateau l'attaque : à son bord, la jolie princesse du coin ! Elle a une façon bien à elle de demander des bijoux aux étrangers... Mais l'intrépide Kambou bande son arc magique et transperce la barque assaillante. La demoiselle se rend. Dans tous les sens du mot. Car elle se jette au cou du valeureux marchand, l'épouse et le fait roi. Roi de quoi ? Le pays n'est qu'un tas de boue, un marécage... C'est l'occasion pour son beau-père, le roi des *nagas* (ces serpents, qui infestent les rizières, sont des esprits du sol), d'offrir son cadeau de mariage : ayant pris son souffle, il boit tout le surplus d'eau. Le Funan (sinisation de *phnom* : la montagne) est né. Ainsi les Chinois nommaient-ils le Sud-Est cambodgien, centre d'un riche royaume « indonésien » qui ne cessera de grandir. « Ses habitants, disent-ils, vivent dans des cités lacustres de paillotes sur pilotis. Ils sont habiles et astucieux. Ils fondent des bagues et des bracelets en or. » Au VIe s, un brave général, Shri Mara, accède au trône sous le nom de *Sûryavarman*, « Protégé du Soleil ». *Varman*, « le protégé », le titre sera copié par tous ses successeurs (du coup, on a bien du mal à les distinguer !). En tout cas, ce Napoléon a la baraka ! Sous son règne, la suzeraineté du Funan rayonne jusqu'au nord du Siam (l'actuelle Thaïlande), au centre du Laos et à la Malaisie.

Au même instant, un vassal monte en puissance : le roi du Chenla, Mahendravarman. Ce guerrier khmer a enlevé aux Chams le cours moyen du Mékong, au Laos. C'est au milieu de cette brousse qu'il établit sa capitale, Shreshtapura, ainsi qu'un majestueux sanctuaire, l'actuel wat Phou (près de Champassak). Ishanavarman, qui lui succède sur le trône, se sent des ailes. Vers l'an 600, il conquiert le Funan et détrône son suzerain. À toute chose malheur est bon : le Cambodge est né. Nouvelle capitale, près de Sambor Prei Kuk. Nouvelles villes. Nouveaux sanctuaires, dédiés à Hari-Hara, un dieu mi-Vishnou mi-Çiva. On y récite les livres sacrés. On y pratique le sacrifice humain. Les statues des dieux s'élancent, gagnent en sveltesse... Le Cambodge est bien parti. Au VIIIe s, hélas, d'obscures querelles dynastiques amènent sa partition. Les amoureux du Cambodge ne sont pas déçus : au lieu d'un, en voilà deux. Le Chenla de terre, sur les plateaux laotiens, et le Chenla d'eau, ou Cambodge proprement dit. Le Tchen-la de terre, fastueux et barbare, combat les Thaïs et envoie des ambassades en Chine. Ses cités ne sont plus des Venise, mais des citadelles perchées.

Était-ce un prince javanais ? Un prince khmer déporté à Java par les pirates ? Vers cet an 800, où Charlemagne ceint la couronne d'Occident, Jayavarman II monte sur le trône de Çiva. Et tout lui réussit. Entre ses mains, le Chenla d'eau tombe comme un fruit mûr (celui de terre viendra un siècle plus tard). Il fait un pied de nez à Java et, après plusieurs coups d'essai, fonde sa capitale près de Roluos. Mais pas de plaisir sans tourment : la prospérité s'emballant, la ville devient trop petite. L'un de ses plus brillants successeurs, Yasovarman, s'en fait bâtir une autre à deux pas du Grand Lac, sur le site de Phnom Bakheng. C'est le premier Angkor. Les Varman suivants fonderont d'autres capitales, mais ils reviendront à Angkor ou à la plaine d'Angkor. Qui sont-ils ? Jayavarman IV (on va l'appeler J IV), le bâtisseur colossal de Koh-Ker. Rajendravarman et Jayavarman V (J V), qui embellissent Angkor. Sûryavarman Ier, fondateur d'une autre dynastie – probablement d'origine malaise – au début du XIe s, et brillant conquérant. Un nom à retenir. Son règne voit l'Empire khmer rayonner sur la péninsule. Pendant que partout, au loin, se lèvent de nouveaux temples, Angkor brille d'un faste jamais vu.

Victoires du lépreux

Sauf que voilà ! Plus les frontières sont vastes, plus elles sont perméables. En 1177, une flotte cham remonte le Mékong, passe le Grand Lac et met Angkor à sac. Cette « mer d'infortunes », comme disent les inscriptions, va-t-elle mettre un digne point final à une histoire déjà longue, brillante et tumultueuse ? Un roi s'y refuse. Jayavarman VII (J VII), le « Protégé de la Victoire » ; il mérite son nom. Quatre ans lui suffisent pour libérer le Cambodge. Simple hors-d'œuvre, il enchaîne par l'annexion du Pays cham. Rebâtissant Angkor, il en fait, à l'abri de douves monumentales, la plus ahurissante cité de l'Asie extrême. Embrassant la foi bouddhique, c'est sous les traits du bienveillant bodhisattva Avalokiteçvara qu'il se fait représenter en personne, sur le temple-montagne qui est son chef-d'œuvre : le Bayon. À son père, à sa mère, il le dédie des bijoux de pierre : le Preah Khan et le Ta Prohm. Mieux. Ce roi qu'on dit lépreux (mais est-ce le souvenir d'un vieux mythe indien ?) fait élever sous la protection du Bouddha 102 hôpitaux à travers le Cambodge.

Déclin

En revanche, J VII eut des successeurs franchement réac... À ceux-ci, le culte de la montagne et du lingam sacré semblait le ciment d'une monarchie efficace, tandis que le bouddhisme était la religion du Thaï ringard ou du vilain Javanais. Ils restaurèrent vigoureusement l'orthodoxie hindoue, saccageant les images du Bouddha... Trop tard. Le peuple avait été « bouddhisé » en profondeur. Il ne va plus s'embêter à nettoyer les sanctuaires de Çiva ni supporter de nouveau l'arrogance de messieurs les brahmanes ! Un jour, le chef des jardins tue le souverain qui s'était introduit nuitamment dans le potager. Allait-on exécuter l'auteur de cette tragique méprise ? Non, il était bouddhiste. Alors on le fit roi. Incroyable ? Mais tout est dès lors incroyable. Les souverains bouddhistes issus du peuple ne pensent plus en pharaons. Aux gros temples de pierre, ils préfèrent des pagodes en bois, modestement desservies par quelques moines. L'énorme cité d'Angkor s'écroule donc comme un château de cartes. Peu à peu, les bassins s'envasent. Les banians descellent les moellons. La mousson ronge les visages divins... Bientôt, la jungle reprend ce que les rois-dieux lui avaient arraché.

En 1271, la dynastie mongole (qui a conquis la Chine) exige du roi de Birmanie un tribut de vassalité. Il n'est pas reçu. Seize ans plus tard, la Birmanie est mongole... Imaginez la terreur qui s'empare de l'Indochine ! On se croyait tranquille, à se disputer en paix avec ses petits voisins... Ce danger, qui se révèle éphémère, ne peut qu'en annoncer d'autres. Les Thaïs, par exemple. Venus du Yunnan, ils fournissaient jadis soldats et tributs à la cour d'Angkor. Mieux dégrossis, bien organisés, ils connaissent maintenant leur force. Après Sukhôthai, ils se donnent une nouvelle capitale, plus au sud : Ayuthyâ. Leur roi, Ramadhipati, caresse un projet fou : s'emparer du puissant Cambodge. Le sacrilège aura bien lieu. En 1351, un corps expéditionnaire assiège longuement Angkor, la prend, la pille, et réduit en esclavage ses 100 000 habitants. Ramadhipati nomme son fils roi, et ses fidèles, gouverneurs. L'occupation dure six ans.

Tissu de ruines et de sang

Le prince khmer Soryotei parvient à chasser les Thaïs et se fait même reconnaître roi. Pourtant, quelque chose est cassé. Ses successeurs vont délaisser Angkor. La ville est morte. Plus grave : les Siamois n'ont pas vraiment été vaincus ! Ils gardent le Cambodge à l'œil. Le nouveau système de monarchie élective, générateur de querelles dynastiques et d'anarchie, leur offre cent prétextes pour intervenir. Jusqu'au XIXe s, le Cambodge est la proie des invasions siamoises, laotiennes et vietnamiennes, appelées par l'un ou l'autre des prétendants au trône. Exemple : au XVe s, le roi Thommo Reachea demande au Siam un corps expéditionnaire pour lutter contre ses rivaux. En retour, il offre les provinces de Korat et de Chantaboun.

Être roi au Cambodge, c'est obéir au Siam. Faute de quoi, un rival est vite suscité... Il arrive aussi que les Thaïs attaquent pour le plaisir. C'est le cas vers 1590 : leur roi conduit 100 000 hommes et 800 éléphants contre la capitale du Cambodge, Lôvek. Il a juré de laver ses pieds dans le sang du roi khmer. Et il tient parole. Les touristes qui visitent « le pays du Sourire », l'aimable Thaïlande, savent-ils qu'Oubon, Korat, Lopburi, Kanburi, Chantaboun ont été arrachées aux Khmers dans des conditions atroces ?

Un siècle plus tard, la montée en puissance du Vietnam donne au roi Chey Chet-tha II l'espoir de s'appuyer sur la cour de Hué. Les Vietnamiens sont très excités par l'idée : ils se font un plaisir d'écraser les Siamois. En contrepartie, les colons viets investissent le delta du Mékong. Ils y sont encore... Prey Nokor devient Saigon, Kampeap est rebaptisé Bien-Hoa. Et pendant que cette région (la Cochinchine) lui glisse entre les doigts, que fait le roi ? Il essaie de sauver sa peau. Car sous l'angle des tragédies de palais, les XVIIe et XVIIIe s cambodgiens valent toutes les reines Margot : des princes font et défont les rois, coups de poignard lors de parties de jeu, assassinat de membres de la famille royale, décapitation de rois, prétendant assassiné par son gendre, successeur tué par son neveu ! En 1722, le Cambodge a quatre rois complotant les uns contre les autres. Le flot de sang ne se tarit pas. Thommo Reachea est assassiné par son frère. Ce dernier, ainsi que son épouse et son fils, se retrouvent à leur tour égorgés, tandis que les héritiers du roi précédent, pour plus de sûreté, sont mis dans des cages en fer (une manie !). Heureux Vietna-miens ! Le Cambodge est un beau fromage qu'ils grignotent au gré des meurtres. En plus du tribut, le roi leur cède toutes ses côtes, sur le golfe de Siam.

Viens, poupoule...

Dans l'espoir de rattraper la poule aux œufs d'or, le roi du Siam envoie ses armées. Les Vietnamiens les dispersent. La bataille est rude. Le Cambodge a eu chaud. Il va devoir payer, sans barguigner. Hué s'institue son « protecteur ». Pas un document n'est signé sans l'approbation du résident vietnamien. Est-ce la fin ? Pas encore... Car brusquement, les dynasties changent au Siam et au Vietnam. Comment fêter la nouvelle à la cour cambodgienne, sinon par un nouveau bain de sang ? Le tout est de mettre les bouchées doubles, de trouver un peu d'inédit. Le roi Mou est donc tué à coups de ciseaux. Quant à sa mère, après lui avoir passé une corde dans la cloi-son nasale, on l'emmène paître dans les prés. Jusqu'au jour charitable où on la décapite... La « tradition » exige qu'on donne un cadeau aux Siamois pour l'avè-nement de la nouvelle dynastie. Mais les poches du nouveau roi sont presque vides. Reste Battambang, Sisophon, Mongkol-Borei, ainsi que le symbole même de l'identité cambodgienne, la sainte ville d'Angkor. Mais cela ne suffit pas. Le Cam-bodge devient protectorat siamois. Il envoie 10 000 de ses bons sujets jouer les terrassiers bénévoles à Bangkok.

Malgré sa frustration, le Vietnam doit attendre 1813 pour pouvoir réagir, dure-ment... Les troupes viets campent à Phnom Penh, qui est rebaptisé Nam-Viang. Les fonctionnaires khmers sont tenus de porter le chignon annamite. L'assimilation est en marche... En 1841, les Vietnamiens annexent le Cambodge (et ils n'ont pas encore l'excuse de le sauver des Khmers rouges !). Bien entendu, les Thaïs répli-quent. Guerres. Dévastations. Vous parlez d'un destin ! Mais pourquoi se battre quand on peut s'entendre ? Salomon n'aurait pas trouvé mieux : le Cambodge sera sous condominium siamo-vietnamien. Son roi sera choisi à la fois par Bangkok et par Hué.

Près d'un siècle de protectorat français

En 1859, les Français viennent de prendre Saigon « pour venger le massacre des missionnaires ordonné par Hué ». En bon voisin, Ang Duong fait savoir qu'il serait « très heureux de conclure une alliance avec l'empereur des Français ». L'affaire est rondement menée par le vicaire apostolique local, Mgr Miche. Le protectorat est instauré en 1863. Son premier acte est d'écraser le maquis de Poukombo – un montagnard « héroïsé » depuis par la légende anticoloniale. Première mission sérieuse : sauver le pays. Les Cambodgiens en veulent à la France, alors maîtresse de la Cochinchine, de ne pas leur avoir rendu les régions annexées jadis par les Vietnamiens. Mais ce sont bien ces mêmes occupants qui obtiennent du Siam qu'il renonce à ses prétentions, ainsi qu'aux provinces conquises de Battambang et d'Angkor.

Pour la première fois, le souverain cambodgien peut se réjouir : il a les mains libres. Le royaume est réorganisé, mais pas sans couinements... En France, Jules Ferry reçoit des plaintes émanant de mandarins. Suspecte-t-il le roi ? Toujours est-il qu'en 1884 débarque l'envoyé du gouvernement français. La France prend en mains le Cambodge par un coup de force : envahissant le palais, mettant les baïonnettes sur la gorge du roi, menaçant de l'enlever et de le déporter, M. Thompson obtient le traité qui lui livre tous les pouvoirs politiques. Grossière erreur politique. Sans paraître y toucher, le roi suscite une insurrection qui dure 26 mois. Jules Ferry tombé, le nouveau pouvoir français met de l'eau dans son vin. Il remplace l'administrateur par un résident, formule plus douce qui oblige chaque mesure à obtenir l'approbation royale. Les fonctionnaires coloniaux reçoivent pour première instruction de se faire aimer des populations. Ben, pourquoi pas ?

À la fin du siècle, la France s'offre le luxe d'envoyer une canonnière menacer Bangkok : comme par magie, le Siam rend au Cambodge les provinces de Stung-Treng, de Mlou-Prei, de Tonlé-Repou et de Kong... En 1907, un nouveau traité avec les Thaïs apporte la restitution de Battambang, Sisophon, Mongkol-Borei, Siem Reap et Tnot. L'heure est revenue, pour le Cambodge, de ressembler à un pays... et ce pays s'organise enfin.

Aujourd'hui encore, les Cambodgiens savent gré aux Français d'avoir dépoussiéré Angkor. À l'appel du roi Sisovath, l'École française d'Extrême-Orient vient défricher la forêt, dépouiller les inscriptions, classer les blocs écroulés et conserver la statuaire. En découvrant les ruines relevées, un frisson d'admiration parcourt le monde entier... Parallèlement, la France colonise. Routes. Plantations d'hévéas. Hôpitaux. Écoles publiques. L'enseignement bouddhique est maintenu, les vieux textes sacrés traduits... Dans l'entre-deux-guerres, on asphalte 1 160 km de routes. On va en train de Phnom Penh jusqu'au Siam. En 1884, l'intrépide Si Votha avait lancé sur l'occupant ses troupes armées de flèches et de fusils à pierre... À cette époque, pourtant, la plupart semblent préférer la férule française aux diktats siamois et vietnamiens.

La Thaïlande, alliée du Japon

Pendant la Seconde Guerre mondiale, les Américains cherchent une base solide en Asie. Ils misent sur la Thaïlande. Et ce, malgré l'opposition des Anglais et des autres peuples indochinois. Car on n'a pas digéré que, en 1940, le royaume thaï, profitant de la défaite française et du pétrin britannique, attaque le Cambodge et le Laos. Et qui plus est, avec succès ! Les troupes vichyssoises cèdent le terrain. La honte ! Qui arbitre ? Le Japon. Drôle d'arbitrage : le Siam peut reprendre Battambang et Angkor. Mais les événements se précipitent. En 1941, le Japon occupe l'Indochine, attaque Pearl Harbour... En tout cas, les Japonais attendront le 9 mars 1945 (juste avant la capitulation) pour investir Phnom Penh et jeter tous les Français en prison. Trois jours plus tard, le nouveau roi, Norodom Sihanouk (qui est monté sur le trône en 1941, âgé de seulement 19 ans), dénonce le protectorat français et proclame l'indépendance. Méfiant, Tokyo préfère miser sur l'ultra-nationaliste Son Ngoc Thanh, aimé du peuple qui accède au fauteuil de Premier ministre. Vient la Libération. La France, qui n'a pas suivi de trop près les événements d'Indochine, envoie Leclerc. Les provinces annexées par la Thaïlande sont rétrocédées. Sihanouk s'étant déclaré indépendant, peut-on rétablir le protectorat malgré

HOMMES, CULTURE ET ENVIRONNEMENT

l'opposition du roi ? La France a déjà bien des soucis au Vietnam... Elle opte pour une autonomie accrue, dans un cadre de monarchie constitutionnelle.

Croisades de Sihanouk pour l'indépendance

Il a fallu une guerre mondiale et ses désordres inévitables pour que le Cambodge retrouve son indépendance. La patience et la ténacité de Norodom Sihanouk y sont aussi pour beaucoup : les Français ne lui rendent sa liberté que par bribes, en prenant tout leur temps... En janvier 1946, Paris reconnaît « l'autonomie interne » du Cambodge au sein de l'Union française, puis, en novembre 1949, son indépendance *de jure,* en gardant la main, ce qui n'est pas rien, sur l'armée et la police. Mais les troubles éclatent. Rentré d'un exil forcé, l'insubmersible Son Ngoc Thanh enflamme les foules, et même anime un maquis, ravitaillé par le Vietminh. L'ardeur nationaliste est à son comble et Sihanouk vient en France solliciter l'indépendance. Et comme son message n'y est guère entendu, il s'adresse aux Américains. Inquiète, la France lâche quelques concessions de plus.

Il faudra attendre la croisade royale (non violente) de 1953 pour que Sihanouk obtienne une réelle indépendance nationale. Reste le problème de la présence vietminh. Une nouvelle campagne politique permet de chasser les militaires et les agitateurs vietnamiens, le plus pacifiquement du monde. En 1954, à la conférence de Genève sur l'Indochine, Sihanouk évite ainsi la partition du Cambodge en obtenant enfin la reconnaissance officielle de son royaume souverain.

Le Cambodge indépendant

Définitivement débarrassé des ingérences françaises, le Cambodge ne l'est pas pour étant de ses propres démons... Pour mieux riposter aux attaques de ses opposants, Sihanouk a ce geste qui étonne tout le monde : il abdique en mars 1955 et laisse le trône à son père. Écrasé par sa charge, il a besoin d'une reconnaissance officielle. Un peu comme de Gaulle (qu'il admirait), Sihanouk a toujours demandé des preuves d'amour à son peuple... Le Sangkum, « communauté socialiste populaire » qu'il met sur pied, lui permet de gagner les élections de septembre 1955 et de se faire nommer Premier ministre. Cinq ans plus tard, à la mort de son père, il ne reprend pas le trône, mais accède au statut de chef de l'État. Un nouveau référendum national confirme que les Cambodgiens approuvent sa politique de neutralité dans le conflit vietnamien.

Piège américano-vietnamien

Mais les Américains vont lui faire payer cher son non-alignement. La CIA arme le mouvement khmer Serei, qui tente d'éliminer Sihanouk. Aidée également par la Thaïlande et le Vietnam du Sud (tous deux proaméricains), la guérilla de droite cambodgienne sape soigneusement, dix années durant, toutes les tentatives de paix du gouvernement, incitant inévitablement Sihanouk à rechercher l'aide de la Chine et du Vietnam du Nord. En 1965, la rupture entre Cambodge et États-Unis est totale. Suite à la fameuse offensive du Têt au Vietnam, les Américains, désemparés, accentuent la pression sur le Cambodge. Dans l'est du pays, la « piste Hô Chi Minh » est l'une de leurs principales préoccupations. Cette route de près de 1 800 km, édifiée dans les années 1950 par le Vietminh, permet aux révolutionnaires du Nord d'infiltrer le Sud-Vietnam en y acheminant hommes et armes. Terminus de la piste, la taupinière de Cuchi est une incroyable trouvaille vietnamienne qui permet de prendre les troupes américaines en étau. Militairement, une intervention américaine au Cambodge s'impose, histoire de déloger les maquisards du Viêt-cong. Sihanouk ayant refusé son aide, il devient donc urgent de le remplacer : le général Lon Nol, qui a su gagner la confiance de l'armée cambodgienne et de la bourgeoisie de Phnom Penh, toutes deux inquiètes de la montée du péril communiste, devient Premier ministre à la suite des élections de 1966.

Aussitôt, Sihanouk forme un « contre-gouvernement », dans lequel on retrouve diverses personnalités de la gauche cambodgienne, dont de futurs Khmers rouges... Pris dans un inextricable engrenage politico-militaire, le Cambodge sombre dans l'anarchie. Des émeutes éclatent dans les zones rurales, violemment réprimées par des hommes de Sihanouk. Grave erreur qui lui vaudra la haine des campagnes. Au même moment, les débuts de la révolution culturelle chinoise enflamment les esprits de la gauche cambodgienne : les Khmers rouges sont nés, ainsi baptisés par Sihanouk en personne. Accusés d'avoir fomenté les émeutes paysannes, ceux-ci gagnent le

> **LE DISCOURS DU GÉNÉRAL**
>
> *Le 1er septembre 1966, devant 100 000 Cambodgiens enthousiastes, de Gaulle prend la parole au stade de Phnom Penh. Il y expose ses vues sur le conflit vietnamien, sur les responsabilités de son déclenchement et sur le seul moyen d'y mettre un terme : « Pour longue et dure que doive être l'épreuve, la France tient pour certain qu'elle n'aura pas de solution militaire. » Prononcé à proximité des frontières du Vietnam, ce discours, qui critique les États-Unis alors en plein conflit et réaffirme le droit des peuples à disposer d'eux-mêmes, sera reçu comme une véritable gifle par les Américains et aura un retentissement considérable dans le monde.*

maquis pour entamer une lutte de guérilla contre le gouvernement. L'infiltration viêt-cong s'intensifie, ce qui aide les Khmers rouges. Les Américains en profitent pour opérer des opérations de nettoyage (au napalm !) en territoire cambodgien, encouragés par la reprise des relations diplomatiques avec un Sihanouk cette fois-ci menacé sur sa gauche.

Coup d'éclat (pour ne pas dire coup d'État) : le 18 mars 1970, le parlement cambodgien proclame la destitution de Sihanouk ! Le prince Sisowath Sirik Matak, responsable de cette trahison, a été encouragé par la CIA... D'ailleurs, Washington reconnaît aussitôt le nouveau gouvernement, composé du prince Sisowath, bien sûr, et... qui revoilou...du général Lon Nol. Sihanouk, coincé à Pékin, appelle le peuple cambodgien à la résistance. Les milliers d'insurgés qui envahissent la capitale sont massacrés par les troupes de Lon Nol. Les rescapés prennent le maquis pour rejoindre les Khmers rouges.

En avril 1970, Nixon donne son feu vert aux forces américano-sud-vietnamiennes qui pénètrent au Cambodge pour en chasser les révolutionnaires vietnamiens. Les conséquences sont terribles pour la population. Selon un journaliste américain, en l'espace de 14 mois, les B 52 américains vont effectuer plus de 3 600 raids. Une escadrille lâche même, à elle seule, la moitié du tonnage total de bombes utilisées dans le Pacifique pendant la guerre américano-japonaise ! Terrorisés, les paysans des provinces de l'Est se réfugient à Phnom Penh, dont la population passe de 600 000 à 2 millions d'habitants en 1970.

Terreur et corruption : le régime de Lon Nol

À partir de 1970, le Cambodge entre de plain-pied dans une guerre qui va se prolonger pendant plus de vingt ans. Malgré tous les efforts de Norodom Sihanouk (qui porte cependant une sacrée part de responsabilité), le pays est trop petit pour supporter la pression conjuguée des puissances impérialistes, exportatrices de leurs querelles idéologiques en Asie du Sud-Est. Comment résister aux États-Unis (via la Thaïlande et le Vietnam du Sud), au géant soviétique (qui soutient le Vietminh) et à la pieuvre chinoise (qui arme les Khmers rouges) ? À l'exception du groupe des pays non alignés (Inde, Indonésie, etc.) et, d'une certaine manière, du général de Gaulle (voir l'encadré ci-dessus), trop peu de voix s'élèvent pour sauver le peuple khmer plongé dans l'enfer de cette « troisième guerre d'Indochine », comme l'appela Jean-Claude Pomonti, du *Monde*.

À peine arrivé au pouvoir, Lon Nol décrète la loi martiale, condamne Sihanouk à mort (par contumace), se fait nommer maréchal, puis président de la République, et s'entoure de militaires archicorrompus. Sous son régime, environ 800 000 personnes sont victimes des divers affrontements au Cambodge : pogroms anti-Vietnamiens menés par l'armée gouvernementale, insurrections réprimées dans le sang, bombardements meurtriers des Américains, offensives de la guérilla KR et du Viêt-cong, etc.

Pour s'opposer aux putschistes, Sihanouk crée le Front uni national du Kampuchéa (FUNK), et, soutenu par Mao qu'il admire, constitue à Pékin un gouvernement d'Union nationale (le GRUNC) en s'alliant aux Khmers rouges. En avril 1973, il retourne en secret dans son pays, pour entreprendre une tournée des zones « libérées » par la guérilla khmère rouge. Deux mois plus tôt, les accords de Paris avaient mis fin (du moins sur le papier) à la guerre du Vietnam. Les Américains n'en continuent pas moins de bombarder pendant plusieurs mois le pays meurtri. Malgré leur aide militaire, Lon Nol est de plus en plus harcelé par la guérilla, qui contrôle dès 1972 les deux tiers des campagnes et coupe toutes les voies de communication du pays en 1974. À la fin de l'année, pourtant débarrassée des Vietnamiens, la république fantoche de Lon Nol, rongée à l'intérieur par la corruption et militairement battue sur tous les fronts par les Khmers rouges, est prête à tomber. Phnom Penh est encerclé.

Les Khmers rouges au pouvoir

Année zéro

Le 17 avril 1975, les Khmers rouges sont maîtres de la capitale, faute de combattants. Les responsables gouvernementaux se sont enfuis, aidés par la CIA. Soulagés par la fin des hostilités, les habitants accueillent les « révolutionnaires » dans la liesse. Parmi eux, des jeunes filles en armes, sans aucune féminité, froides et déterminées. Par groupes silencieux, les combattants prennent possession des points stratégiques de la ville.

TERRIBLE PROPHÉTIE

Elle fait partie des croyances anciennes au Cambodge : « Un jour, l'obscurité s'abattra sur le peuple. Il y aura des maisons mais sans personne à l'intérieur, des routes mais pas de voyageurs ; le pays sera dirigé par des barbares sans religion ; le sang coulera en un flot assez épais pour atteindre le ventre d'un éléphant. Et seuls les sourds et les muets survivront. »

Un événement à peine imaginable va alors se produire : sous prétexte de bombardements américains imminents, en l'espace de 48h, les « libérateurs » procèdent à l'évacuation TOTALE de Phnom Penh ! Habitants et réfugiés, soit environ 2,5 millions de personnes, sont déportés de force vers les campagnes du nord et de l'ouest du pays... Personne n'est épargné : les témoins de l'époque rapportent que les malades des hôpitaux se sont retrouvés sur la route, dans leur fauteuil roulant ! Un exode qui coûtera la vie à des dizaines de milliers de déportés (on parle de 400 000 victimes), notamment les vieillards et les enfants en bas âge, la population ayant à peine eu le temps d'emporter des provisions. En quelques jours, cette capitale, considérée comme la plus belle d'Asie du Sud-Est, n'est plus qu'une ville fantôme, livrée aux rats et à une poignée de révolutionnaires qui saccagent tous les symboles de la société bourgeoise. La banque d'État est dynamitée, les églises sont brûlées, le contenu des magasins est déversé dans les rues... C'est l'« année zéro », aube d'une renaissance totale proclamée par la radio khmère rouge.

Dans la foulée, toutes les villes du Cambodge sont évacuées : on ordonne à la population de gagner les rizières pour se mettre au travail dans le but d'assurer l'autosuffisance alimentaire du « Kampuchéa démocratique », selon la nouvelle appellation du pays. Durant sa déportation, la population est soigneusement triée en trois catégories. Les militaires sont conduits à l'écart pour être exécutés. Fonctionnaires et intellectuels, considérés comme suspects (il suffit de porter des lunettes ou de posséder un stylo), sont envoyés dans des « villages spéciaux ». Le reste, classé sous l'appellation de « peuple », est prié de rejoindre son village natal et de se plier aux ordres pour gagner son riz quotidien. Les conditions de travail sont proches de l'esclavagisme : les digues sont élevées à main nue, les charrues sont tirées par des hommes (les bœufs ayant été tués), les horaires sont draconiens (10h à 12h de travail) et les repas limités au strict minimum, voire supprimés au cas où les quotas ne sont pas respectés.

Période « papa-maman »

Progressivement, toute la société cambodgienne est réorganisée sur le modèle d'une armée. Les rares privilèges (rations supplémentaires, par exemple) sont réservés aux soldats révolutionnaires. Normal : ils ont accepté de sacrifier leur famille pour l'Angkar, organisation suprême des Khmers rouges, qui régit désormais le pays sans que quiconque n'en connaisse vraiment les responsables. Tout est remis en question : les gens doivent changer de nom (on ne garde que la fin des prénoms), le salut avec les mains est banni, la lecture est remplacée à l'école par des danses et chants révolutionnaires... Les enfants appartiennent à l'Angkar. C'est la période « papa-maman », ainsi baptisée par la radio officielle ! Le mariage lui-même n'échappe pas à la révolution. Les époux sont choisis au hasard : jeunes gens et jeunes filles défilent chacun d'un côté et se retrouvent unis à de parfaits inconnus, dans une cérémonie commune conclue par une grande soupe de riz ! Officiellement, chaque citoyen a le droit d'avoir ses propres croyances. Mais, comme toute religion réactionnaire est interdite, autant dire que toutes le sont. Les bonzes sont persécutés, les chrétiens sont accusés de travailler pour la CIA et la communauté cham (musulmane) est presque entièrement massacrée. Les pagodes deviennent des greniers à riz et les mosquées des porcheries.
Des valeurs du passé khmer, seuls les temples d'Angkor et le roi semblent respectés. Et encore... Les vénérables statues de Bouddha sont décapitées et Sihanouk, rappelé dès 1975 pour participer à la « reconstruction », se retrouve prisonnier pendant 3 ans dans son propre palais. Pour justifier son nom, le Kampuchéa démocratique organise des élections en mars 1976. Un curieux exemple de démocratie : les candidats sont des cadres militaires, et seuls les combattants votent. Le reste du peuple est considéré comme « prisonnier de guerre »...

Génocide

Cloisonnés dans des campagnes dont ils n'ont pas l'habitude, en proie aux maladies, au soleil, à la faim et aux travaux de force, les citadins sont condamnés à brève échéance. Dans l'urgence d'accomplir leur « programme », les Khmers rouges n'ont prévu aucune intendance. Les hôpitaux des villes sont interdits d'accès, les médicaments réservés aux combattants, les médecins traqués pour cause d'appartenance à la bourgeoisie... D'incessantes exactions sont commises sur la population sous prétexte de non-conformité idéologique : les jeunes aux cheveux longs sont exécutés, de même que toute personne susceptible de connaître une langue étrangère ! Les Khmers rouges haïssent les signes d'intelligence. « Il vaut mieux tuer un innocent que de garder en vie un ennemi », disent les bourreaux pour se justifier. Pour économiser les cartouches, on fracasse les têtes des condamnés à coups de pioche.
L'Angkar a tout planifié et attend des combattants que ses ordres soient exécutés avec une rigueur implacable. Critiquer l'Angkar est un sacrilège sanctionné par la mort. Les charniers se multiplient aux quatre coins du pays. Fin 1975, les associations caritatives avancent déjà le nombre de 1,4 million de victimes. Il atteindra vraisemblablement les 2 millions. L'idée d'un véritable génocide se répand, confirmée par les déclarations terrifiantes de certains idéologues khmers rouges : « Un million de jeunes est suffisant pour construire le Kampuchéa nouveau. »

Stalinisme des rizières

Mais qui sont les Khmers rouges ? Et qui se cache derrière cette monstrueuse organisation appelée Angkar ? Les principaux dirigeants sont connus, malgré les pseudonymes que certains ont choisis pour brouiller les pistes : Khieu Samphân, Ieng Sary, Son Sen et Saloth Sâr, plus connu sous le nom de Pol Pot (pour « Politique Potentielle » ! On rêve !). Ces quatre hommes concentrent à eux seuls tout le pouvoir. Ieng Sary, par exemple, a une dizaine de ministères sous son contrôle.

Envoyés en France dans les années 1950 pour y faire leurs études, ils y entretiennent leur anticolonialisme tout en s'initiant aux rudiments du marxisme dans les milieux étudiants autour de la Sorbonne. Rentrés au pays, ils se lancent dans l'agitation politique, puis, chassés par le roi, se réfugient dans le maquis. Humiliés (il ne faut jamais humilier un Khmer), ils sont décidés à se venger par tous les moyens. Ils constituent leur armée avec des paysans, traditionnellement opposés au pouvoir de Phnom Penh. En privilégiant les adolescents, plus faciles à endoctriner, qui deviendront de véritables bêtes sauvages à force de se battre dans la jungle. Les slogans nationalistes (et souvent racistes) leur permettent de convertir une population hostile à la présence étrangère.

La révolution culturelle de Mao va considérablement influencer l'idéologue Khieu Samphân qui met au point une sorte de marxisme agraire, le Cambodge n'ayant pas de prolétaires. Le modèle n'est donc pas soviétique, même si la Tcheka semble avoir inspiré les méthodes de l'Angkar. Intellectuel brillant, mais froid et têtu comme du teck, Khieu Samphân accouche de théories utopiques sans se préoccuper de leurs conséquences. Mais c'est le plus « modéré », en tout cas le plus ouvert, des leaders KR. Une fois au pouvoir (il est officiellement

> ### SIHANOUK ET LES KHMERS ROUGES
>
> *Destitué par l'arrivée de Lon Nol et des Américains, Sihanouk pensait que sa survie politique ne se ferait qu'en soutenant les Khmers rouges. Il devient président du Kampuchéa démocratique en 1975, mais démissionne en 1976. L'ex-roi se retrouve alors enfermé au palais sans pouvoir. Dans le génocide, il perd 14 de ses petits-enfants. Il ne garde la vie sauve que grâce à la pression de Mao sur Pol Pot. Les Chinois disaient : on ne tue pas un dieu vivant !*

chef de l'État), il est vite débordé par son compère Saloth Sâr (un nom aux initiales sans équivoque), alias « frère numéro un », alias Pol Pot (il se faisait aussi appeler Tol Sot), chef de l'armée KR, devenu Premier ministre en avril 1976. Admirateur de Marx et Staline, Pol Pot a un autre modèle : Hitler. Avec des méthodes encore plus barbares (si c'est imaginable), Pol Pot aura appliqué sur le peuple khmer un génocide proportionnellement plus important que celui des nazis, à la différence qu'on peut parler d'autogénocide puisque c'est son propre peuple qui en a été la victime.

La chute des Khmers rouges

La haine des Khmers rouges pour les Vietnamiens révisionnistes, plus profonde encore que celle du capitalisme, va causer leur perte. Pol Pot et ses hommes rêvent de reconstituer l'Empire angkorien, qui s'étendait au temps de sa grandeur sur une partie du Vietnam (et du Siam, mais les KR n'en veulent pas aux Thaïs, qui les ont bien aidés). L'erreur du nouveau gouvernement est de s'en prendre au régime de Hanoi, qui sait pourtant se défendre, comme il l'a prouvé avec les Américains. Soyons réalistes : les Vietnamiens, trop occupés à édifier le socialisme dans leur pays, ne se préoccupent pas vraiment du sort des Cambodgiens (ennemis héréditaires), mais l'influence de la Chine (autre ennemi héréditaire) au Cambodge et la menace des Khmers rouges à leur frontière les poussent à réagir.

En décembre 1978, l'armée vietnamienne envahit le Cambodge et chasse les Khmers rouges de Phnom Penh.

Occupation vietnamienne, contre-guérilla khmère

Les Vietnamiens ont l'intelligence d'installer des Cambodgiens au pouvoir (dont Hun Sen, un Khmer rouge repenti), pour ne pas provoquer la population. Mais ils ne se débarrassent pas des KR, adossés à la frontière thaïlandaise... Ces derniers, infatigables, reprennent la guérilla. Ils vont utiliser un moyen diabolique pour tenter de déstabiliser le nouveau régime : les mines ! De fabrication chinoise, les mines antipersonnel sont conçues non pas pour tuer mais pour mutiler. En les plaçant volontairement dans les rizières et les champs, les Khmers rouges savent pertinemment qu'ils empêcheront les paysans de travailler. Et, sans récoltes, le régime ne tiendra pas longtemps... Encore un mauvais calcul de la part des dirigeants KR : les Vietnamiens ne sont pas au Cambodge pour faire des profits – ils n'ont même pas tenté de coloniser le pays –, et seule la population va souffrir du minage intensif des campagnes... Des disettes de famine et un nombre considérable de mutilés incitent les organisations caritatives internationales à aider le peuple cambodgien, mais une partie de l'aide (qui passe par la Thaïlande) est détournée par les Khmers rouges. Les hommes de Pol Pot ne sont pas seuls à s'opposer à l'occupant vietnamien : aidé par Pékin, Sihanouk crée une armée royaliste en 1982, et le nationaliste de droite Son Sann, aidé par la Thaïlande (entre autres), forme son propre groupe armé.

Reconstruction

Après 11 ans d'occupation vietnamienne, la conjoncture internationale bouleverse les données politico-militaires. Isolé après l'effondrement du bloc soviétique, le Vietnam se voit contraint d'opérer un rapprochement avec la Chine. Un accord secret entre les deux puissances asiatiques impose une levée de la mainmise vietnamienne sur le Cambodge et un cessez-le-feu de la part des KR. L'armée vietnamienne se retire du Cambodge en 1989. Le 23 octobre 1991, les accords de paix au Cambodge sont enfin signés, à Paris, par les quatre factions cambodgiennes rivales, sous l'égide du Conseil de sécurité de l'ONU.

La plus importante opération de l'histoire des Nations unies peut commencer... pour un budget estimé à 2 milliards de dollars. L'Autorité provisoire de l'ONU pour le Cambodge (APRONUC, ou UNTAC en anglais) a tout pouvoir pour accomplir la mission définie par les accords de Paris : rétablissement de la paix, retour des réfugiés, mise en place d'un nouveau pouvoir politique, organisation d'élections libres et reconstruction du pays. Accessoirement, les temples d'Angkor sont enfin déclarés Patrimoine mondial de l'humanité.

En tout cas, le peuple n'a pas tout pardonné aux Khmers rouges. Lors de son retour à Phnom Penh en novembre 1991 pour participer aux réunions, Khieu Samphân manque d'être lynché ! Réfugié dans les toilettes du siège du parti communiste, pris d'assaut par des manifestants, le responsable khmer rouge doit attendre les chars de l'armée pour regagner l'aéroport d'urgence. Le prince Sihanouk, lui, revient triomphalement au pays en septembre 1991. Début 1992, les Casques bleus débarquent, au nombre de 20 000, suivis d'une cohorte d'ONG et d'hommes d'affaires. Comme prévu, des élections ont lieu en mai 1993, pour élire l'assemblée constituante. Le FUNCINPEC (sihanoukiste) et le PPC (ancien parti proche d'Hanoi) sortent des urnes largement vainqueurs, malgré le boycott des élections par les Khmers rouges.

Le 24 septembre, Sihanouk promulgue la Constitution du gouvernement royal du Cambodge et redevient roi du pays, 38 ans après avoir abdiqué... ce qui en fait du même coup le plus ancien souverain asiatique. Il désigne le prince Ranariddh (leader du FUNCINPEC et accessoirement son fils) et Hun Sen (ancien Premier ministre), respectivement premier et second Premiers ministres. La mission de l'APRONUC prend fin ce jour-là : la démocratie est revenue, Sihanouk a retrouvé son trône (ce que tout le monde souhaitait), et la reconstruction du pays est bien entamée.

Vers un avenir khmer rose ?

Mais le bilan de l'ONU paraît mitigé : le déploiement des Casques bleus a déversé une manne financière sur le pays (110 millions de dollars rien qu'en argent de poche), dont ont surtout profité les commerçants des grandes villes (la plupart chinois) et les prostituées. Les prix ont flambé. À leur départ, un nombre considérable de Cambodgiens se retrouvent au chômage. Quant aux réfugiés rapatriés, ils s'entassent dans les bidonvilles et les squats, n'ayant pu retrouver leur logement et leur ancien emploi. Et la délinquance s'accroît. Plus grave pour l'avenir : la paix n'est pas entièrement revenue, les Khmers rouges n'étant pas encore tous désarmés. Ils ne représentent plus une menace sérieuse, le pouvoir ayant utilisé la tactique prônée par Sihanouk, qui les connaît bien : leur permettre de participer à la reconstruction du pays en acceptant de leur laisser jouer une partie du jeu politique.

Lente dérive du nouveau pouvoir

Le gouvernement de coalition, avec deux Premiers ministres à sa tête, ennemis notoires, provoque des situations de guérillas internes : chaque ministère a une double tête, l'une communiste provietnamienne, l'autre libérale dont le chef de file est le fils du roi : imaginez la prise de décision... Pour couronner le tout, chaque parti politique a gardé sa force armée, que l'on tente vainement d'intégrer dans une armée commune.

Cette lente dérive du pouvoir s'accompagne très logiquement d'une réduction régulière de la marge de manœuvre de l'opposition : journaux fermés, députés menacés ou expulsés... Il a pu sembler que les deux chefs du gouvernement, Norodom Ranariddh et Hun Sen, se sont plutôt bien entendus pour concocter un régime qui s'éloigne à vitesse régulière de la « démocratie » et du « multipartisme » prévus par les accords de paix signés à Paris en octobre 1991. La communauté internationale ne semble pas s'en émouvoir outre mesure. Après avoir investi plus de 3 milliards de dollars dans l'élaboration d'un nouveau processus démocratique, l'ONU semble se laver les mains de ce qui pourrait advenir du pays. Hun Sen, le second Premier ministre, a tout simplement pris les rênes du pouvoir en 1997, écartant tous ceux qui le gênaient. Même si certaines provinces ont une direction bicéphale, tout le monde sait qui commande vraiment. Le personnage même de Hun Sen fait peur et l'homme est très craint par son entourage. La corruption vérole l'Administration et l'armée, où quasiment tous les officiers ont acheté leurs galons. Cette relative anarchie laisse libre cours au racket et à tous les trafics de la part des militaires et des gens de pouvoir. Le manque d'encadrement fiable (70 % des intellectuels, enseignants et techniciens ont été exécutés sous Pol Pot) ne favorise pas un changement de mentalité.

En juillet 1997, Phnom Penh est le théâtre d'affrontements armés d'une violence inouïe. L'origine de ce coup de force est due à de profonds désaccords entre Hun Sen et Ranariddh, les deux Premiers ministres. Le 5 juillet 1997, les forces armées gouvernementales prennent d'assaut le siège du parti de Rannariddh. Rapidement les combats tournent à l'avantage des soldats de Hun Sen. Ils en profitent pour capturer des partisans royalistes qu'ils exécutent ou torturent. La guerre civile larvée exacerbe les tensions, et les contre-offensives se succèdent en vain.

Fin d'un bourreau, arrivée d'un dictateur...

Fin juillet 1997, la radio khmère rouge annonce un scoop : Pol Pot a été arrêté et jugé par des anciens partisans. Le verdict est à la mesure des crimes commis par ce personnage : prison à vie. La nouvelle est accueillie avec scepticisme. Les Khmers rouges veulent faire amende honorable en accablant leur ex-chef historique, pour servir leurs futures alliances politiques. Un an plus tard, le prisonnier Pol Pot meurt mystérieusement et son corps est incinéré, ce qui arrange tout le monde.

En juillet 1998, après une année 1997 de toutes les tensions, les élections qui se veulent démocratiques ont lieu sous le regard d'observateurs étrangers. Hun Sen remporte les élections (41 % des votes) et les observateurs internationaux décrètent qu'il s'agissait d'élections « libres et équitables ».

Les responsables khmers rouges qui se sont ralliés ont obtenu un poste de député (!). Ceux qui choisissent d'intégrer l'armée régulière gardent leur grade et leurs avantages (bonjour l'ambiance dans les casernes !).

Malgré ce tableau peu flatteur de la situation politique au Cambodge, les grandes puissances d'Europe et d'Asie soutiennent encore Hun Sen pour des raisons de stabilité géopolitique évidentes. En gros, celui qui contrôle l'armée mérite considération...

Vers plus de compromis

En 2001, le Conseil constitutionnel du Cambodge donne son accord pour la création d'un tribunal chargé de juger les Khmers rouges ayant exercé durant la période du Kampuchéa « démocratique », de 1975 à 1979. Reste à savoir quels seront les inculpés. Déjà, on observe que certains « frères » khmers rouges ont obtenu du gouvernement de Phnom Penh une amnistie pure et simple, comme l'ancien chef de l'État Khieu Samphân, l'ancien ministre des Affaires étrangères Ieng Sary et « l'âme » du régime khmer rouge, Nuon Chea, tous trois retranchés dans leur province de Pailin. Or, l'ONU a clairement fait savoir qu'elle n'accorderait pas de subventions à un gouvernement qui laisse ses inculpés en liberté.

Mais peut-il en être autrement quand on sait que le Premier ministre, Hun Sen lui-même, est un Khmer rouge repenti ? Lui et ses collaborateurs ont tout à perdre dans ce procès ; voilà pourquoi il a offert une retraite dorée à ses anciens dirigeants, monnayant ainsi leur silence. Mais voici – peut-être – venu le temps des révélations. Et des condamnations ?

En attendant, le régime démocratique au Cambodge n'est toujours pas de mise. Toute contestation du régime est vite réprimée en silence ou dans la violence. Et Sihanouk ne peut rien faire, muselé par son Premier ministre et ennemi Hun Sen, qui s'arroge de plus en plus de droits pour installer un régime fort aux coudées franches.

En 2003, alors que le Cambodge et Phnom Penh connaissent une certaine période de stabilité et de prospérité montante, la maladresse d'une actrice thaïlandaise va provoquer un véritable « amok » (très brutale explosion de violence que rien ne laissait prévoir). Elle déclare qu'Angkor fait toujours partie du patrimoine thaï ! Ulcérée, la foule de la capitale et des grandes villes du pays se précipite sur tout ce qui est thaïlandais. L'ambassade est incendiée, des dizaines de boutiques pillées ou incendiées. Le gouvernement thaïlandais présente ses excuses, la fièvre retombe vite, mais elle laissera sûrement des traces dans l'inconscient populaire, jusqu'au... prochain amok !

Passage de flambeau

Norodom Sihamoni. Tel est le nom du nouveau monarque cambodgien. À la surprise générale, le roi Norodom Sihanouk abdique en 2004 en faveur de son plus jeune fils, célibataire né en 1953. Le roi cinéaste laisse son trône à un fils chorégraphe et danseur qui, après avoir fait ses études à Prague, s'est illustré sur les scènes coréennes et parisiennes. Représentant auparavant le Cambodge auprès de l'Unesco à Paris, il se retrouve ainsi sous les feux de nouvelles rampes politiques, alors qu'il est peu féru d'intrigues de palais.

Ces affaires royales ne semblent guère affecter Hun Sen. L'homme fort du pays conforte son pouvoir aux législatives de juillet 2008 et fête, en janvier 2009, 24 années au poste de Premier ministre. Un record.

Bruits de bottes pour un temple

Pendant ce temps-là, en juillet 2008, à la frontière thaïlandaise, le temple Preah Vihea, classé au Patrimoine mondial de l'Unesco et attribué au Cambodge, a ravivé les braises du conflit jamais éteint entre les deux voisins. La Thaïlande a organisé un grand déploiement de forces héliportées mais s'est heurtée à une armée cambodgienne coriace (il faut dire qu'elle est composée d'anciens maquisards khmers rouges, du style dur à cuire et maître du terrain).

Après quelques escarmouches, tout le monde s'est assis à la table des négociations, sous l'égide de l'ONU, mais le ministre thaïlandais qui avait négocié un compromis honorable s'est vu destitué à son retour à Bangkok. Il est vrai que, des deux côtés de la frontière, les partisans d'un nationalisme chatouilleux tiennent encore le haut du pavé. Aux dernières nouvelles, la gestion de ce petit territoire d'à peine 4,6 km^2, attribué définitivement au Cambodge, mais ô combien chargé de symboles, n'a toujours pas été réglée.

Le procès des Khmers rouges

Enfin l'ouverture !

Finalement, après 30 ans d'attente et de nombreuses difficultés, deux ans et demi après que les magistrats concernés ont prêté serment, le procès des Khmers rouges s'est ouvert le 17 février 2009 à Phnom Penh. Les inculpés sont Duch, Nuon Chea, Ieng Sary, Ieng Thirith et Khieu Samphan. Cinq hommes, c'est peu, mais il sera probablement très difficile d'aller plus loin. En effet, l'opposition du gouvernement cambodgien brandit habilement le spectre d'une blessure nationale qui pourrait entraîner le retour de l'instabilité. Rappelons que quitte à élargir, on pourrait également mettre en cause la communauté internationale qui, après 1979, préféra supporter et reconnaître les Khmers rouges, pendant de nombreuses années, plutôt que le gouvernement provietnamien...

Une affaire extraordinaire

Le procès est organisé sous la forme de « Chambres extraordinaires au sein des tribunaux cambodgiens » (CETC), après accord entre le gouvernement national et l'ONU. Extraordinaire, il l'est à d'autres titres :
– par les problèmes d'homogénéisation du droit cambodgien (quand il existe) et international ;
– pour ceux entraînés par les traductions des audiences et documents entre les trois langues officielles (le khmer, l'anglais et le français) ;
– par la place donnée aux victimes qui peuvent se constituer partie civile et donc déposer plainte, selon un concept encore récent dans le cadre de tribunaux internationaux. Aucune compensation financière brute ne pourra être obtenue, au grand dam des plaignants qui n'ont pas tous encore compris ce principe ;
– par la corruption qui entache très probablement la sélection du personnel cambodgien, forcé de reverser une partie du salaire à ceux qui les ont nommés. Ce grave dysfonctionnement a été utilisé par la défense pour mettre en doute l'impartialité des CETC.

Le procès en cours

Le camarade Duch, de son vrai nom, Kaing Guek Eavun, ex-professeur de mathématiques, est le premier à être jugé. À partir de 1975, il a été le directeur du centre de torture S21 installé dans l'ancien lycée Tuol Sleng (rubrique « À voir » à Phnom Penh). 16 à 17 000 personnes y seront emprisonnées, souvent en famille, torturées et tuées ou achevées à Choeung Ek.

Duch est décrit comme un homme méthodique, méticuleux et perfectionniste, avec une obsession maniaque des archives. Il écrivait des annotations ou des instructions en rouge sur les dossiers des prisonniers. Sur une liste de 17 noms d'enfants, il a écrit : « Tuez-les tous. »

Après lui, ce sera au tour de 4 anciens et véritables caciques du régime. C'est dans ce cadre que Jacques Vergès (83 ans), l'un des deux avocats de Khieu Samphan (76 ans), utilise sa tactique préférée de « défense de rupture », une forme de mise en accusation médiatique des accusateurs. Il est vrai que les deux hommes se sont connus dans les années 1950 à Paris, fréquentant les mêmes cercles marxistes du mouvement anticolonialiste. Cette amitié de jeunes idéalistes n'expliquera certainement pas le mystère entourant l'avocat et les 8 années (de 1970 à 1978) pendant lesquelles il s'est volatilisé. Une des hypothèses suggère qu'il faisait le coup de feu aux côtés des Khmers rouges. Dans une interview au magazine *Der Spiegel,* il a même affirmé qu'« il n'y avait jamais eu de génocide au Cambodge »... On croit rêver !

MÉDIAS

La démocratie retrouvée au début des années 1990 a permis l'explosion d'une multitude de moyens d'expression au Cambodge. Francophones et anglophones se sont mis de la partie, ce qui vous permettra de suivre l'actualité locale sans avoir à apprendre le khmer !

Programmes en français sur TV5MONDE

TV5MONDE est reçu dans le pays par câble, satellite et sur Internet. Retrouvez sur votre télévision : films, fictions, divertissements, documentaires – qui témoignent de la diversité de la production audiovisuelle en langue française – et des informations internationales.

De nombreux services pratiques pour les voyageurs sont proposés sur le site ● *tv5monde.com* ● et sa déclinaison mobile ● *m.tv5monde.com* ●

Pensez à demander à votre hôtel sur quel canal vous pouvez recevoir TV5MONDE et n'hésitez pas à faire vos remarques sur ● *tv5monde.com/contact* ●

Presse

De nombreux kiosques dans le centre de Phnom Penh, où vous pourrez vous procurer moult journaux locaux et quelques magazines internationaux. Les quotidiens français sont rares. On en trouve, avec quelques jours de retard, à la librairie du Centre culturel français de Phnom Penh et dans les hôtels de luxe.

N'hésitez pas à lire le *Cambodge Soir,* un quotidien en français de qualité, que vous trouverez notamment dans les hôtels (et consultable sur le Net). Une bonne source d'informations. Il existe également un bon bimensuel francophone, *Cambodge nouveau,* qui n'est malheureusement vendu que par abonnement (vous pouvez quand même le trouver au Centre culturel). Entretiens, articles de fond sur la politique, l'économie et la finance. Le rédacteur en chef, Alain Gascuel, est un journaliste indépendant qui finance et rédige seul les articles !

En anglais, vous avez le choix. *The Cambodia Daily,* financé par des associations humanitaires japonaises et américaines pour promouvoir la démocratie au Cambodge. Les articles (en anglais, japonais et khmer) sont généreusement offerts par des groupes de presse étrangers. Il est vendu dans la rue et les établissements publics par des enfants cambodgiens. La référence journalistique, *The Cambodia Times,* est un hebdo en langue anglaise, très consensuel, édité par des Singapouriens. Pas mal d'infos sur l'Asie du Sud-Est, surtout à l'intention des hommes d'affaires. De son côté, *Phnom Penh Post* est un bon quotidien anglophone en couleur, presque entièrement consacré à l'actualité cambodgienne. À l'intérieur, un plan actualisé de Phnom Penh. Une bonne lecture.

Un journaliste français, Sébastien Drans, a lancé un quotidien en khmer, *Somne Thmey* (6, rue 288, Phnom Penh ; ☎ (023) 224-303 ; ● mcd@mcdcambodia. com ●), distribué, avec des éditions spécifiques, dans quatre provinces du pays. Cette initiative de journalisme indépendant tranche avec la politisation de la presse en khmer. La lettre d'information électronique sur le royaume, réalisée par le même journaliste, est très complète.

Le plus sérieux des quotidiens en khmer, *Rasmei Kampuchea,* est proche du parti du Premier ministre Hun Sen.

Radio

Dans la capitale, on peut capter *Radio France Internationale* sur 92 FM, 24h/24. Ceux qui comprennent quelque chose à la langue khmère peuvent toujours s'amuser à écouter les radios locales. Elles sont largement contrôlées par des proches du parti au pouvoir.

La station privée *Radio Ta Pruhm,* plus connue sous le nom de *Beehive FM 105,* a connu bien des ennuis pour ses critiques du gouvernement. En 2003, un reporter a été tué. En 2006, son directeur a été arrêté. Des infos en khmer, avec en plus la rediffusion des programmes de *Radio Free Asie.*

Télévision

Il y a plusieurs chaînes cambodgiennes, dont *TVK,* qui présente, du lundi au vendredi, vers 21h30, un journal en langue française : *Rendez-vous.* On capte de nombreuses télévisions par satellite dans le pays, notamment *Star TV* (Hong Kong), *MTV* et *CNN.* On reçoit aussi *Canal France International* (films et documentaires) dans certains hôtels, et *TV5,* autre chaîne francophone (voir plus haut notre rubrique « Programmes en français sur TV5MONDE »).

Liberté de la presse

Le gouvernement ne cesse d'affirmer, chiffres à l'appui, que le pluralisme de l'information est une réalité au Cambodge. Selon les statistiques officielles, le pays compte près de 280 titres de presse, 37 stations de radio et 43 chaînes de télévision, dont 21 accessibles par câble.

Le secrétaire d'État à l'Information a déclaré : « Nous disons toujours que nous avons la presse la plus libre du monde parce que ici tout le monde a le droit de fabriquer les informations de toutes pièces. » Mais le parti au pouvoir est le premier à contrôler et à manipuler les médias en sa faveur. L'opposition est, quant à elle, présente dans la presse écrite. Le parti de Sam Rainsy possède les quotidiens *Samleng Yuvachun Khmer* (« La Voix de la jeunesse khmère ») et *Moneaksekar Khmer* (« Conscience khmère »). Le mouvement royaliste FUNCINPEC est notamment à la tête du journal *Udom Katte Khmer* (« Idéologie khmère »).

Lors des dernières campagnes électorales, les organismes de surveillance indépendants ont révélé que dans certaines provinces, les Cambodgiens n'ont accès qu'à des médias contrôlés par le PPC (au pouvoir).

En 2006, pas moins de cinq reporters ont été menacés de mort pour des enquêtes sur la corruption de hauts responsables. Le rédacteur en chef d'un bihebdomadaire d'opposition a été contraint de fuir le pays après avoir été menacé de mort en juin. Il avait dénoncé les méfaits d'un neveu de Hun Sen.

En juillet 2008, Khim Sam Bo, 47 ans, journaliste au quotidien *Moneakseka Khmer* depuis 1997 et proche de l'opposition, est assassiné à Phnom Penh avec son fils de 21 ans. Son crime ? Avoir dénoncé des affaires de corruption mêlant des proches du gouvernement. Depuis cet assassinat, qui relance le débat sur la liberté de la presse au Cambodge, *Reporters sans frontières* tente de mobiliser le gouvernement et Hun Sen pour l'ouverture d'une commission d'enquête indépendante. En effet, dans cette histoire, la police est loin d'être claire...

Ce texte a été réalisé en collaboration avec *Reporters sans frontières*. Pour plus d'informations sur les atteintes aux libertés de la presse, n'hésitez pas à contacter :

■ ***Reporters sans frontières :*** *47, rue Vivienne, 75002 Paris.* ☎ *01-44-83-84-* │ *84. Fax : 01-45-23-11-51.* ● *rsf.org* ● Ⓜ *Grands-Boulevards.*

MINES

Certainement le problème le plus dramatique du pays, truffé de mines antipersonnel pendant près de 15 ans par la guérilla khmère rouge. Puis, en riposte, le gouvernement en a disposé contre la guérilla. Les spécialistes estiment leur nombre à 10 ou 12 millions, ce qui fait du Cambodge le pays le plus miné du monde ! Triste record... Il faudra des dizaines d'années pour déminer les sols. Les régions les plus touchées furent l'ouest et le nord du Cambodge, où sévirent les Khmers rouges.

La *Cofras* (Compagnie française d'assistance), qui a pris le relais des Casques bleus pour déminer le territoire et former des démineurs cambodgiens, a déjà débarrassé Angkor de ses mines. Les démineurs de la *Cofras* utilisent des chaussures aux larges semelles qui répartissent le poids pour éviter de déclencher les mines. Car il faut une poussée de plus de 1,5 kg pour les faire exploser... Les rongeurs sont épargnés mais pas les enfants, principales victimes de ces abominables engins conçus uniquement pour mutiler. Sept victimes sur 10 sont amputées d'une jambe, voire des deux. En 1989, 20 000 mutilés étaient recensés par les hôpitaux. Et on compte encore aujourd'hui environ 300 accidents par mois.

Le Cambodge détient le pourcentage de handicapés le plus impressionnant. On en voit partout dans les rues. Ce sont parfois des militaires, ayant sauté sur une mine, que l'on a chassés de l'armée. La plupart sont aveugles, car lorsque les mines éclatent elles touchent aussi le visage. Leur seule chance de réintégration : se procurer une jambe artificielle auprès des hôpitaux. L'association *Handicap International* s'est spécialisée dans le problème (voir, plus haut, la rubrique « Aide humanitaire »).

À notre connaissance, seule la population locale a souffert du fléau. Les touristes ont été épargnés. Phnom Penh n'est pas miné et les temples principaux d'Angkor ont désormais été nettoyés. Cela dit, le seul moyen de garder ses pieds intacts est de ne pas les mettre n'importe où. Pour cela, un seul conseil : ne jamais quitter les routes et les chemins, refuser toute proposition d'aider un copain à repiquer le riz aux frontières avec la Thaïlande !

OFFRANDES

On laisse d'habitude une offrande aux moines des pagodes, ainsi qu'aux mendiants. Prévoir beaucoup de riels en petites coupures (100 ou 500) pour les nombreux mutilés de guerre (généralement victimes des mines), mais essayez de donner discrètement, sinon tous les estropiés du quartier vous tomberont dessus ! Opportunément, devant certains centres de pèlerinage bouddhistes, des changeurs sont spécialisés dans le change des gros billets en petites coupures. Donnez à tout le monde pour ne pas faire de jaloux. Dans les marchés, pensez que les estropiés sont parfois de précieux guides et connaissent comme leur poche l'agencement des étals.

En revanche, il est toujours préférable de ne jamais distribuer d'argent aux enfants. Ça peut faire mal au cœur, mais ce genre d'habitude les transformerait en mendiants. Si vous voulez les aider, achetez les produits qu'ils proposent (boissons, souvenirs, cacahuètes, etc.) ou apportez du matériel scolaire directement dans les écoles ou auprès des chefs de village.

PATRIMOINE CULTUREL

Les expressions artistiques privilégiées par le peuple khmer ont toujours été la sculpture et la danse. La communion parfaite de ces deux arts est incarnée par les célèbres apsaras (danseuses célestes) omniprésentes sur les murs des temples angkoriens. Les sculptures de ces corps gracieux et de ces visages angéliques avaient notamment fasciné Rodin (mais aussi Malraux et bien d'autres). Après la chute de l'Empire khmer, les pratiques artistiques cambodgiennes ne se sont pas éteintes, mais elles sont devenus plus discrètes. Le régime khmer rouge leur a été fatal : assimilés à la culture bourgeoise et à la religion, chanteurs, sculpteurs, musiciens des temples et architectes ont disparu à 90 % dans les camps de travail. Les plus chanceux ont choisi l'exil. Aujourd'hui, la plupart des danseuses sont de jeunes pensionnaires des orphelinats.

Danse

Après 25 ans de silence, le *Ballet royal du Cambodge* a ressuscité, grâce à la fille de Sihanouk (et à une aide de la France). D'ailleurs, le roi, Sihamoni, est un ancien danseur. Le ballet, c'est incontestablement la tradition artistique la plus authentique. Le déroulement du répertoire du ballet (danse de la princesse et de la fleur, danse de la femme et du géant, extraits du *Râmâyana,* etc.) est conforme à celui hérité des anciennes cours royales. Ces danses sont considérées comme un rite sacré plus que comme un simple spectacle. Les mouvements des danseuses reproduisent ceux du Grand Nâga, serpent créateur du Cambodge. Autre coutume respectée par le Ballet : les costumes dorés des danseuses sont directement cousus sur elles, avant chaque représentation, pour qu'elles se glissent complètement dans la peau de leur personnage. Le *Sbek Thom* a également refait surface après 1991 : il s'agit du théâtre d'ombres khmer. Comme en Indonésie, les marionnettes sont en cuir. Il existe d'autres formes de théâtre comme le *Lakhon Bassac,* le *Lakhon Khaul* et le *Yiké.*

Le Ballet royal se produit surtout à l'étranger et dans le palais de Phnom Penh. Des représentations ont également été données à Angkor Wat après les accords de paix. Des spectacles sont organisés de façon hebdomadaire dans la salle Chaktomuk à Phnom Penh et par le *Grand Hôtel* et l'*Angkor Village* à Siem Reap.

Musique

Dieu merci, quelques survivants connaissent l'usage de plusieurs instruments. Ils ont pu transmettre le flambeau aux jeunes générations. La musique joue un rôle très important pour les Khmers et rythme chacune de leurs fêtes et cérémonies. Les musiciens jouent sur de très beaux instruments traditionnels : de grands xylophones *(roneat)* en bois et lamelles de bambous, des hautbois stridents *(sralai),* de grandes guitares courbes et les fameux *chapeis* (la guitare khmère), sans oublier les percussions *(skor areak).*

Cinéma

Le Cambodge s'est signalé à quelques reprises. Le docteur Haing Ngor, exilé aux États-Unis après avoir connu le régime de Pol Pot, obtenait un Oscar à Hollywood en 1984, pour son rôle dans *La Déchirure (Killing Fields).* Dix ans plus tard, le jeune réalisateur Rithy Panh tournait *Les Gens de la rizière* (en DVD, éd. Blaq out), premier film cambodgien présenté à Cannes, et en 1998, le très réussi *Un soir après la guerre.* En 2003, nouveau coup de maître avec le poignant *S-21 : La machine de mort khmère rouge* (en DVD, aux éditions Montparnasse), où bourreaux et survivants sont confrontés. Avant lui, le seul cinéaste khmer reconnu était... Norodom Sihanouk, l'ancien roi. Le prince a tourné de grandes fresques historiques assez ringardes (une dizaine) à Angkor et s'est même amusé à jouer les acteurs ! À la fin des années 1960, en pleine guerre du Vietnam, il a organisé son « Festival de Cannes ». Comme par hasard, le grand prix lui est revenu chacune des trois années. En 2004, deux films français sont sortis : *Holy Lola*, de Bertrand Tavernier, monté autour du thème de l'adoption et *Dogora*, de Patrice Leconte, un film musical sans acteurs ni dialogues, rassemblant une suite symphonique de chœurs et de belles images cambodgiennes. En 2008, l'adaptation du roman de Marguerite Duras *Un barrage contre le Pacifique* (avec Isabelle Huppert et Gaspard Ulliel) a été tournée par Rithy Phanh dans la province de Kompong Son.

> **SIHANOUK, PROFESSION STAR !**
>
> *Le roi adorait se produire en public pour chanter dans la catégorie crooner. Il réalisait également des films à l'eau de rose dans lesquels il jouait le rôle du héros. Il imposait à ses ministres les moins en vue d'endosser les personnages de voyous ou de bandits. Il créa un festival de films pour que ses propres films raflent les meilleurs prix. Pendant ce temps, les Khmers rouges endoctrinaient les campagnes...*

PERSONNAGES

– **Norodom Sihanouk** *(1922) :* ancien roi, personnage aimé et apprécié de son peuple. Ancienne star de cinéma, maoïste, il a donné l'indépendance à son pays, mais est resté impuissant face à la montée des Khmers rouges. Bouddhiste considérant que « monogamie égale monotonie », il a pris de nombreuses épouses. Il a abdiqué en faveur de son fils Norodom Sihamoni en 2004.

– **Norodom Sihamoni** *(1953) :* le nouveau roi du Cambodge. Ancien danseur et directeur de ballet, « célibataire » il a étudié à Pyongyang (Corée) et à Prague (République tchèque).

– **Sam Rainsy** *(1949) :* opposant au régime du Premier ministre Hun Sen, l'ancien Khmer rouge. Régulièrement écarté du pouvoir et fait prisonnier.

– **Somaly Mam** *(1970) :* présidente de *Agir pour les femmes en situation précaire*. Elle a libéré plus de 3 000 petites filles des maisons closes.

– **Khoun Sethisak :** le Pavarotti cambodgien.

– **Rithy Panh** *(1964) :* cinéaste cambodgien, reconnu sur la scène internationale, il a donné la parole tant aux bourreaux qu'aux victimes dans ses films, comme un devoir de mémoire (voir « Patrimoine culturel » ci-dessus).

POPULATION

Actuellement, le nombre d'habitants au Cambodge est estimé à 14,2 millions, soit pratiquement 7 millions de plus qu'avant le génocide perpétré par les Khmers rouges à partir de 1975 (1,5 à 3 millions de victimes, selon les sources). Une bonne raison à cette incroyable augmentation : pour oublier le génocide, les Cambodgiens se sont mis à faire de plus en plus d'enfants ! En revanche, Phnom Penh comptait 2 millions d'habitants au début des années 1970, mais atteignait péniblement le million à la fin des années 1980, et le dépasse allègrement aujourd'hui avec le rapatriement des Cambodgiens des camps de Thaïlande revenus au pays après les accords de paix. Une grande partie des citadins n'a pas survécu au régime radical imposé par les révolutionnaires. Le problème des exilés complique les statistiques : on sait qu'environ 350 000 personnes ont réussi à quitter le Cambodge dès l'arrivée de Pol Pot au pouvoir, mais combien sont parvenues à s'enfuir par la suite ? Et des centaines d'exilés, longtemps restés en France, en Amérique, au Canada, en Australie ou ailleurs, reviennent chaque année depuis 1991 pour aider à la reconstruction de leur pays.

La composition de la population cambodgienne est étonnamment homogène, avec 90 % de Khmers. Ils occupent le pays depuis le début de notre ère. Nourri par les rizières, le Khmer est attaché à sa terre, ce qui explique son patriotisme farouche. Plein de douceur, il sait pourtant se montrer un guerrier redoutable. Timide, il n'en est pas moins courageux, et du courage, il lui en a fallu pour vivre les horreurs de près de 30 ans de guerre, de dictature et d'instabilité politique... Selon l'écrivain François Ponchaud, qui a vécu une décennie auprès des Khmers, la violence et la cruauté de ce peuple, pourtant si paisible, peuvent s'expliquer par sa susceptibilité, son individualisme et son esprit de vengeance. Exacerbées par une idéologie ultra-radicale comme celle des Khmers rouges, ces tendances sont sans doute à l'origine de la folie suicidaire qui s'empara du Cambodge dans les années 1970. Un effrayant paradoxe chez un peuple autant attaché aux valeurs du bouddhisme, à l'esprit de famille et à l'hospitalité ! Mais que ses penchants néfastes ne vous empêchent surtout pas d'apprécier le peuple khmer à sa juste valeur : la population aspire désormais et plus que jamais à la paix.

Le reste de la population cambodgienne est composé principalement d'Annamites (ethnie vietnamienne), de Chinois et de Chams.

Ennemis héréditaires des Khmers, qui les appellent les « youns » (terme méprisant qui signifie « barbares »), les Vietnamiens sont environ 100 000 au Cambodge, soit deux à trois fois moins qu'avant 1970. Une bonne raison à cela : chassés par le gouvernement de Lon Nol, ils ont été ensuite soigneusement traqués et décimés par les Khmers rouges. Ceux qui sont revenus au Cambodge (parce qu'ils y étaient nés) sont surtout pêcheurs, voire ouvriers ou petits commerçants. Ils vivent la plupart du temps en communautés, séparés des Khmers. Tradition asiatique oblige, la peau claire des filles vietnamiennes fait qu'elles sont appréciées des Cambodgiens alors que les mariages mixtes sont souvent mal perçus par la famille !

Autre minorité importante, les Chinois, qui tiennent les rênes économiques du pays. Outre les descendants des différentes ethnies venues de toute la Chine, la communauté chinoise comprend de plus en plus d'hommes d'affaires en provenance de Hong Kong, Singapour et Bangkok. Enviés et courtisés par les Khmers, ce sont eux qui contrôlent le marché de l'or au Cambodge.

Les Chams, au nombre d'environ 200 000, descendent d'une ethnie très ancienne, d'origine malaise, autrefois combattue par les rois d'Angkor. Musulmans, ils n'ont jamais été chaleureusement acceptés par les Khmers, sans toutefois avoir jamais été rejetés. En revanche, ils furent particulièrement persécutés par les Khmers rouges. Selon *Amnesty International*, un district exclusivement composé de 20 000 Chams fut entièrement massacré à l'époque de Pol Pot ! Les rescapés de la communauté cham vivent le long du Mékong.

D'autres minorités ethniques, très discrètes, occupent les régions de montagne, dans le sud-ouest et le nord du pays : Pears, Kuys, Braos, Samres, etc. À toutes ces communautés s'ajoutent les quelques milliers d'Occidentaux, personnels d'ONG, membres de missions gouvernementales, aventuriers ou commerçants expatriés (français et australiens notamment), que l'on trouve surtout dans la capitale et à Siem Reap.

RELIGIONS ET CROYANCES

Bouddhisme

Religion d'État jusqu'en 1975, le bouddhisme est redevenu la religion officielle du pays à la fin des années 1980. Introduit sur le territoire khmer après l'hindouisme, vers le XIIIe s, le bouddhisme a fini par séduire les souverains d'Angkor, comme le prouve le temple majestueux du Bayon, où veillent les mystérieux bouddhas à quatre visages. Ce bouddhisme primitif (dans le sens où il est plus ancien) professe l'athéisme (Bouddha ne doit pas être déifié), l'absence de culte et la méditation comme moyen d'atteindre le nirvana (vide obtenu par l'extinction du désir), auquel ne peuvent prétendre que les moines après plusieurs réincarnations. La majorité des croyants se contente d'espérer une prochaine vie sans douleur grâce aux prières et aux nombreuses offrandes.

Il est de coutume de donner à manger aux bonzes, auxquels tout travail est interdit (les veinards). Cette habitude avait révolté les Khmers rouges : ils envoyaient les moines repiquer le riz dans les rizières ! Ceux qui refusaient de travailler la terre étaient exécutés. Un millier de moines ont survécu au régime khmer rouge. Le pays en comptait environ 60 000 avant 1975... Et les 3 000 pagodes ont été presque entièrement détruites. Depuis la chute de Pol Pot, les moines ont peu à peu refait leur apparition et semblent avoir converti de nombreux jeunes. On voit désormais des bonzeries toutes neuves à Angkor, et les principaux *wat* de Phnom Penh ont été reconstruits. Les bonzes restent dans les temples tout au long de la saison des pluies ; ce sont les habitants des alentours qui viennent les nourrir. à la fin de ces cette période qui annonce la saison des mariages et son raffut sonore dès 4h du matin, on les croise par petits groupes de 2 à 4 en train de longer les routes pour faire la quête pour leur nourriture.

Reportez-vous aux dessins des gestes et attitudes du Bouddha dans « Hommes, culture et environnement » du Laos.

Animisme

Les Khmers ont gardé un vieux fond d'animisme. Leur univers est peuplé de génies et d'esprits, bons ou mauvais. Par exemple, la maladie, à leurs yeux, est plus la manifestation d'une force occulte qu'une simple apparition de microbes. Au lieu d'appeler un médecin, on préférera souvent changer le nom d'un malade pour tromper les esprits ! Ou on fera appel à un *kru* (gourou), plus à même d'apaiser leur courroux...

Joint au bouddhisme et au brahmanisme, cet animisme explique l'attitude des Khmers, qui veillent à respecter l'harmonie du cosmos. Tout cela les conduit à s'accommoder des obstacles et à se résigner à leur sort. On comprend mieux pourquoi la fréquentation d'Occidentaux rationnels les déconcerte (et vice versa)... Au Cambodge, nous avons affaire à un peuple pétri de spiritualité, ne l'oublions pas... (Merci au père François Ponchaud pour ses explications sur cette question importante.)

Hindouisme

Il est arrivé au début de notre ère sur le territoire, à peu près en même temps que le bouddhisme, dans les bagages de moines, de commerçants et de princes probablement venus de la côte orientale de l'Inde. L'hindouisme, à l'époque, est encore traversé de plusieurs courants, entre autres visnouites ou çivaïtes, et le bouddhisme lui-même est parfois encore considéré comme l'une de ces tendances. En pays khmer, l'hindouisme va en quelque sorte se superposer aux structures sociales mais sans aucun prosélytisme ni aucune agressivité, intégrant certaines divinités locales. On y retrouve cependant le sanskrit comme langue sacrée et l'organisation en 4 castes, avec celle des brahmanes en tête. En fait, il est adapté, et sont laissées de côté, par exemple, les notions de pureté et d'impureté qui hiérarchisent généralement les castes. Seule la caste des brahmanes est formalisée, associée généralement à des fonctions honorifiques ou savantes, dans l'entourage immédiat du roi. Les autres catégories sociales sont les *varna*, que l'on assimilerait plus à des corporations professionnelles héréditaires qu'à de véritables castes cloisonnées.

Au final, il s'agit d'un hindouisme tolérant, cohabitant avec le bouddhisme, et presque d'une religion d'État, alternant les dominantes çivaïte (grand emblème, le lingam) et visnouite (représentation de Vishnou et de ses avatars). Le nom du roi s'inspire d'une divinité tutélaire (il est donc divinisé, dépositaire des hautes sciences ou de la connaissance incarnée), il a été spirituellement éduqué par un gourou (généralement choisi parmi les hauts dignitaires brahmanes, parfois même en fonction de leur lignée indienne). Les proches du roi sont des brahmanes détenteurs des grands textes fondateurs (les *Veda,* les épopées), l'un d'entre eux étant le *purohita,* sorte de chapelain royal.

Hindouisme et bouddhisme semblent donc coexister dans une certaine intelligence jusqu'au Xe s, époque où les fondations de temples bouddhiques se multiplient. La fin du XIe s voit ensuite un renouveau du bouddhisme du Grand Véhicule, avec une apothéose sous le règne de Jayavarman VII, mais c'est sans agressivité vis-à-vis de l'hindouisme. Une secte çivaïte va cependant mal réagir à la fin du XIIIe s : destruction et transformation (en images çivaïtes) systématiques des représentations du Bouddha. Au final, cet excès de fureur met fin au bouddhisme du Grand Véhicule, supplanté par le Petit Véhicule sous le règne de Srindavarman le très pieux, qui finira sa vie en ermite... L'hindouisme se réduit de plus en plus à un brahmanisme de cour... Jusqu'à disparaître complètement : c'est au XIVe s que l'on trouve trace des dernières inscriptions en sanskrit, la langue sacrée de l'hindouisme.

Superstition

En plus d'avoir intégré dans leur vie quotidienne les religions et croyances évoquées plus haut, les Cambodgiens sont particulièrement superstitieux. Les domaines concernés sont aussi variés que la gourmandise, la grossesse des femmes, les fruits interdits, comment corriger des testicules de taille différente, le risque de passer sous une corde à linge, considérée comme impure. Vous verrez peut-être des enfants à la campagne porter un cordon autour du cou avec une clé suspendue. Cela afin d'éloigner certaines maladies. Car le roi de l'enfer, ne possédant pas la clé, ne peut entrer dans le corps. Attention, si un bouddha orne votre cou, il faut absolument le cacher dans la bouche en allant aux toilettes. Il ne doit pas assister à la scène peu ragoûtante, sinon il perdrait son effet protecteur. De même, évitez d'entrer dans une pagode avec un chapeau, vos cheveux ne s'en remettraient pas. Sans leur réincarnation... vous seriez chauve dans la prochaine vie.

SAVOIR-VIVRE ET COUTUMES

Dicton éculé, mais toujours valable : « N'oubliez pas que, ici, l'étranger c'est vous ! » Il est donc normal de respecter les coutumes locales, par respect pour vos hôtes et pour ne pas vous attirer d'inimitiés, même si les Khmers sont un peuple accueillant et tolérant, comme l'exige la tradition bouddhique. D'ailleurs, ils ne vous feront pas remarquer vos impairs.

Quelques règles à ne pas ignorer.

– Il s'agit avant tout, comme partout en Asie, de ne jamais s'énerver et de ne surtout pas élever la voix ni de se faire menaçant. Ce genre de comportement fait perdre la face à un Cambodgien et il vous en gardera rancœur : « faire perdre la face », en langue khmère, c'est l'équivalent de tuer !

– De même, il est très mal vu de contredire quelqu'un. Si votre interlocuteur se trompe, ne lui faites pas remarquer. Il ne le reconnaîtra pas et vous en voudra par la suite.

– On ne se serre pas la main et on s'embrasse encore moins. Pour saluer quelqu'un, portez vos mains jointes au devant de la poitrine si vous êtes face à un égal. Si vous saluez un supérieur, joignez les mains devant le visage. Mais si c'est un dieu, alors là, levez bien haut (pas trop haut quand même) les mains jointes au-dessus de la tête.

– Rester pudique dans son habillement : les touristes torse nu dans les lieux publics sont très mal vus, et le nudisme sur la plage encore plus. Lors de la visite des temples, il s'agit bien sûr d'être décemment vêtu, couvert des épaules aux genoux (et c'est valable pour les garçons comme pour les filles).

– La politesse est très importante. En public, il convient d'appeler une personne par son nom précédé de « monsieur » ou « madame ». Appeler les gens directement revient à dire : « Viens ici mon chien. »

– Il est assez mal vu de critiquer la famille royale et le roi. Plus qu'un homme politique, il est le symbole de l'unité et des traditions khmères.

– Il est de coutume de donner de l'argent aux vrais mendiants, surtout les mutilés de guerre (nombreux), qui n'ont rien d'autre pour vivre. Un billet de 500 riels suffit. Ici, la radinerie est une honte (surtout celle des Occidentaux). Le cas des enfants mendiants est plus complexe, surtout dans les lieux touristiques. Demander aux ONG ce qu'elles en pensent.

– Au Cambodge, un Blanc fauché est un anachronisme. Avec une dégaine de clochard, vous perdriez toute considération ! Les Khmers attendent des Occidentaux qu'ils correspondent à l'image qu'ils se font des peuples riches. Ne cherchez pas à changer cette vision des choses et sachez qu'une personne propre et digne est ici mieux respectée qu'un routard négligé... Que cette mentalité ne vous révolte pas : ce n'est pas de l'intolérance de la part des habitants (on n'est pas en pays intégriste), mais une tradition basée sur des règles élémentaires de politesse et de respect des autres. La propagande khmère rouge a également laissé des traces : en 1975, les jeunes aux cheveux longs étaient exécutés !

– Ne jamais toucher la tête d'une personne (même d'un enfant), ce geste étant considéré comme une injure. En revanche, les Cambodgiens déambulent volontiers en se tenant par le petit doigt.

– Ne pas montrer les gens du doigt.

– Dans les temples, contourner Bouddha par la gauche, dans le sens inverse des aiguilles d'une montre. Ne pas s'asseoir dos au Bouddha et ne pas pointer ses pieds dans sa direction, c'est très mal vu. En aucun cas, une femme ne doit toucher un moine, sinon celui-ci perdrait tous ses mérites acquis.

– Toujours demander l'autorisation avant de prendre une photo de quelqu'un.

SEXE

Le Cambodge n'a rien à voir avec la Thaïlande, mais les mœurs ont beaucoup évolué avec l'arrivée des forces de l'ONU en 1992, et de la prostitution. Beaucoup de filles de Phnom Penh ont grassement vécu pendant deux ans, grâce aux riches Casques bleus qui, selon une statistique, ont dépensé 110 millions de dollars en argent de poche lors de leur mission ! 50 % des prostituées sont aujourd'hui séropositives.

Bien plus grave et dramatique est l'existence de la prostitution enfantine. Elle a fait une entrée fracassante à Phnom Penh depuis que la Thaïlande, incitée par la pression internationale, fait la chasse aux pédophiles et aux esclavagistes. Nombre de potentats locaux ont rapidement compris les profits rapides qu'ils pouvaient tirer de ce trafic de gamines et gamins vendus (parfois par leurs parents !), facile à mettre en place et peu coûteux. Il s'agit d'un esclavage abject et intolérable que chaque touriste doit combattre. À ce sujet, voir l'ONG **Child Safe** dans la rubrique « Aide humanitaire ».

Dernière chose pour vous faire passer vos envies : le sida a fait une entrée violente dans le pays depuis la réouverture des frontières. En provenance notamment de Thaïlande, 50 % des prostituées seraient séropositives. Sans parler des problèmes d'hygiène dus au manque d'eau courante.

SITES INSCRITS AU PATRIMOINE MONDIAL DE L'UNESCO

Organisation
des Nations Unies
pour l'éducation,
la science et la culture

En coopération avec
le centre du patrimoine mondial de l'UNESCO

Pour figurer sur la liste du Patrimoine mondial, les sites doivent avoir une valeur universelle exceptionnelle et satisfaire à au moins un des dix critères de sélection. La protection, la gestion, l'authenticité et l'intégrité des biens sont également des considérations importantes.

Le patrimoine est l'héritage du passé dont nous profitons aujourd'hui et que nous transmettons aux générations à venir. Nos patrimoines culturel et naturel sont deux sources irremplaçables de vie et d'inspiration. Ces sites appartiennent à tous les peuples du monde, sans tenir compte du territoire sur lequel ils sont situés. Pour plus d'informations : ● *http://whc.unesco.org* ●

– *Angkor* (1992).

– *Le temple de Preah Vihear,* situé à la frontière du Cambodge et de la Thaïlande, classé depuis le 7 juillet 2008. Ce classement a d'ailleurs ravivé les tensions entre Cambodge et Thaïlande, qui se disputent ce temple depuis des décennies. Des centaines de soldats des deux armées étaient encore face à face autour du site début 2009.

UNITAID

UNITAID a été créé pour lutter contre le VIH/sida, le paludisme et la tuberculose, principales maladies meurtrières dans les pays en développement. Le financement d'UNITAID provient principalement d'une contribution de solidarité sur les billets d'avion. UNITAID intervient en facilitant l'accès aux médicaments et aux diagnostics, en en baissant les prix, dans les pays en développement. En France, la taxe est de 1 € (ce qui correspond à deux enfants traités pour le paludisme) en classe économique. En moins de trois ans, UNITAID a perçu près de 900 millions de dollars, dont 70 % proviennent de la taxe sur les billets d'avion. Les financements d'UNITAID ont permis à près de 200 000 enfants atteints du VIH/sida de bénéficier d'un traitement et de délivrer plus de 11 millions de traitements. Moins de 5 % des fonds sont utilisés pour le fonctionnement du programme, 95 % sont utilisés directement pour les médicaments et les tests. Pour en savoir plus : ● *unitaid.eu* ●

LE CAMBODGE

PHNOM PENH   12,5 millions d'hab.   IND.TÉL. : 023

Pour le plan de Phnom Penh, se reporter au cahier couleur.

La capitale du Cambodge était surnommée « la perle de l'Asie du Sud-Est » à l'époque coloniale. Pour mettre en valeur les trésors architecturaux khmers (pagodes, Palais royal), les Français ont conçu une ville quadrillée de larges avenues bordées de luxueux bâtiments. Heureuse conséquence, quelques grandes trouées vertes et les promenades des berges permettent encore aujourd'hui à la ville de respirer malgré la congestion automobile sans cesse grandissante.
Phnom Penh est alors la ville la plus importante du bassin du Mékong. La politique d'embellissement entreprise par Norodom Sihanouk après l'indépendance accentue encore son charme. La guerre, bien sûr, a laissé des traces. Les édifices religieux ont le plus souffert, rasés en grande partie par les Khmers rouges. Après une décennie d'immobilisme sous le régime provietnamien, la ville s'est relevée de ce long cauchemar grâce à l'afflux des capitaux étrangers. Pas encore de gratte-ciel, mais on construit de plus en plus haut et un peu partout. Les grands boulevards, comme Monivong, connaissent des embouteillages dignes de Bangkok. Les abords des marchés réservent plein de surprises et grouillent d'une agitation digne d'une métropole chinoise. Pas loin – la ville n'est pas si grande –, la silhouette du Palais royal et les façades coloniales du quai Sisowath se révèlent un enchantement pour les yeux. C'est une allure de petit Paris asiatique qui s'échappe des multiples terrasses peuplées d'une foule cosmopolite. À l'aube et au crépuscule, sur les rives du Mékong et du Tonlé Sap, des contre-jours puissants et colorés amplifient encore une atmosphère particulière qui, à en croire certains, n'existerait qu'en Indochine.

UN PEU D'HISTOIRE

Au XVe s, le nom officiel de la ville est un vrai poème : « Capitale des Quatre Bras, heureuse maîtresse du Cambodge, nouvelle Indraprashtha, noble fortunée et frontière du royaume » ! Les quatre bras sont ces cours d'eau qui, en se croisant à cet endroit précis, forment un « X » : le Mékong (qui descend du Laos), le Tonlé Sap (qui devient un grand lac un peu avant Angkor), le fleuve Antérieur (qui n'est autre que la suite du Mékong) et le Bassac (sorte d'appendice appelé défluent). Phnom Penh commence à ressembler à une capitale à partir de 1863, avec le protectorat imposé par la France au roi Norodom. Elle restera florissante, grâce au commerce, durant plus d'un siècle. En 1975, la déportation de ses 2,5 millions d'habitants par les Khmers rouges (voir la rubrique « Histoire » dans « Cambodge : hommes, culture et environnement » en début de guide) en fait une ville exsangue, une ville fantôme, livrée à la végétation. Comme Angkor ! Mise à sac par les révolutionnaires, Phnom Penh, en plus de ses trésors, perd la mémoire : les archives disparaissent, les bibliothèques sont brûlées. L'armée vietnamienne, après avoir chassé les Khmers rouges, achève le pillage. L'arrivée des Casques bleus et des ONG insuffle une incroyable dynamique à la capitale meurtrie, qui vivote entre les couvre-feux et les incessantes coupures de courant. Le départ de

> ### MADAME PENH
>
> *Le nom de la ville est dû à une certaine Mme Penh. Selon une jolie légende, Mme Penh découvre quatre statues de bronze dans un tronc d'arbre flottant sur le Mékong. Pour mettre à l'abri son trésor, elle élève une butte de pierre : le phnom (« colline » en khmer), sur lequel est ensuite édifié un stupa. Phnom Penh, vieux village de pêcheurs, devient la résidence des rois khmers vers le XVe s.*

l'UNTAC en 1993 affaiblit l'économie phnom-penhoise. La ville connaît quelques péripéties (attentats, prises d'otages, manifestations violentes, etc.), liées à la lutte pour le pouvoir entre les différentes composantes du gouvernement. Mais depuis l'arrêt des combats et la fin des derniers maquis khmers rouges (1998), l'espoir d'une paix durable est définitivement acquis et anime toute la population.

Arriver – Quitter

Voir la rubrique « Budget » dans « Cambodge utile » en début de guide pour les prix des transports.

En avion

✈ **Aéroport international de Pochentong** *(hors plan couleur par A2)* : à 8 km à l'ouest de Phnom Penh, par le bd Pochentong. ☎ 890-890. Prévoir 30 mn de trajet à cause du trafic. Visa disponible à l'arrivée (voir la rubrique « Avant le départ. Formalités » dans « Cambodge utile » en début de guide). Bureau **Tourist Information,** sans intérêt. **Attention :** taxe d'aéroport au départ des vols internationaux de 25 \$ (moins de 12 ans : 13 \$), payable en espèces ou CB (normalement). Internet dans le hall de départ (pas accessible sans billet). Très belle annexe de la librairie *Monument Books* dans la zone de transit, c'est le moment d'acheter vos dernières cartes postales et de vous munir de livres intéressants sur le pays pour le long voyage de retour.

■ **Banque CAB :** *tt de suite à la sortie, tlj 6h30-21h30.* Change espèces et chèques de voyage (taux correct sans plus).

Également un distributeur, dès la salle de réception des bagages (mieux).

Transport de l'aéroport vers la ville

Se diriger vers les comptoirs officiels situés à la sortie. Choix entre les *tuk-tuk* (triporteurs ; compter 7 \$), bien si on n'a pas de gros bagages, et les taxis (9 \$).

Compagnies aériennes internationales et liaisons

■ **Air France** *(plan couleur C3,* **14***)* : G2, Hong Kong Center, bd Sothearos. ☎ 219-220. *Lun-ven 8h-17h30 ; sam 8h-12h.* Vols pour Paris via Bangkok ou Hô Chi Minh-Ville.
■ **Bangkok Airways :** 61A, rue 214. ☎ 722-545-7. ● bangkokair.com ● *Lun-sam 8h-17h.* Avec Bangkok, 2 liaisons/j.

Durée : 1h.
■ **Thai Airways** *(plan couleur A3)* : Regency Sq (Intercontinental Hotel), 294, bd Mao Tsé-toung ; quasiment à l'angle de la rue 217 (bd Monireth). ☎ 214-359. ● thaiairways.com ● *Lun-ven 8h-12h, 14h-16h ; sam 8h-12h.* Avec Bangkok, 2 liaisons/j.

■ *Vietnam Airlines : 41, rue 214.* ☎ *215-998.* ● *vietnamairlines.com* ● *Lun-ven 8h-12h, 13h30-16h30.* Respectivement 1 et 3 liaisons/j. avec Hanoi (via Ventiane) et Hô Chi Minh-Ville (3h et 50 mn de vol). Combinables avec les vols Paris-Vietnam.
■ *Malaysian Airlines : Diamond Hotel, 172-184, bd Monivong.* ☎ *218-923-4.* ● *malaysiaairlines.com* ● *Lun-jeu 7h30-12h, 13h-16h30.* Avec Kuala Lumpur, 1 liaison/j.
■ *Dragon Air : Regency Sq (voir Thai Airways).* ☎ *424-300.* ● *dragonair. com* ● *Lun-ven 9h-17h ; sam 9h-12h.* Avec Hong Kong, 1 liaison/j. Durée : 1h45.
■ *Air Asia : à l'aéroport.* ☎ *890-035.* ● *airasia.com* ● *Tlj 8h-17h.* Pour Bang-

kok, 1 liaison/j. ; idem pour Kuala Lumpur.
■ *Lao Airlines : 58C, bd Sihanouk (à l'angle de la rue 29).* ☎ *222-956. Fax : 216-563.* ● *laoairlines.com* ● *Lun-ven 8h-11h30, 13h-16h ; sam 8h-10h.* Avec Vientiane, 1 liaison/j. Durée : 1h40.
■ *Silk Air (Singapour) : Himawari Hotel, 313, Sisowath Quay.* ☎ *426-807.* ● *sil kair.com* ● *Lun-sam 8h-17h.* Avec Singapour, 1 liaison/j.
■ *China Southern Airline :* Phnom Penh Hotel, 53, bd Monivong. ☎ *430-877.* Avec Canton, 1 liaison/j. ; idem pour Pékin.
■ *Jet Star Asia : 333, bd Monivong.* ☎ *220-909.* ● *jetstar.com* ● *Lun-sam 8h-17h.* Avec Singapour, 5 liaisons/sem.

Vols intérieurs et compagnies domestiques

■ *Siem Reap Airways : 65A, rue 214.* ☎ *720-022.* ● *siemreapairways.com* ● | Avec Siem Reap, 3 liaisons/j. min. Durée : 50 mn.

En bus

Compagnies de bus et destinations

Voir aussi sous les diverses destinations desservies pour plus d'infos (horaires retour, etc.).
Avertissement : *Mekong Express (plan couleur C1, 28)* offre la meilleure qualité de service mais est à blâmer pour ses prix « spécial étrangers » atteignant plus du double de ceux des concurrents.

🚌 *Station de bus du marché central (plan couleur B2, 29) :* utilisée par les compagnies *Sorya* et *GST Bus* (sud-ouest du marché, à côté de la station-service), mais aussi par nombre de taxis collectifs.
🚌 *Sorya :* départ du marché et également au niveau de River View GH, quai Sisowath (voisin de Mekong Express GH). ☎ *210-359.* C'est la compagnie qui opère le plus de liaisons. Plutôt fiable. Siem Reap, 5 bus/j. (7h-13h30), 5-6h de trajet ; Battambang, 5 bus/j. (6h45-13h), 4h de route ; Kampot et Kep, 2 bus/j. (7h30 et 13h15), 4h de route ; Sihanoukville, 6 bus/j. (7h-13h45), 4h ; Kompong Cham, 9 bus/j. (6h45-15h45), 2h ; Stung Streng et frontière laotienne, 1 bus/j. (à 7h), respectivement 7h et 10h de route ; Kratie, 1 bus/j. (à 7h30), 5-6h ; 1 bus/j. (à 7h30), 8h ; Bangkok, 1 bus/j. (à 7h30), prévoir 13h30 avec les formalités frontalières ;

Oudong et Kompong Chhnang, 1 bus/h (6h30-16h) ; Koki et Ta Keo via Tonlé Bati et Phnom Chisor, 1 bus/h (7h-17h) ; Ho Chi Minh, 5 bus/j. (6h30-13h30), 6h.
🚌 *Mekong Express (plan couleur C1, 28) :* quai Sisowath (angle rue 102). ☎ *427-518.* ● *mekongexpress@online. com.kh* ● Liaisons avec Siem Reap, 4 bus/j. (7h30-14h30) ; Hô Chi Minh-Ville, 3 bus/j. (7h, 8h30 et 13h ; sens inverse idem) ; Sihanoukville, 2 bus/j. (7h45 et 14h30).
🚌 *Capitol Tours (plan couleur B3, 35) :* voir Capitol Guesthouse dans « Où dormir ? ». ☎ *217-627.* ● *capitol@onli ne.com.kh* ● Liaisons avec Sihanoukville, 2 bus/j. (7h15 et 13h30) ; Siem Reap, 5 bus/j. (7h-13h30) ; Battambang, Poipet et Saigon, à chaque fois 1 bus/j. (tôt le mat).
🚌 *Neak Krorhorm (plan couleur C1-2, 16) :* quai Sisowath, angle rue 108.

☎ *219-497.* ● *neaktour@yahoo.com* ● Là aussi, liaisons pour Poipet, Siem | Reap, Sihanoukville et Battambang, à des prix et horaires similaires.

En taxi

Les taxis collectifs partent principalement du **grand marché central** *(plan couleur B2, 122)*. Ils embarquent 5 à 6 passagers. Pour voyager plus confortablement ou partir quand on veut, il est toujours possible de chartériser tout ou partie d'un véhicule, en payant grosso modo le nombre de places non occupées. On peut ainsi aller vers toutes les villes du Nord et du Sud (Siem Reap, Kompong Thom, Battambang, Sihanoukville, Kampot, etc. ; voir ces destinations pour plus de détails) ou à Hô Chi Minh-Ville (changer de véhicule à la fontière ; voir « Quitter le Cambodge »).

En train

Un certain nombre d'étrangers ont tenté l'aventure du train et en gardent un souvenir inoubliable. Les deux lignes existantes datent d'avant guerre (celle de 1941-45) et relient d'une part Phnom Penh à Battambang et au-delà vers le nord-ouest, et également Phnom Penh à Kampot et Sihanoukville vers le sud-ouest. Pour ceux qui voudraient découvrir le Cambodge profond et qui ne seraient vraiment pas pressés, sachez qu'avec une vitesse moyenne de 20 km/h, il faut compter par exemple 12h pour parcourir la distance de Phnom Penh à Battambang ! Un train ou deux par semaine (sans certitude) mais sans garantie de disposer d'un wagon pour voyageurs, puisque ces convois sont essentiellement composés de fret. Si vous avez malgré tout des envies ferroviaires, assurez-vous bien la veille du départ que le train est toujours programmé et emportez de quoi assurer confort et ravitaillement. En tout cas, aux dernières nouvelles, début 2009, plus aucun train de voyageurs ne circulait sur le réseau cambodgien.

En bateau

⛴ **Embarcadère :** *quai Sisowath (plan couleur C1), entre les rues 102 et 106.* Panneau « Bopha, Passenger and Tourist Pier ».

➤ **Siem Reap :** plus de liaisons régulières depuis l'amélioration de la route. Uniquement des formules touristiques ou spéciales. Départ vers 7h. Durée : 6h. Coûte la moitié du prix de l'avion mais 5 à 6 fois plus qu'un bus ! En plus, une fois au milieu du lac, le voyage devient monotone. Souvent surchargés avec des passagers sur le toit, ces bateaux ne répondent pas vraiment aux normes de sécurité en matière de matériel de sauvetage. Prévoir une petite laine (clim' polaire) si vous restez à l'intérieur ou une crème solaire si vous faites le voyage sur le toit.

➤ **Pour le Vietnam (Hô Chi Minh-Ville) :** des croisières 2 j. + 1 nuit ou 3 j. + 2 nuits (à Chau Doc et Can Tho) sont proposées dans ttes les agences de voyages. Compter respectivement 30 et 40 $ tt inclus sf déj et dîner. Le trajet jusqu'à la frontière demande 3h de navigation.

➤ **Croisières de luxe :** voir la *Compagnie fluviale du Mékong* dans « Adresses utiles ».

Orientation

Le centre-ville est assez étendu, mais on s'y repère vite grâce à quelques bâtiments incontournables : le wat Phnom (temple colline) et l'ambassade de France au nord ; le stade olympique et le monument de l'Indépendance au sud ; le Palais royal et l'*Hôtel Cambodiana* à l'est. Principaux axes : le boulevard Monivong, immense rue commerçante où se trouvent nombre d'hôtels, qui traverse la ville du nord au sud ; et, plus à l'est, le boulevard Norodom, puis le quai Preah Sisowath le long du fleuve Tonlé Sap. Le cœur du centre-ville est délimité au nord par le boulevard Pochentong et au sud par le boulevard Preah Sihanouk. Ces noms, déjà employés avant les années 1970, ont été réattribués en 1993 par le gouvernement royal. Ils ne devraient plus changer... jusqu'aux prochains événements politiques !

La grande majorité des rues ont toutefois perdu leurs noms pour simplement porter des numéros. Pratique (sauf pour certains quartiers excentrés) : les rues impaires sont verticales (nord-sud) et d'ordre croissant d'est en ouest, orientation qu'empruntent les rues paires en croissant, elles, du nord au sud. Les chauffeurs de *tuk-tuk* et *motos-dops* connaissent rarement les numéros des rues et ne savent pas forcément lire. À vous de les guider à l'aide de votre carte ! Donnez-leur un maximum de repères (« marché », « grand hôtel machin », etc.). À cet effet, certains plans gratuits qu'on distribue dans les hôtels sont très utiles, comme « Phnom Penh 3D ».

Comment circuler en ville ?

– **À pied :** les distances ne sont pas énormes. Quelques inconvénients tout de même : la chaleur et l'humidité à l'époque de la mousson, les trottoirs qui servent de parking permanent au parc automobile et qui obligent à marcher sur le côté de la chaussée. Et les incessantes sollicitations des *motos-dops* et *tuk-tuk* qui comprennent mal qu'un Occidental puisse se déplacer ad pedibus.

On a l'embarras du choix question moyens de transport ! C'est pour beaucoup de citadins le seul espoir de gagner quelques dollars dans la journée.

Les tarifs, dans tous les cas, sont négociables à l'avance. Le prix dépend, bien sûr, de la distance. Renseignez-vous sur les tarifs usuels. Il est normal d'arrondir le prix de la course s'ils vous rendent d'autres services.

– **Les cyclos-pousse :** plus folkloriques aujourd'hui qu'efficaces, vu le trafic très dense. À réserver pour une petite course-promenade, le soir. Ceux qui attendent à la sortie des hôtels sont les plus chers. Prévoir le double du prix d'un *moto-dop*.

– **Les motos-taxis (« motos-dops ») :** moyen de déplacement le plus pratique et le plus rapide. Ils sont présents à chaque carrefour et sillonnent toutes les rues de la ville. La conduite des *motos-dops* peut effrayer au premier abord, non pas par la vitesse atteinte mais par la manière (voir la rubrique « Transports » dans « Cambodge utile » en début de guide) de se faufiler dans la circulation. Toutefois, on peut généralement faire confiance à ces experts en trafic phnom-penhois. En moyenne, compter de 0,50 à 2 $ pour une course en ville selon sa durée. Plus cher la nuit, notamment à la sortie de certains bars ; négociez ferme !

– **Les tuk-tuk :** sorte de moto avec une carriole derrière, pouvant généralement contenir jusqu'à 4 personnes. Même principe que les motos-taxis. Très bien si vous n'êtes pas seul. Plus lent que les *motos-dops* (question d'encombrement) mais plus confortable et sûr. Un peu plus cher aussi : en gros, prix double et veillez à préciser que celui-ci est global et ne s'applique pas par personne embarquée !

– **Louer un tuk-tuk à la journée :** probablement le moyen idéal de découvrir la ville. Essayez de trouver un chauffeur qui parle correctement l'anglais. Si, par chance, vous en trouvez un qui parle le français, gardez-le ! Il peut être judicieux de s'adresser à la réception de l'hôtel malgré une petite com' éventuelle. Se mettre bien d'accord sur le prix et les heures d'utilisation après avoir précisé les lieux visités (surtout si certains se situent en dehors de la ville). Prévoir à partir de 15 $ par jour pour un *tuk-tuk* (intra-muros). Si vous soupçonnez le conducteur d'être ivre, demandez-lui d'arrêter immédiatement.

– **Les voitures avec chauffeur :** solution rentable seulement si vous êtes à plusieurs. Deux avantages sur les *tuk-tuk* : la clim' (vérifier qu'elle fonctionne) et l'isolement par rapport au chaos de la circulation. Un inconvénient : se faire prendre dans les embouteillages. Il vaut mieux réserver ce mode de transport aux excursions en dehors de la ville. Là aussi, la location à la journée (ou demi-journée) est courante. Prévoir à partir de 25 $ par jour. Se renseigner à son hôtel ou dans les agences de voyages. Peu de vrais taxis à Phnom Penh, sauf à proximité des grands hôtels et sites touristiques. En cas de nécessité, voici tout de même le numéro d'une compagnie de taxis réputée fiable : *Taxis Vantha* (012-855-000 ; • *taxi vantha.com* •).

– *Location de motos :* bien que moyen de transport très économique (à partir de 4 $ pour une petite semi-automatique), rouler à moto dans Phnom Penh devrait être réservé aux habitués ou à ceux qui apprennent (très) vite. Chaque carrefour est l'occasion d'un grand frisson, pour ne pas dire d'une grande frayeur. également des problèmes d'assurance (absence habituelle) et de vol (ne pas oublier de mettre systématiquement un antivol). Bref, on déconseille en ville, vous voilà prévenu.

Par contre, une fois sorti de la ville et de certaines nationales très encombrées, la moto se révèle particulièrement adaptée à l'exploration du pays. Phnom Penh est un lieu idéal pour trouver un bon engin et organiser son excursion. **Port du casque obligatoire** depuis début 2009, même s'il n'est pas toujours respecté.

■ *The Bike Shop* (plan couleur B3, *27*) : 31, rue 302. 012-851-776. • *motorcyclecambodia.com* • Lun-sam 8h-12h, 14h-18h. Adresse recommandée pour les motards exigeants que les pistes les plus difficiles n'effraient pas, seuls ou accompagnés par des guides tip-top comme Rheinhardt et Tup. Loue principalement des 250 cm^3 tout-terrain, plus quelques 400 cm^3 et engins de route (dont des Harleys). Entretien irréprochable. Managé par Bernard, un expat de longue date qui, même s'il renie un peu son Alsace d'origine, en a peut-être hérité son sérieux et son sens de l'organisation. Un bretzel d'or pour... qu'il nous pardonne cette taquinerie ! On trouve moins cher ailleurs, mais ce n'est pas exactement la même chose.

■ *Angkor Motorcycles* (plan couleur B2, *26*) : 92, rue 51. 012-722-098. Entre les rues 172 et 174. Tlj 7h30-17h30. Les 250 cm^3 à louer sont, selon leur âge, dans un état variable (mais toujours décent) et proposées à différents tarifs. Quelques petites 125 semi-automatiques, suffisantes pour la ville (voir l'avertissement ci-dessus) et ses environs. Moins pro que *The Bike Shop* mais sans embrouilles.

Adresses et infos utiles

Informations touristiques et administratives

■ *Ministère du Tourisme* (plan couleur B3) : 3, bd Monivong. ☎ 426-107. Lun-sam 7h-11h, 14h-17h. Sert d'office de tourisme, mais il serait vain d'espérer y trouver des infos.

■ *Sites internet gratuits :* • phnompenh.biz • Site internet privé et francophone, riche en infos, avec un forum très actif. • asialifecambodia.com • Pendant anglophone d'un magazine mensuel gratuit lancé lancé fin 2006. Consacré à la capitale, assez branché.

■ *Immigration Department* (hors plan couleur par A2) : en face de l'aéroport. 012-856-233. Fax : 89-03-80. Lun-ven 8h15-17h, avec pause déj. Établit les *prolongations de visa.* Se munir d'une photo. Retrait du sésame dès le lendemain après-midi. Applicables une seule fois dans le cas des visas touristiques (30 jours supplémentaires pour 45 $) et « à volonté » (jusqu'à preuve du contraire) pour les visas « Affaires ». Voir la rubrique « Avant le départ. Formalités » dans « Cambodge utile » en début de guide pour plus de détails.

– Savoir que nombre d'agences (dont celles que nous indiquons) proposent ce service pour un prix inférieur, tout en économisant le déplacement jusqu'à l'aéroport.

Poste

✉ *Poste principale* (plan couleur C1) : rue 13, à l'angle de la rue 102 (est du wat Phnom). Lun-ven 7h-18h. Grand bâtiment colonial français qui a belle allure dans sa livrée jaune. Restauré en 2001, on peut voir des photos anciennes à l'intérieur. C'est aussi le ministère des Communications. Services postaux, fax, Internet, achat de timbres et philatélie, cartes postales, téléphones. Vente de télécartes *Camintel* (de 2 à 50 $), utilisables dans les cabines de la ville (y compris en international, mais très cher, voir ci-dessous). En face, le *café de la Poste*, ce qui n'a rien de surprenant...

Téléphone et Internet

Voir aussi la rubrique « Téléphone, télécoms » dans « Cambodge utile » en début de guide.
– *Communications nationales* : s'orienter vers les omniprésents minikiosques de trottoirs, aux parois couvertes d'indicatifs (012, 011, etc.). On y prête un portable à un tarif à la minute variant selon l'opérateur gérant votre correspondant (portable), la localisation (fixe) et... la durée de votre appel.
– *Pour l'international* : passer par un centre Internet ou utiliser une carte prépayée à tarif très intéressant. Compter respectivement 300 et 1 500 riels/mn (0,06 et 0,30 €) pour un fixe et un mobile français.
– *Internet classique* : accès très facile. Multiples boutiques en ville, comme sur Sisowath, en particulier entre la rue 184 (le *K West Café*) et la rue 130. Y prévoir 0,50 $/h.
– *Internet nomade* : les établissements proposant l'accès wifi gratuit se multiplient. Scruter les devantures et les listings des gratuits. D'autre part, le fournisseur d'accès Internet *On Line* (● *online.com.kh* ●) propose des cartes prépayées (compter 1 $/h) pour surfer via son réseau wifi qui couvre la ville. Les cartes (dénomination de 2 à 50 $) sont disponibles dans plusieurs restos et bars du quai Sisowath, ou directement au siège *(60, bd Monivong ; plan couleur B1)*. Noter que ce service est également accessible dans certaines villes de province, dont Siem Reap (consulter le site).

Argent, banques, change

Voir aussi cette rubrique dans « Cambodge utile » en début de guide. Savoir que l'euro et le baht thaïlandais se changent plus facilement ici qu'en province. Les distributeurs automatiques ont fleuri dans tous les quartiers de la ville, aucune difficulté pour se réapprovisionner en dollars.

■ *ANZ Royal Bank* (plan couleur C2, **18**) : 265, quai Sisowath. ☎ 217-112 ou 424-980. Lun-ven 9h-16h ; sam mat. Agence très bien placée d'un établissement qui a initié le passage aux DAB (ouvert 24h/24). Depuis, ses distributeurs 24h/24 ont essaimé dans toute la ville, notamment bd Sihanouk, bd Monivong, rue 114, rue 47, rue 90, etc.
■ *Canadia Bank* (plan couleur B2, **21**) : 265/269, rue 61 (angle rue 110). ☎ 215-286. Lun-ven 8h-15h30 ; sam 8h-11h30. Change les chèques de voyage (commission de 2 %) en euros (ce qui est rare), en dollars américains et en dollars canadiens. Accepte les cartes de paiement (com' de 1 %).
■ *Cambodian Commercial Bank* (CCB ; plan couleur B2, **20**) : 26, bd Monivong (angle rue 110). ☎ 426-145. Tlj 8h-17h (pour le bureau de change). Change les chèques de voyage et accepte les cartes de paiement moyennant les commissions habituelles. *Autre agence bd Monivong, face au Pacific Hotel. Tlj 7h30-21h.*
■ *Western Union* (service de transfert d'argent express) : *hébergé par les banques des réseaux Singapore Banking Corporation (SBC) comme l'agence située au 68, rue 214 (plan couleur B3, 19). ☎ 211-211. Lun-ven 8h30-15h30 ; sam 8h30-11h30. Assuré également par les agences d'Acleda Bank et par le bureau de la Cambodia Asia Bank (CAB), ouv tlj 24h/24 au Naga World Hotel, derrière l'Hôtel Cambodiana (plan couleur C3, 55). ☎ 210-900.*

Représentations étrangères

■ *Ambassade et consulat de France* (plan couleur B1, **5**) : 1, bd Monivong. ☎ 430-026. Fax : 430-041. ● consulat france@online.com.kh ● ambafrancekh.org • *Lun-ven 8h30-11h30.* Dans un énorme édifice tout blanc, plutôt design !

■ *Centre culturel français (plan couleur B3, 13)* : 218, rue 184. ☎ 213-124. • *http://ccf-cambodge.org* • Le complexe, sanctuaire bien vivant de la francophonie, est installé de part et d'autre de la rue. D'un côté, la section enseignement avec un hall d'expo et TV5 en continu. De l'autre, une médiathèque *(lun 13h-19h ; mar-ven 9h30-12h, 13h-19h ; sam 9h30-18h ; consultation libre sur place, inscription payante pour les emprunts)*, une très bonne librairie (*Carnets d'Asie*, voir plus loin), un cinéma (voir le site pour la programmation) et, à l'arrière, un sympathique *café du Centre* géré par *Friends* (voir « Où manger ? »). Lieu convivial, tenu par une équipe dynamique, c'est le meilleur endroit pour sympathiser avec des Cambodgiens francophones. Panonceau avec des petites annonces diverses et variées (offres d'emplois, etc.).

■ *Consulat honoraire de Belgique (plan couleur C3, 6)* : bd Sihanouk, angle bd Sothearos. Sihanouk Building, entrée bbc F, 7e étage. ☎ 214-024. • *belco@online.com.kh* • Dépend de l'ambassade de Belgique à Bangkok.

■ *Consulat de Suisse (plan couleur B3, 7)* : 53D, rue 242. ☎ 219-045. • *swissconsulate@online.com.kh* •

■ *Ambassade du Canada (plan couleur C3, 8)* : 9-11, rue 254. ☎ 213-470. • *http://geo.international.gc.ca/asia/cambodia/* • *Lun-ven 8h30-12h, 13h30-17h. N° d'urgence pour les citoyens canadiens (à Ottawa)* : ☎ 001-9-9-6-885.

■ *Ambassade et consulat du Laos (plan couleur C4, 9)* : 15/17, bd Mao Tsé-toung. ☎ 997-931. Fax : 720-907. *Lun-ven 8h-11h30, 14h-17h.* On peut

s'y faire délivrer un visa de tourisme pour 1 mois. Coût : 35 $. Délai d'obtention : 1 jour. Prévoir 2 photos d'identité. Nécessaire uniquement si vous comptez emprunter la frontière Veun Kham-Dom Kramlor (voir « Comment y aller ? » en début d'ouvrage). Par la voie des airs, obtention du visa à l'arrivée aux aéroports de Vientiane ou de Luang Prabang (30 $; avoir une photo d'identité).

■ *Ambassade et consulat de Birmanie (Myanmar ; plan couleur C4, 10)* : 181, bd Norodom. ☎ 223-761-2. Fax : 223-763. *Lun-ven 8h-12h30, 14h-17h.* Délivre un visa touristique de 28 jours pour 20 $. Possibilité de le proroger sur place.

■ *Consulat du Vietnam (plan couleur B4, 12)* : 436, bd Monivong (angle de la rue 436). ☎ 726-284. *Lun-ven 8h-11h, 14h30-16h ; sam 8h-11h.* Le visa vietnamien n'est pas délivré aux frontières. Passage obligé par une ambassade ou un agent. Tarif identique de 35 $ pour le visa 15 jours de séjour (il est prêt en 1h à peine) et 1 mois (délai d'1 jour ouvrable).

■ *Ambassade de Thaïlande (plan couleur C4, 11)* : 196, bd Norodom. ☎ 726-306-10. Fax : 860-810. *Tlj sf dim 9h-12h (bureau des visas).* Rappel : obtention d'un visa gratuit et valable 30 jours directement à toutes les frontières du pays. Se rendre ici pour les autres visas (catégorie, durée).

■ *Ambassade de Malaisie* : 5, rue 242. ☎ 216-176-7.

■ *Ambassade de Chine (plan couleur A4)* : 256, bd Mao Tsé-toung. ☎ 720-920-1.

■ *Ambassade d'Inde* : 5, Chakrey Nhek Tioulong St. 466. ☎ 210-912-3. Fax : 210-914.

Avoir un passeport européen, ça peut être utile !

L'Union européenne a organisé une assistance consulaire mutuelle pour les ressortissants de l'UE en cas de problème en voyage.
Vous pouvez y faire appel lorsque la France (c'est rare) ou la Belgique (c'est plus fréquent) ne disposent pas d'une représentation dans le pays où vous vous trouvez. Concrètement, elle vous permet de demander assistance à l'ambassade ou au consulat (pas à un consulat honoraire) de n'importe quel État membre de l'UE. Leurs services vous indiqueront s'ils peuvent directement vous aider ou vous préciseront ce qu'il faut faire.
Leur assistance est, bien entendu, limitée aux situations d'urgence : décès, accident ayant entraîné des blessures ou des lésions, maladie grave, rapatriement

pour raison médicale, arrestation ou détention. **En cas de perte ou de vol de votre passeport,** ils pourront également vous procurer un **document provisoire** de voyage.

Cette entraide consulaire entre les 27 États membres de l'UE ne peut, bien entendu, vous garantir un accueil dans votre langue. En général, une langue européenne courante sera pratiquée.

Urgences

■ *Police pour les étrangers :* ☎ 724-793.

■ *SAMU :* ☎ 119 ou 724-891. A été mis en place par l'hôpital Calmette.

■ *Urgences 24h/24 (Naga Clinic ; plan couleur C3, 4) :* 📱 011-811-175.

Hôpitaux et pharmacies

Pour les très gros pépins, mieux vaut se rendre à Bangkok ou à Singapour. Voir la rubrique « Santé » dans « Cambodge utile » en début de guide.

■ *Hôpital Calmette (plan couleur B1, 2) :* 3, bd Monivong. ☎ 426-948. Fax : 724-892. Consultations lun-ven 7h30-11h30, 14h30-16h30. Le plus connu de Phnom Penh. Fut construit par la France. Le personnel de *Médecins du monde* et de la *Coopération française* l'a repris en main il y a quelques années. Ophtalmo, dentiste, etc. Équipé d'un IRM.

■ *Institut Pasteur (plan couleur B1, 3) :* 5, bd Monivong. ☎ 426-009. Fax : 725-606. À côté de l'hôpital Calmette. Lun-ven 7h-17h ; sam 7h-11h30. On peut s'y faire vacciner contre le tétanos, la rage, l'hépatite B, l'encéphalite japonaise et la fièvre jaune. À noter que c'est également le seul centre de traitement antira-bique du pays.

■ *International SOS (plan couleur C3, 1) :* 161, rue 51 (rue Pasteur). ☎ 216-911 (urgences). ● internationalsos. com ● Consultations lun-ven 8h-17h30.

Clinique ouverte en 1998. Médecine générale, dermatologie, pédiatrie et gynécologie. Équipée d'une salle d'opération, d'un labo et d'un service de radiologie. Plusieurs médecins y sont francophones. Pas donné : de 55 à 65 $ selon les spécialités. Accepte les cartes de paiement et délivre des formulaires pour la Sécurité sociale française.

■ *Naga Clinic (plan couleur C3, 4) :* 11, rue 254. ☎ 211-300 (standard). ● jcga ren@yahoo.fr ● Clinique dirigée par le Dr Garen et très fréquentée par les expats. Spécialisé dans les maladies tropicales. Gynéco disponible sur rendez-vous.

■ *European Dental Clinic :* 160A, bd Norodom. ☎ 211-363. 📱 016-832-159 ou 012-854-408. Face à l'école ISPP. Lun-ven 7h30-12h30 et 13h30-19h. Un bon cabinet dentaire tenu par des Français très sympathiques et compétents. Accepte la carte *Visa*.

– *Pharmacies :* une certaine proportion des médicaments vendus dans les pharmacies « standard » de la ville peuvent être périmés ou contrefaits. En cas de médication sérieuse, autant s'adresser à des pharmacies fiables ; en voici une petite liste non exhaustive :

■ *Pharmacie de la Gare (plan couleur B2, 22) :* 81, bd Monivong. ☎ 430-205. 📱 012-805-908 (urgences). Lun-sam 7h-19h ; dim 8h-12h. Cartes *Visa* et *MasterCard* acceptées. Très propre et bien fournie. Le patron parle le français.

■ *Pharmacie du Naga Medical Centre :* 108, bd Sothearos. ☎ 212-324. Tlj 24h/24. Pharmacie bien fournie et service très professionnel.

■ *Parapharmacie U-Care (plan couleur C2) :* 26-28, rue 178 (angle bd Sothearos). ☎ 222-399. Tlj 8h-22h. Depuis le *FCC*, faire 100 m en direction du Musée national. Moderne, rayons adaptés aux besoins des voyageurs.

Agences de voyages

■ *Diethelm Travel :* 65, rue 240. ☎ 219-151. ● *diethelmtravel.com* ● L'une des bonnes agences de Phnom Penh : on y trouve même une brochure ! L'équipe est compétente et l'agence a des succursales dans tout le pays, ainsi qu'au Laos, au Vietnam et en Birmanie (Myanmar). Une grosse pointure.

■ *Apsara Tours (plan couleur B3, 17) :* 8, rue 55. ☎ 216-562. ● *apsaratours. com.kh* ● Lun-sam 7h-12h, 14h-17h. Le correspondant de *Voyageurs en Asie du Sud-Est* et l'un des plus grands tour-opérateurs européens. Le patron et les guides parlent le français. On peut y acheter ses billets pour Angkor, louer une voiture avec chauffeur, etc. Leur bureau de Siem Reap est aussi très efficace.

■ *Apple Travel :* 16, rue 13. ☎ 213-006. ▯ 011-804-688. ● *tours@appletravel.com.kh* ● *Tout près de la poste. Lun-sam 7h30-17h30.* Petite agence efficace pour toutes résas de bus, bateaux, avions, pour obtenir ou renouveler des visas. Pro et fiable.

■ *Tour Asia (plan couleur C2, 41) :* 24, rue 130. ☎ 220-669. ● *tourasia.com.*

sg ● *Voisin de l'hôtel* Indochine 2. Lun-sam 8h-17h30. Branche locale d'une grosse agence singapourienne, elle mérite d'être citée pour le professionnalisme et la qualité d'accueil de son personnel. Toutes prestations à prix concurrentiels. Agent *Air Asia*.

■ *KU Travel (plan couleur C3, 15) :* 77, rue 240. ☎ 723-456. ● *kucambodia. com* ● Lun-ven 8h-17h30 ; sam 8h-16h. Dans l'univers raffiné de la rue 240. Compétent, personnel serviable.

■ *Compagnie fluviale du Mékong (plan couleur C3, 6) :* Hotel Cambodiana, 313, Sisowath, Suit 2. ☎ 216-070. ● *cfmekong.com* ● Propose de superbes itinéraires-croisières pour voyages de noces ou riches routards souhaitant découvrir les mondes du Mékong dans des embarcations traditionnelles en bois, alliant charme et grand confort. Exemple : le *Toum Teav,* un 38 m équipé de 10 luxueuses cabines avec salle de bains. Croisières entre Phnom Penh et Siem Reap (3 jours et 2 nuits) ou Hô Chi Minh-Ville (6 jours et 5 nuits). Possible aussi à la demande, de mars à juillet, Phnom Penh - Kratie (3 jours et 2 nuits).

Divers

■ *Carnets d'Asie (plan couleur B3, 13) :* dans le complexe du Centre culturel français (voir ci-dessus). ▯ 012-799-959. Tlj sf dim 9h-19h30. Voisin de la bibliothèque. Librairie francophone qui, en plus d'un bon fonds généraliste, est spécialisée sur l'Asie du Sud-Est et le Cambodge. Propose aussi bien des publications d'éditeurs français que, chose intéressante et rare, celles d'éditeurs cambodgiens francophones ou bilingues, à peu près introuvables en France. De quoi satisfaire les amateurs comme les érudits. Sélection de périodiques, de cartes postales, de plans et de guides touristiques et culturels, comme l'excellent *Parler le cambodgien, Comprendre le Cambodge* et le *Guide total des routes du Cambodge. Carnets d'Asie* a également une antenne à Siem Reap. Pour les chercheurs, voici un site permettant de

connaître l'ensemble des ouvrages en français, conservés à la Bibliothèque nationale du Cambodge : ● *carnetsdasie-pp.com/index.php* ●

■ *Monument Books (plan couleur C3, 23) :* 111, Norodom. ☎ 217-617. Tlj 7h30-19h. Librairie essentiellement anglophone, mais également quelques ouvrages en français sur Angkor. Annexe à l'aéroport, dans la zone de transit.

■ Les *librairies* des grands hôtels sont assez bien fournies, en particulier celle de l'*Hôtel Cambodiana (plan couleur C3, 55)* et celle de l'hôtel *Intercontinental.* Important rayon de beaux livres. Si vous êtes bilingue, on conseille l'excellent *Cambodia Less Travelled,* qui mène à la découverte d'un Cambodge peu connu... On peut aussi aller au *marché central (plan couleur B2, 122)* ou au *marché Orussey (plan couleur B2, 123).*

On y trouve des livres d'occasion et beaucoup d'éditions « pirates » vendues quelques dollars, sur le Cambodge en général et Angkor en particulier. Les vendeurs des rues en proposent aussi.

■ *Journaux et gratuits :* parmi plusieurs quotidiens de qualité inégale en vente à Phnom Penh, on retient surtout le francophone *Cambodge Soir* (● cambodgesoir.info ●) et *The Cambodia Daily* (en anglais). Dans ce dernier, tous les vendredis, programme des activités de la capitale pour la semaine à venir. Plusieurs gratuits en anglais, dont *Visitors Guide* (biannuel de petit format) et *Bayon Pearnik* (mensuel) fournissent pas mal d'infos pratiques (transport, visas, banques, excursions, etc.). Savoir quand même que, financés par la publicité, ils ne sont pas très objectifs quant aux adresses mentionnées dans leurs colonnes.

■ *Presse française à Phnom Penh :* les 5 points de vente principaux sont *Carnets d'Asie, Mékong Libris, Monument Books,* le supermarché *Thai Huot* (103, bd Monivong) et l'aéroport.

■ *Meta House* (plan couleur C3, 24) : 6, rue 264. ☎ 224-140. Au sud du wat Botum. Tlj sf lun 18h-minuit. Centre d'art multimédia ouvert à toute forme d'expression. Orienté interaction et mutation. En attendant l'ouverture du site internet, consulter les gratuits ou ● phnom-penh.biz ● pour connaître la séduisante programmation. Expos et ateliers au rez-de-chaussée et étages. Bar et petite restauration sur le charmant toit-terrasse où sont fréquemment projetés des documentaires et des films, souvent d'avant-garde.

■ *Fujicolor :* 130B, bd Sihanouk.

☎ 215-740. Le meilleur labo photo de la ville.

■ *SPK Photo Color Lab :* 262A, bd Monivong ; près de l'angle avec la rue 174. ☎ 430-820. Une autre bonne référence. Responsable efficace parlant le français.

■ *Lhor Penh Cheth :* 189, bd Monivong (en face de l'hôtel Asia). ☎ 990-224. Spécialistes du numérique. Vente d'appareils et d'accessoires.

■ *Seeing Hands Massages* (plan couleur C1) : 12, rue 13. ▮ 012-680-934. En face de la poste. Tlj 8h-21h. Compter 6 $/h pour les massages shiatsu ou réflexologie (foot massage). Prudent de réserver. Les quelques masseurs, tous aveugles et supportés par des organisations caritatives, sont pris d'assaut. Une expérience fantastique. Autres salons : 48, rue 288 (plan couleur B3), ▮ 012-851-534 ; 128, rue 51, ▮ 012-407-417 ; 12, rue 13, ▮ 012-680-934.

■ *Spas :* voir *Bliss* dans « Achats » pour une version plus raffinée.

■ *Piscine olympique :* dans l'enceinte du stade olympique. Tlj 9h-19h. Belle piscine, qui a été patiemment remise en eau par un ancien champion de natation cambodgien et un moniteur français de plongée.

■ *CCC* (Comité cambodgien de coopération ; hors plan couleur par A-B4) : 9-11, rue 476. ☎ 214-152. ● ccc-cambodia.org ● S'occupe de la coordination entre les ONG du Cambodge – et il a donc fort à faire ! Si vous souhaitez donner de votre temps et partager vos compétences, vous pouvez y déposer votre CV, consulter son importante documentation et y être conseillé(e). Toujours pour les BA, voir aussi « Achats en faveur des ONG », plus loin.

Sécurité, quelques conseils

Voir aussi la rubrique « Dangers et enquiquinements » dans « Cambodge utile » en début de guide. La situation s'étant considérablement améliorée ces dernières années, on peut dorénavant se promener à Phnom Penh tranquillement, sans souci particulier. Ne pas oublier pour autant quelques règles élémentaires et universelles : pas d'ostentation dans l'étalage des richesses, et donc, ni bijoux ni grosse montre provocatrice ou autres bananes gonflées de grosses coupures en dollars. À signaler, quelques rares arrachages de sac par des gars à moto et de la fauche dans les cafés les plus touristiques (surtout ce qui est posé à terre), mais rien de plus grave. Les éventuels risques de braquage dans la rue seront le plus souvent le fait de drogués en manque.

Où dormir ?

Toutes les chambres disposent de salles de bains, sauf indication contraire.

Dans le quartier du lac Kak (Boeng Kak ; plan couleur A-B1)

On a tout entendu sur le coin : dangereux, sale, pollué, repaire de drogués et de prostituées, en attente de destruction ! Tout et n'importe quoi. Pauvre lac, dont l'aménagement, voulu par Norodom Sihanouk mais jamais réalisé, devait ressembler au bois de Boulogne. Son sort semble scellé puisque son assèchement a débuté pour faire place à des terrains à construire. Aujourd'hui, il ne s'agit que du quartier routard par excellence de la capitale, un peu ghetto comme il se doit. Moite et étriqué, bordé de maisons basses. Plein de sacs à dos, de pensions, de restos et de multiples agences multiservices (visas, change, tours) qui vont avec. Parmi l'assistance bigarrée, on trouve peut-être un petit lot de personnages ou d'activités marginales, mais rien n'oblige à les fréquenter. Beaucoup des *guesthouses* sont bâties sur le lac et se prolongent d'un ponton où le coucher de soleil se déguste, un verre à la main, couché dans un hamac ou enfoncé confortablement dans un fauteuil en osier, au milieu des plantes grasses. Peu importe si l'eau du lac est presque aussi verte que les jacinthes qui se délectent de sa pollution. En plus, l'examen attentif des prix pratiqués montre que ce n'est pas forcément ici qu'on fait les meilleures affaires.

➤ *Comment y aller ?* Un peu excentré, au nord de la ville. Prendre la rue 86, perpendiculaire au boulevard Monivong. Dépasser le resto *Pho de Paris,* tourner à gauche au niveau de la mosquée. L'unique rue en cul-de-sac file vers le sud en suivant la berge du lac. Quelques passages et impasses côté lac.

De très bon marché à bon marché

🛏 *Lazy Fish Guesthouse* (plan couleur B1, **30**) : 16, rue 93 (dernière adresse, extrémité sud). 📱 012-703-368. ● lazyfishlakeside@hotmail.com ● Doubles 3-6 $ env. Rénovées récemment, avec clim'. Hamacs, fauteuils en osier, grand écran, pour une situation à l'écart du trop-plein du quartier. Staff dynamique et convivial. Resto avec plats khmers et internationaux.

🛏 *Guesthouse Number 9* (plan couleur B1, **31**) : 9, rue 93 (à mi-chemin de la rue, par une impasse allant vers le lac). 📱 012-766-225. ● number9_guesthouse@hotmail.com ● Prévoir 5 $ sans w-c et 6 $ avec bains et vue. L'une des authentiques pionnières de la mode ponton. Ne pas confondre avec *Sister Number 9 Guesthouse* (plus au sud, moins bien). Tout plein de chambres arrangées dans des baraquements de bois sur pilotis. Bassins intérieurs et passerelles. Bon accueil, propreté et tenue relativement décente. L'été, il fait vraiment très chaud... Grand espace

commun avec tout ce qu'il faut (resto, bar, billard, grande TV, hamacs, plantes vertes et fauteuils en osier), sans oublier la terrasse, orientée vers les couchers de soleil. Fait aussi resto. Si jamais c'était complet, essayer la voisine *Lakeside Guesthouse n° 10 :* 📱 012-454-373. ● number10_lakeside@hotmail. com ● Chambres plus spartiates et étouffantes, avec sanitaires à partager ; quelques-unes plus grandes avec eau chaude et TV.

🛏 *Grand View Guesthouse* (plan couleur B1, **31**) : 4, rue 93 (devant Guesthouse Number 9). ☎ 430-766. ● grand view.netfirms.com ● Chambre 5 $. Internet. Immeuble rose pâle de 5 étages, en retrait du lac. Chambres carrelées minuscules mais propres et équipées de vraies salles de bains avec un vrai carrelage (ça change de certaines pensions du lac). Ventilo ou clim' + eau chaude. Resto aménagé sur le toit-terrasse. Vue intéressante sur le lac et ce drôle de quartier.

Prix moyens (de 15 à 18 $)

🛏 **Simon's II** *(plan couleur B1, 31)* : 10, rue 93 (entrée dans l'impasse de la guesthouse Number 9). 🕾 012-608-892. ● hongchi72@hotmail.com ● Doubles 15-18 $; quelques familiales (2 grands lits) 20 $. Grande propriété récente ne donnant pas directement sur le lac. En contrepartie, chambres généreuses en meubles de bois, nickel et très bien dotées : clim', eau chaude, TV, frigo. C'est ce qu'il y a de mieux question confort. Resto attenant.

À l'est du boulevard Monivong *(plan couleur B1)*

De bon marché à prix moyens (de 6 à 24 $)

🛏 ⦿ **Sary Rega Guesthouse** *(plan couleur B1, 40)* : 8, rue 75. ☎ 986-251. ● rega.awardspace.com ● Doubles 8-12 $. Dans un quartier résidentiel, à la fois bien situé et calme (rare à Phnom Penh !). Tenue par une famille cambodgienne francophone, accueillante et pittoresque. Une quinzaine de chambres. Eau chaude, TV, moustiquaire, ventilo ou clim', 1 grand ou 2 petits lits, meubles en rotin. Les nouvelles chambres, à l'arrière du resto, sont les moins chères. Celles dans la maison sur le devant ont plus de charme ; les cinéphiles y retrouveront quelques décors de *Holly Lola*, puisque Bertrand Tavernier y a tourné certaines scènes. Bel espace bénéficiant de la fraîcheur d'un jardin arrangé en recoins, parfait pour rêvasser, se rafraîchir, observer les mainates dans leur cage, faire une partie de billard ou se restaurer (bon resto ; voir « Où manger ? »).

🛏 ⦿ **L'Auberge des Jardins d'Orient** *(plan couleur B1, 40)* : 35, rue 75. 🕾 012-413-825. ● phnom.penh.biz/jardinsdo rient ● Résa conseillée. Prévoir 16-24 $ (clim'), petit déj compris. Grande villa voisine de *Sary Rega*, où se nichent 8 chambres. Partout, 1 grand et 1 petit lit, clim' et eau chaude, TV, et, parfois, 1 frigo, balcon pour celles de l'étage. Resto au rez-de-chaussée et en terrasse dans l'avant-cour. Spécialités méditerranéennes à prix moyens, servies avec générosité : tajines, couscous, poulet basquaise, etc. Tenue par une famille française charmante, dont la fille semble parler sa langue maternelle avec l'accent cambodgien et le cambodgien sans accent... Illustration du parfum indochinois qui, complice du confort et des plats occidentaux, imprègne la maison.

Un peu plus chic (à partir de 39 $)

🛏 **Cara Hotel** *(plan couleur B1, 39)* : intersection rues 84 et 47. ☎ 430-066. ● hotelcara.com ● Doubles 39-58 $, petit déj compris. Internet gratuit dans le lobby (quand ça fonctionne). Tendance boutique design pour cet établissement tout récent dans un quartier au trafic intense. De mignons espaces communs et intérieurs charmants, malgré des finitions un peu hâtives. Chambres bien confortables, de taille modeste, sans baignoire ni luxe excessif. Éviter celles à 30 $ (sans fenêtre). Les *deluxe* ne sont qu'un poil plus grandes et situées à l'angle de l'immeuble. Grande et agréable salle de resto (de 11h à 22h), cuisine asiatique « fusion » (soupes et salades inventives).

Dans le centre

De très bon marché à prix moyens (de 4 à 25 $)

🛏 **Keov Mean Guesthouse** *(plan couleur B2, 34)* : 1AE, rue 51 (rue Pasteur, à l'est du marché central). 🕾 012-921-324. Chambres 6-10 $ avec ventilo et 15 $ avec AC. Pittoresque immeuble carrelé de 2 étages, doté de longs balcons à colonnades. Chambres claires et bien tenues, ventilées. Les plus agréables donnent sur les « coursives ». Déco kitsch assez amusante. Accueil néanmoins à géométrie variable.

≜ *Lucky II Guesthouse* (plan couleur B3, **36**) : 30, rue 115 (sud du marché Orussey, proche de la rue 214). ☎ 218-910. Doubles 8-13 $. Adresse déjà ancienne mais toujours fiable du « quartier des pensions ». Curieusement, le panneau *Lucky II* est situé en face, au niveau de *Lucky I* (immeuble faisant le coin, moins bien). 5 étages de chambres (TV, table et chaise) aux prix variant avec la température de l'eau et de l'air (quand y a la clim', y'a même un ventilo !). Grimper aux étages : moins de chambres aveugles. Carrelé du sol aux murs sans trop ressembler à une chambre frigorifique pour autant. Personnel très gentil.

≜ *The King Guesthouse* (plan couleur B3, **37**) : 74, rue 141 (proche du bd Sihanouk). ▯ 012-930-011. ● thekingang kor.com ● Doubles 15-25 $ avec petit déj. Se démarque de ses consœurs par un véritable florilège de chambres (voir le *flyer* assez significatif), des services annexes à revendre (organisation de tours, pick-up organisé pour toutes les compagnies de bus, etc.) et un grand entresol ouvert sur la rue (resto-bar, ordis), donnant du volume. Moins réjouissant : les meubles genre « récup' » et l'aspect rang d'oignons des chambres multilits. Pick-up à l'aéroport gratuit.

≜ *Narin 2 Guesthouse* (plan couleur B3, **38**) : 20, rue 111 (la plus au nord de cette rue bien fournie en adresses). ☎ 316-411. ● touchnarrin@hotmail. com ● éventail de prix 6-15 $. Ici aussi, la liste des chambres ressemble à un menu de resto chinois où toutes les combinaisons sont possibles : nombre de lits (de 1 à 4), salles de bains à partager ou privée, confort rudimentaire ou « superflu » (eau chaude, TV et clim'). Carrelage au sol, mobilier embryonnaire. Populaire, *Narin* fait aussi son âge, mais l'accueil et le resto sont bien rodés.

≜ *Burly Guesthouse* (plan couleur B3,

32) : 70, rue 111. ☎ 998-493. ● burly_ guesthouse@yahoo.com ● Entre le marché Orussey et le bd Preah Sihanouk. Doubles 8-11 $, le dernier prix donnant droit à la clim' et à l'eau chaude. Wifi gratuit. Immeuble rouge flashy de 7 étages avec ascenseur, typique de ces nouvelles constructions dues aux entrepreneurs chinois qui envahissent la capitale. Chambres assez petites mais rationnelles, meublées juste comme il faut (1 ou 2 grands lits) et nickel (y compris les sanitaires). TV, ventilo ou clim', eau chaude et frigo. Personnel serviable, adresse de bon rapport, mais on vous recommande de bien planquer vos valeurs.

≜ *Sky Park Guesthouse* (plan couleur B3, **32**) : 78, rue 111. ☎ 992-718. ● skypark_guesthousepp@yahoo.com ● Compter 6-20 $ sans petit déj. Wifi gratuit. Même rue que *Burly*, même look extérieur ; idem à l'intérieur ou presque, un chouia d'espace et de velléités décoratives en plus. Bien, sans plus.

≜ *Spring Guesthouse* (plan couleur B3, **33**) : 34, rue 111 (au sud de la rue 214). ☎ 222-155. Prévoir 7-14 $; réduc pour long séjour. Internet. Toujours dans le même style mais dans les tons brun-violet ici. N'en jetez plus ? Pourquoi pas, puisque voici encore une adresse très recommandable, offrant diverses combinaisons d'hébergement (ventilo ou clim', avec ou sans eau chaude). TV.

≜ *Capitol* (plan couleur B3, **35**) : 14AE, rue 182 (angle rue 107). ☎ 724-104. ● ca pitol@online.com.kh ● Une adresse mythique, autrefois le rendez-vous privilégié des routards du monde entier. La salle de resto donnant sur la rue, fréquentée d'habitués, d'employés et passagers de la compagnie de bus homonyme (voir « Arriver – Quitter »), conserve une certaine atmosphère. Mais sincèrement, on ne vous conseille pas d'y loger... seulement d'y boire un verre, voire de grignoter le steak-frites le moins cher de la ville (1,25 $) ou encore d'y acheter un billet de bus.

De prix moyens à un peu plus chic (de 15 à 40 $)

≜ *Indochine 2* (plan couleur C2, **41**) : 28, rue 130 (100 m du quai Sisowath). ☎ 211-525. ● indochine2.com ● Compter 15-20 $. Immeuble rénové. Clim', TV, eau chaude et frigo dans toutes les chambres. Quelques simples (1 personne) sans fenêtre. Carrelé, propre et arrangé sans fioritures, armoire métallique. De rapport général difficile à battre dans le coin. Accueil efficace et personnel aux petits soins. Prestations annexes (tous transports, excursions). On prend le petit déj au rez-de-chaussée.

🛏 *Cosyna Hotel* (plan couleur C2, 42) : 1A, Sisowath Quay (dans le même bloc que l'hôtel Amanjaya). ☎ 222-366. ● cozynahotel@online.com.kh ● Compter 18-33 $ sans petit déj. Très bien situé, mais rien à voir avec son luxueux voisin. Chambres spacieuses et bien tenues, déco et équipement en partie rénovés. Beaucoup de premiers prix sans fenêtre. Le top conjugue balcon privé sur le quai et baignoire sans être cependant plus frais que le reste et dans ce cas, vu l'animation du dehors, mieux vaut ne pas se coucher trop tôt. Eau chaude, clim' et TV partout. Plus pour sa situation et ses tarifs (d'autant que des réduc sont possibles) que pour le charme. Accueil aimable.

🛏 *Golden Gate Hotel* (plan couleur B3, 43) : 9, rue 278 (proches du bd Sihanouk). ☎ 457-137. ● goldengatehotels.com ● Doubles 28-35 $ avec petit déj. Blanchisserie gratuite. Petit déj et accueil à l'aéroport inclus en catégorie deluxe et suite et pour ceux qui y passent 2 nuits ou plus. Hôtel impeccablement tenu dans une rue calme. Grandes chambres et suites, toutes propres, claires et très fonctionnelles : TV, frigo, téléphone, clim' et, pour certaines, coin cuisine. Tarifs au mois. Bien dans sa catégorie, malgré un accueil assez indifférent.

D'un peu plus chic à plus chic (de 30 à 80 $)

🛏 *Le Pavilion* (plan couleur C3, 49) : 227, rue 19 (250 m au sud de la rue 240). ☎ 222-280. ● thepavilion.asia ● Résa impérative. Éventail des prix 40-85 $ pour 4 pers, petit déj compris. Wifi gratuit. Romantique, *Le Pavilion* combine le charme d'une généreuse villa coloniale délicieusement aménagée (10 chambres et bungalow de taille et finitions variables) avec une extension adjacente de 7 grandes chambres dont 4 avec piscine privée et une suite avec jacuzzi. Le jardin, planté de *day beds* (couche sur plate-forme où l'on reste théoriquement éveillé), abrite un resto-bar (cocktails et cuisine française à prix moyens) et, cerise sur le gâteau, une vraie piscine (14 m) au milieu d'une végétation luxuriante, et ce en plein centre-ville. Ameublement et équipement de style khmer et colonial, tendance épurée. Pas de baignoires, mais souci permanent du détail, eau chauffée par panneaux solaires.

🛏 *Blue Lime* (plan couleur C2, 44) : 42, rue 19z. ☎ 222-260. ● bluelime.asia ● Au niveau de l'arrière du Musée national, l'impasse 19z donne sur la rue 19, à hauteur du n° 116. Résa très conseillée. Selon taille et confort, doubles 40-60 $, petit déj compris. Accès Internet gratuit, dont wifi dans les communs. Managé par l'équipe du *Pavilion*, le « Citron Bleu » est résolument contemporain, béton – l'essentiel du mobilier – et urbain – vue sur les toits « favelesques » de Phnom Penh. Quatorze chambres dans un petit immeuble de 3 étages, avec tout le confort moderne. La grande piscine (5 m x 15 m) d'eau de mer, soulignée d'un galon de *day beds*, occupe l'essentiel du jardin. Original et très réussi.

🛏 *Scandinavia Hotel* (plan couleur C3, 45) : 4, rue 282. ☎ 214-498. ▪ 092-791-449. ● hotel-scandinavia-cambodia.com ● Proche du monument de l'Indépendance. Doubles 48-53 $, petit déj riquiqui compris. Bien situé dans une petite rue très tranquille. Rénové et complètement en « boutique hôtel ». Déco contemporaine qui n'a rien de scandinave. En tout, 16 chambres moyennement propres mais assez spacieuses, avec Internet pour certaines. Préférez celles des étages à celles du rez-de-chaussée, sans autre vue extérieure que le ciment. Terrasse avec bar-resto assez animé et, surtout, minipiscine d'eau salée en forme de haricot, noyée dans la végétation. Galerie d'art. Gros bémols : le management n'est pas toujours à la hauteur (suppléments au

CAMBODGE / PHNOM PENH

tarif injustifié) et les photos du site ne reflètent pas la réalité.

Bougainvillier Hotel (plan couleur C2, **42**) : 277G, quai Sisowath. ☎ 220-528. • bougainvillierhotel.com • Doubles 80-110 $; promos sur leur site. Internet 5 $/j. Entrée ne payant pas de mine, s'ouvrant sur un resto, réception au fond. Pas d'ascenseur. Une quinzaine de chambres deluxe mais sans vue (sur le Tonlé Sap). L'intérêt, ici, ce sont les treize suites (salon + chambre) à partir de 88 $, donnant sur le quai (avec balcon, idéal pour assister aux fêtes de l'eau en novembre) ou sur un jardin privé. Déco criarde un poil excessive, flirtant avec le kitsch : bois sombres et tissages fortement colorés sur fond de sols dallés et sanitaires verts ! Équipement complet : clim', ventilo, frigo, coffre. Service attentif. Particularité affichée à l'entrée : « microbes, virus, HIV and tuberculoses free » ! Au total, prix élevés pour Phnom Penh. Resto franco-khmer assez tape-à-l'œil, comme le reste d'ailleurs.

Khmer Royal (plan couleur C2, **50**) : 383, quai Sisowath. ☎ 223-823. • khmer royalhotel.com • Doubles 44-60 $, petit déj inclus, selon vue soit sur le Palais royal ou sur le Tonlé Sap à partir des « superiors » ; possibilité de les transformer en triples, moyennant supplément. Idéalement situé en face du fleuve, c'est son principal atout. Entrée encombrée par un spa-massage. Curieuse association d'éléments autrefois modernes devenus vieillots et d'ensembles élégants aujourd'hui bien standardisés. Vaste atrium surmonté d'une verrière. Prestations à géométrie variable et va-et-vient pas toujours honorable. Meubles et moquettes autrefois cossues, TV, frigo, clim', baignoires. Hélas, entretien très aléatoire. Resto aéré et avec vue au dernier étage.

Spécial coup de folie

Amanjaya Hotel (plan couleur C2, **51**) : 1, rue 154 (au coin du quai Sisowath). ☎ 219-579. • amanjaya.com • Compter 118-221 $, petit déj compris. Hyper bien situé, le plus charmant et le plus intime des hôtels de luxe de la ville ne propose que des suites, d'une surface allant de 43 à 134 m². Réception souriante, parfois francophone. Décoration raffinée, élégante et sobre tout à la fois, dès le hall d'entrée. Chambres très spacieuses, confort total, mobilier en bois de rose style khmer, jolis tissus, superbes salles de bains... Certaines d'entre elles donnent sur le Tonlé Sap, d'autres sur le wat Ounalom (et parfois sur les 2). Toutes avec un petit balcon pour le lever du soleil. Un véritable coup de cœur dans cette catégorie ! Seul inconvénient, mais de taille : le bruit environnant, surtout depuis les travaux de rénovation du quai. L'hôtel communique avec le resto-bar K-West. Profitez aussi de la boutique aux articles confectionnés spécifiquement pour les goûts occidentaux, vous aurez du mal à trouver mieux !

Himawari (plan couleur C3, **52**) : 313, quai Sisowath. ☎ 214-555. • himawari hotel.com • Prévoir, 128-158 $ pour 2, petit déj compris ; promotions sur le site. Voisin de l'Hôtel Cambodiana, et donc très bien situé en bordure du fleuve. Du studio (avec kitchenette) aux appartements de 2 à 3 chambres. Confort et équipement excellents, aux normes internationales. Superbe piscine (avec bassin pour enfants), 7 $ (10 $ le week-end) pour les non-résidents (valable pour la journée de 6h à 22h, sortie et retour à sa guise), salle de remise en forme, tennis, bar, resto, etc. Babysitting.

Raffles Hôtel Le Royal (plan couleur B1, **54**) : à l'angle du bd Monivong et de la rue 92. ☎ 981-888. • raffles. com • À partir de 300 $, petit déj compris ; en s'y prenant assez tôt, on peut trouver des promos à partir de 165 $ sur leur site. Un des légendaires palaces du Sud-Est asiatique et tout simplement le plus bel hôtel de la ville, dans le plus pur style colonial mélangeant Art déco et style khmer. Le vieux bâtiment, composé de 3 ailes basses communicantes, a été superbement rénové. Il camoufle sous son cachet d'antan tous les services d'un hôtel de luxe contemporain, y compris une superbe piscine et un spa. Petit déj-buffet somptueux, mais cuisine plutôt moyenne au dîner. L'accueil est impeccable, les chambres, toutes différentes, évoquent pour certaines leurs illustres hôtes (André Malraux, Jackie Kennedy, etc.). Mobilier d'antiquaire, couplé aux confort, et équipements modernes, la classe quoi ! Notre préféré dans cette catégorie, à condition de pouvoir se le payer ! On peut aussi y boire un verre (*happy hour* 17h-20h). En face, le lycée français René-Descartes et, plus loin, l'ambassade américaine.

 ▤ |●| *Hôtel Cambodiana* (plan couleur C3, *55*) : 313, quai Sisowath. ☎ 426-288. ● hotelcambodiana.com ● Prévoir 130-320 $ (suites). Un hôtel impressionnant, à l'architecture inspirée de celle du Palais royal, situé à quel-ques centaines de mètres. À l'état de chantier, il servit aux troupes de Lon Nol, puis aux réfugiés quand les Khmers rouges entrèrent en ville. C'est ici que la famille royale loge ses invités de marque. Les chambres donnent d'un côté sur les toits de la pagode d'Argent, de l'autre sur le Mékong. Tout confort, ça va de soi. Plusieurs bars et restos, salon de thé au rez-de-chaussée. Spa et salle de fitness. Bon buffet le midi à 22 $ et 24 $ le soir. Piscine (pas très grande) et tennis. Librairie dans le hall (ouvrages en français). Il tire le maximum de sa situation archiprivilégiée pour profiter des couchers de soleil.

Où dormir dans les environs ?

Voir plus loin sur l'île de la Soie.

Où manger ?

De bon marché à prix moyens (de 2 à 8 $)

Les restos d'application d'école hôtelière gérés par des ONG

L'occasion de déguster des cuisines bien mitonnées et d'apprécier les prestations des élèves tout en apportant sa contribution.

|●| *Friends* (Mit Samlanh ; plan couleur C2, *65*) : 215, rue 13. ☎ 426-748. Proche du Musée national. Tlj 11h-23h (21h pour la cuisine). Prix modérés jusque pour le vin. Créé par l'organisme de réinsertion des jeunes du même nom pour les former aux métiers de l'hôtellerie (● streetfriends.org ●), à l'initiative du label *Child Safe*. Cadre confortable, vraiment plaisant et coloré. Salle ou terrasse. Cuisine excellente. Plats cambodgiens, thaïs et occidentaux. Tapas. Penser au tableau noir indiquant les *specials* de la semaine. Délicieux *fruit-shake* et cocktails. De bons élèves, on vous le redit, et qui parviennent à s'autofinancer complètement grâce à la fréquentation du resto. à fréquenter sans restriction.

|●| *Romdeng* (plan couleur B2, *70*) : 74, rue 174. ☎ 219-565. Tlj sf dim midi et soir. Plats autour de 6-10 $. Une autre émanation de l'ONG *Friends* fonctionnant sur le même modèle. Cadre très agréable, grande demeure aux belles boiseries dans un jardin avec terrasse et plan d'eau. Cuisine traditionnelle khmère à tendance campagnarde. On peut même s'essayer aux araignées frites. Quelques bons vins à prix raisonnables. Service attentif.

|●| *Le Lotus Blanc* (hors plan couleur par A4, *66*) : Stung Mean Chey. ☎ 889-479. À 15 mn du centre, après l'hôtel Intercontinental, suivre le bd Monireth et les pancartes avec la fleur de lotus blanc. Ouv 15 oct-25 juil, lun-ven 7h-7h45 pour le peti déj et 12h-14h30. Formule menu 8 $, buffet à volonté ven. Géré par l'association *Pour un Sourire d'Enfant* (● pse.asso.fr ●), l'une des ONG les plus généreuses du pays qui se préoccupent de réinsérer les mômes qui travaillaient sur les décharges publiques. Là aussi, bonne cuisine locale ou occidentale dans un cadre particulièrement frais et plaisant. Boutique, salon de coiffure et spa.

|●| *Le Rit's* (plan couleur C3, *67*) : 14, rue 310. ☎ 213-160. Lun-sam 7h-17h.

Café-resto géré par *Nyemo* (● *nyemo. com* ●), une ONG qui s'occupe de la formation de jeunes femmes aux métiers de l'hôtellerie et de la couture. Prix fixe, pour des petits déj très complets et un menu-déjeuner unique (entrée, plat et dessert) changeant chaque jour. Mélange de cuisine occidentale et khmère réussi. Cadre très agréable. Boutique (voir « Achats. En faveur des ONG »). Propose aussi 3 chambres coquettes à 35 $.

Restos classiques

|●| ***Enjoy Restaurant & Café Shop*** (plan couleur B2, **69**) : rue 126 (longe le nord du marché central). ▤ 012-992-455. Grand resto sino-khmer populo et photogénique. Espérons qu'il restera toujours des bâtiments comme celui-ci, aussi représentatifs de la ville que les édifices purement coloniaux. Terrasse sous piliers profitant de l'angle incurvé. Menu à rallonge en anglais, de plats servis séparés ou sur du riz (mieux quand on est seul). Soupes à volonté et large choix de boissons chaudes ou glacées. Parfait pour patienter en attendant le départ d'un bus (station pas loin), se reposer d'une incursion au marché ou faire son petit habitué, en contemplant, faussement blasé, les scènes chaotiques du commerce et de la circulation « phnom-penhoise ».

|●| ***Warung Bali*** (plan couleur C2, **93**) : 25, rue 178. ▤ 012-967-480. À 2 pas du Palais royal et du quai Sisowath. Tlj 11h-22h. Plats 1,50-3 $. *Nasi goreng* (riz sauté), *gado-gado* (salade en sauce à base de cacahuètes), *sate ayam* (brochette de poulet sauce saté), crevettes et calamars à la *mentega* (roulé dans la farine puis frit dans la margarine)... tous les classiques indonésiens sont au menu de cette cantine. Clientèle d'habitués, un bon signe. Déco simple, au diapason de cette cuisine qui n'a pas besoin de falbalas pour séduire les estomacs. Géré par une équipe de là-bas, à la bonne franquette et avec le sourire.

|●| ***Food Center du centre commercial Sorya*** (plan couleur B2, **53**) : au sud du marché central, dans tour vitrée. Tlj 8h-21h. Plats 1-2,50 $. Pour goûter à la cuisine populaire cambodgienne au frais, à l'ombre, et dans un contexte bien plus hygiénique que 99 % des restos de rue. Ne pas hésiter. Au rez-de-chaussée, une branche des supermarchés *Lucky* (horaires identiques).

|●| ***Chez Mama*** (plan couleur B3, **68**) : 10 C, rue 111. ▤ 012-918-351. Voisine de Narin II (voir « Où dormir ? »). Tlj 7h-21h. Boui-boui familial et chaleureux dont l'emplacement change parfois tout en restant dans la même rue. Actif dès le petit déj. Cuisine internationale mitonnée par la patronne, qui a fait ses classes dans une famille française. Poulet au gratin, sauté de bœuf aux poivrons verts, hachis Parmentier et aubergines farcies voisinent avec des classiques thaïs et khmers. Bières pas chères, que demander de plus ?

|●| ***Orussey Restaurant*** (plan couleur B3, **91**) : 42, rue 182 (angle de la rue 111). ▤ 012-918-351. Face au marché du même nom. L'impression d'être au cœur du cyclone, là où circulation et animation atteignent leur paroxysme... Resto sino-khmer typique qui délivre avec régularité des nouilles en soupe ou sautées, des *dim sun* (bouchées vapeur), des boissons en tout genre, chaudes ou frappées, et plein d'autres trucs. Agrippez une chaise en terrasse et contemplez cette planète qui tourne ici plus vite que la moyenne.

|●| ***Tea Club Café Restaurant*** (plan couleur B3, **77**) : 199, rue 63 (angle rue 306). ☎ 599-446. Un élégant et délicieux resto chinois du quartier des ONG, proposant à midi un copieux buffet à 4 $. Vraiment intéressant pour les affamés. Spécialisé dans la délicieuse cuisine chinoise « hakka », qu'on vous encourage à découvrir à la carte pour à peine plus cher : soupes aux boulettes de bœuf, poulet au sel, canard désossé farci de riz gluant, porc au tofu fermenté, etc. Comptoir de plats à emporter.

|●| ***Chi Cha*** (plan couleur C2, **72**) : 27, rue 110. ☎ 336-065. À 200 m du quai Sisowath. Ouv 7h30-0h30. Resto indien super-budget. Cuisine halal. Salle en long toute simple, avec du tissu rouge partout. Généreux choix de menus « curry » (végétarien, bœuf, poisson,

etc.). Présentation habituelle sur un plateau à compartiments comportant du riz, 2 currys, du *dal* (lentilles) et un choix de galettes (*nan, chapati*). Bon et copieux. Propre, service sans heurt. Boisson à prix épicerie, dont du lait fermenté « lassi » salé ou sucré.

|●| *Resto de la Sary Rega Guest-house* (plan couleur B1, **40**) : voir « Où dormir ? ». ☎ 986-251. Tlj sf dim midi 11h30-22h. Plats 2-5 $. Cuisine française et asiatique, sans prétentions mais goûteuse et peu chère. Carte et menu du jour proposant, parmi tant d'autres, jambon de Parme, tomates « mozza », salade liégeoise, saucisse de Toulouse, spaghettis fruits de mer, nems, *amok*. Très fréquenté à midi par nombre d'habitués. Le buffet à 9 $ du vendredi soir est un must dans sa caté-gorie. Service efficace et poli ; quelqu'un se débrouille toujours un peu en français. Vins très abordables, et même de la mirabelle d'Alsace !

|●| *Restaurant Calmette* (plan couleur B1, **74**) : bd Monivong, proche de l'Institut Pasteur. Tlj ; service continu jusqu'à 21h. Cantine populaire proposant une carte longue comme le bras de plats chinois, khmers et de quelques français. Les prix n'étant pas indiqués sur le menu, autant se faire préciser le tarif, malgré sa modicité générale. Assez rustique, sans grande fantaisie culinaire, mais ce n'est pas le but du lieu ! Un autre *Calmette,* en face, sous l'hôtel, propose une cuisine un poil plus élaborée (pigeon rôti, grenouilles sautées, etc.).

Prix moyens (de 7 à 15 $)

|●| *On the Corner* (plan couleur C2, **87**) : 239, quai Sisowath. ☎ 723-485. Petit déj dès 7h. Plats 5-9 $. Happy hours 17h-21h. Fréquenté par un mélange de touristes et d'expats, ce coin de boulevard propose sans doute le meilleur rapport qualité-prix de la ville sans se pousser du col pour autant. Il est vrai que sa gestion profite de judicieux conseils prodigués par un retraité qui a pris à cœur de faire profiter les jeunes Cambodgiennes de son expérience. En-cas simples comme soupes, salades et sandwichs, mais aussi fondues ou tartares et quelques préparations khmères bien présentées et savoureuses, à déguster de préférence sur la terrasse, à l'emplacement stratégique idéal pour assister au défilé qui arpente le quai.

|●| *Chiang Mai Riverside* (plan couleur C2, **87**) : 227, quai Sisowath. ☎ 832-369. Tlj 10h-22h. Salle tout en longueur, déco banale, éclairage blafard, tables décorées de *kramas* et serveurs à l'air triste. Par contre, dans l'assiette, c'est la fête des papilles. Incroyable choix de plats, long comme le bras, du plus doux au plus pimenté. Les amateurs de cuisine thaïe se régaleront de gâteaux de poisson et de curries à noyer sous des flots de *Tiger Beer,* le tout à prix raisonnables

|●| *Boat Noodles* (plan couleur C3, **79**) : 8B, rue 294 (angle rue 9). 🖀 012-774-287. Au sud-est du monument de l'Indépendance. Tlj midi et soir (jusqu'à 22h). Tous les classiques thaïs : curry, salades *yam* et *som tam,* riz et nouilles sautées ou en soupe dont les fameuses *boat noodle* (traduction littérale de leur nom). Ne pas négliger pour autant la sélection de plats cambodgiens allant au-delà des sempiternels *amok fish* et *loc lac* : *sambor majew greung* (viande marinée), *broma* (omelette à la sauce *prahok*) et autres recettes aux noms bien exotiques. Accueilli par un petit orchestre traditionnel au pied de l'escalier, on casse la croûte dans une vaisselle originale au 1er étage d'une charmante maison de bois, remplie de bibelots et agrémentée d'une ample terrasse rafraîchie par la verdure et les bassins de la cour.

|●| *An Nam* (plan couleur C3, **71**) : 118, Sothearos. ☎ 212-460. Tlj midi et soir (jusqu'à 23h). Discret, ce petit resto propose une cuisine vietnamienne parfumée garantie sans glutamate. Dans un cadre frais et coloré, goûter au *banh beo* (petits blinis de riz vapeur farcis aux crevettes), au *pho* (grosse soupe au bœuf), aux pâtes de riz à la tonkinoise, au *cha ca Hanoi*, etc. Accueil cordial et résolument francophone.

|●| *The Shop* (plan couleur C3, **81**) : 39, rue 240. ☎ 986-964. Tlj 7h-19h. Alliant

l'élégance coloniale de ses murs au minimalisme moderne mais chaleureux à l'intérieur, cette adresse fait vraiment dans la bonne came. Cela vaut autant pour les jus, *shakes, smoothies* et *coolers* (boissons à la glace pilée) que pour les pâtisseries, la boulange et les petits plats (*focaccias*, quiches, salades). Terriblement bien au moment du petit déj, ou, généralement, pour tout break aussi raffiné que relax, à l'image de la rue.

|●| Khmer Saravan (*plan couleur C2, 83*) : 16E0, bd Sothearos. ☎ 845-679. *Dans la dernière portion du bd parallèle au quai. Tlj 8h-22h30. Deuxième bière gratuite aux* happy hours. Une dizaine de tables dans une petite salle au sol carrelé ouverte sur la rue et son trafic un peu bruyant. En dehors des petits déj servis dès potron-minet et quelques pizzas et autres burgers, on mitonne ici de jolis petits plats du Sud-Est asiatique. à voir les louanges scotchées sur les murs par tous les convives de passage, cuisine et petits prix ont laissé de bons souvenirs. Fait aussi bar.

|●| Ban Thai (*plan couleur B4, 76*) : 13, rue 399. ☎ 362-991. *Tlj sf dim 11h-22h (service continu).* Maison thaïe au portail de bambou, pleine de raffinement, un peu excentrée, au milieu d'un jardin luxuriant. On mange à l'étage sur des nattes, assis sur des coussins posés à terre, ou au rez-de-chaussée sous un auvent. Cuisine fine et de qualité, à dominante thaïe, mais également khmère. Goûter au *tom yam* avec crevettes, au *fish cake*, au *green curry*, au *fish amok*, etc. Service attentif et atmosphère très agréable, surtout en soirée. Service adorable.

|●| Pop Café (*plan couleur C2, 80*) : 371, quai Sisowath. ☎ 012-562-892. *À deux pas du* FCC. *Tlj 11h-15h, 18h-22h.* Mignonne petite trattoria tout en profondeur, dans les tons blanc, bois et verre, photos aux murs. Pizzas (7-8 $), excellentes pâtes maison, *insalata,* tiramisu accompagnés de la faconde souriante et très italienne du patron.

|●| Nouveau Pho de Paris (*plan couleur B2, 82*) : 260, bd Monivong. ☎ 723-076. *Tlj midi et soir (jusqu'à 22h).* Cadre d'une banalité affligeante, mais excellente cuisine vietnamienne déclinée en une quantité incroyable de plats (avec photos pour vous aider dans votre choix). Également le **Pho de Paris** (*plan couleur B1, 84*) : rue 86, à deux pas du lac et de la mosquée. Même maison, même cadre sans intérêt et climatisé, mais tout aussi bon.

|●| Khmer Surin (*plan couleur B3, 75*) : 9, rue 57. ☎ 363-050. ☐ 012-887-320. *Tlj midi et soir (jusqu'à 22h). Buffet 18 $.* 3 étages, selon que l'on préfère s'asseoir à une table, en bas, ou sur la terrasse, au 2e, ou en tailleur, à la thaïe, autour d'une table basse, au 1er. Si le cadre reste agréable, il faut pourtant déplorer que la cuisine, thaïe ou khmère, et le service ont perdu en qualité depuis que l'endroit réalise son chiffre d'affaires principalement avec des groupes... Spectacles de danses traditionnelles.

Plus chic (de 15 à 25 $)

|●| FCC (*Foreign Correspondents' Club ; plan couleur C2, 85*) : 363, quai Sisowath. ☎ 724-014. ☐ 015-911-383. *Tlj 7h-minuit.* The « F » pour les habitués. Le club des correspondants de presse rassemble depuis belle lurette plus de touristes et d'expats que de seuls journalistes. Il suffit d'observer le bâtiment, puis d'y entrer, pour comprendre le succès de cet archétype colonial d'architecture et de décoration. Salles au 2e étage, bar au 3e, tout est très agréable : colonnes, gros ventilos, fauteuils profonds, stores de bambou, et vue sur le Tonlé Sap ! Comme dans les films exotisants de teinte sépia, les habitués collent au décor : baroudeurs épuisés, Anglo-Saxons déguisés en aventuriers et vrais journalistes affairés. De respectés collègues évoquent quant à eux le night-club du film *Casablanca,* très bien vu ! Atmosphère photogénique, pas si décalée ou frimeuse. Petits déj, cuisine internationale et khmère pas donnée sans être hors de prix, ni délicieuse, d'ailleurs. S'orienter vers les en-cas (sandwichs, salades) ou les menus, plutôt que la carte. Glace maison. Voir aussi « Où boire un verre ? Où sortir ? ». On y vient surtout pour l'ambiance.

|●| *River House* (plan couleur C2, 86) : quai Sisowath (angle rue 110). ☎ 220-180. Tlj jusqu'à 23h. Élégante salle climatisée et terrasse recherchée malgré le bruit de la circulation, atténué par un rideau de verdure. Cuisine de qualité régulière. Du côté de la Méditerranée, choix de menus ou carte (plus chère), dont quelques fleurons : pavé de bar poêlé, tajine, magret de canard pâtes fraîches, ravioles d'escargot, etc. Mais, à la limite, on préfère presque les 2 menus de cuisine khmère, une façon légère et goûteuse de savourer quelques plats typiques. Organise régulièrement des semaines gastronomiques avec les *cuisines du monde* pour thème. Voir aussi « Où boire un verre ? Où sortir ? ».

|●| *Comme à la Maison* (plan couleur B3, 73) : 13, rue 57. ☎ 360-801. Tlj 6h-15h, 18h-22h30. Dans cette rue tranquille, une terrasse couverte d'une charpente de style khmer. Très apprécié pour le petit déjeuner, avec sa boulangerie sur place, qui sort baguettes et viennoiseries comme on les aime. À midi, salades, quiches, carpaccio ; le soir, dans une ambiance jazzy discrète, l'ardoise fait saliver avec des plats français créatifs. Pour les amateurs, filet de bœuf bien comme il faut, foie gras, escargots et tiramisu. Vin au verre et en pichet à prix abordables. Également un rayon traiteur, avec confitures, pâtés et autres charcuteries.

|●| *Shiva Shakti* (plan couleur C3, 88) : 70, bd Sihanouk. ☎ 012-813-817. Tlj sf lun midi et soir (jusqu'à 22h). Compter 10-15 $. Incontestablement le meilleur indien de la ville. Spécialisé dans la cuisine *moghul*. Salle vraiment coquette et petite terrasse sur le boulevard. Goûter au *crab tandoori*, aux différents *tikkas* et currys, au *rogan josh* (délicieux agneau en sauce). également des plats végétariens, comme il se doit. Belle sélection de vins et de cigares. Service de livraison à domicile.

|●| *Lilay* (plan couleur A2, 89) : 321-331, Kampuchea Krom. ☎ 885-698. Tlj 6h-22h. Un des meilleurs restos chinois de la ville. Un des plus chers aussi ! Cadre aux bois vernis, pas trop kitsch. Tant mieux, cela indique que le plus important se trouve dans l'assiette. Réputé pour son canard laqué extra, mais ce n'est pas tout car, fidèle à la tradition, il n'y a pas moins de 227 plats proposés, dont un excellent *roasted suckling pig*. Vins français disponibles, à prix pas excessifs.

|●| *Malis* (plan couleur C3, 92) : 136, bd Sihanouk. ☎ 210-022. Tlj 7h-23h. Min 20 $ à la carte. Un lieu très à la mode parmi les expats de la capitale. On peut dîner dans un patio élégant, avec bassin et plantes aquatiques, ou dans les salles climatisées. Service aux petits oignons pour une cuisine d'inspiration khmère qui tient ses promesses dans un plat sur deux. C'est un peu dommage, parce qu'incontestablement, il y a du côté des fourneaux pas mal d'inventivité. On balance entre saveurs asiatiques qui titillent agréablement le palais et d'autres plats étonnamment neutres. Peut-être pour répondre à l'attente d'une clientèle peu habituée aux sarabandes d'épices. Jolis desserts. Les vins sont hors de prix, se rabattre sur les jus ou les bières.

|●| *Le Duo (La Potenza* ; plan couleur B-C3, 90) : 17, rue 228. ☎ 991-906. Tlj sf mer 8h-22h. Après la surprise venue de l'aménagement kitsch et un peu toc, convoquant jusqu'à Michel-Ange sans aucune retenue, vient celle, bien plus séduisante et essentielle, que procure une cuisine généreuse et de qualité. Pizzas sorties d'un vrai four, viandes et pâtes (gnocchis, raviolis, osso buco et carpaccios), salades et desserts. Si les plats existent en 2 tailles, savoir que la grande revient à Pantagruel. Vaste cour couverte ou salle fermée. Patron sicilien et francophone.

Encore plus chic (plus de 25 $)

|●| *Resto du Raffles Hôtel Le Royal* (plan couleur B1, 54) : voir « Où dormir ? ». Tlj sf dim 18h30-22h. Si votre bourse ne vous permet pas de dormir (et on le conçoit !) dans ce fleuron mythique de la période coloniale, le resto est presque abordable. Menu complet pour une trentaine de dollars

composé d'une des meilleures cuisines khmères du pays, à essayer au moins une fois si on en a les moyens. Goûter à la soupe de queue de bœuf au ginseng, aux fruits de mer cuits en feuilles de banane, au canard aux jujubes rouges de Chine, etc. Service impec'.

Où manger dans les environs ?

|●| ***Les restos au-delà du Tonlé Sap*** *(hors plan couleur par B1) : passer l'ambassade de France et traverser le pont japonais, annoncé par un de ces ronds-points chaotiques dont la ville a le secret. Venir pour le dîner ; fermeture des cuisines vers 22h.* Sur la rive gauche, une enfilade de néons, digne d'un petit Las Vegas, enveloppe une bonne centaine de restaurants khmers typiques, se serrant les coudes sur plusieurs kilomètres de longueur. Un must, kitsch à souhait. Selon l'établissement, de bons orchestres de musique folklorique ou de variété assez sirupeuse, agrémentée d'une série de vieux standards des années 1960. « Beer girls » assez offensives et de nombreux gamins qui harcèlent les convives en leur proposant des colliers de fleurs de jasmin. Suivez l'exemple des spectateurs qui honorent le chanteur ou la chanteuse de ces mêmes guirlandes.

Plus il ou elle engrangera de colliers, meilleures seront sa réputation et sa rémunération. À vous de choisir parmi les restos, suivant votre intuition. Le ***Heng Lay*** *(☎ 430-888),* sur la droite en venant du pont, jouit d'une fort bonne réputation. Y prendre une table assez éloignée de la scène, sinon vous ne vous entendrez guère. Presque en face, le ***Kado*** *(▯ 012-309-076)* vous livre une ambiance plus populo et des prix allant de bon marché à moyens. Aménagement « forain » sous un plafond de toile assez bas, artistes pittoresques. Long menu avec photos de plats khmers, thaïs et vietnamiens. Spécialité de cochon entier au barbecue. Soupes généreuses. Restriction d'usage concernant les volailles, pour ceux qui ne sont pas habitués : elles sont entièrement passées au hachoir à la mode asiate et donc servies « oiseau entier avec les os, la peau et les tendons ».

Où boire un verre ? Où sortir ?

Pour la couleur locale, penser aux ***vendeuses de teukolok*** (voir la rubrique « Boissons » dans « Cambodge : hommes, culture et environnement » en début de guide) qui sont des centaines le long des rues, en particulier sur le boulevard Monivong, sur la promenade du quai Sisowath (en travaux depuis 2008), aux abords des parcs et espaces verts, etc.

Le long du quai Sisowath

▯ ***Le bar du FCC*** *(plan couleur C2, 85) : voir « Où manger ? ». Tlj 7h-minuit.* Idéalement située, la terrasse domine le fleuve d'un côté et le Palais royal de l'autre. S'installer tranquillement dans un fauteuil avec vue ou se percher au comptoir du « F », le célèbre bar en fer à cheval, en contemplant les montages artistiques en hommage aux correspondants de guerre et de leur légendaire matériel (Nikon, Leica...) mais dont certains n'ont que rarement décollé leurs fessiers des tabourets du bar. *Happy hour* bienvenue, à l'heure du coucher de soleil, quand l'animation se concentre en dessous. Musique cool et belles expos photo. Billard. Et moustiques en *guest stars*.

Voici nos préférés parmi les nombreux et confortables cafés avec terrasse du Sisowath, particulièrement concentrés entre les rues 154 et 108. Ouverts tous les jours jusqu'à 2h du matin, voire plus. On s'y installe en journée pour boire un café, grignoter quelques ailes de poulet, puis pour boire un ou plusieurs verres en soirée de préférence en profitant des *happy hours,* voir et... être vu ! Un peu la promenade des Anglais de Phnom Penh.

K-West Café *(plan couleur C2,* **96***) :* à l'angle de la rue 154. ☎ 214-747. *Ouv jusqu'à 23h.* Grande salle climatisée (et un peu froide) au cadre sobre et élégant, égayée de quelques peintures. Long bar où se côtoient expats *trendy* et Cambodgiens huppés.

Riverside Café *(plan couleur C2,* **97***) :* à l'angle de la rue 148. Un classique du quai, profond, avec un double bar. Très haut de plafond et un peu surdécoré comme ses voisins. Billard. Groupe ou DJ le samedi soir. Plus haut, aux angles de la rue 144 *(plan couleur C2,* **98***),* s'observent en face à face les bien nommés **La Croisette,** où, accessoirement, on mange bien et à prix raisonnables dans un style *lounge* en profitant du wifi gratuit. Pas mal non plus, plus au nord, le **Mekong River,** à l'angle de la rue 118 *(plan couleur C2,* **95***),* qui organise, à 13h, 17h et 18h, des projections en français de films sur le génocide et sur les mines (entrée 3 $).

♫ River House Lounge *(plan couleur C2,* **86***) :* à l'angle de la rue 110 ; au 1er étage. ☎ 220-180. *Ouv 16h-2h.* Au rez-de-chaussée (voir « Où manger ? »), le *River House Restaurant* avec son élégant décor colonial. Au 1er, le *Riverhouse Lounge* mixe une assistance khmère et occidentale (trop rare), ainsi qu'une musique house et hip-hop produite par de bons DJs. Les places égrenées le long du balcon circulaire – conso à poser négligemment sur la rambarde – sont les plus courues. À l'intérieur, tables classiques et *dance floor* séparé, bien climatisé. *Happy hour.*

♫ Pontoon *(plan couleur C1-2,* **103***) :* sur la rivière, quai Sisowath (niveau rue 108). 📱 012-586-139. ● *pontoonloun ge.com* ● *Tlj sf lun de 11h30 à tard dans la nuit.* Happy hours *17h-20h et soirée gay mar.* Repérer le panneau lumineux qui indique la passerelle. Le seul « *lounge bar*-club » flottant de la ville. Savamment éclairé, gentiment décadent. Déco parcimonieuse d'éléments disco-soft négligemment posés sur les lattes de bois d'un ponton éponyme. Triple bonus : plein air, brise des flots et expertise réelle en matière de cocktails. Arrimé à un paquebot fantôme. *Raspberry mojitos* ou *caipirinha* bien ancrées en main, rien d'étonnant si l'âme tangue. Se remplit vers 22h30.

Ailleurs

Java Café *(plan couleur C3,* **101***) :* 56, bd Sihanouk. ☎ 987-420. *Tlj sf lun 6h-22h.* Wifi. En retrait de l'avenue, prendre l'escalier. à la fois galerie, bar et resto. Idéal pour prendre son petit déj dans un cadre élégant ou sur la terrasse verdoyante. En soirée, les petits plats et les cocktails se dégustent dehors ou dans la salle d'expo, élégante et sobre. Un endroit discrètement branché.

Tamarind Bar *(plan couleur C3,* **105***) :* 31, rue 240. 📱 012-830-139. *Tlj 10h-minuit.* Décor rétro-colonial, plantes vertes, fauteuils en osier, musique cool. À la fois classe et décontracté, l'endroit fait aussi resto. Nourriture assez éclectique à dominante orientale (couscous, tajines) et française, et grand choix de tapas : menu à 12 $ et *specials* à 5 $.

Dodo Rhum House *(plan couleur C2,* **104***) :* 42, rue 178. 📱 012-549-373. *Tlj de 17h à tard.* Spécialisé, comme son nom le laisse deviner, en rhums arrangés. Toutes boissons et petite sélection de plats dont certains à saveur réunionnaise, une île qu'apprécie particulièrement Rémi, jeune patron flegmatique et sympathique. Musique à dominante tropicale, tout comme la déco. Lieu de rendez-vous d'une faune francophone tous azimuts et parfois gentiment azimutée en fin de soirée.

Elephant Bar *(plan couleur B1,* **54***) :* c'est le bar de l'hôtel Raffles Royal *(voir* « *Où dormir ?* »). Très feutré et distingué. On ne serait pas surpris d'y rencontrer un gouverneur de l'Indochine ou le ministre des Colonies... Bien sûr, climatisé et confortable.

En musique

♪ **Memphis Pub** (plan couleur C2, **106**) : 3, rue 118. ☎ 012-871-263. À deux pas du quai. Tlj sf dim de 20h à tard dans la nuit. Un bar à musique (après 21h30) authentique, caché derrière une porte discrète. Ambiance cave, lumières tamisées, long bar et, au fond, incontournable scène. Tous les soirs, de bons groupes, tendance rock. Le patron est un fin connaisseur. Chaude ambiance quand la musique est bonne.

Pour danser !

♪ **Heart of Darkness** (plan couleur B2, **102**) : 26, rue 51 ; entre les rues 154 et 172. Tlj de 19h à tard dans la nuit. « Heures heureuses » 19h-21h. Le meilleur bar-boîte de la ville, et ça fait quelques années que ça dure. Excellente sécurité à l'entrée. Plusieurs salles climatisées au décor assez raffiné. Statues et bas-reliefs judicieusement éclairés, atmosphère tamisée, grand bar animé où s'accouder. Nombreux recoins, salle de billard où se disputent de furieuses parties, musique techno et piste de danse. Bon mélange expats, jeunes et étudiants cambodgiens. Un judicieux concept, qui ne désemplit pas !

♪ **Boîtes khmères :** marre de voir trop d'expats et de touristes ? Voici quelques adresses populaires pour aller guincher au milieu des autochtones. Traditionnelles : **Golden Town,** 412, bd Monivong, ☎ 996-969 ; **Golden Boss** (plan couleur C1, **108**), à l'angle de la rue 94 et du quai Sisowath, ☎ 012-809-458. Plus « jeunes friqués » : **Spark,** bd Mao, ☎ 012-433-333 ; **Rock,** 468, bd Monivong, ☎ 012-702-888. Ferment autour de 1h. Consos à partir de 2 $.

Les casinos

Un des passe-temps favoris des communautés fortunées de Phnom Penh. En général, les consommations et les cigarettes sont gracieusement offertes aux joueurs de black-jack et roulette.

À voir. À faire

🏛 **Le Palais royal** (plan couleur C2, **110**) **et la pagode d'Argent (wat Preah Keo ;** plan couleur C3, **113**) : entrée commune, côté fleuve. Tlj 8h-11h, 14h-17h. Prix : 6 $. Tenue correcte exigée : ni shorts (sauf bermudas sous le genou) ni épaules nues ; sinon, on vous demandera d'acheter un T-shirt sur place ! Les sacs à dos doivent rester à l'entrée. Pour avoir la meilleure vue d'ensemble sur le palais, immense, placez-vous sous le petit kiosque du quai, de l'autre côté du grand carrefour. Les photos ne sont pas autorisées à l'intérieur des bâtiments. Le palais peut être fermé au public lors de cérémonies officielles.

Le Palais royal et les bâtiments voisins

Malgré ses airs de pagode ancienne, qui n'est pas sans évoquer le wat Phra Kaeo de Bangkok, le palais actuel ne date que du début du XXe s. Les principaux bâtiments actuels (1913 environ) ont été commandés à des architectes cambodgiens et français par le roi Norodom, puis le roi Sisowath. L'ensemble, d'inspiration traditionnelle khmère, a beaucoup d'allure avec ses toits étagés aux tuiles vernissées, ses frontispices sculptés, ses balcons et colonnes, ses cours fleuries et ses longues galeries. Disséminé sur une superficie équivalant à plusieurs pâtés de maisons, le tout est entouré de hautes murailles jaunes gardées par des guérites. Séparé du palais par une ruelle étroite, l'espace consacré à la pagode d'Argent (on en parle plus bas). À l'entrée des jardins du palais, on a droit à un véritable cours de botanique. Nombreuses essences d'arbres intéressantes dont, par ordre d'apparition, le bananier « cent régimes », le palmier à sucre, les tiges rampantes des feuilles de bétel, la noix d'arec... Une vraie curiosité : l'arbre de sala, arbre sacré dont les feuilles sont tout en haut et dont les fleurs émergent du tronc. Celles-ci sèchent au soleil, tombent et les femmes les utilisent en tisane (radical, dit-on, pour faciliter l'accouchement des femmes enceintes). Fruits en forme de ballon !

Principaux bâtiments du palais

– *Le pavillon Chan Chaya :* correspond à l'entrée principale du domaine royal, donc le plus facilement visible de l'extérieur. Toiture superbe de style traditionnel. Ici avaient lieu les discours officiels et les grandes cérémonies (danses, concerts, etc.). Encore utilisé aujourd'hui pour les grands banquets.

– *La salle du Trône (prasat Tevea Vinichhay) :* située au centre du domaine, elle en est l'élément principal. Comme elle est cachée par le pavillon Chan Chaya, on n'en aperçoit que le sommet : une flèche d'une soixantaine de mètres de hauteur, surmontée d'un bouddha à quatre visages (comme le Bayon d'Angkor). Achevé en 1917, ce bel édifice mesure 100 m de longueur. Ici avaient lieu les cérémonies de couronnement. À l'intérieur : le trône d'apparat, en or (représentant le mont Meru), surmonté de plusieurs parasols ; un gong sacré et quelques trônes à porteurs. Aux murs, des fresques du *Râmâyana*. Celles du plafond représentent l'épopée khmère. À l'entrée, les deux tambours pour faire tomber la pluie (symbolisée par les grenouilles). Au fond, les chambres royales. Curieusement, le roi et la reine devaient attendre une semaine, après le couronnement, avant de retrouver la même chambre ! Attenants à la salle du Trône, plusieurs pavillons : l'un dédié aux cendres des rois, d'autres à la prière (plusieurs bouddhas) et au repos de Sa Majesté. Le mieux gardé contient « l'épée sacrée », très ancienne et couverte de pierres précieuses, ainsi que la couronne royale, appelée « grand Mokot ». À l'écart du bâtiment, une plate-forme qui permettait au roi de descendre de... son éléphant. En toute simplicité.

– *Le pavillon Napoléon III :* à gauche de la salle du Trône, face au bâtiment administratif royal. Offert en 1870 par Napoléon III au roi Norodom, ce pavillon à l'architecture en fer fut construit pour accueillir l'impératrice Eugénie lors de l'inauguration du canal de Suez en 1869. Un petit coup de peinture ne lui ferait pas de mal.

– *Le palais Kemarin :* derrière la salle du Trône, à l'écart. C'est la résidence de Sihanouk, construite dans les années 1930. Le général de Gaulle y fut hébergé en 1966. Le prince y fut également retenu prisonnier par les Khmers rouges. Visite interdite. Le drapeau bleu royal qui y flotte indique la présence de Sa Majesté.

La pagode d'Argent

Au sud de l'enceinte du Palais royal, à gauche depuis l'entrée principale du complexe. Érigée à la fin du XIXe s, reconstruite en 1962, ce n'est pas la plus ancienne pagode de la capitale, mais c'est certainement la plus luxueuse. Tout le long du mur d'enceinte côté porte est, longue fresque contant les péripéties à multiples rebondissements du *Râmâyana*. Restaurée en 1995, la fresque est déjà quelque peu abîmée. Au milieu de l'enceinte, deux stupas contenant les cendres des aïeux de Norodom Sihamoni, l'actuel roi, toujours célibataire...

Un escalier en marbre d'Italie au pied duquel on laisse provisoirement ses chaussures mène au saint des saints. Le sol de la pagode est pavé de 5 000 carreaux d'argent, de 1 kg chacun ! D'où son nom. On n'en aperçoit que quelques morceaux, la plupart sont couvertes de tapis. On remarquera que les Français y firent graver... des fleurs de lys ! L'intérieur fut saccagé par les Khmers rouges, mais l'édifice ne fut pas détruit (contrairement à d'autres). Pol Pot ne voulait pas s'attirer les foudres du roi d'alors, Norodom Sihanouk.

Parmi les trésors contenus dans la pagode récemment restaurée, un peu moins de la moitié a échappé au désastre. Les plus belles pièces sont incontestablement les bouddhas. On en trouve une centaine. Le fameux *bouddha d'Émeraude,* qui est en fait en jade, trône au centre de la pagode sous un luxueux baldaquin. C'est probablement une copie, réalisée en cristal vert. Juste devant, l'immanquable *bouddha d'Or,* grandeur nature et pesant 90 kg. Créé au début du XXe s dans les ateliers royaux, il est incrusté de 2 086 diamants, dont le plus gros accuse 25 carats ! Derrière, un bouddha en marbre provenant de Birmanie (Myanmar). À gauche, au pied du grand bouddha d'Or, devant l'autel, un tout petit stupa contient une relique de Bouddha. Tout autour, on trouve plusieurs vitrines abritant des tas d'effigies offertes pour remercier l'Éveillé de son aide. Nombreux magnifiques objets, comme ces boîtes à cigarettes or et argent incrustées d'émeraudes. À droite, une vitrine d'objets d'art représentant toutes les étapes de la vie de Bouddha, de la naissance au nirvana. Noter aussi les suspensions ouvragées du début du XXᵉ s, fabriquées en France.

À l'extérieur de la pagode, plusieurs édifices dont l'ancienne bibliothèque *(Mondap)*, trois stupas royaux du début du XXᵉ s qui abritent les cendres un clocher et un petit temple censé contenir une empreinte du pied du Bouddha, de même que le stupa construit sur un monticule. La statue équestre représente le roi Norodom, fondateur de la dynastie du même nom et ancêtre de Sihamoni. Il paraîtrait que la statue équestre est celle de Napoléon III, dont la tête aurait été coupée et remplacée ! Maquette des temples d'Angkor devant la porte ouest. À la sortie, on trouve encore un petit musée avec des meubles sculptés, tambours, palanquins pour éléphants, bannières, atelier de tissage et une demeure traditionnelle khmère. Nombreuses photos du souverain actuel et évocation de son couronnement. Boutique du musée hors de prix par rapport aux marchés où l'on trouve les mêmes babioles.

🐾🐾🐾 *Le musée national des Beaux-Arts (plan couleur C2, 111) :* face au fleuve, précédé d'une vaste esplanade, à gauche en sortant du Palais royal. Tlj 8h-17h. Entrée : 3 $. Photos interdites à l'intérieur mais autorisées dans le patio. On vous recommande de prendre un guide (5 $), qui rendra votre visite beaucoup plus intéressante, d'autant que certains d'entre eux sont francophones et passionnants. Prévoir 1h30 de visite env., et plus pour se prélasser dans la très agréable cour intérieure où sont également exposés nombre de linteaux, tympans et tablettes votives.

Magnifique bâtiment tout rouge, construit par les Français dans les années 1920 dans le respect de l'architecture khmère traditionnelle. Les salles, délicieusement rétro, n'en contiennent pas moins d'inestimables trésors. Ici sont entreposés les chefs-d'œuvre de l'art khmer, la plupart en provenance d'Angkor... Une introduction indispensable, donc, pour ceux qui se rendent ensuite dans les temples. Commencer la visite par la gauche, même si cet itinéraire ne respecte pas la chronologie. Impossible de tout citer, bien sûr ; en voici les plus beaux fleurons.

– *Grande salle* ou trône un *garuda* ailé de 2 m en pierre qui marque l'entrée du musée : nombreux bouddhas debout, dont l'un de Kompong Chhnang (VIᵉ s) à la position nonchalante, ainsi qu'un intéressant bouddha aux huit bras du XIᵉ s de style Bakheng (Kompong Chhnang). Dans la dernière vitrine de gauche, lingam préangkorien en cristal de roche du VIIᵉ s, beau Ganesh à quatre bras du XIIIᵉ s (période Bayon) et quelques bras et pieds, vestiges de sculptures perdues.

– *Salle des bouddhas :* riche sélection de bouddhas postangkoriens du XVᵉ au XXᵉ s, dominée par un buste de style Bayon. Ceux en pierre sont assez rares, le plus souvent en bois laqué ou en cuivre.

– *Galerie sud* (périodes *Phnom Dà, Banteay Srei*) *:* statuaire en pierre. Bouddhas couchés, debout, assis, puis des vishnous préangkoriens (VIᵉ s). Admirer les remarquables plissés des pagnes. Magnifique paire de colonnes ciselées du IXᵉ s (style Prah Kô). Riche période d'Angkor. À droite, un superbe *Varuna* (gardien de l'Ouest dans l'hindouisme) du Xᵉ s (style pré-Rup). Assis sur *Hamsa* (l'oie sacrée), ici sous la forme de quatre oiseaux. Style élégant et harmonieux. Intéressant, le couple tendrement enlacé de *Çiva et Uma*, datant du Xᵉ s, provenant du temple Banteay Srei, le chouchou de Malraux. Les têtes furent volées en 1970. Également un fronton provenant du même temple (bataille entre *Bhima* et l'invincible *Duryodhana*).

– *Galerie ouest* (périodes *Khéang, Angkor Wat* et *Bayon*) *:* nombreuses divinités debout et, côte à côte, cinq bouddhas en méditation. Un bouddha du XIᵉ s (de Kompong Cham), protégé par un *naga*, attire l'attention. Outre son fin sourire indiquant une domination totale sur la nature, on admirera le fin travail sur les écailles et les cheveux. Deux salles consacrées au style Bayon, correspondant à la période du roi Jayavarman VII, le plus dynamique de tous (conquête du royaume cham, construction de 102 hôpitaux, etc.). Quelques pièces : un *Lokesvara* du XIIIe s (venant d'Angkor Thom), une gracieuse *Lakshmi* de la même époque, un fronton orné de guerriers sur éléphants (l'attaque du Mara) du XIIe s, scènes pleines de fougue.

– **Galerie nord :** consacrée à l'ethnologie et l'art postkhmer et d'une grande richesse. Armes, lances, boucliers et crochets divers. Belles statues de bois sculpté. Enseignes en fer de bateau et fronton en bois. Mais le must de cette section demeure la magnifique *cabine de la barge royale* du XIXe s, en bois de kaki (réputé imputrescible) ciselé et rotin, découvert dans le grand lac. Véritable chef-d'œuvre, dont on peut admirer l'exubérant décor floral. Autre superbe pièce, la *chaire de bonze prêcheur* sculptée et ornée aux coins de quatre *garudas*. À côté, un autre *garuda* en bois du XIXe s. Dans la vitrine de droite, jolie collection de pipes en ivoire ou *prech* (racine de bambou). Plus loin, l'urne funéraire de Sisowath et Suramarit (1927), puis des métiers à tisser, godets pour fil à tracer (utilisé par les charpentiers), boîtes à bétel, coupes de mariage, cuillères à riz ciselées, etc. Voir aussi ces objets utilisés dans le théâtre traditionnel et un ensemble de céramiques, dont de très beaux récipients zoomorphes.

– **Pour finir, à droite de l'entrée,** une galerie exhibant nombre de bijoux, objets rituels et usuels en bronze, chandeliers en argent et cuivre, dont d'impressionnants grelots d'éléphants, conduit à une petite salle présentant des objets préhistoriques, comme d'énormes tambours de bronze (IVe-IIe s av. J.-C.), des outils et des armes (pointes de flèche, lances), mais aussi des peintures bouddhiques et des bouddhas postangkoriens. Au centre des bâtiments, magnifique patio où trône sous un dais la statue en grès du *Roi lépreux* du XIIe s et qui provient d'Angkor Thom. Celle qu'on voit là-bas est une copie.

> **UN ROI ENTOURÉ DE MYSTÈRE**
>
> *Le corps du roi est nu (mais assexué), ce qui est plutôt inhabituel dans la statuaire khmère, et son identification reste incertaine. Il pourrait s'agir d'une représentation de Yama, dieu de la Mort et juge suprême, dont la monture est un buffle. Une tradition locale a assimilé cette statue au fondateur d'Angkor Wat, Bua-Sivisithiwong, qui, selon une légende non confirmée, était lépreux.*

¶¶ Le musée du Crime génocidaire (Tuol Sleng ; plan couleur B4, 112) : rue 113. ☎ 300-698. ● dccam.org ● tuolsleng.com ● Tlj 8h-17h. Entrée : 2 $. Projection de films à 10h et 15h au 2e étage du bâtiment D, à droite en entrant.

Cet ancien lycée, construit par les Français sur la colline du manguier sauvage, un arbre aux fruits empoisonnés... devient, d'avril 1975 à janvier 1979, la prison la plus terrifiante du Cambodge des Khmers rouges. Près de 15 000 personnes y passent, subissant les pires tortures avant d'être achevées dans le camp d'extermination de Choeung Ek (voir plus loin « Dans les environs de Phnom Penh »). Les Khmers rouges y enferment tous leurs opposants supposés au régime, pour n'importe quel motif, valable ou non, sans distinction d'âge : femmes, enfants et parfois même des familles entières (bébés compris). Ouvriers, cadres, enseignants, ingénieurs, intellectuels, fonctionnaires, ministres et diplomates cambodgiens, et aussi des étrangers (Indiens, Pakistanais, Occidentaux...). Le simple fait de porter des lunettes (enfants compris) était suffisant pour être considéré comme intellectuel et donc « à exterminer ». Les gardiens avaient entre 10 et 15 ans, endoctrinés par leurs aînés de l'Angkar, et devenaient rapidement beaucoup plus cruels que les adultes. Ils photographiaient systématiquement les prisonniers à leur arrivée, ainsi qu'à leur mort. Les corps mutilés par les tortures étaient si décharnés par la faim qu'ils en étaient presque méconnaissables.

Baptisé S-21 par les hommes de Pol Pot, ce lieu n'est pas sans rappeler certains camps de concentration nazis. Ce n'est pas le seul endroit où les Khmers rouges commirent leurs atrocités (on ne les compte plus), mais, tristement emblématique et facilement accessible en pleine ville, il a été transformé en mémorial. Sa visite, cauchemardesque, est indispensable si l'on veut vraiment saisir l'ampleur du traumatisme subi par le peuple cambodgien. Des panneaux recommandent le silence, qui, de toute façon, a tendance à s'établir de lui-même.

Dans la cour (autrefois de récréation), la potence, juste à côté des tombes. À ses pieds, les jarres dans lesquelles étaient réanimés les malheureux pendus par les pieds, histoire de prolonger le supplice, avant de les y noyer définitivement. Les tombes sont celles des dernières victimes. Un panneau d'une clarté édifiante énumère les règlements en vigueur à l'époque. Sept prisonniers seulement furent retrouvés vivants. Aucun n'a pu s'échapper.

– Le bâtiment A (à gauche de l'enceinte) servait pour les interrogatoires (entendez les tortures). Dans chaque pièce, le lit métallique (branché sur le courant électrique) sur lequel étaient attachés les prisonniers, avec les barres et les chaînes encore présentes. Les boîtes de munitions que l'on voit servaient de pots de chambre.

– Dans le grand bâtiment B, contigu, la prison a été transformée en mémorial. Au rez-de-chaussée, de grands panneaux reprennent à l'infini des photos de prisonniers. Les Khmers rouges avaient la manie de l'archivage et fichaient tous leurs détenus, dont il reste tous ces visages figés. On remarque que les « suspects » étaient arrêtés avec toute leur famille, enfants inclus... Mélange étonnant, signe de la volonté de réconciliation nationale, quelques panneaux sont consacrés à des portraits de jeunes Khmers rouges, dans le même genre de format « photo d'identité ». Noter les déclarations quotidiennes des prisonniers. Les tortionnaires leur mettaient sous le nez des versions différentes des mêmes récits pour les accuser de mensonge. Il fallait à tout prix que les condamnés « avouent ». Les 20 000 dossiers impeccablement tenus prouvent le côté maniaque des tortionnaires chargés de rendre compte à l'échelon de l'élimination des « ennemis de la révolution ».

Au 2e étage, ne pas louper l'expo de photos de victimes, légendée de témoignages biographiques établis par de proches survivants et classée par catégories sociales (cadres, militaires, gens du peuple). À lire absolument, comme celle relatant la disparition de Nhem Noeun, racontée par sa femme Ros Sitaht. Elle dit ressentir de la pitié pour le meurtrier, probablement devenu de gré ou de force son amant et qui la sauvera d'une mort probable. Une tranche de vie sèche mais extrêmement poignante, difficile de retenir ses larmes...

– Le bâtiment C est entièrement rempli de minuscules cellules individuelles, construites à la hâte avec des briques au rez-de-chaussée, et à l'étage, plus soigneusement et en bois mais tout aussi oppressantes. Les barbelés des balcons servaient à empêcher les suicides. Les détenus étaient régulièrement fouillés afin d'éviter qu'ils n'avalent une vis ou un boulon pour se suicider.

– Dans le bâtiment D (le dernier), les cellules ont été enlevées (traces des séparations à terre) et transformées en salles d'expo. Au rez-de-chaussée, des peintures réalisées par Nath, l'un des 7 survivants du camp S-21, illustrent les diverses méthodes de torture : fouet, étouffement, arrachage des dents et des seins, utilisation de scorpions, etc. Une des toiles est d'ailleurs un autoportrait dans sa cellule. On pense à ces représentations de l'enfer bouddhique qui garnissent les murs des temples. Curieux parallèle quand on sait que les Khmers rouges empruntèrent beaucoup au vocabulaire religieux pour qualifier leurs divers dogmes. Plus loin, plans des migrations forcées, charniers et crânes illustrant les sévices...

Au 1er étage, des juxtapositions de photos anciennes et récentes de jeunes Khmers rouges (dont d'anciens employés du camp), durant leurs exactions, puis dans les vies qu'ils ont retrouvées : piroguier, agriculteur, vannier, mère de famille. L'association peut paraître surprenante, voire choquante, mais il faut l'envisager, une fois encore, dans une perspective de réconciliation du peuple cambodgien avec lui-même : tous victimes d'une idéologie aveugle, tous victimes du tourbillon sanguinaire qui emporta le pays. Ainsi ce jeune subalterne de Tuol Sleng, d'une famille déjà durement touchée, qui voit arriver son oncle prisonnier au camp. Ils ne se parleront pas, complices muets dans l'horreur, sachant que sinon la famille perdra un membre supplémentaire, le gardien... D'autres photos de vrais leaders khmers sont couvertes de graffitis, l'une a dû être enlevée...

Kang Kek Leu, alias Douch, un ex-prof de maths, était le tortionnaire en chef du complexe de Tuol Sleng. C'est un des seuls survivants des leaders khmers rouges ; il a été inculpé en 2007 pour crimes contre l'Humanité. Son procès a débuté début 2009.

Les pagodes

🏛 *Wat Phnom (plan couleur B1, 114)* : au nord du bd Norodom. Accès par des escaliers situés côté fleuve. Tlj 7h30-18h. Entrée : 1 $. Au sommet d'une minicolline haute de 30 m, entourée d'arbres peuplés de singes facétieux. Les habitants viennent se promener autour du *wat*, vraiment agréable. On y trouve des adorateurs du Bouddha, bien sûr, ce sanctuaire sacré étant le plus ancien de la ville, à laquelle il a d'ailleurs donné son nom (voir l'historique, plus haut), mais aussi des vendeurs de boissons, d'oiseaux, des diseurs de bonne aventure et des joueurs attirés par le tirage du loto. Au sommet, la pagode, décorée de belles fresques et de nombreux bouddhas. Derrière, un stupa contenant les cendres du roi fondateur de la ville (fermé à la visite). À l'arrière et à gauche du temple principal, petite statue colorée et naïve de la fameuse Mme Penh et d'autres petits temples.

🏛🏛 *Wat Ounalom (plan couleur C2, 115)* : à l'angle du quai Sisowath et de la rue 154. Fondé au milieu du XVᵉ s, ce monastère comprenait une quarantaine de bâtiments, presque tous rasés par les Khmers rouges. Le temple principal abrite le fameux bouddha de marbre. Brisé par les soldats khmers rouges, ses morceaux ont été recollés. Il n'est pas visible. Le sanctuaire *(vihara)*, situé derrière, a été reconstruit et conserve sa belle allure ancienne (si l'on fait abstraction des traces de ciment). Le bâtiment le plus ancien est le stupa situé derrière la pagode. Dans celle-ci, quelques statues de Bouddha (se faire ouvrir par le gardien). On y croise des groupes de bonzes.

🏛 *Wat Bottum Vaddey (plan couleur C3, 117)* : rue 19, à 500 m du Palais royal. Ce qui fut l'une des plus anciennes pagodes du pays (milieu du XVᵉ s) a été restaurée de manière un peu trop voyante il y a quelques années. Le stupa principal contiendrait des cendres du Bouddha en personne.

🏛 *Wat Langka (plan couleur C3, 118)* : bd Norodom, proche du monument de l'Indépendance. Première pagode à avoir été reconstruite après l'ère polpotienne, elle a retrouvé son style traditionnel, ainsi qu'une partie de ses statues, et ses fresques ont été refaites.

🏛 *Autres wats :* nombreux dans la capitale, ils ont beaucoup souffert sous les Khmers rouges, qui généralement les détruisirent. D'intérêt architectural réduit, leur découverte reste néanmoins intéressante. Ainsi, le *wat Svay Popeh (plan couleur C3, 119)*, à l'angle des rues 310 et 21, au sud-est de la ville. Probablement construit au XVᵉ s, remanié au milieu du XXᵉ s et doté d'un petit parc agréable, c'est l'un des plus jolis de la ville. On y recueillait autrefois les cendres des personnalités de sang royal. Le *wat Chen Damdek (plan couleur B1, 120)*, rue 47, au nord du wat Phnom, est en principe ouvert uniquement lors de cérémonies (sinon demander à un bonze). Datant du XIXᵉ s, la charpente en bois et les colonnes sculptées sont d'époque. À droite de l'entrée principale, en hauteur, 3 panneaux de portraits de la famille royale. Le *wat Tuol Tom Poung (plan couleur B4, 121)*, bd Mao Tsé-toung, a miraculeusement échappé à la destruction, d'où ses nombreuses peintures murales datant des années 1960. Enfin, l'élégant *wat Saravan (plan couleur C2, 116)*, rue 19, conserve de belles fresques et bouddhas.

Les marchés

Tlj 7h-17h. Calme à l'heure du déj. Après 15h30, certaines boutiques commencent à fermer. À ne pas manquer, c'est là que vous aurez le plus de contacts avec la population et que vous pourrez goûter aux soupes cambodgiennes et acheter quelques souvenirs.

CAMBODGE / PHNOM PENH

🏚🏚 *Le marché central (psaar Thmay ; plan couleur B2, 122) : entre les bd Monivong et Norodom.* Le vrai centre de la vie phnom-penhoise, comme son nom l'indique. La circulation autour est complètement dingo. Également appelée « nouveau marché », cette gigantesque et emblématique halle jaune est le lieu d'échange le plus important de la ville.

On trouve absolument de tout auprès des 2 000 stands répartis en 5 secteurs principaux : vêtements (très intéressantes fripes) et tissus, électroménager et gadgets, épicerie et alimentation. Au centre, les bijoux (surtout de l'or), montres et autres pierres précieuses. Autour, fleuristes, vendeurs ambulants et quelques stands pour manger sur le pouce. C'est ici que vous trouverez les fameux *kramas* (foulards) khmers, entre autres.

> **EXTRA-TERRESTRE**
>
> *Construite en 1937 par des architectes français, dans un style colonialo - Art déco d'une grande originalité, la halle possède une immense toiture en dôme, conçue pour résister aux intempéries. Cette troisième coupole du monde au niveau de la portée (45 m) la fait ressembler à une soucoupe volante.*

🏚🏚 *Le marché Orussey (psaar Orussey ; plan couleur B2, 123) :* l'un des grands marchés de la ville. En bas, les boutiques se succèdent au touche-touche : ustensiles de cuisine, matériel de bricolage, papeterie, produits d'hygiène et petit électroménager. Le bâtiment a vieilli (en réfection en 2009), mais il fait toujours partie des lieux incontournables de la vie des Phnom-Penhois, qui s'y approvisionnent aussi en produits alimentaires.

🏚 *Le vieux marché (psaar Chah ; plan couleur C2, 124) : rue 108, à l'angle avec la rue 13.* Le plus crade mais vaut tout de même le coup d'œil. Relativement modeste et très populaire à la fois. Intéressant pour ses stands de nourriture, de vêtements et quelques bouquins. Également bijoux et gadgets.

🏚 *Le marché olympique (psaar Olympic ; plan couleur A3, 125) : près du stade, entre les bd Charles-de-Gaulle et Sihanouk.* Récemment reconstruit, il est moche comme tout et aseptisé ; c'est plus un marché « pratique » que touristique. Vous y trouverez des pièces de rechange pour votre vélo ou des fringues bon marché !

🏚🏚 *Le marché russe (psaar Tuol Tom Pong ; plan couleur B4, 128) : rue 440 ; au sud du bd Mao Tsé-toung.* Notre préféré, celui où vous trouverez le plus de souvenirs à rapporter. Appelé ainsi car les Russes le fréquentaient beaucoup pendant la période vietnamienne. Excentré, vieillot et bondé, c'est le plus typique, même s'il est pas mal visité par les touristes. On y trouve de beaux tissus (soie), des T-shirts, des bijoux (essentiellement en argent), de fausses antiquités, des pièces de moto, beaucoup de quincaillerie, un peu d'artisanat, des bouquinistes, des DVD, des vêtements, des montres, des sacs et des valises. Également pas mal de porcelaine de Chine ou du Vietnam (moins bien et moins chère), ainsi que des peignes pour suspendre les étoffes de soie. En cherchant bien (il faut s'y connaître), quelques œuvres d'art anciennes et de belles statues du Bouddha. Nombreuses gargotes à l'intérieur et à l'extérieur (sur le parking à partir de 16h).

Les vestiges coloniaux

Les nostalgiques de l'Indochine française peuvent s'amuser à un petit jeu de piste à travers la ville. L'influence architecturale française sur la capitale demeure évidente. Tout chauvinisme mis à part, il faut reconnaître que ce sont les traces laissées par les Français qui donnent le plus de charme aux rues de Phnom Penh.

🏚 *L'ambassade de France (plan couleur B1, 5) et l'hôpital Calmette (plan couleur B1, 2) : au nord du bd Monivong.* Ce sont les deux symboles – de poids – de la présence française au Cambodge. L'ambassade, dans un parc immense entouré de hauts murs, a servi de refuge à un millier de Cambodgiens après l'invasion des Khmers rouges (lire le témoignage poignant de François Bizot à ce sujet dans *Le Portail* ; voir la rubrique « Livres de route » dans « Cambodge utile » en début de guide). Elle possède une intéressante architecture, tout en lignes dures et changements de rythmes brutaux, dans une belle sobriété de lignes. Elle a fière allure.

🍴 *La grande poste (plan couleur C1) : voir « Adresses et infos utiles ».* Grosse bâtisse jaune du XIXe s, typique de l'architecture coloniale. Il y a quelques années, on pouvait encore y consulter de gros annuaires du Cambodge rédigés en français !

🍴 *L'hôtel Manolis : face à la poste.* Vieille bâtisse délabrée. C'est ici qu'André Malraux, accusé d'avoir dérobé des bas-reliefs d'Angkor, fut mis en résidence surveillée...

🍴 *La mairie de Phnom Penh (plan couleur B1) : entre la gare et l'hôpital Calmette.* Ce beau bâtiment, construit par les Français, était auparavant occupé par l'évêché. Il ne reste en revanche rien de la cathédrale catholique voisine, dynamitée par les Khmers rouges en 1978 et remplacée en 1986 par une station satellite soviétique !

🍴 *La bibliothèque (plan couleur B1) : rue 92.* Construite en 1924. Les Khmers rouges l'ont laissée à l'abandon, ainsi que sa précieuse collection de livres anciens. Elle vaut le coup d'œil.

🍴 *La cour de justice (plan couleur C2, 126) : face à la pagode d'Argent.* Élégante bâtisse tout en longueur, couleur saumon.

🍴 *L'hôtel Wat Phnom : entre le quai Sisowath et le wat Phnom (plan couleur B1, 114).* C'est l'ancien palais du gouvernement, autrefois siège de l'autorité coloniale. Restauré par la France, le bâtiment devint le siège du Conseil national, chargé de gouverner provisoirement le pays après les accords de paix de Paris.

🍴🍴 *L'hôtel Royal (plan couleur B1, 54) : voir « Où dormir ? ».* L'hôtel le plus prestigieux de la ville, où tous les « Grands » descendaient. Entièrement rénové et rebaptisé *Raffles Royal,* c'est aujourd'hui le plus luxueux de la ville.

🍴 De belles ***maisons*** coloniales, dont certaines en restauration, dans le quartier du Palais royal, notamment boulevard Norodom, et dans la partie nord de la ville.

À voir, à faire encore

🍴🍴 ***Les rives des fleuves :*** on voit essentiellement le Tonlé Sap en longeant le quai Sisowath. Depuis 2008, grands travaux pour réaménager le réseau des collecteurs des eaux usées derrière de grandes palissades, ce qui enlève beaucoup au charme des lieux. à terme, la surface devra aussi être enjolivée d'une nouvelle promenade, mais tout cela prendra trois-quatre ans. Joli petit marché le soir au bord du fleuve, face à l'esplanade du Palais royal. Pour voir le Mékong, il faut marcher plus au sud, vers le *Cambodiana.* Derrière ce grand hôtel, vous apercevrez enfin le fleuve mythique, tellement large qu'on a du mal à distinguer les habitations de paille situées sur l'autre rive.

🍴🍴 ***Promenades et minicroisières en bateau sur le Tonlé Sap (plan couleur C2) :*** *loc entre le pont japonais (Chruoy Changvar) et le club FCC. Prévoir 10-20 $/h le bateau selon sa taille et son équipement.* Très populaire et magique en fin d'après-midi, quand le soleil embrase les rives. Boissons voire nourriture sont parfois disponibles à bord, mais on peut aussi bien les emporter. Si on a le temps, possible d'organiser une petite croisière vers certaines îles des fleuves. L'une, sur le Tonlé Sap, n'est habitée que par des artisans spécialisés dans le travail de l'argent.

🍴 *Le quartier routard du lac Kak (Boeng Kak ; plan couleur A1) :* voir « Où dormir ? ». Peut faire l'objet d'une balade agréable, en fin de journée, quand la chaleur s'estompe et que le soleil décline. Pour les ethnologues de la route...

🍴 *Le pont Chruoy Changvar (hors plan couleur par B1) :* sur le Tonlé Sap, après le wat Phnom en allant vers le nord. Le plus grand pont du Cambodge (710 m), également appelé « pont japonais », n'a d'intérêt que comme but de promenade sympa. Détruit par les Vietnamiens, il a été reconstruit. Explorer les nouveaux restos de l'autre rive (voir « Où manger ? ») est devenu une sortie classique pour les familles. C'est également l'un des lieux de promenade favoris de la jeunesse de la ville.

🍴🍴 *L'île de la Soie (Koh Dach) :* à une quinzaine de km au nord du pont japonais ; 3 petits ferrys y mènent (pancartes sur le côté de la route). Négocier le prix. Traversée ttes les 20-30 mn.

Sur place, prendre un *moto-dop* payé à l'heure si l'on veut faire le grand tour (compter au moins 2h). Sinon, à pied, fort agréable et dépaysant. Éviter les femmes en moto qui traquent les touristes avec des écharpes identiques à celles du marché russe ! C'est l'île des tisserands. Sous la plupart des maisons à pilotis, un ou plusieurs métiers à tisser fonctionnent tous les jours. On se balade dans le tac-tac-tac des navettes, les couleurs étincelantes des tissus, tout en admirant la belle architecture des demeures. Accueil affable d'un Cambodge heureux. L'île possède un niveau de vie sensiblement plus élevé que sur la terre ferme, le limon y est riche, les cultures prospères, le bétail abondant et bien dans ses sabots.

Tout au bout, une jolie plage sur le fleuve. Petit droit d'entrée. Quelques minipaillotes les pieds dans l'eau, où se retrouvent des familles épanouies. Les mômes batifolent dans l'onde. Quelques amoureux flirtaillent dans les hamacs à l'abri des regards. Pas encore de scooters d'eau pour troubler la sérénité des lieux, tout se révèle doux et bon enfant, atmosphère vraiment agréable. Quelques fillettes vous proposeront peut-être des tissus fabriqués dans l'île.

🛏 *Villa Koh Dach Guest House :* sur l'île de la Soie. ☎ 016-22-31-08. ● villa kohdach.free.fr/ ● Tt proche du psar Samaki (le marché central de l'île). Chambre 7 $, petit déj 1,50 $. Dans une maison, 4 chambres simples avec | moustiquaires et ventilo. Petit jardin, terrasse, bar pour apprécier le temps qui passe. Et resto où les portions sont pantagruéliques. Également à disposition, bouquins (en français) et massages. Idéal pour bien apprécier la vie locale.

🍴 *Le quartier vietnamien :* au sud-est de la ville. Sur l'autre rive du Bassac, par le pont Monivong. L'atmosphère n'a plus rien à voir avec celle de Phnom Penh. On se croirait presque au Vietnam ; d'ailleurs, c'est la route et ce n'est pas si loin ! Ici, la population s'habille, travaille et mange différemment ! Beaucoup de pêcheurs. En traversant le marché à gauche du pont, vous pourrez vous promener sur les rives du Bassac.

Achats

En faveur des ONG

Les boutiques ci-dessous vendent plus ou moins les mêmes types d'articles : jouets, sacs, dessins, paniers et tissus confectionnés par des Cambodgiens défavorisés avec des matériaux locaux.

✤ *Le Rit's (plan couleur C3, 67) :* 14, rue 310 (voir aussi « Où manger ? »). ☎ 213-160. ● nyemo.com ● Lun-sam 7h-17h. Atelier de couture (housses, | couettes, coussins) et d'ameublement. Des commandes sur mesure peuvent être passées.

✤ *NCDP (plan couleur B2, 150) :* 3, bd

Norodom. ☎ 210-140. ● ncdpcam. org ● Tlj 8h-19h. Il s'agit du comité national pour les personnes handicapées, une ONG cambodgienne. Boutique d'artisanat acceptant les cartes de paiement.

☸ **Tabitha** (plan couleur C4, **151**) : 239, rue 51 (angle rue 360). ☎ 721-038. ● tabithafoundationaustralia.com ● Tlj 7h-18h. Une organisation chrétienne australienne aidant les plus démunis.

Cadeaux pour enfants.

☸ **Village Works** (plan couleur B4, **112**) : à l'angle des rues 113 et 330 ; face au musée du Crime génocidaire (Tuol Sleng). ☎ 215-732. ● villageworks. com ● Tlj sf dim 9h-17h. Cette ONG chrétienne de Singapour procure du travail à des villageoises qui fabriquent sacs, boîtes, chaussons, pochettes, etc. Coloris et design originaux.

Shopping classique

Une flopée de boutiques de déco, d'accessoires et de vêtements branchés a envahi Phnom Penh. Souvent tenus par les créateurs des lignes originales qu'ils diffusent, inspirés par le pays, nourris des produits locaux, ces élégants magasins pratiquent des prix plutôt élevés en regard du niveau de vie local mais pas forcément pour le budget de leurs visiteurs. Pour vous aider, procurez-vous une petite brochure très complète, Out About, publiée par Cambodia Pocket Guide et qui contient aussi un plan détaillé du marché central et du marché russe.

☸ **Couleurs d'Asie** (plan couleur C3, **81**) : 33, rue 240. ☎ 221-075. ● couleursdasie.net ● Lun-sam 9h-20h ; dim 9h-13h. Essentiellement des textiles, et notamment de la soie. Objets de décoration également. Qualité et dessins originaux d'une grande sobriété, réalisés par une styliste maison.

☸ **Water Lily Creations** (plan couleur C3, **81**) : 37, rue 240. ▯012-812-469. ● waterlilycreation.com ● Lun-ven 10h-19h ; sam 9h-18h. Boutique de bijoux créés par une Française. Vraie amoureuse du Cambodge, elle s'inspire d'un coucher de soleil, de la latérite, d'une mare de nénuphars ou des branches noueuses d'un banian pour imaginer des pièces uniques ou en série limitée. Se voulant reflets de sagesse et de longévité, ses créations débordent d'originalité et peuvent flirter avec l'importable. On recherche son bonheur en ouvrant des tiroirs, à moins de commander son collier sur mesure. Pas donné, c'est sûr. Chapeaux indémodables et sacs également.

☸ **Bazar** (plan couleur C3, **153**) : 28, bd Sihanouk. ☎ 776-492. ● bazardevivre. com ● Tlj sf dim. Un magasin plus petit, mais beaucoup de beaux objets. Son propriétaire, Jean-Pierre, fait ses propres meubles. Très réussi.

☸ **Orange River** (plan couleur C2, **85**) : 361, quai Sisowath. ☎ 214-594. En dessous du FCC (voir « Où manger ? »).

Tlj 9h-21h (19h dim). De nombreux textiles venant du Vietnam, de la Birmanie (Myanmar) et d'autres pays asiatiques.

☸ **Hanuman** (plan couleur C4, **154**) : 13B, rue 334. ☎ 211-916. ● hanuman. com ● Tlj 8h-18h. La « Rolls » des magasins d'antiquités ! Sur 3 niveaux, des centaines d'objets d'art superbes à prix élevés, certes, mais présentant sûrement pour certains d'entre eux un bon rapport désir-prix.

☸ **Ambre** (plan couleur B2, **155**) : 37, rue 178. ☎ 217-935. Tlj sf dim 10h-18h. Maison de couture. Dans cette « rue des arts », collection exposée de manière aussi raffinée que les créations ellesmêmes. Romyda Keth, styliste ayant étudié à Paris, est revenue au pays de ses ancêtres pour y réinterpréter les coupes et matières locales. Accueil délicat, terrasse arrangée en salon de thé.

☸ **Bliss** (plan couleur C3, **81**) : 29, rue 240. ☎ 215-754. ● blisscambodia. com ● Tlj sf lun 9h-21h. Accessoires « fusion est-ouest », sacs et linge de maison. Abrite aussi un spa raffiné diffusant sa propre gamme de savons et huiles. Plein de formules différentes de massage, « enveloppage » ou gommage à partir de 20 $/h.

☸ **Sentosa Silk** (plan couleur C2) : 33, Sothearos (angle 178). ☎ 222-974. ● sentosasilk.com ● Tlj 9h-21h. Grande boutique de soieries : écharpes, coussins, dessus de lit, sacs, trousses...

Spectacles

∞ *Sovanna Phum* (plan couleur B4, **127**) : 111, rue 360 (angle rue 105). ☎ 221-932. ● http://shadow-puppets.org ● *Spectacles ven et sam 19h30. Atelier-expo tlj sf dim. Entrée : 5 $.* Se battant pour la renaissance des arts khmers traditionnels, cette association a notamment à son crédit le sauvetage du petit théâtre d'ombres, le « Sbaek Touch ». Autres activités : danse classique et folklorique, percussions, saynètes. Superbes marionnettes de cuir et autres articles en vente.

Sports

– *Boxe :* des combats de boxe cambodgienne, similaire à sa cousine thaïlandaise, ont généralement lieu le dimanche après-midi, boulevard de Tchécoslovaquie, pas loin du stade olympique. Il faut entrer dans l'enceinte du ministère des Affaires féminines pour accéder au stade couvert. Le spectacle est aussi dans la salle !

– *Natation, baignades :* possibilité de profiter des piscines des grands hôtels, moyennant d'ordinaire un droit d'entrée de 5 $.

– *Phnom Penh en deltaplane :* Angkor Aile (🖥 012-806-740 ou 430-204) vous propose de survoler le long du quai Sisowath et les alentours de Phnom Penh. Expérience inoubliable. Routards atteints de vertige, s'abstenir !

➤ *DANS LES ENVIRONS DE PHNOM PENH*

🎍🎍🎍 *Le camp d'extermination de Choeung Ek :* à 15 km au sud-ouest de Phnom Penh. Prendre le bd Monireth pour sortir de la ville et continuer sur 9 km après le petit pont. Tlj 7h30-17h30. Entrée : 2 $.

Rendu célèbre par le film *La Déchirure (Killing Fields),* ce camp de la mort fut exploité pendant 3 ans par les Khmers rouges. C'est ici qu'étaient amenés les prisonniers de Tuol Sleng (voir plus haut) pour être liquidés. Pour ne pas gaspiller leurs cartouches, les bourreaux les achevaient à coups de crosse. Les corps étaient jetés dans 129 fosses communes ! Environ 80 de ces charniers ont été mis au jour, permettant ainsi de retrouver les ossements de 8 985 personnes, soit la moitié du nombre de victimes estimé. Dans l'un d'eux, on a découvert 166 squelettes sans tête. Un mémorial en forme de stupa a été érigé sur le site en 1988. On y voit les milliers de crânes entassés sur des étagères, avec en dessous un tas de guenilles. Sans commentaire.

Tout comme la prison S-21, le camp de Choeung Ek est plutôt un lieu de pèlerinage et de recueillement qu'un site « à voir ». Mais il faut y aller car, comme nous l'ont expliqué plusieurs Cambodgiens, certaines personnes voudraient tout oublier de cette période et détruire le camp. Or, on sait trop bien que de l'absence de témoignages concrets naît la révision, et de la révision, l'amnésie.

🎍 *Koki Beach (Kien Svay) :* 12 km à l'est, sur la route 1, en direction du Mékong. C'est un lieu de pique-nique très populaire au bord d'un lac, bondé de Cambodgiens le dimanche. Faire ses provisions dans l'enceinte de la pagode, puis se diriger vers les maisons-restaurants situées aux bords du lac. Des petites paillotes très agréables ont été aménagées au-dessus de l'eau.

🎍🎍 *Le lac Bati (Tonlé Bati) et Ta Phrom :* à 32 km env de Phnom Penh, par la route N2 filant vers Takeo, tourner à droite au niveau de la station essence Sokimex pour s'engager sous une arche en pierre surmontée de 3 flèches sculptées (panneau touristique délavé). Droit d'entrée : 3 $.

Le *Ta Phrom* est un site ignoré par beaucoup de visiteurs. Tant mieux, car découvrir ce temple tout seul est un vrai délice. Cet appareillage de pierre de latérite assez rudimentaire fut pourtant construit par le roi Jayavarman VII, à qui l'on doit le merveilleux Angkor Thom. Conjugué à un environnement verdoyant et fleuri, est-ce cela qui lui donne tant de charme ? Sanctuaire central présentant d'intéressantes sculptures. Sur le premier linteau, un bouddha couché. De part et d'autre de la porte, les deux gardiens avec leur bâton. Puis, sur les côtés, les gardiennes et de fausses fenêtres avec imitation de treillis et colonnettes. Abondant décor floral et frise de petits bouddhas. Coup de ciseau assez rustique, charmant et naturel. Dans le sanctuaire, succession de petites salles cruciformes abritant des lingams. Au fond, sur la dernière porte (dans l'axe de l'entrée), un bouddha assez primitif et un linteau où figurent des démons (ou des singes).

Situé dans l'enceinte d'un temple récent, juste en face du *Ta Phrom*, le petit sanctuaire *Yeay Peau* possède encore un linteau sculpté d'une divinité soutenue par trois personnages indéfinissables et, en dessous, quatre orants.

Pour se détendre, au bord du lac, lieu de pique-nique très populaire, et gargotes pour se restaurer. Possibilité de se baigner pour les plus (très ?) courageux.

🚶🚶🚶 **Phnom Chisor :** *à env 60 km au sud de Phnom Penh par la N2, tourner à gauche au niveau d'un hameau (salles de TV publiques, 2 arches se faisant face) ; c'est à 7 km supplémentaires, par une bonne piste de terre. Entrée : 2 $.*
Notre *phnom* préféré. Peu de touristes. Ne pas arriver trop tôt dans l'après-midi, sinon il fera trop chaud pour grimper au sommet de la colline-temple. 405 ou 413 marches mènent au sanctuaire, selon l'entrée choisie : un escalier moderne du côté du parking ou, à l'arrière (côté est), une voie sacrée prolongée par l'escalier original. ça doit valoir le coup de contourner le tout pour aborder l'ensemble depuis sa véritable entrée, mais nous le décrirons depuis l'entrée touristique. Un centre bouddhique s'est installé à côté du temple, construit au XIe s sous le règne de Suryavarman Ier. Il faut dire que l'endroit incite à la méditation.

Assez ruiné et jamais vraiment rénové, le site essuya quelques bombes américaines. Il possède néanmoins une forte identité et de beaux restes, en particulier de superbes linteaux. À l'intérieur, le sanctuaire en brique proprement dit, entouré de quatre petits édifices. À terre, un désordre un peu libertaire de vieilles pierres tombées au fil des années et des guerres. Ainsi, le linteau de la porte d'entrée a perdu la moitié de sa *Lakshmi*, qui gît devant dans l'herbe. Le petit édifice du fond à gauche pourrait être la bibliothèque. Fronton joliment ciselé et remarquable linteau avec un vishnou sur une tête de démon. Colonnes de forme hexagonale sculptées et inscription en sanskrit sur le côté gauche. Au duo de la « bibliothèque », linteau figurant *Hanuman*, le dieu-singe. Celui sur la dernière porte (orientée à l'est, face à la plaine), représente Çiva ornée d'un beau décor floral. Au-dessus, un couple assis sur une vache.

Le panorama est d'une sérénité totale. La voie sacrée, jalonnée de 2 édifices cruciformes (peut-être des salles de repos pour les pèlerins), se perd à l'horizon vers un grand bassin carré.

🚶 **Kirirom National Park :** *embranchement à 80 km de Phnom Penh, sur la route de Sihanoukville (N4), indiqué par un panneau sur la droite (« Preah Suramarit Kossamak National Park »). Reste encore 20 km à faire jusqu'à l'intérieur du parc. Possible de prendre 1 bus pour Sihanoukville et de descendre au panneau, mais il est préférable d'avoir son propre moyen de transport.* Ce massif culminant à presque 700 m d'altitude est recouvert d'une magnifique forêt de pins, très agréable et reposante, où l'on échappe à la chaleur accablante de la capitale. Nombreuses balades vers des lacs ou même une cascade. Selon les Cambodgiens, des tigres habiteraient dans la forêt.

TAKEO *(sites d'Angkor Borei et Phnom Da)*

À 70 km de Phnom Penh, bus depuis le marché central, 1h30 de trajet. La ville de Takeo est la capitale de la province du même nom, une région considérée comme le berceau de la civilisation khmère. Chaque année, une grande partie des terres est inondée à la saison des pluies. Ce caractère lacustre saisonnier, immémorial, se retrouve dans le mystérieux nom de « Chenla d'eau », donné aux royaumes de ces contrées (VIe-VIIe s, fin du Funan – début ère angkorienne) par les chroniques chinoises, seules sources historiques régionales. En venant de Phnom Penh, prendre à gauche au monument de l'Indépendance de Takeo, puis à droite, pour se retrouver sur les quais et découvrir la pittoresque vie du port. Beaucoup de commerce avec le Vietnam tout proche, à travers les terres inondables et les canaux.

➤ *Comment aller à Angkor Borei et Phnom Da ? Louer une barque hors-bord. Compter 45 $ env pour le trajet aller-retour, temps de la visite inclus. Durée : 30 mn pour Angkor Borei, plus 15 mn jusqu'à Phnom Da.* Balade superbe. D'abord un chenal, puis un lac immense (sauf pendant la saison sèche), avant d'arriver à la rivière proprement dite.

🎭🎭 *Angkor Borei et le Musée archéologique : 1er arrêt du bateau au village d'Angkor Borei. Musée à 200 m du débarcadère. Tlj 8h30-12h, 14h-16h30. Entrée : 1 $.*
Les environs du village (qui vaut aussi le détour) font l'objet de nombreuses recherches archéologiques dans le but d'approfondir les connaissances sur le royaume du Funan. Angkor Borei, avec sa colline de Phnom Da, était la capitale du royaume du Funan (VIe s) sous le roi Rudravarman.
Le nouveau *Musée archéologique* est plutôt décevant. Son ancienne situation dans une vieille pagode était plus séduisante et la présentation bien meilleure. Les passionnés regretteront comme tout le monde la quasi-absence de légendes illustrant les objets exposés dans l'unique pièce : linteaux provenant de Phnom Da ; vénérables statues, notamment un vishnou du XIe s, un Paracurâma debout des VI-VIIe s, Ramâ (héros du *Râmâyana*) et son arc, un çiva du XIIIe s ; des stèles gravées ; un magnifique portail d'entrée de temple aux colonnes sculptées, décor floral et beau linteau, représentant le « barattage de la mer de lait » (voir le « petit lexique » sous Angkor) ; lingams de pierre, poteries et lissoirs de potiers.

🎭🎭 *Phnom Da : reprendre le bateau, la rivière va progressivement se rétrécir.* Itinéraire jalonné de rustiques petits élevages de poissons. Débarquement au milieu des plantes aquatiques dans un tout petit village de pêcheurs. Vous en trouverez toujours une demi-douzaine pêchant à l'épervier dans un grand étang (qui, étonnamment, semble toujours donner !). À quelques centaines de mètres, le *prasat Phnom Da*, juché sur sa petite colline (entrée payante). Environnement paisible à souhait. Sanctuaire assez imposant, qui a perdu nombre de ses décors. Les premiers volés, les autres en sûreté dans les musées d'Angkor Borei et Phnom Penh. Cela dit, il a encore fière allure. Daterait du VIIe s. À l'intérieur, appareillage de brique de latérite en « escalier ». Par un chemin différent, on parvient à un autre minuscule temple de style hindou et de la même époque, *Ashram Maha Rosei.*

Où dormir dans le coin ?

🛏 *Angkor Borey Guesthouse :* Takeo, St 10. ☎ (032) 931-340. À côté du port. Double 5 $. Basique et accueil souriant. Chambres avec ventilo assez spacieuses et salles de bains un peu primitives, mais propreté encore acceptable. Si vous n'y trouvez pas votre bonheur (visitez les chambres), essayez chez le voisin, *Phnomsonlong Guesthouse.*
🛏 *Boeng Takeo House :* Takeo, St 3.

☎ (032) 931-306. Le plus éloigné du port mais il donne sur le lac (Boeng). Prévoir 5-10 $ (ventilo-AC). Un peu mieux que l'*Angkor Borei*. Chambres pas trop grandes, bien tenues en général, certaines avec vue sur les flots.
🛏 *Dans le Musée archéologique :* village d'Angkor Borei. S'adresser au gardien, qui ne parle que le cambodgien. Négociable à partir de 5 $.

OUDONG

➢ *À 50 km environ de Phnom Penh, sur la route de Battambang. Depuis Phnom Penh, prendre un bus pour Kompong Chhnang. Demander à être déposé à l'intersection de la route allant au site d'Oudong (km 45, indiqué par un panneau et un portail avec 2 nagas). Reste 3 km à faire (moto-dop ou stop).*
Cette ancienne capitale des rois khmers du XVIIe au XIXe s tombe en ruine. Le Palais royal a disparu. Les affrontements entre Lon Nol et les Khmers rouges ont entraîné la destruction d'un nombre élevé de monuments. En bas de la plus haute colline, un petit *mémorial des crimes des Khmers rouges.* L'excursion vaut avant tout pour l'animation et l'ambiance des week-ends, et pour ceux qui disposent de temps.

Où manger dans le coin ?

Oudong accueille des milliers de pèlerins, il y a une grande aire de repos et de restauration au pied de la colline. Très peu de touristes occidentaux. Faites comme les Cambodgiens, choisissez une paillote, étendez-vous sur une natte (ou prenez un hamac) et dégustez relax tout un tas de bonnes choses proposées par des vendeuses : *kalam* ou « gâteau de bambou », crabes grillés et un poil épicés (un délice), poulet, soupes consistantes et parfumées, tourterelles rôties et, pour les amateurs, petites tortues cuisinées à la vapeur, souvent avec leurs œufs à l'intérieur... Bref, une vraie tranche de vie locale !

À voir

🏃 *Preah Atharas :* la pagode la plus impressionnante, au sommet d'un des *phnoms* (collines) d'Oudong. Détruite par les bombardements américains, puis par les Khmers rouges, elle abritait une statue du Bouddha qui devait bien faire 10 m de hauteur ! Il n'en reste presque plus rien, sinon des vestiges assez pathétiques. Subsistent des moignons de 8 colonnes et du socle sculpté du bouddha. Caché derrière de hauts murs, on tourne autour dans une sorte de déambulatoire. En avant du socle, petit temple où l'on retrouve d'ailleurs le nez du bouddha tombé à terre.

🏃 *La colline des trois stupas :* le premier stupa est celui du roi Angdou, construit en 1891 par le roi Norodom pour abriter les cendres de son père. Tout en brique, puis décoré de stuc ciselé et de céramiques. Il survécut miraculeusement aux bombardements. Le deuxième stupa, le *Tria Treng,* fut édifié par le roi Prache Kietia en 1623. Enfin, le dernier, tout neuf, assez monumental, a été offert par l'ancien roi Norodom Sihanouk et ses ministres. Lieu de dévotion très populaire. Plus d'un million de Cambodgiens vinrent en décembre 2002 pour son inauguration. De sa terrasse, panorama imprenable sur la région et quelques centaines de marches pour redescendre.

🏃 *Phnom Basset :* plus proche de Phnom Penh, boucle intéressante à faire avec Oudong. Embranchement sur la gauche situé sur la route N5, 1 km après le fameux km 11 (village-bordel très glauque), au niveau des réservoirs de la compagnie pétrolière Tela. Accessible par la piste pour les amateurs de motos. On peut aussi y aller en voiture ou en moto-dop.
Site d'intérêt beaucoup plus limité, vaut pour l'itinéraire, dont la boucle avec Oudong. Pendant quelque temps, pittoresque route en surplomb, avec d'un côté d'immenses champs de nénuphars, de l'autre les rizières. Suivre la piste jusqu'à *Phnom Basset,* reconnaissable à sa colline surmontée d'une pagode sur la droite de la route. Au même niveau, à gauche, visiter une pagode récemment construite, le temple *Norkor Vimean Sour* (« royaume du Sourire »), qui ressemble à un temple angkorien. Identifiable depuis la route à son portail triomphal décoré d'éléphants. Au bout de l'allée sacrée apparaissent les trois tours dans le style de Banteay Srei.

Kitsch garanti ! Incroyable construction en béton rouge. À l'intérieur, immense salle à colonnes et la *cella* (en forme d'iconostase) abondamment sculptée (avec des ganesh dominants). Plus loin, sur la route, une autre entrée triomphale imitant, là, celle du Bayon. Arrivée à *Phnom Basset,* temple moderne sur sa colline, construit sur les soubassements d'un temple du VIe s.

Pour rejoindre Oudong, reprenez la piste en vous assurant de tourner à droite aux deux grands croisements que vous rencontrerez. Environ 15 km plus loin, vous retrouverez Oudong sur votre droite, que vous rejoindrez en traversant un village.

LE CAMBODGE MÉRIDIONAL ET MARITIME

KOH KONG

IND. TÉL. : 035

Cette province côtière englobe des kilomètres de côtes vierges, une grande île homonyme et un arrière-pays extrêmement sauvage que les montagnes des Cardamones mettent en relief. En attendant leur correspondance, de nombreux voyageurs venus de Thaïlande passent une nuit dans le petit port de (Krong) Koh Kong, situé à 8 km de la frontière.

Une nuit mais rarement plus... Admettons que la déception guette celui qui découvre ici le Cambodge. Rabatteurs pénibles à la frontière, allure postchaotique du bled et atmosphère à la Poipet (l'autre grand poste-frontière du pays) ne donnent pas envie de traîner.

Pourtant, le potentiel aventure-nature de cette province, semée de réserves naturelles et mangroves, striées de rivières et ponctuées d'îles perdues, est très prometteur. Son exploitation touristique, qu'on espère la plus respectueuse possible, n'en est qu'à ses balbutiements.

Se déplacer dans la province

Pas de routes ou presque, à part la très bonne N48. Même les pistes pour motos deviennent rapidement difficiles et carrément impassables en saison des pluies. L'essentiel des rares transports sont donc fluviaux ou maritimes.

Arriver – Quitter

En bateau

– ***Avertissement :*** les ferrys pratiquant le cabotage Koh Kong - Sihanoukville n'ont pas été prévus pour la mer mais pour l'eau douce. Surnommés « *bullet boats* », ils ressemblent à des bateaux-mouches fermés. Comme l'a dit un voyageur : « niveau ressenti, c'est entre la boîte de sardines et l'essoreuse à salade. » Passable quand la mer est calme, annulée par temps agité, cette liaison est devenue irrégulière depuis l'achèvement de la nationale 48.

➤ ***Koh Kong - Sihanoukville :*** *quai au niveau du* Koh Kong City Hotel. Selon météo et nombre de passagers, 1 bateau/j. dans dans les 2 sens. Départ à 8h et 12h depuis Sihanoukville. Durée : 4h.

Par la route

La N48 qui relie Koh Kong à la N4 (d'où l'on peut poursuivre vers la capitale ou Sihanoukville) est aujourd'hui entièrement bitumée et équipée de tous ses ponts. Joli voyage, souvent entouré de forêt tropicale (les Cardamones), même si elle s'éloigne de plus en plus de la route...

Attention, les prix des bus gonflent parfois sans raison à Koh Kong. Acheter son billet directement à sa pension ou aux bureaux des compagnies, situés sur la rue principale.

➢ *Koh Kong - Thaïlande :* voir « Comment y aller à partir du Sud-Est asiatique ? » dans « Cambodge utile. Avant le départ » en début de guide.

➢ *Koh Kong - Sihanoukville ou Phnom Penh par la route :* dans les 2 sens, départ vers 7h-8h de plusieurs bus tlj. Résa conseillée la veille. Pour Sihanoukville, parfois 1 bus vers 14h selon le nombre de passagers. à tt moment, on peut aussi tenter sa chance auprès des taxis publics postés aux gares routières.

Info utile

Le baht est la devise la plus utilisée dans cette région frontalière. Gardez-en quelques coupures si vous venez de Thaïlande car on perd un peu au change en utilisant riels ou dollars.

Où dormir ? Où manger ?

Les conducteurs de *motos-dops* et de taxis sont commissionnés par les hôtels. Tous les subterfuges (plus de chambres, fermeture de l'hôtel, etc.) sont bons pour vous amener là où ils veulent. Un truc : donnez le nom du *Koh Kong City Hotel* en pâture, puis, si vous ne voulez pas y loger, engagez-vous à pied dans les petites rues perpendiculaires pour trouver les autres adresses. La rue principale est parallèle à celle du front de mer, deux quadrillages de rues au-delà.

🛏️ |●| *Ottos' :* rue perpendiculaire à la mer, à 500 m du quai des bateaux. 📱 012-924-249. *Doubles avec ou sans sdb 3-10 $. Plats 6h30-22h ; 2-6 $.* Chambres rudimentaires en 2 tailles (cellulaires pour les petites) dans la maison en bois sur pilotis. à l'arrière, l'extension en dur abrite celles avec bains (eau chaude) et l'option clim'. Véranda faisant bar et resto sur l'avant. Petits plats régionaux et occidentaux (sandwichs, salades) corrects et bon marché. Location de scooters, motos et voitures avec chauffeur. Tenue perfectible, surtout pour les premiers prix, et qualité d'accueil variable selon l'interlocuteur. Dommage mais pas rédhibitoire.

🛏️ |●| *The Dugout Hotel :* rue principale. ☎ 936-220. *Doubles avec sdb 10-16 $. Internet gratuit.* Ne pas trop se laisser abuser par la *swimming pool,* elle a la taille d'un grand Jacuzzi, coincée qu'elle est entre les chambres. Ventilo ou clim' et eau chaude, TV partout. Res-

tauration occidentale, un peu chère pour la prestation. Tenue et accueil corrects. Service de transport privé, dont vers la Thaïlande.

|●| *Baan Peakmei :* rue principale. 📱 011-788-771. *Depuis le Dugout, aller vers la perpendiculaire qui vient du pont. Plats 2-5 $.* Installé à l'arrière d'un joli jardin. Longue terrasse couverte, agrémentée de petits *sala* (pavillons traditionnels). Ambiance et cuisine thaïe honorables. Service attentif et souriant.

🛏️ *Koh Kong City Hotel :* front de mer, 500 m au sud du pont. ☎ 936-777. ● *kk chotel@netkhmer.com* ● *Doubles climatisées avec sdb 15-20 $.* Le luxe accosté à Koh Kong. Vue sur la mer et le quai. Ressemble à un gros lego de 3 étages. L'aménagement intérieur est dépourvu de charme et plutôt frisquet, du fait de l'abus de carrelages et similimarbres. Mais, dans le contexte local, pas grand-chose à redire au sujet de l'accueil, du confort (baignoires, TV, eau chaude et frigo) et de l'espace.

À voir. À faire

🎭 Les candidats à l'exploration des richesses naturelles provinciales se rensei-
gneront sur place auprès des pensions, restos et quelques petites agences de la
ville. En une journée, on peut découvrir des *cascades et mangroves* en se déplaçant à moto ou en bateau.

SIHANOUKVILLE (KOMPONG SOM)   IND. TÉL. : 034

Situé à 230 km au sud de Phnom Penh, le premier port du Cambodge est aussi
la seule véritable station balnéaire du pays, Kep ne jouant pas dans la même
catégorie. Morcelée et encore assez verdoyante, Sihanoukville vit aujour-
d'hui l'explosion touristique prévisible. Beaucoup de terrains occupés par de
petites pensions et des restos sont déjà la propriété de promoteurs asiatiques ou de gros bonnets locaux. De nouveaux hôtels ne tarderont donc pas à
égayer (ou attrister) le littoral, et à coup sûr si les liaisons aériennes s'organisent après la réouverture de l'aéroport.
En attendant, la station attire toujours un mélange assez pépère de touristes,
additionné le week-end d'un gros nombre d'expats et d'estivants khmers,
venus se prélasser sur le sable fin, à l'ombre des pins et des cocotiers.
Les amateurs de plongée commencent à apprécier le potentiel des nombreuses petites îles accessibles dans la journée ou moyennant une nuit à bord.
Certaines deviendront peut-être les Koh Samet ou Koh Chang (Thaïlande) de
demain. Ainsi va la roue du tourisme...
– *Attention à la saison des pluies* dans la région (de juin à octobre), notamment
aux derniers mois : contrairement au reste du pays, il peut alors pleuvoir toute la
journée et pendant de nombreux jours. Pas drôle !

Arriver – Quitter

Par la route

🚌 *Gare routière* (plan B1) : au centre-ville. Au nord-ouest du carrefour de la station essence Caltex. Est utilisée par certains bus et les taxis collectifs. Le trajet de
et vers la capitale prend 4h, compter 5-7 $/pers.

■ *Mekong Express :* Sopheak Mon-
gkol St (entre Ekareach St et la station
de bus), en face du resto Apsara.
☎ 934-189. Pour Phnom Penh, 2 bus/j.
(7h45 et 14h30).
■ *Capitol Tours :* Ekareach St, avt la
station Caltex en venant d'Ocheteal.
Pour Phnom Penh, 5 bus/j. (7h-13h30).

■ D'autres compagnies comme
Sorya : 6 bus/j. 7h10-14h (voir « Arriver
– Quitter » à Phnom Penh pour les horaires depuis la capitale), *GST* assure
4 liaisons/j. avec la capitale 7h30-
13h30, mais ses bus sont moins confortables.

➢ *En taxi ou van :* nombreux départs le mat depuis la gare routière pour Kampot/
Kep (1h30 de route), Phnom Penh (3h env) ou Koh Kong (6h env). « Chartérisation »
possible tte la journée. Multiplier le prix d'une place par 7. En taxi privé, compter
50 $.

En bateau

Voir avertissement et infos supplémentaires à Koh Kong.
➢ *Koh Kong :* 1 départ/j. à 12h depuis un quai *(hors plan par B1)* situé au-delà du
port de Sihanoukville.

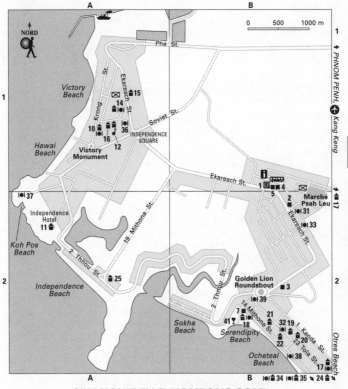

CAMBODGE MÉRIDIONAL ET MARITIME

SIHANOUKVILLE (KOMPONG SOM)

■ **Adresses utiles**

✈ Aéroport de Sihanoukville
🚌 Gare routière
ℹ Office de tourisme
✉ Poste
@ 1 Freedom Internet
2 Camshin
3 Ocean Mart
4 Mr Heinz Books, ANZ Royal Bank et Canadia Bank
5 EcoSea Dive
7 Scuba Nation

🛏 **Où dormir ?**

10 Bungalow Village
11 Independence Hotel
12 Rainy Season
14 Mealy Chenda Guesthouse et Dada Guesthouse
15 Marina Hotel
16 Chez Marì-Yan
17 Don Bosco Hotel School
18 Le jardins aux Hibiscus
19 Holiday Hotel

20 Orchidée Guesthouse
21 Occheuteal Beach Side Bungalows
22 Crystal Hotel et Seaside Hotel
24 Star Bar and Bungalow et Queen's Hill Resort
25 Sea Breeze Guesthouse

🍴 **Où manger ?**

14 Khmer Gourmet
31 Starfish Bakery & Café
32 Lapona
33 Holly Cow
34 Susaday
35 Les Feuilles
36 Koh Lin
37 Treasure Island Restaurant
38 Sea Dragon
39 Chi Khmer

🍸 **Où boire un verre ?**
Où sortir ?

41 Les bars de Serendipity Beach

En avion

✈ *Aéroport de Sihanoukville* (hors plan par B1) : *à 20 km de la ville, sur la route de Kampot (20 mn de trajet)*. Sa réinauguration a finalement eu lieu en janvier 2007. Mais un grave accident aérien en juin de la même année a entraîné une nouvelle fermeture.

Comment circuler à Sihanoukville ?

Sihanoukville rassemble plusieurs quartiers éloignés : 5 km de trajet séparent Weather Station Hill d'Ocheteal en passant par le centre-ville, plus à l'intérieur des terres. L'ensemble entoure un cap accidenté. La route côtière traverse quelques secteurs encore campagnards. La marche à pied est possible si on a le temps et pas trop de bagages. Elle est déconseillée la nuit dans les secteurs éloignés et non éclairés. Les *motos-dops* sont omniprésents mais sont connus pour leur conduite acrobatique. Prévoir de 1 à 2 $ selon la distance. Quelques taxis, environ 6 $ la course. Après de nombreux accidents de moto dont ont été victimes des touristes, les autorités ont interdit (provisoirement peut-être) la location de motos. Quelques loueurs font semblant de l'ignorer : résultat, les touristes se font arrêter par la police et sont taxés d'une amende, qui peut être « négociée » autour de 5 $... Des petits malins ont eu l'idée de contourner cette difficulté en louant des vélos électriques dotés d'une certaine autonomie et qui, eux, sont autorisés (compter 2-3 $ pour une demi-journée).

Dangers et enquiquinements

– **Sur ses gardes mais sans parano,** car ce genre d'avertissement peut entraîner une sur-réaction inutile. Il y a des petits problèmes de sécurité à Sihanoukville, à 99 % des vols à la tire. Très rarement, plutôt de nuit et dans les zones isolées sans éclairage, ceux-ci peuvent s'accompagner de menaces à main armée. Au cas (peu probable) où, autant obtempérer et ne pas faire le matador. Ne pas tenter le diable... en se promenant la nuit dans un coin sombre, à pied, seul, saoul, avec sa banane et son appareil photo tout neuf, ce pour combiner tous les mauvais points ! Cela vaut notamment pour le secteur désertique menant à Otres. Solutions : utiliser un *moto-dop* garé à proximité des lieux touristiques.

De même, le temps où on pouvait laisser ses affaires sans surveillance sur la plage est révolu. Laissez vos valeurs et documents à la garde de l'hôtel. Prudence et bon sens sont de rigueur.

Autres enquiquinements récurrents : le racket des *motos-dops* à l'arrivée à la gare routière. Ils se sont mis d'accord pour exiger le double du prix normal pour vous conduire aux plages. à 300 m de là, les tarifs baissent de moitié (autour de 1 $). à plusieurs et chargés, c'est encore mieux de prendre un *tuk-tuk*.

Comme d'habitude, ne pas croire les boniments habituels pour vous décourager d'aller à l'hébergement de votre choix (incendie, prostitution, eau contaminée...) ; les conducteurs ne cherchent alors qu'à vous conduire là où ils touchent une commission.

Le Cambodge n'a rien à voir avec la Thaïlande question mœurs. Les Khmers se baignent habillés ; évitez donc les tenues trop légères en ville, et sur la plage, réservez les seins nus aux coins très discrets (et encore !).

Adresses et infos utiles

🛈 **Office de tourisme** (plan B1) : à l'angle sud-ouest de la gare routière. ☎ 015-913-515. Lun-ven ; horaires | incertains. Peu de doc ou d'infos intéressantes, malgré les sourires.
■ **Sihanoukville Visitors Guide :** • can

bypublications.com ● Trimestriel gratuit doublé d'un site internet. Informatif, très détaillé et utile, malgré le manque d'objectivité des critiques (payantes).

✉ **Poste** (plan A1) : derrière Krong St, au nord du monument de la Victoire. Autre bureau de poste en face du marché.

@ **Internet et téléphone :** plusieurs cybercafés en ville, sur Weather Station Hill et Ocheteal Beach. Permettent aussi de téléphoner à bas prix (comparer les tarifs).

@ **Freedom Internet** (plan B1, **1**) : proche de l'arrêt des bus. Ouv 8h-22h. Compter 1 $/h. Conviendra aux plus exigeants (équipement annexes, rapidité).

■ **Camshin** (plan B2, **2**) : centre-ville, à l'angle des rues Ekareach et 7 Makara. Face à la station Sokimex et à côté de Gelato Italiano. C'est ici qu'il faut venir pour obtenir un numéro de portable local.

■ **Mr Heinz Books** (plan B1, **4**) : 219, Ekaerach St. Un sympathique Italien propose plus de 6 000 bouquins d'occasion pour la plupart, en 10 langues différentes. De quoi meubler les heures de plage. Location de DVD et vélos à louer.

■ **Distributeurs automatiques :** de loin le plus pratique (voir la rubrique « Argent, banques, change » dans « Cambodge utile » en début de guide). Délivrent des dollars. L'un (24h/24) en ville dans les locaux d'**ANZ Royal Bank**, l'autre dans l'épicerie **Ocean Mart** (plan B2, **3**), à 200 m du rond-point aux Lions en allant vers la ville.

■ **ANZ Royal Bank** (plan B1, **4**) : 215, Ekareach St. Lun-ven 8h30-16h. Pimpante, toute de bleu vêtue. En général, le meilleur taux de change pour les dollars et les euros (en dollars). Distributeur 24h/24.

■ **Canadia Bank** (plan B1, **4**) : Ekareach St, à 50 m de ANZ Royal Bank. ☎ 933-490. Lun-ven 8h-15h30 ; sam 8h-11h30. Taux de change corrects, un chouia moins bons que l'ANZ. Avances sur cartes de paiement sans commission. Chèques de voyage en dollars.

Clubs de plongée

Spots intéressants pour tous les budgets et degrés de qualification autour des îles de la région, comme Koh Rong Salem (2h de bateau) ou, plus loin (5-6h de bateau, accessible en croisière 2 jours « liveaboard »), Condor Reef, l'île de Koh Tang et Poulo Wai. Prévoir respectivement 70 et 195 $ par personne (25 et 75 $ pour les accompagnateurs « masque et tuba ») tout compris (2 et 5 plongées). Pour ceux qui ne plongent pas, le snorkelling procurera déjà de belles découvertes : les eaux pullulent de faune sous-marine. Compter 10 $ par jour avec palmes, tuba, boissons et nourriture.

■ **Scuba Nation** (plan B2, **7**) : Mohachai Guesthouse, Serendipity Beach. ☎ 012-604-680. ● divecambodia.com ● Propose le meilleur programme, mais rien de comparable avec les prestations des clubs thaïlandais.

■ **EcoSea Dive** (plan B1, **5**) : 225, Ekareach St. ☎ 012-606-646. ● ecoseadive. com ● Compter 45 $ la sortie en bouteilles (PADI) et 20 $ pour le snorkelling.

Où dormir ?

– Toutes les chambres des établissements ci-dessous disposent d'une salle de bains, sauf indication contraire.

Sur Weather Station Hill

En venant du centre-ville par Ekareach Street, tourner à gauche au sommet de la colline dans la petite rue principale et très animée de la « hill ». Débouche sur une intersection en T, en surplomb de la mer (à environ 300 m de là). Le coin, autrefois un nid à routards, a beaucoup perdu de ses attraits, il a même failli se transformer en « Pattaya bis » ; heureusement, les habitants ont pu contenir les velléités très mercantiles de quelques tenanciers de bars acoquinés aux proxénètes. Certains hôteliers, découragés, ont pourtant vendu leur affaire. En plus, sa plage est loin d'être la plus agréable. Cela dit, les prix restent très attractifs.

De très bon marché à prix moyens (de 3 à 15 $)

🛏 🍴 *Bungalow Village* (plan A1, 10) : en contrebas de la colline après Mary-Yan. 🖥 012-490-293. ● bungalowvillage@ hotmail.com ● Doubles 6-15 $. Entrée proche de la route qui longe Victory Beach, en passant par un minicinéma de plein air. À flanc de colline, bunga-lows en bois très rustiques mais bien tenus : planches nues, panneaux-fenêtres, bambou au sol, eau froide, ventilo posé par terre. Tout à fait habita-ble même si un peu sombre. Le prix augmente avec la taille, 3 grands lits dans les plus chers avec vue sur les flots bleus. Parfait pour la famille Robinson ! Joli cadre d'un grand terrain escarpé, jardiné et semé de gros rochers. Grande plate-forme couverte servant d'espace communautaire, avec resto qui sert une cuisine mixte asiatique et européenne. Patrons très gentils.

🛏 *Dada Guesthouse* (plan A1, 14) : voi-sin de Mealy Chenda. 🖥 012-879-527. Doubles 5-12 $. Guesthouse de poche impeccablement tenue. Offre allant de chambres sans bains aux petits luxes de la clim' et de la TV. Bon accueil fami-lial et souriant, les dindons dans la cour participant à la couleur locale. Abrite souvent des pensionnaires au long cours.

🛏 *Marina Hotel* (plan A1, 15) : 445, Ekareach St. ☎ 933-611. Depuis le cen-tre-ville, continuer tt droit sur la grand-route au lieu de s'engager dans la rue principale. Prévoir 8-12 $ sans petit déj ; réduc à partir d'une sem de séjour. Drôle d'hôtel assez kitsch, style temple moderne recouvert de carrelages verts. Le nouveau (relatif) bâtiment au fond abrite de grandes twin (2 grands lits, ventilo, eau froide). Devant, des cham-bres avec clim' et baignoire également de bon rapport, mais éviter le rez-de-chaussée. Propre, bon accueil. Vue loin-taine sur la mer.

🛏 🎵 *Rainy Season* (plan A1, 12) : pren-dre à gauche au T au bout de la rue prin-cipale et dépasser la rue qui descend la colline. 🖥 092-962-348. ● rainyseason cambodia@yahoo.com ● Compter 5 $, petit déj compris. Dans une baraque en long sur le côté de la propriété, il ne reste plus que 2 petites chambres très rudimentaires à louer. Carrelage au sol, grand ventilo, eau froide, TV. En face, bar-terrasse bien relax. Animé par un Français, fan de culture pop et rock. Concerts live les mardi et jeudi. Prépare un bon pot-au-feu quand le marché est favorable et livre des pizzas.

Prix moyens (de 10 à 30 $)

🛏 *Chez Mari-Yan* (plan A1, 16) : à gau-che au T, puis à droite dans la rue plon-geant vers la mer. ☎ 933-709. Prévoir 10-30 $. Bungalows et bâtisses multi-chambres sur pilotis au calme, étagés à flanc de colline et entre les rochers. Cir-culation par des passerelles. En grim-pant dans les prix, on passe de la cabane de bois rudimentaire à l'adjonc-tion d'eau chaude, puis de mobilier plus charmant (caillebotis, rotin), jusqu'à la clim' dans une construction en dur, car-relée et équipée de jolies douches. Vue sur la mer, bon état général. Quelques chambres moins chères (4 $), situées à l'entrée face au *Stop Bar*. Sans intérêt. Grande et agréable terrasse faisant salle à manger. Cuisine honorable, fran-çaise et khmère. Billard, piste de pétan-que avec pastis prévu pour agrémenter les parties. Accueil francophone char-mant.

🛏 🍴 *Mealy Chenda Guesthouse* (plan A1, 14) : tourner à droite au T. 🖥 012-670-818. Chambres 15-25 $, petit déj compris. L'une des pensions histori-ques de Sihanoukville. Chambres bien décorées, fraîches et bien tenues, dans la nouvelle section (clim', eau chaude), avec ou sans vue sur la mer et balcon. Les moins chères (ventilo, TV) sont situées dans le bâtiment du resto, d'où l'on a un beau panorama. Formule buffet petit prix (3 $) les mercredi et dimanche. Bar sur le toit face à la mer. Pourrait être vendu sous peu.

Sur Ocheteal et Serendipity Beach

De bon marché à prix moyens (de 5 à 30 $)

🛏 *Orchidée Guesthouse (plan B2, 20)* : Ocheteal Beach, 23, Tola St. ☎ 933-639. • *orchidee-guesthouse. com* • *Chambres 13-30 $, petit déj inclus sf pour les moins chères.* Grande propriété abritant une villa, un petit immeuble et une piscine sur l'arrière. Au total, 72 chambres nickel et très bien dotées (clim', frigo, eau chaude et TV partout), dont les prix augmentent avec la taille et la situation. Compter de 23 à 28 $ pour être autour de la piscine (un peu entassé quand même). Fréquentée par de petits groupes, souvent pleine, l'accueil s'en ressent un peu. Resto attenant.

🛏 *Occheuteal Beach Side Bungalows (plan B2, 21)* : Ocheteal Beach, entre Mithona St et Tola St. ☎ 933-895. • *ochheuteal_bsb@yahoo.com* • *Prévoir 15-20 $ pour les chambres les moins chères sans eau chaude.* Village de chalets à 2 chambres assez plaisants. Pas loin des flots, même si le terme « beach side » est abusif. 2 lits, 1 grand et 1 petit, clim' et TV. Propre. Préférer la rangée à l'arrière, plus isolée de la route. Sol carrelé, boiseries bien vernies. Resto sur l'avant, personnel serviable.

🛏 |●| *Le jardin aux Hibiscus (plan B2, 18)* : Serendipity, sur la gauche en descendant la route sablonneuse vers la mer. 📱 012-219-505. • *rega-guesthouse.com* • *Doubles 8-20 $. Wifi disponible.* Tenue par une Française. Une petite vingtaine de chambres côte à côte dans des baraques de plain-pied construites autour d'un espace central jardiné. Carreaux rouges au sol, mur blancs, mobilier simple en bambou. Ventilo (de 8 à 14 $) ou clim' (de 14 à 20 $). Une bonne adresse, suffisamment à l'écart du bruit des bars de plage malgré la proximité de celle-ci. Resto en terrasse à l'étage, vue sur la mer, cuisine très banale. Dommage que l'accueil soit parfois un peu crispé. Héberge aussi le centre de plongée *Frogman*.

🛏 *Holiday Hotel (plan B2, 19)* : Ocheteal Beach, Tola St. ☎ 933-658. • *hotelholliday@hotmail.com* • *Prévoir 20-32 $, ces derniers prix pour le nouveau bâtiment.* Ne pas se fier à l'aspect général des communs, les chambres sont bien pour la catégorie, notamment à l'étage. Attention, quelques-unes sans fenêtre. 1 ou 2 grands lits, ventilo ou clim', mais eau chaude, baignoire, frigo et TV partout. Pour ceux qui veulent un confort de type petit hôtel à bas prix et proche de la plage sans être trop regardants. Personnel très gentil. Fait aussi casino, pour ceux qui seraient tentés de flamber.

De prix moyens à un peu plus chic (de 25 à 50 $)

🛏 *Seaside Hotel (plan B2, 22)* : Ocheteal Beach, Mithona St. ☎ 933-662. • *seasidehotel.com.kh* • *Compter 35-50 $, petit déj inclus.* Un hôtel autrefois haut de gamme à 2 mn de la plage, qui a pris sérieusement de la bouteille sans bonifier. Conserve son confort modeste. Grandes chambres, dont le prix varie selon la taille, le nombre de lits et la situation. Éviter celles du rez-de-chaussée, carrelées et froides. Les deluxe du 1er avec vue sur la mer ne sont pas trop mal. équipement standard : TV, clim' et eau chaude. Personnel apathique. Resto sans intérêt.

🛏 *Crystal Hotel (plan B2, 22)* : Ocheteal Beach, Mithona St ; à côté du Seaside Hotel. ☎ 933-523. • *crystal@camintel.com* • *Prévoir 35-55 $, petit déj inclus ; promos saisonnières sur Internet.* à 150 m de la plage. Dans l'univers des hôtels de style sino-moderne, cet édifice loufoque mérite une mention pour son profil de vaisseau spatial datant du futur appartenant déjà au passé ! Les boiseries intérieures, l'aménagement des chambres et le drôle de micro-*lobby* confirment cette impression. Frigo, TV, clim' et cafetière, bonne literie, moquettes bleues mais tachées, minivue sur la mer et taille généreuse des chambres, sont les seuls points positifs à retenir. Propreté pas garantie et petit déj à éviter. Réception trop décontractée et Internet dans le *lobby*.

Autres lieux

De prix moyens à un peu plus chic (de 10 à 40 $)

🏠 **Star Bar and Bungalow** (hors plan par B2, **24**) : à Otres Beach. ☎ 387-620. • starbungalow.com • Prévoir 10-23 $. Posées sur la plage, 8 petites paillotes-bungalows à touche-touche, tenues par un Suédois et dotées de baies vitrées surdimensionnées pour mieux jouir de la vue océane. Un petit bar, quelques pins et la mer invitante. Loin de tout si on n'est pas motorisé. D'avenir indécis puisqu'il est théoriquement interdit d'héberger sur la plage. En attendant... le lieu peut plaire aux amateurs de farniente solitaire. Club de voile dans les parages.

🏠 **Sea Breeze Guesthouse** (plan A2, **25**) : Independence Beach. ☎ 934-205. • seabreezecambodia.com • Compter 20-40 $ pour les chambres familiales. À 100 m de la plage, curieuse villa ressemblant à une grosse dragée bleue. Récemment réaménagée, juste ce qu'il faut pour faire passer la pilule du kitsch et cossu daté pour un confort spacieux. Grands lits, clim', ventilo, TV, frigo, baignoire et eau chaude dans toutes les chambres, avec ou sans vue sur la mer et 1 ou 2 grands lits. Carrelage ouvragé au sol. Manager anglo-saxon très affable. *Steak house*. Décalé, dans un voisinage encore assez paisible. Transport gratuit pour se déplacer en ville.

De prix moyens à plus chic (de 25 à 60 $)

🏠 **Don Bosco Hotel School** (hors plan par B1, **17**) : Street Ou Pram Group 13, Sangkat 4, Khan Mittapheap. ☎ 933-765 • donboscohotelschool.com • Un peu à l'écart, à 5 km du centre, dans un environnement un peu dénudé. Il vaut mieux être motorisé, mais il y a une navette gratuite vers la ville et les plages 2 fois/j. Compter 30-60 $ selon confort, petit déj inclus. Internet gratuit. Fondation dépendant d'une congrégation catholique italienne, cette école hôtelière (couplée à une école technique) propose tous les services d'un hôtel tout en permettant aux jeunes Cambodgiens d'acquérir une formation. Une vingtaine de chambres de très bon confort, bien équipées mais sans grande fantaisie. Grande piscine. Resto de cuisines asiatique et italienne. Tous les profits sont réinvestis dans des programmes éducatifs. Se sont aussi spécialisés dans la fabrication de glaces (Italie oblige !) vendues au centre-ville (plan B2, **2**).

🏠 **Queen's Hill Resort** (hors plan par B2, **24**) : sur le cap qui précède Otres Beach en venant d'Ocheteal. 📱 011-937-373. • queenhillresort. com • Compter 15-40 $. Proche du village de pêcheurs, c'est l'un des plus jolis coins de la côte, bien que l'environnement avant d'y arriver se soit dégradé. En contrebas, la courbe gracieuse d'Otres Beach et ses eaux cristallines constituent son meilleur atout. Bungalows de bois et de style rustique, l'ensemble a pas mal vieilli, hélas. Taille et prix variables selon l'équipement (1, 2 ou 3 grands lits). Chacun sa terrasse avec vue sur la mer, et un set fauteuil-table-chaise longue parfait. Douches carrelées, ventilos. Également des chambres avec clim' et eau chaude (25 $) dans une baraque sans vue, bof !

Resto-bar au bord des flots. Accueil très moyen.

Spécial coup de folie

🏛 *Independence Hotel* (plan A2, 11) : *isolé sur le cap à l'ouest de la ville.* ☎ 934-300. ● *independencehotel.net* ● *Compter 140-160 $ la double avec petit déj-buffet très copieux.* Un des fleurons de l'hôtellerie cambodgienne, construit par un cabinet d'architectes français, datant des années 1960 et qui a connu les vicissitudes de l'histoire du pays. Isolé sur un promontoire au bout d'une zone boisée, il a été habilement rénové en « *resort & spa* » et garde des aspects caractéristiques de l'architecture de

l'époque, agrémentés d'un modernisme sobre mais de bon aloi. Les chambres au confort sans faille se répartissent sur 7 étages, et les plus élevées dominent à l'ouest les frondaisons pour offrir le spectacle de couchers de soleil somptueux. Piscine, *fitness centre*, boutiques, salon de massage, resto et bar complètent une offre luxueuse, sans oublier l'attrait sans équivalent que représente, en contrebas, la délicieuse plage privée dans une baie de rêve. Promos sur le site de l'hôtel.

Où manger ?

Bon marché (de 2 à 5 $)

|●| *Starfish Bakery & Café* (plan B2, 31) : *prendre la ruelle en terre sur la droite de 7, Makara St, avt le supermarché Samudera.* ☐ *012-952-011. Internet.* Maison de bois avec terrasse plaisante à l'ombre... d'un grand immeuble d'appartements. Viennoiseries et pains à emporter, petit déj et petits plats (déjeuner uniquement). Y consommer, c'est aussi faire une bonne action pour les personnes handicapées qui y travaillent à tous les postes. Boutique d'artisanat et salon de massage.
|●| *Khmer Gourmet* (plan A1, 14) :

Weather Hill Station, en face de Mealy Chenda Guesthouse. Tlj 4h-22h. Wifi. Petite gargote aux murs plaqués de bambou verni. Jeune couple américano-khmer. Bien pour le petit déj.
|●| *Lapona* (plan B2, 32) : Ocheteal Beach, Tola St. En face du Holiday Hotel. Guinguette en plein air, de taille moyenne. Sans charme spécifique si ce n'est d'être « à la locale » et de délivrer une très honnête petite cuisine (*loc-lac, amok*, nouilles et riz sautés, etc.), ainsi que des boissons à prix plancher.

De bon marché à prix moyens (à partir de 5 $)

|●| 🏛 *Susaday* (hors plan par B2, 34) : Ocheteal Beach, Mithona St. ☎ 933-907. ● *susaday@everyday.com.kh* ● Terrasse couverte aménagée sur l'avant d'une villa. Excellente cuisine khméro-française. Large choix et variantes exotiques : steaks réputés au poivre vert de Kampot ou au roquefort, hamburgers, soupe cambodgienne, chili, fondue bourguignonne, poulet au gingembre, crêpes flambées, etc. Bar et musique qui sait rester discrète. Disposent aussi de 6 chambres contiguës avec ventilo dans un bâtiment de plain-pied, sur le

côté du resto (8 $). Petit déj.
|●| *Holly Cow* (plan B2, 33) : Echareach St. ☐ *012-478-510. Ouv 9h30-20h.* Maison traditionnelle, décor boisé sur fond mural de couleur pêche. Atmosphère plaisante baignée de musique douce, balcon à l'étage et boutique d'artisanat. Carte hybride où l'on peut prendre un petit déj, se contenter de sandwichs, soupes, pommes de terre fourrées et salades à midi, mais aussi picorer dans les recettes de cuisine khmère ou thaïe. Si vous avez l'occasion d'accompagner votre repas d'un

lime mint cush, n'hésitez pas, c'est un breuvage divin !

l●l *Chi Khmer (plan B2, 39) : Serendipity Beach Rd.* ☎ 934-380. *Ouv* 17h-22h. Une adresse un peu secrète qu'on a failli ne pas dénicher. En fait, il s'agit d'un jardin tropical à l'arrière du restaurant japonais *Happa.* Quelques tables sous un éclairage un peu mystérieux au milieu des bananiers, concert d'insectes nocturnes. Excellente cuisine khmère parfumée : salade de racines de lotus aux fleurs de bananier, *amok, loklak,* poulpe au poivre vert de Kampot, plats végétariens. *Jug* de bière bienvenu pour compenser l'absence de ventilation. Service attentionné, idéal pour un dîner aux allures romantiques.

l●l 🏠 *Les Feuilles* (hors plan par B2, 35) : Ocheteal Beach. 🖥 012-563-806. ● *lesfeuilles1@yahoo.fr* ● *Ouv* 7h30-21h. *Plats* 2,50-10 $. À 100 m de la plage mais au calme, dans un vaste jardin, une grande villa accueillante, impeccablement tenue par un Français et son épouse cambodgienne. On y propose une délicieuse cuisine mixte franco-asiatique (filet mignon, riz aux crevettes). Chocolat chaud au petit déj. 2 billards pour prolonger la soirée dans une bonne ambiance. 2 chambres ont été aménagées en panneaux stratifiés à l'étage, Pour 18-20 $ avec petit déj, assez grandes, elles offrent un bon confort, avec AC mais sans TV. Les 2 petites du rez-de-chaussée, avec brasseur d'air et salle de bains à partager, sont à 5 $ sans petit déj.

l●l *Koh Lin (plan A1, 36) : Weather Station Hill, rue principale.* 🖥 012-489-421. Amusant jeu de mots présidant un sympathique assortiment de plats français, khmers et vietnamiens présentés dans une sorte de moulin à prières. Patron français, comme tant d'autres à Sihanoukville. Dans l'assiette de ce bouiboui, filet de bœuf au bleu, crevettes sautées au tamarin, profiteroles et verres de « grugeon », comme le dit le patron. Et rien à redire à tout cela.

l●l *Treasure Island Restaurant* (plan A2, 37) : entre l'Independence Hotel et Hawaii Beach, suivre le panneau, mais isolé ; y aller en tuk-tuk. 🖥 016-876-618. *Tlj* 9h-21h. *Résa conseillée.* Cadre agréable dans une petite crique face à la mer. Cuisine hongkongaise tournée, rien d'étonnant, vers les produits de la mer. Poissons et fruits de mer à choisir dans des bacs. Surveiller les prix, ça peut grimper vite selon le choix. Terrasse couverte ou kiosques-paillotes en bord de plage.

l●l *Sea Dragon (plan B2, 38) : Ocheteal Beach.* ☎ 933-671. *Tlj* 7h-21h. Grande salle aérée, musique discrète (pour une fois). Cuisine sino-khmère et occidentale de bonne réputation : sashimis, pâtes, steak-frites, *tom yam,* plusieurs plats de crabes. Prix modérés.

Où boire un verre ? Où sortir ?

🍸 « *Weather Station Hill* » (plan A1) : animation garantie par ici. Petits bars indépendants ou attachés à une pension, à un resto, etc. Quelques bars à entraîneuses ont tenté de s'implanter, mais le fléau a été jugulé. L'ambiance générale de la rue concernée reste encore assez bon enfant.

🍸 *Les bars de Serendipity Beach* (plan B2, 41) : plusieurs établissements se partagent le front de mer, pas terrible pour se baigner ni se loger (trop bruyant dans le cas des chambres donnant sur la mer) mais très bien pour boire un verre. Différentes atmosphères, de calmos à, parfois, grosse fête : chandelles sur la table au *Coasters,* oreilles saturées de décibels chez les enragés de l'*Eden Bar,* medium chez *Serenity,* pareil... au *Same Same,* etc. Nombreuses *happy hours* et *parties.*

À voir : les plages !

Les Cambodgiennes sont très rarement en maillot de bain (les Khmers se baignent habillés), donc évitez le *topless* !

En allant du nord au sud

⚠ **Victory Beach :** autrefois tranquille, juste bordée de cocotiers surplombant des eaux limpides. Depuis, une avenue a été construite pour desservir deux casinos de 5 étages. Reste quand même un ensemble de paillotes et pavillons agréables à l'extrémité nord.

⚠ **Koh Pos Beach :** bordée de palmiers et de rochers, à quelques brasses (un peu plus) de l'île du même nom. Squattée et endiguée par le resto *Treasure Island* (voir « Où manger ? »), mais on peut s'y baigner librement sur un peu de sable, côté gauche.

⚠ **Independence Beach :** pas mal, encore du gazon et les vaches qui vont avec. Paillotes et chaises longues réglementaires, ainsi que quelques statues kitschissimes de-ci, de-là... Pourvu que ça dure encore un peu.

⚠ **Serendipity Beach :** lisière nord d'Ocheteal Beach, adossée au cap la séparant de Sokha Beach. Mignonne et rocailleuse mais pas « baignable » et bondée. Bars, restos et pensions côte à côte sur la plage. Ce ne sera pas ad vitam æternam (interdit par la loi et opération immobilière à venir). Très animé le soir.

⚠ **Sokha Beach :** snif ! ce fut l'une des plus populaires. Récemment annexée par un complexe de luxe d'architecture peu séduisante. Reste un p'tit bout de plage libre vers le sud, au niveau des rochers, mais franchement, l'ambiance n'y est plus.

⚠ **Ocheteal Beach :** agréable, longue et belle, ombragée de pins, c'est la plus fréquentée. De nombreuses vagues de paillotes successives et plus ou moins tenaces y ont proliféré ces dernières années. Reste la référence.

⚠ **Otres Beach :** en poursuivant la côte vers le sud au-delà d'Ocheteal, à laquelle elle ressemble comme une jumelle. Annoncée par un cap boisé et un joli petit village de pêcheurs. Sable blanc à perte de vue. S'habille de paillotes peu à peu. En attendant les *resorts*...

À voir. À faire

– Faire un tour au marché **Psah Leu** (plan B1-2), sur 7, Makara St. Ambiance bien typique. Tous produits, de l'alimentation à l'orfèvrerie.

➤ **Louer un bateau** de pêcheur sur Hawai Beach pour aller sur l'île aux Serpents (*Koh Pos*), la plus proche, à 30 mn de navigation. Possibilité d'y passer la journée. On est revenu vivant !

➤ **Balade avec Le Sankéor :** *à la journée, à partir de 5 pers.* ☎ 012-841-742 ou *rens dans de nombreuses pensions.* Stéphane, dit « La Mouette », hardi marin et joyeux drille, propose de pittoresques balades dans les îles sur son bateau, *Le Sankéor.*

🦐 **Les chutes d'eau de Kbal Chhay :** *au nord, à 25 km de la ville, par une belle route mais dont la fin est poussiéreuse.* Lieu de pique-nique très populaire le week-end chez les autochtones. Baignade possible, mais environnement gâché par les détritus.

🦐🦐 **Le parc national de Ream :** *rens auprès du bureau des gardes forestiers, à côté de la N4, 14 km avt Sihanoukville, juste en face de l'aéroport.* ☎ 015-914-174. *Tlj 7h-17h. Vous pourrez loger dans des bungalows récemment construits pour 5 $. Compter env 20 $/pers pour 1 demi-journée en bateau et 2-3 $/pers pour les balades à pied. On vous demande aussi 10 $ pour la baignade !* Site certes magnifique de 21 000 ha offrant un paysage varié : forêts de mangroves, belles plages de sable, bancs de coraux, quelques petites îles, mais le prix demandé est excessif. Très riche par la diversité de sa faune et de sa flore, il sert aussi de base pour la Marine royale khmère.

🗡 Pour ceux tentés par l'ethnologie, le gigantesque *quartier du port* offre des couleurs contrastées. Restos, bistrots, salles de billard et de jeux vidéo... Ah ! si Brel avait pu chanter le port de Sihanoukville ! Intéressant port de pêche aussi, à 2 km au nord du port principal.

KAMPOT

IND. TÉL. : 033

La modeste ville de Kampot distille un charme indéfinissable. Taille réduite, situation plaisante proche de l'embouchure d'une jolie rivière, pas mal d'architecture coloniale, dont un miniquai Sisowath (voir « Phnom Penh »), tourné vers des couchers de soleil d'un orangé souvent dramatique, le tout imprégné du rythme indolent propre à ces latitudes...

Kampot, la belle endormie, mérite un brin d'histoire. Quand l'Indochine explose, le Vietnam bloque la navigation sur le Mékong et par là asphyxie Phnom Penh et le Cambodge. Alors, Norodom Sihanouk choisit de développer le port de Kompong Som (Sihanoukville), car celui de Kampot n'est pas assez profond pour les nou-

> **PASSE-MOI LE POIVRE**
>
> *Le fameux poivre de Kampot rivalise avec les meilleurs poivres du monde. Ses gousses fraîches sont un véritable régal. Sa culture malmenée pendant la guerre connaît un nouvel essor, même s'il faut se méfier des imitations venant du Vietnam.*

veaux cargos. Ce faisant, il réduit la ville à une longue hibernation dont, aujourd'hui, elle se réveille lentement. Un nouveau pont a été construit, les maisons négligées ont été repeintes et les carrefours redessinés. Prends ton temps, beauté languide !

Kampot, c'est aussi un très bon camp de base pour les excursions côtières vers Kep ou l'arrière-pays, dominé outrageusement par le Bokor (voir plus loin).

Arriver – Quitter

🚌 *Gare routière* (plan B2) : *à l'extrémité est de l'esplanade centrale. Proche d'une station-service.* Bus et taxis collectifs.

➤ *Phnom Penh - Kampot :* possible directement par la N3 ou en panachant avec les N33 et 31 (via Kompong Trach et Kep). L'essentiel du trajet est bitumé, mais les voies restent étroites et animées. Beaux paysages aussi. Prévoir 4h30 de route pour les 230 km ; 4 bus/j. affrétés en principe par 2 compagnies (*Sorya,* voir à Phnom Penh, et *Hour Lean*). Depuis Kampot, départs à horaire identique : 7h20 et 12h30. Prix similaire pour une place en taxi.

➤ *Kampot-Kep :* 2 bus/j., à 7h20 et 12h40, 25 km, 30 mn. Possible d'emprunter les lignes Kampot - Kep - Phnom Penh (voir horaires ci-dessus), soit 2 bus/j. dans chaque sens (voir à Kep pour le retour). *Moto-dop* ou location de motos ne coûtent que le triple.

➤ *Sihanoukville-Kampot :* 110 km. Bonne route côtière gravillonnée, suivant la mer. Traversée de rizières et de pittoresques ponts. Liaisons par taxi (voir le chapitre « Sihanoukville »).

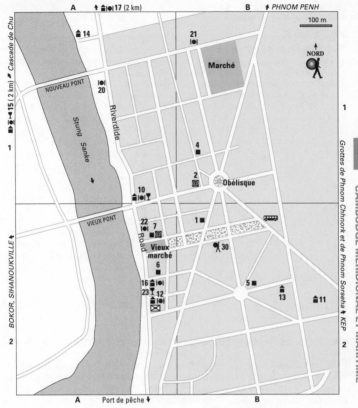

KAMPOT

■ **Adresses utiles**

✉ Poste
🚌 Gare routière
1 Sean Ly Motorcycle Shop et Cheang Try
@ 2 Vaney Internet
4 Canadia Bank
5 Acleda Bank
6 Seeing Hands Massage 5
@ 7 Kepler's Books

🛏 **Où dormir ?**

10 Moliden Guesthouse
11 Ta Eng Guesthouse
12 Rikitikitavi
13 Orchid Guesthouse
14 River View Guesthouse
15 Bodhi Villa
16 Bokor Mountain Lodge
17 Les Manguiers

🍽🍷 **Où manger ? Où boire un verre ?**

15 Bodhi Villa
20 Ta Eou
21 Mittatheap
22 Jasmine
23 Rusty Keyhole Bar

🎾 **À voir**

30 École de musique

Adresses utiles

■ *Sean Ly Motorcycle Shop (plan B2, 1) :* 100 m au sud du rond-point. ▯ 012-944-687. S'il n'y a pas interdiction de louer aux étrangers, comme à Sihanoukville, c'est ici que vous trouverez des véhicules décemment entretenus à prix modérés : moto semi-automatique 3 $, 250 cm³, *trail* (style *Baja*) 12 $ et 10 $ pour les plus rincées (déconseillé) ; réduc si plusieurs jours. Attention, réserver la veille ou venir tôt le matin pour obtenir du 1er choix. Loueur de motos de bonne réputation. Tester l'engin sur quelques kilomètres avant d'attaquer. Vérifier chaîne, pneus, freins, etc. Location de voitures également. Voisin, *Cheang Try* (▯ 012-974-698) est à peu près kif-kif.

@ *Vaney Internet (plan B1, 2) :* à deux pas du rond-point. Internet, téléphonie et accessoires.

■ *Canadia Bank (plan B1, 4) :* 100 m au nord du rond-point. Lun-ven 8h-15h30 ; sam 8h-11h30. Change d'espèces et de travellers. Avance sur carte de paiement sans commission.

■ *Acleda Bank (plan B2, 5) :* en bordure du rond-point. Lun-ven 7h30-16h ; sam 7h30-12h. Service de change et représentant *Western Union* (transfert d'argent).

■ *Seeing Hands Massage 5 (plan A2, 6) :* rue perpendiculaire à la rivière, à l'angle de Bokor Mountain Lodge (voir « Où dormir ? »). ▯ 012-328-465. Prévoir 4 $/h. Ces « mains qui voient », efficaces et relaxantes, appartiennent à des masseurs non-voyants.

■ @ *Kepler's Books (plan A2, 7) :* 25, Ekreach St. • keplerbook.com • Large et intéressante sélection de livres de seconde main. On y trouve aussi 4 écrans à 0,75 $/h.

Où dormir ?

De très bon marché à prix moyens (de 3 à 30 $)

🛏 *Ta Eng Guesthouse (plan B2, 11) :* dans un quartier populaire mais calme, à 300 m au sud de la gare routière. ▯ 012-330-058. • taengguesthouse@yahoo.com • Compter 4-8 $ pour 1 chambre simple mais de belle taille et très propre. Un balcon entoure complètement l'étage. Eau froide, mais l'eau chaude est pour bientôt. Vue sur les environs depuis le toit. L'adresse est tenue par un adorable papi chinois qui aligne un peu de français et l'ambiance est familiale. Bon plan économique.

🛏 |●| ▯ *Bodhi Villa (hors plan par A1, 15) :* Teuk Cchou Rd ; sur la rive droite de la rivière, en amont de la ville, à env 2 km du centre. ☎ 72-88-84. • bodhivilla.com • Traverser la voie ferrée et continuer jusqu'au panneau, sur la droite. Navettes possibles (appeler). Prévoir 5-10 $ selon confort ; également lits en dortoir. Wifi gratuit. Le seuil de latérite annonce un petit éden. Ancienne maison d'un ministre, avec frontons de bois sculpté au milieu d'un jardin. Chambres sans bains (minus mais propres et claires) dans la belle maison en dur ou paillotes sur pilotis aménagées sur les berges. Ventilos, moustiquaires. Joli pavillon resto-bar s'avançant vers la rivière ; service jusqu'à 21h30. Studio d'enregistrement. Hôtes australiens sympas. Billard à l'étage. Organisation d'excursions. Bateau et, occasionnellement, ski nautique ! À l'écart, un bungalow à 5 $ la nuit par personne !

🛏 *Orchid Guesthouse (plan B2, 13) :* pas loin et en face de la banque Acleda. ☎ 932-634. • orchidguesthousekampot@yahoo.com • Compter 5-16 $. Logement dans une charmante maison (ventilo et eau froide, certaines chambres sans fenêtre et AC pour les plus chères) ou dans des petits chalets, les plus récents à 12 $ en dur (clim' et eau chaude). TV partout. Petit déj. À demeure, un guide francophone. Très bon accueil. Paillote-resto en plein air sur l'avant. Motos et vélos à louer.

🛏 *River View Guesthouse (plan A1, 14) :* à 100 m au nord du nouveau pont, à gauche au bord de la rivière. ▯ 012-

427-572. ● *kampotriverview@yahoo. com* ● *Par un bout de chemin (panneau). Chambres 15-20 $.* Confort très inégal. 5 chambres nettes (literie correcte, ventilo) dans une grande maison moderne d'un étage. Assez d'espace. Sans défaut ni charme particulier. Bien pour l'ambiance « non coloniale », jeune et familiale. Paillote resto-bar au bord de l'eau. Éviter les chambres attenantes, sombres et humides.

🛏 |●| *Les Manguiers (hors plan par A1, 17) : remonter la rue à droite de River View Guesthouse et poursuivre sur 2 km par une piste de latérite au milieu des rizières ; les bâtiments se trouvent sur la gauche, au bord de la rivière.* 🕿 *012-823-400.* ● *mango@camshin.kh* ● *Possibilité de profiter du minibus qui fait régulièrement la navette depuis Phnom Penh (compter 8 $/pers), sinon compter 3 $* en tuk-tuk *depuis la ville. Les bungalows sur pilotis en matériau traditionnel, avec moustiquaires et naturellement ventilés par la fraîcheur de la rivière, se louent 22-40 $ la nuit selon taille. 3 jolies chambres avec salle à partager et terrasse individuelle dans la maison des hôtes (8 et 18 $) ; petit déj 3 $ avec fruits du verger et confitures maison. Table d'hôtes le soir avec formule unique de 3-5 plats à 6 $.* Grand terrain avec bâtiments disséminés sous les manguiers (on s'en doutait). Plein d'activités : vélo, bateau, kayak, badminton, pétanque, ping-pong, jeux pour les enfants, Internet, bouquins. Idéal pour un séjour en famille. Les proprios franco-khmers travaillent pour une ONG qui finance du soutien scolaire pour les enfants en difficulté et accorde une aide à l'organisation de funérailles.

Un peu plus chic (de 30 à 50 $)

🛏 |●| *Rikitikitavi (plan A2, 12) : face à la rivière, à proximité de la poste.* 🕿 *012-274-820.* ● *rikitikavi-kampot.com* ● *Compter 45 $ avec petit déj délicieux avec pain, fruits frais et crêpes.* Le nom tarabiscoté vient d'un roman de Rudyard Kipling. Les chambres sur 2 niveaux bénéficient d'une déco soignée, avec coussins et dessus-de-lit en soie. équipement complet : AC et ventilo, douche chaude, TV câblée et lecteur de DVD. Sur la terrasse, face au cours majestueux de la rivière, long bar pour siroter un cocktail et salle de resto où la carte propose un mix des cuisines occidentale et asiatique, avec quelques jolies trouvailles. On doit reconnaître que le chef connaît son métier. On a adoré son *Saravan*. Accueil adorable tant du manager que du personnel.

🛏 |●| *Bokor Mountain Lodge (plan A2, 16) : Riverside Rd.* 🕿 *932-314.* ● *bokor lodge.com* ● *Doubles 40-50 $, petit déj compris.* Grande maison coloniale. Restauration extérieure un brin ostentatoire, mais l'intérieur reste simple, on regrette même l'intrusion de carrelages modernes au sol. 6 chambres toutes différentes, allant de la *single* avec grand lit donnant vers l'arrière jusqu'à 1 grande double tournée vers la rivière (occupation familiale possible). L'équipement aide à justifier les prix un peu gonflés par la situation idéale : clim' + ventilo, TV, frigo, belle salle de bains (parfois baignoire), eau chaude et déco. Bar et resto au rez-de-chaussée, prolongé d'une élégante terrasse sur le trottoir. Jeune manager irlandais très convivial.

🛏 |●| ⚑ *Moliden Guesthouse (plan A1, 10) : le long de la rivière, en face du pont.* 🕿 *012-820-779.* ● *molidenkampot.yahoo. com* ● *Chambre double 45 $.* Dans une maison coloniale rénovée, 7 chambres de très bon confort et joliment décorées avec AC ou ventilo, déco boisée. Resto italien (de 11h à 22h) avec plats de pâtes, pizzas et *spare ribs*. Quelques plats khmers. Bar et organisation d'excursions. Service de massage.

Où manger ? Où boire un verre ?

|●| *Ta Eou (plan A1, 20) : au bord de la rivière, vers le nouveau pont.* 🕿 *932-422. Tlj ; service jusqu'à 21h30.* Grande terrasse couverte populaire sur ponton.

Déco chaises de plastoque. Pas de prix sur le menu (en anglais), mais on vous assure que les plats oscillent entre 1 et 3 $. Crevettes, porc, anguilles, poulpes et poissons, préparés au choix en sauce gingembre, tamarin mûr, lait de coco, *kari*, le tout agrémenté de la compagnie de la vedette locale, le fameux poivre de Kampot, dont les gousses fraîches sont un véritable régal.

|●| *Jasmine* (plan A2, **22**) : face à la rivière. 📱 012-927-313. *Plat moins de 5 $.* Petit resto très agréable et bien ventilé, à la déco délicate, précédé d'une petite terrasse avec fauteuils de rotin. Recettes khmères (*amok* de poissons), mais aussi sandwichs (avec frites !) et burgers (faut bien faire plaisir aux Anglo-Saxons). Service un peu lent mais très souriant.

|●| *Mittatheap* (plan B1, **21**) : face à l'angle nord-est du marché. 📱 012-826-052. Resto sino-khmer typique et bon marché, dont la grande salle sert aussi de salon familial. Tout est là, le vieil oncle devant la TV, une flopée de gosses dont certains ne sortent pas encore du hamac-berceau, les carrelages blancs omniprésents et les grandes tables syndicales. Menu en anglais. Viandes et fruits de mer, légumes, riz et nouilles sautées, plus tout plein de soupes. Goûter au *glass noodle crab*, rustique à souhait.

🍸 *Rusty Keyhole Bar* (plan A2, **23**) : River Rd, au sud de Bokor Mountain Lodge. 📱 012-679-607. *Tlj 8h30-minuit.* L'établissement le plus à la bonne franquette du quai. Quelques petits plats. Ils n'ont pas pris la peine de restaurer toute la façade, et c'est tout aussi bien. Génial au coucher de soleil.

🍸 *Bodhi Villa* (hors plan par A1, **15**) : voir « Où dormir ? ». On peut profiter du lieu sans y loger. Large choix de jus de fruits, cafés et très bons cocktails, et quelques plats autour de 3 $. Grosse sélection de petit déj.

À voir. À faire

Rien de particulier, mais tout se regarde en général, jusqu'aux décos « millenium » des ronds-points, par exemple. Plus sérieusement, un grand nombre de maisons coloniales et pas mal de séduisantes perspectives issues d'une autre époque mais toujours bien occupées par leurs habitants.

– *Marché* (plan B1) : au nord du rond-point. Gargotes et victuailles dans les quartiers des orfèvres et des couturiers.

🍹 *École de musique* (plan B2, **30**) : possible d'assister aux concerts ou répétitions du lundi au vendredi à 19h. Accueille des enfants déshérités ou handicapés. Pas de photos (précisé à la porte).

➤ DANS LES ENVIRONS DE KAMPOT

🍹🍹 *La grotte de Phnom Chhnork* (hors plan par B2) : embranchement à env 10 km de Kampot et 6 km avt le rond-point au cheval menant à Kep ; aller tt droit au Garuda ; entrée du site sous une arche rouge, env 5 km après la voie ferrée. Tarif : 1 $. Excursion charmante à travers une superbe campagne. Grimpette au flanc de la colline karstique par un escalier, puis descente dans une grotte qui abrite un temple préangkorien du VIIe s, bien conservé à l'abri des éléments et à l'ombre d'un drapé de stalagtites.

🍹 *Les grottes de Phnom Sorseha* (hors plan par B2) : à env 15 km de Kampot, sur la route de Kep. Panneau indiquant « Sorsir Resort », 1 km à peu près avt le rond-point au cheval blanc. Piste perpendiculaire à la route, démarrant sous une arche rouge et dorée ; 1 km plus loin, parking et étals au pied d'un temple posé au contrebas d'une colline. Tout de suite, des apprentis guides accourent. Emporter une lampe électrique. Dans la 1re grotte, une roche évoquant une vague tête d'éléphant (qui lui a donné son nom). Dans l'autre, on peut sympathiser avec quelques chauves-souris. Continuer le chemin au-delà, c'est entrer dans une bien jolie campagne.

🏃 **La cascade de Chu** (hors plan par A1) : remonter la rivière sur 8 km par sa rive droite (même direction que Bodhi Villa). Lieu de pique-nique très apprécié des Cambodgiens. Possibilité de se baigner dans la cascade (1 $). L'endroit a perdu de son charme (et la cascade, son débit) du fait de la construction d'une retenue en amont.

🏃 **Balades sur la rivière :** les paysages sont magnifiques en fin de journée, surtout si vous filez vers l'embouchure. Demandez aux pêcheurs de vous y conduire.

LE BOKOR

🏃🏃 Embranchement à 8 km de Kampot en direction de Sihanoukville. Droit d'entrée, prix et modalités des excursions non fixés à la parution du guide (voir ci-dessous).

Lancée à l'époque du protectorat, cette station d'altitude marque l'extrémité abrupte de la chaîne de montagnes de l'Éléphant, qui prolonge au sud celle des Cardamones. Depuis la route côtière, ce relief semble surgir de nulle part, comme si quelque géant s'était pris les pieds dans le tapis terrestre. Au-delà de sa topographie et de la fraîcheur de l'altitude, l'ascension de la piste ravagée sinuant à travers la jungle et la découverte de ruines fantomatiques dispersées sur un plateau herbu et venteux firent longtemps le sel de cette excursion. Icône Art déco posée au bord de la falaise, le casino *Bokor Palace,* abandonné pendant la Seconde Guerre mondiale puis sous Lon Nol, composait ainsi un véritable décor de film d'épouvante : immenses salles aux murs lépreux criblés de balles khmères rouges et vietnamiennes, armatures métalliques rongées par la rouille, carreaux et verrières brisés...

Aujourd'hui, un projet de ville touristique de classe mondiale est en cours de réalisation sur le site. Chiffré à un milliard de dollars et couvrant 14 000 ha, il inclut un hôtel de 600 chambres en accent circonflexe (qu'on imaginerait plutôt du côté de Sihanoukville que par ici), un jardin botanique, des galeries marchandes, ainsi qu'une zone résidentielle adjacente. Après renforcement et sécurisation des structures, la conservation de vestiges coloniaux, dont le fameux casino, l'église et peut-être quelques villas, serait finalement prévue. Ce scénario, qui paraît de prime abord un brin mégalo à l'échelle du pays et du lieu, est porté par le *tycoon* Sok Kong, patron de la *Sokimex,* société surtout connue pour ses stations essence mais également en charge de gros équipements touristiques comme celui d'Angkor. La nouvelle route d'accès a été terminée mi-2009 et l'achèvement des travaux est prévu pour début 2011. Dans l'intervalle, les pensions locales, impliquées dans l'organisation d'excursions, tablent sur une reprise des visites sur la base d'un forfait d'environ 25-30 $ par personne, incluant habituellement une nuit sur place et la visite d'une cascade. Ainsi, peut-être aurez-vous encore l'opportunité de voir le vieux casino avant son relooking...

KEP

Créée en 1908 par les Français sous le nom de Kep-sur-Mer, cette mignonne station balnéaire fut très prisée dans les années 1960, avant de s'évanouir dans les tourments de l'Histoire. Ses succulents fruits de mer en font une halte obligatoire. On la rejoint en 30 mn depuis Kampot, par 25 km de bonne route, bordée de nombreux villages chams, vrai décor de carte postale quand les rizières sont vertes. Les bâtisses datant de l'époque coloniale, comme celles construites par de riches Cambodgiens durant l'âge d'or des *sixties,* ont été endommagées ou totalement détruites par les Khmers rouges, qui ne quittèrent la région qu'en 1998. Aujourd'hui, la vie a repris le dessus, tandis que la végétation qui a envahi les quelques vestiges calcinés continue d'atténuer la morbidité du passé. Les enfants des squatters courent partout, pressés de bien meilleurs lendemains. De grands chantiers, de nouveaux aménagements hôteliers et commerciaux ont commencé, et nul doute que Kep connaîtra une perte de son charme et de son innocence.

Attention, Kep, c'est toujours à la fois petit et très étiré. Le centre administratif est assez loin de la plage principale, très modeste au demeurant. Baignade et farniente sur serviette sont possibles grâce aux tonnes de sable régulièrement apportées depuis Sihanoukville. Les amoureux de l'océan trouveront plus intéressant de louer un bateau à destination d'îles enchanteresses comme Koh Tonsay (« île des Lapins »).

Arrivé au 1er croisement de Kep, 3 choix possibles : à droite, la route de la côte passant par le marché au crabe (Psar Kdam), ressemblant à un campement de restos ; à gauche, une piste qui monte vers les pensions de la colline ; tout droit, c'est direct à la plage (Kep Thmei, statue d'une sirène).

Arriver – Quitter

➤ **Kampot-Kep :** 2 bus/j., à 7h30 et 12h30 (voir aussi « Kampot »). De Kep, à 11h et 17h. Possible de faire le trajet en *moto-dop.* Route assez tranquille et jolie. Une incitation à louer une petite moto. Excursions possibles en route (grottes).

➤ **Phnom Penh - Kep :** ligne Phnom Penh-Kep-Kampot ; 2 bus/j. dans chaque sens, passages à 8h et 13h env.

Adresse utile

🗐 **Office de tourisme :** *cabane sur la place principale devant la plage et le complexe commercial tt neuf.* 🗐 016-789-994. *Tlj en saison 7h-20h. Le pré-* posé, plein de bonne volonté, dort sur place. Pas mal de renseignements à glaner sur les activités et les excursions, mais rien à emporter...

Où dormir ?

De bon marché à prix moyens (de 10 à 20 $)

🛏 **Kep Seaside Guesthouse :** *chemin rejoignant la mer 200 m avt le 1er carrefour.* 🗐 012-684-241. ● *admin@bnckh. com* ● *Chambres doubles 10-20 $, les plus chères avec eau chaude et AC mais sans TV.* Petit immeuble en L de 2 étages, en bord de mer (pas de vraie plage ici). Étrange, aucune chambre ne dispose d'une vraie vue face à l'océan ! Les prix augmentent avec l'altitude (qui fait aussi diminuer l'humidité) et la situation. Carrelages et murs blancs, une vague étagère et puis voilà, ce n'est plus tout neuf ni très gai mais ça reste passable. Pavillons avec hamac pour glander. Grande paillote-restaurant. Tout plein d'autochtones prêts à vous emmener à moto ou à vous louer un bateau contre quelques dollars.

De prix moyens à plus chic (de 15 à 60 $)

🛏 **Veranda Natural Resort :** *en haut de la colline.* 🗐 015-426-911. ● *veranda-re sort.com* ● *Gamme de prix qui s'étale 25-60 $ (bungalow), petit déj inclus. Wifi gratuit.* Adresse exceptionnelle, pas seulement pour son emplacement. Uto- pie naturo-architecturale pas prétentieuse mais bien originale : chalets en bois et pierre brute dotés de superbes vérandas, reliés par d'arachnéennes passerelles ou des chemins bordés de murets. Intérieurs pas en reste, garnis de caillebotis de branches, de cloisons tressées originales. Clim' et eau chaude. Au sommet, la villa (225 $), sorte de gigantesque tanière grandiosement perchée sur ses pilotis. Plusieurs options familiales (voir le site) à partir de 60-70 $. Resto-bar aménagé en gradin, vue terrible mais nourriture pas forcément à la hauteur des tarifs (prix moyens). Réception attentionnée, panneaux avec plein d'infos. Nouveau bar en construction.

🏠 **Le Bout du Monde :** *sur la colline, juste après* Veranda Resort. 📞 011-96-41-81. ● *http://leboutdumonde.new. fr* ● *Bungalow* 15 $. Première *guesthouse* à s'être installée à Kep, dans une atmosphère très *fellow traveller*. Chambres à l'équipement basique dans des bungalows sur pilotis et soubassement de brique, construits en style traditionnel (rotin tressé). Également 1 villa à 30 $ et 2 « résidences » joliment meublée d'antiquités à 60 et 85 $. Pas de ventilo, la fraîcheur maritime captée par le double toit suffit. Correctement tenu, on y cultive le souci écologique. Resto avec produits du jardin ou achetés localement. Bon accueil. Bertrand Tavernier y a tourné des plans de *Holy Lola*.

🏠 **Vanna Guesthouse :** *sur la colline, à gauche de la piste.* 📞 015-462-938. ● *van nabungalows.com* ● *Résa conseillée au moins 2 sem à l'avance. Compter 10-20 $.* Balcons avec hamac face au soleil couchant, salle de bains carrelée et confortable, moustiquaire aux fenêtres, meubles et bonne tenue générale.

On préfère les chalets bichambres plus anciens (en haut du terrain) aux nouveaux en dur « rouge » (eau chaude et clim' en prime), moins chaleureux. Dans les deux cas, option 1 ou 2 grands lits. Plaisante salle à manger.

🏠 **Beach House :** *face à la plage.* 📞 012-240-090. ● *thebeachhousekep.com* ● *Compter* 35 $ *la double*. Immeuble récent, tout blanc et rectangulaire de 2 étages. Chambres 1 grand lit ou 2 petits, ainsi que 2 familiales (45 $, vue sur le jardin). Sans grand intérêt architectural. Petite mais coquette piscine à côté du resto. Bon équipement : clim', eau chaude, TV, frigo, literie confort. Management manquant de sérieux, l'hôtel a été mis en vente.

🏠 **Star Inn :** *face à la plage.* 📞 012-765-777. ● *starinnkepcity.com* ● *Compter 30-35 $.* Préfigure probablement d'autres constructions qui fleuriront avec l'arrivée de l'électricité 24h/24 venue du Vietnam. Façade peinte en rose. Eau chaude, frigo, TV et clim' partout. Bien qu'il y ait une route entre l'établissement et la plage, le surplomb et le panorama vu depuis la fenêtre ajoutent une dimension « pieds dans l'eau ». Les prix varient selon l'étage, le point de vue et l'équipement (douche, baignoire, voire drôle de Jacuzzi artisanal donnant directement sur la chambre, tout comme la cuvette des w-c !). Mobilier un peu kitsch. Resto et bar sur une petite terrasse où pendent des orchidées, une autre sur le toit. Gérant attentif.

Plus chic

🏠 **Champey Inn :** *après le village des pêcheurs en venant du 1er carrefour.* 📞 012-501-742. ● *nicimex.com* ● *Prévoir* 60 $ + *taxes.* Bungalows avec terrasse sur un terrain planté de superbes frangipaniers (*champey* en cambodgien) de plusieurs couleurs. Déco de toute l'Asie (toit de chaume, lit à baldaquin), salle de bains à la balinaise avec w-c et jarre à eau. Malheureusement, un

certain laisser-aller général s'ajoute au poids des années. Belle piscine, mais il est temps de changer les coussins des transats. Pas ou presque pas de vue sur la mer, humidité permanente et quelques gros insectes à demeure. Service lent et resto trop cher. Bref, tarifs surfaits pour sa configuration actuelle ! Dommage, le lieu est splendide.

Où manger ?

🍴 **Kimly :** *village des pêcheurs-restaurateurs.* ☎ 904-077. Carte en

anglais et français fantaisistes. *Kimly*, c'est une histoire d'amour pour les habitués de Kep. Famille adorable, salle juste arrangée comme il faut. Prix qui ne se sont pas trop envolés (de 5 à 10 $). Pour 2, régal pantagruélique garanti avec 3 plats en petite portion (exemple : poisson, crevettes et calamars). Une seule grande portion accompagnée de légumes sautés et de riz suffirait. Mais ce n'est pas l'endroit où il faut penser à son régime, crébondieu ! Particulièrement délicieuses, les préparations aux nouilles transparentes-gingembre et au poivre de Kampot. Le crabe au poivre vert frais de Kampot est une merveille, surtout accompagné de liserons d'eau à l'ail. Boissons pas chères dont vins et spiritueux. *Kimly,* t'es sélectionné pour le best of « golfe de Siam » !

|●| *Thmor Da Kep :* même village que Kimly. ▯ *012-435-096.* Souvent plein, et, comme *Kimly,* plus coquet que ses voisins. De bons indices.

À voir. À faire à Kep et dans les environs

🦐 *Les plages :* dans le bourg même ou au niveau du marché aux crabes, rien à signaler, pas de fond, pas de sable. Il n'y a que *Kep Thmei* (parking, toilettes, petits stands) qui vaille la trempette.

à *Coconut Beach,* vers l'est, curieuse statue géante de crabe.

🦐🦐 *Le marché aux crabes :* à côté de la rangée de restos où les crustacés achèvent leur triste existence (pas pour tous, heureusement), on peut en acheter le matin parmi le groupe de vendeuses qui les maintiennent au frais dans des paniers en osier au bord du rivage. Elles confectionnent des petits paquets de minucules poissons emballés dans une feuille pour les donner en pâture aux crabes. Quelques bateaux de pêche prennent la pose pour la photo.

🦐 *Les villas et résidences :* sur fond de mer et de cocotiers, ces témoins de la déchéance architecturale sont particulièrement « chargés ». Un must, l'ancienne résidence de Sihanouk, celle de l'Ouest, en allant vers le centre-ville (marché, poste et hôpital). Elle a été attribuée au ministère de la Culture, qui ne doit pas trop savoir qu'en faire. Si vous disposez d'un héritage et que vous avez l'intention d'acquérir une de ces carcasses, ce sera peine perdue, toutes ont été rachetées dans les années 1990 pour une grosse poignée de dollars par des promoteurs bien avisés.

🦐🦐 *Balade à l'île de Tonsay* (île des Lapins) : plages de rêve, sable blanc, cocotiers et tout... 30 mn de navigation. Presque toutes les *guesthouses* organisent l'excursion. Prévoir 5 $ par personne ou 20 $ par bateau. Possibilité de s'y faire déposer, d'y dormir (5 $ par personne, rudimentaire) et de manger, puis de reprendre le bateau le lendemain. Des *guesthouses* proposent le package complet depuis l'hôtel pour 13 $ bateau (à 9h) trekking sur l'île, snorkelling et un lunch avec boisson et salade de fruits.

🦐🦐 *Kampong Trach et la grotte-temple du wat Kirisan (ou Kirisela) :* à 15 km *(30 mn de trajet) par une jolie et bonne piste de latérite.*
Le gros bourg de Kampong Trach, entièrement détruit sous les Khmers rouges, a repris du poil de la bête en tant que dernière étape avant la frontière vietnamienne d'Ha Tien (voir « Quitter le Cambodge »). De nombreuses formations karstiques enrichissent le paysage régional.
Le chemin menant au *wat Kirisela* est indiqué depuis le marché de la ville par un panneau bleu indiquant « Kampong Trach Resort ». Entrée : 1 $. Depuis le *wat* (temple), un passage souterrain rejoint le cirque formé par l'effondrement du plafond de la grotte principale. Selon la saison, il est parfois possible de ressortir par un autre corridor. à voir, un grand bouddha couché.

🦐🦐 *Les grottes et temples sur la route de Kampot :* voir « Kampot ».

➢ *La piste venant de Takeo via Kampong Trach :* bifurcation sur la N2 à l'entrée de Kirivong (env 39 km au sud de Takeo), au niveau d'une station à essence située *après un pont.* Pour les motocyclistes, dotés de leur propre véhicule ou pas (*motos-dops* aux intersections). Difficile en pleine saison des pluies, sans problème sinon, cette piste de terre permet de dessiner une boucle séduisante vers Kep, après avoir visité les sites de Phnom Chisor et Angkor Borei.

🍴🍴 *Angkoul Beach :* à env 5 km de Kep, en direction de Kampong Trach, puis piste sur la droite. Magnifique plage « secrète ». On peut s'y rendre à moto, plutôt avec un guide. Seul, plus difficile à trouver, prendre à droite au niveau de la montagne coiffée d'une petite pagode.

AUTOUR DU TONLÉ SAP

KOMPONG CHHNANG   IND. TÉL. : 026

CAMBODGE / AUTOUR DU TONLÉ SAP

Sur le chemin fluvial de Siem Reap, voici une étape oubliée par la majorité des touristes. Bâtie sur les rives marécageuses du Tonlé Sap, la ville est composée de nombreuses habitations sur pilotis et prolongée sur le fleuve même par un très grand village de pêcheurs vietnamiens. On y trouve aussi beaucoup d'artisanat : le travail de l'osier et la poterie ont fait, en particulier, la réputation de la région.

Arriver – Quitter

➢ **Phnom Penh - Kompong Chhnang :** 83 km de bonne route. Liaisons 6h30-16h, 1 bus/h dans les 2 sens avec la compagnie *Sorya.* Possible de s'arrêter à Oudong en route.
➢ **En bateau :** pas de service régulier. Éventuellement en empruntant un bateau de croisière, se renseigner (voir le chapitre « Phnom Penh »).

Où dormir ?

🛏 **Rithisen Hotel :** *face au fleuve, devant la fontaine à poisson et la baraque bleue de la police.* ☎ 988-632. *Prévoir 6-12 $ (ventilo-AC).* Prendre une chambre avec le balcon qui donne sur le Tonlé Sap ; le panorama est superbe. À l'arrière, vue sur les marigots et les maisons sur pilotis. Pas de moustiquaire. Pas super-propre non plus.
🛏 **Sokha Guesthouse :** *depuis la route N5, en venant de Phnom Penh,* *tourner à gauche au niveau du grand monument ; proche de la police.* ☎ 988-622. *Doubles 3-15 $.* Chambres avec bains pour tous les budgets. Dans la partie ancienne, les ventilées-eau froide simplissimes mais acceptables. Dans la nouvelle section, belles chambres climatisées aux murs blancs : eau chaude, TV, frigo, grand lit. Petit resto chaleureux, comme l'accueil. Notre adresse préférée.

Où manger ?

🍴 **Metheap Restaurant :** *sur la grande place du monument de l'Indépendance.* 📱 012-949-297. Grande salle aérée, propre, cuisine correcte. Soupe aux choux farcis et poulet, *chi-chai soup* et même un petit déj british.

À faire

– On peut *louer un bateau* à l'un des nombreux pêcheurs qui travaillent sur le Tonlé Sap. L'embarcadère se situe juste devant le *Rithisen Hotel*. Balades très sympas dans les villages lacustres. Beaucoup de Chams habitent dans ces maisons flottantes et vont prier à la mosquée flottante ! Prix à négocier, le tarif officiel est de 5 $ pour une petite heure. Les pêcheurs peuvent aussi vous conduire au pied de la montagne de l'autre côté du Tonlé Sap. Il existe un chemin pour monter au sommet. Très peu de touristes.

➤ *Balades dans les alentours de la ville :* solliciter un *moto-dop* si vous n'avez pas votre propre véhicule. Magnifiques paysages campagnards, surtout en fin de journée. Restez bien sur les routes.

➤ *DANS LES ENVIRONS DE KOMPONG CHHNANG*

Si vous avez du temps, pourquoi ne pas faire étape à *Pursat* ? Cette ville, traversée par une rivière, est charmante et verdoyante. Les Français l'ont reconstruite sous le protectorat ; il y reste quelques belles bâtisses coloniales. La ville est connue pour son travail du marbre. Possibilité de se loger sur place. C'est aussi une bonne base pour aller visiter *Kompong Luong,* un gros village flottant sur le Tonlé Sap, principalement habité par la minorité vietnamienne.

|●| *Store Lao Kech Chheng :* à droite *en venant de Battambang.* Reconnaissable à sa céramique verte et sa pub *Tiger*. Entièrement carrelé, propre, ventilos. Bon accueil et excellente cuisine traditionnelle à prix d'époque angkorienne !

BATTAMBANG

IND. TÉL. : 053

Deuxième ville du pays, Battambang fut fondée au XIᵉ s sur les bords de la rivière Sangker. Cette ancienne capitale se retrouve à deux reprises sous le contrôle des Thaïlandais, avant de récupérer à chaque fois son indépendance grâce aux Français. Entourée de plaines considérées comme le grenier du Cambodge, Battambang occupe une place importante dans l'économie du pays, dont elle a suivi le réveil. Sans avoir le charme d'autres petites villes comme Kampot, son architecture doit encore beaucoup à l'époque coloniale, surtout représentée par des rangées de modestes immeubles à boutiques d'un étage. Ainsi, pas grand-chose à voir au centre, à part quelques pagodes et l'obligatoire marché central. Il faut aller s'enivrer du puissant parfum bucolique de la campagne alentour pour apprécier les contrastes de cette contrée où se cultive le riz le plus parfumé, où l'on cueille les noix de coco les plus sucrées et les oranges les plus juteuses du Cambodge.

Arriver – Quitter

➤ *Par la route :* les routes Phnom Penh-Battambang (290 km, 4-5h de trajet) et Battambang-Sisophon (1h30) sont très bonnes. Le mauvais état de l'axe Siem Reap - Poipet (voir à Siem Reap) affecte en revanche les liaisons Battambang-Poipet (120 km, 3h30 de trajet) et Battambang - Siem Reap (170 km, 4-5h de voyage). La piste Battambang-Païlin (97 km, 2-3h de trajet) est en amélioration. La frontière thaïe (ouverte aux étrangers) n'est qu'à 20 km de Païlin.

🚌 *Compagnies de bus et gares routières :* à Battambang, les départs et arrivées se font depuis les bureaux des compagnies. Prix à peu près alignés partout. Fréquences identiques dans les 2 sens. Il vaut mieux acheter son billet la veille.

■ *Neak Krokhorm (plan A1, 1) :* à 500 m env au nord-est du marché. ☎ 953-838. Phnom Penh, 6 bus/j., 6h-12h30 ; Poipet, jusqu'à 3 bus/j., 11h30-13h, ticket combiné possible jusqu'à Bangkok possible (prévoir 8-9h de voyage en tout) ; Siem Reap, 1 bus/j., départ 7h30.

■ *Capitol (plan A1, 2) :* un poil au sud de Neak Krokhorn. ☎ 953-040. Phnom Penh, 1 bus/h, 6h30-14h30 ; Poipet, 1 bus/j., départ 11h30, billet jusqu'à Bangkok possible.

■ *Rith Mony (plan A1, 3) :* 100 m au nord de Neak Krokhorn, *dans un kiosque voisin de la station-service.* ☎ 888-847. Phnom Penh via Pursat, ttes les heures 6h-15h ; Siem Reap, 1 bus/j. 7h30.

➢ *En taxi :* départ du marché (taxis publics) ou à organiser depuis son hôtel (chartérisation). Intéressant pour aller à la frontière de Poipet, sachant que les bus ne quittent Battambang qu'en fin de matinée. Jusqu'à 2 fois plus rapide. Facile de trouver des compagnons de route pour partager le coût d'une loc.

➢ *Battambang - Siem Reap en bateau :* à Battambang, quai en contrebas du nouveau pont au nord de la ville (plan A1). 1 bateau/j. dans les 2 sens, départ 7h. Ticket 19 $, à acheter la veille. Belle navigation sur des chenaux puis en plein lac. Émouvantes tranches de vie. Cependant, cette « croisière » est assez longue (5-10h en tt selon saison), plus chère (20 $) et (encore) moins confortable que le bus. Voir le chapitre « Siem Reap » pour plus d'infos.

➢ *En train :* probablement l'un des trains les plus lents et les plus folklos du monde, mais slt pour les marchandises. Voir le chapitre « Phnom Penh ».

Adresses utiles

🛈 *Office de tourisme (plan B3) :* en face de la résidence du Gouverneur. ☎ 730-217. Tlj 8h-18h. Tenu par des étudiants serviables. Plus de bonne volonté que de réels moyens.

■ *ANZ Royal Bank (plan A2, 4) :* extrémité est du marché, proche de la rivière. Lun-ven 8h30-16h. DAB 24h/24 et bons cours de change. Chèques de voyage (commission minimum 2 $).

■ *Singapore Banking Corporation (plan A1, 5) :* face au nord du marché. Tlj sf dim 8h-17h. Taux de change correct. Retrait avec carte au guichet (sans commission). Chèques de voyage (2 % de frais).

■ *Centre culturel français (plan A1, 6) :* dans la grande avenue menant à l'hôpital provincial. ☎ 952-897. • battam bang@ccf.cambodge.org • Lun-sam 9h-12h, 15h30-19h. Projection de films tous les vendredis à 19h. Excellentes bibliothèque et médiathèque. Cours de français.

@ *Internet :* plusieurs en ville. Tlj 7h-21h env. Bravo Battambang, tarifs les plus bas du pays ! Bien placée et sympa, une *boutique Internet (plan A2, 7)* est à côté du *White Rose* (voir « Où manger ? »). Citons encore *Lucky Net (plan A2, 9),* à l'arrière du *Chhaya Hotel.*

■ *Polyclinique Visal Sokh :* près de la station Total et du consulat du Vietnam. Pour les petits pépins 24h/24. Un médecin francophone, les autres parlent l'anglais.

Où dormir ?

De très bon marché à prix moyens (de 3 à 20 $)

🛏 |◉| *Royal Hotel (plan A1, 10) :* dans une rue en face de l'angle ou est du grand marché. 🗎 016-912-034. • royala siahotelbb@yahoo.com • Doubles

6-20 $. Sur 3 étages, une quarantaine de chambres toujours de bon confort, bien tenues et assez spacieuses. Va de petites doubles ventilo-eau froide, un peu sombres car donnant sur l'atrium, à des suites plus chic, au mobilier « sculpté » et bien équipées (clim', TV et frigo). Autre atout de cette bonne adresse, l'agréable resto sur le toit-terrasse. Bon petit déj (avec baguette, bien sûr !) et carte de plats classiques et corrects : *amok fish, loc-lac,* currys divers, *tom yam.* Excellent rapport qua-lité-prix. Des jeunes proposent à l'entrée des excursions en *moto-dop.* On a rencontré des routards qui en étaient très contents. Si c'est plein, 2 annexes pas loin au nord : l'hôtel *Asia* (correct, en moins bien) et le *Star,* un peu plus cher.

🛏 *Chhaya Hotel (plan A2, 11)* : 118, rue 3 (200 m au sud-ouest du marché). ☎ 952-170. ● chhayahotel.com ●

Chambres 5-10 $. Premiers prix sans salle de bains, puis diverses options selon la température de l'air et la cha-leur de l'eau, jusqu'à la totale, clim' + eau chaude. Rénové, cet hôtel correct n'a cependant pas la fraîcheur, l'attention et le caractère aéré du *Royal.* Resto à l'arrière et Internet au bar. Hall d'entrée emboutéillé de conducteurs de *motos-dops* et *tuk-tuk* désirant vous faire découvrir la ville.

🛏 *Paris Hotel (plan A2, 12)* : 30, rue 3. 📱 012-530-730. *Chambres 6-10 $.* Oublier l'entrée pas trop engageante, l'établissement est plus ou moins bien tenu et l'accueil pas terrible. Première offre, des chambres ventilées, déjà équipées d'eau chaude et de la TV. Cer-taines sans fenêtre bénéficient alors d'un frigo. Possible d'y faire marcher la clim' contre supplément, un confort qu'on trouve dans les meilleures, hau-tes de plafond et avec balcon.

De prix moyens à un peu plus chic (de 10 à 35 $)

🛏 *Spring Park Hotel (plan B3, 13)* : rive droite, par le nouveau pont métal-lique. ☎ 730-999. ● springparkhotelbtb. com ● *À 1 km du centre,* moto-dop *ou petite marche. Doubles 8-35 $ sans petit déj.* Immeuble tout neuf de 5 éta-ges et 90 chambres. Peut-être le plus haut de la ville... Accueil nonchalant, et impression mitigée confirmée dans

les chambres, pas très entretenues mais pourtant bien dotées : clim', eau chaude, accès Internet (également dans le *lobby,* ordis à dispo), frigo, TV. Tuyauteries bruyantes. On gagne le tapis et la baignoire dans les *superior* (à partir de 15 $) et l'effet salon dans les VIP. À l'inverse, possible de se contenter d'un ventilo dans quelques

---

■	Adresses utiles
🛈	Office de tourisme
⛴	Départ des bateaux
1	Neak Krokhorm
2	Capitol
3	Rith Mony
4	ANZ Royal Bank
5	Singapore Banking Corporation
6	Centre culturel français
@ 7	Boutique Internet
@ 9	Lucky Net

🛏	Où dormir ?
10	Royal Hotel
11	Chhaya Hotel
12	Paris Hotel
13	Spring Park Hotel
14	Teo Hotel
16	La Villa

◉	Où manger ?
7	White Rose
16	La Villa
21	Smokin' Pot
22	Phkay Preuk Restaurant
23	Restaurant Jip-Sreng

◉ 🍷	Où manger une pâtisserie ? Où boire un verre ?
24	Gecko Café
25	Sunrise Coffeehouse
26	Riverside Balcony

⚲ ⛰	À voir
31	Musée
32	Wat Damreï Sâ
33	Wat Piphit
34	Résidence du Gouverneur

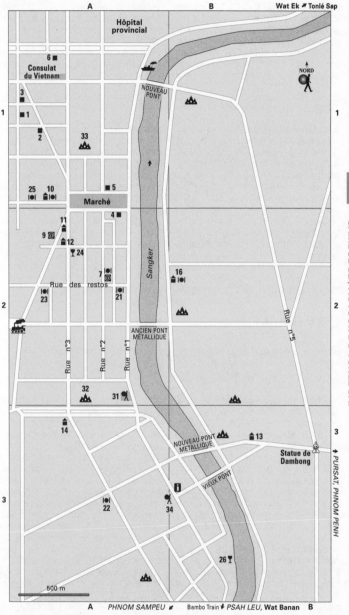

BATTAMBANG

chambres standard (6 $). Accueil tip-top. Ne pas confondre avec le *Park Hotel*.

🛏 *Teo Hotel* (plan A3, **14**) : rue 3, section sud. ☎ 952-288. ● *teohotelservice@yahoo.com* ● *Doubles 13-25 $ sans breakfast. CB acceptées.* Les chambres standard (clim' ultrabruyante et ventilo, eau chaude, frigo et TV), sans luxe ni charme particulier, sont bien tenues. Quelques chambres VIP avec baignoire. Grande salle de resto aérée ; cuisine moyenne, mais bien pour une boisson au frais. Accueil convenable. Resto sous toits de paille à l'extérieur.

Plus chic (plus de 50 $)

🛏 |●| *La Villa* (plan B2, **16**) : rive droite ; à la hauteur de la rue des restos, de l'autre côté de la rivière. ☎ 730-151. ▯ 012-784-779. ● *lavilla-battambang. com* ● *Prévoir 55-65 $ pour les chambres et 80-100 $ pour les 2 suites, petit déj compris. Internet gratuit.* Belle demeure coloniale datant des années 1930, avec décoration d'époque et gérée par un charmant couple suisse qui n'est pas avare de bons conseils. La villa servit de QG aux troupes vietnamiennes pendant la libération du Cambodge du joug khmer rouge. Rénovée en 2004, elle propose actuellement 7 chambres décorées à l'avenant : grands lits à baldaquin, ravissantes salles de bains équipées d'une grande baignoire finition spa. Goût du détail. Pas de vraie chambre à lits jumeaux, mais possible de rajouter un petit lit de 90 cm pour une occupation familiale (2 adultes + 1 enfant, + 15 $). élégante salle resto à l'arrière (voir « Où manger ? ») et piscine bienvenue au fond du jardin, idéale pour une paire d'heures de farniente. Indiscutablement, l'étape charme de la ville où goûter aux délices de la vie comme dans l'Indochine d'antan.

Où manger ?

Bonne nouvelle, on mange très bien et très bon marché à Battambang.

Bon marché (de 2 à 7 $)

|●| *Phkay Preuk Restaurant* (plan A3, **22**) : rue 3 (à l'ouest de la résidence du Gouverneur). ☎ 952-870. *Tlj 6h-22h.* Un des restos parmi les plus renommés et nettement notre préféré. Tables à l'extérieur au déjeuner. Cuisine cambodgienne et thaïe. Pas mal d'animation, très large choix et pas cher du tout. Quelques éléments de la carte : *fried noodle thai style* (nouilles frites), poulet au noix de cajou, *steam snake head fish, spicy and sour soup,* etc. Accueil charmant.

|●| *Smokin' Pot* (plan A2, **21**) : dans la rue des restos. ▯ 012-821-400. *Tlj 9h-23h.* La cantine la plus sympa de la rue, toutes tables dehors. Fait aussi office d'école de cuisine. Service familial. Essayer le *moan dot tuk dung,* un délicieux et copieux poulet au wok, en sauce coco, herbes et épices. Très bon *lok-lak* et plein de préparations de légumes. Également quelques plats thaïs et européens, dont de copieux petits déj. Le prix des boissons et spiritueux fait croire à une *happy hour* permanente.

|●| *White Rose* (plan A2, **7**) : 102, rue 2 ; à l'angle de la rue des restos. ☎ 952-862. *Tlj 6h30-22h.* Un sino-khmer devenu le chouchou des touristes sans pour autant perdre sa fréquentation locale. Bel étalage de fruits. Tables sur la rue ou dans la salle, plus coquette que la moyenne : rideaux, fenêtres ouvragées, quelques chaises en bois sculpté. Au gré d'une carte classique déclinant une litanie de riz, pâtes, sautés de viandes et légumes, on a remarqué et apprécié la *fish vietnamese sour soup,* le *baboung* (pâtes, rouleaux de printemps, porc frit et légumes), les currys et, surtout, de délicieux *teukolok,* ces célèbres (et riches) *fruit-shakes* (carotte, noix de coco, papaye, durian) à la mode cambodgienne (voir la rubrique « Boissons » dans « Cambodge : hommes,

culture et environnement » en début de guide) !

|●| *Restaurant Jip-Sreng (plan A2, 23) :* à l'ouest de la rue des restos, au-delà de la rue 3. ☎ 952-859. *Tlj jusqu'à 23h ; plutôt pour le dîner.* Très grande terrasse couverte. Carte bien fournie (plus de 250 plats !) récitant l'ensemble de la gastronomie cambodgienne. Quelques vedettes au hasard : grenouilles grillées, sautées, triturées... (10 façons de les accommoder, plus... soupe de grenouilles), rôti de cerf, serpent, tortue, etc. Éviter les plats trop exotiques ou tout simplement la volaille si vous n'êtes pas habitué (toute la bête est hachée avec les os, du bec aux pattes).

|●| *La Villa (plan B2, 16) :* voir « *Où dormir ?* ». Tlj midi et soir jusqu'à 21h30. Salle de resto à l'arrière de la villa, sous une verrière aux armatures métalliques, quelques tables dans le jardin. Déco et ameublement dans le ton de la demeure. Beaux carreaux au sol, piano et bar à cocktails. Accessoires d'époque jusqu'aux interrupteurs et ventilateurs Marelli (les collectionneurs apprécieront). Mais dans l'assiette, nous direz-vous ? Des nouilles, des grillades de viande ou de poisson et quelques plats asiatiques. Du très prévisible sans vraie surprise mais très acceptable quand même. Paniers pique-nique à la demande.

Où manger une pâtisserie ? Où boire un verre ?

|●| *Sunrise Coffeehouse (plan A1, 25) :* 100 m à l'ouest du Royal Hotel. *Tlj sf dim 6h30-19h.* Spécialiste du café (*espresso*, cappuccino, moka, frappé, etc.). Bonnes tartes et pâtisseries, cookies, onctueux chocolat, etc. Goûter au *mud slide*... Larges fauteuils et canapés en osier pour déguster le tout.

▼ *Riverside Balcony (plan B3, 26) :* au sud de la ville, rive gauche. *Tlj sf lun 16h-23h.* Une demeure à l'ancienne, en surplomb de la rivière, comme son nom l'indique. Charme du bois patiné, mobilier en osier et grands volumes. Très

relaxant et aéré. Long bar en bois et brique, où l'on vous servira les meilleurs *fruit-shakes*. Quelques rares cocktails. En outre, possibilité de se restaurer et c'est bon : *chili con carne, enchiladas,* pâtes aux fruits de mer, plat du jour au tableau noir. Salle de billard.

▼ *Gecko Café (plan A2, 24) :* sur le coin opposé du Paris Hotel. Terrasse en demi-cercle surplombant un carrefour animé, fauteuils de bambou. Petit déj, délicieux jus de fruits et quelques plats simples à grignoter. Wifi, location de motos et salon de massage.

Shopping en faveur d'une ONG

❀ *Ptea Teuk Dong Center (hors plan par B1) :* au nord-est de la ville, dans la commune de Chamkasomroung. ☎ 370-278. ● theintrepidfoundation. org ● En français, la « maison de l'eau de coco », connue aussi sous le nom de *Sre Muoy Poan.* Avant tout, c'est une ONG créée en 1996 dans le but d'aider les filles abusées et mères de famille en extrême difficulté, sans travail et sans toit. Pendant six mois, celles-ci sont prises en charge et leurs enfants scolarisés. On leur apprend un métier, et surtout à se réinsérer. L'activité principale est la vannerie et la fabrication de tapis

de fibres, etc. À la fin de ce laps de temps, on fournit à la mère une maison et un bout de terrain. Au bout de 3 ans, le tout lui appartient définitivement. Tous les ans, 150 personnes dont 30 jeunes femmes sont ainsi prises en charge. Du beau boulot ! Un restaurant fonctionne également sous leur égide. Cuisine khmère mais aussi européenne. Possibilité d'acheter leur production : paniers, corbeilles et bracelets de toutes sortes et de toutes tailles, tressés d'une façon exquise selon de beaux dessins. Pensez à vos cadeaux pour le retour !

À voir

🍴🍴 *Le musée* (plan A2, 31) : rue 1. Lun-ven 8h-11h, 14h-17h ; w-e 14h-17h. Entrée : 1 $. Surtout un musée lapidaire. Présentation un peu désordonnée, mais belles pièces, notamment les linteaux sculptés. Pas mal de stèles et têtes du Bouddha. Dans les vitrines, bronzes, boîtes en forme d'éléphant et de roi-lion, terres cuites, porcelaines. Également, une belle cloche en cuivre de style birman et un *garuda* en bois fin XIXᵉ s. À droite de l'entrée, de vénérables statues du Bouddha debout des XVIᵉ et XVIIᵉ s. Quelques meubles sculptés et une jolie commode chinoise avec nacre incrustée.

🍴 *Wat Damreï Sâ* (plan A2, 32) : à l'ouest du musée. S'écrit aussi *Tahm Rai Saw*. Sans aucun doute l'une des plus belles pagodes du pays ayant survécu aux Khmers rouges. Datant du début du XXᵉ s, l'enduit des murs est un mélange de chaux, de sucre et de résine. Les bas-reliefs illustrent des scènes intéressantes du *Râmâyana*.

🍴 *La statue de Dambang* (plan B3) : elle trône au milieu du rond-point. C'est la figure légendaire auquel la ville doit son nom (voir encadré).

🍴 *Wat Piphit* (plan A1, 33) : à l'intérieur de la ville, au nord du marché. S'écrit aussi *Peapahd*. Une belle pagode.

🍴 *La résidence du Gouverneur* (plan A-B3, 34) : rive gauche, face au vieux pont. Derrière un affreux porche en latérite, un exemple de demeure coloniale de la taille d'un petit château. Ne se visite pas, se regarde en coin à travers la grille.

> **L'HOMME AU BÂTON**
>
> *Dambang Kranhoung était un bûcheron géant tenant son nom du « bâton » (un véritable tronc) provenant d'un arbre, le* kranhoung, *dont le bois est dur comme le fer. À plusieurs reprises, il s'opposa au roi khmer de l'époque et un jour, il fit tournoyer son bâton et le lança si violemment que celui-ci s'éleva dans les airs et disparut. L'endroit où on le retrouva plus loin prit le nom de Bat Dambang (Battambang) : « le bâton perdu et retrouvé ». On éleva alors une statue représentant Dambang Kranhoung à genoux, tourné vers Phnom Penh et présentant son bâton en signe de soumission au roi.*

➤ *DANS LES ENVIRONS DE BATTAMBANG*

– À Battambang, vous vous en serez aperçu dès votre arrivée, l'étranger est repéré, suivi et jaugé par une multitude de conducteurs de *motos-dops* et *tuk-tuk*. Beaucoup d'entre eux sont d'anciens réfugiés des camps thaïlandais, certains se débrouillent pas mal en anglais. N'hésitez pas à dire que vous n'avez aucune intention de visite et que vous allez quitter la ville dès le lendemain si vous voulez avoir la paix !

– Le peu d'attraits de la ville elle-même est largement compensé par l'exquise beauté de la campagne. Celle-ci reste verte même au pic de la saison sèche. Petites rivières et bocages, potagers et arbres majestueux, tout tend à cette extase campagnarde à la khmère qui, finalement, marque autant le visiteur que les vieilles pierres, si puissantes soient-elles.

– Exemples de belles excursions à la journée (6h) : *wat Ek*, retour par la ville, *wat Banan*, puis jolie piste à travers la campagne jusqu'au *Phnom Sampeu*. En *moto-dop* ou *tuk-tuk*, prévoir respectivement 10 et 20 $.

🍴🍴 *Wat Ek* : 12 km au nord de la ville, par la route qui longe la rive gauche de la rivière. Entrée : 3 $ (valable théoriquement aussi pour le wat Banan et le Phnom Sampeu), gardez bien votre ticket. Compter 30 mn de trajet sur une charmante piste bordée de maisons sur pilotis. Modestes mais ravissantes ruines d'un temple datant du XIe s, sur un tertre en pleine campagne, à côté d'une pagode clinquante. Très belle lumière en fin d'après-midi. Sanctuaire entouré d'un poétique chaos de blocs de pierre (l'ancienne enceinte) et, tout autour, de champs de nénuphars. Festival de portes et fenêtres de guingois ornées des traditionnelles colonnettes sculptées. Au centre, la *cella* percée de quatre portes surmontées de linteaux. À l'ouest, divinité se battant avec deux chevaux enragés. À l'est, à l'intérieur, le « barattage de la mer de lait ». Décor végétal portant une divinité sur trois éléphants sur le linteau suivant. Face nord, Çiva chevauche un taureau sur une tête de démon.

🏯🏯 *Wat Banan : 22 km au sud de Battambang en suivant la rive gauche de la rivière Sangker.* Itinéraire déjà superbe en soi, mais sur une très mauvaise piste (facilement 1h en voiture) à travers une campagne sereine et nonchalante jusqu'à cette colline de près de 100 m de hauteur. Hardi petit, pour ce romantique et rustique ensemble de tours du XIe s. En haut, l'enchantement, le regard porte loin. Pas étonnant que le lieu fut une position stratégique des Khmers rouges (et bombardé, bien sûr). Appareillage assez primitif des pierres de latérite des tours. C'est d'ailleurs ça, dans le cadre verdoyant, qui donne du charme à l'ensemble. La plupart des statues ont disparu. Pas toutes volées, certaines sont au musée de Battambang. Quelques linteaux sculptés quand même.

🏯 *Phnom Sampeu : à 13 km à l'ouest de la ville, sur la route de Païlin, très poussiéreuse à la saison sèche.* Important pèlerinage bouddhique. La montagne cache également des grottes de sinistre réputation. En effet, les Khmers rouges y assassinèrent au moins 10 000 personnes. Arrivé en bas de la montagne, plutôt que de grimper l'escalier (quelques centaines de marches assez raides), continuer tout droit par la route goudronnée qui serpente sur ses flancs jusqu'au grand bâtiment blanc à colonnes de ciment. Suivre son flanc droit et tourner à droite, au niveau de la maison en bois (celle avec un réservoir d'eau). Sentier, puis quelques marches menant à la première grotte. Dans celle-ci, les prisonniers étaient précipités depuis un trou en haut de la caverne. À gauche, quelques ossements en témoignent encore. D'autres furent torturés à mort à l'électricité. Atmosphère dans la grotte assez chargée. Puis passer à gauche de la maison en bois. Sur la colline, un temple avec un grand bouddha doré. Descendre à gauche vers une autre grotte. Au passage, jolie perspective sur la *montagne du Crocodile* en face. En bas, un autre trou d'où l'on précipitait les prisonniers (et une autre cage à ossements). À droite, nouveau bouddha qui remplaça, en 2002, celui détruit par les Khmers rouges. Remonter à la statue, puis redescendre un escalier. Sentier empierré à gauche (avoir de bonnes chaussures). Enfin, chemin cimenté jusqu'au « sommet » de la toute petite montagne. Arrivée à un portique. Sur sa droite, un canon (fabriqué en RDA) pointé sur la montagne du Crocodile.

🏯🏯 *Bamboo Train : plusieurs stations possibles à quelques km. Sur la ligne Phnom Penh-Battambang au sud de la ville, par la rive droite de la rivière Sangker. Prix : 5 $ pour un petit trajet mais aussi à négocier selon distance souhaitée.* Il ne circule plus qu'un train par semaine depuis la capitale et il ne transporte que du fret. Cela n'empêche pas que la voie, autrefois coupée par les Khmers rouges, ne soit utilisée à des fins locales. Des plates-formes précaires de bambou, en fait de petits châssis rectangulaires montés sur bogies entraînés par un moteur de style tondeuse raccordé à l'essieu arrière par une courroie (tendue par le pied du pilote !), sont devenues une attraction touristique à part entière mais servent aussi de transport de petites cargaisons avec quelques passagers entre les villages qui s'échelonnent tout au long de la voie. Sur cette voie unique, à chaque croisement avec un autre *bamboo train* (ou, mieux, avec le convoi hebdomadaire qui se pousse à 25 km/h avec de fréquents arrêts quand les rails sont mal stabilisés et qu'il risque de dérailler), on démantibule le bidule, on le pose sur le bas-côté et on le remonte après. On conseille de ne pas faire le trajet qui ramène en ville, peu intéressant et trop « décharge publique ». Folklorique en tout cas.

KOMPONG THOM

IND. TÉL. : 062

Paisible ville de province située au bord de la rivière Stung Sen, Kompong Thom se trouve à mi-chemin entre Phnom Penh et Siem Reap. C'est le point de départ idéal pour la visite de *Sambor Prei Kuk*, un ensemble de temples datant du VIIe s que tout voyageur ayant le temps devrait inscrire à son agenda. Plus loin et plus difficilement accessible, *Preah Khan*, à ne pas confondre avec son homonyme d'Angkor, témoigne également de la grandeur et de l'étendue de la civilisation khmère. Particulièrement pittoresque, la campagne environnante, semée de petits sanctuaires, contribue également à justifier l'étape.

Arriver – Quitter

➤ Ts les *bus* desservant la ligne Phnom Penh (à 167 km)-Siem Reap s'arrêtent à Kompong Thom 9h30-16h30 env devant l'*Arunras Guesthouse*. *Taxis collectifs* si les horaires ne conviennent pas. Prévoir 2h30-3h de voyage vers l'une ou l'autre des destinations.

Adresses utiles

Comme toute capitale provinciale, la ville dispose d'une banque avec distributeur de billets (*Acleda* ; plan A1, *1*), d'une poste (plan A2), d'un parking pour les transports locaux (plan B2), bien que la majorité des bus s'arrêtent à côté de l'hôtel *Arunras* et même d'un bureau touristique (plan B2), toujours fermé ou presque...

Où dormir ?

De très bon marché à prix moyens (de 4 à 15 $)

🛏 *Santepheap Guesthouse* (plan B2, *10*) : 23, rue Pracheathipathay. 📱 011-882-527. Doubles avec ou sans sdb 4-6 $. Grande demeure. Au rez-de-chaussée maçonné et carrelé, des chambres avec bains (eau froide) et TV. à l'étage tout en bois, d'autres, simplissimes et séparées par de minces cloisons. Un certain charme rétro, boosté par une petite véranda donnant sur un bougainvillier. Propreté acceptable et accueil souriant.

🛏 *Arunras Guesthouse* (plan A2, *11*) : 46, bd Sereipheap. ☎ 961-238. Entrée par l'escalier situé entre les 2 restos du complexe Arunras. Selon nombre de lit et confort, doubles avec sdb 5-13 $. Tout y est un peu plus petit et moins bien que dans l'hôtel du même nom (voir ci-dessous), sans que l'essentiel ne soit négligé pour autant.

🛏 ⦿ *Arunras Hotel* (plan A2, *11*) : 39, bd Sereipheap. ☎ et fax 961-294. Selon nombre de lits et confort, doubles avec sdb 6-15 $. Le vaisseau amiral de la flottille *Arunras* occupe un grand immeuble de 6 étages. Chambres les moins chères minus et parfois aveugles. Eau chaude uniquement dans les *twin,* AC. Bonne tenue générale, un brin de déco réchauffe l'atmosphère carrelée. Accueil attentif. Attention au karaoké situé au dernier étage. Resto (voir « Où manger ? »).

🛏 *Mittapheap Hotel* (plan A1, *12*) : de l'autre côté de la rivière. ☎ et fax : 961-213. Doubles avec sdb 6-13 $. Petit hôtel au calme, simple et assez agréable. Pas d'eau chaude dans les 3 chambres ventilées du rez-de-chaussée. Dans celles à l'étage, équipées de frigo et parfois d'un balcon, on peut utiliser la clim' ou pas (10 $ dans ce cas). TV partout. Bien tenu.

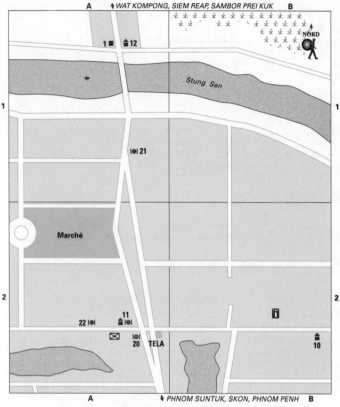

KOMPONG THOM

	Adresses utiles	**12** Mittapheap Hotel
⊠	Poste	
ⓘ	Bureau touristique	⺟ Où manger ?
1	Acleda	
⺟	Où dormir ?	**11** Arunras Restaurant
	10 Santepheap Guesthouse	**20** Resto de rue
	11 Arunras Guesthouse	**21** Resto du Stung Sen
	et Arunras Hotel	**22** The American

Où manger ?

⺟ **Resto de rue** *(plan A2, 20) : en face de l'hôtel* Arunras *(voir « Où dormir ? »), coté petite rue. Plats 0,50-1 $.* Rouleaux de printemps, sandwichs baguette, *shakes* et nouilles sautées à la mode locale. Tables le long de la rue et sur une esplanade à l'arrière. Plutôt

propre pour ce genre d'établissement. Bon aussi...

⺟ **Arunras Restaurant** *(plan A2, 11) : au rez-de-chaussée de l'hôtel* Arunras. *Plats 3-6 $ selon type et taille.* Aérée par plein de ventilos, sa grande salle est la plus animée de la ville. Cadre nickel, entièrement carrelé. Menu en anglais. Cuisine toujours bonne et vaste choix : soupe amère à la citronnelle, au poisson fumé ou au poulet et lait de coco *(keng soup)*, poulpe grillé, poisson sauté au gingembre, tortue à la vapeur, *bees salad* (salade d'abeilles), etc. Moins cher à la guesthouse qu'à l'hôtel.

|●| *Resto du Stung Sen (plan A1, 21) :* 50 m au sud de l'hôtel. ☎ 092-723-979. *Plats selon type et taille 3-5 $.* Dans cette longue bâtisse, la grande salle peuplée de tables à rallonges est très propre mais plutôt impersonnelle et vieillotte. En faire abstraction pour apprécier le calme, la simplicité attentive du service et une cuisine similaire à celle de l'*Arunras*, en un peu plus fine.

|●| *The American (plan A2, 22) : dans la petite rue qui longe l'hôtel* Arunras. ☎ 092-579-410. *Tlj 7h-21h. Plats 3-6 $.* Comme son nom l'indique, le seul endroit occidental ou plus exactement italo-américain de la ville, tout comme son patron. D'où le penchant pour les pizzas, spaghettis et glaces maison. Sans oublier les honnêtes burgers, frites, *pancakes* et *shakes*. Très propre. Bienvenu si l'on en ressent le besoin.

À faire

➤ *Balades le long des quais de Kompong Thom et dans le marché :* à faire en fin de journée. Il reste encore quelques bâtisses d'époque coloniale.

➤ *DANS LES ENVIRONS DE KOMPONG THOM*

Remarquables ou modestes mais toujours divertissantes et photogéniques, il y a plein d'excursions à faire autour de Kompong Thom !

🐾🐾🐾 *Les temples de Sambor Prei Kuk :* depuis Kompong Thom, suivre la N6 pdt 5 km en direction de Siem Reap jusqu'à une fourche avec panneau ; y obliquer à droite sur la N62 (anciennement N64), large route de latérite filant vers Tbeng Meanchey (à 130 km de là) ; après 13 km, embranchement sur la droite indiqué (panneau et mur de brique), puis 15 km de bonne piste. Alternative (pour faire une jolie boucle aller-retour) : 4 km slt après l'intersection sur la N4, bifurquer à droite (passage sous une arche), puis à gauche après 4 km ; poursuivre jusqu'au village d'Asti, où passe la piste principale ; demander son chemin, tt le monde connaît ces temples. Compter 1h de trajet. Entrée : 3 $.

Les temples de Sambor Prei Kuk sont l'un des plus remarquables exemples de l'art préangkorien (première moitié du VIIe s). Sous l'ancien nom d'Isanapura, ils furent la capitale du royaume indianisé de Chenla et dédiés au culte de Hari-Hara, unissant Vishnou à Çiva. L'architecture à base de brique est semblable à celles de sites de l'Inde du Sud : une tour centrale, représentant la montagne sacrée *meru*, entourée de sanctuaires de taille inférieure, de murs d'enceinte et de fossés. Très rare ailleurs, le plan octogonal est souvent utilisé. Aux trois grands ensembles de temples (le central, le sud et le nord) s'ajoutent dans les alentours une multitude d'autres sanctuaires plus modestes.

La visite des trois grands *prasat* se fait facilement à pied, sur des sentiers sablonneux indiqués par des panneaux. Compter une demi-journée pour parcourir ce site agréable et très boisé, reposant puisque assez calme et... quelque peu magique.

– *Prasat Sambor (groupe nord) :* passé le mur d'enceinte encore significatif, 4 tours en assez bon état sur les côtés. Au milieu, le prasat Sambor est entouré de 4 tours octogonales. Sur l'une d'entre elles, des bas-reliefs assez bien conservés révèlent notamment Çiva et de petits chevaux ailés. à terre, remarquer les quadrilatères aux flancs ciselés qui accueillaient des lingams. En allant vers le *prasat* Tor, un bassin avec des vestiges d'escaliers.

– *Prasat Tor (groupe central) :* la muraille extérieure et tous les temples sont quasiment effondrés. De façon puissante et élégante à la fois, seul le *temple du Lion* (prasat Tor) émerge au milieu des éboulis et de lianes courant d'arbre en arbre pour former des balançoires naturelles. Linteaux fort bien restaurés.

– **Prasat Yeay Peau (groupe sud) :** belles tours octogonales et intéressants vestiges de sculptures, notamment dans deux cercles sur le mur intérieur. Malgré leur forte usure, on reconnaît à gauche un lion (crinière, queue et pattes) écrasant deux guerriers. À droite, un singe fait, semble-t-il, un cadeau à une divinité.

🦐🦐🦐 **Preah Khan :** dans la province de Preah Vihear, à 4h env de Kompong Thom (en saison sèche slt). Pour la description, voir « Angkor... plus loin ! » à Siem Reap. Jusqu'à nouvel ordre, l'accès le plus aisé (relatif...) se fait depuis la N6 en allant vers Siem Reap ; bifurcation au village de Stoung, ou, plus simple, à environ 14 km de Kompong Thom (arche sur la droite). Autre option : emprunter la N62 jusqu'au carrefour de Phnom Dek, d'où une piste très sablonneuse rejoint le village de Ta Seng, où se rejoignent toutes les pistes mentionnées ici. Réservé aux motards accompagnés (tour guidé ou *moto-dop* local), à moins d'avoir une bonne expérience, de posséder un GPS, de parler le cambodgien ou, mieux encore, tout à la fois !

🦐🦐 **Prasat Kuh Nokor :** en direction de Phnom Penh par la N6, bifurquer sur la droite au km 67, sous une arche grise (surmontée de 3 tours) ; sur les 2 km restant, prendre à main droite puis à nouveau juste après Meas Kong Secondary School (avt la Primary School). Construit principalement en latérite noircie par le temps, ce petit temple datant du XIe s est élégant et assez bien conservé : enceinte, bibliothèque, salle des gardes, porte du sanctuaire ornée d'un linteau, d'un fronton et de colonnes sculptées, toujours dominé par le prang. Vous y croiserez aussi un amusant gardien-jardinier, voire un touchant prof de français à la retraite...

🦐 **Phnom Santuk :** en direction de Phnom Penh par la N6, embranchement bien indiqué au km 17. 980 marches à gravir ou, pour les véhiculés, route étroite et sinueuse jusqu'au sommet. Sur cette colline, lieu de pèlerinage régional, de spectaculaires bouddhas couchés, sculptés dans les cavités de la roche tourmentée, voisinent avec une pagode et divers pavillons sans grand intérêt. La fraîcheur de la végétation et le panorama superbe depuis une table rocheuse légèrement en contrebas, notamment au coucher de soleil, donnent un sens supplémentaire à l'excursion.

🦐 **Prasat Phum Prasat :** bifurcation côté droit de la N6, 2 km au-delà de celle de Phnom Santuk. S'engager sous l'arche bleue surmontée de 3 tours. Datant de 706, les vestiges de ce *prasat* situé à l'arrière d'un temple récent se résument aujourd'hui à une jolie tour de style Kampong Preah, restaurée il y a quelques années. Sur l'esplanade, des moines et une école villageoise de musique.

🦐 **Prasat Preah Te-Uht – une « tour de Pise cambodgienne » :** en direction de Phnom Penh par la N6, bifurquer à droite au km 7 sous l'arche aux 5 têtes de style bayon (au niveau d'un marché) ; après 500 m (temple sur la droite), prendre la branche gauche de la fourche et faire 3 km. Dans l'enceinte d'une école primaire. L'inclinaison inquiétante de cette tour, datant probablement de l'explosion d'une bombe US (le cratère est tout proche), lui vaut son surnom, bien prétentieux au regard de sa taille. Quelques linteaux et stèles, un socle de lingam et des pierres d'enceinte. L'endroit vaut surtout pour l'atmosphère et les rencontres.

🦐 **Les berges sud-ouest de la rivière Stung Sen :** suivre la rivière vers l'aval, côté « Phnom Penh » du pont. Ce sont les plus jolies. En route, on dépasse une grande demeure au relent colonial, puis une église biscornue, avant d'obliquer à droite pour suivre les flots. Sur une dizaine de kilomètres : un florilège de scènes champêtres et aquatiques. Les aventuriers peuvent poursuivre jusqu'au lac Tonlé Sap...

🦐 **Le village de Thnot Chum :** en direction de Phnom Penh par la N6, emprunter une piste sur la droite quelques km avt la fourche de Kompong Thnor (bled avec un pont métallique, à l'intersection de la N71). Faire 4 km, puis traverser la rivière par le *petit pont*. Le village se trouve juste derrière une pagode sans grand intérêt, contrairement au bâtiment à l'arrière qui date de 1933 et servait de bibliothèque. Demandez aux villageois le chemin des deux temples du style de Sambor Prei Kuk. Excursion intemporelle et délicieuse.

SIEM REAP, ANGKOR ET ENVIRONS

SIEM REAP

IND. TÉL. : 063

À 300 km au nord-ouest de Phnom Penh et à quelques encablures du lac Tonlé Sap riche en surprises, la petite ville de Siem Reap sert de porte d'accès et de lieu de séjour aux visiteurs d'Angkor. Traversée par une rivière, sertie dans un écrin campagnard fourmillant de maisons sur pilotis, paillotes et norias, Siem Reap reste un havre de tranquillité en comparaison de Phnom Penh, sans être pour autant un bourg endormi.

La ville connaît un boom touristique incroyable et propose un nombre considérable de lits, même dans la catégorie « luxe » Ce phénomène s'est encore accéléré avec le débarquement en masse de groupes de touristes asiatiques. Les grands hôtels poussent comme des champignons de rosée (sans pour autant disparaître le soir...) afin de satisfaire les plus de 2 millions de visiteurs annuels ! Les maisons traditionnelles sur pilotis aux façades de bois colorées et garnies de fleurs sont en voie de disparition, remplacées par de solides volumes modernes sans beaucoup d'élégance, à quelques exceptions près. Le trafic automobile des heures de pointe s'apparente à celui d'une grande métropole, embouteillages et klaxons compris.

Rassurez-vous, l'endroit reste malgré tout agréable puisque la plupart des nouveaux hôtels et équipements s'installent sur la route de l'aéroport, alors que l'épicentre colonial a été rénové et embelli. Une rue de ce charmant quartier dit du vieux marché, la « Bar Street », et sa jumelle, l'allée piétonne « Bar Lane » se sont même métamorphosées en mini « Khao San Road » (célèbre rue routarde branchée de Bangkok) ! Passée la surprise, convenons qu'il est bien plaisant de flâner dans les boutiques et de s'attabler à ces bars et restaurants confortables après une longue journée de visites.

Arriver – Quitter

En bus

Gare et compagnies

🚌 **Gare routière** *(hors plan par B1-2)* **:** excentrée, à 4 km à l'est sur la route 6. Joyeux chaos en permanence. Certaines compagnies ont leur propre terminal (comme *Mekong Express*). Les bus de cette gare desservent Battambang et Phom Penh. Souvent, transfert arrivée ou départ compris, organisé par la compagnie ou le vendeur de billet. Sinon, y aller en *tuk-tuk* (compter 2-3 $) ou en *moto-dop* (1 $). On peut acheter les billets sur place.

■ **Mekong Express :** *14, Sivatha Rd.* ☎ 963-662.
■ **Neak Krorhorm :** *au nord du marché.* ☎ 964-924.
■ **Capitol Tour :** *au sud du vieux marché, pas loin de Sivatha Bd.* ☎ 963-883.
■ **Khemara :** ☎ 964-512.
■ **Hour Lian :** ☎ 023-223-025.
■ **Hour Sokha :** ☎ 023-992-788.

Liaisons

➢ *Siem Reap - Phnom Penh, via Kompong Thom et Kompong Cham :* le bus est le moyen de transport le plus populaire (rapide et confortable) entre ces 2 villes. Ttes compagnies confondues, env 20 bus/j., 6h30-14h30, 5-6h de route. Arrêt à mi-chemin à Kompong Thom. Prix du simple au double (voir le chapitre « Phnom Penh » à ce sujet).

➢ *Poipet (frontière thaïlandaise) et Bangkok :* 160 km, encore en grande partie de piste. Prévoir env 4h de route. La rumeur veut qu'une compagnie aérienne et des officiels corrompus soient à l'origine de l'état honteux de cet axe. Ttes les compagnies ou presque affrètent 1 bus/j., départs 7h30-8h30, et vendent des tickets combinés jusqu'à Bangkok (prévoir au min 11h de voyage avec changement de bus, plus encore en saison des pluies). Voir « Quitter le Cambodge ». En dehors de ces horaires, acheter un siège dans un taxi collectif pour le double du prix habituel env, ou chartériser...

– *Avertissement :* dans le sens *Bangkok - Siem Reap,* il est fortement conseillé de ne pas prendre un billet combiné de compagnies privées, acheté depuis les quartiers touristiques. Voir « Comment y aller depuis le Sud-Est asiatique ? » dans « Cambodge utile. Avant le départ » en début de guide.

➢ *Siem Reap - Sihanoukville :* possible d'enchaîner en changeant de bus à Phnom Penh (exemple, avec *Mekong Express*). Partir avec les premiers véhicules (7h30), puis correspondance à 13h. Prévoir 10h de voyage.

➢ *Battambang via Sisophon :* 3 bus/j., départs 7h, 8h30 et 9h30 env, 4-5h de trajet. Voir aussi à cette ville.

En bateau

⛴ *Quai d'embarquement* (hors plan par A3) : *arrivée et départ au port de Phnom Krom, à 12 km de Siem Reap, sur le Tonlé Sap.* Prévoir 20 mn de trajet en *tuk-tuk.* Transfert normalement compris dans le billet.

➢ *Phnom Penh :* les liaisons en bateaux rapides ayant été suspendues depuis l'amélioration du réseau routier, il ne reste plus que les formules touristiques (voir le chapitre « Phnom Penh »).

➢ *Battambang :* 1 bateau/j., départ vers 7h (compter 12-15 $, 3-4 fois plus cher que le bus). Jolie à très jolie navigation (vie des berges, méandres, etc.) selon le niveau de l'eau : trop haut, il n'y a plus de reliefs ; trop bas, c'est la mort du panorama sur la rivière Sangker, vision bloquée par les rives ! Conditions de voyage (confort, durée) variables selon la saison : de 6h si tt va bien (niveau des eaux optimal) à 12h en saison sèche (mars-avr), quand il faut parfois changer d'embarcation plusieurs fois et terminer dans un pick-up archibondé. Aventure !

Le voyage se fait en gros hors-bord chargé à mort ou en barque à moteur à peine moins remplie. Assis sur son sac, on peut alors regretter l'absence de gilets de sauvetage !

En avion

✈ *Aéroport international de Siem Reap* (hors plan par A1) : *8 km à l'ouest, par la route 6.* Comptoir à motos et taxis, prévoir respectivement 1 et 5 $ jusqu'au centre (15 mn de trajet). Banques, dont *ANZ Royal* qui dispose d'un distributeur automatique. Beaucoup d'hôtels assurent une navette gratuite.

Obtention possible du visa à l'arrivée (voir la rubrique « Avant le départ. Formalités » dans « Cambodge utile » en début de guide). Taxe de 25 $ (un vrai racket !) pour quitter le pays (voir à Phnom Penh, aéroport) et 6 $ pour les vols domestiques.

Compagnies aériennes et liaisons

Pour les sites internet des compagnies, voir « Phnom Penh ».

■ *Bangkok Airways :* 571, route 6. ☎ 380-192. ● *bangkokair.com* ● Avec | Bangkok, 6 liaisons/j. au min (1h de vol). Aller-retour possible dans la journée (une hérésie, prévoir au moins une nuit !). Possible d'enchaîner avec Phuket, Sukhothai ou Luang Prabang via Bangkok.

■ *Vietnam Airlines :* 342, route 6.

☎ 963-108. • *vietnamair.com* • Avec Hô Chi Minh-Ville, jusqu'à 6 liaisons/j. (1h15 de vol) ; Hanoi, 2 liaisons/j. Compter 1h15 de vol. Nouveau vol circulaire quotidien Hanoi, Luang

---

■ **Adresses utiles**

   🚢 Quai d'embarquement
   ✈ Aéroport international de Siem Reap
   🚌 Gare routière
   ℹ Tourist Office
   ✉ Poste
  1 ANZ Royal Bank
  2 Centre culturel français
  4 Tourex Asia
  5 SBC Bank
  6 Canadia Bank
  7 Agence de la Guesthouse Dara
  9 Union Commercial Bank
 10 Carnets d'Asie

🛏 **Où dormir ?**

 11 Family Guesthouse
 13 Rasmei (Shadow of Angkor)
 14 Mahogany House et Mom's Guesthouse
 16 Golden Banana
 17 Garden House
 18 Green Garden Home
 19 Red Lodge
 20 The Villa Siem Reap
 21 Sweet Dreams – Simon Guesthouse et European Guesthouse
 22 Fresh Air, n° 0057
 23 Salabai
 24 Villa Loti
 25 Lysakura Village
 27 Les Mystères d'Angkor
 28 Siem Reap Riverside
 29 FCC Hôtel
 30 Victoria Angkor Hotel
 32 La Noria
 33 Borann
 34 Bopha Angkor Hotel
 35 Secrets of Elephants Inn
 36 Auberge Mont Royal
 38 Prum Bayon Hotel
 39 Royal Crown Hotel
 41 La Palmeraie
 42 Hôtel Angkor Village
 43 Allson Angkor Hotel
 44 La Résidence d'Angkor
 45 Sofitel Royal Angkor
 46 Raffles – Grand Hôtel d'Angkor
 47 Hôtel de la Paix
 48 Shintamani

🍽 **Où manger ?**

  7 Restos « à la locale » (Fulon II, Buntha, etc.)

 10 Carnets d'Asie
 23 L'école hôtelière Salabai
 32 La Noria
 34 Restaurant du Bopha Angkor Hotel
 37 Orchidee Angkor Restaurant
 40 Madame Butterfly
 42 L'Auberge des Temples
 44 Restaurant de La Résidence d'Angkor
 46 Restaurants du Raffles – Grand Hôtel d'Angkor
 50 Restos de rue
 51 Khmer Kitchen
 52 Restos « à la locale » (Karo, etc.)
 54 Socheatea
 55 Arun
 56 The Blue Pumpkin
 57 Little India et The Soup Dragon
 58 Moloppor Café
 59 Sawasdee Food Garden
 60 Le roi du sandwich baguette
 61 Kama Sutra
 62 Bei Jing Dumpling Restaurant
 63 Banteay Srei
 64 Barrio
 65 Ginga

🍸 **Où boire un verre ?**

  4 Le Bistrot de Paris
 29 Bar du FCC
 50 Bubble T
 61 The Banana Leaf, Le Tigre de Papier, Angkor What ? et Miss Wong
 76 Linga Bar
 77 Red Piano et In Touch
 79 The Singing Tree Café
 80 Dead Fish Tower Bar

🎆 **À voir**

 46 Architectures et monuments coloniaux
 91 Grand marché (psaar Leu)
 92 Marché de nuit
 93 Vieux marché (psaar Chas)

🛍 **Achats**

  8 Senteurs d'Angkor
 100 Les Artisans d'Angkor
 101 Samatoa

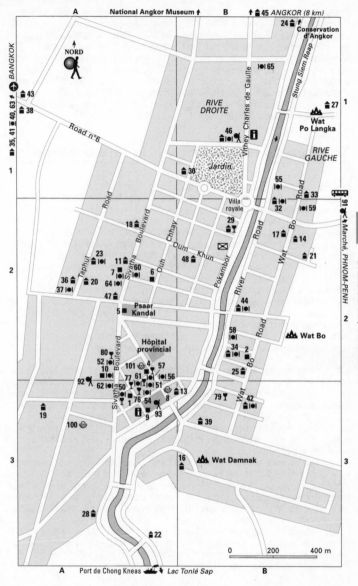

Prabang, Siem Reap.

■ *Lao Airlines :* 114, route 6. ☎ 963-283. Avec Luang Prabang, 2 liaisons/sem ; Vientiane, 5 liaisons/sem (2h30 de vol) ; Paksé, 1 liaison/j. Pour et depuis Luang Prabang, des vols avec *Bangkok Airways,* via Bangkok.

■ *Silk Air :* ☎ 380-389. 1 liaison/j. avec Singapour via Phnom Penh et Da Nang.

■ *Malaysia Airline : bureau à l'aéro-port.* ☎ 964-135. ● *malaysiaairlines.com* ● Avec Kuala Lumpur, 1 liaison/j.

■ *Siem Reap Airways :* 40, route 6. ☎ 380-192. Avec Phnom Penh, 4 liaisons/j. au min (50 mn de vol) ; Hong Kong, 3 liaisons/sem.

■ *PMT Air :* ☎ 760-942. ● *pmtair.com* ● Avec Sihanoukville, 3 liaisons/sem (voir cette destination pour plus d'infos).

Transports en ville et sur le site d'Angkor

L'entrée du site d'Angkor est à 8 km au nord de Siem Reap.

– *Location de vélos :* plusieurs boutiques sur Sivatha Bd. Choix entre des vélos classiques monovitesse et des VTT de qualité moyenne. La région est plate, une simple petite reine vaut mieux qu'un VTT qui déraille, tester l'engin ! Meilleur moyen pour se balader dans Siem Reap, le vélo est aussi très bien pour visiter Angkor, avec quelques réserves pendant la saison chaude (ici plus redoutable qu'à Phnom Penh). Voir plus loin « Conseils pratiques. Comment visiter Angkor ? ». Savoir que le prix de location (à partir de 1 $) s'entend norma-lement à la journée (remise du vélo escomptée avant la fermeture nocturne) et non sur une base 24h/24 ; cette dernière est cependant possible. Négocier et faire noter sur son reçu le prix correspondant au jour et à l'heure de remise envisagée.

– *Achat de vélos :* possible d'acheter un vélo pour 20 $ et ainsi de contribuer au fonctionnement de l'ONG *Handicap international* qui a développé un centre de réa-daptation pour mutilés à Siem Reap. *Se renseigner au* ☎ 964-364. ● *handicapinter national.be* ●

– *Attention, ne pas louer un vélo électrique !* Leur rayon d'action et le nombre réel de stations de ravitaillement (ne pas croire les dépliants) sur le site d'Angkor ne permet pas de sillonner le site sans risquer (ou être sûr...) de tomber en panne. Pédaler à vide sur ces modèles assez rustiques, c'est comme faire du *home trainer* calé sur un réglage « Bernard Hinault » ! Pas marrant du tout en plein soleil, sauf pour ceux qui vous croisent, évidemment morts de rire. On a testé ! Dommage pour cette initiative d'*Apsara* (autorité administrative gérant le site), séduisante sur le papier mais mal gérée.

– *Location de motos :* fermement interdite aux touristes jusqu'à nouvel ordre. Plus d'histoire de bakchichs pour contourner la loi ! Dommage pour ce moyen indépendant et toujours économique de découverte. Les adeptes de raid à deux-roues se consoleront en apprenant qu'il reste possible de sillonner la province avec une moto louée en dehors de celle-ci (à Phnom Penh, se renseigner auprès des loueurs).

– *Motos-taxis (motos-dops) :* nombreux, comme ailleurs. On les hèle dans la rue ou ils vous abordent d'eux-mêmes. Possible aussi de demander à sa pension. Négocier le service avant de monter, qu'il soit à la course (à partir de 0,50 $), à l'heure ou à la journée (prévoir 10 $ dans ce cas). Ils acceptent tous de vous conduire à Angkor.

– *Tuk-tuk :* si vous êtes 2 ou 3 et que vous ne voulez pas pédaler, voici le moyen de transport le plus pratique, économique et sympa pour sillonner Angkor et les envi-rons de Siem Reap. Là encore, bien négocier les tarifs ! Compter environ 15 $ la journée complète. Si vous en trouvez un qui vous convient, gardez-le et négociez le tarif sur plusieurs jours.

– *Voitures et minibus (avec chauffeur) :* prévoir de 20 à 30 $ par jour, avec un supplément pour Banteay Srei, Kbal Spean et les autres temples éloignés.

Adresses et infos utiles

Infos touristiques

Tourist Office *(plan B1) : sur la route des temples, un bâtiment blanc presque en face du* Grand Hôtel. *Lun-ven 7h-11h, 14h-17h. Pas beaucoup de personnel, ni de services ou d'infos à soutirer. Pour avoir des bonnes infos à jour, procurez-vous le trimestriel en anglais* Ancient Angkor Guide Book. *On le trouve dans pas mal de boutiques.* ● *an cientangkorguide.com* ●

Tourist Office *(plan A3) : pas loin du vieux marché. Ouv lun-ven 8h30-12h, 14h30-17h30. Peu de doc à emporter, mais beaucoup de bonne volonté.*

✉ **Poste** *(plan B2) : sur Pokambor Ave, rive droite. Tlj 7h-17h30. Lettres et paquets, philatélie et téléphone. Faire oblitérer vos lettres sous vos yeux est toujours conseillé. Si vous pouvez, préférer Phnom Penh pour vos envois (plus* fiable et rapide).

Centre culturel français *(plan B2, 2) : 418, rue Wat Bo.* ☎ *963-265.* ● *ccf-cambodge.org* ● *Tout frais et garni d'un petit café attenant, avec terrasse (de 7h30 à 21h). Projections de films et de documentaires. Bibliothèque (du lundi au samedi de 9h30 à 12h et de 15h30 à 19h). Chaque année mi-décembre, le centre organise les* **Nuits d'Angkor.** *Ce festival de danses et spectacles rassemble des troupes cambodgiennes et françaises sur une scène construite devant la façade ouest d'Angkor Wat, illuminée pour l'occasion.*

Agent consulaire français : *M. Pascal Royère, consul honoraire.* 📱 *012-634-906.* ● *pascal.royere@free.fr* ● *am bafrance-kh.org* ●

Banques et change

ANZ Royal Bank *(plan A3, 1) : Acheaman St, proche de l'entrée sud de Bar St. Lun-ven 13h-21h. Bons taux de change. DAB 24h/24.*

SBC Bank *(plan A2, 5) : 18A, Sivatha Bd.* ☎ *963-838. Lun-sam 7h30-20h30 ; dim 8h-16h. Change les espèces et les* travellers. *Retrait avec carte de paiement sans commission. Transfert international d'argent* **Western Union.**

Union Commercial Bank *(plan A3, 9) : face à l'angle sud-ouest du marché.*

☎ *963-703. Lun-ven 8h-15h30 ; sam 8h-12h. Mêmes services que la SBC,* Western Union *compris.*

Distributeurs automatiques : *pratiques, accessibles 24h/24 et en pleine multiplication. Disponibles dans les agences :* **ANZ Royal Bank,** *route 6 (hors plan et plan A1) et à l'aéroport ;* **Canadia Bank,** *face au sud du vieux marché (plan A3) et sur une placette bordant Sivatha Bd (plan A2, 6) ;* **Union Commercial Bank,** *voir ci-dessus et au nord de Psaar Kandal (plan A2).*

Agences de voyages

All Cambodia Service *(plan A2-3) : 349, Mondul I, Svay Dong Kum ; derrière le vieux marché, presque sur Sivatha Bd.* ☎ *760-888.* ● *allcambodias. com* ● *Agence cambodgienne efficace sous tous rapports, présente dans tout le pays. Impeccable pour toutes les réservations de bus, bateau, avion, etc. Prévoir + 3 % pour les paiements par carte.*

Tourex Asia *(plan A2, 4) : 550, Mondul I, Svay Dong Kum ; pile à l'entrée nord de Bar St.* ☎ *964-277.* ● *tourexia group.com* ● *Tlj 8h30-21h. Même genre* de services fiables que All Cambodia.

Agence de la Guesthouse Dara *(plan A2, 7) : 10, Sivatha Bd (kiosque situé devant la pension du même nom).* 📱 *012-956-139. Tlj 6h-20h30. Un jeune Cambodgien sympathique peut tout arranger en matière de transports : billet de bus, de bateau, location de voitures avec chauffeur.*

Asia Holidays *(hors plan par A1) : 266, Phsar Deum Kralagn St.* ☎ *761-606.* 📱 *092-843-803. Près de la route de l'aéroport. Agence locale dépendant de* Phoenix Voyages *et dirigée par un jeune*

Français qui n'a pas son pareil pour résoudre tous les problèmes d'héber- | gement, d'excursions, de locations et même plus.

Urgences

En cas de pépin grave, il est préférable d'aller à Phnom Penh ou, encore mieux, à Bangkok, et contactez votre assurance voyage.

▪ *Naga International Clinic (hors plan par A1)* **:** 593, National Rd 6. ☎ 964-500. 🖥 016-666-492 *(urgences 24h/24). En face du* Secret of Elephants Inn. Spécialiste de la réanimation. Salle d'urgences et 2 chambres d'hospitalisation pour l'évacuation-rapatriement. Radiographie, échographie. Personnel francophone et anglophone. En général, on y trouve d'excellents jeunes médecins thaïlandais.

▪ *Hôpital provincial (plan A2) : au nord du vieux marché.* ☎ 963-111. À éviter de préférence, même si les chambres les plus récentes sont réservées aux touristes.
▪ *Pharmacies : Kanya, dans la rue de l'hôpital principal, proche du resto* Happy Pizza. 🖥 016-337-724. *Tlj 24h/24.* **U-care,** *en face de* Tourex Asia. *Tlj 8h-21h.* Moderne, rayons de parapharmacie et beauté.

Téléphone et Internet

De nombreux cybercafés sont répartis à peu près partout en ville. On vient y surfer, bien sûr, à partir de 0,75 $/h, dans des conditions de confort (rapidité, matériel, assise) très variables. Faire un petit tour avant d'élire son préféré. On peut aussi y passer des coups de fil internationaux à prix réduits. Là encore, faire un petit tour avant, car les tarifs pratiqués à Siem Reap varient du simple au triple. Pour plus d'infos, voir la rubrique « Téléphone, télécoms » dans « Cambodge utile » en début de guide.

Divers

▪ *WA-Galery-Concept-Store, attenant aux* **Carnets d'Asie** *(plan A2, 10) :* 333, Sivatha Bd. 🖥 016-746-701. Un endroit polymorphe, à la fois librairie francophone, boutique d'artisanat et galerie d'art. Excellent resto (voir « Où manger ? »). Côté livres, un choix ciblé de romans, essais, cartes et guides, sur Angkor et le Cambodge mais aussi sur l'Asie en général. Même maison qu'à Phnom Penh. La galerie propose aussi à la vente des meubles et des œuvres originales d'artistes plasticiens, de créateurs de mode, de photographes et d'artisans d'horizons divers résidant ou

non au Cambodge ; bijoux afghans, laques vietnamiennes, poteries khmères, etc.
▪ *Monument Books (hors plan par B1) : dans la galerie du Musée national d'Angkor. Tlj 8h-20h.* Annexe élégante de la grande librairie anglophone de Phnom Penh. Beaucoup de très beaux livres, en particulier sur le site d'Angkor. Annexe à l'aéroport.
▪ *Angkor Market : Sivatha Bd ; à l'angle de Sivatha St. Tlj 7h30-22h.* Un supermarché bien fourni, avec pas mal de produits alimentaires de type occidental. Journaux, distributeur de billets.

Où dormir ?

– Toutes les chambres disposent d'une salle de bains, sauf indication contraire.
– Transport depuis l'aéroport ou le bateau en général offert avec la réservation.
– Tous les établissements ci-dessous ou presque peuvent réserver des billets de bus ou de bateau, moyennant une éventuelle petite com'.
– Toute l'année, des réductions sont possibles (demander, négocier). Elles sont systématiques et conséquentes en basse saison (de mai à septembre) dans nombre d'hôtels de luxe.

De très bon marché à bon marché (de 3 à 10 $)

Fresh Air, n° 0057 (plan A3, **22**) : au sud de la ville, sur la rive gauche ; un poil excentré, près de la ferme des crocodiles. ☎ 012-980-453. ● wabsreap@hotmail.com ● Doubles 4 et 8-10 $ selon confort. Bonne adresse routarde dans ce quartier populaire. Demeure traditionnelle en bois, avec véranda. Chambres simples, correctement tenues, équipées de ventilo, avec ou sans salle de bains. Fauteuils et hamacs sous paillote. Atmosphère conviviale, petit resto. Lessive perso autorisée et bicyclettes à disposition.

Sweet Dreams – Simon Guesthouse (plan B2, **21**) : 126, petite impasse parallèle à l'arrière de Wat Bo Rd. ☎ 012-885-409. ● happy11gt@hotmail.com ● Prévoir 4-6 $. Grande maison moitié en dur moitié en bois, avec une petite cour-jardin et resto. Chambres correctes, ventilées, avec ou sans sanitaires. Un peu désordonné dans les communs, mais cela n'a pas l'air de gêner la clientèle, aussi joviale que le personnel.

De bon marché à prix moyens (de 5 à 18 $)

Family Guesthouse (plan A2, **11**) : 19, Sivatha Bd. ☎ 968-960. ● familyguesthouse@gmail.com ● À 100 m au nord de la rue par une petite allée sablonneuse. Compter 5-10 $. Comme tant d'autres petites pensions, la maison familiale en bois a laissé place à un petit immeuble en dur. Toutes combinaisons de chambres carrelées : 1 ou 2 grands lits (quelques triples aussi), ventilo ou clim', eau froide ou chaude. Les plus chères sont plus grandes, meublées et fraîches. Literies et sanitaires décents. Au rez-de-chaussée, qui sert aussi de salon familial, réception et 2 tables pour se restaurer simplement. Calme (car isolé du boulevard). Bien... mais un effort minimum de déco ne nuirait pas. Accueil particulièrement gentil. Fournissent le tuk-tuk pour visiter les temples.

Red Lodge (plan A3, **19**) : chemin de terre près de la route des Artisans d'Angkor, à 5 mn à pied du vieux marché. ☎ 012-503-795. ● redlodgeangkor.com ● Prévoir 7-12 $. Dans une grande villa récente, une dizaine de chambres avec salle de bains (eau froide), toutes similaires et bien tenues ; dommage que le prix double avec la clim'. Grande cour-jardin où savourer le petit déj en piochant dans la bibliothèque. Vélo à disposition, thé et café à volonté. Bon accueil.

Mahogany House (plan B2, **14**) : au nord de Wat Bo Rd, non loin de la route 6. ☎ 963-417. Compter 5-14 $. Maison de bois avec un balcon aménagé pour les hôtes (fauteuils, quelques bouquins). 10 chambres avec ou sans salle de bains. Moustiquaire, ventilo, plus la clim' pour quelques-unes. Une des plus anciennes pensions de la ville et qui tient toujours bien la route grâce à l'accueil familial prévenant et souriant. Cybercafé et agence de voyages au rez-de-chaussée.

European Guesthouse (plan B2, **21**) : en face de Sweet Dreams - Simon Guesthouse. ☎ 508-408. ● european.guesthouse.com ● Chambres 5-10 $. Même principe que chez le voisin en plus grand, plus calme et moins entassé. Simples chambres mais généreuses, au plancher de bois verni. Au choix : ventilo-eau froide ou clim'-eau chaude. Balcon avec tables et bancs. Accueil très gentil, familial. Un bon plan.

Garden House (plan B2, **17**) : 129, Wat Bo Rd. ☎ 964-810. ● ithkimphan@camintel.com ● En face de Mom's Guesthouse. Doubles 8-15 $. C'est la maison du Dr Ith Kim Phan, à la retraite mais encore compétent. Ici aussi, la maison khmère traditionnelle a fait place à un bâtiment moderne de 2 étages et 30 chambres, équipées de bains et, plus accessoirement, de TV. Sinon, choix classique entre ventilo-eau froide et clim'-eau chaude. La maîtresse des lieux est une grand-mère francophone adorable. Avec le patron, encore bon pied et bon œil, ils prodiguent un accueil toujours aussi chaleureux (possible de venir vous chercher à l'aéroport gratos).

CAMBODGE / SIEM REAP

De prix moyens à un peu plus chic (de 10 à 50 $)

🛏 |●| *Salabai* (plan A2, *23*) : 155, Taphul Rd. ☎ 963-329. 📱 012-717-628. ● salabai.com ● *Petite rue parallèle à l'ouest de Sivatha Bd. Ouv de mi-oct à juil. Résa obligatoire. 3 chambres 10 $ la nuit avec ventilo et 13 $ avec la clim', plus une suite 25 $ la nuit, avec clim'.* Il s'agit des chambres d'application de l'école hôtelière *Salabai*, fondée par l'ONG *Agir pour le Cambodge* (voir la rubrique « Aide humanitaire » dans « Cambodge : hommes, culture et environnement » en début de guide). 3 chambres classiques avec eau chaude, moustiquaire, TV. Spacieux et hyper-propre, sinon les étudiants se paient une mauvaise note ! Également une suite assemblée sur le volume de 3 chambres standard (coin salon, frigo et baignoire). Possibilité de prendre son petit déj dans la salle de l'excellent resto (voir « Où manger ? »), sauf le week-end.

🛏 *Siem Reap Riverside* (plan A3, *28*) : à 350 m au sud du vieux marché, sur la rive droite un peu avt la Crocodile Farm. ☎ 390-038. 📱 012-550-055. ● siemrea priverside.com ● *Doubles 15-30 $ selon confort (avec petit déj pour les plus chè-res). Internet dans le lobby.* Petit hôtel sur 2 étages avec bar-terrasse bien agréable sur le toit, *lobby* avec boiserie évoquant l'univers des temples. Chambres à la déco simple mais bien tenues. Fournissent les transports à la journée pour la visite des temples et du Tonlé Sap. Bon rapport qualité-prix.

🛏 *The Villa Siem Reap* (plan A2, *20*) : 153, Taphul Rd. ☎ 761-036 ou 092-256-691. ● thevillasiemreap.com ● *Proche de Salabai. Résa conseillée. Prévoir 18-50 $, petit déj compris. Wifi gratuit.* Hôtel branché aux couleurs funky et à l'ambiance relax (et non-fumeurs) jusqu'à la réception. Hébergement en catégories *standard* à *deluxe*, plus une poignée de *garden bungalows* (avec jardin) autour de 50 $. Clim', eau chaude, TV, frigo, déco et propreté scrupuleuse pour tout le monde. L'espace et le raffinement viennent avec les prix. Espace café' et sofas colorés négligemment disposés dans le jardin. Buffet barbecue à volonté les mardi et vendredi. Piscine d'eau salée et gym pas

loin, prix d'entrée en sus de 5 $. Voilà une affaire anglo-saxonne comme on les aime. Organisation d'excursions originales.

🛏 *Green Garden Home* (plan A2, *18*) : 100 m à l'ouest de Sivatha Bd par une petite rue perpendiculaire. ☎ 963-342. ● greengardenhome.com ● *Doubles 15-28 $; également 3 suites (dont 2 familiales 3-4 personnes) avec baignoire 55 $, petit déj compris. Internet gratuit.* Au calme. 3 bâtiments dans une grande propriété plantée d'arbres et garnie d'une mignonne petite piscine entourée de chaises longues. Toutes les chambres sont équipées de clim' et ventilo, d'eau chaude, d'une TV et d'un frigo. Les *standard* du bâtiment de la réception ne sont pas terribles. Les *deluxe* sont beaucoup mieux, avec balcon ou terrasse. L'une donne sur la piscine. Déco exotique au 1er (rotin, coussins au sol) ou cossue au rez-de-chaussée (parquet ciré, meubles vernis brun foncé). Accueil familial et délicieux.

🛏 *Rasmei* (*Shadow of Angkor* ; plan A-B3, *13*) : Pokambor Ave ; le long de la rivière, à deux pas du vieux marché. ☎ 964-774. ● shadowofangkor. com ● *Compter 15-25 $. Internet gratuit.* Meilleur rapport parmi les quelques pensions installées dans les bâtisses coloniales du vieux quartier. Sur 2 étages, 15 chambres aux sols carrelés et meubles en bois à la khmère. Équipements variables ; clim', eau chaude, TV, frigo et balcon pour les plus chères. Grand resto-bar au rez-de-chaussée. Management cambodgien, bonne tenue. Suffisamment isolé de Bar Street pour être calme. Annexe de l'autre côté de la rivière.

🛏 *Mom's Guesthouse* (plan B2, *14*) : 99, Wat Bo Rd. ☎ 964-037. ● momgues thouse.com ● *Voisine de Mahogany Guesthouse. Compter 12-25 $ de la single à la triple, petit déj simplissime inclus pour les chambres standard. CB acceptées. Internet gratuit.* Une bâtisse neuve sans charme de 26 chambres a remplacé la maison traditionnelle. Doubles avec baignoire et eau chaude, ventilo + clim', frigo et TV. Correctement tenu, un peu de mobilier en bois et rotin vient réchauffer la blancheur des murs et carrelages. Plus aussi familial et sympathique que par le passé mais toujours de bon rapport qualité-prix.

🛏 *Lysakura Village (plan B2, 25)* : 455, Wat Bo Rd ; à l'angle d'une intersection. ☎ 963-404. ● sakuravillage.co. cc ● À 5 mn à pied du vieux marché. Doubles 25-40 $. Wifi payant. Grosse demeure de 2 étages garnie de véran-das se terminant en de confortables terrasses sur l'avant. Tout, jusqu'aux meubles lourdement sculptés, a subi la loi brillante du vernis ! Reste assez propre, confortable et bien équipé : frigo, grands lits, eau chaude, minibar, TV et clim'. Autrefois pesamment cossu et rutilant, aujourd'hui désuet, le lieu vaut pour son atmosphère curieuse, son prix et la localisation (assez calme).

D'un peu plus chic à plus chic (de 30 à 77 $)

🛏 ⍊ *Bopha Angkor Hotel (plan B2, 34)* : 512, Ashasvar St. ☎ 964-928. ● bopha-angkor.com ● Prévoir 45-77 $, petit déj inclus. Avec une petite quarantaine de chambres, une bonne situation en bord de rivière, assez au calme sans être loin du vieux marché. Architecture imitant en dur l'exotisme khmer. Daté et un peu rococo mais pas rédhibitoire, plutôt amusant. Charme et petit luxe à des prix intéressants dans sa catégorie. Pour les familles, 1 chambre à 2 pièces communicantes (65 $). Déco variable selon les prix. Resto à succès (voir « Où manger ? »). Belle piscine, végétation abondante, petits bassins glouglou-tants et bar agréable. Accueil impec'.

🛏 *Les Mystères d'Angkor (plan B1, 27)* : au nord de Wat Bo Rd, derrière le wat Po Lanka (on peut d'ailleurs la traverser). ☎ 963-639. ● mysteres-angkor. com ● Doubles 49-64 $; 1 grande suite familiale env 80 $; petit déj non compris, servi dès 6h. 6 maisons d'un étage (une vingtaine de chambres en tout) dans un hiver délicieux de verdure et de cocotiers, à l'écart du brouhaha de Siem Reap. Tenu par des Français tombés sous le charme du pays. On y loge *Chenla* (double ou twin) ou *Funan* (1 lit double + 1 simple). L'architecture et la déco néokhmère épurée (bois exotiques, terra cotta, moustiquaire sur baldaquin) inspirent un confort moderne (clim' et ventilo) sans superflu : vasques en poterie en lieu et place de lavabos, pas de TV, histoire de faire un vrai break ! Belle piscine (massages possibles sous les kiosques) apportant la fraîcheur nécessaire. Réception et salon dans une maison khmère joliment restaurée. À l'étage, sous la vieille charpente, le resto : table d'hôtes à menu fixe sur résa (9 $), petit déj. Accueil très plaisant et conseils intéressants. Services possibles (excursions).

🛏 ⍊ *La Noria (plan B1-2, 32)* : River Rd, proche du pont de la villa royale. ☎ 964-242. ● lanoriaangkor. com ● Compter env 40 $. Internet payant. Une pension de charme, au bord de la rivière. Une petite trentaine de chambres impeccables, réparties dans 7 pavillons d'un étage. Douche chaude avec jarre traditionnelle, balcon ou terrasse avec vue et accès au jardin. Ventilo ou clim'. Personnel accueillant. Piscine petite mais profonde. Bon resto (voir plus loin). Incorpore un centre de massage ouvert aux non-résidents, pratiqué par des aveugles formés par Krousar Thmey (voir la rubrique « Aide humanitaire » dans « Cambodge : hommes, culture et environnement » en début de guide). Une de nos adresses préférées.

🛏 *Golden Banana (plan B3, 16)* : au fond d'une impasse entre la rivière et le wat Damnak. ☎ 761-259. ● golden-banana.com ● 3 structures sous le même label vert pomme, style boutique-hôtel : le *B & B* au confort simple à 25 $, les chambres doubles à 45-55 $, petit déj compris dans les pavillons plus récents entourant une belle piscine, et un restaurant de cuisine khmère. Les villas en style pagode sont décorées de façon exquise et l'ensemble, dans un jardin tropical, donne aux occupants une impression d'intimité douillette. Écrans plats et wifi dans les plus chères. L'adresse est fréquentée par la communauté gay mais sans exclusive.

🛏 *Secrets of Elephants Inn (hors plan par A1, 35)* : sur la route de l'aéroport (N6). ☎ 964-328. ● angkor-travel.com ● Chambres 30-40 $, petit déj compris. Dans une grande demeure tradition-

CAMBODGE / SIEM REAP

nelle en bois, 8 belles chambres, chacune inspirée d'un pays asiatique différent. Environnement bucolique et bar dans la végétation. Organisation de tout style d'excursions basées sur une très bonne connaissance de la région. Massages. Français parlé. Cuisine au diapason de l'ensemble. Une de nos adresses favorites.

🛏 **Borann** *(plan B1, 33)* : *juste derrière* La Noria. ☎ 964-740. ● *borann.com* ● *Résa conseillée. Double 45 $.* Au cœur d'un quartier encore pittoresque et calme, une auberge de charme noyée dans la verdure et les fleurs. Dans un style inspiré par l'architecture locale, semblable à *La Noria* (même propriétaire), 5 pavillons d'un étage, abritant chacun 4 chambres séparées, personnalisées et d'excellent confort (ventilo et AC). Meubles chinés chez les antiquaires. Piscine. Dommage que le resto ne soit pas toujours à la hauteur.

🛏 **Auberge Mont Royal** *(plan A2, 36)* : *497, Taphul Rd (en face de* The Villa Siem Reap*).* ☎ 964-044. ● *auberge-mont-royal.com* ● *Compter 30-55 $, petit déj compris. Wifi gratuit.* Petit boutique-hôtel plaisant de 3 étages et d'une petite trentaine de chambres, profitant du calme de la rue. Les *deluxe* sont plus grandes et jolies que les *standard* et bénéficient d'une baignoire. Esthétique soignée, les bois sombres se mêlent aux couleurs de l'artisanat cambodgien. Coffre, TV, eau chaude, clim' + ventilo. À l'arrière, une petite mais coquette piscine et des bungalows tout neufs. Resto, bar. Personnel affable, management francophone un peu moins.

🛏 **Prum Bayon Hotel** *(plan A1, 38)* : *545, route de l'aéroport (N6).* ☎ 963-568. ● *prumbayonhotel.com* ● *Doubles 60-70 $, petit déj inclus.* Grande

demeure de style « néo-khméro-colonial » de 2 étages, sise en retrait d'un jardin avec jet d'eau. Décoration intérieure tout bois à la cambodgienne ; cossu mais un peu daté. Chambres de bon confort et bien équipées (clim', eau chaude, coffre, minibar, TV). Piscine et resto. Accueil souriant.

🛏 **Villa Loti** *(plan B1, 24)* : *105, River Rd.* ☎ 963-879. ● *coconut-hotel-angkor. com* ● *Continuer le long de la rive ouest depuis la villa royale. Résa conseillée. Doubles 46-67 $, petit déj américain compris ; prix variables selon nombre d'occupants, du solitaire à famille de 4 (voir site). CB acceptées.* Grande et chaleureuse propriété de bois et de brique, noyée au fond d'un jardin touffu. Réparties sur 2 niveaux, une poignée de chambres avec balcon, plus 2 suites au rez-de-chaussée avec terrasse. Clim' + ventilo, douche avec eau chaude + jarre, lits avec moustiquaire-baldaquin, frigo et bouilloire. Paillotes pour boire un verre, lire un bouquin. Transport payant de et vers l'aéroport. Belle adresse dans ce coin encore typique de Siem Reap.

🛏 **Royal Crown Hotel** *(plan B3, 39)* : *7, Makara St ; entre River et Wat Bo Rd, à 200 m du vieux marché.* ☎ 760-316. ● *royalcrownhotel.com.kh* ● *Compter 45-60 $, petit déj compris.* Hôtel de miniluxe récent et bien situé, dans ce quartier assez calme. Belle construction de 60 chambres, grands volumes, large utilisation du bois. Chambres spacieuses et confortables : salle de bains carrelée avec baignoire, clim', minibar, TV, etc. Toutes bénéficient du soleil, les plus chères, en angle, étant particulièrement lumineuses (5 fenêtres !). Remarquablement propre. Agréable *beer-garden* et petite piscine. Accueil impeccable.

Bien plus chic (de 70 à 140 $)

🛏 **Shintamani** *(plan B2, 48)* : *rue Oum Khun.* ☎ 761-998. ● *shintamani.com* ● *Chambres 100-140 $.* Boutique-hôtel de 18 chambres. Quelques *superiors* proches du *lobby* ; toutes les autres sont à proximité de la très jolie piscine ou du spa. Baignoire + douche tropicales ouvertes sur la chambre dans les *deluxe*. Tout l'équipement d'un hôtel de

luxe, dont l'accès wifi gratuit. Le spa, très réputé, dispose de plusieurs chambres de traitement gérées par des thérapeutes professionnels. Resto doté d'une terrasse élégante proposant une cuisine contemporaine et saine. En plus de toutes ces qualités, les fondateurs du *Shintamani* sont des philanthropes, ayant pris à leur compte une déclaration des Nations unies : « L'industrie touristique, de par son énorme volume d'activité, doit redoubler d'effort pour assumer son rôle de leader potentiel en matière de réduction de la pauvreté. » L'*Institute of Hospitality* maison illustre cette volonté, tout comme les actions conjointes menées avec l'*hôtel de la Paix*, auxquelles on peut participer.

🛏 *Allson Angkor Hotel* (plan A1, **43**) : sur la route de l'aéroport (N6). ☎ 964-301. ● angkor-hotel-cambodia.com ●

Prévoir 70-85 $ pour une double, petit déj inclus ; également des triples à prix intéressant. Ne pas hésiter à négocier les prix. Hôtel moderne, mastodonte de 200 chambres confortables, spacieuses et bien équipées : clim', minibar, coffre, TV satellite... Cadre luxueux mais un peu « standard-kitsch » : faux toit en pagode, bois vernis, etc. Sauna et salle de gym, belle piscine. Accueil à géométrie variable.

Très chic (de 110 à 280 $)

🛏 |●| *Hôtel Angkor Village* (plan B3, **42**) : au sud de Wat Bo Rd, par une perpendiculaire pavée. ☎ 963-561. ● angkorvillage.com ● *Résa conseillée. Prévoir en hte saison 110-170 $, petit déj inclus.* Cette belle adresse est l'œuvre d'un couple d'architectes franco-cambodgien, passionné par le style traditionnel khmer. Inspirée des *kots*, villages de bonzes construits près des pagodes, une quarantaine de chambres en bois a été construite. Savoir quand même qu'une fois dans sa chambre, le concept ne prend tout son sens que dans les *deluxe* (ameublement « antiquaire », pénombre calculée, fenêtres donnant sur des bassins de lotus, vraiment très classe), deux fois plus grandes que les chambres *budget*. L'ensemble, érigé sur une plate-forme et ses pilotis, avec la piscine au milieu de la végétation, a beaucoup de cachet. En bonus, bonne cuisine à l'*auberge des Temples* (voir « Où manger ? ») et spectacle le soir à l'*Apsara Theatre* (voir « Loisirs » plus bas).

🛏 *FCC Hôtel* (plan B2, **29**) : Pokambor Ave ; près de la résidence royale. ☎ 760-280. ● fcccambodia.com ● *Chambres 130-190 $, suites 280 $ et plus, petit déj compris. Internet.* Ancienne résidence du gouverneur

français, au bord de la rivière, à l'architecture des années 1930 parfaitement retapée et mise en valeur. Une trentaine de chambres et 2 suites agréablement distribuées autour d'une piscine d'eau salée. Classieuses, au design un poil zen, à la hauteur de leur écrin. Huiles essentielles, textiles cambodgiens, écran plats LCD. Le tarif inclut aussi le hammam et le jacuzzi. Massage possible.

🛏 *La Palmeraie* (hors plan par A1, **41**) : sur la route de l'aéroport (N6). ☎ 962-113. ● lapalmeraiedangkor.com ● *3 formules différentes : 4 chambres single ou doubles (120 $), le bungalow familial pour 4 (160 $) et la villa privative avec large terrasse et billard qui peut accueillir 8 pers (450 $) ; petit déj inclus.* Sorte de boutique-hôtel située à 4 km à l'écart de la ville, au milieu d'un gros bouquet de palmiers de haute futaie. 2 petites piscines agrémentent un jardin tropical impeccable que bordent les bungalows construits en style traditionnel, de très bon confort et dotés de toutes les options souhaitables. Le tout est décoré avec un goût très sûr. Personnel aux petits soins. Terrain de boules éclairé la nuit. Une navette est prévue pour rejoindre le centre. Circuits en char à bœufs.

Spécial coup de folie (de 115 à 650 $)

En dehors de nos catégories habituelles, mais en basse saison les promos peuvent se révéler intéressantes. Petit déj-buffet inclus dans le tarif pour toutes les adresses (encore heureux !).

🛏 |●| *La Résidence d'Angkor* (plan B2, **44**) : River Rd. ☎ 963-390. ● residence

dangkor.com ● *Prévoir 175-305 $.* Peut-être le plus bel hôtel de la ville, en tout cas plébiscité par tous. Entièrement en bois avec des ajouts de pierre et de bambou, dans un style khmer revisité. Le mur de la réception représente ni plus ni moins les bas-reliefs de la terrasse du Roi lépreux. Grandiose. Aucune faute de goût, charme et sobriété tout à la fois. Nombreuses terrasses sur des bassins paisibles, jardin tropical de 2 500 arbres et arbustes. Une soixantaine de chambres *(junior suites)* superbement décorées de nombreux matériaux locaux : bois précieux, fines étoffes cambodgiennes, etc. Les proportions de la piscine, aux milliers de céramiques faites main et exprimant autant de nuances différentes de vert, respectent celles des lacs baignant les temples... Excellent resto (voir « Où manger ? »).

🏨 *Victoria Angkor Hotel (plan B1, 30) :* à l'ouest des jardins royaux. ☎ 760-428. • victoriahotels-asia.com • *Le prix des chambres doubles démarre à 115 $ et les suites à 330 $, mais les tarifs se négocient le plus souvent autour de packages.* Bravo à l'architecte qui a bâti cet hôtel pour une chaîne française d'établissements de styles rétro-coloniaux en souvenir de l'Indochine. Pas moins de 120 chambres et 10 suites aux thèmes différents, dont les évocatrices « Doudart de Lagrée » et « Pierre Loti ». Vieilles photos aux murs, persiennes en bois et plancher en teck. Superbe piscine d'eau salée. Spa et massage traditionnel. Une Citroën de collection devant l'entrée, utilisée pour visiter les temples, donne la touche rétro.

🏨 *Sofitel Royal Angkor (hors plan par B1, 45) :* Vithei Charles-de-Gaulle ; sur la gauche de la route d'Angkor. ☎ 964-600. • sofitel.com • *Compter 280-360 $.* Un hôtel de grand luxe dans la tradition de cette chaîne. Élégante architecture horizontale aux toits de tuiles rouges. Plus de 200 chambres, bien pour les familles (hébergement gratuit d'un enfant dans la chambre des parents) et où rien n'a été oublié niveau standing. Immenses jardins luxuriants et piscine à vous faire vous croire au bord de la mer. Restos de grande renommée. Boutiques sophistiquées, spa.

🏨 |●| *Raffles – Grand Hôtel d'Angkor (plan B1, 46) :* Vithei Charles-de-Gaulle. ☎ 963-888. • http://siemreap.raffles.com/ • *Compter 310-410 $.* Vénérable vieille dame des colonies née dans l'entre-deux-guerres (1932). Un hôtel mythique, magnifiquement rénové mais un peu moins impressionnant que ses compères de Singapour et Phnom Penh. Chambres très spacieuses (de 32 à 48 m^2), très bien équipées. Et 2 villas à presque 2 000 $ la nuit ! Décor alliant harmonieusement les réminiscences Art déco et les beaux objets khmers. Piscine superbe, bain bouillonnant, spa. Restos à dominante khmère ou européenne (voir « Où manger ? »). Spectacles de danses et musiques royale dans les jardins de l'hôtel, accessibles aux non-résidents en haute saison. Le bar vaut le coup d'œil !

🏨 *Hôtel de la Paix (plan A2, 47) :* Sivatha Bd. ☎ 966-000. • hoteldelapaixangkor.com • *Env 300-650 $.* L'architecture moderne et monumentale de cet établissement apparaît comme saugrenue en cet endroit. À Bangkok ou à Singapour, OK, mais dans ce gros village ? Qui sait, ce n'est peut-être qu'une anticipation réussie... Les arrangements ultradesign, un peu grandiloquents de prime abord, gagnent tout leur sens au centre de la propriété, véritable écrin entourant une olympienne terrasse-piscine. Plus de 100 chambres dont 14 suites à se prendre pour une réincarnation postmoderne de Jayavarman. Spa, massages et tout le toutim...

Où manger ?

Très bon marché (moins de 5 $)

|●| *Restos de rue (plan A3, 50) :* prolongement de Bar St, en allant sur Sivatha Bd. Plusieurs cuisines ambulantes assorties de tables et chaises posées à même le trottoir. Petit menu en anglais. Soupes, viandes grillées, nouilles et riz sautés vraiment économiques. Pas loin, en allant vers la rivière par Sivatha Bd,

quelques stands éclairés de néons squattent une placette à l'intersection de Pokambor Ave. Ambiance très populo. Poulets grillés, desserts, etc.

l●l *Socheatea (plan A3, 54) : le long du vieux marché, côté opposé à la rivière.* Tlj 7h-21h. La plus populaire des salles de gargotes du marché. Clients de tous âges et touristes scrutent les panneaux avec photos des plats. Cuisine khmère dont certains plats pittoresques : salades de racines de lotus, poisson au sucre de palme, haricots et poissons fermentés, etc. Collection de riz, nouilles et currys, ainsi qu'un comptoir proposant fritures et saucisses. Prix plancher. Cadre pas super-hygiénique mais le débit régulier donne quelques garanties pour une expérience rustique sans trop de risques inconsidérés.

l●l *Restos « à la locale » : Sivatha Bd.* Tlj 10h-22h. Entre Dead Fish et Carnets d'Asie (*Karo et ses voisins ; plan A2, 52*), ainsi que, plus au nord, entre le Barrio et l'allée de la pension Family (*Fulon II, Buntha et autres ; plan A2, 7*). Une tripotée de cantines sino-khmères plus ou moins apprêtées, toujours et simplement dépaysantes. Choisir les plus fréquentées. Dès le crépuscule, les employés haranguent gentiment les passants : « *happy hours !* » Elles sont ici 50 % moins chères que sur Bar Street. Menus avec photos à l'extérieur. Pas de la grande cuisine, mais tout ce qu'il faut pour être bien et bonnement rassasié.

l●l *Le roi du sandwich baguette (plan A2, 60) : Sivatha Bd ; 1re intersection au nord du carrefour de l'hôtel de la Paix.* Tlj 7h-tard. Ce n'est certes pas le nom de ce lieu, qui n'a pas d'enseigne en français, mais c'est un titre, décerné par défaut. À l'angle d'une perpendiculaire, une salle intérieure toute blanche, où se serrent des buveurs de soupe « pho ». À l'extérieur, des tables où la faim se double d'une envie irrésistible d'une véritable baguette pâté-jambon-cornichons (tout mélangé !). Desserts sucrés et *shake* pour les hérétiques. Personnel toujours amusé quand un *barang* (« étranger ») pointe le bout de son museau.

l●l *Moloppor Café (plan B2, 58) : River Rd.* ☎ 800-690. Tlj tte la journée. Tout petit resto tenu par une Japonaise. Déco de bois et de brique. Plats japonais, khmers et occidentaux (dont des hamburgers, pâtes ou minipizzas). Bons raviolis vapeur et omelette *teriyaki*. Quelques livres sur une étagère. Vraiment pas cher et produits frais. Une annexe a été ouverte sur Wat Bo Road, dans le secteur d'*Angkor Village* (voir « Où dormir ? »).

l●l *Bei Jing Dumpling Restaurant (plan A3, 62) : 14, Sivatha Bd.* ▯ 012-709-263. *Un peu au sud de* Carnets d'Asie. Gargote basse de plafond et tout en profondeur, comme directement débarquée de Chine, d'où émergent principalement des *dim sum* (bouchées vapeur) et raviolis (en soupe, vapeur ou sautés). Sélection d'autres plats comme les classiques poulets noix de cajou ou porc aigre-doux. Peut-être destiné en première intention aux touristes chinois égarés, l'endroit, populo, est fréquenté par des clients économes de tous les horizons. Simple, sans génie mais efficace.

l●l *Khmer Kitchen (plan A3, 51) : entrée par la petite Bar St ou par la rue qui longe le marché.* ☎ 964-154. Tlj 10h-22h. Salle tout en longueur, d'une ouverture à l'autre. Fut le premier choix en matière d'authentique cuisine khmère, hygiénique et assimilable pour les étrangers. Succès et agrandissement mal maîtrisé ont fait baisser la qualité de la cuisine et du service, souvent débordé. Long menu où toutes les saveurs et textures finissent par se ressembler. Quelques plats encore réussis, tout de même : soupe à la citrouille et noix de coco (pumpkin and coconut soup), l'amok chicken ou fish, igname (yam) au four. Quant aux prix, c'est pas compliqué, tout coûte 3 $ ou presque ! Malgré une légère dérive, ça reste un bon rapport qualité-prix dans ce secteur très touristique.

Bon marché (de 5 à 10 $)

l●l *L'école hôtelière Salabai (plan A2, 23) : 155, Taphul Rd (voir « Où dor-* mir ? »). ☎ 963-329. ▯ 089-590-864 (résas : ● booking@salabai.com ●). Ouv de mi-oct à juil, à l'heure du déj slt. Resto d'application de l'école hôtelière de l'ONG *Agir pour le Cambodge* ● *agir pourlecambodge.org* ●, voir la rubrique « Aide humanitaire » dans « Cambodge : hommes, culture et environnement » en début de guide. Selon l'époque de l'année, alternance d'un menu ou d'une petite carte volontairement limitée à 4 entrées et 4 plats khmers et français. Quelques desserts aussi. Bon, joliment présenté et copieux. L'école Salabai accueille 100 élèves par an, rigoureusement sélectionnés par une équipe de travailleurs sociaux au sein de familles ne pouvant financer les études de leurs enfants. Terrasse fort plaisante installée dans une jolie maison, service assuré par les étudiants. L'occasion de contribuer au succès de cette formidable initiative. Penser aussi aux nouvelles soirées cocktails + assiettes-apéro du vendredi soir, qui devraient perdurer dans le futur.

⦿ **The Blue Pumpkin** *(plan A2, 56)* : en face de l'entrée nord-est de Bar St. ☎ 963-574. *Tlj 6h-22h*. Cette cafétéria-boulangerie-pâtisserie ne déparerait pas dans un quartier branché gourmet du vieux continent. C'est un must, dans son genre. Viennoiseries et pains, classiques ou inventifs. Yaourts aux fruits, quiches et chaussons, cafés, *shakes* et glaces maison, sandwichs, salades, pâtes et petits plats à l'avenant. Que ce soit au petit déj, pour un repas frais et léger ou un laisser-aller gourmand (*choco cake* fondant...), la pause est conseillée. Pour ne rien gâcher, cadre blanc design, sobre et aéré. Après 20h, les invendus de la journée sont liquidés à 50 % du prix. Annexe ouverte au Musée national.

⦿ **Orchidee Angkor Restaurant** *(plan A2, 37)* : 542, Taphul Rd. ▤ 011-853-406. *Tlj midi et soir*. Un de ces restos comme on en voit tant à Siem Reap : murs de brique coiffés d'un toit traditionnel qui garantit une bonne ventilation naturelle, tables nappées. On a aimé la finesse des plats khmers servis avec générosité, et particulièrement la soupe de poisson à l'ananas dans un lait de coco. Service diligent. Une très bonne adresse à petit prix.

⦿ **Little India** *(plan A2-3, 57)* : quartier du marché, rue perpendiculaire à Bar St

(en face de Blue Pumpkin). ▤ 012-652-398. *Tlj 10h-22h*. Les restos indiens sont représentés partout au Cambodge. Celui-ci, un doyen et une valeur sûre, occupe les rez-de-chaussée de 2 compartiments contigus. Large choix de *set thali* (riz, curry, lentilles et galettes servies sur un plateau), dont des végétariens. Pas évident de terminer un *special* ! Plats à la carte et *lassi*. Service discret et très poli.

⦿ **Arun** *(plan B1, 55)* : au bord de la rivière, rive gauche, à côté de La Noria. ☎ 964-227. *Tlj 7h-22h*. Bonne cuisine khmère, plutôt correcte. Les poissons *amok* (servis dans une noix de coco) ou grillés au gingembre sont excellents, ainsi que les cuisses de grenouilles (frites ou farcies). Clientèle locale et touristes. Portions copieuses.

⦿ **Banteay Srei** *(hors plan par A1, 63)* : 121, route 6 (celle de l'aéroport). ▤ 011-630-053. *Tlj midi et soir (service jusqu'à 21h30)*. Un des restos de cuisine khmère les plus renommés. Fréquenté essentiellement par des Cambodgiens. Immense halle à l'animation garantie. Grand choix à la carte (tous les grands classiques, *amok,* soupe cambodgienne, etc.) et prix modérés. L'occasion de se plonger dans une ambiance typique.

⦿ **The Soup Dragon** *(plan A2-3, 57)* : angle nord-est de Bar St. ☎ 964-933. *Tlj de 7h à tard*. Bâtisse coloniale sur 3 niveaux ; on préfère le rez-de-chaussée. Un peu usine, sans que cela affecte réellement l'ambiance. Spécialités de plats vietnamiens : soupe *ch'nang dae,* fondue (on paie suivant le nombre d'ingrédients utilisés), délicieux rouleaux de printemps, plats végétariens, etc. Petit déj « western » bon marché et sandwichs également.

⦿ **Sawasdee Food Garden** *(plan B2, 59)* : rue parallèle à l'est de Wat Bo Rd (derrière La Noria). ☎ 964-456. *Tlj 10h-22h*. Parmi les nombreux restos thaïs de Siem Reap, c'est ici que viennent les expats siamois, une indéniable garantie de qualité. Vaste terrasse couverte ou salle climatisée. Tous les incontournables sont à la carte : currys, soupes *tom yam* et *tom kha*, salades épicées (papaye, *spicy smoked fish,* etc.), riz et nouilles sautés et très bons poissons entiers (grillé, frit ou en sauce). Qualité et quantité sont au rendez-vous. À moins d'être nombreux, contentez-vous des petites portions ! Service très gentil.

|●| *Barrio* (plan A2, 64) : 7, Sivatha Bd. ☏ 012-756-448. Au nord du carrefour de l'Hôtel de la Paix. *Menu 7 $; prévoir le double à la carte pour des plats plus soignés et copieux.* Profonde taverne où s'enfonce le plus long comptoir de bar de la ville. Petits plats bien fran-

chouillards : œuf mayo, bœuf braisé à l'alsacienne et rognons de veau au porto. Pas raffiné mais impec' dans sa catégorie « bistrot ».

|●| *Restos de la « rue de la soif »* (plan A2-3) : Bar St et Bar Lane. On y mange partout, presque autant qu'on y boit. Voir ainsi nos adresses « Où boire un verre ». On n'a pas essayé (enfin...). Fiez-vous à votre instinct et à l'affluence.

Prix moyens (de 10 à 15 $)

Dès cette catégorie, la carte des vins (existe dans tous les restos touristiques de Siem Reap) s'enrichit de bonnes bouteilles comme des bordeaux et des muscadets à partir de 16 $, etc.

|●| *Restaurant du Bopha Angkor Hotel* (plan B2, 34) : voir « Où dormir ? ». ☏ 964-928. *Tlj midi et soir (22h).* Grande salle bien ventilée ouverte sur le jardin tropical aux bassins bordés de statues. Beaucoup de monde pour une cuisine khmère raffinée. Quelques vedettes à la carte : *chicken amok*, bœuf sauté citronnelle fraîche, salade de fleurs de banane, etc. Un bon plan romantique.

|●| *La Noria* (plan B1-2, 32) : voir « Où dormir ? ». Élégante terrasse cloisonnée par des maçonneries blanches, surplombant la rivière et entourée de végétation. Cuisine khmère et européenne de bonne qualité. À la carte, notons d'obligatoires *amok* et autres currys, une bienvenue cassolette de poissons du lac au vin blanc, des salades au tofu ou de classiques pâtes fraîches *alla car-*

bonara. Très bon service.

|●| *Ginga* (plan B1, 65) : 291, Angkor Wat Rd, sur la route des temples, à droite après le Chao Pra Ya. ☏ 963-366. *Tlj midi et soir jusqu'à 22h.* Excellent resto japonais. Déco très sobre, et plein de formules appétissantes et goûteuses, vraiment japonaises. À déguster au bar ou en salle (climatisée), sushis, *maki*, soupes, brochettes... à vos baguettes !

|●| *Kama Sutra* (plan A2-3, 61) : au milieu de Bar St. ☏ 761-246. *Tlj 11h-23h.* Un indien élégant, au décor de brique. Le personnel drapé dans de jolis saris sert d'excellents tandooris à prix raisonnables. Privilégiez l'arrière pour dîner tranquille sous les ventilos à l'abri des décibels distillés par les voisins, à moins de préférer la terrasse pour profiter de l'animation de la rue.

Plus chic

|●| *Carnets d'Asie* (plan A2, 10) : 333, Sivatha Bd. ☏ 092-207-403. *Tlj 11h30-22h. Menu découverte 16 $.* Resto élégant, aux couleurs acidulées, niché dans la profondeur du complexe (voir « Adresses et infos utiles »). 3 ambiances différentes : romantique, autour du long bassin de nénuphars, à la lueur des bougies ; asiatique, en tailleur sur des coussins, sous une *sala* thaïe et classique, autour de grandes tables rondes, sous la galerie japonaise. Cuisine délicate et créative, alternant plats khmers

et français. Nems aux calamars et aux crevettes, salade de cuisses de grenouilles désossées au basilic et feuilles de citronnier, beignets de poulet aux noix de cajou... mais aussi mille-feuille d'algues au tartare de poisson, *T-bone* steak d'Angus au poivre vert frais... et desserts maison. Choisir selon ses envies et l'état de son porte-monnaie (les prix affichés sans les taxes grimpent allègrement). Service diligent. Spectacles de danse et de musique.

|●| *Restaurant de La Résidence*

d'Angkor (plan B2, 44) : voir « Où dormir ? ». ☎ 963-390. Env 30 $ le repas à la carte et à partir de 15 $ pour les menus. Dans un cadre de rêve un poil sophistiqué. Bois précieux, belles étoffes. Pour un dîner romantique, ne pas manquer de réserver une table en terrasse (près du bassin, environnement arboré). Cuisine française aux doux accents et parfums khmers (ou l'inverse) : bisque de crevettes au lait de coco, bourride du Tonlé, méli-mélo papaye verte et mangue, etc. Bonne sélection de vins et service à la hauteur, sans raideur. Pour le déjeuner, le *lounge* en terrasse propose des salades et des plats plus simples.

|●| *L'Auberge des Temples (resto de l'Angkor Village ; plan B3, 42)* : voir « Où dormir ? ». ☎ 963-361. On y déguste une cuisine khmère traditionnelle dans le cadre d'un menu complet à prix fixe, servi midi et soir, présenté avec beaucoup de délicatesse. Il varie chaque jour (toujours 3 plats à base de soupe, poisson ou viande et dessert),

en fonction du marché.

|●| *Madame Butterfly (hors plan par A1, 40)* : route de l'aéroport. ☎ 909-607. Ouv le soir dès 18h. Résa conseillée. Plats 6-15 $. Belle résidence traditionnelle en bois avec terrasse et chaises en rotin et recoins discrets pour une soirée romantique aux chandelles. Déco raffinée, harmonie des couleurs, soieries, textiles élégants, collection de bouddhas. On se régale d'une cuisine fusion franco-khmère bien balancée aux influences thaïes indéniables. Très bon accueil en français. Les gros hôtels des environs y envoient leur clientèle, pensez donc à réserver.

|●| *Restaurants du Raffles – Grand Hôtel d'Angkor (plan B1, 46)* : voir « Où dormir ? ». ☎ 963-888. 2 superbes restos proposent des menus riches en gastronomie locale et internationale dans un cadre très agréable. Un buffet accompagné d'un spectacle de danses khmères est organisé certains jours de la semaine à l'extérieur de l'hôtel. Très bien pour les novices.

Où boire un verre ?

Les endroits où prendre un verre ne manquent pas. La plus grosse concentration se trouve à deux pas du vieux marché, dans une rue justement appelée « Bar ou Pub Street », véritable « rue de la soif », doublée d'une petite allée parallèle (Bar Lane). Les enseignes se succèdent, certaines se dédoublent même !

Dans Bar Street et Bar Lane

Les pubs ouvrent tous les jours de 9h à minuit, certains ferment plus tard. *Happy hours* multiples.

🍸 *The Banana Leaf (plan A2-3, 61)* : extrémité nord-est de Bar St. Terrasse agréable, tout en longueur. Tenu par un Français. Spécialité de cocktails (4 $). Tapas en set avec ou sans verre de vin.

🍸 *Le Tigre de Papier (plan A2-3, 61)* : Bar St, central. Coloré, convivial et francophone. Menu dont certains plats font le bonheur des expats (on pense aux pâtes *alla carbonara*). Stock de bouquins d'occase. Propose aussi des cours de cuisine en anglais.

🍸 *Angkor What ? (plan A2-3, 61)* : voisin du Tigre de Papier. *Le dernier à fermer (3h, c'est pas rare !)*. Un amusant jeu de mots baptise ce pub-disco bien

anglo-saxon. Servi par de jeunes *kids*, dont la bedaine naissante atteste déjà d'un penchant déraisonnable pour l'ingurgitation de liquides riches en calories. Ambiance plutôt rock. Possibilité d'avoir le dernier mot (murs chargés de graffitis).

🍸 *Miss Wong (plan A2-3, 61)* : dans une ruelle parallèle au nord de Bar St. Ouv de 18h à très tard. Bar à cocktails signalé par une lanterne rouge et joli décor style *Lotus Bleu* ; on se croirait dans la concession de Shanghai dans les années 1920. Ne manque que l'arrière-salle avec la fumerie d'opium...

🍸 *Linga Bar (plan A3, 76)* : Bar Lane. Tlj

de 17h à tard. Le plus design, et le 1er bar estampillé « *gay friendly* » de Siem Reap. Également fréquenté par des hétéros.

🍸 **Red Piano** *(plan A3, 77) : entrée sud-ouest de Bar St. Tlj 7h-minuit.* Décor dans les tons rouge-orange, ça va de soi, et atmosphère cosy. Grande terrasse sur le coin, meublée de gros fauteuils en osier. Balcon avec vue sur l'animation. Possibilité de se restaurer. Petit déj dès 7h. Bien pour les débuts de soirée.

🍸♪ **In Touch** *(plan A3, 77) : en face du* Red Piano. Accueille des groupes plus ou moins enthousiasmants dans sa vaste salle à l'étage. Très belle charpente apparente. Déco assez réussie, à la fois branchée et artisanale.

🍸 **Bubble T** *(plan A3, 50) : prolongement sud de Bar St.* Changement d'ambiance radical dans cette petite salle aux couleurs bonbons acidulés. Là, assis sur de gros ballons rouges ou un petit lit diurne, chacun peut entamer une douce régression en consommant, à l'aide de grosses pailles réglementaires, un *bubble tea.* Ces gammes de boissons, venues de Taïwan, ont inondé l'Asie, Cambodge compris. Les mystérieuses bulles sont moulées à partir de fécule d'igname ou de tapioca. Par « *tea* », il faut entendre divers assemblages à base de thé (ou pas...), de jus de fruits, sirops, etc., servis chauds ou glacés. Rigolo. Bonne zique. On peut aussi y manger.

Autres rues

🍸 **Le Bistrot de Paris** *(plan A2, 4) : proche de l'entrée nord de Bar St.* 🕿 092-964-790. *Tlj de 7h à tard.* Reconstitution d'un... bistrot de Paris, avec un goût du détail obsessionnel. Excellent résultat, on s'y croirait : nappes vichy, torchons, cendriers, miroirs, musique, plaque « protection des mineurs », carotte rouge « tabac » et présentoir à œufs durs... eh bien, ça fonctionne ! Café, petit déj, bière pression, plats de brasserie et vins au... ballon. Patron, une fiiiine !

🍸 **The Singing Tree Café** *(plan B3, 79) : entre River et Wat Bo Rd.* 🕿 965-210. ● singingtreecafe.com ● *Wifi gratuit.* Boisson, gâteaux et petits plats à déguster dans une paisible maison posée au milieu d'un jardin équipé de jeux pour les enfants. Ce lieu charmant organise aussi des activités culturelles et sociales dans un esprit *community center* à l'anglo-saxonne. Permet à tout le monde de profiter de divers équipements et activités (salle vidéo, cours de yoga, de méditation). Engagement caritatif et écologique : présentation de projets, collecte de fonds.

🍸 **Dead Fish Tower Bar** *(plan A2, 80) : Sivatha Bd. Ouv de 7h à tard.* Grand bar-resto aux multiples niveaux et plates-formes. Design vidéo artisanal amusant. Danses apsaras ou concerts assez modestes. Bien pour quelques bières. Cuisine un peu chère pour ce qu'elle est. Vendent des porte-clés marrants en forme de poisson en arêtes.

🍸 **Bar du FCC** *(plan B2, 29) : voir « Où dormir ? ».* Tlj 7h-minuit *(happy hours 17h-19h).* Un lieu aéré et frais qui en jette vraiment. Les expats branchés y ont leurs habitudes. Les tables se mirent dans le bassin.

À voir

Pour vous reposer des visites d'Angkor, pourquoi ne pas explorer la partie cachée de Siem Reap, pleine de surprises ?

🍴 Plusieurs **pagodes** le long de la rivière, sur la rive gauche. On en voit tout le long de la route, jusqu'au lac. Elles ont moins souffert que celles de Phnom Penh : la plupart sont intactes. Observez les beaux frontons de bois. N'hésitez pas à louer un vélo et à vous engager sur les routes.

🍴 **Le grand marché** *(psaar Leu ; hors plan par B2, 91) : à 2 km env du centre, sur la route de Phnom Penh. Tlj 7h-17h.* Marché couvert important pour toute la région.

Des centaines de petits stands où l'on trouve absolument de tout. Côté nourriture, des crevettes séchées, du poisson en saumure, des coquillages. En parcourant le rayon viande, on devient vite végétarien.

🍴🍴 *Le vieux marché (psaar Chas ; plan A3, 93) :* détruit puis reconstruit, c'est une vaste halle sous des toits de tuiles. Vous y trouverez surtout des boutiques d'artisanat local pour acheter vos souvenirs. Un peu d'antiquités aussi, jamais du très vieux mais parfois du joli. Comme ailleurs en ville, pas mal de littérature concernant Angkor, et notamment la bible pour toute visite sérieuse : *Monuments du groupe d'Angkor,* la base archéologique de Maurice Glaize, fort bien photocopiée !

🍴 *Le marché de nuit (plan A2-3, 92) :* un peu à l'est de Sivatha, pas loin du vieux marché. Ouvert en février 2007. Boutiques d'artisanat, de textiles et d'accessoires (dont création par des stylistes expatriés). Salon de massage climatisé, petits restos et bars.

🍴 *Les architectures et monuments coloniaux :* le plus connu est le *Grand Hôtel (plan B1, 46),* mais il y a aussi la poste et le tribunal. Face au *Grand Hôtel,* de l'autre côté de l'esplanade, la résidence royale dans la villa blanche, où de Gaulle séjourna en 1966, lors de sa visite à Angkor. C'est encore aujourd'hui la résidence du roi quand il vient par ici. Pas loin, le *FCC (plan B2, 29).* N'oublions pas les typiques compartiments chinois du quartier du vieux marché, aujourd'hui presque entièrement reconvertis au tourisme.

🍴🍴 *Le Musée national d'Angkor (National Angkor Museum ; hors plan par B1) :* 968, vithei Charles-de-Gaulle. ☎ 966-601. ● angkornationalmuseum.com ● Tlj 8h30-18h30. *Entrée : 12 $, ce qui est bien cher ; réduc enfants de moins de 1,20 m ; 3 $ de plus pour l'utilisation d'un audioguide (textes explicatifs en anglais et cambodgien) et 2 $ pour pouvoir photographier !*
Un musée aux collections parfois contestées
Inauguré en 2007, le Musée national a coûté la bagatelle de 15 millions de dollars grâce au financement d'une société thaïlandaise. Il propose aux visiteurs des collections exposées au préalable au Musée national de Phnom Penh ; en soi, une bonne initiative permettant aux touristes de voir, en plus des temples, des œuvres d'art emblématiques du passé khmer. Au départ, ce projet a été salué par les organisations chargées de la gestion culturelle des sites d'Angkor, mais il a rapidement attiré certaines critiques. On lui reproche notamment d'exposer des centaines de statues de Bouddha qui datent du XXe s. Initiative étonnante quand on sait que l'âge d'or d'Angkor s'est brutalement arrêté au XVe s !
En toile de fond, ce sont les questions financières qui sont montrées du doigt. Le problème du musée de Siem Reap est qu'il porte le nom pompeux d'Angkor National Museum. En vertu d'un accord passé avec les autorités cambodgiennes, il deviendra la propriété de l'État après trente ans d'exploitation par la société thaïlandaise, en échange du droit de présenter des collections appartenant au patrimoine national.
En attendant, les Thaïs espèrent tirer des bénéfices substantiels du musée, mais des voix s'élèvent pour critiquer le *centre commercial culturel* qui lui est attaché et qui propose des objets de toute nature à la vente à des prix plutôt élevés. Là aussi, l'Unesco fronce les sourcils, déplorant que les collections passent au deuxième plan, derrière les boutiques. Pratique finalement assez courante ; les musées américains développent ainsi un marketing plutôt insistant. Une querelle intérêts privés contre patrimoine national assez classique, finalement, mais qui prend des proportions inusitées lorsqu'elle implique deux pays aux relations parfois difficiles.
La visite
Il faut reconnaître que, malgré les critiques sur certains aspects commerciaux et un prix d'entrée équivalent à ceux pratiqués en Occident, ce musée n'en présente pas moins, avant la visite des temples, une introduction parfaitement valable à la civilisation et à l'art khmers, grâce notamment aux techniques multimédias. Après une courte présentation filmée de 7 mn sans beaucoup d'intérêt, on pénètre dans une

salle assez spectaculaire « aux mille bouddhas », tous d'origine cambodgienne ; les plus remarquables en pierre de sable au centre et ceux en style Bayon. Le plus précieux serait un bouddha en méditation entouré de najas (XIIe s, en provenance de la province de Takeo) et qui se trouve sur un coin du praticable central. Sans être spécialiste, on se pose tout de même des questions sur l'origine d'un certain nombre dans les niches aux murs. Viennent ensuite une série de salles développant la chronologie des diverses périodes de la civilisation khmère (Funan, Chenla, angkorienne et postangkorienne), avec entre autres une carte intéressante des routes commerciales en Asie. La section « Religions et croyances » commence par un répertoire complet des divinités brahmaniques (se faire passer le film en français). Magnifique fleur de lotus aux pétales finement ouvragés. On poursuit le panorama religieux par le descriptif du bouddhisme du Grand Véhicule et les légendes fondatrices qui s'y rattachent. On note l'omniprésence de la figure du Naja, abondamment présent à l'entrée des temples.

On vous fera grâce de l'énumération des rois khmers de la section suivante ; ils ont tous plus ou moins apporté leur pierre à la magnificence d'Angkor, dont la construction est expliquée ensuite au rez-de-chaussée avec une grande maquette et des effets audiovisuels un peu grandiloquents. Fresque du barattage de la mer de lait. L'accent est mis ensuite sur Angkor Thom et ses énigmatiques bouddhas au sourire mystérieux. Le règne de Jayavarman VII (J7 pour les intimes) précède un cortège de divinités animales : lions, éléphants, tortues, serpents, taureaux. Dans la salle des linteaux et des colonnes sculptées, on profite de la facilité qu'on a ici à détailler de près ce qui ne peut s'observer qu'en se tordant le cou lors de la visite des temples. Les textes gravés en sanskrit sur les stèles peuvent s'écouter grâce à des petits hauts-parleurs judicieusement placés. Un rang d'apsaras pleines fait face aux personnages masculins. Remarquer les plissés des pagnes et les différents types de coiffes et de ceintures correspondant à un style précis. La salle des costumes sert de vestibule à la boutique, où tous les articles sont hors de prix.

🏃 **La Conservation d'Angkor** (hors plan par B1) : la Conservation ne se visite pas, en principe, sf si vous connaissez un guide bien introduit. En fait, allez-y en tuk-tuk et tentez votre chance en vous pointant directement à l'entrée. Généralement (et sans garantie à 100 %), vous trouverez bien un gardien qui vous fera la visite pour quelques dollars.

Entouré d'une enceinte protégée, transformé en porcherie sous les Khmers rouges, ce vaste dépôt créé par l'École française d'Extrême-Orient a été surnommé « le fort Knox de l'art khmer » ! Ce qui n'a pas empêché un commando armé de bazookas de l'attaquer en 1993 pour emporter les pièces les plus précieuses... Depuis cet

UN MYTHE FONDATEUR DE L'HINDOUISME

Au début des temps, les dieux et les démons étaient en lutte pour la maîtrise du monde. Les dieux affaiblis demandèrent l'assistance de Vishnou qui leur proposa d'unir leurs forces à celles des démons dans le but d'extraire le nectar d'immortalité de la mer de lait. Pour ce faire, ils devaient jeter des herbes magiques dans la mer, renverser le mont Mandara et le poser sur son sommet sur la carapace de la tortue Akûpâra (avatar de Vishnou), puis utiliser Vâsuki, le roi des Nâga, pour mettre la montagne en rotation en tirant alternativement. Après mille ans d'efforts, le barattage produisit un certain nombre d'objets extraordinaires et d'êtres merveilleux.

incident, suivi de plusieurs autres cambriolages (dont un à vélo par une poignée d'hommes), le roi a ordonné que les plus belles statues d'Angkor entreposées ici soient rapatriées à Phnom Penh. Ce qui fut fait, dans le plus grand secret : 250 œuvres ont été évacuées par un avion de l'ONU pour être mises à l'abri au Musée royal. Les lieux sont sombres et les belles pièces sont maintenant exposées au *Musée national d'Angkor* (voir ci-dessus).

Au dernières nouvelles, deux autres musées privés pourraient prochainement ouvrir leurs portes : d'abord, sur le terrain de la Conservation d'Angkor, un musée construit par des investisseurs coréens. Et un autre pourrait également voir le jour prochainement avec des capitaux japonais. La question est de savoir quelles pièces ces musées privés pourront exposer. Il est question d'œuvres entreposées à la Conservation d'Angkor mais aussi de pièces du Musée national de Phnom Penh. Un appel à la vigilance est lancé dans les milieux archéologiques face à ce qui pourrait être perçu comme une privatisation non maîtrisée du patrimoine cambodgien. Il serait en tout état de cause dommage que des transferts importants au secteur privé remettent en cause un siècle de travaux réalisés par l'école française d'Extrême-Orient.

🚶 *L'exposition du Tonlé Sap* (hors plan par B1) *: sur la route des temples, côté droit après l'hôpital Jayarvaman-VII.* ☎ *964-242. Tlj 9h-20h. Entrée gratuite, donations bienvenues.* Mise en place par l'association Krousar Thmey (voir la rubrique « Aide humanitaire » dans « Cambodge : hommes, culture et environnement » en début de guide). Le lac et son environnement, ses habitants et leurs cultures lacustres sont abordés à travers des panneaux d'information, des plans, des photos et maquettes dont une représente tout le lac nourricier.

🚶 *Le village de Siem Reap : au sud de la ville « moderne », après la ferme aux crocodiles, en suivant la rivière sur la gauche en direction du lac. Allez-y à vélo.* Ici vivent paysans et pêcheurs de Siem Reap. Alignées le long de la piste, des centaines de maisons sur pilotis, cachées dans la végétation. Les plus jolies sont en bois, les autres en paille. Beaucoup d'animation : les femmes découpent des fruits, les hommes portent du bois (ou l'inverse), les enfants jouent avec les cochons, les miliciens tapent le carton.

🚶 *Le musée de la Mine : à 8 km du centre près de Banteay Srey. Tlj 8h-17h. Entrée : 1 $.* Pour ceux, celles qui font une thèse sur la guerre ou qui tout simplement sont intéressés par le sujet, un petit musée privé sur ce fléau du Cambodge. M. Aki Ra (dont les parents ont été tués par les Khmers rouges quand il avait 5 ans) a posé des mines dans l'armée vietnamienne. Plus tard, il a été employé par le gouvernement pour les neutraliser. Cette expérience lui a donné l'idée de créer ce musée pour dénoncer vigoureusement les mines antipersonnel (il parle le français).

Loisirs

Spectacles

– L'ONG *Krousar Thmey* propose des spectacles de *théâtre d'ombres,* ts les mer à 19h30 à l'hôtel La Noria *(voir « Où dormir ? »). Résa impérative.* L'argent va directement à l'ONG.

– *Danses khmères :* nombre d'hôtels et de restos proposent chaque soir des danses plus ou moins khmères. Difficile de s'y retrouver dans la qualité. Disons que ça va du pire (comme au resto *Bayon,* une vraie usine à touristes) au vraiment pas mal. Notre préféré :

■ *Apsara Theatre : en face de l'hôtel* Angkor Village *(voir « Où dormir ? »). Résas :* ☎ *963-561. ● angkorvillage. com ● 2 spectacles quotidiens à 18h30 et 20h. Durée : 1h30.* Accompagnés d'un dîner khmer *(set menu).* Une salle superbe accueille les spectacles montés par des enfants orphelins, dont les parents ont été tués par les Khmers rouges. Danses locales ou retraçant la légende du *Râmâyana,* plutôt de bonne qualité.

Massage et spas

La grande mode à Siem Reap comme ailleurs. Attention, pour les massages, beaucoup d'attrape-crédules à Siem Reap. Quelques adresses sûres :

■ **Massage Krousar Thmey** (hors plan par B1) : même lieu que l'expo du Tonlé Sap (cf. « À voir »). Salon de massage de l'école pour aveugles de l'ONG du même nom. Les jeunes ont été formés par des kinés français. Non seulement vous vous débarrassez de votre fatigue, mais en plus vous soutenez cette belle initiative.

■ **Frangipani** (plan A3) : Bar Lane, quartier du vieux marché. Même rue que Khmer Kitchen. Plutôt cosy et cher mais vraiment professionnel.
■ **Island Massage et Dr Feet** (plan A3) : pas loin de l'angle nord-est du vieux marché. Clim', propreté et qualité des pétrissages, sans dérapages.

Achats

⊛ **Senteurs d'Angkor** (plan A3, 8) : en face de l'angle nord du vieux marché. ☎ 964-860. • senteursdangkor.com • Tlj 7h-22h. Élégante boutique vendant un large assortiment d'articles produits quasiment exclusivement par des Cambodgiens. Tissus de soie, statues, objets en argent, bijoux, bibelots et bougies de bonne qualité, justement tarifés. En revanche, les épices, noix, cafés et autres thés parfumés, très joliment présentés, sont plutôt chers.

⊛ **Les Artisans d'Angkor** : plusieurs localisations. ☎ 963-330. • artisansdangkor.com • Tlj 7h30-18h30. Ce chantier-école forme de jeunes ruraux aux métiers de l'artisanat : taille de la pierre, du bois, laque, dorure, tissage, etc. L'école-showroom (plan A3, 100), tout près du vieux marché, fait boutique. De beaux produits, assez chers. Bien essayer les vêtements, certaines coupes sont... bizarres. Cette véritable entreprise gère aussi une boutique-café (Angkor Cafe) face à l'entrée du temple d'Angkor Wat, et, à 15 km de la ville (district de Puok), une ferme-boutique de soie (Angkor Silk Farm) où sont exposées toutes les étapes de la production, depuis l'élevage des vers jusqu'au tissage, en plus de la vente propre. Boutique également à l'aéroport international de Phnom Penh (au

cas où il vous manquerait le cadeau pour la grand-tante).

⊛ **Samatoa** (plan A2, 101) : quartier du vieux marché, en face de l'hôpital provincial. ☎ 965-310. • samatoa.com • Tlj 8h-23h. Dans cette vraie coopérative textile de réinsertion, une styliste française vient chaque année aider les couturières à créer une collection d'une cinquantaine de vêtements féminins. Il suffit de choisir un de ces modèles (ou de venir avec le sien) et de le faire réaliser sur mesure, dans la couleur et le tissu désirés (soie 100 % naturelle fabriquée traditionnellement par la maison). Compter 2 jours de délai. Travail de qualité pour un prix très correct (environ 20 à 30 $ selon la pièce). Une initiative à encourager. Les créations sont aussi diffusées par d'autres boutiques et au marché de nuit.

⊛ **Khmer Ceramics & Bronzes** (hors plan par A1) : sur la gauche de la route de l'aéroport, presque en face de la Paul Dubrule School. ☎ 761-519. • khmerceramics.com • Tlj 8h-18h. Un Belge s'est installé là pour faire renaître la tradition de la céramique au Cambodge. Petite visite pour voir les artisans et apprentis au travail devant leurs tours et leurs fours. On peut s'inscrire pour un stage de 3 jours et emporter le fruit de son travail.

➤ DANS LES ENVIRONS DE SIEM REAP

✸✸✸ Le Tonlé Sap : à une quinzaine de km au sud de Siem Reap.
Un lac au système hydrologique unique...
On rappelle que le Tonlé Sap est bas de février à juin et haut de juillet à novembre. C'est le plus grand lac d'Asie du Sud-Est et la mère nourricière du Cambodge.

Fonctionnant comme un véritable cœur, le lac se gonfle et se dégonfle au rythme des moussons. Il multiplie sa surface par quatre et sa profondeur par dix grâce au phénomène des vases communicants : le Mékong en crue atteignant un niveau supérieur à celui du lac, il force le courant de la rivière Tonlé Sap à s'inverser pour aller remplir le lac en amont. Cela limite aussi les risques d'inondations au sud (voir également la rubrique « Géographie » dans « Cambodge : hommes, culture et environnement » en début de guide). Cette véritable mer intérieure qui inonde les forêts et les champs alentour est aussi l'une des plus riches du monde en poissons. Ceux-ci viennent en effet se reproduire pendant la mousson, attirant une foule d'oiseaux d'eau (pélicans, marabouts, cormorans, hérons, aigrettes, etc.), dont plusieurs espèces en voie de disparition. Également des reptiles (environ 30 000 serpents), crocodiles, varans, ainsi que des tortues. Pendant la saison sèche, l'eau laisse assez de sédiments derrière elle pour fertiliser la terre et permettre une activité agricole (essentiellement du riz).

... et un écosystème de plus en plus menacé

Cet extraordinaire environnement, déjà très fragilisé par l'activité humaine, a été classé « Réserve de la biosphère » par l'Unesco.

Le Tonlé Sap attire près de 3 millions d'habitants vivant principalement de la pêche, dont plus de la moitié sont installés sur des villages lacustres depuis la nuit des temps. Ici a pris souche (devrait-on dire « algue » ?) le peuple khmer des origines. Certains villages sont flottants. Ils remontent dans un bras du Tonlé Sap quand les eaux sont hautes, et redescendent jusqu'au lac à mesure que les eaux baissent. D'autres sont fichés sur de très hauts pilotis mais vivent intimement aux rythmes des eaux.

La visite

Si vous en avez le temps, il faut absolument aller à la découverte du Tonlé Sap. Le lever et le coucher de soleil sont les moments les plus magiques. Quatre sites sont plus ou moins facilement accessibles :

– **Le village flottant de Chong Khneas :** *y aller* en tuk-tuk *(10 $ aller-retour)* ou en moto-dop *(2 $ env.).* Possible à vélo, mais ça fait assez loin. Si vous vous perdez en chemin, demandez *som taou Tonlé* (« pour aller au lac »). Y aller de préférence à partir de 15h jusqu'à la tombée de la nuit. Le trajet prend 30-40 mn dans chaque sens, en fonction de la hauteur des eaux. Il est quasiment impossible d'approcher les villages du lac en été, quand le lit déborde et répand une boue immonde sur tout le pourtour et les chemins. L'excursion peut se combiner avec la visite du temple de Phnom Krom.

Au bord du lac, un petit village de pêcheurs, très pauvre, aux paillotes défoncées. Des passerelles mènent aux embarcations, de longues pirogues à moteur. Tarif fixe de 10 $ par personne pour le bateau aller-retour. Un peu cher pour une balade qui dure 1h-1h30 ! En saison sèche, le village lacustre est à environ 800 m. À une autre période, il sera peut-être plus près. Normal, puisqu'il flotte au gré du niveau de l'eau et se déplace ainsi de plus ou moins 6 km.

Une fois dans le village, essayez d'oublier l'afflux de touristes pour vous concentrer sur le spectacle plein de couleurs d'une vie qui se déroule entièrement autour de l'eau ! Une Venise asiatique, en somme. Les paillotes de paille et de bambou sont fixées à des flotteurs ou des gros bidons vides. D'autres, plus cossues, en bois, sont attelées à des embarcations. Les enfants vont à l'école en bateau, les femmes font leurs courses en pirogue, ou attendent le passage du bateau-épicerie.

Les bâtiments les plus imposants sont des usines de paille. On y fait sécher le poisson, on le pile et on en fait du *prahoc,* cette pâte de poisson qui agrémente la cuisine cambodgienne. Des milliers de poissons s'agitent dans de gigantesques viviers. Les pisciculteurs leur jettent à manger pour que vous puissiez les voir sauter en l'air ! Ces parcs mobiles, principale ressource des lieux, redescendent le lac à la saison de décrue, jusqu'au delta. Les poissons grossiront durant le voyage, puis seront vendus à des négociants vietnamiens qui les exporteront.

Tout au bout, là où le chenal finit et le lac commence réellement, vit une petite communauté de pêcheurs vietnamiens qui ne se mélange guère aux autres. On reconnaît facilement les femmes avec leurs bras couverts et le foulard sur le visage qui ne laisse souvent voir que les yeux. Le *Gecko Centre* (ouvert de 8h30 à 17h) est une petite expo gratuite organisée par une ONG, qui présente la flore et la faune du lac, et donne des infos sur les villages flottants.

– *Kampong Phluk* (village sur pilotis) : accessible depuis la route 6, par une bifurcation à droite au-delà des temples Roluos (panneau « Orphan Center »). Bientôt, le village de Roluos, allongé au bord d'un canal menant au lac. Marché tous les matins. Au centre, une intersection avec la piste venant du Bakong. En continuant le long du chenal, on arrive à un petit pont qui, en saison des pluies, surplombe le quai, où se tiennent les bateaux qui font la navette avec le village, situé à environ 10 km de là. En saison sèche, une mauvaise piste sablonneuse raccourcit la navigation. En route, exemple d'un élevage ingénieux : des porcs élevés en cage au-dessus de l'eau, nourris de bouillie de riz et de bananes, s'épanchent sur les poissons captifs de l'enclos du dessous. Ceux-ci viendront peut-être nourrir à leur tour d'autres prisonniers, des crocos ! Puis, choc occasionné par la découverte d'un impressionnant monde posé sur des échasses, habité par 500 familles de 3 à 10 personnes. Au bout, vers la pagode et l'école, un resto, ainsi qu'un pavillon protégeant la pirogue (60 personnes, 30 m de long) utilisée pour les courses du festival de l'eau.

➤ Depuis Kampong Phluk, possibilité de rejoindre Kampong Khleang en 2-3h de navigation. Prévoir environ 30-40 $. Le prix par personne descend si l'on est plus nombreux.

– *Kampong Khleang* : à 35 km env de Siem Reap. Plus grand village établi sur le lac, il est 5 fois plus peuplé que Kampong Phluk ! Accessible via le village de Damdek. Depuis ce dernier, des « bateaux-taxis ». Ils n'arrivent pas jusqu'au village pendant la saison sèche. Au maximum de celle-ci, ça passe entièrement par la terre ferme. Se renseigner.

– *La réserve ornithologique et le village de Prek Toal* : voir *Osmose*, ci-dessous.

➤ *Naviguer d'un village à l'autre* : pas évident à négocier, il vaut mieux venir avec un guide. Ceux-ci demandent un supplément de 20 $ pour Prek Toal ou Kompong Phluk en plus de leur salaire journalier. Ça commence à faire cher pour le pays ! Pour info, le prix habituel d'une embarcation est de 12 $, auquel se rajoute celui de l'essence (1 $ par litre). Depuis *Chong Khneas*, prévoir une trentaine de litres pour Kampong Phluk, presque le double pour Prek Toal.

Pour sillonner la région et ses coins inexplorés sans souci d'organisation, contacter :

■ *Osmose* : dans le quartier de Wat Damnak, franchir le pont et prendre tt droit, puis tourner à droite avt Angkor High School, ensuite poursuivre sur 500 m de piste. ☎ 012-832-812. ● osmosetonlesap.net ● Cette association accomplit un énorme travail pour la préservation de l'écosystème du lac et du mode de vie de ses habitants. Sur une journée, elle propose aux touristes d'être les témoins, sinon les acteurs, d'une nature et d'une population essayant de vivre en « osmose ». Ce programme, remarquable, commence par la traversée du lac, patrouillé par les cormorans, avant de découvrir la réserve ornithologique de Prek Toal : observation des oiseaux dans la forêt inondée (montée au sommet d'un belvédère en plein cœur de la réserve, instants magiques...). Après un bon déjeuner traditionnel, la visite du village flottant de Prek Toal s'effectue en pirogue (instable) pour mieux appréhender le mode de vie des pêcheurs. Visite également d'un atelier d'artisanat, géré par *Osmose* pour promouvoir le travail des femmes. Meilleure période : de novembre à avril (d'avril à juin, niveau du lac trop bas, et en été, les oiseaux se dispersent vers d'autres cieux). Groupes de 4 à 8 personnes. Départ à 6h et retour vers 18h. Prix sur base d'un groupe de 4 : 95 $ par adulte (réduc pour les moins de 12 ans), comprenant les transports aller-retour depuis son hôtel, le ticket pour la réserve, un guide spécialisé, les repas (boissons incluses) et l'eau pour la journée. Le bénéfice des visites permet de contribuer au développement durable des communautés locales en les sensibilisant à la valeur de leur environnement. En assurant un revenu correct aux pêcheurs, ces derniers ne sont pas tentés de ramasser les œufs des oiseaux de la réserve. Certains sont même devenus rangers.

L'association aide les plus démunis grâce, entre autres, à la création de jardins flottants.

■ **Terre Cambodge :** *Hup Guan St croisement 668 St ; derrière la banque* ANZ. ☎ 964-557. ▯ *012-843-401.* ● *terrecambodge.com* ● Différents itinéraires vous sont proposés, de l'exploration du Tonlé Sap à bord d'un bateau traditionnel, avec sieste sur le lac (!), à la découverte en 4x4 de temples éloignés et peu fréquentés ou randos à VTT. D'autres circuits permettent de découvrir la faune et la flore cambodgiennes avec camping et nuits chez l'habitant.

ANGKOR... ET TOUJOURS

🏃🏃🏃 ⊚ Qui n'a jamais rêvé des tours d'Angkor ? D'y entendre « cette musique sculptée qui nous révèle, après dix siècles, le rythme lent et ondoyant de la danse des apsaras » (Élie Faure) ? De revivre le pèlerinage de Pierre Loti dans cette « basilique fantôme, immense et imprécise, ensevelie sous la forêt tropicale » : « deux monstres, rongés par le temps et tout barbus de lichen en gardent l'entrée [...], à l'autre bout s'ouvre une porte, surmontée de donjons comme des tiares (ou des ananas !), et flanquée de deux gigantesques serpents cobras qui se redressent, déployant en éventails leurs sept têtes de pierre » ? Pour l'archéologue Bernard Groslier : « Il faut se représenter à la fois Versailles, la Concorde, le Louvre, la place des Vosges et toutes les plus belles cathédrales... » Rien de moins !

Pas de doute, Angkor excite l'imagination et favorise l'inspiration. Longtemps, il était coutumier de dire : dépêchez-vous d'y aller, l'explosion touristique est en marche ! Aujourd'hui, il faut reconnaître qu'elle a eu lieu et elle s'accélère encore depuis l'arrivée des groupes de touristes asiatiques.

Alors, sachant que la machine à remonter le temps n'a pas encore été inventée, il faut et faudra toujours aller à Angkor. Et au plus vite ! Car rien d'autre, si ce n'est un cataclysme, ne saurait vraiment abîmer la magie des lieux. Espérons que les autorités géreront au mieux l'augmentation des flux. Aménagement des sites, réfection des routes, équipements annexes... le travail nécessaire a été en-

UN RÊVE ÉVEILLÉ

Que n'a-t-on pas dit, ou écrit, sur cette Atlantide tropicale, cette inestimable forêt de pierre, ce monstre architectural, ces 400 km² de chefs-d'œuvre, ces bas-reliefs inégalés, ces temples-montagnes qui illuminent le Patrimoine mondial de l'humanité, ces gigantesques faces de grès qui regardent de leurs yeux morts aux quatre coins de l'Empire khmer, cette étrange montagne où poussent par milliers des lotus de pierre... Ses admirateurs y ont vu d'hallucinantes chaussées de géants, une ruche mystique abandonnée, le plus époustouflant des systèmes hydrauliques, des fromagers étrangler des danseuses célestes, un archipel pour sirènes aux seins lourds et même le centre organique du monde !

gagé, mais il n'est pas suffisant. Il faut continuer à réfléchir à l'avenir de cette merveille. Après tout, les ressources sont là, l'argent coule à flots aux guichets d'Angkor.

UNE CITÉ DE LÉGENDE

Le site d'Angkor Wat aurait été trois fois plus vaste que celui que l'on connaît aujourd'hui : c'est la conclusion d'une équipe d'archéologues qui ont sondé le sous-sol de la cité mythique à l'aide de radars de la Nasa. L'ensemble s'étendait sur près de 3 000 km² et était la plus grande ville de l'ère préindustrielle, avec près de 800 000 habitants. Les archéologues ont aussi relevé des indices prouvant que la combinaison de désastres environnementaux (inondations, surpopulation et déforestation) seraient à l'origine de l'effondrement de la civilisation khmère au XIVe s.

UN PEU D'HISTOIRE ANGKORIENNE

La glorieuse capitale de l'Empire khmer aura vécu plus de 500 ans, de sa fondation au IXe s jusqu'à son déclin au XIVe s. En 889, le roi Yasóvarman Ier, héritier des royaumes de Funan et de Chenla, fonde une capitale qui porte son nom. Mais les Cambodgiens l'appelleront tout simplement *Angkor* qui, en langue khmère, signifie... « capitale ». Le site fut choisi pour la proximité du grand lac (Tonlé Sap), mais aussi pour ses collines, sa rivière (Siem Reap) et ses plaines fertiles permettant la culture du riz. Le roi, dévot de Çiva, avait besoin d'une montagne sacrée (le mont Meru de la légende hindoue) pour y installer les dieux. La justesse du choix des lieux ne sera jamais démenti par les successeurs de Yasóvarman : il avait trouvé la capitale idéale, capable de garantir la prospérité et l'invulnérabilité du royaume khmer. Après sa mort, le grand temple de prasat Kravan aurait été élevé à sa gloire, ainsi que le sanctuaire de Baksei Chamkrong (mais tous les spécialistes ne s'accordent pas sur ce point).

Après l'épisode du déménagement à Koh Ker, entre 921 et 944, pour une bête histoire de partition du royaume entre successeurs, Angkor redevient capitale au milieu du Xe s et centre d'une unité retrouvée, grâce à Rajendravarman II. Immensément riche, celui-ci s'entoure de hauts dignitaires religieux et se lance avec eux dans de nombreux travaux (exécutés par des milliers d'esclaves) : on leur doit, entre autres, le temple du Mébon oriental, celui de Lolei, celui de Pre Rup et la très raffinée citadelle des Femmes (Banteay Srei), sans oublier de grandes chaussées, le temple du Palais royal (Phimeanakas) et quantité de petits sanctuaires. Ce grand roi laisse le pouvoir à son fils Jayavarman V (J5), « lotus né d'une onde céleste », selon la légende. Celui-ci n'ayant pas d'enfant, une nouvelle guerre de succession s'empare du royaume au début du XIe s. L'un des deux prétendants au trône, Jayaviravarman, règne juste le temps d'entreprendre la fondation du grand temple de Ta Keo. Son rival, Sûryavarman Ier, patiente quelques années, mais remportera, avec la dynastie qui porte son nom, une incommensurable victoire.

L'ère des grands bâtisseurs

Curieusement, Sûryavarman Ier n'entreprend pas d'importants travaux à Angkor même : il se contente de faire entretenir les temples et de restaurer le Palais royal. En revanche, ses cinquante ans de règne permettent la pacification et l'extension du royaume, dont vont profiter ses successeurs. Son fils Udayadithyavarman (à vos souhaits !) entreprend de gigantesques travaux : on lui doit cet incroyable lac artificiel de 8 km sur 2, appelé Barai occidental.

En 1113, Sûryavarman II, un prince sans scrupules, s'empare du pouvoir. Conquérant insatiable, il s'en prend aussi bien aux Chams qu'aux Vietnamiens, élargissant considérablement ce qui est devenu l'Empire khmer. Paradoxalement, c'est à ce guerrier redoutable que l'on doit la plus élégante et la plus majestueuse des constructions : Angkor Wat. Dédié à Vishnou, ce véritable « temple-montagne » demeure encore aujourd'hui le symbole du Cambodge, et le fut aussi bien pour les royalistes que pour les Khmers rouges. À peu près à la même époque sont élevés d'autres temples, parmi lesquels Thommanon et l'imposant Banteay Samrè. Après les 32 ans (approximativement) de règne de Sûryavarman II, l'empire connaît une longue période de guerres et une succession de rois qui ont laissé peu de traces. Jusqu'à l'avènement, vers 1181, de Jayavarman VII (J7), vainqueur des Chams qui avaient osé, pour la première fois de son histoire, s'emparer du royaume et piller Angkor ! Hanté par l'invasion cham, J7 n'aura plus qu'une idée : protéger son pays et sa capitale. Croyant fervent – mais bouddhiste, contrairement à ses prédécesseurs –, il invoque la protection des dieux, d'où le nombre considérable de temples édifiés sous son règne, notamment à Angkor : Banteay Kdey, Ta Phrom, puis les groupes de Preah Khan et les sanctuaires de Banteay Prei, Neak Pean, Ta Som, Ta Nei, etc. La plus belle de ses fondations, incontestablement, est celle de la ville royale : Angkor Thom, Angkor la Grande. Inspiré par la prise d'Angkor Wat, cité céleste pourtant réputée invulnérable, le « Roi lépreux » fait élever des murailles autour de sa nouvelle capitale, également protégée par des douves de 100 m de largeur !

L'émerveillement des découvreurs

Le compte rendu du Marco Polo chinois décrit notamment les fabuleuses cérémonies royales : remparts d'étendards et fanions, cortège de centaines de filles aux cheveux fleuris, défilé d'éléphants, troupes de femmes en armes, épouses et concubines en palanquins d'or, puis le roi lui-même, brandissant son épée du haut d'un éléphant. Partout, des parasols blancs ou rouges, tachetés d'or... Sans oublier les chants, la musique et les cierges.

Le récit de Tcheou Ta Kouan, parvenu aux oreilles de quelques aventuriers occidentaux, va en-

> ### UN MANDARIN CHEZ LES KHMERS
>
> *En 1296, un voyageur chinois, Tcheou Ta Kouan, arrive à Angkor Thom. Il a alors ces mots, restés célèbres : « Je salue la perfection. » Après une année passée à sillonner la région, il rédige un récit détaillé, que l'on peut considérer comme le premier Guide du routard consacré au Cambodge (mais chez un autre éditeur). Grâce à l'objectivité de son témoignage, on a beaucoup appris sur les mœurs et coutumes de l'époque angkorienne.*

flammer leur imagination. Mais ils n'auront pas l'occasion de se rendre dans la cité magique, abandonnée par la Cour vers 1430 à cause des attaques siamoises. Livrée aux pillages, l'ancienne capitale perd beaucoup de ses richesses, parmi lesquelles de somptueux bouddhas d'or et des pierres précieuses, désormais en Birmanie (Myanmar) ! Envahi peu à peu par la végétation, seule une petite partie d'Angkor continue à être fréquentée... La majeure partie du site devient le royaume... des bêtes sauvages. Les tigres ont remplacé les rois, les singes les courtisans.

Au milieu du XVIe s, un roi cambodgien retombe sous le charme, en chassant l'éléphant dans la jungle. Il fait dégager la végétation pour mieux admirer les temples, puis décide d'y installer sa Cour. On restaure alors la plupart des monuments, et des missionnaires rapportent la nouvelle en Europe : on a retrouvé la cité engloutie... De rares grands voyageurs leur succèdent aux XVIIe et XVIIIe s, colportant d'autres rumeurs : Angkor, pour eux, est comparable à Rome et Babel !

Il faut attendre le XIXe s pour que les Occidentaux puissent voir les premières images rapportées d'Angkor. On les doit au botaniste Henri Mouhot (dont le père travaillait au Trésor – ça ne s'invente pas !), qui explora le Cambodge de 1858 à 1861. La publication de ses dessins dans la très populaire revue *Le Tour du monde* va lancer en France le mythe angkorien. Ses écrits, en plus de ses jolis croquis, feront rêver des générations de voyageurs.

Le génie des conservateurs

Après la période des découvreurs arrive celle des explorateurs... et des colons (les premiers tracent souvent le chemin des seconds). La grandeur d'Angkor Wat sera utilisée pour unifier l'Indochine : après avoir visité le site, le gouverneur de la Cochinchine fraîchement conquise propose à la France de s'implanter au Cambodge – histoire de taquiner les Anglais déjà présents au Siam. Une fois installés (avec la bénédiction du roi), les colonisateurs n'auront d'yeux que pour les beautés d'Angkor, devenu le symbole de la puissance coloniale en Asie. En 1867, des moulages des temples sont présentés au public parisien lors de l'Exposition universelle. Des explorateurs rapportent des statues khmères pour les expos suivantes, suscitant des vocations. Parmi les premiers pionniers de l'art khmer, le cartographe Louis Delaporte tente de dresser un inventaire d'Angkor. Vaste entreprise ! Il faudra des dizaines d'archéologues, d'architectes et d'épigraphistes pour achever sa tâche. Angkor va devenir le plus grand chantier archéologique du monde.

En 1907, le site, auparavant situé en territoire siamois, est rendu au Cambodge. Le pouvoir colonial français a ainsi le champ libre pour s'investir dans la sauvegarde des temples : la Conservation d'Angkor est créée.

Les successeurs de Commaille

Les successeurs du premier conservateur d'Angkor sont de sacrés personnages, qui se tuent à la tâche, comme envoûtés par les lieux. Ils se font tour à tour archéologues, écrivains, dessinateurs, constructeurs, sauveteurs et gardiens des temples... Henri Parmentier est de ceux-là : il retourne inlassablement les pierres pour percer leurs mystères. La parution de l'un de ses articles déclenche chez Malraux l'envie irrésistible de venir à Angkor !

Autre héros des lieux, Henri Marchal, qui passe plus de 60 ans au Cambodge. Conservateur d'Angkor à la fin des années 1930, en poste pendant 34 ans (un exploit, vu les conditions de vie d'alors), il rédige un impressionnant journal de fouilles et se lance dans une reconstruction totale des temples (méthode appelée anastylose) : il fait démonter les ruines pour les remonter ensuite pierre par pierre. Il meurt à Siem Reap en pleine guerre du Vietnam. Les habitants d'Angkor assistent presque tous à son incinération : Marchal était considéré comme la mémoire vivante du site, et ses cendres furent dispersées sur la chaussée d'Angkor Wat.

Derniers noms légendaires liés à la Conservation : les Groslier, père et fils. Georges Groslier, passionné de peinture, de sculpture et de danse, s'intéresse surtout à l'art khmer : il a l'idée de créer le superbe Musée national de Phnom Penh. Mais la malédiction cambodgienne frappe à nouveau ! Groslier meurt torturé par les Japonais en 1945. Son fils Bernard-Philippe reprend le flambeau. Devenu archéologue, il est nommé conservateur d'Angkor en 1960 et entreprend une vaste campagne de restauration et de consolidation du site, avec de gros moyens financiers (merci de Gaulle !) et techniques (hérités de la débâcle de l'armée française en Indochine). Pendant la guerre qui embrase le pays à partir de 1970, Groslier continue courageusement son travail, traversant les champs de bataille à vélo ! Il va même jusqu'à hisser le drapeau de l'Unesco au sommet d'Angkor Wat pour dissuader les combattants de s'en prendre au Patrimoine de l'humanité... Dernier génie des lieux, Groslier est finalement chassé d'Angkor par les Khmers rouges.

La folie des pilleurs

Contrairement à une rumeur tenace, les hommes de Pol Pot ont peu pillé Angkor, considéré comme le symbole du glorieux passé khmer. Ils ont surtout saccagé les temples pour en utiliser les pierres : on en a retrouvé dans les rizières (elles servaient de barrages), ainsi qu'à Phnom Penh : le monument de l'Amitié khméro-vietnamienne est, paraît-il, taillé dans du grès d'Angkor ! Les objets de culte, surtout, ont souffert de l'idéologie du régime : les troupes qui occupaient le site ont eu le loisir de dynamiter quelques statues et d'en décapiter beaucoup, notamment celles de la galerie aux mille bouddhas. Sans doute par flemme, ou par peur des esprits, les Khmers rouges se sont souvent contentés d'enterrer ces traces honteuses d'une religion « réactionnaire ». Quelques dirigeants ont aussi favorisé le trafic avec la Thaïlande.

Ainsi les Khmers rouges ne sont pas seuls responsables du vaste pillage des temples commencé après le départ de leurs protecteurs français. Les Vietnamiens s'y sont mis après 1979, les militaires y voyant un bon moyen d'arrondir leurs fins de mois. Les paysans eux-mêmes avouent qu'ici « 1 kg de pierre vaut 1 kg d'or ». Le commerce des statues khmères est l'un des plus fructueux du marché de l'art ancien. À Bangkok ou à Hong Kong, des figurines de l'époque angkorienne se négocient à partir de 25 000 $. Un bas-relief, 4 à 6 fois plus. De grands collectionneurs dépensent leur fortune pour engager des commandos qui s'attaquent dans la nuit aux temples les plus isolés. Les gardiens, payés quelques dizaines d'euros par mois par le gouvernement, préfèrent fermer les yeux. Pourquoi mourir à ce prix alors que le pourboire qu'ils recevront nourrira leur famille ? Toutes les méthodes sont bonnes pour arracher leurs trésors aux temples mal protégés : on scie les bas-reliefs, on détache les visages de grès au burin, on fait sauter les socles.

En 1994, Sihanouk lance un appel désespéré : « La lutte contre les prédateurs d'Angkor doit constituer un devoir sacré pour tous... » Il n'est pas entendu par tout le monde, puisque, en 2003, des vandales brisent et volent un vishnou sculpté dans la roche au fond d'une petite rivière (sur le site de Kbal Spean). Il reposait là depuis dix siècles. Plus positivement, l'opinion publique internationale a pris conscience du problème, et les catalogues d'œuvres volées découragent la plupart des acheteurs.

> ### CES TEMPLES QU'ON ABAT
>
> *Au Cambodge, même les monuments sont victimes de la violence... Il faut dire qu'André Malraux avait montré l'exemple... Comme il le raconte dans* La Voie royale, *en partie autobiographique, le futur ministre de la Culture se rend au Cambodge en 1923 pour faire fortune... Aidé d'une scie égoïne, Malraux s'attaque à un bloc décoré d'une gracieuse danseuse. L'écrivain a cependant bon goût : il choisit le temple le plus raffiné, Banteay Srei. Pris avant de quitter Phnom Penh, il sera retenu prisonnier par les autorités, puis relâché sur pression de ses amis célèbres.*

Coopération internationale

Les pays étrangers participant activement à la reconstruction des sites d'Angkor sont nombreux : la France termine la reconstruction du Baphuon, le Japon les travaux d'entretien du Bayon, l'Inde est impliquée dans la conservation de Ta Phrom, la Suisse dans celle de Banteay Srei, et les États-Unis ont alloué près d'un million de dollars à la reconstruction de Bakhèng.

Conseils pratiques

La période la plus agréable (de novembre à mars) correspond à la haute saison touristique, également synonyme de fréquentation maximale des sites. Le temps est absolument étouffant en avril et mai, et la saison des pluies (de juin à octobre) atteint son pic lors des deux derniers mois, mais rien n'empêche de visiter les sites à ces périodes et de jouir ainsi de mois plus creux. Faites votre choix comme vous le sentez !

Dans tous les cas, munissez-vous de l'excellent livre de Maurice Glaize, *Monuments du groupe d'Angkor*, que vous trouverez un peu partout à Siem Reap, ou de celui de Jean Laur, plus récent (voir la rubrique « Livres de route » dans « Cambodge utile » en début de guide). L'homme a passé sa vie à démonter et remonter les monuments d'Angkor et les connaît comme sa poche. Avec les plans de chaque temple, le format pas trop encombrant du guide du *National Geographic* peut s'avérer aussi un excellent choix.

Comment visiter Angkor ?

Pas d'hébergement sur le site. Base de départ obligatoire à **Siem Reap** qui n'est qu'à 8 km d'Angkor Wat. Il est interdit aux chauffeurs de vous guider dans les temples, tout comme il est interdit aux guides de vous servir de chauffeur. Chaque profession est bien protégée. Depuis quelques années, il est également interdit aux touristes de conduire une moto à Siem Reap et dans les temples.

Avec ou sans guide ?

Un guide n'est pas superflu pour les petits et grands circuits, en tout cas quand on tombe bien (ils ne sont pas tous passionnants), et conseillé (raisons pratiques notamment) pour les temples les plus éloignés, moins restaurés. C'est aussi une question de budget. Prix « syndical » de 30 $ par jour pour les grands et petits circuits ; ajouter des suppléments par site éloigné (10 $ pour Beng Melea, 10 $ pour Koh Ker, 20 $ pour les 2) ou pour le lever du soleil, etc. Testez-en un le premier jour et gardez-le s'il est bon. Possible de s'adresser aux agences de voyages (comme *Apsara Tours* ou *Diethelm Travel* : voir « Phnom Penh »). Elles utilisent des guides compétents, dont certains parlent le français. Le prix sera alors plus élevé (de même pour le moyen de locomotion). Bien se faire préciser ce qui est compris dans le tarif et les horaires de travail.

Les meilleurs guides sont ceux de la Conservation d'Angkor : les plus vieux ont connu les derniers archéologues français. Ils parlent donc parfaitement notre langue, sont de vrais passionnés et ont des tas d'anecdotes à raconter. Problème : ils sont souvent pris par les groupes. Sachez enfin que certains guides francophones sont d'anciens Khmers rouges, tout comme peut-être l'était votre chauffeur de taxi ou de *tuk-tuk.* Personne n'est parfait. Et si vous leur posez la question, ils vous diront ce que vous voulez entendre, rien de plus. Il est déconseillé aux guides, en principe, de se répandre sur ce sujet, à moins qu'eux-mêmes l'abordent en premier. Et puis, il y a suffisamment à dire sur les temples...

Quel moyen de locomotion ?

Voir aussi « Transports en ville et sur le site d'Angkor » à « Siem Reap » pour plus d'infos (prix, etc.). Évidemment, les tarifs des *tuk-tuk* et voitures grimpent pour les temples les plus éloignés, comme Banteay Srei, Phnom Kulen ou Kbal Spean.
Le site est très vaste : il y a souvent plusieurs kilomètres entre chaque temple ; il est donc impossible de l'explorer à pied.
– **Vélo :** sympa pour les temples du petit circuit, et jouable pour le grand si on n'est pas pressé et en bonne santé. Attention, le soleil peut cogner fort et bon nombre de secteurs sont à découvert. Chapeau et hydratation impératifs !
– **Moto-dop ou tuk-tuk :** moto-dop si vous êtes seul, *tuk-tuk* si vous êtes 2, 3 ou même 4. La solution idéale, la moins onéreuse et la plus rapide. À vous de bien négocier le prix. On visite en prenant son temps, tout en n'en perdant pas inutilement entre chaque temple. Le chauffeur peut vous accompagner toute la journée et vous attendre au pied des temples. Ce n'est pas un guide. Il connaît les noms de chaque édifice, rarement leur histoire. Attention, en saison des pluies (de juillet à octobre), les routes inondées peuvent rendre l'accès à moto difficile, voire impossible.
– **En voiture avec chauffeur :** si vous êtes attaché à votre confort (dont la clim'), ou quand les trajets s'allongent. Se renseigner à plusieurs endroits pour les prix. Petit droit d'entrée sur site pour la voiture (2 $).

À quelle heure et où ?

Depuis les surprenants embouteillages prématinaux d'*Angkor Wat* jusqu'à ceux, plus énervants, du coucher de soleil du *Phnom Bakhèng,* foule, poussière, bruits et coups de klaxon risquent de surprendre les redécouvreurs contemporains d'Angkor. Les cyclistes pris en tenailles entre un gros bus et les bas-côtés déchiquetés jureront, pesteront... Pas de vrais remèdes, juste quelques palliatifs. Pour éviter le plus gros des foules, visiter Angkor Wat vers 10h, Ta Phrom au déjeuner et le Bayon l'après-midi. Inclure une visite matinale d'un site éloigné reste le moyen le plus sûr d'étancher les petites soifs d'explorateur.

Tarifs et durées de visite

– **Prix d'entrée :** élevé. S'est stabilisé depuis quelques années, tant mieux ! Compter 20 $ pour 1 jour ; 40 $ pour 3 jours, à répartir au choix tout au long d'une semaine ; et 60 $ pour 7 jours, à répartir au cours du mois qui suit.
Les billets s'achètent à l'entrée principale du site. Il faut payer en espèces, en dollars. **Attention,** le décompte des jours payés se fait à partir du jour de l'achat. Les *passes* achetés entre 16h30 et 17h30 (fermeture des caisses) courent à partir du lendemain et permettent d'entrer le jour même sur le site, le temps d'un coucher de soleil, et cela évite d'avoir à faire la queue le lendemain matin.
Photo d'identité prise sur place par une webcam et imprimée immédiatement sur le *pass* que vous prendrez soin de ne pas froisser ou détériorer, sous peine de devoir repayer. Une pochette de plastique sera utile pour le protéger en cas de pluie. Les *passes* sont systématiquement contrôlés à chaque entrée de site. Vos chauffeur et guide ne paient pas d'entrée.
– **Choix du forfait :** 3 jours, c'est un minimum pour appréhender tout le site en parcourant les petits et grands circuits (voir plus loin). Un jour, c'est vraiment insuffisant. Il faut alors se contenter du petit circuit, dont les 3 principales perles (Angkor Wat, le Bayon et Ta Phrom) sont visitables en une seule journée (compter au moins 3h pour Angkor Wat). Le forfait d'une semaine est rentabilisé à partir de 5 jours, sachant qu'il faut au moins 4 jours pour visiter l'essentiel de la région : les 2 circuits (3 jours), prolongés en beauté par le fabuleux Banteay Srei (une demi-journée) et un tour en bateau sur le Tonlé Sap d'une demi-journée (voir, plus haut, « Siem Reap »).

Restauration sur place

Inutile de ressortir du site pour déjeuner en ville, de véritables petits villages de restos jouxtent les principaux temples, notamment en face de l'entrée d'Angkor Wat (où l'on a remarqué, sous une grande paillote, le **Neary Khmer Restaurant** : ses délicieuses soupes et fondues permettent de recharger les batteries avant d'arpenter de nouveaux temples). Dans les gargotes standard, nouilles, riz sautés et autres plats tout simples. Prix plus élevés qu'à l'extérieur, savoir que ça se négocie ! Bricoler son pique-nique (emporter une natte) est une autre option, c'est ainsi que font nombre de Khmers.

Problèmes de sécurité

La question des mines

L'ensemble du site, d'une superficie de 400 km^2, a été truffé de mines par les Khmers rouges, mais aussi par les militaires eux-mêmes afin de protéger les temples. Bref, le secteur était dangereux, comme toute la région nord du pays. Aujourd'hui, la *Cofras* (société française) et *Hallo Trust* ont déminé tous les sites ouverts au public.
Soyons bien clairs : les compagnies de déminage sont certaines qu'il n'y a plus de mines dans les endroits déminés, PAS AILLEURS. Ainsi, quand on parle d'un site déminé, il s'agit du temple lui-même, mais pas forcément à 200 m de celui-ci. Ça ne veut pas dire qu'il y ait des mines, ça veut simplement dire qu'il n'a pas été visité par les démineurs. Donc, rassurez-vous, il n'y a plus aucun danger sur les sites ouverts normalement à la visite, en suivant un parcours normal. Mais n'allez pas explorer seul la jungle ou les sous-bois entourant les temples « hors circuit ».

Sécurité

En journée, pas de risques d'agression ni de racket sur l'ensemble des temples que nous allons aborder. La nuit tombée, un vol à l'arraché reste possible mais très peu probable. Si vous partez loin et à vélo, calculez bien votre coup, afin d'éviter de rentrer en pleine nuit noire sur une route éloignée.

Les vipères et les scorpions

– Présence de **vipères** venimeuses sur le site, surtout pendant la saison des pluies (septembre, octobre). Le port de sandales est alors déconseillé, même si les vipères fuient en vous sentant approcher.
– Les **scorpions** se cachent dans les anfractuosités d'arbres et de roches. Ne mettez jamais vos mains sous une pierre ou dans un tronc d'arbre.

Comportement

On rappelle qu'Angkor est un ensemble de lieux sacrés. On en voit qui pique-niquent assis sur un bouddha ! Se vêtir correctement, tout simplement. Si les shorts ne sont pas interdits, pas plus que les épaules dénudées ou les manches courtes, attention aux coups de soleil. De bonnes chaussures dans lesquelles on ne transpire pas sont conseillées ; préférez les semelles souples et fines aux crampons de randonnée : un des ennemis sournois, après les pilleurs, ce sont les milliers de semelles quotidiennes qui abîment les pierres, peu à peu. Les marches sont très abruptes à grimper et les chevilles sont sollicitées. Trop de routards mâles se promènent torse nu dans les temples, arborant fièrement leur panoplie du parfait toutou mondial : tatouages de guerrier maori et piercings. Ce n'est pas parce qu'on ne leur dit rien que c'est autorisé. Personne ne leur jette encore des pierres, mais ça pourrait venir.

Petit lexique pour la visite

Angkor	capitale ou ville
Wat, prasat	temple
Apsara	nymphe, déesse
Baray	réservoir
Devaraja	divinisation de la fonction royale
Garuda	mi-homme, mi-oiseau
Lingam	symbole phallique
Mont Meru	montagne habitée par Çiva
Naga	serpent mythique à plusieurs têtes
Pali	base linguistique indienne qui, ajoutée au sanskrit, donna naissance au khmer
Barattage de la mer de lait	d'où naît le breuvage d'immortalité, l'ambroisie. Les démons et les dieux tirent chacun sur leur bout de *naga* qui, comme une courroie sur une poulie *(vasouki)*, fait tourner la « baratte » formée par le mont Meru, d'un côté puis de l'autre, et produit ainsi le nectar *(amrita)*.

À voir

Impossible de décrire ici les 287 temples recensés dans la région d'Angkor. On n'a pas la place et, pour être francs, on ne les a pas tous visités. Il faudrait plusieurs semaines, et certains sites, malgré leur importance historique, ne valent pas vraiment le déplacement. Les plus beaux temples, par chance, sont peu éloignés les uns des autres (à l'exception de Roluos et Banteay Srei). Ils ont été regroupés dans le Petit Circuit (15 km) et le Grand Circuit (24 km), créés par la Conservation d'Angkor en 1925. Ces circuits sont très facilement accessibles, contrairement à certains temples extérieurs.

– **Angkor Ballon** (plan d'Angkor, **C**) : 1 km à l'ouest d'Angkor Wat. 📱 012-520-810. Env 10 mn de vol. Résa conseillée la veille. Compter 15 $; réduc de 50 % pour les moins de 12 ans. Ascension à 200 m au-dessus de la plaine d'Angkor en ballon captif. Vue splendide sur les temples, notamment au coucher du soleil. Difficile d'embarquer pile à cette heure-là car il y a beaucoup de monde. Malgré une résa, on ne peut être sûr à 100 % de son horaire d'envol quand des groupes sont de la partie car, selon la force du vent, de 5 à 15 personnes peuvent embarquer à chaque fois dans une grosse nacelle bien clôturée.

LE PETIT CIRCUIT

D'Angkor Wat à Angkor Thom

🎬🎬🎬 **Angkor Wat** (plan d'Angkor, **20**) : à l'entrée du site. Le plus grand, le plus connu, le plus majestueux des temples. On considère qu'une armée de 300 000 ouvriers et 6 000 éléphants participèrent à sa construction.

Symbole mythique du Cambodge
Censé être invulnérable, le temple a servi de refuge à la population de Siem Reap lorsque la guerre démarra en 1970. En khmer, *Angkor Wat* signifie « la pagode de la ville » ou « la ville-pagode ». Commencée au XIIe s, juste avant celle de la cathédrale Notre-Dame de Paris, la construction a duré 37 ans ! Ce temple-montagne est entièrement dédié à Vishnou, dieu suprême de l'hindouisme, symbolisé par la tour centrale (le phallus est un attribut divin). D'ailleurs, tout est symbolique à Angkor Wat : les murs d'enceinte (1 025 m sur 800 m) représentent la chaîne

> ### TOURS DE PASSE-PASSE
>
> *Ses cinq tours sont célèbres dans le monde entier, notamment grâce au cinéma : elles servirent de décor à* Lord Jim *(avec Peter O'Toole) et à* Apocalypse Now. *Mais, pour son film, Coppola a dû faire reconstruire un temple en carton-pâte ! Ces tours sont l'emblème du pays ; tous les régimes qui se sont succédé (y compris communistes) en ont fait leur drapeau, à ce petit détail près : celui du Kampuchéa démocratique ne représentait curieusement que trois des tours...*

de montagnes sur laquelle repose le mont Meru, centre de l'univers pour les hindous. Et le temple figure lui-même ce mont, en même temps que le centre de la capitale et du royaume. Voilà pourquoi le roi bâtisseur d'Angkor Wat, Sûryavarman II, déclara son œuvre « temple d'État ». Il divinisait du même coup sa fonction, en s'apparentant à Vishnou...

La visite
Le temple est orienté à l'ouest (entrée principale), ça vous permettra de vous y retrouver.
Autour de l'enceinte extérieure, des douves de 1,3 km de côté, larges de 190 m et profondes de 2 à 3 m. Elles étaient probablement infestées de crocodiles autrefois. Un pont superbe, couvert d'une chaussée de pierre longue de 200 m, les franchit. On observe par endroits des petits trous sur les pierres, qui servaient à leur transport. En longeant le mur d'enceinte vers le sud, profitez-en pour admirer la grande statue de Vishnou, un peu en retrait sur la droite.
Revenir devant l'entrée, dans l'axe de la grande allée. Dans son prolongement, une fois passé l'enceinte, une autre chaussée, longue de 350 m. Sur les côtés, deux balustrades de pierre représentent chacune un *naga*, serpent géant à 7 têtes, roi des animaux marins, gardien des richesses de la terre et omniprésent sur le site, jusque dans le dessin des tuiles qui sont inspirées de celui de ses anneaux. À droite et à gauche de la voie, les petits pavillons, que l'on appelle « bibliothèques ». Avant d'atteindre le temple, prenez le temps de contempler la façade principale, d'une harmonie parfaite sur 235 m. Juste après, deux grands bassins aux ablutions. Les

entrées étaient strictement réservées : celle de la tour centrale au roi, les deux voisines aux dignitaires de la Cour et celles des extrémités aux éléphants royaux ! Les serviteurs, moins considérés que les éléphants, devaient se contenter des entrées de l'arrière. Pour avoir la plus belle vue d'ensemble, prenez à gauche et longez le grand bassin.

– **Les bas-reliefs :** les murs des galeries de la deuxième enceinte sont chacun gravés sur 2 m de hauteur et 200 m de largeur de scènes fantastiques. Soit au total 800 m de chefs-d'œuvre ! Un vrai péplum, figé dans le grès tendre, s'étale devant vos yeux... Ces bas-reliefs, incontestablement les plus beaux de tout Angkor, sont remarquablement conservés. Vous verrez juste, à de rares endroits, les impacts de balles laissés en souvenir par quelques Khmers rouges chatouilleux de la gâchette. Dans la partie nord de la galerie ouest, dont les bas-reliefs s'apprécient le mieux en fin d'après-midi, orientation oblige, scène du fameux Râmâyana (guerre entre Ramâ et Râvana, qui lui a piqué sa femme, Sîtâ). Les roues du char de Râvana possèdent 16 rayons, nombre qu'on retrouve également dans la loi bouddhique. Remarquer l'armée de singes dirigée par Hanuman, et alliés de Ramâ. Dans la partie sud de la même galerie ouest, les bas-reliefs racontent le Mahâbhârata, encore une histoire de crimes et de jalousie amoureuse. À gauche de la scène, l'armée de Kaurava, à droite celle de Pandava (le vainqueur).

Dans le pavillon de gauche, au fond de la galerie sud, les divinités hindoues : Râvana (reconnaissable à ses 3 visages) cherche à ébranler la montagne où se tient Çiva. Au-dessus de l'entrée, Krishna est attaché à un arbre par sa mère adoptive. À droite de cette scène, au-dessus d'une fenêtre, Râvana, déguisé en caméléon (le vicieux), s'introduit dans le harem du dieu-roi Indra ! De l'autre côté, Ramâ tue le roi des singes en lui décochant des flèches.

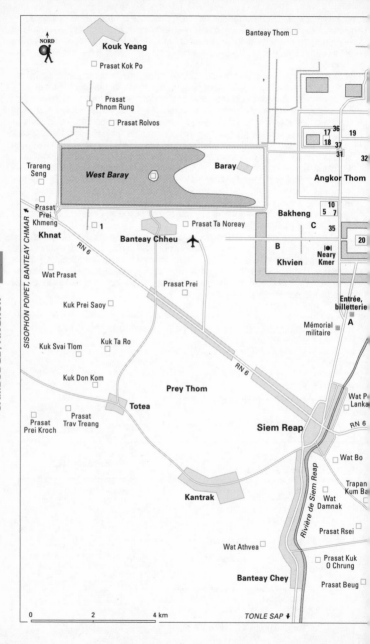

NORD

Kouk Yeang

Banteay Thom

Prasat Kok Po

Prasat Phnom Rung

Prasat Rolvos

17 36 19
18 37
31 32

Trareng Seng

West Baray

Baray

Angkor Thom

Prasat Prei Khmeng

Khnat

RN 6

1

Banteay Chheu

Prasat Ta Noreay

Bakheng

10
5 7

C 35

20

Wat Prasat

Prasat Prei

B
Khvien

Neary Kmer

SISOPHON POIPET, BANTEAY CHMAR

Kuk Prei Saoy

Entrée, billetterie

A

Kuk Svai Tlom

Kuk Ta Ro

Mémorial militaire

Kuk Don Kom

Prey Thom

RN 6

Totea

Wat P Lanka

RN 6

Prasat Prei Kroch

Prasat Trav Treang

Siem Reap

Wat Bo

Trapan Kum Ba

Kantrak

Rivière de Siem Reap

Wat Damnak

Prasat Rsei

Wat Athvea

Prasat Kuk O Chrung

Banteay Chey

Prasat Beug

0   2   4 km

TONLE SAP ↓

ANGKOR

La première partie de la galerie sud est appelée galerie historique. Elle mesure 90 m. Elle illustre l'audience que Sûryavarman II, le maître des lieux, âgé de 20 ans, donne en 1124 depuis le sommet du mont Sivapada (« pied de Çiva »). On le voit sur la montagne sacrée, entouré de ministres, de brahmanes et d'une armée d'éléphants, protégé par ses inséparables parasols. Dans le prolongement de la galerie, scènes du jugement de Yama, dieu des Enfers. On y dépeint magnifiquement les croyances khmères.

La galerie est (côté opposé à celui par lequel vous êtes entré) est l'une des plus fameuses. On peut y admirer le « barattage de la mer de lait », qui produit l'*amrita*, nectar d'immortalité, épisode fondamental de la création de l'univers. De ce *barattage* (voir lexique plus haut) naissent plusieurs êtres mythiques, dont les apsaras. À droite, les démons géants (ou *asuras*) ; à gauche, les dieux du panthéon hindou (ou *Devas*). Au centre, arbitre suprême, Vishnou (qui se prépare à devenir immortel), surmonté d'Indra. À ses pieds, la tortue Kurma, avatar de Vishnou. Le singe *(Hanumân)* est le copain de Ramâ (un peu plus loin). Dans la mer de lait, toute une faune aquatique fantastique.

– *Le sanctuaire :* on y accède généralement par l'entrée est. Des escaliers abrupts, aux marches usées (attention, ça glisse), mènent à l'intérieur du temple. Dans le sanctuaire, une succession de terrasses, d'escaliers, de cours et de petits autels. Un vrai labyrinthe, même si la conception architecturale est parfaitement carrée. À l'intérieur, des ruines de bibliothèque et les bassins aux ablutions (vides). À côté, on trouve la fameuse galerie aux mille bouddhas. Il ne reste malheureusement presque plus rien, à part quelques bustes décapités. L'accès à la tour centrale se fait par de redoutables rampes. Prudence ! Celle côté sud est équipée d'un garde-fou. D'en haut, panorama magique sur la forêt, les tours voisines et la grande avenue dallée. En fin de journée, une atmosphère quasi divine règne ici (surtout s'il y a peu de monde, bien sûr).

🍴 **Phnom Bakhèng** *(plan d'Angkor, 5) : à proximité d'Angkor Wat, à gauche de la route menant à Angkor Thom. Montée au sommet jusqu'à 17h.* Temple-montagne extrêmement fréquenté à l'heure du coucher de soleil. Embouteillages garantis sur le parking. Le sentier de rocaille (qui grimpe dur et tout droit) est fermé. Il faut prendre le chemin contournant, bien plus doux, où des points de vue seront bientôt aménagés. Au Xᵉ s, Yasóvarman Iᵉʳ fit ériger le premier temple d'État d'Angkor au sommet de cette colline naturelle. Véritable pyramide, le Phnom Bakhèng est malheureusement en mauvais état. La tour centrale conserve pourtant de beaux portails sculptés. Tout autour, sur la terrasse, des blocs de pierre échoués là, quelques lingams, et, sur la terrasse inférieure, des tourelles qui dégringolent en cascade. Vue extra sur la forêt. À l'angle opposé, on aperçoit les tours d'Angkor Wat ; photo obligatoire du soleil couchant, mais avec un bon zoom. En haute saison, possible de monter à dos d'éléphant installé dans des palanquins très confortables, prévus pour 2 adultes (15 $ par personne). Quand ceux-ci n'ont pas été réservés par un groupe...

🍴 **Baksei Chamkrong** *(plan d'Angkor, 10) : peu après le Phnom Bakheng, sur la gauche, dans la forêt.* Élégante pyramide de brique et de latérite (matériaux classiques). Son nom, qui signifie « l'oiseau qui abrite sous ses ailes », est tiré d'une légende qui raconte qu'un grand oiseau avait protégé de son envergure un roi de ses ennemis. Elle fut érigée peu après la mort de Yasóvarman Iᵉʳ par son fils Harshavarman Iᵉʳ. Jolie tour-sanctuaire, dont les sculptures en stuc moulé restèrent, hélas, inachevées. Archéologiquement intéressant ; les inscriptions gravées sur les piédroits de sa porte est déclinent toute la généalogie des rois précédant Harshavarman Iᵉʳ.

Angkor Thom

À 1 700 m exactement de la porte d'Angkor Wat. Au bout d'une longue et noble avenue bordée d'arbres, on aperçoit l'image tant rêvée de la porte sud : une arche

sublime de plus de 23 m de haut, surmontée de ce mystérieux personnage à 4 visages, coiffé de sa tiare de pierre. De chaque côté du pont franchissant les douves, 54 statues de géants soutenant le *naga* sacré comme lors d'une compétition de tir à la corde : c'est le « barattage de la mer de lait », déjà évoqué par les bas-reliefs d'Angkor Wat. En franchissant le porche, on pénètre dans la vaste ville royale, centre du site archéologique et apothéose de l'ère angkorienne. La cité d'Angkor

Thom est ceinte des quatre côtés par des murailles de 8 m de haut, sur une longueur totale de 12 km. Autour, des douves de 100 m de largeur... Cinq portes monumentales permettent l'accès à la ville, les plus remarquables étant celles de la Victoire, à l'est, et la porte des Morts, du même côté, par laquelle on évacuait autrefois les cadavres.

Dites-vous que l'ancienne capitale, désormais peuplée d'arbres, de vaches et, dans la journée, de bonzes et de touristes, hébergea jusqu'à 100 000 habitants au Moyen Âge ! Leurs maisons, uniquement en bois et en paille (seuls les dieux avaient droit à des résidences de pierre), ont été englouties par le temps.

Parce que les portes d'entrée sont trop étroites pour les bus, des voitures électriques attendent ceux qui voyagent en groupes. On en riait il y a peu, mais c'est toujours mieux qu'un gros bus crachant une fumée noire ou malmenant une structure plusieurs fois millénaires.

🎯🎯🎯 **Le Bayon** *(plan d'Angkor, 31)* : *au centre de la ville d'Angkor Thom.* Il fut construit entre la fin du XIIᵉ et le début du XIIIᵉ s, sous le règne de J7. Si le temple d'Angkor Wat est la majesté même, celui-ci est le mystère incarné. D'où son nom : « la montagne magique ». Imaginez une forêt de têtes gigantesques, regardant dans toutes les directions... Une massive montagne de 54 tours (il n'en reste aujourd'hui que 37), représentant, pour certains, les 54 provinces de l'Empire khmer. Elles sont chacune ornées de 4 visages censés illustrer les 4 vertus du Bouddha : au sud, la sympathie ; à l'est, la pitié ; au nord, l'humeur égale ; à l'ouest, l'égalité. Soit, à l'origine, 216 visages aux sourires énigmatiques qui irradient le royaume et vous observent du haut de leur sérénité totale. Tôt le matin, les premiers rayons du soleil sur ces visages éternels valent également le coup d'œil.

Pyramide à trois niveaux, d'une hauteur totale de 43 m, le temple-montagne du Bayon est un dédale où l'on est obligé de se perdre. Le plan général est d'une grande complexité : les tours-sanctuaires sont partout, suivant d'abord un schéma au carré, le long des enceintes, puis en cercle, autour de la montagne centrale. Pour compliquer le tout, les portes et les allées observent une disposition cruciforme. D'où cette curieuse sensation éprouvée par le visiteur, pris entre les galeries, les terrasses, les escaliers et les tours !

Une autre énigme posée par ces sphinx khmers fut celle de leur origine. Longtemps, les chercheurs ont cru qu'il s'agissait d'un temple dédié à Çiva ou Brahma, puis uniquement au Bouddha. On a fini par comprendre qu'il avait été construit à une époque de transition entre le brahmanisme et le bouddhisme. Il s'agit donc bien d'un panthéon, consacré aux dieux adorés au Moyen Âge par tous les Khmers, mais dont l'hôte central est devenu le Bouddha... avant que la religion ne change à nouveau !

Le Bayon possède également de fabuleux bas-reliefs : on y a totalisé plus de 10 000 personnages. Vous pouvez les admirer sur les murs extérieurs des galeries du premier niveau. Les fresques de la galerie est relatent les sanglants exploits de l'armée angkorienne contre les Chams, et celles de la galerie sud témoignent de la vie quotidienne des Khmers au XIIe s : pêche, chasse, combats de cochons, scènes de marché, accouchement. On y voit aussi la bataille du Grand Lac (le Tonlé Sap) et divers duels. Très utile d'avoir un guide pour les explications.

En sortant du Bayon, si c'est l'heure du déjeuner, le *restaurant N° 9* est recommandable, tout à la fois pour sa qualité et la modicité de ses prix.

🦅🦅 **Le Baphuon** *(plan d'Angkor, 18) : au nord du Bayon, à env 300 m. Prendre l'escalier de gauche avt la grande esplanade. Actuellement en chantier, il se visite lun-ven 7h-15h.*

Implanté au cœur de l'ancienne cité royale d'Angkor Thom, au sud du Palais royal, et dédié au culte du Linga, le Baphuon est l'un des plus grands édifices religieux du Cambodge ancien et fut probablement l'un des édifices majeurs autour duquel se structura la ville angkorienne. Autrefois comparé à une montagne d'or, ce temple (appelé « le père caché ») fut construit au milieu du XIe s (donc avant Angkor Thom, bien qu'il s'y trouve). Le Baphuon est un style architectural khmer à lui tout seul. Construire une pyramide aussi vertigineuse était un exploit pour l'époque. Rançon de ce succès, elle s'est en grande partie écroulée ! Il ne reste pratiquement rien de ce qui fut certainement superbe, excepté une montagne de cailloux couverte d'herbe. Le plus remarquable aspect est la façade occidentale du deuxième étage, que les artisans de l'époque moyenne transformèrent en un bouddha entrant au nirvana, long de 60 m.

L'étude (anastylose) du monument, entreprise par Groslier, a été interrompue par la guerre en 1971. Les archives du chantier ont disparu en 1975. Depuis 1995, le Baphuon fait l'objet d'un important programme de restauration, dont la maîtrise d'œuvre est confiée à l'École française d'Extrême-Orient en partenariat avec l'autorité cambodgienne Apsara. Ce travail de grande ampleur, soumis aux aléas climatiques d'un climat tropical et à des contraintes techniques nombreuses, a pris du retard par rapport aux prévisions. Début 2009, sa restauration était loin d'être terminée.

🦅🦅 **La terrasse des Éléphants** *(plan d'Angkor, 36) : le long de la grande avenue qui part du nord du Bayon. Sur la gauche, avt les larges escaliers. Allez-y de préférence en matinée pour l'éclairage des sculptures.* Au début du XIIIe s, Jayavarman VII fit aménager cette terrasse en bordure du Palais royal, sur 350 m de longueur. Il est probable qu'il pouvait ainsi assister, avec ses courtisans, aux spectacles donnés sur la grande place.

Sur le terrain en face, les vestiges de 12 tours, les **prasat Suor Prat**, « tours des Danseurs de corde » *(plan d'Angkor, 32)*, disposées symétriquement autour de la porte de la Victoire.

> **POURQUOI CES TOURS ?**
>
> *L'explication qu'en donne Tcheou Ta Kouan dans ses chroniques vaut son pesant de moutarde : « Quand deux familles se disputent sans qu'on puisse régler le litige, un représentant de chaque famille s'assied au sommet d'une des tours alors que le restant de la famille reste au pied de la tour à surveiller l'autre famille. Après quelques jours d'observation, celui qui a tort finit par le manifester d'une façon ou d'une autre (ulcères, catarrhe ou fièvre maligne) et celui qui a raison n'a pas le moindre malaise. Ils décident ainsi du juste et de l'injuste ; c'est ce qu'ils appellent "le jugement céleste". »*

🦅🦅 **La terrasse du Roi lépreux** *(plan d'Angkor, 37) : juste après la terrasse des Éléphants, en retrait sur la gauche.* Bien moins large que sa voisine mais tout de même haute de 6 m, cette terrasse doit son nom à une petite statue retrouvée au sommet, censée représenter J7 (qui serait mort de la lèpre). Selon une légende khmère, ce roi serait en fait associé au prince indien Preah Thong, gendre du roi des *nagas*, qui fonda Angkor. Il s'agirait plutôt, selon des spécialistes, d'une représentation de Yama, dieu des Enfers, la terrasse ayant servi de lieu de crémation. La

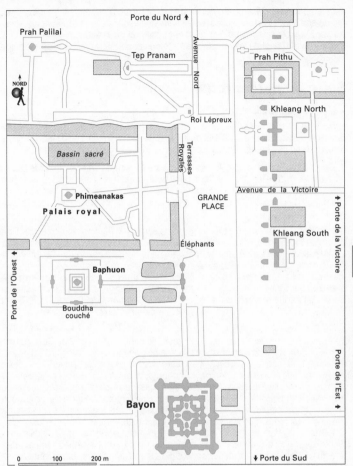

ANGKOR THOM

statue présente est une copie – l'originale est à l'abri au musée de Phnom Penh. Les bas-reliefs qui ornent les murs de chaque côté, véritables merveilles, font partie des plus belles illustrations de l'art khmer. On y reconnaît une admirable pléthore de divinités, *nagas* géants, apsaras, génies armés et monstres divers. Les reliefs sont encore mieux conservés dans la galerie, derrière le mur. Dans cet étroit déambulatoire, notez les concubines plus abîmées que les autres. Certains racontent que les sculptures ne seraient pas usées par le temps, mais représenteraient ces dames atteintes de la lèpre, contaminées par le roi (toujours la légende !).

🍴 **Le Palais royal :** *accès par les terrasses ou par la porte située côté Baphuon.* Entouré de douves et de hautes murailles, ce palais fortifié a servi sous plusieurs règnes, à partir du milieu du Xe s., et fut plusieurs fois remanié. Il ne reste plus rien des habitations royales, construites en bois (c'est malin). Seul subsiste le petit temple de **Phimeanakas** (« le palais Céleste » ; *plan d'Angkor, 17*). Le toit, dit-on, était entièrement en or. Ce temple pyramidal a beaucoup souffert, mais le temps n'a rien ôté de ses lignes harmonieuses. Et les lions des escaliers sont toujours en place. Au nord, les bassins royaux, en grès, ont également survécu. On peut même s'y baigner quand la pluie les remplit. Le reste de l'enceinte du palais n'est plus que végétation.

Suite du petit circuit

🍴🍴 **Thommanon** (plan d'Angkor, 21) : sortir d'Angkor Thom par la porte de la Victoire (l'est) ; le temple est à gauche de la route. Thommanon fut construit à la fin du règne de Suryavarman II, au début du XIIe s, et dédié à Vishnou. Jolis petits pavillons de grès, bien conservés. Remarquez les sculptures des portails et des angles.

🍴 **Chau Say Tevoda** (plan d'Angkor, 22) : juste en face de Thommanon, de l'autre côté de la route. Construit un tout petit peu après son voisin mais moins bien conservé, à part de riches décorations. Cela explique les similitudes, même si l'influence d'Angkor Wat est ici plus forte. Pour info, le nom se traduit par « la divinité Chau Say ».

🍴🍴 **Ta Keo** (plan d'Angkor, 15) : à 1,5 km de Chau Say Tevoda, sur la gauche. Une pyramide massive, sur plusieurs niveaux, culminant à une cinquantaine de mètres. L'impression qui s'en dégage est mitigée, sans doute à cause de la sobriété de l'ensemble, resté inachevé et entièrement dépourvu de sculptures. Ce dépouillement constitue toute l'originalité de l'édifice et, d'une certaine manière, permet de mieux en souligner les finesses architecturales. Ta Keo (« l'ancêtre Keo ») est également un parfait exemple de ce qu'est un temple-montagne. Construit à la fin du Xe s, il a certainement inspiré la construction d'autres temples angkoriens.

🍴🍴🍴 **Ta Phrom** (plan d'Angkor, 24) : à 2 ou 3 km de Ta Keo, sur la gauche. « L'ancêtre Phrom » est notre chouchou, incontestablement. Si Angkor Wat n'est qu'harmonie et majesté, le Bayon mystère et boule de gomme, alors Ta Phrom est un lieu romantique et magique, parce qu'il est resté livré à la jungle. La Conservation, qui a heureusement sauvé les principaux monuments du site, a eu l'excellente idée d'abandonner celui-ci à son sort, histoire de laisser aux futurs visiteurs le plaisir de ressentir l'émotion éprouvée par les premiers découvreurs. Ainsi, quand on évoque Angkor, on pense plus aux visages couverts de mousse et aux racines couleur de pierre qu'aux tours, bien sûr somptueuses mais institutionnalisées, d'Angkor Wat. Construit sous Jayavarman VII vers 1186, Ta Phrom fut autrefois l'un des plus gigantesques temples d'Angkor. Difficile d'imaginer que, il y a huit siècles, ce « monastère du roi » abritait 260 divinités, servies par 12 640 personnes, vivant toutes dans l'enceinte de 60 ha de cette ville dans la ville. Les dignitaires mangeaient dans une vaisselle en or, dormaient dans des draps de soie. La tour centrale croulait sous les pierres précieuses.

Aujourd'hui, on se demande si la forêt fait œuvre de protection ou de destruction. Le fromager est le prédateur le plus redouté. Ses graines sont transportées par les oiseaux qui consomment ses fruits. Présentes dans leurs déjections, elles germent sur les murs, étendent leurs racines vers le sol en s'insérant entre les pierres qu'elles disloquent en grossissant. Les racines se font pythons pour mieux dévorer les statues, les feuilles restent figées au dallage, les branches se font une joie de traverser portes et fenêtres. Essayez d'aller voir le Ta Phrom en fin d'après-midi, quand les derniers rayons inondent le temple. Magie garantie.

Magnifiques photos sépia du Ta Phrom sur le site ● mcdermottgallery.com ●

🍴🍴 **Banteay Kdei** (plan d'Angkor, 25) : peu après Ta Phrom, prendre la route de droite qui redescend sur Angkor Wat ; c'est tt de suite à droite après le grand virage. La « citadelle des Cellules » est un vaste monastère bouddhique de la fin du XIIe s, entouré de 4 enceintes. Il fait partie des temples plats (à l'opposé des temples-montagnes) et s'étire sur plusieurs centaines de mètres. Il fut dégagé en 1920.

L'entrée principale est surmontée de 4 visages très raffinés de 2 m de haut, représentant le bodhisattva Avalokiteçvara. Banteay Kdei se caractérise par ses bas-reliefs multiples et superbement sculptés, pleins de raffinement, où apparaissent moult danseuses sacrées (*apsaras*). Le monastère était équipé d'une grande salle de danse où ces gracieuses créatures officiaient pour le roi. On entre par un porche gardé par des *garudas*. C'est un temple tout simplement admirable, l'un de nos préférés.

Au bout de la première allée, un premier temple, puis, après un deuxième temple, un bouddha en méditation. L'ensemble abritait des nonnes et des prêtres. Au gré de la balade, on découvre de nombreux linteaux et piliers sculptés.

🦌 **Sras Srang** (plan d'Angkor, **26**) : *face à Banteay Kdei, de l'autre côté de la route.* Le « bassin des Ablutions » (c'est sa signification en khmer) est en fait une piscine royale, commandée par Jayavarman VII et creusée en 953. Superbes réflexions au lever du soleil. Le roi fit aménager tout autour des escaliers et des terrasses de grès, décorés de lions et de *nagas*. Digne d'une piscine olympique, le Sras Srang mesure 800 m sur 400 !

🦌 **Prasat Kravan** (plan d'Angkor, **9**) : *en poursuivant vers Angkor Wat, sur la gauche.* L'un des premiers temples du site (*prasat* signifie « temple »), construit en 921 mais restauré il y a 40 ans. Il est dédié à Vishnou. Il se distingue également des autres par sa belle brique, alors que le grès fut largement employé par la suite. Les briques furent fabriquées sur place et séchées au soleil, puis cuites. L'ensemble est de l'allure avec ses cinq hautes tours. Nombreuses représentations de Vishnou. Noter encore l'avant-marche en demi-lune. À l'intérieur de la tour centrale, bas-reliefs de Vishnou à 8 bras (au fond) et 4 bras (côtés). À gauche, Vishnou tient un lotus, une conque, un sabre et un disque représentant la lumière. À droite, Garuda porte Vishnou (c'est en fait sa monture).

LE GRAND CIRCUIT

Il démarre dans le prolongement d'Angkor Thom, part dessiner une large boucle au nord, puis retrouve le Petit Circuit à hauteur de Banteay Kdei. La route est plus longue mais ne prend pas nécessairement plus de temps, les temples y étant moins nombreux.

🦌🦌🦌 **Preah Khan** (plan d'Angkor, **27**) : *3 km au nord du Bayon. Entrée habituelle par l'ouest, à droite de la route, via un long chemin.* La tradition voudrait pourtant qu'on entre par l'est.

Plus qu'un temple, Preah Khan correspond d'abord à une antique ville disparue de plus de 50 ha, entourée de douves. La « ville de la fortune royale victorieuse » abritait un monastère (et ses 430 divinités), ainsi qu'une université bouddhique, dont le nombreux personnel engloutissait 10 t de riz par jour. Les 5 324 villages alentour comptaient près de 100 000 âmes (97 840, précise une stèle), dont plus de 47 000 personnes attachées à l'entretien du temple, 4 506 cuisiniers et 1 000 danseuses (on ne devait pas s'ennuyer dans le coin). Les habitations étaient disséminées dans la forêt autour du temple.

Au centre de cet ancien périmètre, le temple lui-même de Preah Khan (« l'Épée sacrée du roi ») fait irrésistiblement penser à Ta Phrom : ici aussi, la végétation s'est développée parmi les dédales de pierres, mais avec moins de violence. Moins connu des touristes, Preah Khan est souvent désert. Profitez-en, l'atmosphère n'en est que plus saisissante. Il reste pas mal de sculptures, malgré le vandalisme et les pillages.

On pénètre par l'entrée est, où l'on longe une chaussée encadrée de plots où figuraient des bas-reliefs de bouddhas, tous détruits par les brahmanistes au XIIIe s. Il ne reste qu'une seule effigie du Bouddha, au bout sur la gauche. Puis apparaît la célèbre scène du barattage de la mer de lait.

En passant la deuxième porte, d'impressionnants fromagers embrassent et compressent le toit de la galerie. L'intérieur est couvert de bas-reliefs et de fausses fenêtres, colonnes sculptées de motifs végétaux. Fausses portes aussi, avec de superbes frises ciselées (notamment le départ du Bouddha en char). Porte du milieu, petits bouddhas assis. Autre scène remarquable : en haut, le Bouddha attaqué par les démons. Il appelle la « déesse Terre » à la rescousse. Alors, elle tire ses cheveux qui se transforment d'abord en torrents, puis en mer qui noie les démons. Puis viennent les bibliothèques (celle de gauche, vers la sortie, à colonnes sur deux étages, est assez impressionnante) et l'enfilade de portes et de petites pièces qui mènent au centre du temple où l'on trouve un stupa. Noter tous ces trous dans les murs, prévus pour fixer des plaques de métal renvoyant la lumière. Nul ne sait si les plaques ont été volées ou si le sanctuaire ne fut jamais achevé. Voir aussi le lingam aux trois formes : rond en dessous pour Çiva, octogonal pour Vishnou et carré pour Brahma. La visite se poursuit en traversant tout le temple. Le linteau de la porte ouest (à l'extérieur) illustre la bataille de Ramâ contre Râvana. Ce temple se révèle un véritable enchantement ; surtout, venez en profiter de bonne heure !

🚶🚶 ***Neak Pean*** (Les Serpents enroulés ; plan d'Angkor, 28) : *à quelques km de Preah Khan. Prendre le chemin partant à droite de la route.* Peu d'intérêt pendant la saison sèche car il n'y a pas d'eau. Un endroit pour le moins étonnant, construit à l'époque de J7, dans la seconde moitié du XIIe s. Imaginez un grand bassin entouré d'escaliers, occupé autrefois par des bonzes. Au centre, une toute petite île où se dresse un sanctuaire. Autour, 4 bassins plus petits, également carrés. En plus de l'ingénieuse entreprise mise en place, observez les animaux fantastiques sculptés sur le temple (on reconnaît deux *nagas* géants) et sur les gros déversoirs des bassins. À l'intérieur de chaque déversoir, une figure sculptée différente. Dans le grand bassin, le groupe sculpté représente un cheval mythique (en fait, un dieu déguisé), tirant des hommes par sa queue. On sait aujourd'hui que le bassin central est une réplique du lac sacré Anavatapta, situé au pied du mont Kailash dans l'Himalaya tibétain, source du Gange, de la Shita, de l'Indus et de la Vakshu dans la mythologie hindoue, fleuves qui sont symbolisés par les quatre déversoirs. Les pèlerins venaient là s'asperger d'eau sacrée.

🚶 ***Ta Som*** (plan d'Angkor, 29) : *à 2 km env de Neak Pean, sur la gauche.* Petit temple du style de Ta Phrom, édifié à la même époque. Englouti lui aussi par la forêt, le site est surtout connu pour la tour à visages de son entrée ouest. Il faut aller jusqu'à l'entrée opposée pour voir la porte prisonnière d'un énorme banian. Le Ta Som est dédié à la mémoire des ancêtres des rois.

🚶🚶 ***Le Mébon oriental*** (plan d'Angkor, 11) : *au sud de Ta Phrom, à plusieurs km.* Ce temple était situé sur une île, au centre du Baray oriental, immense réservoir d'eau aujourd'hui transformé en rizière. La fondation du temple date de 952. Au milieu du Xe s, il y avait là une ville, choisie comme capitale par Rajendravarman. Seul le temple a subsisté, comme ailleurs. Dans l'enceinte, 4 tours en quinconce encadrent le sanctuaire. Les tours ouvrent à l'est avec de remarquables fausses portes en grès sculpté sur les autres côtés. Sur les linteaux de la tour centrale, Indra sur son éléphant tricéphale à l'est, Skanda dieu de la Guerre sur son paon à l'ouest, et Çiva sur son taureau sacré au sud. Sur la tour nord-ouest, remarquez sur la face est le dieu « qui enlève les obstacles », à tête d'éléphant, Ganesh, chevauchant sa trompe transformée en monture !

🚶🚶 ***Pre Rup*** (plan d'Angkor, 13) : *à 1,5 km au sud du Mébon, sur la droite.* Imposante pyramide de brique, sur plusieurs niveaux, de la même époque que le Mébon. La grimpette est assez raide. Très jolie au coucher de soleil. Ancien temple funéraire brahmanique datant de 961, dédié à Çiva et dont le nom signifie « retourner le corps » (tout un programme !). Le plan d'ensemble rappelle celui du Bayon, en moins complexe et sans les galeries, mais il n'y a en fait aucun rapport entre eux, puisque le Bayon est bouddhique. Et ici, les tours se terminent un peu en bouillie minérale, à cause de l'érosion. Mais les couleurs, qui vont du gris à l'orange en passant par le beige, donnent tout son charme au site. Remarquez également les portails aux colonnes sculptées. Pas grand-chose à voir car les linteaux sont très abîmés. La tour centrale abritait un lingam, aujourd'hui disparu. Enceinte et gradin entourent l'ensemble. Les premières galeries de la première enceinte étaient réservées aux pèlerins.

> **ROTATION DES RESTES**
>
> *« Retourner le corps » fait partie du rituel de crémation dans l'hindouisme : on le brûle dans la cuve d'entrée, puis on recueille les os pour les disposer en longueur dans une feuille de bananier. Ils sont ensuite lavés dans une souillarde, le petit édifice que l'on voit sur la droite de l'entrée avec petit bassin et rigole d'évacuation.*

À L'EXTÉRIEUR DES CIRCUITS

🎎🎎 **Le Baray occidental :** *à l'ouest d'Angkor Thom, à env 12 km de Siem Reap, sur la route de l'aéroport.* Cet immense réservoir d'eau (8 km sur 2) fut aménagé au XIe s pour irriguer les douves, les bassins et les rizières de la nouvelle capitale. Ce genre de dispositif hydraulique, colossal, explique la puissance des Khmers à l'époque. Au centre, un Mébon, petit palais similaire à celui du Baray oriental mais tout à fait ruiné. On peut se promener sur cet étonnant lac artificiel et même profiter d'une petite plage, fréquentée le week-end par les Cambodgiens ! Endroit magique au coucher du soleil.

🎎🎎🎎 **Banteay Samrè** *(plan d'Angkor, 23) : à l'est du Grand Circuit, un peu après le Baray oriental.* Traversée d'une zone d'habitations traditionnelles en chemin. Surnommé l'« Angkor Wat miniature », cet élégant temple du XIIe s est assez bien conservé. Faire le tour par la gauche le long des douves pour rejoindre l'allée d'accès. Double enceinte au carré, puis une seconde enceinte-galerie, avant d'accéder au sanctuaire, orné d'une jolie tour. Belles décorations sculptées, notamment sur les frontons. Les frises mettent en scène, ici aussi, Vishnou et Çiva. Devant le temple, ne pas rater la superbe terrasse, aboutissement d'une longue chaussée le reliant à d'autres temples et flanquée de lions dont la queue amovible faisait place à une torche lors des cérémonies. On peut dire qu'alors les lions pétaient le feu !

🎎🎎🎎 **Banteay Srei** *(plan d'Angkor, 14) : à 25 km au nord d'Angkor, par une route goudronnée.* À 100 m du temple, des toilettes au milieu d'un étang de lotus. Banteay Srei, l'un des temples mythiques d'Angkor, est devenu célèbre au travers de l'aventure de Malraux, qui y vola un bas-relief en 1923. Baptisée la *citadelle des Femmes,* le temple est entièrement décoré de reliefs, proches de la perfection. On pense que seules les femmes étaient capables d'une exécution aussi délicate. Autre particularité : ce petit bijou est sculpté dans le grès rose, qui prend différentes teintes selon l'orientation du soleil. Dans la cour intérieure, plusieurs pavillons très bien conservés, gardés par des singes de pierre (copies), deux belles bibliothèques, surmontées chacune d'un faux étage et flanquées, comme souvent, d'une fausse porte. Elles encadrent le sanctuaire destiné au roi. Partout, les façades sont gravées d'une multitude de motifs floraux et de

> **QUAND UN FUTUR MINISTRE...**
>
> *Une histoire édifiante : à 22 ans, Malraux avait déjà réussi à ruiner Clara, sa richissime épouse. Pour se refaire, il se fit recommander auprès de l'École française d'Extrême-Orient. Il loua 4 charrettes à bœufs et démonta les bas-reliefs situés sur la tour de gauche, tout au fond du temple. L'expédition fut un secret de Polichinelle puisqu'ils furent arrêtés dès leur retour à Siem Reap. Assigné à résidence à Phnom Penh, Malraux plaida le « Res nullius » (le délit est nul puisque l'objet n'appartient à personne !). Et il se prit 2 ans dont 1 ferme. Une grande campagne de soutien à Paris lui permit de faire appel et de s'en tirer à 1 an avec sursis.*

CAMBODGE / ANGKOR

gracieuses figurines. Sur les linteaux des portes, des scènes de la mythologie brahmanique, véritables dentelles. Ne pas rater le portail avec Çiva et le taureau Nandi, et le triple fronton où Indra, dieu des orages, se tient sur un éléphant. Malgré la taille modeste du temple, on peut passer des heures à observer les détails. Les toits étaient pentus, constitués de charpentes et recouverts de tuiles rendues étanches grâce à une colle végétale. On comprend pourquoi l'endroit déclencha tant de passions. Selon l'archéologue Maurice Glaize, il s'agit bien du « plus joli des temples khmers ». Sa conservation est réalisée en partenariat avec la Suisse.

🐾🐾 *Le groupe de Roluos : 15 km à l'est de Siem Reap. Deux possibilités : prendre la route 6 ou, plus bucolique, la route parallèle de latérite un peu plus au sud.* Cette dernière traverse d'adorables villages, où les gamins jouent tranquillement dans les cours de leurs maisons sur pilotis, dont certaines ont encore des cloisons en feuilles de palmiers à sucre. Le nom de Roluos désigne plusieurs temples de la fin du IXe s. Bien que rattaché au site archéologique d'Angkor, le lieu est préangkorien. Les rois installent ici Hariharalâya, capitale du Royaume khmer pendant 70 ans, avant de déménager plus au nord. Roluos est d'une grande importance : ses constructions témoignent des débuts de l'architecture et de la sculpture khmères. Les trois principaux temples sont distants les uns des autres d'environ 1 km. Allez-y tôt le matin.

– *Lolei (plan d'Angkor, 4) : à gauche de la route 6 par une piste de terre.* Il date de la fin du IXe s. Édifié par Yasóvarman Ier, il est dédié à la mémoire des fondateurs d'Hariharalaya. *Lolei* signifie d'ailleurs « séjour de Harihara » (c'est-à-dire de Çiva et Vishnou). Le temple formait alors une île (tout comme le Mébon oriental) au milieu d'une pièce d'eau de 4 km de longueur sur 800 m de large qui alimentait la capitale en eau. Il en reste 4 tours de brique, en assez piteux état. Les reliefs des portails sont bien conservés, avec de très jolies divinités féminines, entre autres. Certains arborent encore un beau décor floral. Quelques linteaux notables, notamment celui avec, aux extrémités, Ganesh monté sur son ratmushaka. Sur l'autre portail, de tout petits personnages. De part et d'autres des niches, d'élégantes déesses (les *Devatas*) remplacent les gardiens de porte.

– *Preah Kô (Le Bœuf sacré ; plan d'Angkor, 2) : à droite de la route 6.* Temple funéraire de Jayavarman II et de ses ancêtres. C'est le premier temple de Roluos, construit en 879 à proximité du Palais royal (disparu), à l'intérieur de douves. Dégagé en 1932. Il est consacré à Çiva. Accès par une chaussée dallée bordée de bornes (vestiges du péristyle, autrefois couvert de tuiles). Avant d'arriver au sanctuaire, à gauche une bibliothèque. Juste devant, vestiges d'une salle longue où se reposaient les pèlerins. Devant le temple, trois nandis, taureaux sacrés, monture de Çiva, sont couchés sur le flanc, et, sur le soubassement, les six lions symbolisant le pouvoir et la force. Puis on trouve six tours-sanctuaires en brique assez bien conservées, aux portails ornés de sculptures. Tandis que les tours côté est sont élevées en mémoire des ancêtres mâles du fondateur du temple, celles de l'ouest (moins hautes) sont dédiées aux esprits des reines. Certains linteaux sont remarquables, notamment celui de la tour sud-est. Le dieu *Kala* (dieu du Temps, monstre représentant Çiva) trône au-dessus de monstres marins. Sur les têtes des serpents, six petits dieux appelés *Varuna* (dieux de la Pluie). Sur les côtés, de curieux lions « à trompe », monté par un étrange personnage. Sur les piliers de l'entrée, inscriptions d'origine. Sur la tour de droite, gardien de gauche (le méchant) et celui de droite (le gentil) dans un très bon état. Au tournant, éléphant se faisant manger la tête par un démon. Enfin, tour centrale, linteau admirablement conservé (serpent à cinq têtes).

– *Bakong (plan d'Angkor, 3) : au sud de Preah Kô, à 1,5 km de la grande route.* Le plus important du groupe de Roluos puisqu'il s'agit d'un temple d'État, dédié à Çiva, dont la construction date de 881. Entouré de douves, son mur d'enceinte (700 m sur 900) est dans un état remarquable. Bordé par un monastère (pas de visite), ce troisième temple-montagne de l'histoire khmère, et le premier construit en grès (IXe s), est très photogénique. C'est le temple qui répond le mieux à l'idée du mont Meru. Sur les côtés, deux *nagas* reliant le monde des humains au mont Meru. Au milieu, le pont de l'Arc-en-ciel. Seules les chapelles sont en brique. Salles de repos juste après le mur d'enceinte et quelques pavillons de méditation plus petits. Escalier monumental avec, à chaque étage, les lions-gardiens. Noter les blocs de la bordure avec les trous, c'est là qu'on ancrait les parapets. Aux quatre coins, les éléphants (symbole de stabilité et pérennité). Marches très hautes pour élever au maximum la pyramide. On retrouve donc la disposition pyramidale à 5 gradins déjà observée dans les circuits précédents. Du fait de sa structure et aussi de la présence d'un sanctuaire au sommet, on en déduit que le Bakong symbolisait le centre virtuel du royaume. La 1re terrasse représente le *naga*, la 2e, Garuda, les 3e, 4e et 5e, des divinités de haut rang. Mon tout est entouré de huit tours-sanctuaires de brique en assez bon état, représentant chacune une forme de Çiva. Tour centrale superbe. Le Bakong ayant été entièrement remonté par Maurice Glaize entre 1936 et 1943, on a pu constater que la tour n'était pas du IXe s, comme le reste du temple, mais qu'elle avait été érigée au XIIe s. Ce qui explique la ressemblance avec Angkor Wat...

Pour les mordus...

🎋 **Ak Yum** (plan d'Angkor, 1) : *prendre la route à gauche du Baray occidental.* Vestiges des plus anciennes ruines de la région (VIIe s), précédant (évidemment) la fondation d'Angkor. Se compose de 3 petites pyramides dont les inscriptions révèlent les très précieuses dates de 609, 704 et 1001 apr. J.-C. Il est dédié à Gambhireshvara.

🎋 **Prasat Thma Bay Kaek** (plan d'Angkor, 7) : *à 100 m de la route principale.* Grosse tour en brique, jointe à l'est par une terrasse en latérite. En 1945, lors de fouilles, un dé recouvert de feuilles d'or y fut découvert.

🎋 **Bat Chum** (plan d'Angkor, 12) : premier temple bouddhique d'Angkor, probablement érigé en 953 sous le règne de Rajendravarman II. Trois sanctuaires en brique, dont les principaux éléments sont en grès, reposent sur un soubassement en latérite. Les inscriptions révèlent non seulement le nom de l'architecte mais aussi l'identité des trois divinités bouddhiques honorées par le temple.

🎋 **Prah Pithu** (plan d'Angkor, 19) : *à l'angle nord-est de la place royale.* Cinq petits temples et une terrasse bouddhique constituent cet ensemble gigantesque. L'état général des soubassements n'est pas d'une fraîcheur inextinguible, mais on peut encore discerner de beaux décors.

🎋 **Ta Nei** (plan d'Angkor, 30) : *au nord du Ta Keo.* Ses 4 *gopurams* bien préservés en forme de croix sont reliés par des galeries aux murs, aux pavillons d'angle, au sanctuaire central et à la bibliothèque (au sud-est). Construit sous le règne de Jayavarman VII (fin du XIIe s).

🎋 **Banteay Prei** (plan d'Angkor, 33) : *au nord du Preah Khan.* Ce petit temple de la fin du XIIe s, du même tonneau que le Bayon, est enfermé dans une double enceinte séparée par une douve.

🎋 **Kroi Ko** (plan d'Angkor, 34) : la tour centrale, de facture identique à celle du Bayon, est précédée par une bibliothèque en latérite et en grès. Comme le Banteay Prei et le Ta Nei, elle date de la fin du XIIe s.

🎋 **Ta Phrom Kei** (plan d'Angkor, 35) : vestige de la chapelle d'un des 102 hôpitaux fondés par le roi Jayavarman VII, dont une stèle retrouvée en 1928 à proximité de la tour de Ta Phrom énumère la liste.

À l'est d'Angkor

🎋🎋🎋 **Beng Mealea** : *60 km env à l'est de Siem Reap. Entrée : 5 $. Prévoir 1h30 de trajet en tuk-tuk. Prix : 30 $ env l'aller-retour (40 $ env en voiture).*

Un des derniers temples quasiment totalement enfouis dans la végétation, il n'a été que très peu restauré, vers 1955. À comparer au Ta Phrom mais en beaucoup moins arrangé pour la visite (seulement quelques passerelles et passages tracés). Encore peu visité, c'est un de nos temples préférés.

➢ *Pour s'y rendre, 2 itinéraires possibles :* route 6, puis bifurcation à gauche au village de Dam Daek ; ou route 66 (l'ancienne voie royale, aujourd'hui à péage). En partant vers 6h30, garantie d'être dans les tout premiers sur place.

Un peu d'histoire

Le Beng Mealea (la « guirlande de l'étang ») date du XIIe s. Ville et sanctuaire tout à la fois, d'une superficie de 108 ha (à peu près celle d'Angkor Wat). Un fossé de 4 m de largeur l'entourait. En fait, on ne sait pas grand-chose sur ce sanctuaire. Par son style, il est proche d'Angkor Wat.

Visite du site

Le long du chemin menant au temple, quelques vestiges du corps du serpent *(naga)* qui précédait les 4 entrées. Arrivée à la partie sud du site. Premier bâtiment à gauche, avec un portique et un linteau sculpté, murs prisonniers de la végétation. En face, une bibliothèque en ruine. Passage d'une galerie avec quelques éléments de voûte, mais ce sont les arbres qui font voûte désormais. Il a fallu installer des planches pour faciliter certains franchissements. Tour centrale totalement écroulée et formant un immense éboulis. Tout autour, des galeries à 5 colonnes de pierre. On pénètre (en souplesse) dans l'une d'elles à travers un passage orné de barreaux de grès tournés comme du bois, pour atteindre une petite plate-forme en hauteur. Quelques secondes, on se prend pour Indiana Jones. Toit végétal si épais qu'il dispense une douce fraîcheur. Dans le silence de la forêt, guère rompu par le chant des oiseaux, on ressent le combat terrible du minéral et du végétal. De l'exubérance de ce végétal et de l'élégante sobriété de la pierre se dégage d'ailleurs une poésie apaisante, une émotion réelle. Là, devant nous, une belle galerie. La nature n'a pas encore gagné, car elle conserve encore une partie de sa voûte.

Longeons un passage couvert, dans une pénombre humide, pour déboucher sur une magnifique bibliothèque. Quatre murs percés de fenêtres à 5 colonnettes de pierre (on retrouve souvent ce chiffre de 5, plus rarement 7). Nous nous retrouvons dans l'axe de l'entrée (vestiges du corps du *naga* sur les côtés). Dans le mur, face à la bibliothèque, une trouée lumineuse excite la curiosité. Elle s'ouvre sur un nouveau spectacle de belles colonnes encore debout, dans un fantastique chaos de pierre et de linteaux déchus. Après avoir contourné la bibliothèque, on parvient à des éléments de l'enceinte extérieure qu'on va suivre quelque temps jusqu'à la porte est, reconnaissable à ses *nagas* surgissant des fougères arborescentes dans leur position d'origine. Là encore, grande poésie de ces vestiges tentant de s'extraire de leur gangue végétale. Nombreuses portions des remparts en ruine. La visite aura duré au moins 1h30, dont 90 mn d'enchantement total...

✦✦✦ ***Preah Khan :*** *à 6-7h env de Siem Reap (en saison sèche slt), en poursuivant plein est depuis Beng Mealea. Mais accès plus aisé depuis le village de Stoung, avt Kompong Thom en venant de Siem Reap.* **Attention,** ne pas confondre avec le site situé à l'intérieur du parc d'Angkor. De Beng Mealea à Preah Khan, les 65 km de piste empruntent le tracé de l'ancienne voie royale datant du Xe s. Aventure ! Plusieurs vestiges de ponts et de bâtiments angkoriens. Preah Khan, plus grand complexe jamais construit (35 km², soit 3 fois plus qu'Angkor Thom !), fut d'abord un lieu de culte brahmanique mystérieux, dont la richesse provenait probablement des mines de fer voisines, exploitées depuis des temps immémoriaux par des peuples proto-khmers. Dépouillé de ses plus belles sculptures en 1870 par les archéologues français (visiter le musée Guimet à Paris...), sauvagement pillé dans la seconde moitié des années 1990, Preah Khan est dans un très mauvais état général. La visite n'en demeure pas moins une récompense à la hauteur de l'effort consenti, ne serait-ce que pour le tour aux quatre têtes de *prasat Preah Stung*, qu'on attribue à Jayavarman VII (Bayon).

🏃🏃🏃 **Koh Ker** : à 60 km env de Beng Mealea en continuant vers le nord-est par la route à péage. Entrée : 10 $. Compter 3h de route depuis Siem Reap (100 km en tt). Prix d'une voiture aller-retour : 80 $ env.

Jayavarman IV, qui règne déjà à Koh Ker, préfère y rester quand il devient empereur. Son fils, ingrat, revint à Angkor. Le fait que le site ait acquis toute son ampleur en seulement une quinzaine d'années donne une idée de la mégalomanie de ces temps. Vestige le plus connu et spectaculaire, la pyramide *prasat Thom* (ou *prasat Kompeng*), un *prang* (tour principale) pyramidal de 7 étages et de 40 m de haut. À voir aussi, *prasat Krahom*, « le temple Rouge ».

Pour dormir dans le coin, obliquer à droite à un croisement situé 10 km avant d'arriver à Koh Ker : pension après 1 km. Ceux qui veulent continuer l'aventure peuvent filer en direction de Tbaeng Meanchey et, 20 km avant d'y arriver, prendre une piste vers le nord (difficile en saison de pluies), remontant vers la citadelle de Preah Vihear...

Au nord de Banteay Srei

En partant très tôt, avec une voiture, vous pouvez enchaîner les deux sites suivants. Mais attention ! Souvenez-vous qu'il faut arriver à l'entrée du péage de Phnom Kulen avant 11h (en haute saison) ! Au retour, possible de profiter de Banteay Srei.

🏃🏃 **Kbal Spean** (hors plan) : continuer la route sur une vingtaine de km après Banteay Srei. Bonne piste (en saison sèche), malgré quelques ponts en plus ou moins bon état. Arrivée à un parking avec des gargotes. Kbal Spean, la « rivière aux mille lingams », se découvre après une courte marche pentue à travers une forêt assez dense. Possible de faire l'ascension à dos d'éléphant en haute saison. Un grand nombre de lingams ont été sculptés dans le lit de la rivière. En fait, ce sont comme des carrés de pierre tapissant le fond de l'eau. Ces lingams servaient à bénir les eaux avant qu'elles n'atteignent la cité royale. Des bas-reliefs, représentant les divinités du panthéon brahmanique, se trouvent aussi le long de la rivière. Malheureusement, beaucoup ont été volés, arrachés à coups de burin du lit de la rivière. Le dernier, en mars 2003, était un beau vishnou du Xe s. En conclusion, pas très spectaculaire en soi, mais le paisible environnement, l'atmosphère inspirée qui baigne la rivière, la belle chute d'eau en contrebas (où l'on peut faire trempette) rendent ce site assez unique parmi les temples d'Angkor et mérite le détour.

🍴 **Bourey Sovann Restaurant** : peu avt d'arriver au Kbal Spean, sur la droite. ☎ 012-842-258. *Le midi slt.* Agréable resto en pleine campagne. Salles en plein air entourées d'une végétation luxuriante, bière fraîche et cuisine de bonne qualité. Heureusement, car c'est le seul resto digne de ce nom dans le coin ! Pas moins de 23 façons d'accommoder le poulet ou le canard, délicieuses grenouilles sautées, crevettes frites, *tom yam* (bouillon épicé thaï), porc, bœuf... On y trouve même un « menu historique ».

🏃 **Phnom Kulen** (hors plan) : à 15 km de Banteay Srei (soit 50 km de Siem Reap), par une piste correcte. Entrée : 20 $.

L'une des grandes montagnes sacrées pour les Cambodgiens et un lieu de pèlerinage très populaire. C'est ici, en 802, qu'eut lieu le véritable acte de naissance du Cambodge. Le roi J7 y proclama l'indépendance du pays vis-à-vis de Java, et y fonda la 1re capitale. Immense plateau couvert d'une dense forêt vierge. On y découvre une autre rivière avec lingams et sculptures dans son lit, un petit temple abritant un grand bouddha couché, une belle cascade où il fait bon se baigner, etc. Cependant, quelques réserves. D'abord, l'entrée est très chère pour les touristes (un véritable scandale), car la piste qui y grimpe appartient au riche entrepreneur qui l'a construite. Or, les choses à voir valent-elles ce prix ? Comme le site n'est quasiment pas programmé par les agences, fort peu de touristes s'y rendent. Les week-ends et jours fériés, bain de foule et animation assurés, dans une ambiance populaire, familiale et bon enfant. En semaine, sans cette joyeuse animation populaire, ça ne vaut pas le déplacement. Dernier détail, arriver au péage d'entrée avant 11h. À midi, le sens de la circulation s'inverse et la route est réservée à la descente. Ce qui signifie aussi : pas de descente avant 12h ! Compter 45 mn minimum de piste depuis le péage jusqu'au 1er parking, et autant à la descente. Prudence, ne quittez pas les chemins balisés, le déminage complet des environs n'est pas encore garanti.

– *La rivière aux mille lingams :* on n'a pas compté, mais on ne doit pas en être loin. Depuis le parking, emprunter un petit chemin jusqu'à la rivière. La franchir sur un tronc d'arbre pour voir en amont, à une vingtaine de mètres, une sculpture de Vishnou couché. Comme au Kbal Spean, les fameux lingams ne sont que des carrés sculptés dans le lit de la rivière (et pas du tout de forme phallique). Un sentier mène ensuite, à une centaine de mètres, à une petite source sacrée. Gentil environnement.

– *Le temple du Bouddha :* à 10-15 mn à pied du parking. Les fainéants peuvent s'y rendre en *moto-dop*. Ici, rien d'artistique, il s'agit d'un lieu de culte. Stands de bondieuseries et de pharmacopée populaires : onguents, herbes et écorces, cornes et dents de toutes sortes, pierres à furoncles et tout un tas de choses... Escalier en béton, encadré de *nagas,* menant au pied du *rocher du Bouddha couché,* sculpté au XVe s. Au XIXe s, pour le protéger, on y édifia un petit temple qu'on atteint par un second escalier plus large. Il fut détruit en 1975 par l'aviation gouvernementale car les Khmers rouges tenaient la colline. Cependant, le bouddha ne fut pas touché. Du sommet, à près de 500 m de hauteur, superbe panorama sur la région. Atmosphère très religieuse.

– *Les chutes d'eau :* reprenez la voiture, second parking. Lieu de pique-nique populaire pour les familles. De hauts arbres prodiguent un ombrage salutaire. Le week-end, des centaines de voitures au parking. On s'y bouscule, du bébé à la grand-mère, pour se rafraîchir et faire une belle photo de groupe. En contrebas, des vasques accueillent d'autres baigneurs. Quelques étals de brochettes, boissons, etc. Atmosphère joyeuse et bon enfant, une vraie tranche de vie cambodgienne que l'on peut savourer benoîtement sous son arbre... Quelques vestiges peu significatifs de temples.

Angkor... plus loin !

🎒🎒 *Banteay Chmar :* ce gigantesque temple s'adresse avant tout aux routards à l'esprit vraiment aventurier. Ils découvriront, après bien des difficultés, un monument délabré et chaotique où jamais aucun travail de restauration n'a adouci l'outrage des ans. Tout son charme vient de là.

Infos pratiques

➤ *Au nord-ouest du Cambodge, compter 6h au départ de Siem Reap. Piste sur les trois quarts du trajet. Le temple est à 60 km de Sisophon.*

– À Banteay Chmar, aucun hôtel. En arrivant assez tôt, vous pouvez essayer de dormir, sur place, chez l'habitant. Demander à nos amis d'*Agir pour le Cambodge,* dont la maison est en face de l'entrée principale. L'association accompagne les villageois dans la mise en place d'un projet de tourisme solidaire (hébergement chez l'habitant, activités pour découvrir le village et la vie traditionnelle khmère...). Contact : 📞 012-163-06-43 (les prévenir). Jetez un coup d'œil à leur boutique de tissus, *Le Temple des Étoffes* (📞 012-1891-790 ; • templedesetoffes@online.com. kh •), conçus par et pour des villageoises déshéritées. Pas de resto, sinon quelques échoppes sur le marché. Vous avez compris, le tourisme en groupe n'est pas près d'arriver ici.

– En fait, le plus simple est de dormir dans un des hôtels de *Sisophon.* L'idéal est de partir tôt le matin et de revenir le soir à Sisophon (ou Siem Reap). Conseillé d'acheter de l'eau et quelques biscuits pour la journée.

La visite

On a du mal à comprendre que ce temple, parmi les plus grands de tout le Cambodge, ait été construit dans une région si déshéritée. Bâti au XIIe s, il est entouré d'une douve, large de 65 m.

Avant d'entrer à l'intérieur du temple, observez l'enceinte principale. Sur votre gauche, superbe scène de combat naval opposant les Khmers aux Chams. Ces derniers sont reconnaissables à leurs coiffes, les autres étant tête nue. Armés de lances, les soldats s'affrontent au corps à corps. Certains se noient et se retrouvent au milieu des poissons.

Il faut aimer l'escalade pour pénétrer à l'intérieur du temple, un gigantesque amas de blocs de pierre et d'écroulements successifs. Cette difficulté de s'y déplacer l'a certainement protégé des pillages (encore que certaines pièces aient manifestement disparu).

Partout, la pierre est finement sculptée, notamment les célèbres *apsaras* qui gardent les entrées. Le temple possède, lui aussi, des tours à visages, perdues au milieu de la végétation. Vous l'avez compris, vous êtes dans une œuvre majeure de l'art khmer, ignorée du tourisme... encore pour quelque temps.

⊗ ♦♦♦ **Preah Vihear** : *situé dans la chaîne frontalière des Dangkrek. Compter 250 km de piste depuis Siem Reap, soit au moins 7h de route.* Les allures de forteresse de ce sanctuaire de grès jaune noirci par le temps, grimpant à l'assaut d'une colline sacrée depuis des temps immémoriaux, pour culminer à 640 m d'altitude comme une nef tournée vers Angkor, font de sa visite un moment inoubliable. Preah Vihear n'est qu'à 100 km au sud d'Ubon Ratchatani (Thaïlande) via Kanthalarak et, de ce fait, bien plus facile d'accès et fréquemment visité depuis ce pays (grâce à un laissez-passer d'une journée). Son appartenance au territoire cambodgien moderne est une pomme de discorde territoriale récurrente entre les deux pays. Consulter le *Guide du routard Thaïlande* pour plus d'infos. Toutefois, avec l'amélioration progressive des routes (en tout cas en saison sèche), un nombre grandissant de visiteurs entreprennent le voyage depuis Siem Reap, idéalement couplé avec la découverte d'autres sites éloignés comme Koh Ker (selon l'itinéraire choisi). Nuit sur place obligatoire. Une pension en contrebas (lever de soleil magnifique sur le site). **Attention** : depuis mi-2008, l'accès est fermé côté thaïlandais et la visite depuis le Cambodge est même déconseillée. Se renseigner quant à la résolution du conflit avant d'envisager l'excursion.

LE NORD-EST

KOMPONG CHAM

IND. TÉL. : 042

C'est au niveau de cette capitale de la province la plus peuplée du Cambodge que la N7 franchit le Mékong par le seul pont du pays assez costaud pour affronter son cours majestueux. Malgré ce cadeau spectaculaire, ce sont bien les temps modernes qui ont endormi ce port autrefois très actif, en projetant le ruban de bitume vers l'amont. Que cette relative torpeur puisse aider la ville à conserver encore longtemps son pittoresque agencement colonial !

Aux alentours immédiats, il ne faut pas manquer le wat Nokor. Puis, selon ses inclinations, on pourra approfondir son rapport au grand fleuve en explorant une grande île sablonneuse, ou baguenauder sur le réseau de pistes qui longent les berges, riches de pittoresques villages dont ceux de la communauté cham (voir les rubriques « Histoire » et « Population » dans « Cambodge : hommes, culture et environnement » en début de guide).

Arriver – Quitter

Plus de bateau régulier, uniquement des croisières (voir « Phnom Penh »).

➤ **Phnom Penh :** 6h30-15h30, env 10 bus/j. dans les 2 sens (dont *Sorya Transport*, voir « Phnom Penh ») ; 120 km (N7), 2h de voyage. Également des taxis collectifs (prix similaires).

➤ **Siem Reap :** 6h30-11h, env 6 bus/j. dans les 2 sens ; 280 km, 4h de trajet.

➤ **Kratie :** 9h-11h, 1 bus/j. dans les 2 sens pour chaque compagnie ; 220 km, prévoir 3h30 de trajet. Également des taxis collectifs, à peine plus chers.

➤ **Stung Treng :** 9h-10h, 1 bus/j. avec *Sorya* ; 370 km, prévoir 6h de route.

➤ **Kompong Thom :** 120 km par le raccourci de la N71 via Boksor Chamkar Leu. Bonne route, mis à part 15 km de piste. Prévoir 2h. Bien à moto. Plantations de caoutchoucs sur le trajet.

➤ **Ratanakiri, Snuol :** liaisons quotidiennes, se renseigner auprès de hôtels.

> ### DES BAS-RELIEFS D'ANGKOR AUX TORTURES DES KHMERS ROUGES
>
> *La province de Kompong Cham, nom signifiant « le port des Chams », compte le plus grand nombre de membres cambodgiens de cette ethnie. Autrefois hindous et puissants, les Chams furent progressivement vaincus par leurs voisins khmers et vietnamiens. Convertis à l'islam à partir du XVIIᵉ s, ils sont aujourd'hui plutôt déshérités, d'autant qu'ils ont particulièrement souffert sous les Khmers rouges.*

Adresses utiles

On trouve au centre-ville deux banques *(Acleda, Canadia)* avec distributeurs de billets, une poste et un cybercafé.

Où dormir ?

🏠 **Mekong Hotel :** rue de la berge, en amont des bars et autres guesthouses. ☎ 941-536. Fax : 941-465. Résa conseillée. Doubles avec sdb 7-12 $. Long immeuble jaunâtre de 2 étages cachant un énorme espace intérieur distribuant les chambres. Tant pis pour la froideur des carrelages, on y trouve le meilleur confort de la ville. Les chambres *budget,* ventilées, sont vite pleines, tout comme les « climatisées-eau chaude » tournée vers le Mékong. Reste celles donnant sur l'arrière. Cafétéria-resto sans intérêt. Accueil très poli.

🏠 **Phnom Brak Guesthouse :** *rue de la berge du Mékong.* 📱012-340-448. *Proche du Lazy Mékong Daze (sur la droite). Doubles ventilées avec sdb 5-6 $.* 2 lits et la télé dans les plus chères, eau froide pour tout le monde. Les murs peuvent être un peu humides, mais les chambres ne sont jamais aveugles et l'ensemble est acceptable. Balcon commun avec vue sur le fleuve. Accueil gentil, en khmer...

🏠 **Spean Thmey Guesthouse :** *rue de la berge du Mékong, à 100 m du pont.* 📱012-831-329. *Selon nombre de lits et confort, doubles avec sdb 4-6 $.* Les chambres rudimentaires de la pension « En dessous du pont » attendent désespérément leur lifting théoriquement prévu en 2009 : ajout systématique de l'eau chaude et de la télé, option clim' (il faudra compter 15 $), peinture fraîche et ménage approprié. On nous l'a promis, alors on le cite, merci de vérifier et faire passer l'info ! Salle de resto et véranda à l'étage, avec vue sur les flots. Résa de bus.

Où manger ? Où boire un verre ?

|●| **Restaurant Hao An :** à l'intersection du bd Monivong et de la rue Pasteur (côté sud du marché). 📱 012-941-234. Plats 2,50-7 $. Resto sino-cambodgien typique, doté d'une vaste salle et d'une plaisante terrasse. Exemple d'une combinaison de ces deux cuisines : salade de mangue verte et poisson séché, accompagné de travers de porc aux aubergines. Bien d'autres préparations sur l'amusant menu avec photos : ribambelle de poissons, crevettes, grenouilles, escargots, viandes, anguilles, intestins, etc. C'est le moment d'oser ! La plus petite des 3 tailles de plats suffit pour composer un menu dégustation. Service à la fois attentif et désinvolte, anglais baragouiné.

|●| 🍸 **Lazy Mekong Daze :** rue de la berge, pas loin du pont. 📱 099-569-781. Plats 2,50-4,50 $. Resto-bar tenu par un Breton et sa charmante compagne khmère. Petits déj, sandwichs baguette, plats khmers et occidentaux comme des carbos et du poulet à la crème. Toutes boissons dont une sélection de cocktails, pour se laisser définitivement gagner par « l'étourdissement paresseux du Mékong », affalé dans les fauteuils de rotin, distrait par une partie de billard.

|●| **Restaurants de la rive gauche du Mékong :** sur pilotis. Ambiance très populaire. Groupes musicaux.

|●| **Stands de nuit :** au bord du Mékong, proche de l'hôtel du même nom. Desserts et boissons (dont notre chouchou, le *teukolok*).

À voir

🏛 **Le grand marché** classique au centre-ville et quelques **villas** datant du début du XXe s sur la rue Ketomalea (à l'ouest de l'avenue). Notamment la maison du gouverneur, qui n'est autre que le frère de Hun Sen !

🏛🏛 **Wat Nokor :** à 2 km au nord de la ville, sur la N7. Entrée : 2 $. Y aller en moto-dop. Dans son agréable écrin campagnard immédiatement à l'ouest de la ville, ce temple bouddhique préangkorien (IXe s) mérite largement la visite. à l'entrée, un banian sacré et des bouddhas nichés dans des alcôves. De superbes contrastes de couleurs et de formes naissent de l'alternance de blocs de grès et de latérite, noircis et usés par le temps jusqu'à ressembler à de grosses éponges. L'effet s'amplifie sous la bienveillance des ors de la toiture de la pagode récente, curieusement accolée au sanctuaire central. Se promener derrière le temple par les chemins qui passent au milieu des rizières. À la tombée du jour, les gens viennent s'asseoir là sur des mottes et boivent du vin de palme en mangeant des serpents et des grenouilles grillés.

🏛 **Phnom Srei et Phnom Pros :** par une voie majestueuse grimpant sur la droite de la N7, 5 km env au-delà du rond-point du wat Nokor. Toutes deux visibles depuis la N7, la « colline aux Femmes » (*Phnom Srei*, prendre le chemin qui part sur la droite de la voie) domine, une fois n'est pas coutume, sa voisine la « colline aux Hommes » (*Phnom Pros*). Chacune a droit à son habillage. Aux stupas récents et vaniteux des messieurs, on préfère celui de dames, disposé comme un bateau et jouissant d'une belle vue. Entre le couple, une sorte de parc à thème bouddhique qui compte dans ses rangs une bibliothèque dotée d'un riche fond d'ouvrages dont pas mal en français. Le directeur, ancien professeur de français, vous racontera probablement l'histoire du lieu, ainsi que... la sienne. Petite donation bienvenue.

🏛🏛 **Le village écotouristique de Cheungkok :** 1 km au-delà de Phnom Srei et Phnom Pros, de l'autre côté de la N7. 📱 011-787-440. ● soleil-levant.com ● Entrée : 3 $. L'association *Amica* a pour projet de procurer aux habitants de ce village défavorisé une source de revenus complétant celle, insuffisante, tirée de l'agriculture. Découverte du village, de la fabrication du sucre de palme, des *kramas*, dégustation de produits locaux, promenade dans les rizières (en saison), démonstration d'instruments de musique traditionnels. Vente d'artisanat varié fabriqué sur place, à base de bois, palme, coco, coton, etc. Une belle visite, intéressante et utile.

🏃 **L'île de Koh Paen et son célèbre pont de bambou :** *depuis le pont de béton, suivre le fleuve vers l'aval sur 500 m env. Péage aller-retour : 1-2 $, vélo-moto. Loc de 2-roues possible auprès de nos adresses.* Chaque année, de mi-février au début de la saison des pluies, un stupéfiant pont temporaire entièrement fabriqué de bambou enjambe le Mékong pour relier Koh Paen « au continent ». L'ouvrage supporterait même les camions ! Le reste du temps, un bac dessert cette île sablonneuse d'une bonne quinzaine de kilomètres de long, couverte d'une luxuriante mosaïque de jardins et de maisons de bois.

➤ DANS LES ENVIRONS DE KOMPONG CHAM

🏃 **Les mygales frites de Skon :** *à mi-chemin entre Kompong Cham et Phnom Penh.* Si vous passez par ce bourg posté à l'intersection des N6 et 7, ne manquez pas cette spécialité culinaire locale, ne serait-ce que pour le plaisir des yeux. Elles sont vendues à la douzaine par des femmes qui en portent de pleins plateaux sur la tête. Énormes, avec des poils partout, brrr ! Frites, heureusement. Bon appétit !

🏃 **Les rives du Mékong entre Kompong Cham et Chhlong :** ces petites routes, parfois simples pistes à charrettes, sont réservées aux amateurs de beaux paysages ayant du temps, et se déplaçant plutôt à moto (ou même à vélo tout-terrain).
– *Rive gauche (est) :* départ de la piste, tout de suite après le pont de Kompong Cham (non signalé). Passer au pied de l'ancienne tour d'observation en brique, construite par les Français. Halte possible au village de *Krauch Chmar.* Beaux panoramas sur le Mékong, passages pittoresques d'affluents.
– *Rive droite (ouest) :* c'est la plus jolie. Après environ 23 km, le **prasat Phnom Hanchey** (panneau indiquant un *resort*) occupe le sommet aplati d'une colline qui s'élève au débouché d'un pont métallique. Un vieux stupa en ruine, une pagode tout en bois aux parois formées d'originaux panneaux coulissants, d'autres pavillons récents, un impressionnant panorama à 180° sur le fleuve et des stands de boissons, tout invite à y faire halte. Attaquer directement la butte ou continuer vers l'amont jusqu'aux escaliers aux *nagas,* longs et raides. 7 km plus loin, un gros village cham très photogénique. Encore plus en amont, à **Stung Trong** (à environ 50 km de Kompong Cham, ne pas confondre avec Stung Treng, voir plus loin), un bac traverse le Mékong et permet de rejoindre Chhlong (voir plus loin « Dans les environs de Kratie ») par la piste de la rive gauche.

🏃 **L'ancienne « route des plantations » d'hévéas (N7) :** traverser le Mékong et suivre la N7 jusqu'au village de Suong ; passer un port qui domine un paysage de marais bordé de cabanes de pêcheurs, puis prendre à gauche. La région est le principal producteur de caoutchouc, l'une des plus sûres richesses du pays. Malheureusement, l'argent du caoutchouc n'arrive pas souvent dans les caisses de l'État ! La N7 traverse de vastes paysages dégagés et les plantations d'hévéas jadis créées par les Français, dont les noms sonnent encore aux oreilles des anciens : Chup, Kraek, Memot (quelques *guesthouses*), Snuol (*guesthouses*)... Il faut avoir vu au moins une fois ces « cathédrales » végétales, les petits godets qui recueillent le blanc latex, les saigneurs à l'œuvre au petit jour, les camions de collecte, une usine de traitement.

🏃 **L'usine de caoutchouc Chuck Compagnie :** *district de Chup, sur la N7. À 12 km en direction de Kratie. Prévoir 4 $ en moto-dop. Visite 14h-18h.* Possible d'assister gratuitement aux différentes phases de traitement du caoutchouc. Petite donation attendue par le gardien et... le directeur (1-2 $ par personne à chaque fois). Une partie de la production est affectée à la fabrication des prothèses pour *Handicap International.*

🍴 *Prey Veng :* passer par Prey Veng (à 90 km au sud de Kompong Cham) permet de faire une boucle en revenant sur Phnom Penh par la N1. Traverser le Mékong, puis bifurquer à droite sur la N11 avt Chup. Pas de transport public, avoir son moyen de locomotion ou négocier avec un *moto-dop*. Traversée de belles plantations d'hévéas et d'un nombre incalculable de rizières. La ville de Prey Veng, au bord d'un lac, est très agréable. Un hôtel sur les quais, en face du marché, propose pour une somme modique quelques chambres à la propreté douteuse. Côté resto, il en existe un seul, idéalement placé au bord du lac, juste après le marché.

KRATIE

IND. TÉL. : 072

La région de Kratie fut, du VIe au VIIIe s, un « haut lieu de khméritude », assimilé au royaume du « Chenla de Terre », centre civilisé aux franges du monde sauvage. Peu de traces subsistent de ce passé lointain. Bien plus tard, elle sera un foyer anticolonial, puis une base pour le Vietminh et les Khmers rouges.

Malgré sa situation géographique très centrale, la province de Kratie demeura enclavée tant qu'on ne put l'atteindre qu'au prix d'une longue remontée du Mékong. Aujourd'hui, la N7 est terminée et Phnom Penh n'est plus qu'à 6h de bus, tandis que le service de ferry a été abandonné. Pourtant la région, principalement constituée de territoires peu habités et difficilement pénétrables, distille encore une forte sensation de bout du monde.

Alanguie au bord du fleuve, la capitale est riche en vestiges coloniaux. Aux alentours, c'est encore et toujours une histoire de Mékong, confortée par la présence des derniers dauphins d'eau douce, et jalonnée de charmantes pistes bordées de villages et même d'un comptoir colonial oublié.

Arriver – Quitter

Plus de liaisons fluviales régulières avec Phnom Penh, formules croisières uniquement (voir à « Phnom Penh », par exemple, la *Compagnie du Mékong*).

➤ *Phnom Penh et Kompong Cham par la route :* dans les 2 sens, 7h30-9h30 env, 1 bus/j. pour chaque compagnie (dont *Sorya*) entre Kratie et Phnom Penh (340 km, 6h de trajet) via Kompong Cham (216 km, 3h30 de route).

➤ *Kompong Cham via Chhlong par les pistes du Mékong :* suivre le Mékong tt du long (changement de rive éventuel en bac, voir « Dans les environs de Kratie ») ou le quitter au niveau de Chhlong par la N73 qui rattrape la N7. Quelques taxis collectifs (saison sèche). Négociable en *moto-dop,* idéal avec son propre véhicule (plutôt à moto).

➤ *Stung Treng :* dans les 2 sens, 8h-12h, 1 bus/j. par compagnie ; 142 km dont une très bonne section de la N7, 2h30 de trajet. Également des taxis collectifs.

➤ *Banlung (Ratanakiri) :* embranchement pour la N 78 sur la N7, 23 km avt Stung Treng. Compter 254 km et 5h de trajet. Possible d'emprunter les bus de la ligne Phnom Penh-Banlung (passage vers 11h-12h). Alternativement, taxis collectifs.

➤ *Sen Monorom (Mondulkiri) :* via Snuol (par la N7), puis belle piste de latérite dans la jungle. Sans problème durant la saison sèche, mauvais sinon (rampes glissantes). Prévoir 5-6h de trajet en pick-up avec ou sans changement à Snuol (départ le mat).

Où dormir ? Où manger ? Où boire un verre ?

🏠 🍴 *You Hong Guesthouse :* côté nord du marché. 📱 012-957-003 ou | 011-674-088. ● youhong_kratie@yahoo. com ● Doubles et triples ventilées avec sdb 3-5 $. Internet payant. Certaines chambres ont un balcon et la télé. Plus tout neuf mais pas du tout à l'abandon. Café-resto au rez-de-chaussée. Résa de transport, location de vélos et motos.

🏠 🍽 *You Hong Guesthouse (nouvelle annexe) :* sur une petite rue reliant la berge au marché. Même contacts et services que ci-dessus. Selon confort, doubles et triples avec sdb 5-13 $. Plats 1,50-3,50 $. Internet payant sur poste ou wifi gratuit (!). Une poignée de petites chambres impec' et tournées vers le fleuve, certaines avec clim' et eau chaude. Café-resto convivial et mignon au rez-de-chaussée. Plats locaux et occidentaux : amok, nouilles et riz sautés, baguette au petit déj, en sandwich ou passée au four à la mode pizza.

🏠 🍽 *Star Guesthouse :* 84, rue 10. 📱 012-900-663. Doubles avec ou sans sdb 3-13 $. Simple mais propre. Clim' pour les plus chères. Le resto sert d'honnêtes petits plats dont quelques occidentaux. Accueil agréable. Possibilité de louer des motos.

🍽 *Heng Heng Restaurant :* rue de la berge, voisin de l'hôtel du même nom. Resto d'hôtel classique, avec un long menu de spécialités chinoises et cambodgiennes.

🍽 🍷 *Restos en plein air :* le long du Mékong, installation en fin d'ap-m. Prix très bas. Très bien aussi pour boire un verre, baigné d'un crépuscule orangé.

Où dormir ? Où manger dans les environs ?

🏠 🍽 *Relais de Chhlong :* à Chhlong, rue de la berge, secteur du temple. 📱 089-597-960. ● lerelais@online.asia ● Chambres 75-95 $; maison entière 350 $; petit déj inclus. Repas 12 $. Accès Internet possible (gratuit). 2 chambres supérieures dans l'annexe arrière et 2 deluxe au 1er étage de la maison. Ces dernières sont très réussies : long balcon avec vue sur le fleuve, au-delà de la piscine (!), parquet sombre,

mobilier asiatico-contemporain épuré et grands bains modernes. Équipement complet : clim' + ventilo, moustiquaire, coffre, télé DVD. Baigné de lumière, le lumineux rez-de-chaussée aménagé en une seule pièce à colonnade combine réception, petit salon et salle à manger. Le menu du jour, alternant cuisine khmère et occidentale, est servi à la table commune, comme dans une luxueuse maison d'hôtes.

À voir

🏯 *Le centre-ville :* selon la tradition coloniale, l'habituel marché est entouré d'immeubles dit à « compartiments chinois ». Modeste, mais charmant plaisir du tourisme urbain cambodgien...

🏯 *Wat Kandal :* au sud de la ville en bordure du fleuve, à l'arrière d'un temple récent. Entrée : 0,50 $. Petite mais élégante, c'est l'une des dernières pagodes en bois du pays. Fresques, colonnes de bois à dorures, charpentes décorées et vieux dais ont échappé à la disparition grâce à une ONG. Expo-vente d'artisanat local.

– Un projet : renflouer le *Francis Garnier,* coulé par les Japonais en 1945, pour en faire un musée de l'Histoire.

➤ DANS LES ENVIRONS DE KRATIE

🏯 *Les dauphins d'eau douce* (ou de « l'Irrawaddy ») : à env 20 km au nord de Kratie par la route qui suit la berge, au site de *Prek Kampi*. Prix : 7-9 $/pers selon nombre de passagers ; réduc. Durée : 1h. Avant le parking du site, une rangée de cahutes propose des centaines de sculptures représentant, quasiment à l'identique, des couples de dauphins enlacés. Plus expressives à vrai dire que leur modèle, puisque ce dauphin est aussi peureux que peut être enjoué et curieux son cousin marin. L'émersion respiratoire périodique garantit d'entrevoir des frimousses, mais ne comptez pas trop sur une pirouette à la Flipper ! Le mammifère a ses excuses. L'homme et ses techniques de pêche violentes (électricité, explosifs, filets inadaptés) ont décimé sa population, qui reste menacée à terme par l'inéluctable développement du bassin du Mékong. On n'en compte qu'une grosse dizaine ici, et une soixantaine en tout avec ceux qui vivent plus en amont, au sud des chutes de Khone (à la frontière du Laos). La protection de l'espèce est en partie financée par cette exploitation touristique écoresponsable. Les barques s'approchent lentement, moteur éteint. à faire si possible en fin d'après-midi, avec, en prime, de superbes couchers de soleil.

🎥🎥 *Chhlong :* à *30 km au sud de Kratie en suivant le Mékong. Prévoir 1h de trajet. Piste plutôt bonne, variée et plaisante.* L'excursion vers ce bourg fluvial qui nous arrive presque intact des temps du protectorat garantit une bonne dose de Cambodge rural en chemin : belles vues sur le Mékong, ses îles, bancs de sable et pirogues, et sur la campagne riche en charrettes à bœufs, meules de foin, plantations et séchoirs à tabac, bambouseraies, champs bien cultivés et villages habités par des Chams.

L'arrivée à *Chhlong,* est annoncée de loin par de hauts arbres *(hypea odorata).* Ancienne étape majeure du commerce du bois, le comptoir marquait la limite de la civilisation avant le « Haut Chhlong » (Mondolkiri) peuplé de tribus hostiles. Rejoindre la rue de la berge, parallèle à la nationale. Là, entre un temple et un confluent photogénique, des villas et demeures à arcades distillent toujours une forte présence bien qu'elles soient pour la plupart délabrées, comme une carte postale un peu piquée sortie d'une collection de vieilleries.

🎥 *Sambok Mountain :* à *13 km de la ville en direction de Kampi. Panneau « meditation resort ».* Avant d'arriver à ce temple installé sur une colline luxuriante (panorama superbe sur le Mékong), remarquer le gong fabriqué à partir d'une ogive de bombe désamorcée, histoire de rappeler que l'aviation américaine avait bombardé la ville en 1972, alors qu'elle était déjà prise par les Khmers rouges. Le petit sanctuaire très kitsch est intéressant pour la scène représentant l'enfer bouddhique (mur de droite).

SAMBOR

➤ À environ 40 km au nord de Kratie (1h de trajet). 10 km au-delà de Kampi, au carrefour (statues de dauphins) du village de Sandan au lieu d'obliquer à droite, vers la N7 et Stung Treng, continuer tout droit le long du fleuve.

🎥 *Le village de Sambor :* ce bout du monde comme on les aime fut le site d'une des premières capitales du royaume de Chenla (VIe-VIIe s.) Le temple a malheureusement été rasé par les Khmers rouges. Se promener sur la piste après le marché. Les habitants grimpent sur les hauts palmiers dégarnis qui abondent par là, pressent les fruits et laissent fermenter légèrement le jus pour fabriquer du vin de palme, avant de le vendre dans des tronçons de bambou accrochés aux porte-bagages des vélos.

🎥 *Wat Sor Sor Muy Roi :* temple récent, connu pour ses « cent colonnes », une tentative de record local orchestrée à la fin des années 1990. Vieux stupa blanc du roi Ang Chan Ier.

🎥 *Les rapides de Sambor :* au *nord et au sud de l'embranchement de la route provinciale 305 qui rejoint la N7. Les admirer depuis la berge.* Selon un projet assez délirant (et confirmé aux dernières nouvelles...), un énorme ouvrage hydroélectrique barrant tout le fleuve et créant en amont un réservoir de plus de 800 km^2 sera bientôt construit ici. On espère, sans trop rêver, que son impact écologique sera correctement estimé et pris en compte.

LE NORD-EST DU CAMBODGE

STUNG TRENG

Stung Treng est le dernier port sur le bassin du Mékong avant Champassak (Laos). En fait, le grand fleuve marque les limites occidentales du district, c'est l'un de ses affluents qui borde le « centre-ville » et que franchit la N7 en route vers le Laos. Selon les uns, cette rivière s'appelle Tonlé Kong, ce qui rime avec Sekong, nom de son cours laotien et d'une province voisine de ce pays. D'autres parlent du Tonlé San puisque la San et la Kong mêlent leurs flots une dizaine de kilomètres en amont. Pas grand-chose à voir ni à faire ici, à part succomber à ces réflexions hydrographiques jusqu'à organiser une excursion fluviale, sur le Mékong ou... choisissons notre patronyme, le Tonlé Kong.

Arriver – Quitter

En bus

➢ **Phnom Penh :** dans les 2 sens, 7h-8h, 1 bus/j. pour chaque compagnie. Compter 8h30 de voyage.

➢ **Banlung (Ratanakiri) :** 1 bus/j., à 8h. Sinon, des minivans (au moins 2 fois plus chers). 4h de trajet.

➢ **Laos :** 2 bus/j., à 8h et 13h ; 1h de trajet. Attention : pas de visa délivré à l'entrée du Laos, s'en munir préalablement. Pour le double du prix, possible de poursuivre jusqu'aux 4 000 îles (Siphandon).

En bateau pour le Laos

Choix entre un *speed boat* (1h de trajet bruyant et potentiellement dangereux) ou un *slow boat* (2h30 de navigation). Dans les 2 cas, autour de 50 $ par bateau (4 pers max).

Où dormir ? Où manger ?

🛏 |●| **Riverside (Mr T) :** en face de l'arrêt des bus, face au Mékong. 📱012-439-454. *Doubles avec sdb 3-10 $. Plats 1,50-3,50 $.* L'efficace Mr T a fait de sa pension une populaire étape routarde sur la route du Mékong, entre Cambodge et Laos. La nouvelle section (dont des chambres climatisées) devait ouvrir fin 2009, tandis que l'ancienne sera progressivement rénovée (il était temps !). Resto-bar au rez-de-chaussée, toit-terrasse. Résa de transports : bus, minivan et bateau (vers le Laos). Organisation d'excursions fluviales (voir plus loin).

🛏 **Sok Sambath Hotel :** rue 2. 📱016-746-666. Fax : 973-790. En face du marché. *Doubles ventilées ou climatisées avec sdb 7-15 $.* Rien à dire de particulier sur cet hôtel arrangé dans un immeuble blanc de 3 étages, sinon que c'est le meilleur de la ville.

À faire

🍴🍴 **Excursions autour des fleuves :** se renseigner chez Mr T (voir « Où dormir ? Où manger ? »). Choix entre le Mékong, dauphins et chutes comprises, sur 1 à 3 j. (80-160 $ tt compris pour 3 pers), ou sur le Tonlé Kong, en 3 j. dont 1 j. de rando dans le parc de Virachey, via la station de Siem Pang (130 $ tt compris pour 3 pers).

LE RATANAKIRI

IND. TÉL. : 075

Souhaitez-vous être loin de tout ? La province du Ratanakiri est là pour ça, excentrée dans le nord-est du Cambodge, aux confins du Vietnam et du Laos. Vaste région qui requiert toujours un minimum d'efforts pour l'atteindre et s'y déplacer, c'est un des derniers sanctuaires ethniques et fauniques de la péninsule indochinoise. Mais l'oasis est aujourd'hui menacée. Le développement du tourisme écorespectueux représente l'un de ses seuls espoirs de survie, en s'opposant par principe à l'exploitation illégale de la forêt ainsi qu'à l'expulsion des communautés autochtones auxquelles elle appartient coutumièrement.

La capitale, *Banlung*, évoque le Far West. L'espace ne manque guère, comme le prouve le quadrillage d'avenues surdimensionnées qui résista longtemps à toute injection de bitume. Quelques petits immeubles en dur dominent les maisons et cahutes de bois. Seuls les environs du marché sont réellement animés. Au final, l'endroit est plutôt agréable et reposant, d'autant que l'offre d'hébergement et de restauration est assez variée.

Arriver – Quitter

Depuis un bout de temps et jusqu'à nouvel ordre, plus de liaisons aériennes... Le seul accès digne de ce nom se résume donc à la N78, une belle piste de latérite. Longue de 151 km à partir du carrefour de la N7 (23 km avant Stung Treng), elle est remise en état chaque année (compter alors 3-4h de trajet) après la saison des pluies pendant laquelle il faut prévoir plus, voire beaucoup plus de temps...

➤ *Phnom Penh et autres étapes en route :* depuis la capitale, 594 km d'abord par la N6, puis la N7, via Kompong Cham, Snuol (ou Chhlong par le raccourci de la N73), Kratie et enfin par la N78. Dans les 2 sens, 6h-7h, 1 bus/j. affrété par au moins 2 compagnies, dont *Ly Heng* (☎ 023-350-612 à Phnom Penh) ; prévoir 12h de trajet. Judicieux (visite oblige !) de faire étape en route.

➤ *Stung Streng :* service de minivan. Prévoir 4h de trajet.

➤ *Sen Monorom (Mondulkiri) :* sur la section Kao Nhiek - Lumphat, particulièrement hasardeuse (risque de se perdre, pas d'habitations), cette piste tient plutôt de l'invention de certains cartographes. Difficile et éprouvant, impossible en saison des pluies. Réservé aux motards expérimentés en tout-terrain, avec guide et/ou GPS.

Adresses et infos utiles

Point de repère : le rond-point le plus central, dit de l'Indépendance.

■ *Banque Acleda :* en allant vers le flanc ouest du marché. Service de change et distributeur de billets.

✉ *Poste :* 500 m à l'est du rond-point, sur la rue principale (N78).

@ *Internet :* quelques cybercafés au centre, dont dans l'hôtel proche du rond-point. Lent et plus cher que dans le reste du pays. Accès wifi gratuit aux *Terres rouges* (voir « Où dormir ? »).

■ *Eco-tourism Information (QG des rangers de Virachey) :* dans le Département de l'Environnement. Prendre une rue sur la gauche (panneau) en allant vers le lac Yeom. Lun-ven 8h-12h, 14h-17h. ☎ 01-21-72-68-17 (Mr Soukhon) ou 012-507-334 (Mrs Nika). C'est l'interlocuteur officiel et obligatoire pour randonner dans le parc (cf. « À voir. À faire »). Bonne documentation et infos, personnel accueillant. Hamac, moustiquaire, couverture et guêtres antisangsues (abondantes !) à louer sur place.

■ *ONG Médecine de la Nature :* voir aussi le *Café de la Nature dans « Où manger ? Où boire un verre ? ».* 📱 092-665-832. ●*medecinedelanature@gmail. com* ●Initiée par 2 jeunes Français, frère et sœur, cette petite ONG s'est donné pour mission principale d'installer des dispensaires prescrivant une médecine naturelle. En dehors d'être plus abordable pour les autochtones, cet usage participe également à la conservation, voire au développement d'un savoir immémorial aujourd'hui menacé. Pas d'escadrille de 4x4 flambant neufs ni de gros frais de fonctionnement, mais plein d'idées et de belles motivations. L'organisation d'excursions écoresponsables est également à l'ordre du jour, avec l'aide d'une ONG spécialisée en la matière.

■ *Autres interlocuteurs pour les excursions :* nombreux mais de compétences très variables. Comme ils ne peuvent légalement entrer dans le parc de Virachey sans l'aide des rangers, ils se cantonnent plutôt à la découverte des villages ethniques, cascades et lacs de la région (prévoir à partir de 15 $ par personne et par jour), ainsi qu'à des activités annexes comme le canoë, la chambre à air et la balade à dos d'éléphant. *Terres rouges* (priorité aux résidents, mais rien n'empêche de tenter sa chance), *Tree Top* et le *Café de la Nature* sont recommandés (voir « Où dormir ? » et « Où manger ? Où boire un verre ? »).

Où dormir ?

De bon marché à prix moyens (de 5 à 15 $)

🏠 |●| *Tree Top :* depuis le rond-point de l'Indépendance, tourner à gauche juste avt le marché ; poursuivre sur 300 m, bifurquer à droite (panneau « resto Adam »). 📱 011-600-381 ou 012-490-333. ●*treetop-ecolodge@yahoo.com.kh* ●*Bungalows avec sdb 8-10 $.* 6 grands chalets de bois et bambou aux toits de chaume, répartis sur un lacis de plates-formes et passerelles surplombant un vallon luxuriant. Tout le confort adéquat : ventilo, grand lit sous moustiquaire, hamac, table et eau chaude. Gentiment tenu par Miss Chenda, l'épouse de Mr T (voir « Stung Treng. Où dormir ? Où manger ? »). Petite restauration (voir *Adam Restaurant* dans « Où manger ? Où boire un verre ? »).

🏠 |●| *Lake View Lodge :* au bord du lac, avt d'arriver aux Terres rouges. 📱 092-785-259. ● *lakeview.ratanakiri@gmail.com* ●*Selon confort, doubles avec sdb 5-15 $* ; clim', eau chaude et petit déj inclus pour les plus chères. Dans une grande villa autrefois cossue, un ensemble un peu vieillot mais bien tenu et pas désagréable. Bien pour ceux qui désirent un confort classique à prix budget. Resto-paillote attenant.

Chic (de 40 à 65 $)

🏠 |●| *Terres rouges :* au bord du lac Beung Kansaing. 📱 075-974-051 (Banlung) ; bureau de Phnom Penh (7, rue 228). ☎ 023-215-651. ●*ratanakirilodge.com* ● *Doubles 40-65 $; suite 85 $; petit déj 5 $. Plats 6-15 $. Accès wifi gratuit ou sur poste à dispo.* Fondé par Pierre-Yves en l'an 2000, un ancien de la Forpronu qui débarqua au début des années 1990 pour ne plus jamais repartir mais fonder famille et belle affaire. Dans une grande propriété bien jardinée, on loge dans l'ancienne maison du gouverneur – coup de cœur pour la suite mansardée du 2e étage avec vue sur le lac – ou dans une série d'opulents bungalows avec bains à la balinaise équipés en granito. Déco soignée, mélangeant le colonial, l'Art déco khmer et l'ethnique d'ici ou d'ailleurs. Resto recommandé et très agréable. Voir « Où manger ? Où boire un verre ? ». Grande piscine et spa. Boutique d'artisanat ethnique.

Où manger ? Où boire un verre ?

|●| ♟ **Gecko Place :** une intersection au-delà de celle d'Adam. Plats 1,50-4,50 $. Terrasse couverte arrangée en angle. Bonne sélection de plats khmers et thaïs. Bière à la pression. Tables ou plates-formes pour s'installer en tailleur. La plus petite des 3 tailles de plats suffit en solo ou pour un repas dégustation à plusieurs. Fréquenté par un sympathique mélange de locaux, d'expats et de voyageurs. Accueil chaleureux.

|●| ♟ **Terres rouges :** voir « Où dormir ? ». Au-delà des seuls coqs au vin et viandes de qualité à des milles à la ronde, ne pas dédaigner pour autant la sélection sino-khmère, soignée et adaptée aux palais occidentaux : amok, poulet frit au basilic, poisson sauté aux épices locales, etc. Large choix de vins et de cocktails. Salle en extérieur charmante avec bar, section climatisée.

|●| ♟ **Adam Restaurant :** voir Tree Top. Plats 1,50-3,50 $. Grande terrasse couverte où l'on sert une cuisine locale honorable et quelques plats à l'occiden-tale. Fait un peu pub dans la soirée : billard, télé et écran de projection. Propose des excursions et activités, ainsi que des véhicules à louer (motos et 4x4).

|●| **Yoghurt and Cake shop :** une parallèle à l'est de la rue qui va du rond-point au marché. Propre, coquet pour le quartier, et surtout les meilleurs cakes aux fruits et gâteaux salés de la région. Bon café, mais jamais de yaourt lors de nos visites !

|●| ♟ **Café de la Nature :** en allant vers le lac Yeak Leom depuis le rond-point, tourner à gauche au niveau des stations essence ; panneau sur la droite. ☎ 092-532-101. Mar-dim de 7h jusqu'au dernier client. Initié par l'ONG Médecine de la Nature (voir « Adresses et infos utiles »). Bar, petites huttes traditionnelles, nattes et tables basses se partagent un terrain ombragé par de grands arbres. Jus de fruits, café « éthique », thés médicinaux, pâtisseries, glaces, sandwichs et petit déj. Fêtes prévues les samedis. à suivre !

À voir. À faire

L'intérêt premier du Ratanakiri, c'est son isolement au milieu d'une nature encore sauvage et puissante, le protégeant relativement du monde globalisé. Bien qu'en prise avec une tragédie similaire à celle qui ronge l'Amazonie ou les jungles de Papouasie, des forêts-clairières et des jungles survivent, au moins dans les zones protégées... Même s'ils ne se montrent pas, quelques tigres, éléphants sauvages et gaurs y rôdent toujours. La présence d'ethnies primitives contribue également à faire de cette province une zone de choix pour les excursions et le trekking (voir « Adresses et infos utiles »).
– Cascades, lacs et sites touristiques sont en général soumis à un petit droit d'entrée (de 0,50 à 1 $).

Proche de Banlung

♟ **Le lac volcanique Yeak Leom :** à 5 km de Banlung. Parfaitement circulaire et totalement limpide, on y nage avec grand plaisir. Sacré aux yeux des autochtones, qui s'acquittent plutôt bien de sa gestion touristique. Un sentier en fait le tour. Balade magique à l'ombre des géants de la forêt, irradiée par de superbes réflexions sur le miroir des flots.

♟ **Les chutes d'eau de Cha-ung, Katieng et Ka Chahng :** accès par une intersection (panneaux) à env 7 km de la ville en direction de Stung Treng. Cha-ung est la plus sauvage, on peut passer derrière le rideau liquide. Les deux autres permettent la baignade.

🛠 *La plantation d'hévéas :* à quelques km. Comme celles de Memot et Snuol, cette belle plantation fut sévèrement touchée dans les années 1970-1973 par les bombardements américains sur l'est du pays. 2 200 ha sont actuellement exploités, soit un cinquième seulement de la capacité d'autrefois. Usine de traitement du latex.

🛠 *Le petit barrage hydroélectrique :* à Ochum (10 km).

Secteurs de villages ethniques

La douzaine d'ethnies régionales habite dans des villages parfois difficiles à localiser. Leurs habitants sont assez timides et ne parlent pas un mot d'anglais. C'est pourquoi il vaut mieux partir accompagné d'un guide pour trouver les villages des *Jaraï, Loeu, Kroeungs* et autres *Tampouns*, et se faire expliquer leurs coutumes comme celles des coquines maisons de célibataires, des cimetières animistes, des totems, etc.

🛠 *La région de Ven Sai :* 40 km de bonne piste latérite vers le nord-ouest. Depuis le rond-point de l'Indépendance, prendre à gauche au carrefour des stations essence, à droite à la fourche suivante (proche d'un petit lac) et traverser un village avec école pour arriver à une intersection avec panneaux (à 9 km du centre en tt). Des rizières annoncent le village de **Ven Sai,** assoupi au bord de la rivière Tonlé San. 10 km en amont du bourg, la zone ethnique de **Kachon** est connue pour ses cimetières. Seul celui de la rive nord se visite. En face de Ven Sai (prendre le bac), un petit village est peuplé d'habitants d'origine chinoise hakha. Plus loin, des communautés venues du Laos cette fois-ci. Au-delà, une piste continue vers Siem Pang (45 km) d'où il est possible de rejoindre la N7. Assez mauvaise, elle est praticable uniquement à moto et pendant la saison sèche.

🛠🛠 *La région de Ta Veng :* à 40 km au nord-est de Banlung. Même carrefour d'accès que pour Ven Sai, suivre « ethnic culture Poy ». En route vers ce district encore plus perdu et riche en ethnies que celui de Ven Sai, de nombreux chemins perpendiculaires filent vers des villages. Un marché et quelques gargotes marquent l'entrée du bled. Continuer tout droit au-delà de la station des rangers, franchir un petit pont suspendu, et voici un autre village ethnique, perdu au bord du monde.

🛠 *La région de Bokeo et Andong Meas :* à l'est de Banlung par la N78 (direction du Vietnam) jusqu'à Bokeo, puis plein nord vers la rivière Tonlé San. Principalement des Jaraï.

Le parc de Virachey

🛠🛠 *Au nord de la province, frontalier du Laos et du Vietnam. Prévoir droit d'entrée journalier et frais de guidage (accompagnement obligatoire par des rangers). Pour 3 j. sur une base de 4 pers, compter env 50 $/j. par pers.*
Couvrant 3 300 km² dont le secteur des trois frontières appelé la « queue de *naga* », montagneux, quasiment inhabité et difficilement pénétrable, le parc de Virachey représente la meilleure option pour les amateurs de longues randonnées en forêt depuis que la déforestation s'est accélérée.
L'*Eco-tourism Information* du QG de Banlung (voir « Adresses et infos utiles ») propose 2 types de randos : 8 jours (difficile) ou 3-4 jours (niveau moyen). Nous conseillons cette dernière formule : trajet jusqu'à Taveng à moto, bateau sur les rivières Se San et O'Tabok, nuit dans un petit village Brau (7 familles), une ethnie qui vit en symbiose avec la forêt ; 2e jour, marche de 6h environ sur l'ancienne piste Ho

Chi Minh, puis camping ; 3e jour, retour en kayak puis en bateau, ou 1 jour supplémentaire de marche (montagne avec point de vue).

Autres régions

🏃 **Vers la frontière vietnamienne de Ou Yaw :** *vers l'est par la N78 ; 1h30 de trajet env.* Aujourd'hui ouverte aux étrangers (voir « Quitter le Cambodge » plus loin). L'essentiel du ravitaillement de Banlung, ainsi que les exportations de caoutchouc vers Pleiku et le port vietnamien de Qui Nhon transitent par cette route souvent détériorée par le passage des camions à la saison des pluies. Dans la région de Bokéo, possible de visiter des *mines de grenat.* Les mineurs descendent par des marches précaires jusqu'à une profondeur de 20 à 30 m.

🏃 **Vers le sud (Lumphat) :** *embranchement depuis la N78, à 10 km env de Banlung, en allant vers Stung Treng.* Pas trop de difficultés, si ce n'est de sérieuses ornières par endroits (4x4 ou moto obligatoire). Environ 1h30 de route jusqu'à Lumphat, sur la rivière Sre Pok. Les rives sont attrayantes, l'endroit assez désolé. Bac rudimentaire, pour motos seulement.

LE MONDULKIRI   IND. TÉL. : 073

Comme le Ratanakiri, la province du Mondulkiri contraste fortement avec le reste du pays. La densité de sa population, composée essentiellement de minorités ethniques, est extrêmement faible. La jungle règne sur les lieux. Vous y serez émerveillé par la beauté de la nature et les reliefs vallonnés. La capitale, *Sen Monorom,* n'est qu'un gros village posé sur un plateau culminant à 900 m d'altitude. Nuits fraîches et collines herbues alentour !

Arriver – Quitter

➢ **La route Phnom Penh - Sen Monorom** (400 km, 7-10h de voyage) passe par les N6 et N7 via Kompong Cham. Bifurcation à Snuol sur la N76, une piste de latérite qui file sur 180 km env à travers la jungle. Sans problème durant la saison sèche, une autre histoire le reste de l'année... Dans les 2 sens, pick-up et taxis collectifs. Idem depuis Kompong Cham et Kratie (avec changement éventuel de véhicule à Snuol).

Où dormir ? Où manger à Sen Monorom ?

Les infrastructures touristiques sont encore moins développées que dans le Ratanakiri, même si des *guesthouses* poussent comme des champignons !

🛏 Un grand bâtiment blanc à côté du lac fait office d'*hôtel.* Accueil sympathique qui rattrape le confort limité des chambres. N'oubliez pas d'installer vos moustiquaires.

🍽 Le *restaurant* à côté de l'hôtel du lac entre dans la catégorie de ces restos typiquement cambodgiens. Sans aucun charme, mais vous y découvrirez à quel point le coin est tranquille !

➢ **DANS LES ENVIRONS DE SEN MONOROM**

De nombreuses balades peuvent être organisées. Les propriétaires de Jeep (dont de vieux modèles russes) seront ravis de vous emmener, contre quelques dollars, voir les villages des alentours et les différentes cascades. Si vous trouvez un guide, n'hésitez pas à vous promener à pied dans la jungle. On peut aussi faire des excursions à dos d'éléphant (en général, lassant au-delà de 1h).

🦏🦏 *Les cascades de Bou Sra : à 35 km au nord-est de Sen Monorom.* La route pénètre au fur et à mesure dans la jungle pour atteindre ces très belles chutes. Elles valent vraiment le détour.

🦏 *Les cascades de Monorom (ou de Sihanouk) : à moins de 1h à pied au nord-ouest de Sen Monorom.* Dans un cadre luxuriant, digne des décors de Tarzan ! Possibilité de se baigner.

QUITTER LE CAMBODGE

– *Avertissement :* pour se rendre au Vietnam (tout mode de transport) et au Laos (si l'on choisit la voie terrestre/fluviale, sinon visa à l'année), obligation de se procurer le visa préalablement auprès d'un consulat de ces pays. Pour la Thaïlande, visa à l'aéroport (30 j.) ou aux frontières terrestres (15 j.). Voir « Avant le départ. Formalités » dans « Cambodge utile » et « Laos utile ».

Les frontières du Cambodge

Par voie aérienne

✈ Se rendre aux aéroports internationaux de Phnom Penh et de Siem Reap. **Attention :** taxe de sortie de 25 $!

Par voie terrestre et fluviale

Voir aussi « Comment y aller à partir du Sud-Est asiatique ? » dans « Cambodge utile. Avant le départ » en début de guide pour les transports hors Cambodge.
➤ *Frontières Cambodge-Thaïlande :* 6 points de passage possibles, les plus usités étant de loin Poipet-Aranyapratet (nord-ouest du pays) et Koh Kong - Hat Lek (sud).
– *Koipet - Aranyapratet (7h-20h) :* pour aller à Poipet, voir « Arriver – Quitter » à Siem Reap et Battambang. Depuis ces villes, les compagnies vendent des billets combinés jusqu'à Bangkok. Un correspondant attend à la frontière (changement de bus). Économie (1-2 $), mais du temps perdu (2h env.). Pour attraper le dernier train Aranyapratet-Bangkok, partir le plus tôt possible. Formalités sans problème (30 mn-1h selon le monde), pas de harcèlement dans ce sens. Côté thaï, prendre un *tuk-tuk* (80 Bts, soit 1,80 €) jusqu'à la station de bus d'Aranyapratet.
– *Koh Kong - Hat Lek (7h-20h) :* rejoindre Koh Kong par la route ou par bateau (voir « Arriver – Quitter » à « Koh Kong » et « Sihanoukville »). Côté thaï, van pour la station de bus de Trat, puis bus régulier pour Bangkok (Ekkamai Station).
– *Autres postes* (transport parfois galère, se renseigner) : à l'est, *Paīlin - Ban Pakard* (relativement fréquenté) et *Duan Laem - Ban Laem ;* au nord, *O'Smach - Chong Jom* (région de Surin), un poste-frontière « aventure » à seulement 150 km d'Angkor, et *Anlong Veng - Chong Sa Ngam.*
➤ *Frontière Cambodge-Vietnam :* 5 postes-frontières sont ouvertes. Voir « Arriver – Quitter » à « Phnom Penh » pour plus d'infos.
– *Bavet - Moc Bai :* le plus populaire pour les bus (dont des directs jusqu'à Saigon).
– *Kaam Samnor - Ving Xuong (Chau Doc) :* utilisé par les circuits-croisières. Faisable seul, en prenant un ferry côté cambodgien de Neak Loeung à la frontière.
– *Phnom Den - Tinh Bien :* dans la province de Takéo.

– *Prek Chak - Xaxia ou Ha Tien* *(7h-18h) :* proche de Kampong Trach et donc de Kep. Offre la séduisante possibilité de suivre la côte pour rejoindre le delta du Mékong.

– *Ou Yaw - Le Tanh* *(district de Duc Co) :* relie le Ratanakiri à la province de Gia Lai (capitale Play Ku, au sud de Danang). Se renseigner auprès des hôtels de Banlung.

➤ *Frontière Cambodge-Laos :* un seul passage, *Dom Kramlor - Veun Kham*, entre la province de Stung Streng et le district de Siphandone (« 4 000 îles »). Départs tlj vers 7h depuis Phnom Penh (voir « Arriver – Quitter). 538 km, env 10h de route mais vu l'horaire, arrêt pour la nuit à Stung Treng. **Attention :** pas de délivrance du visa laotien à la frontière laotienne, s'en munir au préalable.

LES QUESTIONS QU'ON SE POSE LE PLUS SOUVENT SUR LE LAOS

➤ **Faut-il un visa ?**

Oui. Il peut s'obtenir avant le départ dans un consulat du Laos, mais aussi à l'aéroport en arrivant, et à la plupart des postes-frontières. Dans tous les cas, sa validité est de 30 jours.

➤ **Quelles sont les précautions de santé à prendre ?**

Un traitement préventif est indispensable contre le paludisme ; la *Malarone,* bien souvent, à ne prendre que pendant une semaine après le retour ; ou enfin la doxycycline *(Doxypalu)* pour les régions situées le long de la frontière thaïlandaise. Dès le coucher du soleil, porter des vêtements adaptés associés à un produit répulsif. Et boire exclusivement de l'eau en bouteille, ou purifier son eau soi-même.

➤ **Quelle langue parle-t-on ?**

Le lao est la langue nationale. Mais dans les villes on parle assez souvent l'anglais et parfois même le français. Dans les villages des minorités ethniques, les habitants utilisent leur dialecte et le lao.

➤ **Quel est le décalage horaire ?**

7h de décalage avec l'heure GMT, soit 6h en plus par rapport à Paris en heure d'hiver et 5h en heure d'été. Il n'y a pas de décalage entre le Laos, le Cambodge, la Thaïlande et le Vietnam.

➤ **Quelle est la meilleure période pour y aller ?**

La saison sèche (de novembre à mars) est certainement le meilleur moment, atmosphère supportable, températures pas trop élevées et taux d'humidité raisonnable. Mais gare aux régions montagneuses où il peut faire très froid, et même geler. Le reste de l'année, le Laos est soumis au régime des moussons. Il pleut beaucoup dans le sud du pays de mai à octobre, et un peu moins dans le Nord. Les mois les plus chauds sont avril et mai.

➤ **Comment circule-t-on ?**

En avion, si vous avez le budget, entre les principales villes du pays : Vientiane, Luang Prabang, Paksé, Xieng Khouang, Oudom Xaï, Houeisay, Luang Namtha, Sam Neua, Sayaboury et Phongsaly. En bateau sur le Mékong et ses affluents, essentiellement au départ de Houeisai, Luang Prabang, Paksé et dans la fameuse région des « 4 000 îles ». En bus et taxi collectif si vous voyagez à la routarde. Hormis les routes nationales goudronnées, on ne trouve que des pistes et chemins de terre.

➤ **Peut-on se baigner ?**

Le Laos n'ayant aucune façade maritime, il n'y a pas de plage. On ne va pas au Laos pour la baignade, même dans les rivières qui peuvent s'avérer dangereuses.

➤ **Le pays est-il sûr ?**

Oui. Mais il ne faut pas toucher aux drogues dans les villages du Nord. Et certains tronçons de route, notamment entre Vientiane et Luang Prabang, ne sont pas franchement sûrs.

➤ **Peut-on faire des randonnées ?**

Oui, en particulier dans les montagnes du Nord au départ de Muang Sing et Luang Nam Tha. On peut se joindre à des randonnées guidées (et en petit groupe) jusqu'aux villages habités par des minorités ethniques. On dort dans les maisons villageoises. On se lave dans les rivières. On mange comme les gens du cru. Également des randonnées spectaculaires possibles dans le sud du pays...

➤ **Un voyage au Laos coûte-t-il cher ?**

Non, pas du tout. Hormis le voyage aérien jusqu'à Bangkok, sur place rien n'est cher. Un repas bon marché coûte entre 3 et 6 €. Une chambre double à l'hôtel, entre 5 et 10 €. Pour 20 €, on a déjà une très belle chambre.

➤ **Que faut-il voir et faire en priorité ?**

Au confluent du Mékong et de la rivière Nam Ou, ville classée au Patrimoine mondial de l'humanité par l'Unesco, Luang Prabang recèle des dizaines de temples bouddhistes et de vieilles maisons à l'architecture préservée. Dans le Nord, les pistes en terre mènent à travers les jungles tropicales à des villages ethniques cachés dans des montagnes entre 800 et 1 500 m d'altitude. Le Sud, plus plat, plus chaud, est marqué par les ruines du temple khmer Wat Phou, et les chutes d'eau majestueuses, entravant le Mékong au beau milieu d'une myriade d'îles verdoyantes (les « 4 000 îles »), juste à la frontière du Cambodge.

LES COUPS DE CŒUR DU ROUTARD AU LAOS

• À Luang Prabang, admirer le coucher de soleil depuis le mont Phousi dans l'atmosphère pleine de spiritualité du Wat Chomsi...

• À Luang Prabang, la balade au wat Long Khoun, sur la rive droite du Mékong, dans le district de Xieng Men. Adorable petit temple loin des rumeurs touristiques, auquel on accède par un chemin intime et sympa.

• Assister à la cérémonie des offrandes aux bonzes à Luang Prabang (et partout ailleurs au Laos) au lever du soleil. Émotion garantie !

• À Luang Prabang, la visite de l'ancien Palais royal et son musée. Magnifiques fresques en verre coloré.

• La balade en bateau jusqu'aux grottes de Pak Ou. Des milliers de bouddhas vous y attendent dans une ambiance mystérieuse.

• Trek dans la campagne des tribus Akha de la région de Muang Sing, proche de la frontière chinoise. Dépaysement assuré !

• Passer la nuit dans un cadre idyllique et, surtout, déguster au restaurant de la Boat Landing Guesthouse, à Luang Nam Tha, la meilleure cuisine traditionnelle du nord du Laos...

• Passer une nuit dans le site exceptionnel de Nong Khiaw. Le réveil sur les berges de la rivière Nam Ou... c'est Tous les matins du monde.

• Visiter les sites de la célèbre plaine des Jarres dans la lumière rasante des après-midi finissants et, au retour, s'arrêter dans les villages Hmong...

• Observer le travail des orpailleuses sur le Mékong ou la rivière Nam Ou.

• La descente de la rivière Nam Ou (de Nong Khiaw à Luang Prabang). Dès que le niveau baisse un peu, on admire et on loue le métier des capitaines, zigzaguant entre les centaines de récifs. Paysages admirables.

• S'étourdir devant les spectaculaires chutes de Pha Peng, près de Don Khône, dans l'extrême sud du pays.

• Faire un séjour oisif dans les îles du delta intérieur du Mékong et assister aux courses de bateaux tout en couleurs de l'île de Khong, début décembre.

• Gravir les marches du site archéologique de wat Phou pour aboutir au sanctuaire et admirer la vue.

• Se prendre pour Phileas Fogg et faire une balade à dos d'éléphant dans les environs de Champassak.

• Partir à la découverte des Bolovens, une région parmi les plus mystérieuses du pays et des habitants parmi les plus attachants.

• S'élever (spirituellement) parmi des centaines de bouddhas dorés à That Inheng, dans les environs de Savannakhet.

LAOS UTILE

Pour la carte générale du Laos, se reporter au cahier couleur.

Ce petit pays, l'ancien royaume du « Million d'éléphants », devenu la République démocratique et populaire du Lao en 1975, qui compte près de 6 millions d'habitants, est fragile. Non seulement il fait partie des nations les plus pauvres de la planète, mais ses habitants savent combien il est difficile de préserver son indépendance lorsqu'on ne dispose que de peu de moyens pour la défendre. C'est la raison pour laquelle le voyageur au Laos se doit d'être déférent à l'égard des hôtes qui l'accueillent, et de leur montrer qu'étranger ne rime pas toujours avec danger.

Pour bien apprécier le charme subtil de ce pays, il faut être discret. Dès lors, on goûtera pleinement la beauté des temples, témoins de la splendeur passée des anciens royaumes lao. On savourera les sauvages paysages de montagnes, où vivent toujours des peuples qui n'ont pas encore succombé aux charmes factices de la « civilisation ». C'est une nation fière de son passé, qui cherche encore sa voie pour se développer tout en préservant son identité. Ce n'est pas facile. Comment rester ce que l'on est sans être tenté par les images de vie apparemment facile que donnent en permanence les télévisions internationales ?

Le Laos réussira-t-il à conserver la tranquille nonchalance qui fait son charme, ou l'ouverture de ces dernières années va-t-elle précipiter ses habitants comme des papillons de nuit sur la lumière artificielle de la civilisation de consommation ? Tout va très vite, ici. Et personne ne peut dire ce que deviendra ce pays dans quelques années.

ABC DU LAOS

- **Superficie :** 236 800 km².
- **Population :** 6,7 millions d'habitants.
- **Religion officielle :** bouddhisme (67 %).
- **Régime politique :** république à idéologie marxiste depuis 1975.
- **Capitale :** Vientiane.
- **Chef de l'État :** le lieutenant général Choummaly Sayasone (depuis 2006).
- **Chef du gouvernement :** Bouasone Bouphavanh.
- **Langues :** lao, dialectes thaï (hmong, mon-khmer et sino-tibétain), français et anglais.
- **Monnaie :** kip (1 € = 10 000 kips en 2009, 1 $ = 8 500 kips).
- **Espérance de vie :** 56 ans.

AVANT LE DÉPART

Adresses utiles

En France

■ *Ambassade de la République démocratique et populaire du Laos* | **(RDPL) :** 74, av. Raymond-Poincaré, 75016 Paris. ☎ 01-45-53-02-98. ● am balaoparis@wanadoo.fr • laoparis. com • Ⓜ Victor-Hugo. Lun-ven 9h-12h pour les visas et 14h-17h pour les rens téléphoniques. Pour la Suisse, s'adres-

ser à l'ambassade de la RDPL à Paris. Pour le Canada, s'adresser à l'ambassade du Laos aux États-Unis, S St NW, Washington DC.

En Belgique

■ **Ambassade de la RDPL :** av. de la Brabançonne, 19-21, Bruxelles 1000. | ☎ (02) 740-09-50. Fax : (02) 734-16-66.

En Thaïlande

■ **Ambassade du Laos à Bangkok :** Pracha-Uthit Rd, 520-502/1-3 soi Saha-karnpramoon, Wangthonglang. ☎ 539- | 66-78 ou 73-41. • bkklaoembassy. com • Lun-ven 8h-12h, 13h-16h.

Au Vietnam et au Cambodge

■ **Ambassade de la RDPL au Vietnam :** 22 Tran Binh Trong, Hanoi. ☎ (84) 4-942-4576.
■ **Ambassade de la RDPL au Cam-** | **bodge :** 15-17, bd Mao Tsé-toung, PO Box 19, Phnom Penh. ☎ (855-23) 997-931. Lun-ven 8h-11h30, 14h-17h.

Carte internationale d'étudiant (carte ISIC)

Voir la rubrique qui lui est consacrée dans « Cambodge utile ».

Comment y aller d'Asie ?

En avion

Il n'existe pas, à l'heure actuelle, de ligne aérienne directe entre l'Europe ou l'Amérique et le Laos. Tous les vols transitent le plus souvent par Bangkok (Thaïlande) ou Hanoi (Vietnam).
✈ **Les aéroports de Vientiane, Luang Prabang et Paksé** sont ouverts au trafic international, et essentiellement desservis par les compagnies Thai Airways, Vietnam Airlines, Bangkok Airways, Lao Airlines et China Eastern Airlines, assurant des liaisons internationales directes avec les principales villes ou capitales asiatiques. Les services de l'immigration de ces 3 aéroports délivrent désormais des visas on arrival, ce qui évite les démarches auprès d'un consulat du Laos avant le départ. Vietnam Airlines propose également un vol circulaire Vietnam, Laos, Cambodge, reliant Hanoi, Luang Prabang et Siem Reap.

Liaisons aériennes pour Vientiane

➢ **Au départ de Bangkok** (Thaïlande) : 3-5 vols/j. avec Lao Airlines et Thai Airways. Durée : 1h20.
➢ **Au départ de Chiang Mai** (Thaïlande) : normalement 1 vol/j. avec Thai Airways, via Bangkok ; et 3 vols/sem, via Luang Prabang, avec Lao Airlines. Durée : 2h.
➢ **Au départ d'Hanoi** (Vietnam) : 2-4 vols/j. avec Lao Airlines et Vietnam Airlines. Durée : 1h.
➢ **Au départ d'Hô Chi Minh-Ville** (ex-Saïgon ; Vietnam) : théoriquement 1 vol/j. avec Vietnam Airlines, via Phnom Penh (Cambodge). Durée : 3h05.
➢ **Au départ de Phnom Penh** (Cambodge) : généralement 1 vol/j. avec Lao Airlines, en coopération avec Vietnam Airlines. Durée : 1h40.

LAOS UTILE

➢ *Au départ de Siem Reap* (Cambodge) : 3 vols/sem, via Paksé, avec *Lao Airlines*. Durée : 2h30.
➢ *Au départ de Kunming* (Chine) : généralement 4 vols/sem avec *Lao Airlines* et *China Eastern Airlines*. Durée : 3h10.
➢ *Au départ de la Birmanie :* vols quotidiens au départ de Rangoon, via Bangkok, avec *Thai Airways* et *Bangkok Airways*.

Par voie terrestre

Comme dans les aéroports internationaux du pays, on peut désormais acheter un *visa on arrival* dans la plupart des postes-frontières laotiens avec la Thaïlande, le Vietnam et la Chine (se renseigner quand même avant le départ, car les choses changent si vite !).

Points frontière avec la Thaïlande (du nord au sud)
1. Houeisai - Chiang Khong : en arrivant de Chiang Rai et Chiang Mai.
2. Vientiane (Thanaleng) - Nong Khai : par le fameux pont de l'Amitié qui enjambe le Mékong à une vingtaine de kilomètres au sud-est de Vientiane. Le poste-frontière de Thanaleng est le plus utilisé par les routards, car c'est le plus proche de la capitale, et, de plus, les liaisons entre Bangkok, Udon Thani et Nong Khai sont commodes et fréquentes.
3. Thakhek - Nakhom Phanom : en traversant le Mékong en bateau.
4. Savannakhet - Mukdahan : par un pont de l'Amitié jeté sur le Mékong.
5. Paksé (Vangtao) - Chong Mek : par le plus grand pont du Laos, en arrivant de Bangkok et Ubon Ratchatani.

Points frontière avec le Vietnam (du nord au sud)
1. Nang Hét - Nam Kanh : en venant d'Hanoi et de la région du Tonkin, pour rejoindre Xieng Khouang et la fameuse plaine des Jarres. Sur la route n° 7 côté Vietnam. à 80 km de la ville laotienne de Phonsavan et 200 km de Vinh (Vietnam). De Phonsavan, bus locaux (4h de route) jusqu'à Nong Haet. Puis moto ou taxi jusqu'à la frontière. Du côté vietnamien, moto-taxi *(xe om)* jusqu'à Muang Xen, et ensuite bus local jusqu'à Vinh (Vietnam).
2. Nam Phao - Kaochéo : dans la province de Than Hoá, en venant de la ville vietnamienne de Vinh, il permet d'accéder à la ville laotienne de Lak Sao (30 km) et Tha Kek (200 km). Ouvert aux touristes étrangers. Compter entre 2h30 et 3h pour ce passage des deux postes-frontières. Un seul hôtel à Na Meo. La dernière maison à droite avant le poste-frontière, Monsieur Tung loue 3 à 4 chambres avec moustiquaire et toilettes extérieures. Bus quotidiens de Vientiane (Laos) à Hanoi, durée 24h.
3. Naphao-Chalo : se trouve sur la route n° 8. Ouvert aux touristes étrangers. Il est accessible depuis la ville de Vinh, dans la province vietnamienne de Nghê An. Ce poste est situé au col de Kaew Neua, d'où la route continue jusqu'à la ville laotienne de Lak Sao (Xao).
4. Dan Savan - Lão Bao : en venant de Hué, Da Nang et Hô Chi Minh-Ville (ex-Saïgon), pour gagner Savannakhet, Paksé, le fameux plateau des Bolovens, et la sublime région des « 4 000 îles » à l'extrémité sud du pays, en passant par les villages de Sepon et Ban Dong. Le poste-frontière vietnamien est situé dans la province de Quang Tri, non loin du village de Khe Sanh (une des batailles les plus terribles de la guerre), sur la route n° 9 qui part de la ville vietnamienne de Đông Nà (bus à la gare routière). En venant du Laos, bus quotidien Savannakhet-Hué (409 km) avec arrête à Donh Ha. En venant de Hué, bus quotidien pour Savannakhet, 13h de route.

Point frontière avec la Chine
Un seul passage possible, à **Boten-Mohan,** en arrivant du pittoresque Yunnan et sa capitale Kunming, pour ensuite rayonner sur tout le nord du pays : Luang Prabang, Xieng Khouang (plaine des Jarres), Houeisai, Oudom Xai...

Point frontière avec le Cambodge

Un seul poste-frontière, à **Veun Kham - Stung Streng,** en venant de Siem Reap (temples d'Angkor) ou de la capitale Phnom Penh, pour ensuite rejoindre la région des « 4 000 îles », Paksé, le plateau des Bolovens... En 2009, l'immigration lao-tienne ne délivrait pas de *visa on arrival* à la frontière du Cambodge, obligeant ainsi les routards à une démarche préalable auprès d'un consulat du Laos.

Point frontière avec le Myanmar (ex-Birmanie)

L'ouverture d'un poste-frontière courant 2007 à **Xiengkok** était envisagée, pour partir explorer tout le nord du pays : Luang Prabang, Xieng Khouang (plaine des Jarres), Houeisai, Oudom Xai... Pour l'instant, le projet est en suspens.

Conseil pour les petits budgets

Le trajet le plus économique au départ de l'Europe ou de l'Asie consiste à partir de Bangkok vers Udon Thani (dans le nord de la Thaïlande) pour ensuite rejoindre la ville thaïlandaise de Nong Khai, au bord du Mékong, à la frontière avec le Laos. On traverse ensuite le Mékong par le pont de l'Amitié, et Vientiane n'est plus alors qu'à une vingtaine de kilomètres au nord-ouest (facilement accessible en *tuk-tuk* ou taxi). Plusieurs moyens possibles :

En train

➢ **Ligne Bangkok - Nong Khai :** c'est sans doute le moyen le plus confortable, mais les trains sont souvent complets. Plusieurs trains/j. au départ des gares de Hualamphong ou Don Muang (Bangkok), pour env 11h de voyage. Infos horaires et confort : ● *thairailways.com* ●

En bus

La plupart des agences de voyages de Bangkok vendent des billets de bus pour la ville de Nong Khai. Mais il est préférable d'aller acheter son billet directement à la gare routière du Nord (près de Chatuchak Market), car les agences vous vendent le billet plusieurs heures à l'avance et vous font poireauter jusqu'au départ. Le voyage se fait en général en bus de nuit (clim'), avec sièges inclinables et w-c. Compter 11h de voyage. Ensuite, à la gare routière de Nong Khai, prendre un *tuk-tuk* ou un taxi collectif jusqu'au pont de l'Amitié, à l'entrée de la ville, où l'on passe la frontière.

En avion

➢ **Bangkok - Udon Thani :** 3 vols/j. avec *Thai Airways International*. Durée : 1h05 de trajet. À l'aéroport d'Udon Thani, un taxi collectif vous conduit jusqu'au pont de l'Amitié pour env 200 bahts (4 €).

Formalités

Tout voyageur se rendant au Laos est tenu de posséder un **passeport** en cours de validité (avec au moins 6 mois de marge au-delà des dates de voyage), et un **visa de tourisme** obtenu auprès du service consulaire de l'ambassade du Laos de son pays en présentant passeport, formulaire à remplir (téléchargeable sur le site ● *laoparis.com* ● ou directement sur place à l'ambassade à Paris) et 1 photo d'identité. Prix : 50 €. Délivré sous 3 jours, valable 3 mois à partir de la date d'émission, pour un séjour de 1 mois au maximum au Laos. Visa par correspondance disponible sous 8 jours (appeler l'ambassade pour les conditions et frais d'envoi).
Il est également possible d'acheter un *visa on arrival* – également valable 1 mois – directement en arrivant dans les aéroports internationaux de Vientiane, Luang Prabang et Paksé, ainsi qu'à la plupart des postes-frontières terrestres avec la

Thaïlande, le Vietnam et la Chine, sauf avec le Cambodge (se renseigner avant le départ, car les choses changent vite, ici !). Prévoir alors 30 $ et 2 photos d'identité. C'est plus simple et moins cher qu'en passant par l'ambassade. Extension possible sur place à l'*Immigration Office* : compter alors 2 $ par jour de séjour supplémentaire ; le plus simple étant de sortir du pays pour y rentrer dans la même journée en prenant un nouveau *visa on arrival*...

Voici trois agences spécialisées dans le service d'obtention de visas. En fonction du service demandé, des tarifs proposés et des rabais accordés à nos lecteurs, il ne vous reste plus qu'à sortir votre calculette !

■ **Action-Visas.com :** 10-12, rue du Moulin-des-Prés, 75013 Paris. ☎ 01-45-88-56-70. Fax : 01-45-88-59-84. ● action-visas.com ● Ⓜ Place-d'Italie (sortie Bobillot). Lun-ven 9h30-12h, 13h30-18h30 ; sam 9h30-13h. Prix du service pour nos lecteurs : 14 € (soit une réduction de 13 à 21 € selon la destination), tarif unique par personne, quelle que soit la destination en plus des frais consulaires (et des frais d'expédition si besoin). Il est impératif de fournir la copie de la page du guide avec la demande de visa pour que le tarif vous soit appliqué. Cette agence sérieuse s'occupe d'obtenir votre visa pour toutes destinations. Délais rapides, traitement immédiat du dossier dès réception (aucune attente) et service fiable. Pour la province, demandez le visa par correspondance quelle que soit la destination. Possibilité d'imprimer les formulaires sur son site et de suivre l'évolution de votre dossier en ligne. Par ailleurs, *Action-Visas* prélève 1 € de sa marge commerciale pour financer un projet humanitaire qui peut être suivi en direct sur son site internet.

■ **Home Visas :** 55, av. Édouard-Vaillant, 92100 Boulogne-Billancourt. ☎ 01-46-21-80-40. Fax : 01-46-21-01-15. ● homevisas.com ● Ⓜ Marcel-Sembat. Ouv lun-ven 9h-13h30, 14h30-18h30 ; sam 9h30-12h30. Prix du service : 26 € en délai normal et 58 € en

urgent, de 1 à 4 passeports, quelle que soit la destination, en plus des frais consulaires (et des frais d'expéditions si besoin). Possibilité d'imprimer les formulaires sur internet. Intéressant quand on est plusieurs. *Pour nos lecteurs, avec copie de cette page du guide, tarif unique de 15 € par personne, au lieu de 26 €, dès le premier visa (quelle que soit l'urgence).*

■ **Visas Express :** 54, rue de l'Ouest, BP 48, 75661 Paris Cedex 14. ☎ 01-44-10-72-72 ou 0825-081-020. ● visas-express.fr ● Ⓜ Pernety ou Gaîté. Lun-ven 9h (9h30 par téléphone)-12h30, 14h-18h ; sam 10h-12h30. Prix du service de 27 à 40 € en fonction de la destination, mais dégressif en fonction du nombre de passeports (par exemple en zone B, c'est 27 € pour un seul passeport et 19 € au total pour 8 passeports supplémentaires). Intéressant donc lorsque l'on est plusieurs. À cela il faut ajouter les frais consulaires (et des frais d'expéditions si besoin). Se charge de l'obtention de votre visa pour un grand nombre de destinations. Devis, téléchargement des formulaires, tarifs détaillés et suivi des dossiers sur leur site. On y trouve par ailleurs toutes les coordonnées et horaires des consulats, ce qui permet aux voyageurs d'obtenir leur visa par eux-mêmes s'ils le souhaitent. *Remise de 5 % sur le prix du service pour nos lecteurs.*

Assurances voyage

■ **Routard Assurance :** c/o Avi International 28, rue de Mogador, 75009 Paris. ☎ 01-44-63-51-00. ● avi-international.com ● Ⓜ Trinité-d'Estienne-d'Orves. Depuis 1995, *Routard Assurance,* en collaboration avec *AVI International,* spécialiste de l'assurance voyage, propose aux routards un

tarif à la semaine qui inclut une assurance bagages de 2 000 € et appareils photo de 300 €. Pour les séjours longs (2 mois à 1 an), il existe le Plan Marco Polo. Depuis peu, également un nouveau contrat pour les seniors, en courts et longs séjours. *Routard Assurance* est aussi disponible en version « light » (durée adaptée aux week-ends et courts séjours en Europe). Vous trouverez un bulletin de souscription dans les dernières pages de chaque guide.

■*AVA :* 25, rue de Maubeuge, 75009 Paris. ☎ 01-53-20-44-20. ● ava.fr ● Ⓜ Cadet. Un autre courtier fiable pour ceux qui souhaitent s'assurer en cas de décès-invalidité-accident lors d'un voyage à l'étranger, mais surtout pour bénéficier d'une assistance rapatrie-

ment, perte de bagages et annulation... Attention, franchises pour leurs contrats d'assurance voyage.

■*Pixel Assur :* 18, rue des Plantes, 78600 Maisons-Laffitte. ☎ 01-39-62-28-63. ●pixel-assur.com ●RER A : Maisons-Laffitte. Assurance de matériel photo et vidéo tous risques dans le monde entier. Devis basé sur le prix d'achat de votre matériel. Avantage : garantie à l'année.

Astuce en cas de perte ou vol

Qui n'a jamais redouté des vacances gâchées par la perte ou le vol de ses papiers d'identité, billets d'avion, assurances... ? Pour éviter de perdre de précieuses heures en tracasseries administratives, pensez à scanner tous vos documents indispensables une bonne fois pour toutes, puis à vous adresser les fichiers par e-mail. En cas d'urgence, vous aurez tout sous la main en un clic !

Vaccinations

Aucune vaccination n'est obligatoire pour les voyageurs en provenance d'Europe. Sont très fortement conseillées :

– être à jour pour les vaccinations « universelles », encore plus utiles là-bas. Diphtérie, tétanos, polio, coqueluche (Repevax ou Boostrix tetra) : un rappel tous les 10 ans. Hépatite B : immunité d'autant plus longue que la primovaccination a été faite tôt dans la vie (avant 20 ans, probable immunité à vie).

– Hépatite A (Havrix 1440 ou Avaxim) : absolument indispensable. Après la 1re injection (protectrice 15 jours plus tard, à quasiment 100 %), une 2de injection faite 6 à 18 mois plus tard entraîne probablement une immunité à vie.

– Typhoïde (Typhim Vi) : indispensable, sauf peut-être pour un très court séjour dans la capitale. Immunité : 3 ans. N.B. : vaccin combiné hépatite A + typhoïde = Tyavax.

– Séjours longs ou ruraux : vaccin préventif contre la rage. Attention, 3 injections nécessaires (J0, J7, J28). N.B. : peut être fait par tout médecin, délivré par tout pharmacien.

– Séjours ruraux de plus d'un mois, en particulier en période de mousson : vaccin contre l'encéphalite japonaise (Ixiaro®). 2 injections (J0, J28), en centre de vaccinations internationales ou en pharmacie sur prescription.

– Pour les **centres de vaccinations** partout en France, consulter notre site ● routard.com/guide_voyage_page/66/les_vaccinations.htm ●

ARGENT, BANQUES, CHANGE

– *L'unité monétaire* du Laos est le *kip.* Il existe des coupures de 500, 1 000, 2 000, 5 000, 10 000, 20 000 et 50 000 kips. En 2009, 1 $ équivaut à environ 8 500 kips ; et pour 1 €, on obtient 10 000 kips.

– Les *bahts* et les *dollars* sont acceptés à peu près partout comme moyen de paiement, avec une préférence pour le baht thaïlandais qui est la 2de monnaie « officieuse » du pays. Ces 2 monnaies se changent dans toutes les banques du pays. Mais les *euros,* en coupures ou chèques de voyage *American Express,* peuvent être changés dans la plupart des banques de Vientiane et de Luang Prabang, et ils sont de plus en plus acceptés dans les établissements bancaires de province (pas tout le temps non plus !), et souvent refusés dans les régions les plus reculées. Petit détail : les billets abîmés sont souvent refusés.

– **Horaires :** les banques sont généralement ouvertes du lundi au vendredi de 8h30 à 15h30. À Vientiane, Luang Prabang et Paksé, quelques bureaux de change sont également ouverts le week-end, où l'on peut aussi faire du change auprès des changeurs officiels sur les marchés.

– **Les cartes de paiement** *Visa*, *MasterCard* et *American Express* sont généralement acceptées dans les grands hôtels, certaines boutiques cossues et quelques restaurants chic de Vientiane, Luang Prabang et Paksé. Il est également possible de retirer des kips, dollars ou bahts avec une carte *Visa* ou *MasterCard* dans la plupart des banques, moyennant une commission de 3 à 5 %. Par ailleurs, des distributeurs automatiques de billets fonctionnant avec les cartes *Visa* et *MasterCard* ont fait leur apparition à Vientiane, Luang Prabang et même dans les villes de province.

Quelle que soit la carte que vous possédez, chaque banque gère elle-même le processus d'opposition, et le numéro de téléphone correspondant ! Avant de partir, notez donc bien le numéro d'opposition propre à votre banque en France (il figure souvent sur votre contrat, au dos des tickets de retrait ou à côté des distributeurs de billets), ainsi que le numéro à 16 chiffres de votre carte. Bien entendu, conservez ces informations en lieu sûr, et séparément de votre carte. Par ailleurs, sachez que l'assistance médicale se limite aux 90 premiers jours du voyage.

– **MasterCard :** *assistance médicale incluse ; n° d'urgence :* ☎ (00-33) 1-45-16-65-65. ● *mastercardfrance.com* ● *En cas de perte ou de vol, composez le n° communiqué par votre banque ou, à défaut, le numéro général :* ☎ (00-33) 8-92-69-92-92 *pour faire opposition ; numéro également valable pour les autres cartes de paiement émises par le* Crédit Agricole *et le* Crédit Mutuel.

– **Carte American Express :** *en cas de pépin,* ☎ (00-33) 1-47-77-72-00. *Numéro accessible tlj 24h/24, PCV accepté en cas de perte ou de vol.* ● *americanexpress.fr* ●

– **Carte Bleue Visa Internationale :** *assistance médicale et véhicule incluse ; n° d'urgence (Europ Assistance) :* ☎ (00-33) 1-41-85-88-81. *Pour faire opposition, contactez le numéro communiqué par votre banque.* ● *carte-bleue.fr* ●

– *Pour ttes les cartes émises par* **La Banque Postale,** *composez le* ☎ 0825-809-803 (0,15 €/mn) ; *pour les DOM ou depuis l'étranger :* ☎ (00-33) 5-55-42-51-96.

– *Également un numéro d'appel valable quelle que soit votre carte de paiement :* ☎ 0892-705-705 *(serveur vocal à 0,34 €/mn). Ne fonctionne ni en PCV ni depuis l'étranger.*

– **Petite mesure de précaution :** si vous retirez de l'argent dans un distributeur, utilisez de préférence les distributeurs attenant à une agence bancaire. En cas de pépin avec votre carte (carte avalée, erreurs de numéro...), vous aurez un interlocuteur dans l'agence, pendant les heures ouvrables du moins.

Western Union Money Transfer

En cas de besoin urgent d'argent liquide (perte ou vol de billets, chèques de voyage, carte de paiement), vous pouvez être dépanné en quelques minutes grâce au système *Western Union Money Transfer*. Pour cela, demandez à quelqu'un de vous déposer de l'argent en euros dans l'un des bureaux *Western Union* ; les correspondants en France de *Western Union* sont *La Banque Postale (fermée sam ap-m, n'oubliez pas !* ☎ 0825-00-98-98) et *Travelex* en collaboration avec la *Société financière de paiement (SFDP,* ☎ 0825-825-842). L'argent vous est transféré en moins de 15 mn. La commission, assez élevée, est payée par l'expéditeur. Possibilité d'effectuer un transfert en ligne 24h/24 par carte de paiement (*Visa* ou *MasterCard* émise en France). Au Laos, de nombreux établissements assurent ce service (la Poste, BCEL et LDB).

● *westernunion.com* ●

ACHATS

On ne peut pas dire que l'on découvre au Laos un artisanat particulièrement riche.
– *Le tissage* en est l'élément le plus répandu et le plus typique. Chaque région a son propre style de soieries ou de cotonnades. Il existe aussi des patchworks et des broderies. La soie laotienne est chère mais de très bonne qualité. Lorsqu'elle est bon marché, c'est qu'elle n'est pas pure (20 % de soie, 70 % de coton).
– On peut aussi trouver de beaux *objets sculptés* en bois ou en corne, plus rarement en pierre. Mais ces objets, bouddhas, animaux, sont plutôt chers, voire très chers. Le *marché du matin* de Vientiane est certainement le meilleur endroit pour acheter ce genre de marchandise à prix juste. Commence aussi à émerger dans le pays une génération de jeunes créateurs qui proposent un artisanat d'excellente facture mais à des prix très élevés...
– Le Laos possède une tradition d'*orfèvrerie* très riche. On y travaille de beaux bijoux en argent et parfois en or. La dinanderie d'argent est de très bonne qualité et les prix sont abordables. On trouve en particulier de belles boîtes en argent décorées de motifs traditionnels (éléphants, tigres, thèmes religieux). Nous déconseillons d'acheter les bijoux ornés de pierres précieuses ou semi-précieuses.
– Dans le nord du pays, on trouve de très belles *cruches* en terre cuite. Leur forme très particulière – avec un col de cygne – permet une conservation des boissons au frais.
– Le *café* et le *thé* des Bolovens à Paksé et Vientiane.
– Enfin, on peut acquérir à moindre coût de très beaux exemplaires de *vannerie* paysanne.

Magasins

Les principaux lieux d'approvisionnement sont les marchés, véritables bazars où l'on trouve absolument tout, de la nourriture à la hi-fi en passant par l'horlogerie, les vêtements et l'artisanat. Il n'y a de commerces spécialisés (magasins de souvenirs, vêtements, papeteries, antiquités, photos) que dans les villes. Nos préférés : le marché hmong de Luang Prabang le soir et le marché de Talat Sao à Vientiane le matin.
À Vientiane et Paksé, les premiers centres commerciaux ont ouvert leurs portes, financés par des businessmen thaïlandais. On peut s'y procurer à peu près de tout en raison de la proximité de ces deux villes avec la Thaïlande ; car tous les biens de consommation, sans exception, sont importés. Ils demeurent donc logiquement plus chers qu'en Thaïlande.
– *Horaires :* la plupart des magasins sont ouverts sans interruption de 8h à 18h en semaine. Certains ferment un peu plus tard et sont ouverts le dimanche.

Import-export

Concernant l'achat de représentations de Bouddha, autrefois interdit, il semble qu'il soit désormais autorisé. La boutique doit vous apposer une vignette permettant l'autorisation de sortie de territoire. Enfin, il n'existe aucune limitation quant à l'entrée ou à la sortie de devises.

Marchandage

Le marchandage est la règle, le prix fixe l'exception, y compris dans les boutiques. Inutile d'insister si vous sentez que le prix plancher est atteint. Question de savoir-vivre... De même, vous perdrez la face et vous passerez pour un gougnafier si vous marchandez pour 500 kips. Ne jamais oublier qu'en Asie, il vaut toujours mieux paraître prospère que radin, et que, en règle générale, il vaut mieux faire envie que pitié !

LAOS UTILE

BUDGET

Le Laos demeure très abordable pour le porte-monnaie du routard occidental. Quelques exceptions cependant : à Vientiane et surtout à Luang Prabang, devant l'afflux de visiteurs, certains hôteliers et restaurateurs ont considérablement augmenté leurs prix, sans que le service se soit amélioré pour autant. Au moment du Nouvel An (voir plus loin « Fêtes et jours fériés »), les prix augmentent encore. Bien négocier !

Hébergement (pour une chambre double)

– *Très bon marché :* moins de 85 000 kips (10 $).
– *Bon marché :* de 85 000 à 140 000 kips (10 à 17 $).
– *Prix moyens :* de 140 000 à 250 000 kips (17 à 30 $).
– *Un peu plus chic :* de 250 000 à 400 000 kips (30 à 47 $).
– *Plus chic :* plus de 400 000 kips (47 $).

Hébergement (pour une chambre double) à Luang Prabang

– *Très bon marché :* moins de 127 500 kips (15 $).
– *Bon marché :* de 127 500 à 340 000 kips (15 à 40 $).
– *Prix moyens :* de 340 000 à 595 000 kips (40 à 70 $).
– *Un peu plus chic :* de 595 000 à 850 000 kips (70 à 100 $).

Nourriture

Prix par personne pour un repas complet :
– *Très bon marché :* moins de 20 000 kips (2,50 $).
– *Bon marché :* 20 000 à 50 000 kips (2,50 à 6 $).
– *Prix moyens :* de 50 000 à 100 000 kips (6 à 12 $).
– *Plus chic :* plus de 100 000 kips (12 $).

Nourriture à Luang Prabang

– *Très bon marché :* moins de 25 500 kips (3 $).
– *Bon marché :* de 25 500 à 68 000 kips (3 à 8 $).
– *Prix moyens :* de 68 000 à 127 500 kips (8 à 15 $).
– *Un peu plus chic :* de 127 500 à 255 000 kips (15 à 30 $).
– *Beaucoup plus chic :* plus de 255 000 kips (30 $).

Transports

– Une course en taxi collectif ou en *tuk-tuk* (prononcer « touk-touk ») coûte environ 10 000 à 20 000 kips (1,20 à 2,30 $) par passager, selon la distance à parcourir, bien sûr. Et la nuit, c'est plus cher.
– Une balade d'une demi-journée sur le Mékong coûte environ 50-60 $ pour tout le bateau.

CLIMAT

– *La meilleure période* pour se rendre au Laos s'étend *de novembre à mars.* On est alors en saison sèche et les températures ne sont pas trop élevées pour une hygrométrie raisonnable. Il faut savoir toutefois qu'à cette époque, la température varie beaucoup en fonction de l'altitude. Dans les régions montagneuses du Nord ou dans la plaine des Jarres, il peut faire carrément froid en décembre et janvier, et même geler la nuit. Frileux, s'abstenir, ou alors se munir d'une grosse laine. Et

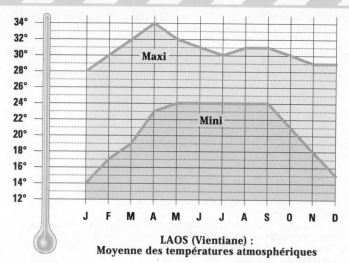

LAOS (Vientiane) :
Moyenne des températures atmosphériques

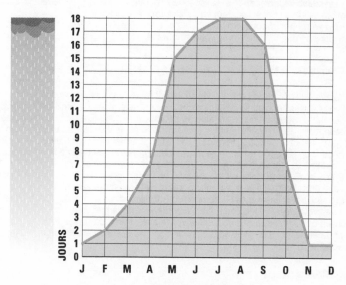

LAOS (Vientiane) :
Nombre de jours de pluie

lorsqu'il commence déjà à faire très chaud à Vientiane, la température demeure plus clémente à Luang Prabang, du fait de l'altitude...

– **D'avril à octobre :** le Laos est soumis au régime des moussons. Il pleut alors beaucoup dans le Sud de mai à octobre, un peu moins dans le Nord. Les mois les plus chauds sont avril et mai. Avec l'absence de climatisation, certains trouveront alors l'atmosphère difficile à supporter. De plus, durant ces mois de canicule, les brûlis embrument l'horizon et font pleuvoir des cendres de végétation sur des villes comme Luang Prabang... À partir de fin mars, lorsque tombent les premières pluies, la chaleur s'installe tranquillement entre 30 et 35 °C, avec un pic en mai. En juillet, août et septembre, c'est-à-dire pendant la mousson, il ne faut pas croire le voyage impossible. À Vientiane, si la chaleur peut être gênante, la pluie ne tombe en général qu'en 1 ou 2 averses journalières, souvent dans la soirée : ce qui vous laisse toute latitude pour profiter des journées. En revanche, elles sont plus fréquentes à Luang Prabang.

Vêtements conseillés

Lorsqu'on voyage au Laos durant la saison sèche, point n'est besoin d'emporter une garde-robe importante. On se contentera de vêtements d'été aisément lavables : on se salit en effet beaucoup à cause de la poussière sur les pistes. Nous déconseillons le short pour les garçons comme pour les filles. Les jambes nues sont en effet plus vulnérables aux moustiques, à la poussière et aux herbes piquantes, et, en plus, elles ne sont pas forcément bien vues (le Laos est un pays pudique).
– *Un chapeau et des lunettes de soleil* sont indispensables, de même que des chaussures montantes en toile. Les nu-pieds et autres tongs sont fortement **déconseillés** en promenade ; en revanche, ils sont bien pratiques en milieu « semi-urbain ».
– *Un solide imperméable* est indispensable durant la saison des pluies et un imperméable léger pendant les premières pluies de mars-avril.
– *Un vêtement chaud* (un bon pull) est indispensable si l'on doit se rendre dans les régions de montagne en hiver, entre octobre et mars.

DANGERS ET ENQUIQUINEMENTS

Voici la liste des pépins qui ne vous arriveront jamais une fois que vous aurez lu ces lignes ! Dans l'ensemble, le Laos est un pays sans problèmes. Mais il est parfois secoué par des événements violents ponctuels, notamment de rares attaques essentiellement dirigées contre l'armée sur la route de Vientiane à Luang Prabang qui, à l'heure où nous bouclons ce guide, a toujours mauvaise réputation... Avant le départ, on conseille donc de se renseigner auprès de l'ambassade de France à Vientiane : ● *diplomatie.gouv.fr/voyageurs/* ● *ambafrance-laos.org* ●
En règle générale, dans la vie courante, ne tentez pas le diable. Si vous oubliez votre portefeuille quelque part, on ne courra pas nécessairement pour vous le rendre ; mais si vous revenez le chercher, on vous le rendra. Les précautions habituelles en voyage sont donc à prendre ici comme ailleurs : fermez votre chambre d'hôtel avant de sortir, ne laissez pas traîner vos affaires, évitez de laisser dépasser votre portefeuille, etc. Les Laos sont en général discrets, et l'on est peu importuné ou sollicité pour quelque raison que ce soit.

« Couvre-feu »

Officiellement, ce sont des mesures pour lutter contre l'alcoolisme des jeunes, qui se tuent à moto en sortant des bars, dans la capitale et à Luang Prabang. Pas super-efficace, puisque, du coup, les Laotiens commencent à boire à 17h au lieu de 19h... Officieusement... plusieurs interprétations, à priori politiques, mais on n'en sait pas plus. Le résultat, c'est que les restos doivent fermer leurs portes vers 23h-23h30, tandis que les bars et les boîtes ont la permission de minuit ! Quelques-uns poussent bien jusque vers 1h, mais c'est assez rare... Autant vous dire que les nuits sont calmes, du moins extérieurement. Car cela n'empêche pas l'alcool de riz de couler à flots à l'abri des maisons !

Routes

Assez bien entretenues sur les grands axes, le long du Mékong notamment, elles se révèlent particulièrement défoncées ailleurs, surtout lorsqu'elles s'enfoncent dans la forêt. En saison des pluies, c'est la grande aventure. Et sur certaines portions, le fleuve demeure parfois la voie de circulation principale.

Les vrais problèmes tiennent à la quasi-absence d'infrastructures médico-hospitalières hors de Vientiane, et donc aux éventuels accidents de la route (voir, plus loin, la rubrique « Santé »). Il faut être honnête : s'il vous arrive un accident grave nécessitant une urgence en dehors de Vientiane, il ne vous reste plus qu'à vous en remettre à Dieu si vous êtes croyant... Par ailleurs, certaines routes ne sont pas totalement sécurisées. En particulier dans la région de Kasi, au sud de Luang Prabang, où subsiste une pseudo-guérilla hmong qui s'apparente plus au banditisme qu'à l'opposition politique mais qui sévit toujours (voir plus haut le site de l'ambassade de France à Vientiane).

Tuk-tuk

Vous trouverez souvent des chauffeurs de *tuk-tuk* malintentionnés. Ils voudront vous emmener dans les adresses où ils touchent une commission. Soyez fermes !

Baignade

La baignade dans le Mékong est à déconseiller, même si l'on est bon nageur. Le lit du fleuve est en effet imprévisible. Cela dit, la baignade n'est pas impossible dans certains endroits, à condition d'y aller prudemment. De même dans la rivière Nam Khane, à Luang Prabang : lorsque l'eau n'est pas très haute, on peut s'aventurer par exemple dans les zones où les gamins du cru ont l'habitude de s'amuser. On s'abstiendra totalement de se baigner dans des eaux stagnantes ou des rivières avec peu de débit en raison du risque de bilharziose, notamment dans le sud du pays, autour de Paksé et du Mékong.

Balades en forêt

En principe sans risques si l'on possède des chaussures montantes et que l'on a les jambes couvertes. Les moustiques et autres insectes sont plus à craindre que les serpents, qui fuient l'homme (attention quand même !). De manière générale, il faut s'abstenir de se lancer dans un trekking en forêt sans guide ou en dehors des sentiers. On se perd très facilement, et les marécages ou même les sables mouvants ne sont pas rares dans certaines régions. De plus, des engins explosifs, datant des guerres d'Indochine et du Vietnam, n'ont toujours pas explosé. Évitez donc absolument de sortir des sentiers battus !

Drogue

Attitude de base : S'ABSTENIR D'Y TOUCHER.

Le Laos est l'un des plus grands producteurs d'opium du monde. Dans tout le nord du pays, la culture du pavot constitue une importante source de revenus pour les paysans. Et malgré plusieurs programmes d'éradication du pavot sous l'égide des Américains, ce n'est pas demain la veille qu'on empêchera sa culture au Laos. Il faudrait pour cela trouver des cultures de substitution, mais ni le riz ni le chou ne peuvent procurer des revenus comparables. D'autant que l'usage de l'opium n'est ni franchement interdit ni franchement toléré, et est en fait assez culturel...

À proximité du nord de la Thaïlande, l'héroïne semble avoir fait son apparition, ce qui est beaucoup plus inquiétant, eu égard à l'épidémie de sida qui sévit dans ces régions. Le chanvre indien (marijuana ou ganja) est très répandu. Il se trouve discrètement sur tous les marchés, car utilisé en cuisine, dans certaines soupes de poulet notamment. Il arrive que l'on en propose aux touristes. REFUSEZ !

D'une part, il serait dommage que le Laos devienne synonyme de voyage au pays des paradis artificiels. Ce serait réducteur et cela finirait par pervertir les relations entre touristes et population locale. Autre raison plus que valable : **la loi punit sévèrement la consommation et surtout la détention de stupéfiants, quels qu'ils soient, jusqu'à la peine de mort.** Avis aux amateurs de geôles exotiques ou de peloton d'exécution... D'autre part, rappelons que tout transport de drogue vers la Thaïlande et autres pays de la région risque aussi d'occasionner les plus graves problèmes... Enfin, sachez que circulent sur le territoire des produits de mauvaise qualité, ou coupés avec des substances toxiques, qui ont entraîné la mort d'un certain nombre de jeunes voyageurs par empoisonnement.

DÉCALAGE HORAIRE

Lorsqu'il est minuit en temps universel (GMT), il est 7h au Laos. Ce qui fait 6h de décalage en avance par rapport à Paris en heure d'hiver et 5h en heure d'été. Il n'y a pas de décalage entre le Laos, le Cambodge, le Vietnam et la Thaïlande.

ÉLECTRICITÉ

La principale source de revenus du Laos est l'hydroélectricité, surtout exportée vers la Thaïlande et le Vietnam (mais aussi la Chine). Mais, paradoxalement, plus de la moitié du territoire n'est pas encore électrifiée ! Le courant est de 220 volts, mais les prises ne sont pas toujours standard (fiches plates sur le modèle britannique mais plus fines). Des adaptateurs sont vendus sur les marchés.

Si Vientiane est correctement alimentée toute l'année en courant électrique, il n'en va pas de même pour les autres régions. Les pannes sont relativement fréquentes, y compris à Luang Prabang, et là où l'électricité est produite par des groupes électrogènes, sa production n'est que de quelques heures, de la tombée du jour à 22h. Il est donc fortement conseillé de se munir d'une bonne lampe de poche et de bougies.

HÉBERGEMENT

À Vientiane, Luang Prabang et Paksé, on trouve toutes les catégories d'héberge-ments, de la *guesthouse* familiale à l'hôtel 3-4 étoiles. Ailleurs, dans les principales villes, les hébergements demeurent modestes mais corrects. L'eau chaude n'est pas systématique, sans être rare. Quelques hôtels possèdent une piscine. La législation lao qualifie de *guesthouse* les établissements de moins de 15 chambres, et d'hôtel les autres, quel que soit le niveau de confort ou le prix. Vous pourrez donc vous retrouver dans des *guesthouses* de luxe et de charme, ou dans des hôtels très simples. Dans les régions plus reculées du nord et du sud du pays, l'hébergement est souvent sommaire : un lit en bois couvert d'une couette, du lino au sol, un ven-tilo sur pied, la douche collective avec eau froide et les toilettes à la turque sur le palier. Dans certains établissements du nord du pays, l'électricité n'est assurée que pendant la soirée. Il est prévu que l'électrification se poursuive...

En dehors des villes, les hébergements classiques étant inexistants, il convient de se débrouiller en logeant chez l'habitant dans les villages de minorités ethniques, notamment, ou dans les monastères. Confort spartiate garanti, mais une expé-rience inoubliable.

ITINÉRAIRES

Incontournable, le cœur du pays avec **Vientiane (3 jours),** la capitale, ses marchés, ses temples et son artisanat. Au nord, **Luang Prabang (3 jours),** classée par l'Unesco, avec ses monuments religieux et ses bâtiments coloniaux préservés, **et ses environs (1 jour)** : grottes sacrées de Pak Ou et chutes d'eau de Kuang Si. Entre les deux villes, la région de **Vang Vieng (1-2 jours),** connue pour ses grottes, et que l'on explore à pied, à vélo ou en kayak. Ensuite, **Xieng Khouang, Phonsavan et la plaine des Jarres (2-3 jours),** au cœur des minorités taï et hmong, et ces jarres peut-être funéraires.

De là, 2 options : tout d'abord, le Nord. Au fil du Mékong, attention, conditions de circulation assez difficiles ; prévoir les trajets, souvent en bateau. Très « nature et découverte », très vert et maisons sur pilotis. **Pakbeng, Houeisai** et la frontière thaïe, **Muang Sing** pour les balades à vélo dans les montagnes et des treks à la découverte des ethnies ; **Boten** et la frontière chinoise, les collines d'**Oudom Xai, Nong Khiaw** et la végétation luxuriante. Prévoir 2 jours pour chaque ville, en comptant les transports.

Sinon, direction le Sud. Compter 2-3 jours dans chaque ville, avec les transports. **Thakhek, Savannakhet** et sa quiétude exotique ; **Paksé** et le **plateau des Bolovens** avec ses chutes d'eau de Tad Fan, ses marchés, ses cultures de riz, thé, café, etc. ; la paisible **Champassak** et le tout proche temple **wat Phou,** temple à l'origine de l'identité khmère, et classé par l'Unesco. Finir plein sud, à la frontière cambodgienne, en voguant sur le Mékong autour des merveilleuses **« 4 000 îles »,** pour découvrir chutes d'eau et dauphins d'eau douce.

LANGUES

Lao

La langue officielle du pays est le lao. Elle est également utilisée comme langue vernaculaire par les minorités ethniques. Le lao fait partie de la famille des langues thaïes parlées dans tout le Sud-Est asiatique, de l'Assam au Yunnan, par près de 100 millions de personnes. En fait, le lao diffère très peu de la langue parlée en Thaïlande, et les 2 peuples se comprennent sans problème.

Le lao parlé est facile à apprendre. La plus grosse difficulté consiste à faire la différence entre les tons. Il en existe 6 (dont 3 couramment utilisés) qui, appliqués au même mot, peuvent en changer totalement le sens. Ainsi le mot nam veut dire « eau », mais aussi « rivière », « lait » et « sein ». La transcription des mots lao généralement utilisée est celle mise au point par les Français. C'est celle que nous utilisons ici. Toutefois, il faut savoir que la transcription de certains mots, comme celle de « Vieng Chan » en Vientiane, a été faite de manière approximative.

Le **lao écrit** n'existe guère que dans les temples, où l'histoire du pays est consignée sur des manuscrits ancestraux qui tombent en poussière. Les fanas rendront visite à la bibliothèque nationale de Vientiane, qui s'évertue à sauver les parchemins. À n'en pas douter, le personnel passionné n'a pas la langue dans sa poche !

Français

L'usage du français au Laos est finalement assez répandu, si l'on tient compte de l'intérêt très relatif porté à ce pays par l'ancienne puissance coloniale. Jusqu'à la révolution de 1975, le français était parlé par les élites et l'aristocratie. Une partie de l'enseignement se faisait en français, et l'Administration était bilingue. Depuis la révolution, le statut du français est intermédiaire. Son enseignement est facultatif et en constante régression par rapport à l'anglais, même si un centre de langue française a été inauguré à Vientiane en 1994.

L'Administration continue d'utiliser le français dans ses textes officiels, mais elle utilise aussi l'anglais. Le français demeure l'unique langue étrangère des bureaux de poste laotiens, et l'on est tout étonné de voir écrit « la poste » ! En fait, le français est parlé, souvent sommairement, par la quasi-totalité des personnes qui ont fait des études secondaires avant 1975. Ce qui veut dire que l'on trouve encore parfois un interlocuteur francophone lorsqu'on s'adresse à l'Administration ou aux cadres commerciaux. Il est cependant conseillé de connaître l'anglais, notre petit penchant chauvin dût-il en souffrir...

Aujourd'hui, force est de constater que les jeunes Laotiens se préoccupent plus d'apprendre l'anglais que le français. Il y en a bien qui rêvent d'apprendre le français, mais les profs manquent.

Vocabulaire de base

– Un seul ouvrage en français est couramment disponible à Paris, il s'agit de *Parlons lao,* de Chou Norindr (L'Harmattan, 2000, 237 p.). Cassettes également disponibles. Assez ardu quand même ! Mais la pratique sur place est bien plus utile !
– À Vientiane, on peut se procurer un petit lexique de base qui propose d'apprendre le lao en 16 leçons. Malheureusement, ce manuel est en anglais, ce qui complique la transcription phonétique. Il existe aussi un petit guide pratique appelé *Let's Speak Lao.*
– *Lao for beginners,* par Buasawan Simmala et Benjawan Poomsan Becker (Paiboon Publishing, 2003). Méthode s'attachant à enseigner la langue lao de manière progressive, par l'introduction répétée des mots-clés et tournures grammaticales essentielles.
– *English-Lao/Lao-English Dictionary,* par K. Mingbuapha et B. P. Becker (Paiboon Publishing, 2003). Incomplet, mais a le mérite de donner une transcription des mots lao en alphabet romain, ce que ne fait aucun autre dictionnaire.

Par convention, pour la liste qui suit : *h* se prononce h aspiré ; *ph,* p + h aspiré ; *e,* comme dans « leur » ; *o,* comme dans « corps » ; *ou,* comme dans « fou » ; *on,* comme dans « bonne » ; *aï,* comme dans « Hawaï » ; *oï,* comme dans « monoï » ! Et puis ne vous étonnez pas si les Laotiens rient quand vous essayez de parler leur langue : les différents accents changent complètement le sens de la phrase... qui peut devenir alors particulièrement grivois ou complètement absurde !

Formules de politesse

Bonjour	*Sabaï dii*
Comment allez-vous ?	*Sabaï dii bo ?*
Ça va bien	*Sabaï dii*
Merci	*Khop tchaï*
Merci beaucoup	*Khop tchaï laï laï*
S'il vous plaît	*Kalounaa*
Et vous ?	*Lè tchao dè ?*
À bientôt	*Pop kan maï*
Au revoir (celui qui part)	*Païi kone deu, la kone*
Bonne chance	*Sok dii*
Bonne nuit	*None lap fan dii*
Pardon	*Kho thot*

Expressions courantes

Oui	*Tchao, daï* (politesse appuyée)
	ou *euh* (informel)
Non	*Bo*
Avez-vous, y a-t-il ?	*Mi... bo ?*
Je n'en ai pas, il n'y a pas	*Bo... mi*
J'en ai, il y en a	*Mi*
Ça ne fait rien, ce n'est pas grave	*Bo pen niang*

Je ne comprends pas	*Khoï bo khao tchaï*
Parlez lentement, svp	*Wao saa saa dè*
Répétez, svp	*Wao keun*
Qu'est-ce que c'est ?	*An ni men niang ?*
Hôtel	*Hong hem*
D'où venez-vous ?	*Tiao ma té saï ?*
Je viens de France	*Khoï ma tè pathet falang (ou flangcès)*
Je suis français	*Khoï penn khon falang (ou flang)*
Je m'appelle...	*Khoï suu...*
Combien coûte ceci ?	*An ni laka tao daï ?* (variante :
	« Combien ça coûte ? » – *Paï gneum ?*)
Cher	*Phêng*
Trop cher	*Peng phôt*
Bon marché	*Bo peng, tuk*

Télécommunications

Téléphone	*Tholassap*
Télécopie	*Fèk*
Numéro de téléphone	*Beu tholassap*
Je voudrais parler avec...	*Khoï yak lome kap...*

Sur la route

Je veux aller...	*Diak...*
Où se trouve... ?	*You saï... ?*
... la gare de bus	*... satannii lot mé*
Je voudrais acheter un billet	*Khoï yak su pi*
À quelle heure part le bus ?	*Lot mé tcha ok vila tchak mong ?*
Est-ce loin ?	*Kaï bo ?*
Avion	*Gnyone*
Bateau	*Heua*
Rivière	*Mè nam*
Île	*Done*
Autobus	*Lot mé*
Voiture	*Lot keng*
Taxi	*Lot Taxi*
Vélo	*Lot thiip*
Tournez à gauche	*Liao saï*
Tournez à droite	*Liao khoua*
Tout droit	*Paï su*
Stop !	*Djut !*
Demi-tour	*Hio kap*
Nord	*Thit neua*
Sud	*Thit taï*
Est	*Thit tavén ok*
Ouest	*Thit tavén tok*
Ici	*You nii*
Là-bas	*You phoune*
Route	*Thanone*
Pont	*Khoua*
Forêt	*Pa maï*
Montagne	*Phou (ou encore doï)*
Lac	*Ang nam*
Marché	*Talat*
Temple	*Wat*
Village (ou quartier)	*Ban*
Stupâ	*That*
Rivière	*Nam*
Grotte	*Tam*
Chutes d'eau	*Tad*

LAOS UTILE

Administrations

Bureau	*Hongkane*
Poste	*Païssani*
Banque	*Thanakane*
Police	*Tamlouat*
Ambassade	*Satane thout*

À l'hôtel

Hôtel	*Hong hèm*
Avez-vous une chambre ?	*Mi hong none bo ?*
Une chambre pour 1 personne	*Hong none diao khon nung*
Une chambre pour 2 personnes	*Hong none khu song khone*
Combien ça coûte ?	*Laka tao daï ?*
Pouvez-vous baisser le prix ?	*Lout laka daï bo ?*
Je voudrais voir une chambre	*Khoï kho beung hong daï bo*
Avez-vous une autre chambre ?	*Mi hong ik bo ?*
Je resterai une seule nuit	*Khoï phak nung khun*
Je resterai deux nuits	*Khoï phak song khun*
Salle de bains	*Hong nam*
Eau chaude	*Nam hone*
Y a-t-il une moustiquaire ?	*Mi moung bo ?*
Air conditionné	*Air yen*
Ventilateur	*Phat lom*
Savon	*Sabou*

Au restaurant

Restaurant	*Han-ah-hane*
Manger	*Kine khao*
Je veux manger	*Khoï yak kine khao*
Soupe de nouilles blanches	*Feu*
Soupe de nouilles jaunes	*Mii*
Riz	*Khao*
Riz gluant	*Khao niao*
Riz blanc	*Khao tchao*
Riz sauté	*Khao phat*
Viande	*Sine*
Porc	*Sine mou*
Bœuf	*Sine ngoua*
Buffle	*Sine khouaï*
Poulet	*Sine kai*
Canard	*Siie pét*
Œuf	*Khaï*
Poisson	*Pa*
Légume	*Phak*
Sel	*Keua*
Poivre	*Mak pit taï* (ou *mak pit khaï*)
Piment	*Mak phèt*
Sans piment	*Bo saï mak phèt*
Pain	*Khao tchi*
Fruit	*Mak maï*
Gâteau	*Khanom*
Je voudrais boire	*Khoï yak kine nam* (ou *khoï yak dum*)
Eau courante	*Nam tamada*
Eau à boire	*Nam dum*
Eau minérale	*Nam bolisout*
Glaçons	*Nam kone*
Sans glace	*Bo saï nam kone*
Bière	*Bia lao*
Thé	*Am sa*

LAOS UTILE

Café noir	*Kafé dam*
Café au lait	*Kafé nom*
Avec du sucre	*Saï nam tane*
Je n'ai plus faim	*Im lèo*
Bon	*Dii*
Délicieux	*Sèp laaï*
Mauvais, pas bon	*Bo dii* (ou *bo sep*)
L'addition	*Chèk bin*
Où sont les toilettes ?	*Hong nam you saï ?*

Urgences

Pouvez-vous m'aider ?	*Souaï khoï daï bo ?*
Je suis perdu	*Khoï long thang*
Je ne me sens pas bien	*Khoï bo sabai*
Je suis malade	*Khoï pèn khaï*
J'ai mal à cet endroit	*Khoï penn tchèp you nii*
Police	*Tamlouat*
Ambulance	*Lot hong mo*
Hôpital	*Hong mo*
Médecin	*Than mo*
Moustique	*Moung*
Sangsue	*Tak*
Froid	*Yen*
Chaud	*Hone*

Nombres

Zéro	*Soun*	Neuf	*Kao*
Un	*Nung*	Dix	*Sip*
Deux	*Song*	Vingt	*Sao*
Trois	*Sam*	Trente	*Sam sip*
Quatre	*Sii*	Quarante	*Sii sip*
Cinq	*Haa*	Cent	*Loï*
Six	*Hok*	Mille	*Phane*
Sept	*Tiét*	Cent mille	*Séne*
Huit	*Pèt*	Million	*Lane*

Après chaque décimale, on recommence à compter. Sauf pour 11, 21, 31, etc., où l'on utilise *ét* au lieu de *nung.* Exemples :

Onze	*Sip ét*
Douze	*Sip song*
Vingt et un	*Sao ét*
Etc.	

Au marché, on sous-entend souvent *loï* (la centaine) ; ex. : *sip song pan ha kips* = 12 500 kips (*loï* est omis après *ha*). Aussi, ne pas confondre *sip ha pan* = 15 000 et *sip pan ha* = 10 500.

LIVRES DE ROUTE

– *Le Laos,* d'Isabelle Massieu (éd. Magellan, coll. Heureux qui comme, n° 36, 2008, 100 p.). Isabelle Massieu (1844-1932) a été la première Européenne à venir seule en Indochine. Après avoir vadrouillé au Liban, à Ceylan et en Inde, elle installe son salon où passent des voyageurs au Laos.
– *L'Exploration du Mékong,* de Jean-Pierre Gomane (L'Harmattan, 2000, 288 p.). Le livre raconte en détail, avec une grande rigueur, l'histoire (et les péripéties rocambolesques) de la première grande exploration du Mékong jamais conduite par des Européens sur le dernier « monstre sacré » d'Asie : la mission Doudart de Lagrée-Francis Garnier (1866-1868). à lire juste après *Le Mékong,* de Louis de Carné (éd.

Magellan, 2008, 88 p.). Louis de Carné (1844-1871) était le seul civil de l'expédition. Il y raconte sa version non officielle dans la jungle, marquée par les pluies torrentielles. Il mourra à 27 ans de fièvres.

– *Au royaume du Million d'éléphants,* d'Auguste Pavie (L'Harmattan, 2000, 380 p.) : « Exploration du Laos et du Tonkin, 1887-1895 ». Né à Dinan (Bretagne), agent du Télégraphe au Cambodge, il fut nommé vice-consul de France à Luang Prabang en 1887. Par son seul charisme et sans jamais tirer une seule cartouche, ce promoteur ardent (mais pacifique) de la France en Indochine parvint à pacifier les Pavillons Noirs et à évincer les Siamois, en plaçant le Laos sous protectorat français (1893). Ce récit est un résumé de son journal de marche, publié à l'origine en 10 volumes sous le titre *À la conquête des cœurs.* Beaucoup de détails sur le pays et les rivières qu'il emprunta de nombreuses fois (à défaut de routes). Une aventure vécue racontée dans un style direct et concret.

– *Voyages dans les royaumes de Siam, Cambodge et Laos,* de Henri Mouhot (Olizane, 1989, 320 p.). À 32 ans, sans l'aide de la France mais avec l'appui de la Société royale de géographie de Londres, Henri Mouhot s'embarque pour ces contrées méconnues. Entre 1858 et 1861, il effectue 3 expéditions dans l'intérieur du Siam (la Thaïlande aujourd'hui) et l'Indochine, où il découvre par hasard les ruines d'Angkor. Emporté par la fièvre tropicale, en novembre 1861, il meurt au Laos, près de Luang Prabang, où sa tombe est toujours fleurie aujourd'hui. Heureusement, son journal de route a été sauvé. D'abord publié dans la revue *Le Tour du monde,* il a été édité en livre en 1868 par Hachette.

– *L'École de la forêt, un itinéraire spirituel lao,* d'Amphay Doré (Kailash, 1997, 139 p.). Pour approfondir le bouddhisme qu'il avait reçu de sa mère, l'auteur se fit bonze en 1970, en pleine guerre du Vietnam, sur cette terre lao, naguère si paisible, où il passa son enfance à l'ombre d'un père ingénieur agronome. Sous la conduite d'un maître bienveillant, Amphay Doré entra dans l'École de la forêt, s'initiant à la pratique de la Vipassana qui repose sur la méditation, l'observation du présent et le détachement. Clair et bien écrit, ce petit livre, dont le sujet est intemporel, constitue une approche fine et sincère du sujet. Une sorte de petit chef-d'œuvre, écrit sans tricherie et en avance sur son temps.

– *Santé et intégration nationale au Laos, rencontres entre montagnards et gens de plaines,* de Fabrice Mignot (L'Harmattan, 2003, 362 p.). Comment gérer des terres aux frontières de la Thaïlande, impaludées, où les cultures bouddhistes et animistes se mêlent ? L'auteur, qui a vécu un an sur place, livre ici son témoignage du quotidien de ces espaces ruraux.

Romans, fictions

– *Mékong,* de J.-A. Pourtier (Kailash, 2001, 280 p.). Publié en 1931, en pleine époque coloniale, ce petit roman chante la douceur et la beauté du Laos, et l'art de vivre de ses habitants, au milieu desquels certains Occidentaux ont réussi à se construire une vie harmonieuse. Mais c'est aussi une satire féroce du milieu colonial français.

– *Kham la Laotienne,* de Louis-Charles Royer (Kailash, 1997, 300 p.). Publié en 1935, ce roman colonial basé sur une intrigue policière se passe dans le Laos des années 1930. Un vrai banquier faux chasseur d'éléphants, un jeune ingénieur des mines du nom de Morgat, et une belle Laotienne (Kham) voyagent ensemble de Marseille à Luang Prabang. Au Laos, voilà nos expatriés emportés par leurs ambitions, tourmentés par leurs désirs et ravagés par leur âpreté au gain.

– *Sao Tiampa, épouse laotienne,* de Gaston Strarbach et Antonin Baudenne (Kailash, 2000, 184 p.). Les 1res lignes du livre, publié en 1912, sont explicites : « Sao Tiampa, petite idole de bronze et de safran, toi que nous avons tendrement chérie, qu'es-tu à vrai dire, sinon le prolongement inquiétant de notre rêve ? » Le jeune délégué Vébaud est séduit par cette mystérieuse Laotienne, Sao Tiampa, dont il fera son épouse. Mais, malgré les charmes des tropiques et l'exotisme de la

culture lao, si différente de l'univers occidental, il s'en ira, amer et incompris, de cette Asie dont il rêvait déjà enfant.
– **Sao Van Di** (suivi de *Raffin Su-su*), de Jean Ajalbert (Kailash, 2003). *Sao Van Di,* publié en 1905, est un récit sentimental qui évoque la fête et les rites amoureux à Luang Prabang. M. Raffin, surnommé Raffin Su-su, est nommé à Xieng-Kouang, poste français du Haut-Laos. Pour ce fonctionnaire colonial, cette bourgade est apparemment protégée des tornades du cœur et de la chair. Pfff ! Il succombe, comme bien d'autres, au charme de ses habitants. Et voilà Su-su qui se marie et fonde une famille... Des auteurs coloniaux de l'époque, Jean Ajalbert est le plus talentueux et un bon observateur des mœurs françaises et laotiennes sous les tropiques.

PHOTOS, VIDÉO

Prendre des photos ou utiliser un caméscope ne pose aucun problème particulier au Laos. De manière générale, les Laotiens sont plutôt flattés qu'on leur tire le portrait, surtout les enfants. Par simple courtoisie, demandez-leur toujours la permission de les prendre en photo ou de filmer. Sachez aussi que certaines ethnies refusent d'être photographiées, question de croyance ; alors n'insistez pas ! Sur certains sites, prendre des photos peut être interdit, ou soumis à un droit payant, voire à une permission, comme dans les temples. *Attention* : évitez quand même de balader vos objectifs devant les installations militaires et gouvernementales. Enfin, dans les principales villes, aucune difficulté pour faire développer des photos numériques, les graver sur un CD, se procurer des cartes mémoire. En revanche, cela devient de plus en plus difficile avec les pellicules argentiques, on en trouve de moins en moins. Faites le plein avant de partir !

POSTE

La poste au Laos fonctionne bien. On trouve des bureaux dans toutes les villes, où les panneaux sont généralement en français et en lao. En dehors des chefs-lieux de province, le service des postes est plus qu'aléatoire, voire inexistant dans les campagnes... Compter 2 semaines pour que votre carte postale arrive à bon port.
– **Horaires :** du lundi au vendredi de 8h à 12h et de 13h à 17h.
– Le service **EMS (Express Mail Service)** fonctionne à partir d'une bonne douzaine de chefs-lieux de province et permet d'acheminer lettres ou colis vers l'Europe en 2 ou 3 jours. Renseignements à Vientiane : ☎ 021-21-72-45.
– Le service de transfert d'argent **Western Union** est assuré entre autres dans les bureaux de poste des villes (voir « Argent, banques, change » plus haut).

POURBOIRES

Le Laos n'est pas un pays où le bakchich est le sésame obligatoire pour obtenir un service administratif ou autre. En général, l'Administration se montre consciencieuse, du moins avec les étrangers, afin d'entretenir son image de marque. Toutefois, c'est bien connu, les petits cadeaux entretiennent l'amitié... En particulier lorsqu'on est en compagnie d'un guide ou lorsqu'on visite une pagode. Ayez toujours un peu de menue monnaie disponible dans votre poche pour remercier votre guide ou pour en glisser dans la boîte à offrandes d'un temple. On n'exigera jamais de vous de faire un tel geste, mais il sera toujours apprécié et vous facilitera les contacts, surtout si vous photographiez ou filmez. Et dans les villages, des présents offerts à bon escient faciliteront le contact.

SANTÉ

Soyons clairs : la situation sanitaire du Laos est aujourd'hui encore très précaire. Cela commence à changer, mais les hôpitaux du pays manquent encore de beaucoup de moyens. Mieux vaut donc ne pas tomber malade ni avoir un accident par ici, même si des progrès ont tout de même été réalisés depuis quelques années... Depuis la construction du pont au sud-est de Vientiane, les Thaïlandais exportent différents matériels et médicaments : mais pour l'instant, il s'agit de produits bas de gamme et douteux (contrefaçons très fréquentes). Un point positif néanmoins : la plupart des médecins parlent le français et ont été correctement formés – certains même très bien – par les profs de la faculté de médecine de Lyon, laquelle a envoyé pendant de longues années des enseignants pour assurer les cours. Francophones, ils sont de plus francophiles. Sur le plan des médicaments également, la présence française et l'amitié franco-laotienne ont permis à certains laboratoires pharmaceutiques d'ouvrir une filiale à Vientiane. Beaucoup de médicaments produits par ces labos sont ainsi disponibles si l'on se donne un peu de mal pour les trouver. Pour éviter des problèmes qui peuvent prendre un tour extrêmement désagréable, il convient d'observer les règles suivantes.

– Prendre obligatoirement une *assurance de voyage* (voir « Formalités », dans « Avant le départ ») qui couvre les frais d'hospitalisation, de rapatriement, etc. Dans ce sens, sachez que *Routard Assurance* a des accords avec *International SOS*, le seul organisme d'assistance réellement implanté au Laos, et organisant si nécessaire des évacuations sanitaires aériennes vers Bangkok (Thaïlande). Quand on sait la précarité des hôpitaux du pays, et le coût de 1h de vol – environ 1 200 $ –, cette assurance est vraiment indispensable...

– Ne pas partir au Laos si l'on n'est pas *en bonne santé.* En cas de nécessité, même pour un problème bénin, on réalisera vite que l'on est bien seul et risque de paniquer, ce qui aura pour effet de gâcher le voyage. Pour les personnes en bonne santé, si elles observent quelques règles simples, tout se passera bien.

– *Trousse à pharmacie de base :* elle doit comporter des pansements, du désinfectant cutané (alcool à 70°, *Hexomédine, Bétadine*), du paracétamol, des antidiarrhéiques *(Imodium),* un antinauséeux *(Primpéran),* des sachets de réhydratation orale et, éventuellement, un antibiotique à large spectre (type Ciflox ou Zithromax, à n'utiliser qu'après avis autorisé).

– *Hygiène générale et alimentaire :* toutes les précautions universelles sont à appliquer à la lettre au Laos. Attention à la cuisine traditionnelle, délicieuse mais très pimentée. Les eaux minérales locales en bouteille sont parfaitement sûres et tout à fait excellentes. Bien entendu, emportez en quantité suffisante tous vos médicaments habituels, ainsi que les produits et matériels utiles aux voyageurs.

– *Médicaments :* les antipaludiques classiques étant inefficaces, vous pourrez être amené, après avis médical, à prendre un médicament atypique, utilisé jusqu'alors comme antibiotique, la doxycycline *(Doxypalu)* ; 1 comprimé de 100 mg la veille du départ, tous les jours, toute la durée du séjour et pendant les 4 semaines qui suivent le retour, ou bien la coûteuse *Malarone* qui s'arrête 1 semaine après le retour. Exposition solaire vivement déconseillée pendant toute la durée du traitement (chapeau, lunettes, vêtements adéquats, crème indice haute protection).

■ La plupart des produits et matériels utiles aux voyageurs, souvent difficiles à trouver, peuvent être achetés par correspondance sur le site ● *sante-voyages. com* ● Infos complètes toutes destinations, boutique en ligne en paiement sécurisé, expéditions *Colissimo Expert* ou *Chronopost.* ☎ 01-45-86-41-91. *Lun-ven 14h-19h.*
■ *Espace dépôt-vente : Accès Pro Visas, 26, rue de Wattignies, 75012 Paris.* ☎ 01-43-40-11-34. ● *accespro-visas. fr* ● Ⓜ *Dugommier* ou *Daumesnil.*

– **Dernier conseil :** même si vous pensez que vous avez un problème urgent, ne vous agitez pas et ne montrez pas que vous êtes énervé ou pressé. En effet, les Laotiens sont d'un naturel très calme, et toute conduite survoltée aurait plutôt tendance à les paralyser complètement.

Principaux problèmes

Sachez enfin qu'une fièvre en milieu tropical se soigne en priorité avec des cachets de paracétamol, sauf bien sûr s'il s'agit d'un paludisme.

– **Le paludisme :** pour les spécialistes, le paludisme laotien est l'un des plus coriaces du monde : il résiste aux médicaments antipaludiques courants, et même souvent à la quinine intraveineuse ! Pour certaines zones du Laos, les seuls médicaments efficaces en prévention contre le palu sont la *Doxicycline* ou la *Malarone*. Consultez votre médecin avant le départ. Une note optimiste cependant : il est rare que les touristes l'attrapent. Toutefois, les précautions maximales sont de rigueur. Dès le coucher du soleil, porter des vêtements recouvrant le maximum de surface corporelle ; sur les parties restant découvertes, utiliser abondamment des répulsifs antimoustiques efficaces à base de DEET 30-50 %. Il est conseillé de renouveler fréquemment l'application. Les moustiquaires imprégnées *(Perméthrine)* constituent la meilleure protection, avec l'imprégnation des vêtements.

– **La dengue :** présente au Laos, la dengue (prononcer « dingue ») est également transmise par les moustiques. Les symptômes sont sensiblement les mêmes que pour le paludisme (fièvre, migraines, douleurs musculaires, fatigue intense et, en prime, parfois une éruption cutanée), à cette différence près que cette maladie n'est généralement pas mortelle. Heureusement, car on ne lui connaît pas de traitement. Une raison de plus pour éviter de se faire piquer par les moustiques...

– **Les piqûres d'insectes :** en cas de piqûre d'insectes, employer de la pommade type *Parfenac*. Pour les moustiques, voir ci-dessus les paragraphes « Le paludisme » et « La dengue ».

– **Le soleil :** éviter de se promener nu-tête. Chapeau indispensable. En cas d'exposition prolongée au soleil, utiliser une crème solaire à protection maximum. En cas de coup de soleil, employer la pommade *Mitosyl*.

– **L'eau :** ne jamais consommer d'eau non bouillie, sauf s'il s'agit d'eau minérale en bouteille cachetée. Attention aux glaçons en dehors des grands hôtels et restos chic de Vientiane et Luang Prabang. Les pilules de *Micropur DCCNa®* pour purifier l'eau peuvent être utiles mais ne sont pas indispensables car on trouve partout de l'eau minérale, du thé... ou de la bière dans les zones touristiques. Pour les séjours prolongés ou ruraux, un filtre microbien (*Katadyn* ou *Pentapure forte*) est fortement recommandé. Ne jamais se baigner dans les eaux stagnantes ou à faible débit, en raison des risques parasitaires.

– **Les problèmes gastro-intestinaux :** presque inévitables. Ne pas s'affoler cependant. Aujourd'hui, le traitement d'une turista simple de l'adulte repose sur l'association d'un antibiotique en une prise, une seule fois : *Ciflox* ou *Oflocet* (2 comprimés) et d'un ralentisseur du transit intestinal, le lopéramide (*Imodium*) en 2 gélules puis une gélule après chaque selle non moulée, sans dépasser 8/24h. En cas de persistance, se réhydrater fréquemment, manger du riz et boire de l'eau de riz, du thé ou des boissons à base de cola, de préférence sans bulles. On conseille aussi de prendre des sachets de réhydratation orale... En tout cas, éviter les plats pimentés et, bien sûr, l'alcool.

– **Les hépatites :** les vaccins (A et B) sont efficaces, mais il ne faut pas oublier de faire les rappels. Commencer la vaccination plus de 1 mois avant de partir.

– **La rage** n'est pas rare au Laos. Attention surtout aux regroupements de chiens la nuit, ainsi qu'aux morsures de chauves-souris ! En cas de morsure (risque rare), laver immédiatement et abondamment la plaie avec du savon et consulter en urgence un médecin européen pour se faire injecter le vaccin curatif ou se faire rapatrier en urgence. Pour les séjours longs ou ruraux, la vaccination antirabique préventive est fortement recommandée.

– Il existe une variété d'**encéphalite** dite « japonaise », assez fréquente au Laos en saison des pluies. On peut se faire vacciner contre cette maladie si l'on séjourne au Laos plusieurs semaines durant cette période. Le vaccin se fait en 3 injections sur 1 mois ; s'y prendre plus de 1 mois à l'avance (disponible seulement dans les centres de vaccinations internationales et sur commande individuelle).
– **Les piqûres de scorpion** sont douloureuses mais jamais mortelles, sauf exception rarissime. En cas de piqûre, consulter un médecin.
– **Les morsures de serpent** peuvent être mortelles, mais les cas sont rares, car le serpent est un animal craintif. En cas de morsure, ne pas s'affoler, éviter de courir, poser un bandage serré autour de la plaie et essayer de la refroidir. Ne pas sucer. Le venin met souvent plusieurs heures avant d'agir ; il convient donc de trouver un hôpital au plus vite !
– **En cas d'urgence de santé :** voir plus loin la rubrique « Urgences ».

SITES INTERNET

Infos pratiques

● **routard.com** ● Tout pour préparer votre périple. Des fiches pratiques sur plus de 180 destinations, de nombreuses informations et des services : photos, cartes, météo, dossiers, agenda, itinéraires, billets d'avion, réservation d'hôtels, location de voitures, visas... Et aussi un espace communautaire pour échanger ses bons plans, partager ses photos ou trouver son compagnon de voyage. Sans oublier *Routard mag,* ses reportages, ses carnets de route et ses infos pour bien voyager. La boîte à outils indispensable du routard.
● **ambafrance-laos.org** ● Le site officiel de l'ambassade de France. Très bien renseigné et mis à jour régulièrement. L'actualité culturelle et politique, mais aussi les infos pratiques pour passer la frontière ou encore se faire soigner.

Histoire et traditions

● **visit-mekong.com** ● Histoire, folklore, restos, *guesthouses.* Des infos complètes et utiles à glaner.
● **visit-laos.com** ● Un des sites officiels sur le Laos pour connaître davantage le pays au Million d'éléphants.
● **hmongnet.org** ● Site en anglais sur une des ethnies du nord du Laos : les Hmong. Pour découvrir leur histoire, leur culture et leurs droits.
● **infolaos.free.fr** ● Un très beau site, avec des photos consacrées aux ethnies minoritaires. Développé par une agence de voyages de Vientiane.
● **lanexang.com/index.html** ● Un beau site plein de photos, en français, sur la gastronomie, l'art, les paysages et la culture, avec un alphabet et les chiffres en images.

Actualités

● **laopress.com** ● Site en anglais sur l'actualité, la culture, la cuisine et la musique lao.
● **missioneco.org/laos/index.asp** ● Un site en français pour décrypter la situation économique du pays et pour s'informer sur les possibilités de financements et d'investissements. Des offres d'emplois et de stages sont également proposées.
● **talesofasia.com** ● Des cartes, des itinéraires, des aventures ! Essentiellement sur l'Asie du Sud-Est.
● **ecotourismlaos.com** ● Pour avoir une idée des randonnées et des sites à découvrir avec des guides, au cœur de la nature sauvage du pays.

TÉLÉPHONE, TÉLÉCOMS

Les télécommunications du Laos sont en plein développement, et notamment le réseau des téléphones mobiles...

Le téléphone portable

Le réseau couvre aujourd'hui toutes les villes du pays et s'étend progressivement le long des routes nationales, jusqu'à toucher de plus en plus les campagnes... Désormais, le routard qui ne veut pas perdre contact avec sa tribu peut utiliser son propre téléphone portable au Laos. Mais gare à la note salée en rentrant chez vous ! Nous conseillons donc d'acheter des cartes SIM locales (réseaux *Tango* ou *M Phone*), en priorité dans les nombreuses boutiques spécialisées de Vientiane. On vous octroie alors un numéro de téléphone local (sur lequel vous pouvez être appelé) et 20 000 kips (2,30 $) de crédit de communication pour un total d'environ 5 $. Avant de payer, mieux vaut essayer la carte SIM dans votre téléphone – au préalablement débloqué – afin de vérifier si celui-ci est bien compatible. En province, achat également possible dans de nombreux commerces des centres-villes (panneaux *Tango* ou *M Phone*)... Enfin, les cartes permettant de recharger votre crédit de communication s'achètent dans n'importe quelle petite épicerie, même au fin fond des campagnes, pour 20 000, 50 000 ou 100 000 kips (environ 2,30, 6 ou 11,80 $). Dans ces conditions, compter 2 000 kips (0,20 $) la minute de communication internationale ; bien moins cher que si vous utilisiez votre carte SIM personnelle. Malin et pratique, non ?

Urgence : en cas de perte ou de vol de votre téléphone portable

Suspendre aussitôt sa ligne permet d'éviter de douloureuses surprises au retour du voyage ! Voici les numéros des trois opérateurs français, accessibles depuis la France et l'étranger :
– *SFR :* depuis la France, ☎ 1023 ; depuis l'étranger, ☎ + 33-6-1000-1900.
– *Bouygues Télécom :* depuis la France comme depuis l'étranger, ☎ 0-800-29-1000 (remplacer le « 0 » initial par « + 33 » depuis l'étranger).
– *Orange :* depuis la France comme depuis l'étranger, ☎ + 33-6-07-62-64-64.
Vous pouvez aussi demander la suspension depuis le site internet de votre opérateur.

Services

– *Les téléphones classiques :* comme les hôtels font payer très cher les communications internationales, rendez-vous dans les *bureaux de poste* et autres *telecom offices,* où les appels sont normalement bon marché : environ 2 000 à 3 000 kips/mn (0,20 à 0,30 $).
– *Les cabines téléphoniques :* certaines fonctionnent avec des *cartes magnétiques* et sont aujourd'hui assez répandues dans toutes les provinces du Laos. D'autres utilisent des *cartes à puce* et se trouvent essentiellement à Vientiane et Luang Prabang. Pour appeler l'international, le prix des cartes varie de 30 000 à 70 000 kips (environ 3,50 à 8,20 $), pour une minute de communication qui tourne autour de 2 000 à 3 000 kips (0,25 à 0,35 $). On les achète facilement dans les bureaux de poste, les *telecom offices* (bureaux de télécommunications), ainsi que dans la plupart des petites épiceries, supérettes et autres commerces à touristes (panneaux publicitaires).
– *Le téléphone via Internet :* certainement l'option la moins chère pour les appels internationaux, du moins là où ça existe, à savoir dans les villes. On y trouve en effet des boutiques Internet proposant ce genre de prestation pour trois fois rien. À vous ensuite de choisir votre fournisseur d'accès *(Skype...)*.

– ***Infos pratiques pour téléphoner :*** les principales villes possèdent généralement un indicatif local à 3 chiffres, que nous donnons dans le guide en regard des
villes correspondantes. De plus, certaines adresses, reliées à des réseaux particuliers, utilisent un autre indicatif du même genre que nous précisons aussi dans le
texte les concernant.
– ***France ➝ Laos :*** 00 + 856 + indicatif de la ville (à 2 chiffres, sans le « 0 ») + numéro
du correspondant (6 chiffres).
– *Appel vers un téléphone portable au Laos :* (020) + numéro à 7 chiffres.
– ***Laos ➝ France :*** 00 + 33 + numéro du correspondant à 9 chiffres (sans le « 0 »
initial).
– ***Renseignements téléphoniques :*** composer le ☎ 178 ou le ☎ 179.

TRANSPORTS

Train

Il n'y a pas de chemin de fer au Laos. Le pont de l'Amitié, qui relie Nong Khai en
Thaïlande à Thanaleng au Laos, devrait un jour joindre directement Bangkok à Vientiane par le train. Mais ce n'est pas demain la veille !

Bus et taxis collectifs

Le ***bus*** est le moyen de transport le plus utilisé par les gens du cru et les routards
pour voyager d'une ville à l'autre. Les gares routières sont souvent situées à l'écart
du centre-ville, prendre un *tuk-tuk*. Les bus sont souvent bondés et leur confort est
variable (bus normaux, express ou VIP). Les guesthouses vendent souvent des
billets incluant le transfert (et le plus souvent, les bus viennent vous chercher directement) sans commission. Pour des liaisons interurbaines ou pour sillonner les campagnes reculées, on peut aussi grimper dans des ***taxis collectifs,*** ces camionnettes bâchées vraiment tape-cul et bourrées jusqu'au toit de passagers et
marchandises ! Si les bus partent généralement à heure fixe, les taxis collectifs,
eux, démarrent quand ils sont pleins dans des tranches horaires fixes (souvent le
matin entre 7h30 et 10h30).

L'état des routes

Si les grands axes routiers du pays (les routes nationales) sont goudronnés et de
bonne qualité, la plupart des routes demeurent en fait des pistes en terre, plus ou
moins praticables selon la saison. Les voyages en bus et taxis collectifs sont donc
souvent longs et harassants... Dans le nord du Laos, les routes bitumées occupent
environ 10 % du réseau routier. En saison des pluies, les liaisons y sont moins fréquentes et parfois même interrompues, les pistes étant très boueuses et creusées
d'ornières profondes. Il n'est donc pas conseillé de voyager en saison des pluies
dans ces véhicules, à cause des risques d'accident.

Les billets et les durées de voyage

Les billets des bus normaux s'achètent généralement le jour du départ aux guichets des gares routières ou bien, s'il n'y en a pas, directement auprès des chauffeurs. Les billets des bus express et VIP s'achètent à l'avance, également auprès
des agences de voyages locales ou des *guesthouses* qui, pour la plupart, proposent ces services moyennant une petite commission. Les billets des taxis collectifs, eux, se prennent le plus souvent auprès des chauffeurs...
➢ ***Vientiane - Luang Prabang*** *(400 km) :* route goudronnée. Compter 9-10h en
bus normal, 7-8h en express et un peu moins encore en bus VIP.
➢ ***Vientiane-Savannakhet*** *(483 km) :* 7-8h de voyage.
➢ ***Paksé-Savannakhet*** *(265 km) :* 3-4h de trajet.

➢ *Luang Prabang - Muang Sing (340 km) :* 8-10h de bus ou taxi collectif. Une partie de la route est goudronnée, l'autre une piste en terre. Il est conseillé de dormir à Oudom Xai ou Luang Namtha pour « saucissonner » le voyage.

➢ *Luang Nam Tha - Houeisai (200 km) :* environ 6h. L'une des pistes les plus belles mais aussi les plus rudes du Nord Laos.

– *Conseil :* voyager avec un sac léger et arriver à la gare routière un peu avant l'heure de départ. Il n'est pas rare qu'un bus parte en retard... ou en avance !

Avion

Vols nationaux

L'avion est le moyen de transport le plus pratique et le plus rapide pour se déplacer à l'intérieur du Laos. Ainsi, au départ de Vientiane, la compagnie *Lao Airlines* assure plusieurs vols quotidiens pour Luang Prabang, et quelques liaisons hebdomadaires pour Paksé, Xieng Khouang, Oudom Xaï, Houeisai, Luang Namtha, Sam Neua, Sayaboury et Phongsaly. Également plusieurs avions chaque semaine au départ de Luang Prabang, pour Paksé et Xieng Khouang. *Important* : les avions sont souvent retardés quand la météo est mauvaise, surtout en saison des pluies. De même, les vols sur les petites lignes (Oudom Xaï, Houeisai, Luang Namtha, Sam Neua, Sayaboury et Phongsaly) sont systématiquement annulés si l'avion n'est pas suffisamment rempli. On conseille donc de prévoir très large dans votre itinéraire, et de ne pas s'étonner de l'organisation assez approximative. Sachez enfin que la flotte de *Lao Airlines* n'est pas toujours des plus sûre au monde...

Vols internationaux

Au Laos, seules les villes de Vientiane, Luang Prabang et Paksé possèdent des aéroports internationaux, généralement desservis par les compagnies *Thai Airways* ● thaiairways.fr ●, *Vietnam Airlines* ● vietnamairlines.fr ●, *Bangkok Airways* ● bangkokair.com ●, *Lao Airlines* ● laoairlines.com ●, *Air Asia* ● airasia.com ● et *China Eastern Airlines* ● chinaeastern.co.uk ●, qui assurent des liaisons régulières internationales avec les principales villes ou capitales du Sud-Est asiatique : Bangkok et Chiang Mai (Thaïlande), Phnom Penh et Siem Reap (Cambodge), Hô Chi Minh-Ville (ex-Saïgon), Kuala Lumpur (Malaisie) et Hanoi (Vietnam), Kunming (Chine). Bien vérifier les sites des compagnies, souvent les tarifs y sont moins chers qu'en comptoir ou en agence.

Bateau

Descendre ou remonter le *Mékong* et ses affluents offre, selon nous, les plus beaux voyages au fil de l'eau de toute l'Asie du Sud-Est. Si les voies fluviales sont nombreuses, notamment dans le nord du pays, le charme absolu de ces navigations tient aussi au fait que les gens du cru les utilisent comme « routes liquides », semant dans leur sillage des tranches de vie bien authentiques. Et puis les paysages sauvages et verdoyants n'ont pas changé depuis des siècles, si bien que la beauté naturelle du Mékong et de ses rives n'est plus à chanter ! Ce fleuve de légendes, plus étroit au nord qu'au sud du pays, serpente entre des rives montagneuses et rocheuses, couvertes de forêts tropicales humides. On découvre çà et là, noyés dans la végétation luxuriante des berges, quelques discrets villages qui vivent hors du temps, et surtout très loin du monde moderne... La navigation sur la rivière *Nam Ou* est encore plus captivante que sur le Mékong, car, moins large, elle coule dans une vallée resserrée, bordée de falaises rocheuses érodées. Les monts embrumés, les pains de sucre aux formes altérées par le temps composent un paysage d'estampe chinoise qui rappelle étrangement le Yunnan (Chine) voisin.

Quand naviguer ?

La navigation sur le Mékong est théoriquement possible en saison des pluies de Luang Prabang à Vientiane. Il faut alors compter 4 à 5 jours pour descendre le fleuve de Luang Prabang à Vientiane et 5 à 6 jours pour le remonter. Actuellement, rien n'est véritablement organisé (se renseigner quand même auprès des agences de voyages de Vientiane et Luang Prabang) et il faut se débrouiller par soi-même, les liaisons étant généralement assurées par de gros sampans de marchandises, au confort plus que rudimentaire. Ils ne partent que lorsqu'ils sont complètement chargés, et il vaut mieux emporter sa nourriture car la restauration à bord est très aléatoire. Avec un Mékong aux eaux de plus en plus basses, la saison de navigation ne cesse de se restreindre...

➢ Les seuls tronçons avec des liaisons quotidiennes sont les suivants : ***Luang Prabang - Pakbeng*** (jusqu'à Houeisai en période de hautes eaux) et ***Paksé-Champassak*** (en période de hautes eaux jusqu'à l'île de Don Khong).

Les différents types de bateaux

Selon votre temps et votre budget, il existe plusieurs types de bateaux pour voyager sur le Mékong et ses affluents.

– ***Les petits bateaux privés :*** ces *bateaux-taxis* organisent des promenades sur le fleuve à l'heure, à la demi-journée ou à la journée ; rarement plus. Ce sont habituellement des embarcations à moteur de taille et de rapidité variables, pouvant embarquer 8 à 15 passagers (le prix varie en fonction du nombre de voyageurs) et couvrant de courtes distances en peu de temps... Ce mode de transport est le plus pratique pour aller de Luang Prabang aux grottes de Pak Ou (dans le Nord) et de Paksé à Champassak ou jusqu'à l'île de Khong (dans le Sud).

– ***Le bateau lent (slow boat) :*** c'est « l'autobus fluvial laotien ». Il s'agit d'un bateau régulier à moteur, sorte de péniche en bois d'une vingtaine de mètres de long, à faible tirant d'eau. Les Laotiens l'utilisent car il est économique et permet d'embarquer les marchandises. Les passagers sont assis sous une toiture à claire-voie. Enfin, si la vitesse est lente, on a bien le temps d'apprécier les paysages superbes. *Conseils :* ne pas s'installer sur le toit car c'est réellement très dangereux. Emportez des victuailles et de l'eau minérale, car les repas et les boissons ne sont pas fournis à bord.

– ***Les bateaux de croisière Wat Phou et Luang Say :*** une formule coûteuse et luxueuse. Il s'agit de longs bateaux en bois à faible tirant d'eau, équipés pour de petits groupes. Des croisières de 3 jours et 2 nuits ont lieu dans le sud du Laos à bord du *Wat Phou*. Itinéraire : Paksé - Champassak - Wat Phou - région des « 4 000 îles », et retour à Paksé en minibus. Compter quelque 630 $ par personne, tout compris. Également des croisières de 2 jours et 1 nuit dans le nord du pays, à bord du *Luang Say*. Itinéraire : Luang Prabang - Houeisai, avec nuit à Pakbeng, dans un hôtel-*lodge* 3 étoiles surplombant les rives du fleuve. *Compter env 490 $, tt inclus. Résa des billets en France, notamment auprès de l'agence* Asia. ☎ 01-44-41-50-10. ● asia.fr ● mekong-cruises.com ●

Voiture

Au Laos, les locations de voitures se font essentiellement avec chauffeur, et on les recommande vraiment ainsi. Toutes les agences de voyages proposent d'ailleurs ce service à prix acceptable, et la formule est intéressante si l'on est au moins 3. La gamme des véhicules va du 4x4 climatisé au minibus. Le Laos ne possède que 14 000 km de routes, dont la plupart sont des pistes en terre. Depuis quelques années, grâce à des financements étrangers, les grands axes routiers du pays sont rendus carrossables, notamment la route 13, dite « route des Français », qui traverse le Laos du nord au sud, reliant ainsi la Chine au Cambodge. L'effort est également porté sur les principaux axes transversaux joignant la Thaïlande au Vietnam. Le désenclavement du Laos est en route, camarade routard !

Distances

Au Laos, les distances se calculent plus en heures de route ou en heures de vol qu'en kilomètres, compte tenu de l'état du réseau routier. Les indications que nous donnons ici serviront cependant à se faire une idée :
– *Vientiane - Luang Prabang :* 400 km.
– *Vientiane - Houeisai :* 895 km.
– *Vientiane - Xieng Khouang :* 365 km.
– *Vientiane - Savannakhet :* 483 km.
– *Vientiane - Saravane :* 740 km.
– *Vientiane - Paksé :* 736 km.
– *Vientiane - Champassak :* 771 km.
– *Vientiane - Don Khong :* 880 km.
Si vous voyagez en bus, comptez en moyenne 10h pour parcourir Vientiane - Luang Prabang, par exemple, soit 400 km, alors qu'en avion la durée de vol entre Vientiane et les autres capitales provinciales ne dépasse pas 1h30. Le choix de l'avion s'impose donc pour ceux qui sont pressés et qui en ont les moyens.

Cartes routières

Il est préférable de se procurer une carte routière avant de partir, car le choix sur place est plutôt limité. Dans certaines supérettes, librairies et agences de voyages de Vientiane (*Exotissimo,* par exemple), on peut néanmoins acheter une carte du pays vraiment pratique, réalisée par les *Golden Triangle Riders,* et incorporant des plans des principales villes.

Taxi

À Vientiane, les taxis avec compteur existent, mais l'habitude demeure de fixer quand même le montant de la course avant de monter. Ils se trouvent principalement à l'aéroport et devant les quelques grands hôtels. On peut les louer à l'heure, à la demi-journée ou à la journée.

Samlo, tuk-tuk et jumbo

Les *samlos* (« 3-roues »), ces cyclo-pousse qui avancent à la seule force des jambes du conducteur, sont utilisés pour de très petites distances en ville, de quartier à quartier par exemple. Ils ont tendance à disparaître aujourd'hui au profit des *tuk-tuk* motorisés, comme en Thaïlande et au Cambodge. Il s'agit de tricycles à moteur qui peuvent transporter environ 4 passagers. Son grand frère, le *jumbo* (*tuk-tuk* collectif), peut accueillir jusqu'à 12 passagers... On les trouve plus ou moins en abondance dans toutes les villes. Leur coût est de plus en plus élevé, et l'on conseille de négocier très ferme, car, à la vue des touristes, les chauffeurs n'hésitent pas à quintupler leurs tarifs ! *Un conseil :* toujours éviter les *tuk-tuk* stationnés face aux grands hôtels, aux restos chic ou aux supérettes occidentales. Ceux-là ne fonctionnent qu'avec les touristes. Ils peuvent attendre des heures la bonne occase, leur cible toute désignée étant le touriste fraîchement débarqué de l'aéroport, à qui ils feront payer jusqu'à 10 fois le prix normal.
Une course en centre-ville de 5 mn se monnaie 10 000 kips (environ 1,20 $) pour le *tuk-tuk* complet, mais il y a moyen de discuter. Pour des trajets plus longs, pour un *tuk-tuk* complet, compter 30 000 à 40 000 kips (3,50 à 4,70 $) du centre de Vientiane à l'aéroport ; et 50 000 à 60 000 kips (environ 6 à 7 $) jusqu'au pont de l'Amitié. Sachez aussi que, après 21h-22h, les chauffeurs ont l'habitude de majorer leurs tarifs de 50 % environ...
Enfin, peu de chauffeurs comprennent l'anglais ou le français, il est donc assez utile d'avoir le nom de la destination écrite en lao ; et quand bien même la plupart

LAOS UTILE

d'entre eux ne savent pas forcément lire, ils se repèrent surtout aux quartiers, aux temples, aux marchés, aux hôtels et *guesthouses,* à certains carrefours également, etc.

Vélo et moto

La *bicyclette* est sans doute le meilleur moyen pour visiter Vientiane et Luang Prabang. Vous trouverez sans difficulté des loueurs de vélos sur place, souvent dans les *guesthouses.* La circulation n'est pas dense et les distances demeurent courtes. Dans les autres villes, la location de bicyclettes est possible, mais tous les trajets peuvent se faire à pied...

On déconseille absolument de louer une *moto,* d'autant plus dangereuse que les structures de santé et d'urgences médicales sont vraiment précaires. Toutefois, si le diable vous tente, avant de conclure toute location, vérifiez bien l'état du 2-roues, ses freins, l'assurance (obligatoire), et munissez-vous d'un casque. Les accidents de moto, parfois simplement dus à l'état des routes, représentent l'une des 1res causes de mortalité des touristes dans le pays. Alors, vous êtes prévenu ; rendez-vous en enfer !

Éléphant

L'éléphant a longtemps été le moyen de transport le plus pratique pour circuler dans les régions montagneuses dépourvues de pistes. Aujourd'hui, on ne circule plus guère à dos d'éléphant, ceux-ci étant utilisés pour les travaux forestiers ou pour... promener les touristes. Une balade à dos d'éléphant est possible à Tad Lo, sur le plateau des Bolovens, près de Paksé ; également dans les environs de Luang Prabang ; et surtout dans la région de Champassak. Si l'éléphant est le meilleur moyen de transport dans un paysage accidenté, question vitesse, ça ne vaut pas la marche en terrain plat !

URGENCES

Quelques numéros pour le cas où ! On ne vous le souhaite pas, bien sûr.
– *Police :* ☎ 991.
– *Pompiers :* ☎ 190.
Le problème de ces 2 numéros, c'est qu'il n'y a pas toujours quelqu'un au bout du fil...
– *Ambassade de France à Vientiane :* ☎ (21)-26-74-00. Permanence 24h/24.

En cas d'urgence de santé

– *À Vientiane :* pour les petits bobos, le *cabinet médical français* et certains hôpitaux (dont *Mahosot*) feront l'affaire. En cas de gros pépin, un rapatriement vers la Thaïlande sera décidé par les médecins à destination de *AEK Udon International Hospital,* à Udon Thani (Thaïlande). Pour toute information pratique sur le transfert par le pont de l'Amitié, consulter la rubrique « Adresses et infos utiles. Urgences santé » dans le chapitre sur Vientiane.
– *À Luang Prabang :* on pourra contacter la *clinique internationale* où l'on trouve 1 ou 2 infirmières appartenant à des ONG internationales. En cas de gros problème, ne pas hésiter à rejoindre Vientiane, puis Udon Thani, ou mieux encore Chiang Mai (vols directs) ou Bangkok, toujours en Thaïlande.
– *À Savannakhet :* l'hôpital provincial se charge des formalités pour l'évacuation sur Mukdahan (Thaïlande) et son hôpital international (☎ 00-66-42-633-301 ou 309).
– *À Paksé :* l'hôpital provincial se charge des formalités pour l'évacuation sur l'hôpital d'Ubon Ratchatgani (☎ 00-66-45-263-300).

– **Dans le reste du pays,** l'urgence est une notion inconnue. En règle générale, il faut bien se dire que les Laotiens sont bien plus mal lotis que nous !
– Deux adresses en **Thaïlande.** La 1re se trouve à 70 km de Vientiane, par le pont de l'Amitié, l'autre est à Bangkok :

■ **AEK Udon International Hospital :** 555/5, Phosri Rd, à Udon Thani. ☎ 00-66-42-34-25-55. ● trong@aekudon. com ● À 1h30 de route de Vientiane, sans compter les formalités douanières. En cas de gros pépin, c'est ici (ou carrément à Bangkok) qu'il faut demander à être transféré. Héliport sur le toit de l'hôpital. Près d'une quarantaine de spécialités représentées, dont un département dentaire. Services absolument irréprochables.
■ **Bangkok International Hospital :** 2, Soi Soonvijai 7, New Petchaburi Rd. ☎ 00-66-2-310-30-00 ou 17-19. En cas d'urgence, des traducteurs sont mis à votre disposition. Un des hôpitaux les plus compétents de la ville.

LAOS UTILE

LAOS : HOMMES, CULTURE ET ENVIRONNEMENT

BOISSONS

– Avant toute chose, ne jamais consommer d'*eau* du robinet non bouillie, même en ville. En dehors des restos et hôtels à fréquentation touristique, attention aussi aux glaçons. On reconnaît les glaçons « industriels » à leur forme cubique ou au trou cylindrique au milieu. Ne vous passez jamais d'eau minérale capsulée, que l'on achète facilement dans tous les commerces et épiceries de rues.

– On trouve au Laos la plupart des *sodas* internationaux : *Coca, Pepsi, Fanta,* importés de Thaïlande ou fabriqués sur place, plus quelques spécialités locales.

– *Les jus de fruits :* nombreux, frais et savoureux. Ananas, mangue, banane, orange et citron sont les plus courants. Sauf indication contraire de votre part, ils sont souvent servis sucrés au sucre de palme.

– *Le thé :* on en trouve mais le réflexe, désormais, c'est de vous apporter un verre d'eau (purifiée, bien sûr) qui remplace le thé.

– *Le café,* dont les plantations ont été introduites par les Français sur le plateau des Bolovens, est très bon, quoique plus vivement torréfié (léger goût de brûlé) qu'en Europe. On en trouve presque partout. En général, il est servi avec du lait concentré sucré. Il faut donc le préciser à l'avance si l'on souhaite avoir un café noir (café *dam*). On le trouve aussi froid, servi avec des glaçons.

– *La bière* est une boisson extrêmement répandue au Laos. Brassée près de Vientiane mais appartenant aux Thaïlandais, la bière *Beer Lao,* fameuse pour la tête de panthère qui orne l'étiquette de sa bouteille, est excellente. De plus, cette boisson est toujours servie bien fraîche, ce qui est une véritable bénédiction ! Elle est vendue le plus souvent en bouteilles de 30 et 70 cl ou, plus rarement, à la pression.

– *Le lao-lao* est le cocktail national du Laos, un peu le ti-punch local, composé de miel, jus de citron, glaçons et d'une bonne rasade d'alcool de riz (40 à 50°). Il se consomme dans toutes les gargotes et son prix est dérisoire. Attention quand même, il a la réputation de rendre un peu fou s'il est bu à l'excès !

CUISINE

La nourriture laotienne est l'une des plus variées d'Asie. C'est la cuisine des herbes et de la pharmacopée traditionnelle. Elle est proche de la cuisine thaïlandaise et se caractérise par l'utilisation d'au moins 120 herbes aromatiques et de piments. Le riz, et plus particulièrement le riz gluant cuit à la vapeur, est la base de l'alimentation.

– À noter que les Laotiens mangent assez tôt : on déjeune à partir de 11h30 jusque vers 13h, et on peut dîner à partir de 17h-17h30 ; les restos ferment souvent leurs portes vers 21h-22h. Rassurez-vous, dans les établissements habitués aux touristes, comme à Vientiane ou à Luang Prabang, les horaires sont plus souples et adaptés. Cependant, dans les restos traditionnels laotiens, vous aurez du mal à vous faire servir après 21h !

Marchés

Il suffit de se rendre sur un marché pour entrevoir l'infinie variété de l'alimentation au Laos. Côté fruits et légumes, on trouve en abondance : salades, choux, navets, tomates, navets sucrés, ananas, noix de coco, papayes, plusieurs variétés de bananes (banane légume, banane à pépin, etc.), fleurs de bananiers, haricots de soja, pommes de terre, taros, durians, etc.

Durian

Le durian est l'une des curiosités de l'Asie. Ce gros fruit à épines, proche du jacquier, ressemble à une pomme de pin géante. Il est présent dans toute l'Asie du Sud-Est, où il mûrit pendant la saison des pluies. Pour le manger, il faut l'ouvrir et en extraire la chair blanche, légèrement filandreuse et répartie en compartiments, qui enveloppe de gros noyaux. C'est au moment de le goûter que celui qui n'en a pas l'habitude ressent le grand frisson : la chair du durian exhale en effet une odeur qui allie l'arôme du camembert sur le retour d'âge à celui d'une crème de purin !...
Le novice est en général rebuté et pense que le fruit est pourri. En fait, c'est parce qu'il ne sait pas le manger. Apprécier le durian est le résultat d'une lente initiation. La 1re fois, il faut se boucher le nez pour réprimer la rétro-olfaction et laisser les papilles faire leur travail d'apprentissage. Puis, petit à petit, il faut se livrer à une discipline mentale très asiatique pour se pénétrer de l'arôme subtil de ce fruit.

Viande et poisson

Les étals de viande, sur les marchés, s'ils peuvent rebuter par leur côté sanguinolent et infesté de mouches, n'en sont pas moins riches. En tête de la consommation vient le porc, suivi du buffle et du bœuf. En revanche, chèvre et mouton sont presque inexistants. Canards, poulets et poules sauvages se trouvent aussi en abondance. Côté gibier, c'est selon l'arrivage. En principe, la chasse au gros gibier est interdite. Interdiction très théorique en fait : cerfs, chevreuils et sangliers sont souvent présents sur les marchés mais débités de manière à être méconnaissables.
Si le poisson de mer est absent des marchés pour d'évidentes raisons géographiques, le Mékong regorge en revanche de toutes sortes de poissons : poisson-chat – dont certaines espèces peuvent peser jusqu'à 350 kg et vivre 50 ans –, poisson à tête de serpent, raie d'eau douce, anguille, carpe et bien d'autres espèces à l'allure étrange. On trouve aussi dans le Mékong des coquillages (genre praires ou gros bigorneaux), des crevettes d'eau douce et des tortues.

Spécialités

– Le *khao niao,* ou *riz gluant,* cuit à la vapeur et servi dans des petits paniers en raphia, est la forme la plus courante du riz. Le riz gluant se malaxe dans la main en boulettes que l'on trempe dans les plats comme on sauce avec le pain. Il est bien vu de se laver les mains avant, même symboliquement. Le riz se consomme également sucré, comme friandise. Il est alors servi dans des segments de bambou.
– Le *lap* est une salade traditionnelle laotienne composée de viande ou de poisson haché, assaisonnée au citron vert et au piment, que l'on accompagne en général de riz gluant et de salade verte.
– Le *tam mak houng,* ou *salade de papaye verte,* est une institution culinaire laotienne. Les papayes vertes sont pilées avec de l'ail, du citron et du piment. Estomacs sensibles, s'abstenir, car le mélange est extrêmement fort.
– Le *mok* est une sorte de pâté de viande ou de poisson, cuit à la vapeur dans une feuille de bananier. Les *moks* de poisson au lait de coco sont particulièrement délicieux. On trouve aussi des *moks* d'œufs de fourmis (vous avez bien lu !), en saison. En fait, le *mok* est plus un mode de cuisson qu'autre chose.

– Les ***saucisses de porc*** sucrées à la chinoise sont généralement servies grillées ou frites. Les saucisses de viande de buffle mélangée à du riz méritent également d'être goûtées.

– L'***or lam*** est l'une des spécialités de Luang Prabang. Il s'agit d'une soupe à base d'aubergines miniatures, de champignons gluants et de poule sauvage, parfumée à l'aneth et à l'écorce de *sakham* qui a un goût anisé.

– Les ***som mou*** sont des morceaux de viande de porc crue, marinée dans du vinaigre et du piment à l'intérieur de feuilles de bananier. C'est délicieux et sans risque. Le ***som pa*** est la même recette avec du poisson.

– Le ***khao poun*** est un plat populaire. Il est composé de nouilles de riz qui peuvent être servies en soupe, accompagnées d'un bouillon de lait de coco épicé, de germes de soja et de feuilles de menthe. On le trouve également comme accompagnement avec le ***tam som*** (salade vinaigrée) ou dans les plats vietnamiens.

– ***Ping kai :*** il s'agit du poulet grillé à manger par exemple avec le *khao lam,* riz gluant cuit à l'étouffée dans l'écorce de bambou. Ou même en boulettes accompagnées de sésame et de fruits frais, en dessert.

– Également la ***viande de buffle séchée au soleil*** puis grillée : c'est assez fort, et il vaut mieux avoir de bonnes dents.

– Le ***phó*** (prononcer « feu »), d'origine vietnamienne, est l'un des plats les plus populaires du Laos. Il s'agit d'une soupe de nouilles et de viande en lamelles ou en boulettes, accompagnée de petits piments, de menthe, de germes de soja, de coriandre et de basilic, que chacun accommode à sa guise.

– Sur chaque table de resto, un assortiment de piment en poudre, de sauce de soja, de vinaigre et de sucre est en permanence à la disposition du client. À cela, il faut ajouter l'indispensable ***nam pa*** que les Vietnamiens appellent *nuoc mam*. Cette sauce de poisson fermentée connaît différentes variantes au Laos, notamment le ***nam pa dek,*** dont il est préférable de se méfier pour des raisons d'hygiène.

– Le ***tom yam*** est une soupe d'origine thaïlandaise. Elle est traditionnellement cuisinée – et parfois directement servie – dans un réchaud circulaire alimenté par du charbon de bois, et se compose de viande ou de poisson agrémentés de feuilles de citronnelle, lait de coco, ananas et bien d'autres ingrédients. Le mélange est en général assez relevé.

Bizarreries

Les amateurs d'expériences gastronomiques seront comblés au Laos. Ils pourront notamment goûter les ***œufs de fourmis,*** crus ou cuits en *mok.* Ça éclate sous la dent (un peu comme des œufs de lumps), c'est un peu acide (c'est l'acide formique qui vous démange tant quand une fourmi rouge vous pique !) et, sans être délicieux, ce n'est pas mauvais. Autres insectes : les cigales et les sauterelles frites. C'est assez fin et ça a un goût de foin. Les brochettes de larves, pour les amateurs. La tortue en soupe a une chair cartilagineuse, intermédiaire entre la viande et le poisson. Le ***porc-épic en ragoût*** a une chair tendre sans goût de gibier prononcé. Le buffle ressemble beaucoup au bœuf, en un peu plus fort et un peu plus coriace. On peut aussi goûter à la ***peau de buffle séchée*** et frite ou aux ***algues du Mékong*** frites, que l'on sert surtout à Luang Prabang. Pour ceux que cela tente : le pangolin ou l'écureuil en ragoût. Signalons enfin que les Laotiens mangent aussi rats, chiens, chauves-souris et insectes variés. Bon appétit !

Dans la gamme des boissons bizarres, on trouve le ***lao kap ké,*** l'alcool de riz dans lequel on laisse macérer un *gecko* (cette espèce de lézard que l'on trouve si souvent collé au plafond des habitations en bois !).

Le petit déjeuner

Le matin, les Laotiens prennent un vrai repas composé de soupe à base de blé (le *feu*) ou de riz : le ***mi*** (jaune), le ***phó*** (blanc) ou le ***khaopirksen*** (blanc et épais), si ce n'est carrément du riz gluant avec quelques morceaux de viande séchée. On trouve aussi le *khao tchi paté,* un sandwich de pâté vietnamien assorti de quelques rondelles de concombre et de persil, très populaire dans la capitale. Sinon, vous pouvez essayer la baguette de pain, héritage français très populaire dans les villes du pays, arrosée de lait concentré sucré, à accompagner d'un café ou d'un thé à la manière laotienne. On trouve enfin de succulents croissants à Vientiane...

Les en-cas sucrés

Il existe une panoplie de douceurs que l'on déguste parfois en dehors des repas en cas de petite faim. On les trouve sur les marchés ou à même la rue, auprès des marchands ambulants.
– Le *khao tom,* c'est du riz gluant avec de la banane ou de la patate douce, le tout cuit dans des feuilles de bambou, soit à la vapeur, soit grillé.
– Le *nam van,* littéralement « eau sucrée », est un mélange de fruits noyés dans du lait de coco sucré que l'on déguste comme dessert. Il existe de nombreuses variantes avec des haricots rouges, des patates douces, du maïs, des gelées d'herbe, des billes de tapioca, du manioc, etc.
– Le *roti* est une crêpe indienne aux œufs ou fourrée à la banane, arrosée de lait concentré sucré. On la trouve seulement le soir dans les rues de Vientiane et de Luang Prabang.
– Les *gaufres au lait de coco* sont délicieuses. On les achète fraîchement préparées dans les étals de rue, à Luang Prabang en particulier.

DROITS DE L'HOMME

Depuis des années, les ONG craignaient que la Thaïlande ne prenne cette décision : expulser des réfugiés Hmong présents sur son territoire, sans aucune garantie de sécurité après leur retour au Laos. Les Hmong, tribu montagnarde particulièrement discriminée, sont considérés depuis la guerre froide comme des ennemis du régime laotien. Ceux qui n'ont pas accepté la politique de sédentarisation du gouvernement doivent faire face à une répression féroce de la part de l'armée, et les enfants Hmong seraient les premiers à souffrir de cette situation (malnutrition, blessures graves liées aux attaques...). En juin 2008, un millier d'entre eux ont ainsi été rapatriés, « volontairement » selon les autorités thaïlandaises. Peu d'informations ont filtré sur la situation des réfugiés depuis leur retour de Thaïlande, mais un certain nombre d'entre eux auraient depuis été arrêtés. Le conditionnel est de rigueur, au vu des informations qui peuvent être recueillies dans un pays aussi fermé que le Laos. Un « Parti révolutionnaire populaire lao » monolithique, une église bouddhiste sous contrôle, un système répressif contre lequel peu de dissidents osent se rebeller : le Laos continue en effet aujourd'hui de présenter le même visage, autoritaire et inamovible. Selon le Mouvement lao pour les Droits de l'homme, « l'ensemble des médias, écrits, audiovisuels, Internet sont sous le strict contrôle du Parti-état et doivent relayer les directives du Parti ». Les minorités ethniques et religieuses (chrétienne notamment) sont particulièrement en ligne de mire des autorités, et doivent faire face à de graves persécutions. Les associations dénoncent enfin les conséquences sur les populations (droit à l'alimentation notamment) des projets hydroélectriques de grande ampleur (barrage de Nam Theum 2, notamment).
Pour plus d'informations, contacter :

■ *Fédération internationale des Droits de l'homme :* 17, passage de la Main-d'Or, 75011 Paris. ☎ 01-43-55-25-18. • fidh.org • Ⓜ Ledru-Rollin.

■ *Amnesty International :* 76, bd de la Villette, 75940 Paris Cedex 19. ☎ 01-53-38-65-65. • amnesty.fr • Ⓜ Belleville ou Colonel-Fabien.

HOMMES, CULTURE ET ENVIRONNEMENT

N'oublions pas qu'en France aussi, les organisations de défense des Droits de l'homme continuent de se battre contre les discriminations et le racisme, et en faveur de l'intégration des plus démunis.

ÉCONOMIE

Le Laos est l'un des pays les plus pauvres de la planète avec, en 2007, un PIB de 4,1 milliards de dollars, pour un revenu annuel moyen de 600 $ par habitant. Ces dernières années, même si l'économie demeure tributaire de l'aide internationale, on a remarqué une amélioration très nette du taux de croissance – autour de 7,5 % en 2008 – plutôt régulier et alimenté par le secteur énergétique, minier et textile, sans oublier l'essor du tourisme.

L'économie du Laos se caractérise par d'énormes disparités entre les régions. L'essentiel de l'activité économique se situe à proximité des zones frontalières, se nourrissant des échanges avec la Chine, le Vietnam et surtout la Thaïlande, d'où sont importés la plupart des produits finis et nombre de produits frais. Même si les exportations ont progressé, la balance commerciale demeure en déficit, d'où une demande croissante de monnaie forte, en particulier le dollar et le bath thaïlandais...

Jusqu'à la révolution de 1975, le Laos était un pays aux structures féodales. Les terres les plus riches se concentraient entre les mains de quelques familles et, malgré une aide étrangère, notamment américaine, qui visait à assurer la pérennité du régime, le niveau de vie était extrêmement bas. L'arrivée au pouvoir du Pathet Lao en 1975 n'a malheureusement pas changé grand-chose à la donne. L'expropriation des terres, la socialisation de l'économie et la collectivisation des méthodes de travail ont, au contraire, aggravé la situation économique. La population rurale n'était absolument pas prête à accepter le modèle soviétique que l'on a cherché à lui imposer, parfois de manière brutale. Quant à l'aide des « pays frères », si elle n'a pas été nulle, sur le plan des infrastructures notamment, elle n'a que très faiblement contribué au développement économique du Laos.

Conscient de la distorsion entre la théorie socialiste et la pratique, le régime décida d'assouplir les règles économiques dès 1979, en arrêtant la collectivisation des campagnes. Durant les 10 années qui suivirent, la libéralisation de l'économie n'a fait que s'accélérer, avec un tournant décisif en 1986. Depuis cette date, l'entreprise privée et le commerce ne connaissent pratiquement plus de restrictions. Le régime encourage même les anciens « capitalistes » à revenir aux affaires, tout en baissant les droits de douane et en faisant les yeux doux aux investissements étrangers. Ainsi donc, le Laos est aujourd'hui l'un des pays d'Asie qui possèdent la réglementation la plus libérale pour l'entrée et la sortie des capitaux. Les États-Unis, symbole du libéralisme, pointent désormais à la 2e place en matière d'investissements étrangers, juste derrière la Thaïlande, mais un peu avant la Malaisie, la France et la Chine, qui prend de plus en plus d'importance dans le paysage économique laotien. Ce revirement complet, renforcé par l'adhésion du Laos à l'ASEAN (Association des nations du Sud-Est asiatique) en 1997, n'est pas sans risque pour l'indépendance du pays. La Thaïlande voisine, où certaines factions nationalistes ont toujours considéré le Laos comme l'une de ses provinces, risque, dans quelques années, de réussir l'annexion économique du pays. Déjà, le Laos est très largement dépendant de la Thaïlande sur le plan de ses importations, et le baht est la monnaie « officieuse » du pays. La poursuite des réformes est donc nécessaire pour permettre au pays de résister et de sortir de la catégorie des PMA en 2010. Des projets sont en cours pour instaurer une TVA qui permettrait de rationaliser la politique inefficace du gouvernement en matière fiscale. Dans les prochaines années, le Laos souhaiterait également rejoindre l'Organisation mondiale du commerce.

Agriculture

Avec l'exploitation des forêts et la pêche, le secteur agricole génère environ 50 % du PIB du pays, en occupant plus de 75 % de la population active. Si l'agriculture laotienne est encore dominée par une activité de subsistance traditionnelle, sans engrais ni technologies, et donc sans véritable création de richesse, elle n'occupe que 8 % des terres cultivables (qui représentent seulement 20 % de la surface du pays en raison du relief tourmenté) et dispose donc d'un beau potentiel de développement. Le riz pousse, à lui seul, sur 70 % des terres cultivées, et les plaines centrales du pays (régions de Vientiane, Savannakhet et Champassak), irriguées par les eaux du Mékong, produisent la moitié de la récolte nationale. Les paysans laotiens cultivent également maïs, fruits et légumes, manioc, arachides, canne à sucre, sésame, etc. ; et les surfaces des cultures négociables sur les marchés internationaux, comme le café et le tabac, ne cessent de s'accroître chaque année.

L'exploitation des forêts – tant convoitées par la Thaïlande et la Malaisie – se développe rapidement et représente une importante source de revenus pour le pays. Dans certaines régions du Sud et du Nord-Est, cette activité prend des allures de catastrophe écologique car rien ne semble être mis en œuvre pour renouveler la forêt. Si celle-ci occupait 70 % du Laos en 1940, ce chiffre est aujourd'hui tombé autour des 40 % ! Et au rythme où sont exportées les essences précieuses comme le teck ou le palissandre, ces dernières auront bientôt disparu, malgré les quotas officiels...

Tourisme

Figurant parmi les secteurs qui bougent le plus, le tourisme affiche chaque année des hausses de fréquentation record, sauf quand les épidémies de grippe aviaire font un peu trop parler d'elles... En tout cas, l'État s'implique directement dans le secteur en facilitant les conditions d'entrée dans le pays. Les visiteurs sont surtout... asiatiques, en provenance des pays limitrophes. Et si les touristes occidentaux, américains, mais aussi français, allemands, etc., ne représentent que 20 % des entrants au Laos, ils comptent pour 80 % des revenus du secteur. Depuis quelques années, le pays a créé plusieurs réserves naturelles du plus grand intérêt écologique. L'écotourisme s'y développe à grands pas, avec le souci de préserver populations, environnement, culture et traditions. Et l'inscription de certains sites au Patrimoine mondial de l'humanité par l'Unesco, comme Luang Prabang, le wat Phou, et un jour peut-être la plaine des Jarres et la région des « 4 000 îles » (Siphandone), séduit aussi des touristes avides d'histoire et de culture...

Industrie

L'industrie textile demeure un secteur clé de l'économie et du développement du Laos. L'activité génère de nombreux emplois et ses exportations représentent plus de 25 % des exportations totales du pays. Ainsi, hormis le textile, le secteur industriel demeure quasi inexistant, avec seulement quelques unités de transformation de matières premières : cigarettes, brasseries, soda, petites cimenteries, scieries... Le pays importe donc, surtout de Thaïlande, la quasi-totalité de ses biens de consommation.

Ressources minières

Très riche, le sous-sol du Laos n'a jamais vraiment été exploité. L'industrie minière bénéficie donc d'un énorme potentiel de développement. Des gisements de cuivre, zinc, plomb, charbon, or, etc., ont d'ores et déjà été repérés ; essentiellement sur une ligne joignant la province de Bokéo, au nord, à celle de Savannakhet, au sud. Depuis quelques années, les investissements étrangers affluent, tant et si bien que l'exploitation du sous-sol s'accroît de plus de 30 % par an depuis l'an 2000. L'industrie minière s'impose donc comme l'un des piliers de l'économie laotienne, d'autant que les cours des matières premières flambent sur les marchés mondiaux.

Hydroélectricité

Encore peu exploitée, l'énergie hydroélectrique se positionne pourtant comme le fer de lance de l'économie laotienne. Si l'on compte aujourd'hui une dizaine de barrages à travers le pays, de nombreux sites font aussi l'objet d'études commanditées par le gouvernement. L'ambition est claire : développer l'hydroélectricité en tant que source d'énergie principale, propre et renouvelable ; tout en s'imposant comme centre de production régional d'électricité. La Thaïlande, qui absorbe aujourd'hui la plus grande part de la production, apporte son soutien financier aux nouveaux projets hydroélectriques, tout comme d'autres pays de l'ASEAN...

Aide internationale

Très importante – plus de 10 % du PIB –, l'aide internationale finance principalement les programmes de réduction de la pauvreté et de développement des infrastructures. Le Japon, la Suède et la France figurent parmi les principaux créanciers... Certaines agences spécialisées de l'ONU comme le PNUD (Programme des Nations unies pour le développement) ont contribué aussi, d'une certaine manière, au développement du pays. Des ONG sont également sur place, une centaine au total, dont *Médecins sans frontières, Action contre la Faim* et *Handicap International* pour les plus connues, ou encore le *Comité de coopération avec le Laos,* plus spécifique...

ENVIRONNEMENT

Végétation

Comparé aux autres pays du Sud-Est asiatique, le Laos possède une végétation relativement bien préservée. Pour combien de temps ? C'est là tout le problème. La plus grande partie du pays est en effet recouverte de forêt tropicale, et celle-ci représente une immense richesse potentielle.

La forêt du Laos, qui est encore majoritairement primaire, se compose pour partie d'essences précieuses comme le teck ou le palissandre d'Asie. On trouve aussi du bois de rose, des bananiers, des kapokiers, des bambous géants et de nombreux résineux comme le benjoin et le pin. Les orchidées ne sont pas rares et se rencontrent dans les régions tempérées par l'altitude. Les plus belles forêts se situent dans le sud du pays. C'est aussi là que l'exploitation du bois est la plus vorace, destiné à être exporté, mais aussi à servir de matériau de construction. Autre menace pour la forêt : la culture sur brûlis que pratiquent les Hmong, entre autres ethnies minoritaires. Quoi qu'on en dise, la culture sur brûlis, qui consiste à cultiver le riz de montagne ou certaines essences fruitières sur des surfaces nettoyées de leur végétation par le feu, n'est pas bonne pour la forêt. Cela dit, avant de songer à reprocher la culture sur brûlis aux minorités, il faudrait leur proposer une alternative pour survivre. Et sur ce plan, on est encore loin du compte. Autre remarque : proportionnellement aux dégâts provoqués par les énormes concessions forestières destinées à l'abattage, le brûlis reste anecdotique...

Enfin, le barrage hydroélectrique de Nam-Theun II a entraîné la destruction de nombreux villages. Et la destruction de nombreux écosystèmes par la même occasion (dont l'inondation d'un site très apprécié des éléphants), la diminution de la variété et du nombre de poissons et la modification des cultures également. De la culture maraîchère, les Laotiens du plateau de Nakai vont passer à la riziculture.

Une riziculture qui occupe principalement le paysage laotien. Riz humide en plaine, riz sec en montagne. Le riz est semé au printemps, repiqué en été et récolté à l'automne. C'est donc en été, durant la saison des pluies, que les rizières sont les plus verdoyantes. Il existe aussi toutes sortes d'arbres fruitiers, mais l'arboriculture ne fait pas vraiment l'objet d'une culture intensive. Manguiers, papayers, jacquiers, cocotiers, palmiers à huile, arbres à durian se trouvent surtout dans la moitié sud du pays. Il y a encore des caféiers et des théiers en abondance dans la région du plateau des Bolovens, et des pêchers aux alentours de la plaine des Jarres.

Faune

Compte tenu de la faible densité de sa population et de son réseau de communication sommaire, le Laos est sans doute le pays d'Asie qui possède encore la faune la plus abondante et la plus variée, malgré les dégâts apocalyptiques provoqués par les bombardements américains de la guerre du Vietnam. Les espèces les plus spectaculaires sont l'éléphant sauvage (mais le pauvre est en voie de disparition), le dauphin d'eau douce ou dauphin d'Irrawady, le léopard, le gibbon et enfin l'ours noir. Le rhinocéros d'Asie et le tigre auraient pratiquement disparu. En revanche, on peut toujours rencontrer l'ours des cocotiers (ou à bouche lippue) et quelques centaines de tigres indochinois.

On croise encore plusieurs espèces de singes (macaques), des pangolins, des sangliers, de nombreuses espèces d'écureuils ou de civettes et des cervidés. Les variétés d'insectes et de papillons sont innombrables, et les cigales font un bruit assourdissant lorsqu'on se promène en forêt. Les serpents sont nombreux dans tout le pays, en particulier les cobras et la vipère de Russell.

FÊTES ET JOURS FÉRIÉS

En lao, « fête » se dit *boun* et, s'il y a un mot qu'il faut connaître, c'est bien celui-là. Toutes les occasions sont bonnes pour « faire le *boun* » : départ ou retour d'un parent, mariage, funérailles, achat d'un téléviseur, etc., et, bien sûr, fêtes religieuses. Le *boun* se confond souvent avec la cérémonie de *soukhouan,* d'origine animiste, qui se célèbre pour souhaiter la bienvenue à un hôte.

Chaque Laotien possède, dans les 32 parties de son corps, une âme qui a la fâcheuse tendance à vouloir se promener dans la nature, au risque de se faire avaler par un esprit. Outre ce besoin d'indépendance, les moindres chocs ou événements peuvent provoquer leur fuite. Ce qui peut devenir désastreux si la personne veut réaliser quelque chose, comme partir en voyage, se marier, acheter une voiture... ou remercier les génies pour une naissance. Il convient alors de procéder à une cérémonie de rappel des âmes, le *soukhouan.* Les participants s'assoient autour d'un plateau chargé de friandises, le *phakhouan* et un *mophone,* souvent un ancien bonze, allume des bougies, fait une prière à Bouddha et s'adresse aux divinités de l'année pour les inviter à présider la cérémonie et à se nourrir de friandises. Quand il pense que les âmes sont retournées dans le corps, celles-ci sont alors symboliquement attachées avec un fil de coton aux poignets, fil qui devra y rester au moins 3 jours. À ce geste symbolique s'associent tous les participants, qui se touchent le coude pour former une chaîne de solidarité.

Preuve qu'il est un élément clé de la culture locale, le *soukhouan* s'est adapté. On fait un *soukhouan* pour l'ouverture d'une boutique, pour le lancement d'un hôtel... tout en invitant les bonzes. Ce sont les fameux *baci,* dont vous entendrez parler partout !

Les fêtes religieuses bouddhiques sont les plus importantes. Elles ponctuent l'année, qui commence à la mi-avril. Celle-ci est régie selon le calendrier solaire, mais les mois sont lunaires. De plus, le calendrier bouddhique part 638 ans avant l'ère chrétienne.

Avril

– La fête la plus importante est celle du **Nouvel An bouddhique** : le *Pii mai* ou *Pimai*. Sa date est fixe car elle est basée sur le calendrier solaire. Bien qu'il n'y ait officiellement que 3 jours chômés successifs (le dernier jour de l'année qui s'achève, le 1er de l'année à venir, et 1 jour entre les deux), la fête dure près d'une semaine, du 13 au 18 avril. Toutes les activités du pays sont alors concentrées autour des pagodes. On sort les statues du Bouddha que l'on asperge avec l'eau lustrale consacrée par les bonzes, on s'habille de manière traditionnelle et on fait ripaille autour des temples. On s'amuse aussi à s'asperger d'eau, comme dans le sud de la Chine.

Mai

– **Le 1er mai :** tradition socialiste oblige, le 1er mai est officiellement férié et chômé. Mais sa célébration ne donne lieu qu'à quelques manifestations protocolaires dans la capitale.
– **Visakha Bouça** et **Boun Bangfay** *(fête des Fusées)* se célèbrent à la pleine lune de mai. Elles coïncident, bien qu'étant d'essence très différente. La 1re est une fête bouddhique qui commémore à la fois la mort et la naissance du Bouddha. La 2de est une fête païenne qui célèbre la fécondité et le culte du phallus. C'est une sorte de carnaval débridé qui donne lieu à toutes sortes d'excès (grande consommation de *lao-lao*). Chaque village met un point d'honneur à construire la plus grande fusée en bambous chargés de poudre noire, selon un procédé connu des seuls bonzes !

Juillet

– **Khao Phansa :** fête strictement religieuse. Elle marque le début de la tradition-nelle retraite des moines qui, durant trois mois de pluie, ne vont pas sortir du monas-tère. C'est également le moment que choisissent les familles pour raser le crâne des jeunes garçons qui vont entrer au monastère pour 3 jours, 3 mois, 3 ans ou toute leur vie.

Août-septembre

– **Ho Khao Padap Din :** tôt le matin, cette fête a lieu à la 1re nouvelle lune d'août ou de septembre. C'est la fête des Morts. Il y a plus de crémations que d'habitude, et les moines reçoivent des dons afin de prier pour le salut de l'âme des trépassés. Le même jour, course de pirogues sur la Nam Khane à Luang Prabang.

Octobre-novembre

– **Boun Ok Phansa** et **Boun Xouang Heua :** encore 2 fêtes qui coïncident dans le calendrier lunaire. Elles ont lieu à la dernière pleine lune d'octobre ou à la 1re de novembre. *Boun Ok Phansa* marque la fin de la retraite de 3 mois des moines. *Boun Xouang Heua,* dite aussi *Loy Krathong,* est la fête des Eaux, qui donne lieu à de spectaculaires courses de pirogues sur le Mékong et au lancement de petits radeaux illuminés faits de bambous sur les rivières.
– **La fête du That Luang** a lieu au wat That Luang de Vientiane, durant la pleine lune de novembre. De nombreux moines venus de tout le pays se rassemblent dans les galeries qui entourent le stupa et reçoivent les offrandes des fidèles sous

forme de guirlandes de fleurs. Depuis quelques années, cette fête prend un tour de plus en plus profane. À l'extérieur du temple se tiennent en effet toutes sortes d'attractions qui n'ont rien de religieux. La fête débute par une retraite aux flambeaux jusqu'au wat Simuang.

Décembre-janvier

– *La Fête nationale* laotienne a lieu le 2 décembre. Elle commémore la révolution de 1975 et donne lieu à plusieurs cérémonies formelles et protocolaires.
– *Boun Pha Vet :* cette fête est à cheval entre décembre et janvier. On commémore l'une des incarnations du Bouddha en ordonnant des moines. Boun Pha Vet est l'occasion de nombreuses réceptions en famille et dans les monastères.
– *Le Nouvel An hmong* a lieu dans les villages hmong à la nouvelle lune de décembre. C'est une fête joyeuse, au cours de laquelle les habitants sortent leurs costumes de fête et (parfois) fument de l'opium.

Février

– *Makha Bouça :* on commémore la prédication du Bouddha établissant les règles de la vie monastique. Cette fête religieuse donne lieu à des retraites au flambeau.
– *Le Têt vietnamien* et *Le Nouvel An chinois :* célébrés fin janvier ou début février, surtout dans les principales villes. Donnent lieu à des feux d'artifice et explosions de pétards. La plupart des commerces chinois ou vietnamiens ferment à cette occasion, ce qui permet de prendre la mesure de l'importance économique de ces deux communautés.

GÉOGRAPHIE

La caractéristique première du Laos est de ne pas posséder d'accès à la mer. D'une superficie de 236 800 km^2, soit à peu près celle de la Grande-Bretagne, le pays s'étend du nord au sud sur une longueur de près de 1 500 km. Il est bordé au nord-est par la **Cordillère annamitique** (point culminant, le Phou Bia à 2 850 m d'altitude, entre Xieng Khouang et Vientiane) et à l'ouest par le Mékong. Le Laos a des frontières communes avec la Chine, le Myanmar (ex-Birmanie), la Thaïlande, le Cambodge et le Vietnam. Près de 80 % de sa superficie sont répartis entre plateaux et montagnes.
– Le *Mékong* arrose le pays sur une longueur de 1 800 km. Il est théoriquement navigable toute l'année et constitue encore la principale voie de communication. Cependant, à la fin de la saison sèche, le niveau des eaux ne permet pas toujours de s'y déplacer aisément, surtout lorsque les barrages chinois, en amont, restent obstinément fermés. La presque totalité des terres cultivables se situe aux abords du fleuve, où se concentre plus de la moitié de la population. Le centre du pays est occupé par des plateaux calcaires ou gréseux. Au sud, on trouve le *plateau des Bolovens,* région fertile et tempérée, propice aux cultures d'altitude comme le café. À l'extrême sud du pays, à la frontière du Cambodge, le Mékong se divise en une multitude de bras qui enserrent plusieurs centaines d'îles. La plus grande est l'île de Khong, dans la province de Champassak. À cet endroit, le Mékong n'est plus navigable en raison des rapides et des chutes d'eau.

HISTOIRE

On ne connaît pas grand-chose des premiers habitants du Laos. On sait cependant que le pays était habité il y a au moins 10 000 ans par des populations de type australoïde, voire mélanésien. Selon certains anthropologues, une partie des populations actuelles du Pacifique serait originaire des hauts plateaux de l'Indochine.

La tribu lao appartient à l'ethnie thaïe répartie dans toute l'Asie du Sud-Est. Au IXe s, le Laos fut peuplé par des migrations successives de Thaïs originaires du sud de la Chine. Ils s'établirent dans les plaines et le long de la vallée du Mékong, et s'organisèrent en communautés autonomes appelées *muangs*. Selon la légende, les Lao auraient ensuite migré de Diên Biên Phu vers la Nam Ou. Les souverains lao sont les descendants de Khoun Barom, prince descendu du ciel.

Dès les premiers siècles de notre ère, le sud du Laos était le pays d'origine des Khmers et possédait une civilisation avancée, comme en témoignent les ruines du temple wat Phou.

Le royaume du Million d'éléphants

Au cours de son histoire, le Laos fut souvent tributaire des relations tumultueuses entre Thaïs et Khmers. Au XIVe s, c'est Fa Ngum, un prince qui avait vécu à la cour d'Angkor et épousé une princesse khmère, qui reprend Viangchan (Vientiane) et fonde en 1353 le royaume de Lane Xang, le royaume du Million d'éléphants. Plaçant son royaume sous l'influence politique des Khmers, Fa Ngum impose le bouddhisme Theravâda comme religion officielle. Toutefois, en 1373, Fa Ngum est déposé par ses ministres pour excès de pouvoir et remplacé par son fils Samsenthai (le chef des 300 000 hommes d'ethnie tay recensés à l'époque). Le royaume bascule alors sous l'influence thaïe. De nombreux temples inspirés du style siamois sont construits. Le pays connaît une période de prospérité avant de sombrer dans les guerres de succession et le chaos.

De 1480 à 1520, entre les rois Suvannabalang et Phothisarat, le pays est calme. Phothisarat fait de Vientiane la capitale du pays et annexe le royaume de Chiang Mai, dans le nord de la Thaïlande. Son fils, Sai Setthathirat, fait fortifier Vientiane. Il ordonne la construction du temple wat That Luang pour abriter un cheveu du Bouddha, ainsi que celle du wat Phra Keo pour accueillir le fameux bouddha d'Émeraude, réplique du bouddha d'Or de Luang Prabang. Après la mort de Setthathirat, disparu au cours d'une expédition contre les tribus des hauts plateaux, le royaume passa sous l'influence birmane et sombra à nouveau dans une période troublée jusqu'en 1654 et la venue sur le trône du roi Souligna Vongsa. Ce dernier régna durant 57 ans, et son règne marqua une nouvelle période de prospérité et d'expansion territoriale. Ce fut l'âge d'or du Laos indépendant, avant que le pays ne se désagrège et ne passe sous l'influence étrangère pour près de 3 siècles.

Grandeur et décadence

Souligna Vongsa étant sans héritier, diverses factions partagèrent le royaume en 3 : le royaume de Luang Prabang au nord, le royaume de Vientiane au centre et celui de Champassak au sud. Chacun de ces royaumes, eux-mêmes divisés en de multiples chefferies, était inféodé aux royaumes étrangers : Chinois et Siamois dans le Nord, Vietnamiens dans le Centre, Siamois et Cambodgiens dans le Sud. En 1778, les Siamois se livrèrent à un 1er sac de Vientiane et emportèrent les 2 bouddhas sacrés du pays. Seul le bouddha d'Or de Luang Prabang devait être restitué ultérieurement... En 1827, le prince Anou de Vientiane essaya de secouer le joug siamois. Mal lui en prit. Non seulement il fut battu, mais les Siamois brûlèrent Vientiane et déportèrent sa population en Thaïlande. Tous les temples de Vientiane furent détruits, à l'exception du wat Sisaket.

Protection de la France

Dans la seconde moitié du XIXe s, la France, déjà présente en Indochine, profite de l'envoi de missions d'exploration pour étendre son influence. Le géographe et aventurier Henri Mouhot, mort à Luang Prabang en 1861, est le premier à dresser un état du Laos. Suivent ensuite les missions menées par **Doudard de Lagrée, Francis Garnier** et **Auguste Pavie.** En 1893, le roi de Luang Prabang demande la protection de la France, pensant que celle-ci valait mieux que la suzeraineté siamoise. Entre 1893 et 1904, le Siam accepte donc de céder à la France, au terme de plusieurs traités, la totalité des territoires qui forment le Laos moderne, à l'exception de la région de Champassak.

Le bilan de la présence française au Laos est fortement contrasté. Si les Français ont à leur actif la reconstruction de Vientiane, le tracé de 2 ou 3 routes nationales et l'aménagement de la navigation sur le Mékong, on ne peut pas dire qu'ils se soient véritablement intéressés au pays. À l'inverse de l'Annam et du Tonkin, le Laos ne présentait pas un attrait économique majeur. Ses richesses naturelles étaient difficilement exportables, et la présence française se limitait à contrôler un État-tampon face à l'influence britannique.

Le côté négatif de la présence française au Laos réside surtout dans l'absence de compréhension de l'identité laotienne. Dans ce sens, le découpage administratif opéré par les fonctionnaires français ne correspondait à rien et faisait fi des différences culturelles entre les ethnies du pays. Enfin, le plus gros tort de la France est sans doute d'avoir négligé la formation d'élites locales en recrutant un corps de fonctionnaires presque exclusivement annamites et en aidant à se maintenir en place, y compris après l'indépendance, une aristocratie féodale corrompue.

Durant la Seconde Guerre mondiale, le Laos fut administré par le régime de Vichy sous la férule des Japonais qui occupèrent l'Indochine après 1941. Il y eut d'autant moins de résistance antijaponaise que, dans toutes les possessions occidentales qu'ils occupèrent, les Japonais se posèrent en champions de la décolonisation, par intérêt tactique sans doute. Ils prétendaient aussi être mieux à même de comprendre les peuples asiatiques et bouddhiques. De leur côté, les nationalistes thaïlandais, très anti-Français, soutenaient les revendications indépendantistes en nourrissant le secret espoir d'une « grande Thaïlande » incluant le Laos.

Marche vers l'indépendance

C'est donc après avoir reçu le ferme appui des Japonais et des Thaïlandais que le prince Petsarath, leader nationaliste et chef du mouvement Lao Issara (« les Laotiens libres »), déclara unilatéralement l'indépendance en octobre 1945. Ne sachant sur quel pied danser, le roi de Luang Prabang, **Si Savang Vong,** passa alternativement du refus de l'indépendance au soutien au nouveau gouvernement, avant que les Français ne reprennent les choses en main. Petsarath, son frère Souvanna Phouma et son demi-frère Souphanouvong durent s'exiler en Thaïlande en 1946, après un bref combat contre les troupes françaises à Thakhek, dans le sud du pays. Ce fut le seul affrontement armé entre Français et Laotiens de toute l'histoire du pays.

Alors que **Souphanouvong,** partisan de l'indépendance totale et d'une alliance avec le Vietminh, prenait le maquis, **Souvanna Phouma** rentrait au Laos en 1949 pour prendre les rênes du gouvernement, après que la France eut accordé au pays une large autonomie et parachevé sa réunification. Puis, en 1953, ce fut enfin l'indépendance.

Période troublée

Le bras armé du parti communiste, le **Pathet Lao,** rebaptisé plus tard « Armée populaire de libération du peuple lao », réussit à contrôler plusieurs provinces du nord du pays, faiblement peuplées. Après une éphémère tentative de gouvernement d'union nationale en 1957, la droite reprit le pouvoir sans partage et fit arrêter

HOMMES, CULTURE ET ENVIRONNEMENT

le prince Souphanouvong. Ce dernier, après s'être évadé en 1960, reprit la lutte clandestine alors que le gouvernement de Vientiane bénéficiait du soutien croissant des Américains. En 1960, Kong Le, un officier neutraliste, déclencha un coup d'État pour tenter d'imposer un régime neutraliste. C'était vouloir la quadrature du cercle. Débarqué par les proaméricains moins d'un an plus tard, Kong Le rejoignit le Pathet Lao avant de s'en démarquer.

En juin 1962, une nouvelle tentative de gouvernement d'union nationale, formé par les communistes, les neutralistes et la droite, fut aussi infructueuse que la précédente. À partir de 1964, les communistes, qui contrôlaient la quasi-totalité du nord et de l'est du pays, agirent seuls, avec le soutien vietnamien toutefois. Pour lutter contre la guérilla, les Américains employèrent les grands moyens. Le nord et l'est du Laos furent écrasés sous des tapis de bombes larguées par les B 52. On évalue à 3 millions de tonnes la quantité de bombes lâchées au cours de cette période. Soit plus de 500 kg par habitant ! Un record mondial !

Révolution

Finalement, en février 1973, un accord de cessez-le-feu intervient dans le cadre global des négociations américano-vietnamiennes de Paris. Les communistes contrôlent alors 11 des 13 provinces du pays et peuvent se permettre d'accepter, pour la forme, leur participation à un nouveau gouvernement d'unité nationale. Celui-ci dura jusqu'à la démission forcée de tous les ministres non communistes, en mai 1975.

Les mois suivants virent l'exode massif des opposants politiques, de l'ancienne aristocratie et des forces vives économiques du pays. 300 000 Laotiens émigrèrent vers la Thaïlande, la France, le Canada et les États-Unis.

En décembre 1975, le *Parti révolutionnaire du peuple lao* (PRPL) régnait sans partage sur le Laos, avec à sa tête Kaysone Phomvihane, un vétéran de la guérilla provietnamienne, lui-même vietnamien par son père. Les premières années du nouveau régime furent marquées par une collectivisation intensive des campagnes, un appauvrissement général de la population, une dépendance quasi totale vis-à-vis du bloc communiste et des Vietnamiens, une répression mesurée à l'égard de la religion et beaucoup plus féroce envers les opposants, qu'ils soient de droite, neutralistes ou même communistes dissidents. Bien que le régime ne se soit jamais clairement prononcé à ce sujet, on sait que le roi Si Savang Vong et sa famille, arrêtés en 1977, sont morts des suites de mauvais traitements dans les années 1980, après avoir été déportés dans le nord du pays.

Nouvelle voie

Dès le début des années 1980, toutefois, des signes sensibles d'assouplissement se sont fait sentir, sur les plans économique et religieux notamment. Pragmatique, la direction du parti a fini par comprendre que l'on ne pouvait plaquer un modèle étranger sur un pays contre ses propres traditions. Et surtout qu'il est difficile de répartir équitablement les richesses d'un pays qui n'en produit pas.

– *Sur le plan politique,* en effet, la situation est inchangée. Le Laos demeure un pays au régime de parti unique, et l'opposition n'est pas tolérée. Même si des non-communistes participent au gouvernement, ils doivent entériner les décisions du parti.

– *Sur les plans social et sanitaire,* surtout, en dépit d'une bonne volonté affichée, le pouvoir éprouve de grosses difficultés à tirer parti des richesses produites par le secteur privé pour en faire bénéficier le plus grand nombre. Peut-on concilier prospérité économique et absence de démocratie politique ? Sans compter l'épidémie de pneumopathie atypique et le sida qui sont occultés par le pouvoir, faute d'informations fiables.

– **Sur le plan diplomatique,** le Laos a normalisé ses relations avec tous ses voisins, y compris la Thaïlande, qu'il avait pourtant combattue en 1987-1988 (à son avantage). C'est même le grand amour entre les deux pays depuis la construction du 1er pont de l'Amitié sur le Mékong, reliant Vientiane. Attention cependant à ce que cet amour ne soit pas trop étouffant pour le plus petit des deux partenaires... Si les mauvaises langues commencent déjà à surnommer le pont de l'Amitié *Aids bridge* (« pont du Sida »), pour d'autres, il est le théâtre d'affrontements sanglants entre ethnies du Nord et du Sud...

– **La crainte principale du Laos** est de se faire culturellement envahir par la Thaïlande. Déjà les vidéos, les chaînes de télévision et la musique thaïes ont fait une entrée fracassante dans le pays. Le Laos veut éviter la précipitation des échanges économiques avec ses voisins, et surtout avec la Thaïlande. En revanche, on sait le rôle tampon que le pays peut jouer entre la Chine, la Thaïlande et le Vietnam.

– **Sur le plan économique,** le Laos est entré en 1997 au sein de l'Association des nations du Sud-Est asiatique (ASEAN). Et c'est à Vientiane, en décembre 2000, que se sont réunies l'Union européenne et l'ASEAN, une occasion pour le Laos (et le Parti révolutionnaire du peuple lao, par la même occasion) de devenir alors un acteur diplomatique majeur du Sud-Est asiatique. Malgré cela, l'économie est freinée par la corruption toujours croissante dans l'Administration, sans oublier les déficits du commerce extérieur et du budget national. L'aide internationale représente le tiers des recettes de l'État. C'est bien la preuve de la dépendance du Laos vis-à-vis de l'extérieur (FMI, Union européenne et États-Unis).

– Enfin, le projet controversé de barrage hydroélectrique de Nam-Theun II a été discuté. Il sera soumis à une concession. L'EDF y est associé à 35 % du capital. À terme, ce barrage devrait produire de l'électricité pour alimenter le marché thaïlandais (donc une source de revenus pour le pauvre Laos).

MÉDIAS

Les médias nationaux ont encore beaucoup de retard sur ceux de la région, leur contenu étant limité et les journalistes se bornant à recopier religieusement les dépêches de l'agence gouvernementale *Khaosan Pathet Lao (KPL)*... Parallèlement, le pays s'est ouvert totalement aux médias étrangers modernes et dynamiques, que les Laotiens peuvent aujourd'hui consommer à leur guise et en toute liberté, avec une grosse préférence pour ceux de Thaïlande.

Programmes en français sur TV5MONDE

TV5MONDE est reçu dans le pays par câble, satellite et sur Internet. Retrouvez sur votre télévision : films, fictions, divertissements, documentaires – qui témoignent de la diversité de la production audiovisuelle en langue française – et des informations internationales.

De nombreux services pratiques pour les voyageurs sont proposés sur le site ● tv5monde.com ● et sa déclinaison mobile ● m.tv5monde.com ●

Pensez à demander à votre hôtel sur quel canal vous pouvez recevoir TV5MONDE et n'hésitez pas à faire vos remarques sur ● tv5monde.com/contact ●

Presse

Dans les kiosques des grandes villes, vous trouverez l'hebdomadaire francophone *Le Rénovateur*. Rédigé par une équipe franco-laotienne, son contenu diffère peu de celui du quotidien anglophone, *Vientiane Times*. Dans ces 2 publications, on peut donc lire des articles culturels, historiques, économiques et touristiques. L'actualité locale comme les nouvelles internationales y sont traitées aussi rigoureusement que possible.

Les 3 quotidiens du Parti, *Paxaxon, Pathet Lao* et *Vientiane May,* pratiquent en lao la politique de la langue de bois. Leurs éditions économiques ne sont pas meilleures, et le journal du Parti, *Paxaxon* (« Peuple »), continue à se présenter comme une « publication révolutionnaire élaborée par le peuple et pour le peuple, et qui rend service à l'action politique de la Révolution »... Parallèlement, on trouve – essentiellement à Vientiane et Luang Prabang – une foule de journaux et magazines étrangers en anglais et en français... Et pour se tenir au courant de l'actualité internationale, on peut aussi ouvrir *The Nation* et le *Bangkok Post,* des quotidiens thaïlandais en anglais, très lus au Laos.

Radio

Pour avoir les infos du continent, la *Radio Nationale Lao,* ancien vecteur de la propagande communiste du genre « la voix de son maître », diffuse chaque jour sur à peu près 75 % du pays un journal en français d'assez bonne qualité, avec des infos internationales fournies, au détriment des nouvelles locales... Quel décalage avec ces radios thaïlandaises, écoutées massivement par les Laos, diffusant un flot ininterrompu de musiques occidentales et pop thaïes, entrecoupées d'émissions légères ! Également quelques radios internationales émettant en langue lao, notamment *Radio Free Asia* et *Radio France Internationale* (100.5 FM à Vientiane et ailleurs en ondes courtes).

Télévision

Là encore, les télévisions thaïlandaises et autres chaînes internationales arrosent copieusement le pays de leurs émissions occidentalisées, notamment via le réseau satellite thaïlandais *UBC,* comptant une quarantaine de chaînes. Les Laotiens en sont de grands fans, et l'on voit fleurir partout des antennes satellite, même jusque dans certains villages reculés disposant tout juste de l'électricité ! À côté de cette offre télévisuelle internationale diversifiée, la *Télévision Nationale Lao* compte 2 chaînes nationales assez poussiéreuses : *TNL1* et *TNL2*. Si leur présentation peut rebuter le téléspectateur occidental, elles demeurent le meilleur moyen d'avoir des infos en images sur le Laos, à certaines heures de la journée seulement. Bien qu'en langue lao, leur journal international reprend certaines images du « Vingt Heures » de *TF1,* les rares sujets sur le Laos ou les pays amis étant censurés. On y regarde aussi des débats politiques interminables, des films chinois lamentablement doublés, sans oublier quelques émissions thaïlandaises de divertissement qui tentent de donner un peu de dynamisme à ces chaînes...

En revanche, *TV5MONDE,* patchwork de programmes francophones avec de nombreux journaux d'information, est retransmise en hertzien dans la région de Vientiane et dans les hôtels équipés de parabole. La régionalisation de sa programmation, en cours actuellement, la rendra encore plus intéressante pour les téléspectateurs de passage en Asie.

Liberté de la presse

Les journalistes laotiens, fonctionnaires du ministère de l'Information et la Culture, sont mobilisés pour vanter les qualités du gouvernement et des dirigeants du parti unique. L'autocensure est la règle. Ainsi, plusieurs fois par mois, les directeurs des médias et des cadres du ministère se réunissent pour commenter les articles parus et définir les sujets prioritaires. Le ministère des Affaires étrangères a également son mot à dire sur le contenu des médias. Il est ainsi interdit de critiquer les « pays amis », notamment le grand frère vietnamien et le Myanmar (ex-Birmanie). Enfin, le code pénal permet de condamner un journaliste à une lourde peine de prison pour la « diffusion d'informations qui affaiblissent l'État ».

Lors du dernier sommet de l'ASEAN, en novembre 2004, des agents du ministère de l'Intérieur ont procédé au contrôle de milliers de domiciles, pour recenser les postes de radios en ondes courtes qui permettent de capter les programmes en lao des stations internationales. Vientiane, la capitale, a par ailleurs été interdite aux touristes, de peur que des activistes, des terroristes ou des journalistes n'en profitent pour s'infiltrer. Pendant le sommet, plusieurs journalistes ont été interpellés alors qu'ils s'approchaient de lieux « sensibles ».

Depuis des années, la presse étrangère est empêchée de couvrir la situation de la minorité Hmong, et plus particulièrement des groupes isolés dans la jungle qui continuent de lutter contre le gouvernement de Vientiane. Selon *Amnesty International,* des dizaines de civils, essentiellement des enfants, sont morts depuis 2003, « par manque de nourriture ou à la suite de blessures infligées lors du conflit. »

Deux Hmong sont toujours emprisonnés à Vientiane pour avoir guidé en 2003 les reporters européens Thierry Falise et Vincent Reynaud. Le 30 juin 2003, Thao Moua et Pa Phue Khang avaient été condamnés à des peines de prison allant de 12 à 20 ans, pour « obstruction à la justice » et « possession d'armes » à la suite d'un procès, jugé inéquitable par *Amnesty International.*

Ce texte a été réalisé en collaboration avec *Reporters sans frontières.* Pour plus d'informations sur les atteintes aux libertés de la presse, n'hésitez pas à contacter :

■ *Reporters sans frontières :* 47, rue Vivienne, 75002 Paris. ☎ 01-44- 83-84-84. ● *rsf.org* ● Ⓜ *Grands-Boulevards.*

PATRIMOINE CULTUREL

Temples bouddhiques

Les temples, appelés *wat*, tiennent une place importante dans la société laotienne. Autrefois, ils pouvaient servir d'école ou d'auberge où le voyageur pouvait se reposer. Aujourd'hui, c'est aussi bien un lieu de culte qu'un lieu de rencontre. Chaque village possède son temple, construit avec les dons des fidèles. Le *wat* est un ensemble architectural complexe centré sur le *vihan* ou *sim* qui signifie sanctuaire : c'est l'édifice principal. Celui-ci est entouré par des *thats,* c'est-à-dire des stupas à caractère votif ou funéraire. Des autels à offrandes *(hos),* des chapelles *(chedis),* des bibliothèques *(ho tays),* des puits et les logements des moines *(koutis)* font partie de cet ensemble. De nombreuses cérémonies s'y déroulent toute l'année (le Nouvel An laotien, les commémorations de la naissance et de la mort du Bouddha ainsi que celle de son illumination, etc.).

Contrairement aux temples thaïlandais, très décorés, les temples laotiens ont des lignes simples et légères, tout en étant raffinés et élégants.

Au Laos, on compte 3 principaux styles d'après la forme générale du bâtiment et de la toiture :

– *Le style de Vientiane :* l'édifice est élancé et la toiture, composée de plusieurs décrochements successifs, est moins importante. Il a une forme compacte. La plupart des sanctuaires sont rectangulaires, et certains, comme le wat Phra Kéo de Vientiane, sont entourés d'un portique à colonnes sur les 4 côtés. Les escaliers qui mènent à la porte d'entrée sont souvent gardés par des *nagas,* serpents des eaux et des airs censés protéger la ville.

– *Le style de Luang Prabang :* comme dans le style de Vientiane, le toit est composé de plusieurs décrochements, mais ceux-ci sont étroitement imbriqués les uns dans les autres et le toit tombe jusqu'à quelques mètres du sol. Le wat Xieng Thong à Luang Prabang en est l'exemple typique. Les *wats* de Luang Prabang sont aussi admirés pour leurs bas-reliefs dorés sur fond noir qui décorent les portes et les murs extérieurs, ainsi que pour leurs frontons de bois sculpté.

– **Le style de Xieng Khouang :** il a totalement disparu de la province de Xieng Khouang à cause des intempéries et des bombardements américains de la guerre du Vietnam. Mais on le trouve encore à Luang Prabang (wat Khili). Le sanctuaire repose sur une plate-forme à plusieurs niveaux, mais le toit d'une seule volée est plus large et descend plus bas. Vu de devant, le *wat* a la forme d'un pentagone.

Musées et centres culturels

L'entrée des musées et sites archéologiques est payante. Sachez que les Laotiens paient moins cher que les touristes.

Notons que depuis quelques années, une véritable politique culturelle semble se mettre en œuvre. À Vientiane, le 1er centre culturel national a vu le jour en 1999 avec l'aide de la province chinoise du Yunnan. Il accueille toutes sortes de manifestations culturelles : concerts, spectacles de danse, théâtre...

Musique et chant

Malgré l'arrivée en masse de la techno et des karaokés pop thaïs dans les villes, les musiques et danses ancestrales n'ont pas disparu, mais elles se modernisent tout en restant dans une certaine tradition...

Pourtant, la musique traditionnelle laotienne est riche, en particulier le chant, qui exprime les traditions et l'âme des différentes ethnies. Il existe une forme de musique académique, accompagnée de danses, d'inspiration religieuse, qui a pour thème récurrent le *Râmâyana* lao, une des variantes. C'était un spectacle de cour. Aujourd'hui, il ne se donne plus qu'à l'occasion des fêtes et... dans certains hôtels à touristes. La musique ethnique est restée plus vivante, surtout dans les campagnes.

L'instrument traditionnel laotien par excellence est le *khêne,* une sorte d'orgue à bouche en roseaux dont le son ressemble à celui d'un harmonica. Les autres instruments traditionnels sont le *khong wong,* une sorte de batterie de gongs, le tambour ou *khong seng,* le *so,* sorte de violon à cordes verticales, et le xylophone ou *rang nat.*

Les chansons d'amour ne sont plus interdites. Traditionnelles dans la forme, elles ont le rythme un peu rock-pop, bien plus agréable que la guimauve thaïe.

Danse

Presque exsangue il y a encore peu, la danse semble renaître. À Luang Prabang, lors des fêtes du Nouvel An, le ballet du Râmâyana a été ressuscité, et à Vientiane des spectacles ont régulièrement lieu. Et les hôtels le programment aussi pour leurs clients.

Théâtre

La tradition du théâtre populaire, ou *mo lam,* a longtemps été l'exutoire des populations, qui exprimaient ainsi leurs sentiments profonds. Il existe 4 types de *mo lam* selon le nombre de participants. Le texte, à thème, est souvent plein d'humour et de jeux de mots grivois, voire franchement paillards. Malheureusement, dans ce domaine aussi, la télévision fait des ravages et le *mo lam* traditionnel est en voie de « folklorisation ».

VIENTIANE

XIENG KHOUANG

LUANG PRABANG

TEMPLES : LES PRINCIPAUX STYLES DU LAOS

POLITIQUE

La République démocratique populaire lao (RDPL) date du 2 décembre 1975. À sa tête, le Parti populaire révolutionnaire lao (PPRL), parti unique dont les instances et les dirigeants définissent la politique du pays. Le territoire de la RDPL est divisé en 18 provinces *(kouengs)*.

Toutes les instances du parti (politburo, secrétariat, comité central) sont dirigées par le même homme : le général Khamtay Siphandone, qui a été élu Premier ministre en 1992 pour devenir président de la République en février 1998. L'Assemblée suprême du peuple serait l'équivalent d'un Parlement si son rôle ne se limitait pas à celui de chambre d'enregistrement des décisions du parti. Il existe aussi un Front laotien pour la reconstruction nationale, créé en 1979 sur le modèle des fronts nationaux de la plupart des pays communistes. Il rassemble les syndicats, les organisations de femmes, de paysans et des représentants des minorités nationales autour du parti unique.

La devise du pays était « Paix, Indépendance, Démocratie, Unité et Socialisme » jusqu'en 1991, date à laquelle le mot socialisme a été remplacé par celui de « Prospérité ». De même, la faucille et le marteau qui figuraient sur l'emblème national laotien ont été retirés en 1990. Même si des « sans parti » sont membres du gouvernement et de l'assemblée populaire suprême, ils n'ont aucun pouvoir face aux décisions du Parti. Depuis la mort du chef historique de la révolution, Kaysone Phomvihane, en 1992, un certain assouplissement de la politique (traditionnellement autoritaire) du Parti est perceptible dans tous les domaines. La plupart des camps de « rééducation » ont été fermés. Et, bien qu'il soit regrettable qu'il y ait encore des prisonniers politiques, leur nombre est insignifiant. Preuve supplémentaire : Choummali Saignason prend les rênes du pays en 2006. C'est le premier président à ne pas faire partie des hiérarques historiques et fondateurs du Parti.

La seule opposition existant au Laos est constituée d'un petit groupe de Hmong restés fidèles au général Vang Pao, qui se livrent à quelques coups d'éclat dans le nord et le centre du pays 2 ou 3 fois par an. S'il ne fait pas de doute que l'influence vietnamienne demeure déterminante dans la politique du Laos, il faut aussi reconnaître que si ce pays ne jouait pas son rôle de « gendarme », la région serait sans doute beaucoup plus troublée. Ne serait-ce que parce que le Vietnam représente un puissant contrepoids face à la superpuissance économique régionale qu'est la Thaïlande.

POPULATION

Le Laos est le pays le moins peuplé d'Asie, avec seulement 6,8 millions d'habitants, un taux de croissance démographique de 2,3 % et une densité de moins de 30 hab./km². Alors que l'espérance de vie moyenne est de 56 ans, le Laos se caractérise par une population jeune, constituée à 41 % de moins de 15 ans, et la taille moyenne d'une famille est de 6 personnes. Les prévisions estiment que la barre des 10 millions d'habitants sera franchie vers 2025...

Près de 75 % des Laotiens vivent à la campagne, essentiellement dans les plaines baignées par le Mékong. Et un quart habite dans les zones montagneuses. Les provinces les plus peuplées sont, dans l'ordre : Savannakhet, Vientiane, Champassak et Luang Prabang. Et les villes de Vientiane, Luang Prabang et Savannakhet, principales plates-formes économiques du pays, assistent actuellement à un gonflement sensible de leur population...

Multitude de groupes ethniques

La réalité ethnique du Laos compte en fait 68 groupes différents. C'est la province de Luang Namtha, dans le Nord Laos, qui en compte le plus avec 39 ethnies distinctes, contre 7 seulement dans le district de Vientiane. Le découpage ethnique du Laos est reconnu par le pouvoir, qui divise le pays en 3 groupes :

– Les **Laos Loum** représentent 70 % de la population du pays et vivent dans les plaines du Sud ou sur les bords du Mékong. Ils demeurent incontestablement le groupe dominant culturellement et économiquement, car ils sont essentiellement des producteurs de riz, principale source de subsistance nationale. Il parlent le lao le plus proche de la langue thaïe et sont majoritairement bouddhistes. Étroitement liés à la famille des *Laos Loum*, mais avec une plus grande indépendance face à la culture laotienne, les *Laos Taï* ont gardé leurs croyances animistes et leurs coutumes. Les plus virulents sont les *Taï dam* (Thaïs noirs) qui vivent sur les plateaux du nord et de l'est du Laos...

– Les **Laos Sung,** peuples montagnards animistes de souche tibéto-birmane, représentent 10 % de la population. Ils vivent surtout dans les montagnes du Nord Laos et se répartissent en 2 groupes distincts : les *Hmong*, ou *Méo*, et les *Mieng*. Les 1ers sont les plus nombreux et se subdivisent en plusieurs groupes tribaux en fonction de leurs costumes (Hmong « rayés », Hmong « blancs », etc.). Ce sont des nomades, aujourd'hui largement sédentarisés mais qui continuent à pratiquer la culture du riz de montagne sur brûlis et la culture du pavot. Ces derniers temps, on assiste à un retour, encore timide, de l'émigration hmong au Laos. Et les quelques Hmong des États-Unis qui reviennent au pays en touristes n'ont pas de mal à se faire passer pour de richissimes « tontons d'Amérique » !

– Les **Laos Theung** constituent 20 % de la population laotienne et demeurent incontestablement le groupe ethnique le plus défavorisé du pays. Surtout présents dans le centre et le sud du pays, ce sont les plus anciens habitants du Laos, qui ont été repoussés vers les zones les moins fertiles et la forêt par les « envahisseurs » d'origine thaïe. On les appelle *Kha,* ce qui veut dire « esclaves », car ils ont été et sont encore employés comme main-d'œuvre servile par les Laos Loum. D'origine proto-malaise ou mon-khmère, ces peuples animistes se subdivisent en une multitude de tribus (Katou, Katang, Kha-mou, etc.).

RELIGIONS ET CROYANCES

Bouddhisme

La religion majoritaire et presque officielle du Laos est le bouddhisme Theravâda, appelé aussi « Petit Véhicule » ou Hînayâna, qui concerne près de 67 % de la population du pays. Il est du même type que celui rencontré dans les autres pays du Sud-Est asiatique, à l'exception du Vietnam. Le bouddhisme Theravâda s'est propagé au Laos entre les XIVe et XVIIe s. Il s'est progressivement imposé sur l'animisme et le brahmanisme, auquel les populations du Sud avaient été converties dès le début de notre ère. Il se base sur les 4 vérités premières enseignées en Inde par Siddharta Gautama au VIe s av. J.-C. Le bouddhiste laotien croit à la réincarnation. L'idéal étant d'atteindre directement le nirvana (ou *nibbana*) sans passer par la réincarnation. Dans la pratique, beaucoup de Laotiens pensent que faire le bien et non le mal suffit à assurer son salut. Faire le bien permet d'acquérir les mérites ou *boun.* Comme ce mot signifie aussi « fête », certains Laotiens pensent qu'il suffit de faire la fête pour acquérir des mérites...

L'essentiel de la vie religieuse se déroule autour de la vie monastique. Les moines jouissent d'un grand prestige et sont très respectés.

En théorie, ils ne peuvent posséder que 8 objets : les 3 robes jaune safran, le rasoir, le bol, la tasse, le bâton et le filtre à eau (pour ne pas avaler des insectes par mégarde). Mais, dans la pratique, lors des cérémonies de *soukhouani,* les bonzes reçoivent toutes sortes de cadeaux de la part de la famille invitante, en signe de remerciement. Tout Laotien doit endosser l'habit de moine 1 fois dans sa vie, à condition de n'avoir ni tué ni volé et d'être exempt de maladie de peau. L'ordination commence avant l'âge de 8 ans et se poursuit vers l'âge de 20 ans. Avant, c'était la

● *Bhumi-Sparsa ou « Geste de la prise de la prise de la terre à témoin »*

Position assise du lotus, la main droite
touche le sol, tandis que la gauche
repose sur les jambes, paume
tournée vers le ciel. Ce geste
représente
l'Éveil de Bouddha.
Appelé aussi maraisijaya-mudra
(victoire sur Mara).

● *Dhyana ou « Attitude de méditation »*

Les deux mains reposent l'une sur
l'autre, paumes vers le ciel, la
main droite sur la main gauche.
Les jambes sont pliées en
tailleur, dans la position
du lotus.

● *Vitarka et Dharma-tchakra ou « Geste de tourner la roue »*

Position debout ou assise, le bras droit est
levé, main à demi ouverte pour que
le pouce et l'index se joignent
et forment un cercle (la roue,
symbole de l'enseignement).
Fait avec une seule main,
ce geste s'appelle Vitarka ;
fait des deux mains,
il se nomme Dharma-tchakra.
Ce geste rappelle le premier
sermon de l'enseignement
du Bouddha.

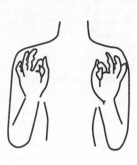

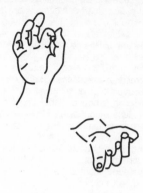

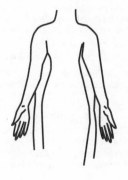

● *Varada ou « Geste du don »*

Assis ou debout, main droite ouverte
et offerte, bras allongés, ce geste
est celui du don, de la charité,
des faveurs répandues.

● *Abhaya ou « Apaisant les querelles »*

Position debout ou en marche, une ou
deux mains levées, paume en avant.
C'est le geste de l'absence de crainte et
de l'apaisement.

HOMMES, CULTURE ET ENVIRONNEMENT

seule opportunité pour un garçon d'avoir une éducation et d'apprendre à lire et à écrire. La plupart des garçons ont la tête rasée et sont ordonnés au moins 1 fois pour quelques semaines. Beaucoup d'hommes reprennent la robe pour des périodes limitées afin d'acquérir des mérites. Les femmes, elles, peuvent également vivre une existence monastique, elles ont alors la tête rasée et portent une robe blanche...

Contrairement à ce qui a pu être prétendu, le bouddhisme n'a pas souvent fait l'objet de persécutions au Laos après la révolution de 1975, même si à un moment le pouvoir tenta de limiter à 2 ou 3 le nombre de moines par pagode. Sur le plan de la religion, le pouvoir a toujours affirmé que le bouddhisme faisait partie intégrante de l'identité laotienne. S'il est exact que, dans les années qui suivirent la révolution, des moines furent contraints de travailler la terre, ce qui leur est interdit par la religion, c'est que certains politiques pensaient que les religieux devaient donner l'exemple du travail. De plus, certains courants religieux bouddhiques étaient trop ouvertement sous l'influence thaïlandaise, aux yeux du pouvoir. Enfin, il existait un autre contentieux entre le pouvoir et la religion : beaucoup de jeunes gens se faisaient moines pour échapper au service militaire. Aucun témoignage, cependant, ne permet d'affirmer qu'il y eut des profanations de temples ou des arrestations de moines ès qualités.

La religion connaît aujourd'hui un véritable renouveau. On assiste à des conversions de certains animistes descendus dans les plaines, ce qui montrerait les limites de la fascination de la jeunesse pour la civilisation moderne de type thaïlandais.

Mudras : gestes et attitudes du Bouddha

Chaque image du Bouddha est représentée dans une attitude particulière ou *mudra.* Le Bouddha peut être représenté assis, couché (position du paranirvâna) ou debout et plus rarement en position de marche. Les *mudras* sont au nombre de 40. Il existe 2 types de *mudras* debout typiquement laotiens : le 1er, unique dans tout le Sud-Est asiatique, s'appelle la posture de « l'appel de la pluie ». Le Bouddha est debout avec ses 2 bras tendus sur chaque côté, les doigts pointant vers le sol. On le rencontre dans plusieurs temples de Vientiane et à Luang Prabang. Le 2nd type correspond à l'image du Bouddha qui « contemple l'arbre de la bodhi » ; il est debout les mains croisées au niveau de la poitrine.

Christianisme

Il existe une petite communauté catholique représentant 1,5 % de la population. Elle se compose de Laotiens et de Vietnamiens. Ils ont leurs églises à Vientiane et à Savannakhet...

Islam

Le nombre de musulmans est très réduit, à peine 1 % de la population. La mosquée de Vientiane est essentiellement fréquentée par des Pakistanais.

Animisme et culte des ancêtres

Si 30 % de la population y adhèrent pleinement, la grande particularité du Laos est de faire cohabiter le bouddhisme avec des pratiques animistes omniprésentes. Tous les Laotiens croient aux *phis* (prononcer « pi »). Un mot qui signifie à la fois « esprit », « âme », « fantôme » et « revenant ». En théorie, cette croyance est mal vue par le régime. Mais comment interdire un ensemble de pratiques partagées par tout le monde ? À l'instar des *nats* birmans, les *phis* sont partout. Génies bienfaisants, malfaisants ou facétieux, ils peuvent se nicher dans un arbre, un animal, une maison, ou prendre possession d'une personne. En principe, il suffit de construire une sorte de petit autel où l'on apporte de la nourriture pour que les *phis* se tiennent tranquilles. C'est, en quelque sorte, leur « maison », que l'on place en général dans le jardin.

Chaque village, mais aussi chaque province, le pays lui-même, possède ses génies protecteurs, les *lokapâlas,* tellement enracinés qu'ils sont même reconnus et célébrés par le bouddhisme. Généralement nocturnes, leurs apparitions peuvent prendre une forme animale : tigre, éléphant, cheval, chien ou chat. Malheur à celui qui voudrait fuir, il serait sûr de mourir ! La tactique, ami routard, est tout autre ; il faut montrer son courage, mais pas de n'importe quelle façon : il faut avancer doucement vers l'animal, s'arrêter juste en face de lui, le fixer droit dans les yeux, puis se retourner pour revenir sur ses pas, lentement, tout en lui présentant ses fesses, montrant par là même à quel point on le méprise.

Tous les Laotiens, même ceux qui ont fait des études en Occident, croient plus ou moins aux *phis.* N'essayez pas de vous en moquer. Vous choqueriez vos amis laotiens et l'on ne sait pas ce qui pourrait arriver...

SAVOIR-VIVRE ET COUTUMES

En règle générale, il convient d'observer au Laos les règles de politesse et de savoir-vivre universelles. Ne pas s'imposer ni abuser de la gentillesse de ses interlocuteurs, ne pas se montrer capricieux et exigeant. Bref, soyez respectueux et l'on vous respectera. En Asie et au Laos en particulier, cela passe par un certain nombre d'attitudes de base.

– *Ne rien faire d'extravagant* que l'on n'aurait pas l'idée de faire chez soi.

– *Ne jamais se mettre en colère* ni montrer que l'on perd patience. Toujours garder son calme, éviter de crier ou de parler trop fort.

– *Se vêtir correctement.* Pour les hommes, pas de torse nu. Bermuda longueur genoux possible, mais il vaut mieux être en pantalon. Pour les femmes, ni short ni minijupe ; jupe longue de préférence ou pantalon. Éviter d'avoir les épaules nues, des décolletés plongeants et toute tenue provocante. On ne voudrait pas jouer les empêcheurs de tourner en rond, mais ces règles essentielles sont encore souvent oubliées lors de la visite de certains temples...

– *Rester soi-même.* Ne pas chercher à imiter les mœurs locales, à s'habiller à la mode du pays. Ne pas s'obstiner à manger avec les doigts, ou des baguettes quand on ne sait pas, ne pas cracher par terre, même si tout le monde le fait, etc.

– *Éviter de toucher la tête* des Laotiens, considérée comme sacrée. Éviter de désigner quelqu'un ou quelque chose avec le pied et de monter sur les statues du Bouddha. Dans les temples, il convient de se déchausser et de se découvrir la tête. Les femmes ne doivent pas tendre la main aux moines, ni les toucher. Si elles veulent leur faire un présent, elles doivent le déposer sur un support comme une table. Les entrées aux temples leur seront interdites si elles portent jupes courtes et épaules nues.

– *Éviter les preuves d'affection en public,* du style embrassade goulue sur la bouche et câlins en tout genre ; vous choqueriez !

Pour un écotourisme de qualité : conseils de savoir-vivre auprès des villageois des minorités ethniques

– *Si vous vous rendez dans un village,* l'usage veut que vous vous présentiez au chef pour lui demander formellement la permission de visiter les lieux et lui expliquer l'objet de votre visite. Il s'agit moins de demander une autorisation que de reconnaître l'importance de l'autorité locale.

– *Si vous ne faites que passer* dans un village ethnique, marquez-y par courtoisie un arrêt de quelques minutes, sinon les villageois vous prendront pour de « mauvais esprits ».

– *Avant d'entrer dans une maison* villageoise, demandez toujours la permission aux habitants, et présentez-vous.

– *Ne pas toucher de la main et ne pas photographier* les symboles des esprits villageois et la porte des Esprits (à l'entrée des villages) : les villageois pensent que vous blessez ou volez leurs esprits.

– *Ne pas acheter d'objets anciens* appartenant aux familles depuis des générations, car c'est leur patrimoine. Essayer d'encourager l'économie villageoise en achetant leurs fabrications artisanales destinées à la vente. C'est une source légale de revenus pour eux.

– *Portez toujours des vêtements propres* et qui couvrent bien votre corps. Les tenues trop déshabillées choquent les villageois.

– *Les embrassades* sur la bouche entre partenaires dans les lieux publics sont considérées par les villageois comme des gestes offensants.

– *Dans les villages akha,* il est interdit de casser ou d'arracher les branches des arbres.

– *Si du whisky laotien* vous est offert, ne vous enivrez pas et évitez toute agressivité.

– *Ne pas encourager la mendicité* des enfants en leur donnant des cadeaux sans raison.

– Les visiteurs étrangers *éviteront les relations sexuelles* avec les villageois des minorités ethniques.

– *Si vous logez dans une famille,* proposez-lui de payer votre logement et votre nourriture, c'est la moindre des politesses.

– *Ne pas faire de propagande* religieuse ou politique aux villageois : vous auriez des ennuis avec la police, et les habitants n'en ont pas besoin.

– *Éviter de parler trop fort* dans les villages : c'est une pratique impolie.

– *Ne jamais marcher seul hors du village,* car les villageois se sentiraient aussitôt responsables de votre sécurité. Vous les mettriez dans la gêne.

SEXE

Le Laos n'a rien à voir avec la Thaïlande du point de vue du débridement sexuel. Soucieux de respectabilité, le nouveau régime n'a pas été tendre avec les prostituées. Celles qui n'ont pas pu partir travailler dans les bordels thaïlandais ont été envoyées dans des camps de rééducation pour une période plus ou moins longue. Cependant, depuis les années 1995, avec l'ouverture du pays au tourisme, les choses évoluent... La prostitution est en plein développement, sans que cela atteigne les proportions de la Thaïlande : dans la plupart des boîtes laotiennes et dans certains bars, les belles de nuit sont bel et bien présentes. Contrairement à la Thaïlande, où elles peuvent être issues de toutes les origines sociales, au Laos les prostituées sont généralement de jeunes femmes issues de milieux défavorisés, orphelines ou sans famille proche, déjà en marge de la société traditionnelle.

Que faire si l'on est abordé ? À vous de voir. Mais, à notre avis, il vaut mieux s'abstenir. D'une part, il ne faudrait pas qu'en raison du comportement de quelques routards le gouvernement remette en cause l'ouverture touristique. D'autre part, ce n'est pas notre rôle de faire des cours de morale, mais, vu la propagation du sida au Laos, il est bien évident, messieurs, qu'il faut absolument sortir couverts. Quant à vous, mesdames, exigez les mêmes précautions. Le sida touche surtout le nord du Laos, où la maladie est véhiculée par les héroïnomanes et les ouvriers travaillant sur le chantier de la nouvelle route vers la Chine, qui fréquentent des prostituées. Également de nombreux cas à la frontière avec la Thaïlande, liés eux aussi à la prostitution... Si le préservatif n'est pas encore entré dans les mœurs des campagnes, aggravant ainsi la propagation de l'épidémie, les 1res campagnes de prévention se mettent en place aujourd'hui... seulement.

Cela dit, les Laotiens ne sont pas bégueules. Les rencontres sont toujours possibles. Et rien n'interdit de vivre une belle histoire d'amour ; mais attention, on vous demandera peut-être de célébrer très vite le mariage...

SITES INSCRITS AU PATRIMOINE MONDIAL DE L'UNESCO

Organisation
des Nations Unies
pour l'éducation,
la science et la culture

En coopération avec
le centre du patrimoine mondial de l'UNESCO

Pour figurer sur la liste du Patrimoine mondial, les sites doivent avoir une valeur universelle exceptionnelle et satisfaire à au moins un des dix critères de sélection. La protection, la gestion, l'authenticité et l'intégrité des biens sont également des considérations importantes.
Le patrimoine est l'héritage du passé dont nous profitons aujourd'hui et que nous transmettons aux générations à venir. Nos patrimoines culturel et naturel sont deux sources irremplaçables de vie et d'inspiration. Ces sites appartiennent à tous les peuples du monde, sans tenir compte du territoire sur lequel ils sont situés. Pour plus d'informations : ● *http://whc.unesco.org* ●
– La ville de *Luang Prabang* (1995) ;
– Le *wat Phou* et les anciens établissements associés du paysage culturel de *Champassak* (2001).

SPORTS ET LOISIRS

Volley-ball et *katow*

C'est le sport le plus populaire au Laos. On trouve des terrains de volley jusque dans les villages les plus reculés de la brousse, et même dans les monastères. Le *katow* se joue avec un ballon ou une balle en rotin ou en bambou, que l'on peut toucher avec les pieds ou toutes parties du corps, sauf les mains et les bras.

Pétanque !

Cet héritage de la présence française perdure avec une popularité étonnante. On trouve des boulodromes jusque dans de nombreux villages paumés. Les Laotiens s'y retrouvent en fin d'après-midi et se prennent pour Marius, ponctuant leurs commentaires d'expressions françaises du genre « c'est bon ! ». Ils sont aussi ravis de partager des parties avec les touristes français. Au besoin, on peut acheter des boules sur les marchés...

Football

La jeunesse laotienne en est folle ! Les maillots à l'effigie de joueurs japonais ou coréens sont légion et les terrains vagues, les cours de récré ou les bancs de sable du Mékong se transforment le soir en terrains improvisés. Souvent, les matchs ont lieu le samedi à 15h pendant la saison sèche. Pour avoir une idée de l'impact d'une Coupe du monde sur la culture bouddhiste, procurez-vous donc le film *La Coupe,* sorti en 1998 : des moines (tibétains dans le film) font le mur le soir pour aller voir la finale.

Combats de coqs

Très populaires, surtout dans la région de Luang Prabang. Ils sont officiellement interdits depuis 1993, mais l'application de cette loi est toute symbolique. Ils ont

HOMMES, CULTURE ET ENVIRONNEMENT

lieu en général le dimanche ou à l'occasion de certaines fêtes religieuses. Des paris sont organisés, même si officiellement, là encore, les jeux d'argent sont interdits au Laos.

UNITAID

UNITAID est un programme de solidarité impliquant les voyageurs. Pour en savoir plus, se reporter au chapitre « Hommes, culture et environnement » de la partie « Cambodge ». Consulter également ● *unitaid.eu* ●

LE LAOS

VIENTIANE (prononcer « VEN CHIANE »)

IND. TÉL. : 021

En débarquant, on est d'abord étonné par l'atmosphère paisible, presque endormie de Vientiane, qui tranche radicalement avec la frénésie des autres capitales de la région. Avec ses vieilles villas coloniales et ses larges avenues qui rappellent un peu certaines villes d'Afrique, la capitale du Laos n'a pas encore connu les grands bouleversements architecturaux qui ont transfiguré les métropoles du Sud-Est asiatique. Ici, pas vraiment de bidonvilles, peu d'énormes buildings et bel et bien quelques carrés de terre cultivée en plein centre-ville... Vientiane demeure donc une capitale à l'échelle humaine, avec des allures de sous-préfecture de province. C'est ce qui fait tout son charme !

UN PEU D'HISTOIRE

Le nom laotien de Vientiane est *Vieng Chan* ou *Viang Chan,* ce qui signifierait « ville du santal » ou « ville de la lune », car le Mékong réalise ici un méandre généreux qui rappelle un peu la forme d'un croissant de lune (sachez que Bordeaux fut appelé le « port de la Lune » pour les mêmes raisons...). En fait, *viang* signifie à la fois « ville » et « forteresse ». Le roi Setthathirat en fit sa capitale en 1563, fortifiant l'ancien Muang qui existait ici depuis le Xe s, et abandonnant ainsi Luang Prabang *(Muang Sua)* qui était jusqu'alors la ville principale du pays.

Si Vientiane affiche une certaine prospérité au XVIIIe s, la ville est presque entièrement détruite au XIXe s par les Thaïlandais qui emportent le fameux bouddha d'Émeraude. L'arrivée des Français marque le renouveau de la ville à la fin du XIXe s. La plupart des anciens bâtiments coloniaux subsistent d'ailleurs, plus ou moins bien entretenus, ce qui ne manque pas de charme. Ils ont été construits sur le modèle des villas du Midi de la France, avec des tuiles mécaniques rouges et des frises extérieures en bois. On les trouve essentiellement dans la partie basse de la ville, entre l'ambassade de France et la place Nam Phou...

Après la révolution de 1975, le nouveau régime, soucieux de limiter l'exode rural, n'entreprend rien pour développer Vientiane. Cela n'empêche pas pour autant l'arrivée massive de paysans qui s'installent en périphérie de la ville, dans de simples maisons en bois sur pilotis, devançant souvent l'installation de l'électricité ou l'aménagement des rues, dont certaines demeurent de véritables bourbiers pendant la saison des pluies.

Du tout nouveau palais de la Culture, financé par la Chine et trônant au beau milieu de la ville, au tout-à-l'égout, en passant par la reconstruction des principales avenues, Vientiane présente aujourd'hui encore le visage d'un vaste chantier, dont les travaux, débutés en 1996, s'éternisent quelque peu, avec leur petit lot de désagréments : nuages de poussière (surtout en saison sèche), eaux stagnantes, trottoirs éventrés (attention aux pieds et aux chutes la nuit !), etc.

Comment y aller ?

En avion

✈ *Aéroport international Wattay (hors plan général par A2) :* à env 3 km à l'ouest du centre-ville, sur la route de Luang Prabang. Il compte 2 terminaux situés côte à

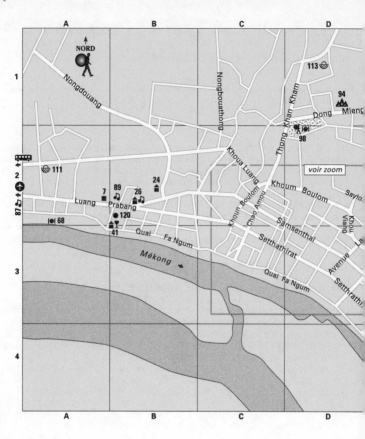

■ **Adresses utiles**

✈ Aéroport international Wattay
🛈 Lao National Tourism
🚌 Gares routières
3 Ambassade du Vietnam
4 Ambassade d'Australie
5 Ambassade de l'Inde
6 Ambassade d'Indonésie
7 Thai Airways International et China Eastern Airlines
11 Ambassade de Malaisie
17 Pharmacie Kham Saath
18 Consulat de Thaïlande
20 Centre médical de l'ambassade de France
118 Boutique Scoubidou

119 Mon Petit Cochon

🛏 **Où dormir ?**

24 Villa Nong Duang
26 Novotel Vientiane
27 Dorkket Garden Guesthouse
41 Hotel Beau Rivage Mékong
44 Heuan Lao Guesthouse
46 Villa That Luang Guesthouse
47 Villa Manoly

🍽 **Où manger ?**

45 Le Nadao
68 Moon The Night

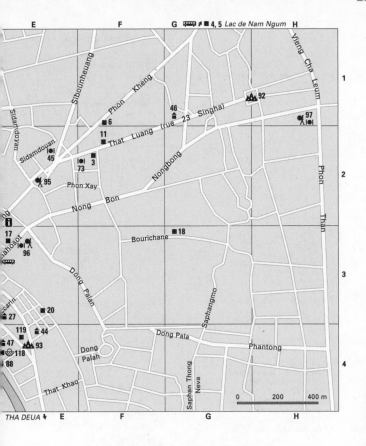

VIENTIANE – PLAN GÉNÉRAL

73 Tamnak Lao Restaurant
96 Gargotes du marché Khua Din
97 Gargotes du marché That Luang
98 Gargotes du marché Thong Khan Kham

Où boire un verre ? Où sortir ?

26 D-Tech
41 Spirit House
87 Marina
88 Discothèque du Don Chan Palace
89 Future Music

À voir

92 Wat That Luang
93 Wat Simuang
94 Wat Dong Mieng
95 Patuxai (Anousavari)
96 Marché Khua Din
97 Marché That Luang
98 Marché Thong Khan Kham

Achats

111 Lao Cotton
113 Nikone Handicraft
118 Caruso Lao Home Craft

Massages

120 Papaya Spa

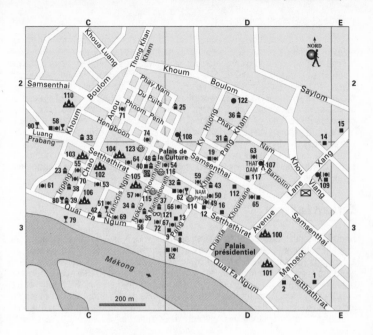

VIENTIANE – ZOOM (LE CENTRE)

côte : le 1ᵉʳ, récent, accueille les vols internationaux, tandis que le 2ᵈ, plus ancien, reçoit les vols intérieurs. Distributeurs de billets dans chacun et change dans le terminal international.

– **Compagnies aériennes et destinations :** l'aéroport de Vientiane est desservi par les compagnies *Thai Airways, Vietnam Airlines, Bangkok Airways, Lao Airlines* et *China Eastern Airlines,* assurant des liaisons internationales directes avec les principales villes ou capitales asiatiques : Bangkok et Chiang Mai (Thaïlande), Phnom Penh et Siem Reap (Cambodge), Hô Chi Minh-Ville et Hanoi (Vietnam), Kunming et Guangzhou-Canton (Chine). *Lao Airlines* propose également des vols nationaux réguliers avec Luang Prabang, Xieng Khouang, Oudom Xai, Houeisai, Luang Namtha, Sam Neua, Sayaboury, Phongsaly et Paksé.

– **Visa :** il n'est plus obligatoire de passer par un consulat du Laos à l'étranger avant de débarquer à l'aéroport de Vientiane. On peut désormais s'y procurer le même *visa on arrival* valable 1 mois, contre 30 $ et 2 photos d'identité (se renseigner quand même avt le départ). À l'arrivée, les formalités d'immigration et de douane sont assez rapides.

– **Services :** dans le terminal international, on trouve un bureau de change (euros, dollars, dollars canadiens, francs suisses, bahts, chèques de voyage *American Express*) où l'on peut aussi se procurer kips et dollars avec les cartes *Visa* et *MasterCard,* moyennant commission. Sur place, également un petit centre d'infos touristiques (pas toujours ouv) et un bureau de poste.

➢ **Pour se rendre au centre-ville :** on peut emprunter un taxi, pas excessif (compter env 5 $), ou prendre un *tuk-tuk,* encore moins cher, à l'extérieur de l'aéroport. Les fauchés pourront marcher jusqu'à la route de Luang Prabang (env 400 m) et prendre un bus.

LAOS / VIENTIANE

Par voie terrestre

Le pont de l'Amitié (*Mittapab bridge* ou *Friendship bridge*) enjambe le Mékong pour relier la Thaïlande au Laos, et se situe à env 20 km au sud-est de Vientiane. La frontière est ouv tlj 6h-22h sans interruption. Les voitures et taxis en provenance de Nong Khai (Thaïlande) s'arrêtent juste avt le pont, que l'on franchit généralement à bord d'un bus spécial (prix fixe, pas cher). On s'arrête alors pour les formalités de sortie de Thaïlande, puis au poste-frontière d'entrée au Laos, où l'on peut acheter un *visa on arrival* valable 1 mois contre 30 $ et 2 photos d'identité. Il n'est donc plus obligatoire de passer par un consulat du Laos en Thaïlande ou ailleurs (se renseigner quand même avt le départ). Une fois au Laos, des *tuk-tuk* se proposent de vous conduire à Vientiane pour quelques milliers de kips. Également des taxis, plus chers. Par ailleurs, depuis peu, une voie ferrée a fait son apparition au centre du pont ; bientôt des connexions vers Nong Khai ? Pour l'instant, tout le monde descend à Thanalang.

Orientation

Il est très facile de se repérer dans Vientiane car la ville n'est pas très étendue, et les rues du centre se coupent à angle droit. Les meilleurs points de repère sont : le *Mékong*, bordé par le quai Fa Ngum, et la *place Nam Phou*, grande esplanade semi-piétonne avec sa fontaine centrale. En fait, l'essentiel de la ville se trouve dans les pâtés de maisons formés par les rues perpendiculaires au quai Fa Ngum, et les rues Setthathirat, Samsenthai et Khoum Boulom. Seules les artères principales sont indiquées en alphabet romain. Enfin, pour ceux qui se baladeraient en *tuk-tuk* ou à vélo, sachez que la plupart des rues sont à sens unique.

Adresses et infos utiles

– **Agenda culturel :** ne pas manquer de se procurer en arrivant le petit guide gratuit *Pai Sai*, disponible dans la plupart des boutiques et chez *Monument Books*. Toutes les activités de la capitale jour après jour.

– **RFI à Vientiane :** 100.5

– **Cartes et plans :** au *Phimphone Market,* rue Setthathirat, juste à côté de *Jo Ma Bakery Café* (zoom D3, *66*), procurez-vous les cartes *Hobo,* très bien faites et très détaillées.

❦ **Lao National Tourism** (plan général E2) : 08/2, av. Lane Xang ; face au Centre de langue française (zoom E2, *15*). ☎ 21-22-51 ou 48. ● visit-laos.com ● visit-mekong.com ● Tlj 8h-12h, 13h-18h. Peu de documentation et des renseignements plutôt vagues ; bref, pas franchement efficace ! Les infos touristiques dignes de ce nom s'obtiennent surtout auprès des agences de voyages.

■ **Prolongation des visas :** auprès de l'**Immigration Office** (zoom D2-3, *14*), rue Hatsady. ☎ 21-25-20. Près du marché du matin. Lun-ven 8h-12h, 13h-16h. Le visa de tourisme peut être prolongé moyennant 2 $ par jour supplémentaire. *Attention* : en cas d'oubli, amende de 10 $ par jour de dépassement, à régler au poste-frontière le jour du départ. Dépôt le matin d'une copie du passeport et d'une photo, retrait dans la journée. La plupart des *guesthouses* et agences de voyages peuvent aussi se charger de ces formalités.

✉ **Poste** (en français ! ; zoom D3) **:** à l'angle de l'av. Lane Xang et de la rue Khou Viang, près du marché du matin. Lun-ven 8h-17h. Timbres, fax, téléphone international et service de transfert d'argent *Western Union*.

■ **Téléphone mobile :** vous pouvez acheter des cartes SIM locales (réseaux Tango ou M Phone) dans les nombreuses boutiques spécialisées de la rue Saylom, notamment à l'angle de l'av. Lane Xang (plan général E2). On vous octroie alors un numéro de téléphone local et 20 000 kips (environ 2,30 $) de crédit de communication pour un total d'environ 5 $. Avant de payer, mieux vaut essayer la carte SIM du vendeur dans votre téléphone (préalablement débloqué) afin de vérifier si celui-ci est bien compatible. Achat également possible dans certains commerces du centre-ville. Enfin, les cartes permettant de recharger votre crédit de communication s'achètent dans n'importe quel kiosque du centre-ville pour 20 000, 50 000 ou 100 000 kips (environ 2,30, 6 ou 12 $). Environ 2 000 kips (environ 0,20 $) la minute de communication internationale ; bien moins cher que si vous utilisiez votre carte SIM personnelle. Malin et pratique, non ?

@ *Internet et téléphone via Internet :* concentration de boutiques autour du croisement des rues Setthathirat et Nokeo Khoumane (zoom C3). Ouvert tard et accès vraiment bon marché. Proposent aussi de graver des CD, et d'intéressantes *liaisons téléphoniques internationales* via le Web (3 000 kips/mn vers la France, 6 000 kips pour les portables français).

■ *Bons plans :* dans le bulletin trimestriel du **Centre de langue française** (zoom E2, **15**) ; voir plus loin « Presse, livres, cartes postales, photos ».

■ *Police :* rue Setthathirat, entre la pl. Nam Phou et le bureau de téléphone international (zoom D3, **16**). ☎ 191. Ils ont l'habitude des touristes et sont plutôt réglo. Mais le mieux est de s'adresser à la réception de votre hôtel ou à votre ambassade, qui vous aiguillera.

Argent, banques, change

Le change des euros et dollars se fait aisément dans les *banques* du centre-ville. Si vous arrivez de Thaïlande avec des bahts en poche, inutile de les changer en kips, car l'argent thaïlandais est la 2e monnaie du pays. Toutefois, pour les petites sommes, le kip est plus pratique que le baht... Sachez enfin que les *distributeurs d'argent* liquide sont de plus en plus présents en centre-ville, et qu'il est également possible de payer avec les cartes *Visa, MasterCard* et *American Express* dans les grands hôtels, certains restos et quelques boutiques cossues.

Principales banques

Voici plusieurs banques du centre-ville disposant d'une panoplie très complète de services : change des euros, dollars, bahts, francs suisses, dollars canadiens et autres chèques de voyage *American Express* en dollars ou en euros ; possibilité d'obtenir kips, bahts et dollars avec les cartes *Visa* et *MasterCard,* moyennant commission. Ces banques sont ouvertes du lundi au vendredi, de 8h30 à 15h30.

■ *Banque pour le Commerce Extérieur Lao* (BCEL ; zoom D3, **9**) : 1, rue Pangkham. ☎ 21-32-00. En plus de leur bureau de change ouv slt en sem, elle dispose aussi d'un kiosque de change donnant sur le quai Fa Ngum, ouv le w-e 8h30-15h30. Également un distributeur d'argent (*Visa* et *MasterCard*) en façade, fonctionnant 24h/24. Service de transfert d'argent *Moneygram*.

■ *Joint Development Bank* (zoom D2-3, **14**) : 82, av. Lane Xang. ☎ 21-35-31. Juste à côté de l'Immigration Office. Dispose aussi d'un distributeur d'argent (*Visa* et *MasterCard*) en façade, fonctionnant 24h/24.

■ *Bank of Ayudhya* (zoom E2, **15**) : 84/1, Lane Xang. ☎ 21-45-75. Juste à gauche du Centre de langue française. Lun-ven 8h30-15h30. Propose aussi un service de transfert d'argent *Western Union.*

■ *Transfert d'argent :* on peut se faire envoyer de l'argent en quelques minutes avec *Western Union* à la **poste** (zoom D3) et à la **Bank of Ayudhya** (zoom E2, **15**). Également le service de transfert *Moneygram* à la **Banque pour le Commerce Extérieur Lao** (zoom D3, **9**).

Distributeurs d'argent

– Ils se multiplient gentiment dans Vientiane, fonctionnant tous avec les cartes *Visa* et *MasterCard* 24h/24. Voici donc quelques distributeurs du centre-ville : à la **Banque pour le Commerce Extérieur Lao** (zoom D3, **9**) ; à la **Joint Development**

Bank (zoom D3, *14*) ; face au *Lao Plaza Hotel* (zoom D3, *19*), rue Samsenthai ; et enfin au pied de l'hôtel *Novotel Vientiane* (plan général B2, *26*), à l'angle de la rue Samsenthai et de la route de Luang Prabang.

Représentations diplomatiques

■ *Ambassade de France* (zoom D3, *1*) : rue Setthathirat (entrée par la rue Gallieni). ☎ 26-74-00. ▤ 020-551-47-51 (n° d'urgence à n'utiliser qu'en cas d'urgence consulaire). ● ambafrance-laos.org ● Lun-ven sur rdv 8h30-12h30, 13h30-17h30. *Consulat* au même endroit. Lun-ven sur rdv 8h30-12h30. L'ambassade de France représente aussi les intérêts des ressortissants belges, italiens, néerlandais et luxembourgeois.

■ *Ambassade d'Australie* (hors plan général par G1, *4*) : route de Thadeua, au km 4. ☎ 35-38-00. ● laos.embassy.gov.au ● Lun-ven 8h30-17h. Représente les ressortissants canadiens.

■ *Consulat de Suisse* (zoom D3, *12*) : rue Setthathirat ; à l'angle de la pl. Nam Phou, au 1er étage de l'agence de voyages Diethelm Travel Laos. ☎ 26-41-60. ● swissconsulate@etllao.com ● Dépend de l'ambassade de Suisse à Bangkok, en Thaïlande (☎ 00-66-2-253-01-56).

■ *Consulat de Thaïlande* (plan général G3, *18*) : rue de Bourichane, Unit 15. ☎ 21-45-81. ● thaiembassy.org/vientia ne ● Lun-ven 8h30-12h. Visa nécessaire seulement au-delà de 30 jours sur place, pour la plupart des ressortissants occidentaux.

■ *Ambassade de Chine* (hors plan général par E4) : route de Wat Nak, Sisattanak. ☎ 31-51-00. ● embassyprc@ laonet.net ● Lun-ven 9h-11h30.

■ *Ambassade du Cambodge* (hors plan général par G4) : route de Thadeua, au km 2. ☎ 31-49-52. ● recamlao@laotel.com ● Lun-ven 7h30-10h30, 14h-17h30.

■ *Ambassade du Vietnam* (plan général F2, *3*) : 85, route de That Luang (rue 23 Singha). ☎ 41-34-01. Fax : 41-33-79. Lun-ven 7h30-11h30, 13h30-16h30.

■ *Ambassade du Myanmar* (ex-Birmanie, hors plan général par E4) : Ban Thong Kang, Sok Paluang. ☎ 31-49-10. ● mev@loxinfo.co.th ● Lun-ven 8h30-12h, 13h-16h30.

■ *Ambassade de l'Inde* (hors plan général par G1, *5*) : route de Thadeua, au km 3. ☎ 35-23-00. ● indemblao.nic.in ● Lun-ven 9h-11h pour le dépôt des visas.

■ *Ambassade d'Indonésie* (plan général F1, *6*) : route de Phone Kheng. ☎ 41-39-09. Fax : 21-48-28. Lun-ven 9h-15h.

■ *Ambassade de Malaisie* (plan général F2, *11*) : route de That Luang (rue 23 Singha). ☎ 41-42-05. ● malvntian@ kln.gov.my ● Lun-ven 8h-16h30.

Urgences, santé

Important : le Laos ne dispose pas de structures hospitalières dignes de ce nom. Si les petits bobos peuvent se soigner à Vientiane, les gros pépins, eux, entraînent toujours une évacuation sanitaire vers la Thaïlande, où la qualité des soins est comparable à la nôtre.

■ *Centre médical de l'ambassade de France* (plan général E3, *20*) : bd Kouvieng. L'accès se fait par la grille latérale, dans la petite rue parallèle au bd Kouvieng. ☎ 21-41-50. ▤ 020-558-46-17. Consultations lun, mar, jeu, ven 8h30-12h, 16h30-19h ; mer 13h30-17h ; sam 9h-12h. Ce cabinet privé compte un médecin généraliste, un dentiste, un kinésithérapeute, un orthophoniste et un psychologue.

■ *Hôpital Mahosot* (zoom D3, *2*) : rue Setthathirat ; face à l'ambassade de France. Un hôpital universitaire francophone comptant une annexe pour les étrangers, l'*International Clinic*. ☎ 21-40-22. Garde médicale 24h/24. Chambres individuelles confortables. Correct pour les petits coups durs, mais qualité des soins inégale suivant les services et médecins. Peuvent se charger de toutes les formalités si un transfert sur la Thaïlande est nécessaire, mais service d'ambulance aléatoire.

■ *Wattana Clinic :* à Nong Khaï (Thaïlande), à 3 km du pont de l'Amitié. ☎ 00-66-42-46-52-01. 🖃 00-66-1-8051830. ● admin@wattanahospital. net ● Petite clinique thaïlandaise la plus proche de Vientiane. Service satisfaisant mais inégal. Tant qu'à faire, mieux vaut aller jusqu'à *AEK Udon International Hospital* car on y trouve plus de moyens. Accueil en français.

■ *AEK Udon International Hospital :* 555/5, Phosri Rd, à Udon Thani (Thaïlande). ☎ 00-66-42-34-25-55. ● info@aekudon.com ● À 1h30 de route de Vientiane, sans compter les formalités douanières. En cas de gros pépin, c'est ici (ou carrément à Bangkok) qu'il faut demander à être transféré. Héliport sur le toit de l'hôpital.

■ *Service ambulances :* ☎ 195. Très aléatoire.

■ *Pour une évacuation vers la Thaïlande :* contactez de préférence votre consulat, qui dispose d'un proto-cole généralement bien rodé : transfert en ambulance jusqu'au pont de l'Amitié, si nécessaire, avec personnel médical à bord. En même temps, l'*AEK Udon International Hospital* est prévenu et vient vous chercher de l'autre côté du pont-frontière (30 mn). En dehors des heures d'ouverture du pont (de 22h à 6h), le consulat s'occupe des formalités administratives, parfois difficiles.

■ *Assurance assistance-rapatriement :* elle s'impose pour voyager au Laos. Sachez que *Routard Assurance* a des accords avec *International SOS*, le seul organisme d'assistance réellement implanté au Laos, organisant si nécessaire des évacuations sanitaires aériennes vers Bangkok (Thaïlande). Quand on connaît la précarité des hôpitaux du pays et le coût d'1h de vol – environ 1 200 $ –, cette assurance est vraiment indispensable... Voir « Laos utile ».

Pharmacies

Près d'une dizaine de pharmacies recommandables le long de Nong Bon *(plan général F2)*, derrière le marché du matin. La plupart baragouinent français ou anglais. En cas de difficulté, montrer le nom du médicament désiré, ou celui de la molécule. Bien souvent, les médicaments existent en deux versions : importés de France ou essentiellement fabriqués en Asie. Si l'emballage change à peine, côté prix, en revanche, on passe facilement du simple au triple. Sachez qu'il est presque toujours possible d'acheter les médicaments à l'unité (bien vérifier les dates de péremption).

■ *Pharmacie Kham Saath* (plan général E3, *17*) : 51, rue Nong Bon. ☎ 21-29-40. Tlj sf dim 8h-17h. Recommandée par l'ambassade de France. Propose une gamme de médicaments très complète mais plutôt chère. Accueil en français. Juste en face, une autre pharmacie tout aussi sérieuse mais anglophone seulement.

Transports

À Vientiane, toutes les distances peuvent être facilement parcourues à pied, à vélo, en cyclo-pousse ou en *tuk-tuk*. On déconseille absolument la moto, d'autant plus dangereuse que les structures de santé et d'urgences médicales sont vraiment précaires.

■ *Tuk-Tuk et jumbo* (tuk-tuk collectif) : ils sont généralement stationnés autour des marchés et au coin des rues du centre-ville, principalement vers la pl. Nam Phou, le quai Fa Ngum, etc. Il est également facile de les héler dans la rue... Toujours négocier le prix du trajet avant le départ, car ils ne sont pas si bon marché que ça. Sachez enfin qu'il est difficile de trouver des *tuk-tuk* après minuit.

■ *Location de vélos :* la plupart des *guesthouses* en proposent. Sinon, le resto vietnamien *PVO* (zoom D3, *52*) en loue. Compter généralement 15 000 kips (1,80 $) par jour. Également auprès du ***Phimphone Market*** et du ***CCC Folk Bar*** *(zoom C2, **58**).*

■ ***Location de voitures :*** il est préférable de louer une voiture avec chauffeur. Intéressant pour visiter les alentours de Vientiane si l'on est plusieurs. Les prix de location d'une petite voiture s'échelonnent de 65 à 75 $ par jour, contre 560 $ par semaine pour un gros 4x4. La plupart des grands hôtels et agences de voyages proposent ce genre de service. Sinon, on recommande volontiers le sérieux et les tarifs raisonnables d'***Asia Vehicle Rental*** *(zoom D3, **112**) :*

354-356, rue Samsenthai. ☎ 21-74-93. 🖥 020-5511-293. ● avr.laopdr.com ● À côté de Baràvin. Dirigée par un Australien, cette agence propose toute une gamme de véhicules, de la petite voiture au 4x4 rutilant en passant par le minibus, avec ou sans chauffeur (francophones ou anglophones) et assurance incluse.

■ ***Taxis :*** *stationnent généralement derrière le marché du matin (zoom D3, **109**).* Plutôt utiles si vous avez beaucoup de bagages. Sinon, prendre les *tuk-tuk.*

Compagnies aériennes

■ ***Lao Airlines*** *(zoom D3, **8**) :* 2, rue Pang Kham. ☎ 21-20-57. ● laoairlines. com ● Lun-ven 8h-12h, 13h-16h ; sam 8h-12h. CB acceptées. À l'aéroport international, ☎ 51-20-28. à l'aéroport domestique, ☎ 51-20-00.

■ ***Thai Airways International*** *(plan général A2, **7**) :* route de Luang Prabang, face au wat Khunta. ☎ 22-25-27. ● thaiairways.com ● Lun-ven 8h30-17h ; sam 8h30-12h.

■ ***China Eastern Airlines*** *(plan général A2, **7**) :* route de Luang Prabang, au 1er étage du bâtiment de Thai Airways.

☎ 21-23-00 ou 25-28-88. ● ce-air. com ●

■ ***Vietnam Airlines*** *(zoom D3, **19**) :* dans la galerie commerciale du Lao Plaza Hotel, au 1er étage. ☎ 25-26-18 ou 21-75-62. ● vietnamairlines.com ● Lun-ven 8h-12h, 13h30-16h30 ; sam 8h-12h.

■ ***Lao Air*** *(hors plan général par A2) :* à l'aéroport. ☎ 51-30-22. ● lao-air.com ● à ne pas confondre avec *Lao Airlines.* Compagnie privée proposant des vols nationaux vers des villes moins desservies (Phongsaly, etc.).

Agences aériennes

Souvent plus intéressant que de passer directement par les compagnies elles-mêmes, car elles ont des promos ! Ces agences sont généralement ouvertes du lundi au vendredi de 8h à 17h et le samedi de 8h à 12h.

■ ***Trans Express*** *(zoom C2) :* 36/1-12, rue Samsenthai. ☎ 21-39-95 à 99. ● trans888@laopdr.com ● Pour réserver, acheter ou confirmer des vols sur les compagnies qui desservent le pays. Tarifs honnêtes.

■ ***Lao Air Booking*** *(zoom D3) :* 39/1, rue Setthathirat ; face au resto Kop Chaï Deu *(zoom D3, **62**).* ☎ 21-67-61. Fax :

21-65-35. Vend les billets de *Lao Airlines, Vietnam Airlines, Thai Airways...*

■ ***Kian Min Laos :*** 109/1-13, rue Samsenthai. ☎ 21-23-68. ● kianminlaos@ya hoo.com ● Mêmes prestations que les précédentes agences. Demander Mme Toui, très efficace, qui parle un français parfait.

Agences de voyages

Elles sont généralement ouvertes du lundi au vendredi de 8h à 12h et de 13h à 17h ; parfois le samedi matin.

■ ***Exotissimo*** *(zoom D3, **13**) :* 44, rue Pang Kham. ☎ 24-18-61 ou 62. ● exo tissimo.com ● Une agence tout à fait sérieuse, spécialisée dans les voyages

sur mesure, haut de gamme, culturels comme nature et découverte de l'environnement au Laos et dans les pays voisins. Propose aussi des séjours aventure (trekking, vélo, kayak, moto) ou à thème (ethnies, artisanat, animaux...). Accueil en français.

■ *Green Discovery Adventure (zoom D3, 62)* : 54, Setthathirat. ☎ 22-30-22. ● *greendiscoverylaos.com* ● *Juste à gauche du resto Kop Chaï Deu.* Si le baroud vous titille, cette agence d'écotourisme réputée pour ses compétences organise des séjours aventure à pied, à vélo, en kayak, sur un raft... Nombreuses formules vraiment dépaysantes à travers tout le Laos. Pas donné non plus. Accueil en anglais.

■ *Mekong Lao Travel (zoom D3, 65)* : 141, rue Samsenthai ; dans les locaux du resto Kualao. ☎ 24-36-93. ● *mekon glaotravel.com* ● On recommande volontiers cette petite agence propo-

sant des circuits classiques clés en main ou à la carte, au gré de vos ambitions. Un peu moins cher que les autres, et accueil en français.

■ *Inter-Lao Tourisme* : 111, Ban Mixay, rue Sethathirath. ☎ 21-46-69. ● *in terlao.com* ● Gamme étendue de services dans la plupart des provinces du pays. Prestations irréprochables.

■ *Diethelm Travel Laos (zoom D3, 12)* : pl. Nam Phou ; à l'angle de la rue Setthathirat. ☎ 21-38-33. ● *diethelm travel.com* ● *Lun-ven 9h-11h.* Cette agence, dont le siège est à Bangkok, propose des circuits et séjours dans la plupart des provinces du Laos. C'est sans doute la plus chère. Bureaux dans la plupart des pays voisins. Accueil en français.

Supérettes et épiceries fines

■ *Phimphone Market :* juste à côté de *Jo Ma Bakery Café (zoom D3, 66)*. ☎ 21-90-45. *Tlj jusqu'à 20h.* Une supérette avec des produits frais, charcuterie et vin français. Assez cher car tout ou presque est importé. D'autres produits d'Asie. Très bien achalandée. On y trouve aussi les cartes *Hobo*, très bien faites. Location de vélos et de motos. Une autre adresse Au *110/1, rue Samsenthai (zoom D3, 117)*.

■ *Mini Mart (zoom C3, 69)* : sur le quai Fa Ngum, à côté du Fathima Restaurant. *Ouv tard.* Encore une petite supérette idéale pour faire quelques courses.

■ *Boutique Scoubidou (plan général E4, 118)* : face au wat Simuang. ☎ 21-40-73. *Tlj 8h-21h.* Tenue par un

Bordelais, cette boutique est spécialisée dans l'importation de produits français : charcuterie, fromages, épicerie fine et vins.

■ *Mon Petit Cochon (plan général E4, 119)* : rue Setthathirat ; un peu après l'ambassade de France. ☎ 01-05-34. Si les Laos sont fanas de baguettes de pain et de parties de pétanque, ils adorent aussi... la charcuterie ! Celle-ci est confectionnée sur place avec messieurs les cochons du cru. Bien goûtu, une expérience à tenter. Propose aussi des pizzas.

■ *Barävin (zoom D3, 112)* : 364, rue Samsenthai. ☎ 21-77-00. *Tlj 8h-20h.* Impossible de manquer l'énorme tonneau en guise de devanture. Grand choix de vins et spiritueux.

Presse, livres, cartes postales, photos

■ *Centre de langue française (zoom E2, 15)* : av. Lane Xang. ☎ 21-57-64. ● *culture@cccl-laos.org* ● *Lun-sam 8h-18h30. Entrée libre.* Consultation sur place de journaux et magazines français (avec 8-10 jours de retard). Médiathèque-bibliothèque bien fournie *(lun-mer et ven 9h30-18h30 ; jeu 12h-20h ; sam 9h30-16h30).* Cotisation annuelle obligatoire pour tout emprunt de livres. Également des séances de cinéma. Petit café sur place.

■ *Monument Books (zoom C3, 40)* : 124/1, rue Nokeo Khoumane ; juste à droite de Vayakorn Guesthouse. ☎ 24-37-08. Joli choix de livres et de magazines en français, et puis une foule de bouquins en anglais sur l'Asie, beaux livres, guides de voyage...

■ *Carterie du Laos :* 118/2, rue Setthathirat. Face au wat Ong Teu (zoom C3, 102). *Tlj jusqu'au début de soirée.* La meilleure de la ville pour les cartes postales et routières, photos et posters.

LAOS / VIENTIANE

Également des bouquins sur le Laos, et des livres d'occasion en arrière-boutique. On peut y échanger les livres déjà lus.

Où dormir ?

De très bon marché à bon marché (de 50 000 à 140 000 kips, soit 6 à 16,50 $)

🛏 **Phorntip Guesthouse** (zoom C3, 38) : 72, rue Inpeng. ☎ 21-72-39. Doubles 8-12 $; petit déj compris pour les plus chères. Dans cette agréable maison familiale, dont il se dégage un certain charme suranné, voici des chambres spacieuses, avec ou sans salle de bains, ventilo ou clim', toutes avec TV. Calme, sympa et propre : la bonne affaire. Accueil extra, en plus !

🛏 **Heuan Lao Guesthouse** (plan général E4, 44) : dans une ruelle en retrait de la rue Samsenthai, juste au carrefour avec la rue Setthathirat. ☎ 21-62-58. ● heuanlao@hotmail.fr ● Doubles 8-10 $. Dans la première rue à main gauche de la statue de Sisavang Vong. Installée dans une charmante maison moitié en dur moitié en bois, un peu excentrée mais au calme, cette pension propose une dizaine de chambres correctes quoique un peu défraîchies, toutes avec salle de bains et ventilo ou clim'. Petite terrasse verdoyante pour le petit déj et location de vélos. Bon rapport qualité-prix-accueil de Somboune, artiste peintre, amateur de chats (y'en a partout !).

🛏 **Syri 2 Guesthouse** (zoom C2, 33) : 63/6-7, rue Setthathirat. ☎ 24-13-45. 📱 020-772-04-07. ● syri2@hotmail. com ● Doubles 6-11 $. Face au wat Inpeng. Dans ce grand bâtiment à 3 étages, voici une vingtaine de chambres avec ou sans salle de bains, et ventilo ou clim'. Toujours bien tenu mais parfois sans fenêtre. Bon rapport qualité-prix.

🛏 **Saysouly Guesthouse** (zoom C3, 37) : 23, rue Manthatourath. ☎ 21-83-83 ou 84. ● saysouly@yahoo.com ● Doubles 8-12 $. Il faut d'abord se déchausser pour entrer : un bon point ! Puis on accède à un dédale de couloirs desservant des chambres plus ou moins claires, avec ou sans salle de bains, et ventilo ou clim'. L'ensemble est propre, même si murs sont parfois un peu défraîchis.

🛏 **Joe Guesthouse** (zoom C3, 42) : 135/01, quai Fa Ngum. ☎ 24-19-36. ● joe_guesthouse@yahoo.com ● Doubles 8-13 $. Au cœur de l'animation et surplombant le légendaire Mékong, cette pension familiale vous séduira certainement par ses chambres ultrapropres, avec ou sans salle de bains, et toutes équipées de ventilo (moins pour son accueil !) ou de clim' (les plus chères). Bon rapport qualité-prix. Les fauchés noctambules apprécieront.

🛏 **RD Guesthouse** (zoom C3, 34) : 37/01, rue Nokeo Khoumane. ☎ 26-21-12. ● rdlao.com ● Dortoirs 5-6 $/pers ; doubles 14-16 $. Cette pension relativement propre compte une dizaine de chambres, toutes avec salle de bains, clim' et TV, pour 2, 4 ou 6 personnes. Les plus chères sont vraiment spacieuses et tout aussi nickel. Les fêtards adorent : on est en plein cœur du quartier des bars. Très bon rapport qualité-prix, bravo !

🛏 **Syri 1 Guesthouse** (zoom D2, 25) : quartier Chao Anou, à côté du stade et derrière le Lao National Museum. ☎ 21-26-82. Doubles 6-15 $. Dans un quartier populaire, tranquille et verdoyant, cette ancienne villa compte des chambres avec ou sans sanitaires, et clim' pour certaines. Un peu vieillot mais plutôt bien tenu. Bref, on en a pour son argent ! Location de vélos sur place.

🛏 **M.O.I.C. Guesthouse** (zoom D3, 32) : 67, rue Manthatourath. ☎ 21-23-62. ● somchit44@hotmail.com ● Double ou triple env 5 $. Cette guesthouse officielle, gérée par le ministère de l'Information et de la Culture, propose de vastes chambres, avec salle de bains et ventilo ou clim'. Propreté acceptable si l'on n'y regarde pas de trop près. Ne pas s'attendre à un palace, mais plutôt à l'ambiance internat. Accueil maussade. Pour dépanner.

De bon marché à prix moyens (de 80 000 à 200 000 kips, soit 10 à 23,50 $)

🛏 **Vayakorn Guesthouse** (zoom C3, **40**) : 91, rue Nokeo Khoumane. ☎ 24-19-11 ou 12. ● vayakone@laotel.com ● Doubles env 23-27 $. En plein centre, ce bâtiment moderne de 3 étages abrite une vingtaine de chambres, toutes meublées de bois et vraiment bien équipées : salle de bains, clim' et TV. Absolument impeccable. Seul bémol : la moitié des chambres ont des fenêtres aveugles ; les plus lumineuses étant au dernier étage. Une adresse sûre et constante à Vientiane.

🛏 **Villa Nong Duang** (plan général B2, **24**) : Ban Nong Douang. ☎ 24-22-92. ● villanongduang@gmail.com ● Depuis la rue Samsenthai, prendre à droite juste avt le Novotel Vientiane (panneau). Doubles 12-18 $. Au beau milieu d'un jardin tropical, cette charmante maison traditionnelle laotienne en bois offre une dizaine de jolies chambres nickel. Si la déco et le bois patiné évoquent le Laos d'antan, le confort, lui, est bien contemporain : salle de bains privée ou commune, moustiquaires, ventilo ou clim'. Dans le jardin, une paillote avec quelques tables (possibilité de restauration) et coussins pour profiter de la douceur des soirées. Location de vélos. Une adresse pleine de charme, un peu excentrée.

🛏 **Sala Inpeng** (zoom C3, **23**) : rue Inpeng. ☎ 24-20-21. ● salalao.com ● Doubles à partir de 25 $. En plein centre-ville et à proximité du Mékong, ces jolies maisonnettes traditionnelles laotiennes en bois sur pilotis abritent quelques chambres confortables (salle de bains, clim'...), aménagées avec goût. Les plus

chères sont vraiment spacieuses. Bon rapport qualité-prix et accueil en français.

🛏 **Mali Mamphu Guesthouse** (zoom D3, **43**) : 114, rue Pang Kham. ☎ 21-50-93. ● malinamphu.com ● Double env 23 $. Internet payant. En plein centre, à proximité immédiate de la place Nam Phou, cette belle guesthouse compte une quarantaine de chambres réparties autour d'un joli patio verdoyant, où les routards du monde entier papotent tranquillement. Chambres neuves et propres, toutes avec salle de bains, clim' et TV. Bon rapport qualité-prix.

🛏 **Douang Deuane Hotel** (zoom C3, **35**) : rue Nokeo Khoumane. ☎ 22-23-01 ou 03. ● dd_hotel@hotmail.com ● Double env 20 $. Internet payant. Une trentaine de chambres tout confort (salle de bains, clim', TV, minibar) dans ce grand bâtiment de 4 étages. Petit balcon côté rue, mais les amateurs de calme opteront pour les fenêtres aveugles de l'arrière. Un peu tristounet et mériterait d'être un peu aéré.

🛏 **Villa That Luang Guesthouse** (plan général G1, **46**) : 109, route de That Luang (rue 23 Singha). ☎ 41-33-70. ● vil lathatluang@gmail.com ● Double env 15 $. Toute proche du That Luang mais plutôt excentrée. Chambres bien équipées et parfaitement tenues, un peu sombres malgré les pierres brutes blanches. Un seul regret : l'emplacement en bord de route rend l'endroit un peu bruyant en journée, mais vous serez aux premières loges pour visiter le temple voisin. Accueil en français.

D'un peu plus chic à plus chic (de 280 000 à 400 000 kips, soit 32,90 à 47 $)

🛏 **Lao Orchid Hotel** (zoom C3, **39**) : rue Chao Anou. ☎ 26-41-34. ● lao-or chid.com ● Double env 45 $, petit déj inclus. Internet gratuit. Dans cette rue tranquille, face au wat Chan et à deux pas du Mékong et de ses fabuleux couchers de soleil, voici un hôtel aux chambres confortables (salle de bains,

clim', TV, minibar, coffre-fort, petit balcon), dont la déco chaleureuse en bois s'inspire du style des maisons traditionnelles laotiennes. Nos préférées sont les plus élevées, ne serait-ce que pour la vue. Bon accueil. Bon rapport qualité-prix.

🛏 **Dorkket Garden Guesthouse** (plan

général E3, **27**) : rue Saccarin. ☎ 21-29-63. ● dk_gardenguesthouse@yahoo.com ● *Doubles env 35-40 $, petit déj inclus.* À seulement 5 mn à pied du centre-ville, dans un bâtiment bas en brique donnant sur un petit coin de verdure tropicale, voici une dizaine de chambres confortables (salle de bains, clim', minibar) et décorées avec soin. Propreté sans faille. Bon rapport qualité-prix et accueil adorable.

≋ *Chanthapanya Hotel* (zoom C3, **48**) : 138, rue Nokeo Khoumane. ☎ 24-42-84. ● info@chanthapanyahotel.com ● *Doubles à partir de 40 $.* En plein centre, un hôtel dont le style de la façade à 3 étages rappelle un peu les maisons traditionnelles laotiennes. Chambres confortables (salle de bains, clim', téléphone, minibar), calmes et vraiment impeccables. Déco intérieure sobre et boisée. Accueil gentil et serviable.

≋ *Inter City Hotel* (zoom C3, **39**) : 24-25, quai Fa Ngum. ☎ 26-37-88. ● laointercityhotel.com ● *Doubles 35-55 $ selon confort et vue.* Dès la réception, décorée avec goût d'antiquités et d'artisanat laotien, on est sous le charme de cet étonnant *boutique hotel*. Les chambres affichent la même origi-nalité, et certaines, les plus chères, ont un confort absolu et une vue imprenable sur le Mékong. Dommage que les salles de bains dans un tel endroit n'aient aucun charme.

≋ *Day Inn Hotel* (zoom D2, **31**) : 59/3, rue Pang kham. ☎ 22-29-85. ● dayinn@laopdr.com ● *Doubles env 40-45 $. Internet gratuit, wifi payant.* Un hôtel central à l'architecture des années 1960 tout à fait « nomenklaturiste », mais assez chaleureux. Couleurs éclatantes des murs, de l'accueil aux chambres, confortables (salle de bains, clim', minibar, téléphone, TV), avec mobilier en rotin. Propreté exemplaire et accueil très serviable.

≋ *Villa Manoly* (plan général E4, **47**) : Ban Phyavat. ☎ 21-89-07. ● manoly20@hotmail.com ● *Résa conseillée. Double env 35 $, petit déj inclus.* Plantée au milieu d'un jardin tropical avec piscine, cette villa décorée d'un bric-à-brac d'objets traditionnels ou anciens renferme des chambres plutôt spacieuses et confortables (salle de bains, clim', minibar, balcon pour la plupart), au charme un peu suranné, mais propres et régulièrement rénovées. Certaines, nos préférées, donnent directement sur la piscine. Accueil attentif.

Beaucoup plus chic (de 430 000 à 1 550 000 kips, soit 50,60 à 182,30 $)

≋ *Hotel Beau Rivage Mékong* (plan général A-B2-3, **41**) : quai Fa Ngum, par la piste. ☎ 24-33-50 ou 75. ● hbrm.com ● *Doubles 47-57 $ selon vue et confort.* Dans ce quartier calme avec une vue imprenable sur le Mékong, vous êtes ici dans un hôtel « concept » où le parti pris est résolument celui de la modernité. Au choix : une quinzaine de chambres confortables, toutes différentes et très bien équipées. Très design, à la fois sobre, inventif et chaleureux, avec des éléments modulables, dans les tons rose ou bleu selon les étages. Chambres très claires, équipées de petits balcons ouverts sur le fleuve pour les plus chères, ou sur le jardin pour les autres. Une valeur sûre, et certainement l'hôtel le plus original de Vientiane.

≋ *Settha Palace Hotel* (zoom D2, **36**) : 6, rue Pang Kham. ☎ 21-75-81 ou 82. ● setthapalace.com ● *Doubles à partir de 180 $.* Une grande maison coloniale ancienne, rénovée et aménagée avec goût par des architectes talentueux. Juste une trentaine de charmantes chambres luxueuses, dont certaines avec balcon. Raffinement total, avec piscine un peu petite hélas, accessible aux non-résidents (compter 8 $).

≋ *Novotel Vientiane* (plan général B2, **26**) : rue Samsenthai. ☎ 21-35-70. ● novolao@loxinfo.co.th ● *Doubles à partir de 150 $.* À l'écart du centre-ville, un hôtel de chaîne à l'architecture massive. Près de 200 jolies chambres bien confortables (salle de bains, clim', TV, téléphone, minibar) et assez lumineuses. Piscine au milieu d'un beau patio, accessible aux non-résidents (environ 6 $). Resto sur place.

Où manger ?

Ce ne sont pas les restos qui manquent à Vientiane : du simple stand en plein air au resto français chicos, en passant par les gargotes chinoises ou laotiennes.

CUISINE LAOTIENNE

Très bon marché (moins de 20 000 kips, soit 2,30 $)

|●| **Gargotes des marchés de Vientiane :** au **marché du matin** (zoom D3, **109**), au marché **Khua Din** (plan général E3, **96**), au marché **That Luang** (plan général H1, **97**) et au marché **Thong Khan Kham** (plan général D1-2, **98**). On peut y déguster une soupe de nouilles (phò), du poulet ou du poisson grillé et, bien sûr, l'inévitable riz gluant.
|●| **Cantoches de rue :** dans le petit quartier chinois, au croisement des rues Heng Boun et Khoum Boulom (zoom C2) ; ainsi que le long du quai Fa Ngum (zoom C-D3). On y sert une nourriture populaire chinoise et laotienne.
|●| **Samsenthai Fried Noodles** (zoom C2, **71**) : rue... Samsenthai. ☎ 21-49-93. Pour une poignée de kips, quelques plats simples comme sabaidee et pleins de goût. Des tables en terrasse, la TV pour fond sonore et le serrurier qui partage sa clientèle. Rapide, efficace, on resterait des heures à observer le ballet des jeunes cuisinières, derrière leurs pilons.

Bon marché (de 20 000 à 50 000 kips, soit 2,30 à 6 $)

|●| **Ban Vilaylac Restaurant** (zoom C3, **53**) : derrière le wat Ong Teu, une petite rue sans nom, à côté du resto Makphet. ☎ 22-20-49. Ouv tlj 9h-22h. Une adresse perdue derrière son mur végétal et ses loupiotes à la nuit tombée, joliment décorée d'objets traditionnels laos. Spécialités lao-thaïes délicieuses, de la salade de papaye au tom yam, en passant par le poulet aux noix de cajou. Service long mais gentil.
|●| **Nang Khambang Lao Food Restaurant** (zoom C3, **61**) : 97/2, rue Khoum Boulom. ☎ 21-71-98. Tlj 11h-21h. Dans cette grande salle genre garage, doublée d'une pièce climatisée, voici sans doute le meilleur et le plus authentique resto laotien de Vientiane. On y déguste des cailles grillées, des grenouilles farcies, du poisson du Mékong, de la soupe aux herbes et toutes sortes de spécialités à prix doux, comme l'accueil. La carte est même en français, illustrée de photos.
|●| **Moon The Night** (plan général A2, **68**) : quai Fa Ngum. Y aller en tuk-tuk. Cette grande terrasse surplombant le Mékong est en fait la version laotienne du beer garden. On y sert un impressionnant choix de plats traditionnels laotiens que l'on arrose volontiers de bière locale, sur fond de musique US forte. C'est correct, et l'ambiance est très vive le soir. Un resto essentiellement fréquenté par les Laotiens en famille ou en goguette, pour changer un peu du « Vientiane à touristes ».
|●| **Kop Chaï Deu** (zoom D3, **62**) : 54, rue Setthathirat ; à l'angle de la pl. Nam Phou. ☎ 25-15-64. Ouv tôt et jusqu'à tard. Une ancienne villa coloniale avec terrasse, aménagée d'abord en resto-bar de plein air puis, devant le succès, agrémentée de plusieurs salles à l'étage. Côté fourneaux : spécialités de viandes grillées et plats laotiens très corrects comme les saucisses de Luang Prabang. Mais on vient surtout pour l'ambiance animée et bruyante du grand bar en plein air, où touristes et Laotiens se mélangent chaque soir... Idéal de s'y rendre quand on débarque à Vientiane, histoire de se faire plein de copains routards.

LAOS / VIENTIANE

Prix moyens (de 50 000 à 150 000 kips, soit 6 à 17,70 $)

|●| **Makphet** (zoom C3, **53**) : derrière le wat Ong Teu, une petite rue sans nom, à côté du resto Ban Vilaylac. ☎ 26-05-87. Tlj 11h-16h. Charmant petit resto décoré de dessins d'enfants. On y recueille en effet les gamins des rues pour les former aux métiers de la restauration. Dans l'assiette, on se délecte des bons petits plats laotiens mitonnés avec un goût exquis et particulièrement bien présentés. Service gentil et touchant de timidité. Petite boutique d'artisanat au rez-de-chaussée. Une annexe à Phom Penh, *Friends*.

|●| **Amphone** (zoom C3, **72**) : tlj sf dim. Resto élégant, avec sa terrasse semi-ombragée et son ambiance intime. Salle plus cossue, tout aussi sympa. Cuisine raffinée, comme ce *mok pa* (poisson cuit dans une feuille de bananier) ou le *sup nor mai* (pousses de bambou mixées avec des piments). Petite musique jazzy, tables bien mises, service aux petits oignons. Pour un dîner en amoureux.

|●| **Tamnak Lao Restaurant** (plan général E-F2, **73**) : route de That Luang (rue 23 Singha). ☎ 41-35-62. Fermé lun. Tenu par d'anciens Laotiens expatriés, ce resto est l'un des meilleurs de Vientiane pour la qualité de l'accueil, du service et, bien sûr, de la cuisine. Dans un cadre raffiné et bourgeois mais sans tape-à-l'œil ou dans le jardin, on mange un beau choix de spécialités, principalement laotiennes et thaïes, préparées dans le meilleur de la tradition et copieusement servies. Certains soirs, musique traditionnelle.

|●| **Kualao** (zoom D3, **65**) : 141, rue Samsenthai. ☎ 21-57-77. Une belle maison coloniale jaune, climatisée et décorée avec quelques objets anciens. On s'y est régalé des intéressantes formules complètes comprenant une dizaine de spécialités du pays, apportées par des serveuses en costume. Cuisine soignée, parfois très épicée mais toujours à prix raisonnables. Spectacles de musique traditionnelle certains soirs (se faire confirmer par téléphone).

CUISINE D'ASIE

Bon marché (de 17 000 à 42 500 kips, soit 2 à 5 $)

|●| **PVO** (zoom D3, **52**) : quai Fa Ngum. ☎ 21-44-44. Ouv très tôt et jusqu'à 20h env. Un resto vietnamien où l'on dévore d'excellents et croustillants sandwichs baguette. Également de très bons nems, rouleaux de printemps, soupes et autres salades, à engloutir dans une salle basique ou sur la jolie terrasse couverte au bord du Mékong. Loue aussi des vélos.

|●| **Ali** (zoom C-D3, **67**) : 52, rue Pang Kham. ☎ 21-79-58. Tlj 8h30-22h30. Le volubile M. Ali propose une cuisine indienne brassant aux quatre coins du pays, des préparations tandoori au *massala*, avec des *naans*, naturellement. Terrasse tranquille.

|●| **Taj Mahal Restaurant** (zoom C-D3, **54**) : juste derrière le palais de la Culture. ☏ 020-561-10-03. Sous les dehors modestes d'une terrasse couverte de tôles, ce gentil resto indien propose une cuisine excellente. Dans l'assiette, voici donc currys, *biryanis* et encore bien d'autres plats savoureux et typiques du pays de Gandhi. Très apprécié.

|●| **Pho Dung** (zoom C2-3, **74**) : 158, Hengboon. ☏ 020-772-63-83. Lun-ven midi et soir. Une petite salle, vite prise d'assaut. On partage sa table avec d'autres convives. Des *phó* en veux-tu en voilà, la soupe traditionnelle vietnamienne. Copieux, pas cher et une vraie tranche de vie vietnamienne.

|●| **Fathima Restaurant** (zoom C3, **69**) : quai Fa Ngum. ☎ 21-90-97. Un petit resto avec sa miniterrasse sur le quai ; rendez-vous de la communauté tamoule de Vientiane. Carte longue comme le bras avec tous les classiques de la cuisine indienne, y compris des spécialités végétariennes.

Plus chic (à partir de 85 000 kips, soit 10 $)

|●| **Kiku** (zoom D3, **19**) : au 1er sous-sol du Lao Plaza Hotel. ☎ 21-88-00. Ouv 10h-14h, 18h-22h. L'un des restos japonais les plus chic de la ville (l'un des plus chers aussi). Cadre épuré avec long bassin où errent quelques poissons au-dessus des pierres. Spécialités de sushis, *tempura, udon* et autres plaisirs du pays du Soleil levant. Zen, un poil austère mais très bon.

CUISINE FRANÇAISE

Prix moyens (de 50 000 à 100 000 kips, soit 6 à 11,80 $)

|●| **La Terrasse** (zoom C3, **57**) : 55/4, rue Nokeo Khoumane. ☎ 21-85-50. Fermé dim. Les grands classiques de la cuisine française, mais aussi italienne et laotienne sont servis dans ce resto réputé pour ses plats soignés à prix doux. On mange dans une salle dont la déco rappelle forcément la France et Paname, ou sur les quelques tables en terrasse. Intéressant menu complet à midi ; en revanche, le soir, à la carte, la note grimpe vite.

|●| **Le Vendôme** (zoom C3, **55**) : rue Inpeng ; face au temple du même nom. ☎ 21-64-02. Fermé w-e midi. Vous serez certainement séduit par la petite terrasse-véranda verdoyante entourant cette jolie maison coloniale, véritable îlot de tranquillité. Côté cuisine, quelques bonnes spécialités bien franchouillardes : porc farci aux pruneaux d'Agen, rôti de canard aux noix de cajou, grillades, pizzas, etc. Accueil à la bonne franquette.

|●| **La Côte d'Azur** (zoom C3, **56**) : 62/63, quai Fa Ngum. ☎ 21-72-52. Fermé dim midi. Un resto bien de chez nous, dont l'imposante carte propose, entre autres, des spécialités inspirées du sud-est de la France. On y mange aussi quelques belles pièces de bœuf et des salades agréables, sans oublier pâtes, pizzas...

Plus chic (plus de 85 000 kips, soit 10 $)

|●| **La Cave des Châteaux** (zoom D3, **50**) : pl. Nam Phou. ☎ 21-21-92. Tlj sf dim midi. On s'est vraiment régalé dans ce resto incontournable à Vientiane. Au menu, large choix de spécialités régionales françaises, avec une préférence marquée pour la Provence. Et même de la pissaladière ! Les viandes et poissons ont un goût fin et relevé particulièrement exquis. Et pour combattre le mal du pays, bon choix de fromages et de vins. Déco façon vieille cave en pierre, plutôt chic et pittoresque.

|●| **Le Central** (zoom C3, **64**) : 77/8, rue Setthathirat. ☎ 24-37-03. Ce resto iné-vitable à Vientiane concocte des recet-tes bien de chez nous, mâtinées des saveurs exotiques de l'Extrême-Orient. C'est bon, joliment présenté et le ser-vice est stylé ; dommage seulement que la carte ne soit pas un peu plus étof-fée. Au dessert, le fondant au chocolat, spécialité du chef, est tout simplement succulent. Cadre à la fois sobre et cha-leureux, agrémenté de photos ancien-nes.

|●| **Le Nadao** (plan général E2, **45**) : rue Nahaidio ; derrière le Patuxai. Avec son chef formé chez les plus grands, c'est sans conteste l'une des meilleures tables de Vientiane. Carte variée, pour des spécialités inventives et raffinées, et renouvelée régulièrement. Idéal pour fêter son départ du pays.

CUISINE ITALIENNE

Prix moyens (de 50 000 à 100 000 kips, soit 6 à 11,80 $)

|●| **La Gondola** (zoom C3, **70**) : rue Chao Anou. ☎ 26-40-57. Fermé lun. Un resto tenu par un vrai chef italien miton-nant avec talent les spécialités classi-

ques de la Botte... sauf les pizzas. On se régale de pâtes, salades, viandes et poissons, arrangés avec de jolies saveurs. Sérieuse sélection de vins italiens. Cadre sobre et prix justes.

Plus chic (plus de 100 000 kips, soit 11,80 $)

|●| *L'Opéra* (zoom D3, **49**) : *pl. Nam Phou*. ☎ 21-50-99. Des pâtes aux parfums succulents, de généreuses salades, d'excellentes viandes travaillées avec goût et tutti quanti. Et pour les irréductibles : de très bonnes pizzas ; airs d'opéra compris ! Pas donné quand même.

CUISINE INTERNATIONALE

De bon marché à prix moyens (de 20 000 à 100 000 kips, soit 2,30 à 11,80 $)

|●| *Dao Fa Bistro* (zoom D3, **66**) : *43/4, rue Setthathirat.* ☎ 21-56-51. Happy hours *18h-21h*. Au choix : jolie salle claire et sobre, ou terrasse avec vue sur l'animation tranquille de la rue et la place Nam Phou. On y engloutit en priorité crêpes et pâtes fraîches, les deux spécialités de la maison. Également des salades, pizzas et sandwichs tout aussi réussis, sans oublier les bons petits déj, ou, pour une pause, l'excellent chocolat chaud.
|●| *Full Moon Café* (zoom C3, **51**) : *rue François-Nginn.* ☎ 24-33-73. Déco originale avec de jolis tableaux accrochés sur les murs colorés. Côté fourneaux, on se délecte des bons petits plats de l'Inde et de l'Asie du Sud-Est (Laos, Cambodge, Chine et Thaïlande). Agréable terrasse. Bon rapport qualité-prix.
|●| *Sticky Fingers* (zoom C3, **51**) : *rue François-Nginn.* ☎ 21-59-72. Brunch tlj. Fermé lun. Ambiance pub vraiment sympa et cuisine internationale « italo-mexicano-libano-americano-asiatique » plutôt réussie. Également idéal pour prendre un verre en soirée et faire plein de rencontres.

Plus chic (plus de 100 000 kips, soit 11,80 $)

|●| *Le Silapa* (zoom C2, **58**) : *17/1, rue Sihom.* ☎ 21-96-89. Ce petit resto à la déco simple, raffinée et un brin romantique, est incontournable à Vientiane. On y sert une cuisine inventive et soignée, où saveurs d'Occident et d'Orient se combinent harmonieusement, pour le plus grand bonheur de nos papilles. Intéressant menu 3 plats à midi.
|●| *That Dam Wine House Restaurant* (zoom D3, **63**) : *pl. That Dam.* ☎ 22-26-47. De bons steaks, salades, sandwichs et pizzas, à déguster de préférence sur la jolie terrasse dominée par le pittoresque et mystique stupa noir, vraiment romantique en soirée. Grand choix de vins français de qualité à prix juste ; le patron laotien francophone est l'un des principaux importateurs de vins du pays et dispose même d'une boutique sur place.

Où boire un café ? Où manger sandwichs et pâtisseries ?

|●| *Le Banneton* (zoom C3) : *rue Nokeo Khoumane ; face au resto* La Terrasse (zoom C3, **57**). ☎ 21-73-21. Certainement la meilleure boulangerie-pâtisserie de Vientiane en ce moment. Sous vos yeux éblouis, voici la panoplie complète des viennoiseries françaises pour se caler à l'heure du petit déj. Également de bonnes tartines gourmandes, des quiches et salades.

|●| **Jo Ma Bakery Café** (zoom D3, 66) : 44/4, rue Setthathirat. ☎ 21-52-65. On trouve tout dans cette boulangerie-pâtisserie d'inspiration plutôt américaine : du croissant au pain aux céréales, en passant par la tarte aux épinards, l'apple pie ou encore les muffins. Jolie déco et petite terrasse sur la rue.

|●| **Café Croissant d'Or** (zoom C3, 57) : rue Nokeo Khoumane ; face au resto La Terrasse. ☎ 22-37-41. On a bien aimé les chaussons aux pommes et au citron,

la tarte à l'orange ou le café. Salle agréable et mignon petit patio verdoyant pour prendre l'air en sirotant un jus de fruits frais. Également de copieux sandwichs et salades.

|●| **The Scandinavian Bakery** (zoom D3, 59) : pl. Nam Phou. ☎ 21-51-99. Tartes salées, muffins, brownies, apple pies et plein de petits gâteaux pour accompagner son café. Microterrasse idéale pour le petit déj ou pour le goûter.

Où boire un verre ? Où sortir ?

Pour admirer le coucher du soleil

D'une manière générale, prévoir un répulsif antimoustiques, même en saison sèche.

▼ **Les beer gardens du quai Fa Ngum** (zoom C3, 79) : improvisés en plein air au bord du Mékong. Avec 4 tables, 5 chaises, 2 néons, un sourire et une bière, vous y vivrez l'un des couchers de soleil les plus authentiques du coin.

▼ **CCC Folk Bar** (zoom C2, 58) : rue Setthathirat, à côté du resto Le Silapa. ☎ 24-29-58. Tlj sf dim. Un endroit farfelu qu'on aime bien. Accueilli par un poste de télé transformé en vrai aquarium, on peut venir ici faire un billard,

mater un film les pieds dans le sable (!) au 1er étage, manger des insectes (sic), écouter de la musique en live ou... boire un verre, tout simplement, en terrasse avec les mainates. Sympa !

▼ **Spirit House** (plan général A-B2-3, 41) : quai Fa Ngum, par la piste, juste à côté du Beau Rivage Mékong. Happy hours 17h-20h. Joli bar tranquille avec sa gentille terrasse surplombant le Mékong, histoire de boire un verre en regardant la boule de feu plonger dans le fleuve légendaire.

Bars et pubs

▼ **Kop Chaï Deu** (zoom D3, 62) : 54, rue Setthathirat ; à l'angle de la pl. Nam Phou. Un bar en plein air animé jusqu'à très tard par les touristes et Laotiens en goguette, qui papotent sur fond de musique thaïe et américaine. Petits salons agréables à l'intérieur. On y fait plein de rencontres.

▼ **Sticky Fingers** (zoom C3, 51) : rue François-Nginn. Un pub bien connu des résidents étrangers de Vientiane, qui s'y retrouvent en soirée pour descendre des verres. Les discussions vont bon train et la Beer Lao coule à flots.

▼ **Bor Pen Nyang** (zoom C3, 80) : quai Fa Ngum. Un pub grand ouvert sur le Mékong, qu'il surplombe depuis le dernier étage d'un immeuble. Très anglo-saxon dans sa déco et sa clientèle de touristes fêtards qui picolent comme

des dingues. Billards et compét' le soir !

▼ **The Brick Jazz Lounge** (zoom D3) : rue Setthathirat ; à côté de Jo Ma Bakery Café (zoom D3, 66). Une chaleureuse maison coloniale tout en brique avec du bois exotique partout à l'intérieur, façon lounge tropical. Lumière tamisée. Dans les verres, une foule de cocktails (compter 5 $) particulièrement réussis, que l'on sirote sur quelques notes jazzy. Attention, tenue correcte exigée, évitez les tongs !

▼ **Wind West** (zoom C2, 90) : sur la route de Luang Prabang. ☎ 21-72-75. C'est le 1er pub de Vientiane, ouvert en 1993 ! Essentiellement fréquenté par des Laotiens, on y écoute de la musique live presque tous les soirs. Bonne ambiance.

LAOS / VIENTIANE

Discothèques

Les discothèques sont généralement ouvertes tous les soirs (entrée payante), mais l'ambiance n'est souvent au rendez-vous que le week-end. Un DJ diffuse des tubes américains, et l'ambiance bat son plein vers 22h30-23h30. Le samedi soir, les jeunes Laotiens fêtards branchés font le tour des boîtes de la route de Luang Prabang. Mais le couvre-feu fait rentrer tout ce petit monde à la maison à minuit !

♫ ***Marina*** *(hors plan général par A2,* ***87****)* ***:*** *route de Luang Prabang, face au wat Thai Neu ; avec ses néons, impossible de la rater.* Un bowling techno doublé d'une discothèque très en vogue chez les jeunes Laotiens, vite rejoints par les étrangers résidents et les touristes. Ils livrent leur corps aux démons de ces « musiques-de-danses-de-jeunes » en descendant des verres. Bonjour les dégâts !

♫ ***Discothèque du Don Chan Palace*** *(plan général E4,* ***88****)* ***:*** *au bord du Mékong, au 3e étage de l'hôtel. Tlj à partir de 20h.* Des murs peints à la bombe, des fûts en guise de tables, et puis cette terrasse avec vue sur le fleuve, où la jeunesse dorée de la ville bouge dans tous les sens à côté de quelques touristes. Toujours bondée en fin de soirée, car c'est la dernière boîte à fermer dans la nuit vientianaise.

♫ ***D-Tech*** *(plan général B2,* ***26****)* ***:*** *derrière le* Novotel Vientiane. La jeunesse friquée s'y trémousse toute la soirée au côté des touristes sur les rythmes fous des musiques thaïes et américaines. Et la *Beer Lao* coule à flots !

♫ ***Future Music*** *(plan général B2,* ***89****)* ***:*** *route de Luang Prabang.* Une toute petite boîte fréquentée par la jeunesse locale qui se lâche en picolant des binouses sur les standards de la musique occidentale, dans une atmosphère bon enfant.

À voir

Les temples

Wat Sisaket *(zoom D3,* ***100****)* ***:*** *entre l'av. Lane Xang et la rue Setthathirat. Tlj 8h-12h, 13h-16h. Entrée : 5 000 kips (0,60 $).*

Situé au centre de la ville, dans un jardin paisible, Sisaket (« le cheveu sur la tête ») venait d'être construit par le roi Anouvong en 1818, lorsque les Siamois déferlèrent sur Vientiane. Ils l'épargnèrent cependant car il était construit dans le style... siamois !

La principale caractéristique du wat Sisaket est de posséder plusieurs milliers de statuettes du Bouddha qui sont disposées, généralement deux par deux, dans des niches creusées dans l'enceinte du cloître ou dans le *sim* (sanctuaire central). Effet visuel garanti ! Les plus anciennes statuettes sont en bronze et datent du XVe s. Les autres sont en pierre ou en argent, et datent pour la plupart des XVIIIe et XIXe s...

Le *sim,* de style siamois, est entouré d'une colonnade et possède un toit à cinq pans. Les murs intérieurs sont décorés de peintures très abîmées qui représentent la vie du Bouddha. À l'extérieur, derrière le *sim,* se trouve une gouttière en bois en forme de serpent, ou *naga,* destinée à contenir l'eau lustrale servant à arroser les statues lors de la fête du Nouvel An. On aperçoit aussi quelques tombes renfermant des urnes funéraires...

Le musée du wat Ho Phra Kéo *(zoom D3,* ***101****)* ***:*** *rue Setthathirat. Tlj 8h-12h, 13h-16h. Entrée : 5 000 kips (0,60 $).*

Il abrite aujourd'hui une collection d'objets d'art sacré laotien et khmer, collection un peu hétéroclite mais fort intéressante. Le bâtiment, construit dans les années 1930, est une reproduction de l'ancien temple royal, détruit par les Siamois en 1828.

À l'extérieur, le temple est entouré d'une galerie décorée de statues du Bouddha en bronze, dans différentes positions méditatives, datant du XVIIIe s. Derrière, dans la colonnade, au niveau de l'entrée du musée, on peut voir un bouddha en pierre de style *dvaravati*, d'origine khmère, datant du IXe s.

Le Ho Phra Kéo avait été initialement construit en 1565 par le roi Setthathirat afin d'abriter le fameux bouddha d'Émeraude. En 1779, considérant que la précieuse statue leur appartenait, les Siamois mirent la main dessus au cours d'un 1er raid sur Vientiane, et la rapportèrent à Bangkok. Elle s'y trouve toujours, dans une pagode également appelée Ho Phra Kéo. La question de la propriété du bouddha d'Émeraude a longtemps été la principale cause de discorde entre le Laos et la Thaïlande. Qui a raison ? Difficile de trancher. S'il est exact que le bouddha d'Émeraude se trouvait sur le territoire de l'actuelle Thaïlande au temps du roi Setthathirat, il n'en est pas moins vrai que cette région appartenait à l'époque au royaume du Laos...

🎬🎬🎬 **Wat That Luang** *(wat Pha That Luang ; plan général G-H1, 92)* : à env 4 km à l'est du centre-ville. Tlj 8h-12h, 13h-16h. Entrée : 5 000 kips (0,60 $).
Ce grand stupa sacré, censé contenir un cheveu du Bouddha et les cendres d'une de ses hanches, est le monument religieux le plus important du Laos. C'est également ici que réside le chef suprême du bouddhisme laotien... Sur l'esplanade bétonnée, l'immense bâtiment sur le flanc droit du temple est le Parlement lao. Les mercredi et samedi matin, marché bio juste en face.
Le wat That Luang a eu une histoire mouvementée, mis à mal à travers les siècles par les Siamois, Birmans et autres envahisseurs. D'après la légende, au IIIe s de notre ère, un stupa bouddhique s'élevait déjà à cet emplacement, mais les fouilles entreprises n'ont rien révélé de plus ancien qu'un temple khmer daté du XIe s... Le stupa actuel fut édifié au milieu du XVIe s, lorsque Vientiane devint capitale du royaume. On ne peut pas dire que sa restauration, à grand renfort de ciment, réalisée par les Français au début du XXe s, soit une réussite, même camouflée sous la peinture dorée. Le reliquaire est entouré d'un cloître, et sa base mesure 68 m de côté. On peut monter sur la première des terrasses entourées de pétales de lotus, et apprécier la vue sur la statue du roi Setthathirat. Tout autour, dans l'enceinte, plusieurs monastères bouddhiques en activité...
Si, en temps ordinaire, l'aspect du That Luang peut paraître un peu austère, il n'en est rien lors de la fête du That Luang, qui a lieu mi-novembre (voir, dans « Laos : hommes, culture et environnement », la rubrique « Fêtes et jours fériés »). Des bonzes, venus de tout le pays, habitent alors dans les loges qui entourent le cloître et y reçoivent des offrandes des fidèles. À l'extérieur, toutes les ethnies du pays et ambassades étrangères viennent se présenter. Et il se tient une véritable foire, avec montreurs d'animaux, manèges, jeux d'adresse, loteries et attractions diverses.

🎬🎬 **Wat Ong Teu** *(zoom C3, 102)* : à l'ouest de la rue Setthathirat. Ce temple est situé au centre d'un ensemble de cinq monastères, disposés en croix sur les points cardinaux : wat Inpeng (ouest), wat Mixay (est), wat Chanh (sud), wat Haysok (nord). Le wat Ong Teu, lui aussi, reconstruit au début du XXe s, a été fondé par le roi Setthathirat. C'est le temple du « bouddha lourd », car il abrite le plus important bouddha en bronze de Vientiane. L'extérieur est surtout remarquable pour sa magnifique porte dorée en bois sculpté. Les motifs représentent des scènes du *Râmâyana*. À l'intérieur, l'imposante statue du Bouddha est flanquée de plusieurs petits bouddhas en bronze dans différentes postures.

🎬🎬 **Wat Inpeng** *(zoom C3, 103)* : ce temple est surtout intéressant pour sa façade richement parée de bas-reliefs en bois sculpté doré, ornés de mosaïques de verre. L'enceinte du temple abrite une petite école monastique.

🎬🎬 **Wat Haysok** *(zoom C3, 104)* : temple-monastère mandarinal, dont on remarquera au passage l'impressionnante toiture à cinq pans.

🎬🎬 **Wat Mixay** *(zoom C3, 105)* : ce petit temple entouré d'une muraille est de style thaïlandais avec une forte influence chinoise. Remarquer les bas-reliefs des portes du sanctuaire.

LAOS / VIENTIANE

🍴 *Wat Chan* (zoom C3, *106*) : du temple d'origine, il ne reste que le grand bouddha doré qui se trouve assis à l'intérieur du sanctuaire. Il est flanqué de 2 autres bouddhas debout. À l'extérieur ne subsiste qu'un des bouddhas qui, jadis, ornaient les reliquaires disposés autour du sanctuaire. Déco plutôt chargée !

🍴🍴 *Wat Simuang* (plan général E4, *93*) : à l'angle des rues Setthathirat et Samsenthai, avt le début de la route de Thadeua. Entouré de verdure, voici le temple (tout jaune) le plus vénéré de la ville, car il abrite le pilier tutélaire (le *Lak Muang*), probablement une ancienne borne khmère autour de laquelle le sanctuaire fut construit au XVIe s. Selon la légende, cette lourde pierre a été plantée dans la terre en écrasant une jeune femme enceinte ! Elle s'était, paraît-il, offerte en sacrifice... Très coloré, un peu dans le style des temples hindous, le wat Simuang est aujourd'hui le temple de la chance et de la divination. On vient y prier pour exaucer un vœu. Si ça marche, on y revient pour faire une offrande sous forme de billets de banque, de couronnes de fleurs ou de fruits. D'où la présence de marchands de fleurs tout autour du temple. Devant le sanctuaire se dresse une surprenante statue du roi Sisavang Vong, à l'allure martiale, réalisée par un sculpteur soviétique dans les années 1960. Il en existe une copie dans les jardins du Palais royal de Luang Prabang...

🍴🍴 *Wat Dong Mieng* (plan général D1, *94*) : au nord de la ville, proche du marché Thong Khan Kham. Construit en 1923, ce temple n'est guère visité. Et pourtant, il est très joliment décoré dans le style lao-thaï. Demandez donc au bonze de service de vous ouvrir la porte.

🍴🍴 *Wat Tai Yai* (hors plan général par A2) : sur la route de Luang Prabang, sur la gauche avt de tourner vers l'aéroport. Construit à la fin du XIXe s dans le style siamois, il est remarquable par ses belles décorations polychromes extérieures. Son sanctuaire abrite l'un des plus imposants bouddhas de Vientiane...

🍴🍴🍴 *Wat Sokpaluang :* on en parle plus loin dans « Loisirs et détente » (bain de vapeur).

🍴🍴 *Wat Chua Bang Long* (zoom C2, *110*) : dans une petite impasse perpendiculaire à la rue Khoum Boulom. Un temple vietnamien devant lequel s'élève une grande statue blanche immaculée de Kuan-Yin, déesse de la compassion. Également quelques statuettes très kitsch devant le sanctuaire. Très fréquenté lors du Nouvel An chinois et vietnamien.

Autres monuments, musées et activités

🍴🍴 *That Dam ou « stupa noir »* (zoom D3, *107*) : au bout de la rue Chanta Khoumane. Cet étrange stupa, qui doit son surnom aux sombres moisissures clairsemées de végétation qui le recouvrent, est sans doute très ancien. Selon la légende, il serait le gardien d'un dragon à sept têtes qui aurait protégé la ville lors des invasions siamoises. Quand on connaît cette période tragique de l'histoire du Laos, on se dit que sa protection n'a guère été efficace, d'autant que les Siamois l'auraient débarrassé de sa couverture de feuilles d'or. C'est peut-être la raison pour laquelle ce stupa n'est pas l'objet d'une grande dévotion... En revanche, son histoire fait couler beaucoup d'encre : articles et publications se disputent ses secrets.

🍴🍴🍴 *Patuxai (Anousavari ; plan général E2, *95*) : au bout de l'av. Lane Xang, faisant face au palais présidentiel. Tlj 8h-17h. Entrée : 3 000 kips (0,35 $). Un curieux arc de triomphe construit à l'image de celui de la place de l'Étoile à Paris, mais dont la décoration est inspirée de la mythologie laotienne ! Édifié à grands frais dans les années 1960 avec du béton américain destiné à construire un aéroport, c'est un monument commémoratif en l'honneur des morts des différentes guerres. Une terrasse, à laquelle on accède par un escalier, se trouve au sommet du monument : vue panoramique imprenable sur la ville. L'esplanade au pied du Patuxai est équipée de fontaines musicales, qui se déchaînent théoriquement à

18h30 en semaine et dès 9h jusqu'au soir le week-end. Ce spectacle est très populaire en ville... Sans oublier tous les bancs sponsorisés !

🎭🎭 *Lao National Museum (musée de la Révolution laotienne ; zoom D2, 108) :* rue Samsenthai ; au bout de la rue Manh Thatourath. Tlj 8h-12h, 13h-16h. Entrée : 10 000 kips (1,20 $). On découvre d'abord des fossiles, os de dinosaures, et puis des objets archéologiques (poteries, outils...) provenant des civilisations laotiennes de l'âge du bronze. Au 1er étage, quelques ethnies du pays sont évoquées à travers tissus, outils, habitat, armes et instruments de musique. Également une rigolote collection de bouddhas en or et en argent, enfermés dans une cage ! Et enfin les souvenirs de la guerre de libération, éclairant l'histoire contemporaine du Laos, ainsi que des vitrines montrant la « modernité » de l'industrie, l'agriculture, la politique... C'était la rubrique « Communisme et langue de bois » !

🎭🎭 *Le trek des orchidées :* ☎ 560-444. 📱 020-220-15-80. Prévoir la journée. On vient vous chercher à 7h30 à Vientiane à votre hôtel ; 1h30 de route ; balade, pique-nique et baignade au programme ; retour à 18h. Niveau 2-3, découverte des orchidées dans leurs milieux naturels et explications des plantes utilisées par les Laotiens pour se nourrir et se soigner, dans le parc de Phou Khao Khouay. Balade axée sur la conservation. Un trek de plusieurs jours avec nuits dans la forêt est en prévision.

🎭🎭 *Le mémorial et musée Kayson Phomvihane :* sur la route de Savannakhet, au km 6. Tlj sf lun 8h-12h, 13h-16h. Entrée : 5 000 kips (0,60 $). Musée à la mémoire du 1er président du Laos et installé dans son ancienne résidence : une sorte de temple à colonnades tape-à-l'œil manquant singulièrement de simplicité. Et à voir la taille de la statue à l'entrée du musée, on mesure tout de suite le culte entretenu par le régime autour de ce personnage historique, parvenu au pouvoir en 1975. À sa mort, en 1992, un stupa à sa mémoire fut édifié à l'entrée de chaque ville du pays.

Les marchés

🎭🎭🎭 *Le marché Khua Din (plan général E3, 96) :* derrière le marché du matin et à côté de la station de bus. Tlj 6h-18h. À notre avis, s'il n'y en a qu'un à voir, c'est celui-ci ! C'est ici que les paysans viennent vendre leurs produits frais dans une atmosphère joyeuse et haute en couleur, pleine de tous les parfums (et puanteurs !) de l'Orient. Les marchandises sont exposées par catégories. Il y a le coin de la viande que l'on découpe en plein air au milieu de myriades de mouches. À l'emplacement du poisson, on peut observer des poissons gluants à tête de serpent qui frétillent dans des bassines, énormes poissons-chats débités au hachoir, anguilles, grenouilles et autres batraciens... Le rayon des fruits et légumes est le plus coloré, celui du tabac et des écorces le plus odorant. On y découvre encore le coin des volailles qui jacassent, et pour se restaurer : des gargotes bon marché et des étals, où l'on est tout surpris de trouver de vrais pains à la française et des sandwichs.

🎭 *Le marché du matin (Talat Sao ; zoom D3, 109) :* av. Lane Xang. Tlj 9h-17h env. On aimait ce grand centre vivant, mais c'est devenu aujourd'hui un grand centre commercial avec des petites échoppes tout autour sans commune mesure avec les anciennes richesses de ce marché du matin. Dommage ! On trouve encore quelques boutiques d'artisanat, des bijoux et des vêtements, lunettes, montres, disques, pacotille, etc.

🎭🎭 *Le marché That Luang (plan général H1-2, 97) :* dans une rue sur le côté droit du wat That Luang lorsqu'on vient du centre-ville. Moins animé que le marché Khua Din, ce petit marché est situé dans un quartier populaire bien vivant. Très coloré, on y vend surtout des produits frais. L'endroit est réputé pour ses arrivages de gibier sous le manteau et autres bizarreries alimentaires, comme les pâtes de maïs, fruit de latanier, peau de buffle séchée, couenne de porc, confiture de crevettes... Quelques gargotes pour se restaurer.

🍴🍴 **Le marché Thong Khan Kham** *(plan général D2, 98)* **: au nord-est de Vientiane, à l'extérieur du bd circulaire.** Marché plus animé le matin que le soir. On y
trouve de tout, et l'on se déplace facilement dans les artères assez spacieuses et
ombragées, ne sachant plus où donner de la tête devant l'abondance des produits
frais, des odeurs, saveurs… Nous avons bien aimé le rayon des fleurs à offrande,
les grandes bassines de riz que l'on aperçoit un peu partout et, enfin, les machines
à râper le coco. Également pas mal de chaussures, vêtements et sacs contrefaits.
Petites cantoches pour casser la croûte sur place.

Achats

Plusieurs **magasins** proposent aux touristes des objets (assez chic) de décoration
inspirés de la tradition laotienne. Tous se situent dans les principales rues commer-
çantes du centre-ville : Samsenthai, Setthathirat et Chao Anou. Globalement,
même si l'on y trouve de jolies choses, c'est franchement cher par rapport au salaire
moyen au Laos, et même pour notre portefeuille. De plus, aucune garantie de commerce équitable pour les artisans qui produisent ces objets… Voici d'autres boutiques qu'on aime bien.

❀ **T'shop Laï Gallery – Lao Coco Arts**
(zoom C3) : *rue Inpeng ; à côté du resto*
Le Vendôme *(zoom C3, 55)*. ☎ 22-31-
78. ● laococo.com ● *Lun-sam 8h-20h ;
dim 14h30-20h.* Notre coup de cœur
pour les idées cadeaux en pagaille !
D'insolites objets parfois recyclés à partir de coco, bois ou fer, des créations
contemporaines réalisées avec des
matériaux traditionnels, et puis des
savons et autres produits de beauté…
Tout est fabriqué localement, souvent
par des personnes handicapées qui se
réinsèrent par l'artisanat, bravo !
❀ **Lao Gallery** *(zoom C3)* : *92/2, rue
Nokeo Khoumane ; à côté du* Chanthapanya Hotel *(zoom C3, 48)*. ☎ 21-29-
43. Exposition et vente de peinture sur
soie par des artistes du Laos et des
pays voisins.
❀ **Moradok** *(zoom C3)* : *57, rue Setthathirat ; face au wat Inpeng (zoom C3,
103)*. ☎ 25-26-58. *Tlj 9h-19h.* Des
sculptures, vanneries, tissus, bijoux en
argent et autres poteries de très bonne
facture, dans un intérieur joliment aménagé.
❀ **Mixay Boutic** *(zoom C3, 115)* :
53/55, rue Nokeo Khoumane. ☎ 21-65-
92. ● artofmekong.com ● *Juste à côté
du resto* La Terrasse. *Tlj sf dim 9h-20h.*
Essentiellement de beaux tissus et de
l'artisanat local adapté au goût occidental. Marchandage possible, mais
quel business !
❀ **Caruso Lao Home Craft** *(plan général E4, 118)* : *House 008, Ban Phiavath ;
en fait, sur la rive du Mékong, un peu avt
le* Don Chan Palace. ☎ 22-36-44. C'est
véritablement l'artisan à la mode, que
vous retrouverez dans plein de boutiques, restos, etc., à Vientiane comme à
Luang Prabang. Autant aller à la
source ! Essentiellement des objets en
bois exotiques sculptés ou tournés.
C'est joli, bien fini, mais les prix ont des
envolées qui nous laissent sans voix…

Tissus

Le meilleur choix se trouve sur les marchés. Ne pas hésiter à marchander, dans les
limites du raisonnable. On peut voir également des ateliers de tissage au nord-est
de Vientiane, dans le quartier de Ban Nong Bua Thong. Pour ceux qui peuvent
attendre, les marchés de Luang Prabang demeurent plus agréables et moins chers.

❀ **Tounet** *(zoom C3, 123)* : *rue Heng-
boon ; à deux pas du palais de la
Culture.* ☎ 020-772-83-92. *Tlj sf dim.*
Une petite boutique sans enseigne.
Tounet crée ses propres modèles de
pantalons, de sacs, d'écharpes, à
partir de tissus laos et d'Asie du Sud-
Est, le tout adapté aux goûts européens. C'est beau et pas très cher. Possible de se faire faire des pièces sur

mesure. Accueil adorable, en français de surcroît.

⚜ **Couleur d'Asie** (zoom D3, **114**) : pl. Nam Phou. ☎ 22-30-08. ● couleurdasie. com ● Lun-sam 8h-20h ; dim 10h-19h. Boutique de décoration intérieure (sets de table, rideaux...), tenue par une styliste réputée, qui propose aussi sa collection de vêtements en soie d'inspiration française et laotienne. Pas vraiment donné mais de bon goût.

⚜ **Satri Lao** (zoom C3, **115**) : 79/4, rue Setthathirath. ☎ 24-43-84. ● satrilao@ hotmail.com ● Lun-sam 9h-20h ; dim 10h-19h. Sur 2 niveaux, une profusion d'objets de déco, d'artisanat, arts de la table, tissus, antiquités, et même des savons et produits de beauté. Chic, cher mais vraiment beau.

⚜ **Lao Textiles – Carol Cassidy** (zoom C-D3, **116**) : 82, rue Nokeo Khoumane. ☎ 21-21-23. ● laotextiles.com ● Lun-ven 8h-12h, 14h-17h ; sam 8h-12h. Dans une grande maison coloniale entourée d'un jardin luxuriant, voici de beaux tissus créés sur place par un styliste renommé et fabriqués sur des métiers à tisser traditionnels, que l'on peut apercevoir dans l'atelier à l'arrière. C'est du haut de gamme, donc cher, mais vraiment raffiné.

⚜ **Nikone Handicraft** (plan général D1, **113**) : 1, rue Dong Mieng. ☎ 21-21-91. ● nikone@laotel.com ● En dépassant le marché Thong Khan Kham et en tournant à droite avt le cirque (pas facile à trouver). Tlj sf dim 9h-17h. Toute une gamme de produits écologiques (teintures traditionnelles) décorés des motifs du cru et développés par une styliste de tête. Les tissus (rideaux, arts de la table, foulards...) sont splendides et d'excellente qualité pour un prix somme toute raisonnable. N'oubliez pas de jeter un coup d'œil sur les métiers à tisser à gauche en sortant.

⚜ **Lao Cotton** (plan général A2, **111**) : sur la route de Luang Prabang. ☎ 21-58-40. ● laocotton.com ● balivone@ya hoo.com ● Faire env 500 m à la sortie du centre-ville, puis tourner à droite et faire encore 200 m ; c'est fléché. Tlj sf dim 8h-17h. C'est un centre pilote où les Laotiennes apprennent à tisser. On ne visite pas les ateliers, mais la boutique vend des cotonnades à motifs : vêtements, foulards, pantoufles, tissus au mètre... Choix limité, mais tarifs abordables. Une petite annexe dans la rue Manthatourath, dans la boutique Art of silk (plan général C3).

Tailleurs

On peut se faire tailler chemises et costards à un prix assez avantageux en s'adressant à l'un des nombreux tailleurs vietnamiens ou pakistanais des rues Pang Kham et Setthathirat. Un conseil cependant : il vaut mieux apporter son modèle, car les canons de la mode laotienne apparaissent un peu ringards aux yeux des Occidentaux. Travail correct, sans plus, et marchandage indispensable.

Loisirs et détente

– **Piscines :** celles des hôtels sont généralement ouvertes aux non-résidents. On aime bien celle du **Settha Palace Hotel** (zoom D2, **36**), un genre de lagon planté dans un jardin tropical (accès : 8 $) ; la jolie piscine du **Novotel Vientiane** (plan général B2, **26**), au milieu d'un patio chic et chaleureux (accès : 6 $, sauna et fitness compris) ; également celle du **Don Chan Palace** (plan général E4, **88**), couverte, avec vue imprenable sur le Mékong (accès : 10 $) ; enfin, la piscine du **Lao Plaza Hotel** (zoom D3, **19**), sur une terrasse découverte avec vue sur le centre-ville, plutôt agréable à défaut d'être tout à fait charmante (accès : 12 $).

– **Bain de vapeur :** au wat Sokpaluang (hors plan général par E4), route de Tadeua, à quelques km au sud de la ville. Plutôt difficile à trouver, demander à un tuk-tuk de vous y conduire directement. Tlj 13h-19h. Env 40 000 kips (4,70 $) pour un bain de vapeur, 1h de massage, thé et serviette compris. Une expérience unique pour retrouver paix et sérénité ! Ce bain de vapeur pittoresque se situe dans une cabane en bois sur pilotis au beau milieu d'un parc de cocotiers et de banians. Le principe est simple : une grosse marmite contenant une décoction d'herbes aromatiques mijote en plein air sur un feu de bois. Son couvercle est relié par un tuyau à la cabane, dans laquelle les vapeurs se répandent dans une obscurité complète (claustrophobes, s'abstenir !). On vous sert du thé brûlant entre deux séances, et vous avez droit à un massage...

Important : n'oubliez pas que vous êtes dans un sanctuaire. Restez discret et ne troublez pas la tranquillité des bonzes.

– Massages :

■ **Papaya Spa** (*plan général B2, 120*) : Ban Sithan Neua. ☎ 21-65-50. ● pa payaspa.com ● *Entre le Novotel et le fleuve, bien fléché. Tlj sf lun 9h30-19h.* Dans cette jolie maison coloniale décorée avec beaucoup de goût, façon magazine de déco, on se fait poupouner sans compter. Très reposant ; nos lectrices sont sous le charme.

■ **Mandarina** (*zoom D3*) : 101/3, rue Samsenthai ; *un peu avt* Asia Vehicle Rental (*zoom D3, 112*). ☎ 22-38-57. *Tlj 10h-22h.* Cadre plutôt joli, et relaxant. Gamme complète de massages traditionnels : de la tête aux pieds. Assez énergiques. Pas très chers.

– Cinéma : au **Centre de langue française** (*zoom E2, 15*), av. Lane Xang, face au marché du matin. ☎ 21-57-64. *Projection de films français mar et jeu 19h45, sam 17h45 (horaires variables, à vérifier). Env 5 000 kips (0,60 $).* Programmation éclectique de films qui conviendra aux cinéphiles comme aux voyageurs en mal de culture française. Voir le programme dans leur bulletin trimestriel. Également une **médiathèque** sur place pour consulter des ouvrages sur les pays asiatiques, feuilleter un roman, faire une pause B.D., etc. (voir « Adresses et infos utiles » pour les horaires).

– Bowling : au **Lao Bowling Center** (*zoom D2, 122*), rue Khoum Boulom. ☎ 21-86-61. *Tlj 9h-minuit. Plus cher après 19h.* Un bowling avec des machines des années 1970, où les Laotiens, d'habitude si tranquilles, lancent leurs boules comme des dingues, et demeurent curieux et amusés du jeu des étrangers.

∞| **Spectacle de danse traditionnelle** (*zoom C3, 121*) : Yensabai Show, rue Manthatourath, tlj sf dim 17h30. Achat des billets 16h-18h juste devant le bâtiment. Danse et musique laotiennes.

➤ **DANS LES ENVIRONS DE VIENTIANE**

Vers le sud-est

🛐🛐🛐 **Wat Xieng Khuan** (Buddha Park ; *hors plan général par E4*) : à 24 km au sud-est de Vientiane en longeant le Mékong par la route de Thadeua. Pour y aller : prendre le bus n° 14 à la gare routière Talat Sao (voir plus loin « Quitter Vientiane »), direction Thadeua. Descendre à env 4 km après le pont de l'Amitié ou demander au chauffeur l'arrêt pour « Buddha Park ». *Tlj 8h-19h. Entrée : 5 000 kips (0,60 $).* Un endroit étrange, car il ne s'agit pas à proprement parler d'un temple, mais d'une sorte de parc où sont édifiées plusieurs dizaines de statues évoquant les panthéons laotien et hindou, avec en vedette un bouddha couché long d'une vingtaine de mètres. Ces effigies naïves ont été construites en béton armé dans les années 1950 par un bonhomme farfelu qui souhaitait unifier bouddhisme et hindouisme ! Aujourd'hui, le wat Xieng Khuan est devenu un jardin public, lieu de promenade dominicale avec jolie vue sur le Mékong.

🛐 **Wat Pha Baat Phosan** : à env 80 km de Vientiane, sur la route de Savannakhet, et à une dizaine de km avt Ban Thabok (panneau). *Tlj 8h-19h. Entrée libre.* Une empreinte du pied du Bouddha est conservée dans ce temple, depuis sa découverte en 1933. Pour la petite histoire, *Pha* signifie « Bouddha » en lao et *Baat* veut dire « pied », tout simplement. L'empreinte mesure un peu plus de 2 m de long et serait le résultat d'une promenade au cours de laquelle le Bouddha aurait franchi une montagne et se serait reposé ici.

– La visite du *parc ethnique,* situé à une quinzaine de kilomètres sur la route de Thadeua (1 km avant le pont de l'Amitié), au bord du Mékong, est à éviter.

Vers le nord

🏃 *La cascade de Khu Khana* (Hin Khana) : *au km 16 sur la route 13, à Ban Naxai-thong, prendre à gauche la piste et continuer sur 10 km. Entrée payante.* Y aller de préférence pendant la saison des pluies (juin-juillet), quand le niveau des eaux est plus haut. Petite cascade et buvette où les gens viennent en famille, baignade autorisée.

🏃🏃 *Dane Soung :* à 40 km de Vientiane, sur la route de Luang Prabang. Prendre à gauche au km 22, à Ban Hua Khoua, juste après le pont métallique. Le site, quelques km de piste plus loin, n'est accessible qu'en saison sèche avec un véhicule 4x4. Ces énormes éboulis rocheux forment des grottes abritant des bouddhas sculptés. Sur place, également un petit temple abritant une empreinte du pied du Bouddha (encore une !), gardée par un bonze. En chemin, on peut s'arrêter près de la jolie petite cascade de *Tat Son* dominant un lac et une ère de pique-nique...

🏃🏃 *Les cascades de Nam Suong :* au km 40 sur la route 13. Suivre la pancarte « Lao-Australian Project Centre » et prendre à gauche juste avt le pont en fer. Un endroit agréable pour pique-niquer au bord du lac. Suivre la piste pour accéder aux cascades. Elles sont impressionnantes en saison des pluies.

🏃🏃 *Le marché de Lak Ha Sip Sawg :* à env 50 km de Vientiane, sur la route 13. Un petit marché authentique tenu par des Hmong poussés jusqu'ici par la guerre dans les années 1960. Très coloré avec ses fruits, légumes, vêtements, viandes et poissons séchés, il donne aussi l'occasion de casser une petite croûte dans ses popotes odorantes.

🏃🏃 *Vang Song :* à env 60 km de Vientiane, sur la route 13. Entrée payante. Un étonnant petit groupe de bouddhas sculptés au XVIᵉ s dans une falaise émergeant de la jungle. *Vang Song* signifie « palais des éléphants », car un cimetière des éléphants aurait été découvert dans une grotte à proximité...

🏃🏃🏃 🛏 |●| *Ban Pako Ecolodge :* à 50 km au nord-est de Vientiane. ☎ (030) 525-79-37 ou (021) 45-18-41 (résas à Vientiane). ● banpako.com ● Un petit shuttle bus peut vous y accompagner ; départ chaque mat à 11h depuis la pl. Nam Phou ; retour le lendemain mat ; 60 000 kips (7 $). En voiture, prendre la route 13 jusqu'au village de Somsamai (au km 24), puis la piste menant à Ban Pako. En bus, prendre le n° 19 à la gare routière Talat Sao et descendre à Somsamai, où un bateau vous conduit jusqu'à l'écolodge. Mieux vaut se faire annoncer pour qu'on prévoit éventuellement votre transfert. Doubles 6-58 $ pour 2-8 pers et selon confort ; petit déj inclus pour les plus nuitées les plus chères. Dans ce charmant petit coin de nature isolé et surplombant la rivière Nam Ngum, un couple suédois propose des chambres doubles avec salle de bains dans des maisonnettes traditionnelles, toutes construites avec des matériaux naturels et éclairées par de l'électricité solaire. Les moins chères sont plus petites, vraiment spartiates et ne bénéficient pas de la vue magnifique sur la rivière. Belles terrasses avec des hamacs pour buller. Fait aussi resto et organise promenades en pirogue, visites de villages, trekking, massages, etc. Un endroit idéal pour s'évader de la civilisation.

QUITTER VIENTIANE

En bus

Vientiane compte 3 gares routières. À vous de choisir en fonction de votre prochaine destination...

🚌 *Gare routière du Nord* (hors plan général par A2) : *à l'ouest du centre-ville, sur la route T2. Départs pour les villes de tout le nord du pays.*

➤ *Pour Luang Prabang (400 km) :* généralement 10 bus/j. normaux, express ou VIP, pour 8-12h de route. Sinon, les *guesthouses* de Vientiane organisent aussi des liaisons en minibus, plus chères certes, mais aussi plus rapides... *Important* : sachez que le trajet a toujours mauvaise réputation en raison des rares attaques qui s'y sont produites, essentiellement dirigées contre l'armée. Toutefois, quantité de touristes voyagent chaque année sur cette route en toute tranquillité, et il est de la responsabilité de chacun de choisir entre voie routière et aérienne... Existe aussi en bus VIP couchettes.

➤ *Pour Oudom Xai (550 km) :* 4 bus/j. normaux ou express. Environ 15h de trajet.

➤ *Pour Phongsaly (815 km) :* généralement 1 bus/j., tôt le mat. Env 20h de route. On conseille vraiment de « saucissonner » le trajet.

➤ *Pour Xieng Khuang (365 km) :* env 5 bus/j., normaux ou VIP, pour 10h de route.

➤ *Pour Houeisai (895 km) :* env 3 bus/sem, en fin d'ap-m pour au moins 20h de route. On conseille donc de fractionner le voyage.

➤ *Pour Kunming (Chine) :* 1 bus/j. l'ap-m.

🚌 *Gare routière Talat Sao* (plan général E3) : *derrière le marché du matin.* Départs pour les villes des alentours et Vang Vieng.

➤ *Pour Vang Vieng (160 km) :* généralement 3 bus/j., pour 4h de route.

➤ *Pour le pont de l'Amitié (frontière thaïlandaise ; 20 km) :* départ du bus n° 45 ttes les 20 mn, pour env 30 mn de trajet. Si votre seule ambition est de vous rendre en Thaïlande, il est plus pratique de prendre un bus direct pour Bangkok, Udon Thani ou Nong Khaï. Voir précédemment « Pour Bangkok » pour les questions de visa.

➤ *Pour Udon Thani (Thaïlande) :* généralement 6 bus/j. 8h-18h. Trajet : 2h. Pour le visa, voir plus haut « Pour Bangkok ».

➤ *Pour Nong Khaï (Thaïlande) :* essentiellement 6 bus/j. 7h30-18h. Prévoir 1h30 de trajet. Pour le visa, voir plus haut « Pour Bangkok ».

➤ *Pour Khon Khaen (Thaïlande) :* env 2 bus/j. le mat et en début d'ap-m. Trajet : 4h.

🚌 *Gare routière du Sud* (hors plan général par G1) : *au nord-est du centre-ville, sur la route 13, près de l'université Dong Dok.* Départs pour les villes du Sud Laos. Distributeur de billets sur place et petites gargotes.

➤ *Pour Thakhek (360 km) :* généralement 5 bus/j., normaux ou express, pour 6h de route. Sachez aussi que la plupart des bus pour Savannahket et Paksé s'y arrêtent.

➤ *Pour Savannakhet (483 km) :* compter 7 bus/j., surtout le mat, normaux ou express, pour 10-11h de trajet. Sachez également que l'essentiel des bus pour Paksé y marquent un arrêt.

➤ *Pour Paksé (736 km) :* essentiellement 9 bus/j. (dont 1 bus couchette), normaux, express ou VIP, pour env 15-16h de route.

➤ *Pour Veun Kham (frontière du Cambodge ; 890 km) :* 1 bus/j., dans la matinée. Env 19h de route. Mieux vaut diviser le trajet en plusieurs étapes. On peut désormais acheter son visa (compter 20 $) pour le Cambodge au poste-frontière (se renseigner quand même avt le départ).

🚌 *Pour le Vietnam :* plusieurs compagnies privées proposent des bus modernes et climatisés à destination des grandes villes du Vietnam. Départs tlj de Vientiane (lieux de départs différents selon les compagnies). Horaires, prix des billets et informations affichés dans la plupart des agences de voyages du centre-ville, des *guesthouses* et des endroits fréquentés par les routards. Renseignez-vous, en particulier sur les conditions de transports, les éventuels changements de bus, etc. On nous a rapporté quelques arnaques, récemment, dans un sens comme dans l'autre. *Attention*, il est nécessaire d'obtenir un visa auprès d'un consulat du Vietnam avant d'y entreprendre un voyage.

Un bus/j. pour chacune des destinations suivantes :
> ➢ *Pour Vinh :* durée 12h.
> ➢ *Pour Hanoi :* durée 22h.
> ➢ *Pour Hué :* durée 24h.
> ➢ *Pour Da Nang :* durée 24h.
> ➢ *Pour Hô Chi Minh-Ville* *(ex-Saigon) :* durée 2 j. (galère !).

En train

> ➢ *Pour la Thaïlande :* un train passe le pont de l'Amitié pas loin de Vientiane ; départ Tha Na Lang 1 fois/j. jusqu'à Nong Khai (Thaïlande). Idem dans l'autre sens.

En bateau

> ➢ *Vers Luang Prabang :* il est possible d'aller à Luang Prabang en bateau, mais deux éléments indispensables font défaut : les embarcations, et, souvent, l'eau ! Rien n'est véritablement organisé, et il faut se débrouiller par soi-même pour essayer de choper au passage un bateau de marchandises. Mais alors, aucune sécurité ; du coup, on déconseille. Confort spartiate en plus, et c'est rien de le dire ! Le voyage dure 6 j. pour remonter le fleuve, 4 j. pour le descendre, le tt en changeant souvent d'embarcation... Embarcadère à une dizaine de kim à l'ouest de Vientiane (Kao Lieu). On peut y aller en *tuk-tuk.* Mais bon, on vous aura prévenu.
> ➢ *Vers le sud :* pas de bateau, ou de temps en temps à la saison des pluies... Se renseigner sur place, et voir également auprès des agences de voyages de Vientiane.

En avion

✈ *Aéroport international Wattay (hors plan général par A2) :* à env 3 km à l'ouest du centre-ville, sur la route de Luang Prabang. Infos pour les *vols internationaux :* ☎ 51-20-28.
> ➢ *Pour Bangkok* *(Thaïlande) :* 2-4 vols/j. avec *Lao Airlines* et *Thai Airways.* Une solution plus économique consiste à se rendre par la route à Udon Thani (Thaïlande), ville située à slt 50 km au sud du pont de l'Amitié. De là, compter 3 vols/j. avec *Thai Airways* en direction de Bangkok. Durée : 1h20.
> ➢ *Pour Chiang Mai* *(Thaïlande) :* normalement 2 vols/j. avec *Thai Airways,* via Bangkok ; et 1 vol/j., via Luang Prabang avec *Lao Airlines.* Durée : 2h.
> ➢ *Pour Hanoi* *(Vietnam) :* 2-4 vols/j. avec *Lao Airlines* et *Vietnam Airlines.* Durée : 1h.
> ➢ *Pour Phnom Penh* *(Cambodge) :* généralement 1 vol/j. avec *Lao Airlines,* en coopération avec *Vietnam Airlines.* Durée : 1h40.
> ➢ *Pour Hô Chi Minh-Ville* *(ex-Saigon ; Vietnam) :* théoriquement 1 vol/j. avec *Vietnam Airlines,* via Phnom Penh. Durée : 3h05.
> ➢ *Pour Siem Reap* *(Cambodge) :* compter 1 vol/j. avec *Lao Airlines.* Durée : 2h30.
> ➢ *Pour Kunming* *(Chine) :* généralement 4 vols/sem avec *Lao Airlines* et *China Eastern Airlines.* Durée : 3h10.
> ➢ *Pour Kuala Lumpur :* avec *Air Asia,* 3 vols/sem. Durée : 3h35.

✈ *Infos vols nationaux :* ☎ 51-20-00. Attention, certaines de ces liaisons sont très aléatoires et dépendent de l'affluence, des avions... et de plein d'autres imprévus !
Avec *Lao Airlines* : ● laoairlines.com ●
> ➢ *Pour Luang Prabang :* en moyenne 2-3 vols/j. Durée : 40 mn.
> ➢ *Pour Xieng Khouang :* généralement 4 vols/sem. Durée : 30 mn.
> ➢ *Pour Oudom Xai :* env 3 vols/sem. Durée : 50 mn.
> ➢ *Pour Houeisai :* env 4 vols/sem. Durée : 1h20.
> ➢ *Pour Luang Namtha :* souvent 3 vols/sem. Durée : 1h20.
> ➢ *Pour Paksé :* essentiellement 2-3 vols/sem. Durée : 1h10.

➢ **Pour Savannakhet :** 2 vols/sem. Durée : 2h30. Avec *Lao Air* : ● *lao-air.com* ●
Bureau à l'aéroport : ☎ *51-30-22.*
➢ **Pour Sam Neua :** autour de 3 vols/sem. Durée : 1h10.
➢ **Pour Sayaboury :** compter 3 vols/sem. Durée : 45 mn.
➢ **Pour Phongsaly :** normalement 3 vols/sem. Durée : 1h30.

VANG VIENG
IND. TÉL. : 023

Un très beau site à 160 km au nord de Vientiane, sur la route de Luang Prabang. La ville se trouve près de la rivière Nam Song, dans une région verdoyante peuplée de Hmong et de Yao, fameuse pour ses grottes et ses cascades, ses falaises et pains de sucre calcaires. Les grottes, sacrées,
contiennent souvent des statues du Bouddha et font l'objet de pèlerinages au
moment des fêtes. Ne pas s'y aventurer à l'aveuglette, y aller avec un guide.
Le cadre enchanteur de Vang Vieng lui vaut les surnoms de « baie d'Along » ou
de « Guilin » du Laos. Depuis quelques années, le développement touristique
de la région s'est accéléré avec l'arrivée massive de jeunes routards aux exi-
gences simples quant à l'hébergement et à la nourriture, attirés par l'ambiance
festive et les prix encore bas.

Arriver – Quitter

➢ **Vientiane et Luang Prabang :** attention, quelques soucis de sécurité vers
Luang Prabang. Bien se renseigner au préalable. Pour Luang Prabang, 4 bus
5h30-7h et 2 bus en début d'ap-m. Env 6 $. Durée du trajet : env 7h en bus ordinaire
et 5h30 en VIP. Minibus avec AC qui part en fonction du remplissage des agences.
Prix : 11 $.
➢ **Phonsavan (plaine des Jarres) :** 1 bus/j. 10h. Prix : 50 000 kips (6 $).

■ Adresses utiles	|◉| Où manger ?
✉ Poste	**30** Petits restos de la grande rue
🚌 Gare routière	**31** Sabaydee Restaurant 1 et 3
2 Location de vélos et motos	**32** Luang Prabang Bakery
3 Lao Telecom	**33** Nang Bot Restaurant – Pizza Falconi
4 Banque pour le Commerce Extérieur Lao	**34** Organic Farm Café
5 Wildside	**36** Nazim Restaurant
6 Nam Lao Adventure	
	🍷 Où boire un verre ?
🛏 Où dormir ?	**40** Saysong Beer Garden
	41 Garden Nature Sunburn
10 Phoubane Guesthouse	**42** Xayoh Bar
11 Viengsavanh Guesthouse	
12 Vangvieng Guesthouse	🏃 À voir. À faire
13 Nana Guesthouse	
14 Dokkhun 2 Guesthouse	**50** Grotte Tham Chang
15 Dokkhun 1 Guesthouse	**51** Grotte Tham Poukham
16 Maylin Guesthouse	**52** Grottes Tham Lusy et Tham Phapouak
17 Erawan Guesthouse et Restaurant	**53** Grottes Tham Sin Say et Tham Xang Thong, le village de Phatang
18 Kamphone Guesthouse	
19 Bungalow Thavonsouk	
20 Heritage Guesthouse	

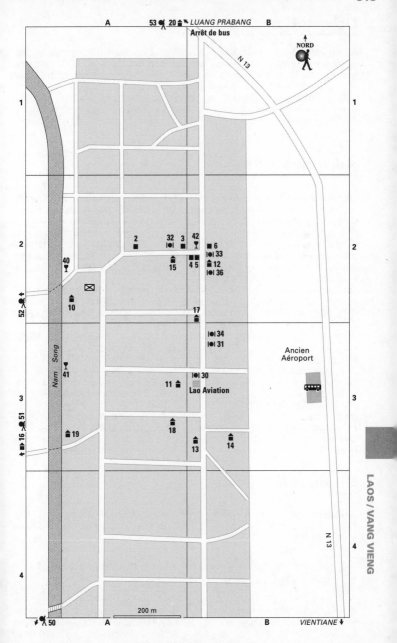

VANG VIENG

Orientation

Aucun nom de rue n'est indiqué à Vang Vieng. Les deux rues principales sont parallèles à la Nam Song, qui coule du nord au sud. Depuis l'est, en venant de la gare routière située sur la route Vientiane-Luang Prabang, on atteint la 1re (que nous appelons la « grande rue ») en traversant le vaste terrain vague de l'ancienne piste d'atterrissage. Plusieurs allées perpendiculaires mènent à la 2e, la « rue Nam Song », qui longe la rivière. Le « centre-ville » se trouve dans la partie nord, à l'intersection de la grande rue et de l'allée qui rejoint le marché, là où se trouve le *Xayoh Bar*.

Adresses utiles

✉ **Poste** *(plan A2)* **:** à côté du marché. *Lun-ven 8h-12h, 13h-16h.* Transfert d'argent par *Western Union* possible. Plusieurs cabines à cartes.
■ **Lao Telecom** *(plan A2, 3)* **:** *sur la grande rue, face à la station de bus.* Appels internationaux possibles à l'intérieur ou des cabines à cartes situées à l'extérieur. Les boutiques Internet proposent aussi des communications internationales à des tarifs très intéressants.
■ **Banque pour le Commerce Extérieur Lao** *(plan B2, 4)* **:** *dans l'allée qui mène au marché. Tlj 8h30-16h30.* Pour changer de l'argent liquide, des chèques de voyage et obtenir des avances par carte de paiement (sauf le week-end dans ce dernier cas).
@ **Accès Internet :** *plusieurs boutiques concentrées dans l'allée qui mène au marché.* Plus cher qu'à Vientiane. Qualité de connexion satisfaisante chez *Planet Online.*

■ **Location de vélos et motos** *(plan A2, 2)* **:** la ville se visite facilement à pied, mais, pour les excursions vers les grottes, il vaut mieux louer un vélo ou une moto. Plusieurs boutiques de location en centre-ville. Prix : respectivement 8 000 et 70 000 kips (1 et 8,20 $) la journée.
■ **Wildside** *(plan B2, 5)* **:** *en plein centre, en face de* Xayoh Bar. ☎ 51-12-30. Le groupe *Wildside* (également présent à Vientiane et Luang Prabang) a été le 1er à lancer au Laos rafting, kayak, escalade et randonnée de manière professionnelle et dans le respect des chartes de l'écotourisme. Ils ne sont plus les seuls mais demeurent une référence. Programmes de la demi-journée à 2 jours.
■ **Nam Lao Adventure** *(plan B2, 6)* **:** *à deux pas de* Wildside. ☎ 51-11-35. Offre des produits similaires. Là aussi, le sérieux est au rendez-vous.

Où dormir ?

Se méfier quand même un peu des rabatteurs qui sévissent au terminal des bus. Parfois, les photos de chambres qu'ils présentent ne correspondent pas à la réalité (plus sordide !).

De très bon marché à bon marché (de 80 000 à 140 000 kips, soit 9,40 à 16,50 $)

🏠 **Phoubane Guesthouse** *(plan A2, 10)* **:** *au bord de la rivière. Accès en contrebas du marché.* 3 grandes baraques face à la Nam Song avec un jardin privé sur la berge. Chambres ventilées avec ou sans salle de bains, un poil plus chères que celles en ville. Resto sur pilotis. Cuisine correcte et pas chère. Accueil sympa. *Aromatic sauna* au milieu du jardin.
🏠 **Viengsavanh Guesthouse** *(plan A3, 11)* **:** *prendre l'allée derrière le pylône*

des télécommunications. ☎ 51-10-13. Chambres doubles avec sanitaires à l'intérieur (eau chaude). Ventilo ou AC (dans le tout nouveau bâtiment). Vraiment pas cher, mais propreté parfois aléatoire.

🛏 *Vangvieng Guesthouse (plan B2, 12) :* à 50 m du centre, en allant vers le sud. Une maison de la génération précédente, mi-bois mi-dur. Intéressant pour les chambres, sans toilettes, du 1er étage qui sont très bon marché. Sanitaires communs avec eau chaude. Bon accueil.

🛏 *Nana Guesthouse (plan B3, 13) :* en venant de la station de bus, 50 m à gauche sur la rue principale. ☎ 51-10-36. Une grande bâtisse blanche de 3 étages. Café et thé gratuits toute la journée. Chambres avec salle de bains (eau chaude), ventilo ou AC. Un peu de mobilier et d'espace. Accueil familial.

🛏 *Dokkhun 2 Guesthouse (plan B3, 14) :* légèrement en retrait de la grande rue, quasiment en face de Nana Guesthouse. ☎ 51-10-63. Une vingtaine de chambres très bien tenues, avec salle de bains (eau chaude), ventilo ou AC. Calme. Sourire garanti.

🛏 *Maylin Guesthouse (hors plan par A3, 16) :* sur la rive droite de la Nam Song, en prenant le pont au niveau de Bungalow Thavonsouk. ● jophus_foley@ hotmail.com ● « La première guesthouse de l'autre côté », comme le dit la pub. Gérée par l'adorable Mme Vanh et son mari écossais. Endroit différent et attachant. On loge dans des bungalows traditionnels et individuels, répartis dans le jardin. Salle de bains commune, mais il est prévu d'en rajouter des privées.

🛏 *Erawan Guesthouse et Restaurant (plan B2, 17) :* rue principale, 200 m au sud en venant du centre. ☎ 51-10-93. ● erawanvg@laotel.com ● Sur résa. Une maison de 2 étages avec un bon resto. Belles chambres avec de grandes salles de bains. Atmosphère cosy, pas étonnant car le patron est anglais. D'ailleurs, l'établissement est particulièrement populaire auprès des Anglo-Saxons. TV satellite, vidéos, très bon petit déj... british.

🛏 *Dokkhun 1 Guesthouse (plan A2, 15) :* sur la gauche de l'allée qui rejoint le marché depuis le centre. ☎ 51-10-32. 3 maisons blanches de style Vang Vieng. Une des premières du genre, beaucoup copiée depuis. Comme partout, chambres équipées de salle de bains (eau chaude), ventilo ou AC. Lits doubles ou jumeaux, plus un dortoir pour 5 personnes. Thé gratuit à disposition dans des Thermos. Bien, mais un peu bruyant de par sa situation centrale.

🛏 *Khamphone Guesthouse (plan A3, 18) :* dans l'allée qui part sur la gauche de Lao Telecom. ☎ 51-10-62. Là aussi, il y en a pour tout le monde et des deux côtés de la voie : à droite les climatisées, à gauche les ventilées. Salle de bains privées dans toutes les chambres.

Prix moyens (de 140 000 à 250 000 kips, soit 16,50 à 29,40 $)

🛏 *Bungalow Thavonsouk (plan A3, 19) :* au bord de la Nam Song par le chemin qui mène au petit pont de bois traversant la rivière. ☎ 51-10-96. ● geocities.com/thavonsouk ● Une vingtaine de bungalows installés le long des berges, au milieu d'un jardin. Tout confort, prix variable selon l'orientation. Parquet au sol, meublé avec goût. Propose aussi des suites et des chambres familiales. Service à la hauteur. Bar-resto sympa à l'entrée, avec vue imprenable sur la célèbre falaise rouge de Phadeng.

🛏 *Heritage Guesthouse (hors plan par B1, 20) :* à 2 km au nord de Vang Vieng, indiqué par une pancarte. ☎ 51-14-88. ● moradok2003@yahoo.com ● Grand domaine avec un jardin, au bord de la Nam Song. Bungalows confortables avec balcon, vue sur la rivière et AC. Côté jardin, chambres avec ventilo, deux fois moins chères. Resto en terrasse face à la rivière. Mme Khemphet, la patronne, parle couramment le français.

Où manger ?

Très bon marché (moins de 20 000 kips, soit 2,30 $)

– Au milieu du marché, plusieurs *marchands de soupe.*

|●| *Petits restos de la grande rue (plan B3, 30) : rue principale, au niveau de l'allée qui mène à* Viengsavanh Guest-house. *Ouv tard le soir.* Sous l'impact du tourisme de masse, l'esprit de la rue se transforme progressivement. De moins en moins de petits stands populaires, de plus en plus de restos proposant burgers et pizzas. Une américanisation impitoyable, renforcée par les banquettes et coussins qui ont remplacé tables et chaises... Place à la télé et aux séries yankee. On vit une drôle d'époque !

|●| *Sabaydee Restaurant 1 et 3 (plan B3, 31) : rue principale, 200 m au sud du centre.* Deux restos contigus. À chaque fois, un simple hangar couvert avec 2 longues estrades face à face où l'on vient s'asseoir accroupis. Très routard. Muesli, *shakes, pancakes,* sandwichs, pizzas et spécialités laotiennes.

|●| *Luang Prabang Bakery (plan A2, 32) : dans l'allée qui mène au marché.* Comme à Luang Prabang, dans un cadre simple. Sandwichs, pâtisseries, jus de fruits et autres. Évidemment populaire au petit déj (croissants) et pour les en-cas.

Bon marché (de 20 000 à 50 000 kips, soit 2,30 à 6 $)

|●| *Nang Bot Restaurant – Pizza Falconi (plan B2, 33) : pile dans le centre.* Grande salle avec de longues tables et petite terrasse. Une institution locale. Cuisine laotienne (dont un menu intéressant pour 4 personnes) et plats occidentaux. Les pizzas et *bruschette* cuites dans un four à bois sont délicieuses. Propre, bon service.

|●| *Organic Farm Café (plan B3, 34) : rue principale, du côté d'Erawan, au bout de la rue principale, près de la station de bus.* L'antenne en ville de l'*Organic Farm,* une ferme organique située à 5 km au nord de Vang Vieng, connue pour sa production de thé à base de feuilles de mûriers à soie. Cuisine faite prioritairement avec les produits de cette ferme, ce qui garantit qualité et goût. Nombreux plats végétariens. Délicieux *shake* au thé de mûrier *(Mulberry Tea Shake).* Atmosphère à la fois chaleureuse et calme. Le patron parle le français.

|●| *Nazim Restaurant (plan B2, 36) : rue principale, à deux pas du centre.* ☎ 51-12-14. La succursale locale de la Nazim *family,* des Indiens de Pondichéry établis de longue date au Laos. Honnête cuisine indienne du Nord et du Sud, qu'on arrose de *masala tea* ou de *lassi.* Cadre quelconque.

Où boire un verre ?

🍸 *Saysong Beer Garden (plan A2, 40) : une petite langue de terre au milieu de la Nam Song.* Accès par une passerelle en contrebas du marché. Fermé la nuit. On s'assoit à même le sol sur des couvertures, au son de la musique techno ou des *jams* de percus, ou l'on reste debout en s'amusant à quelques jongleries. La plus grosse concentration dans le genre, surtout en fin d'après-midi.

🍸 *Garden Nature Sunburn (plan A3, 41) : rue Namsong, 200 m au sud du marché,* par un sentier qui descend vers la berge. Adresse cool avec quelques tables et petites plates-formes pour s'allonger, à l'abri du soleil... contrairement à ce que laisse penser le nom.

🍸 *Xayoh Bar (plan B2, 42) : en plein centre.* Bar à l'intérieur avec billard et à l'extérieur avec grande terrasse. Assez design et pas désagréable ; un peu tendance. Prix corrects.

À voir. À faire

Plein de chouettes balades à faire aux alentours immédiats de Vang Vieng, notamment de l'autre côté de la rivière Nam Song, grottes, cascades, forêts, etc. Des *guesthouses* proposent des visites guidées, mais la plupart de ces promenades peuvent se faire sans guide. Munissez-vous quand même d'un plan (en vente un peu partout). À l'arrivée sur les sites, péage maintenant systématique pour l'accès, lampes torches et accompagnateur inclus si nécessaire. Pendant la mousson, plusieurs grottes sont inaccessibles, les baignades impossibles et le trekking trop dangereux.

🎐 *La grotte Tham Chang (hors plan par A4, 50) : à 1 km du centre-ville en direction du sud. Ferme à 16h.* Le trajet se fait facilement à pied. Il faut se rendre au *Vang Vieng Resort*, où l'on doit s'acquitter d'un 1er droit d'entrée avant celui de la grotte proprement dite. Ensuite, vous devrez gravir les 147 marches qui mènent à la grotte. Celle-ci a été aménagée et éclairée. D'en haut, la vue est vraiment magnifique. Possibilité de se baigner au pied de la grotte.

🎐 *Les grottes Tham Lusy et Tham Phapouak (hors plan par A2, 52) : traverser la Nam Song au niveau du marché et suivre les panneaux jusqu'à Tham Lusy.* Belle forêt en cours de route et visite guidée de la grotte. Puis rejoindre la falaise Phapouak par les champs. L'escalade est un peu difficile à cause des rochers très escarpés. Au sommet de la montagne, on découvre une vue splendide sur Vang Vieng et sa vallée. La balade peut aussi démarrer depuis le pont plus au sud (au niveau de *Bungalow Thavonsouk*) : visiter d'abord la grotte Ang Ngeun avant de couper à travers champs vers le nord pour rejoindre les deux précédentes.

🎐 *Descente en bouées sur la Nam Song : résas sur place ou auprès de sa guesthouse. Trajet en tuk-tuk jusqu'au point de départ 6 km au sud, d'où l'on se laisse flotter paresseusement sur la Nam Song jusqu'à Vang Vieng. Prix : 15 000 kips (1,80 $) par pers, tt compris.* Ce furent les premiers émois de Vang Vieng en matière de sport « d'aventure ». Toujours populaire et absolument sans danger. Partout, vous verrez des amas de grosses chambres à air de camions.

➤ DANS LES ENVIRONS DE VANG VIENG

🎐 *La grotte Tham Poukham (hors plan par A3, 51) : à 6 km du centre-ville, sur l'autre rive de la rivière Nam Song. Prendre le pont métallique au niveau de Maylin Guesthouse. Possible à pied, mais prévoir quand même 4h min pour la balade et de bonnes chaussures.* La piste file entre les rizières et les pains de sucre en traversant plusieurs villages. Idéal à VTT ou à moto. S'attendre pour les cyclistes à payer quelques péages sur de petits ponts ! Après le village de Nathone (au km 5), quitter la piste principale pour prendre à droite (suivre les panneaux). Le site de Tham Poukham est très agréable : en contrebas, on peut se baigner dans un petit lac aux eaux limpides. Gravir des rochers assez pointus pour atteindre l'entrée de la grotte, dont la 1re salle, à demi éclairée par la lumière naturelle, abrite un superbe bouddha couché. On peut continuer l'escalade vers d'autres salles. Plusieurs autres grottes sont accessibles dans ces montagnes.

🎐 *Les grottes Tham Sin Say et Tham Xang Thong, le village de Phatang (hors plan par B1, 53) : sur la route de Luang Prabang.* Les grottes *Tham Sin Say* et *Tham Xang Thong* renferment de grands bouddhas dorés et quelques statuettes. Accès difficile par des pistes partant vers la Nam Song, au niveau du village de Nadao, à 15 km de Vang Vieng. *Phatang* est un village situé 2 km plus loin sur la route dans un écrin de collines calcaires superbes dont l'une, isolée, ressemble à une dent sortant du sol. En prenant un des chemins qui rentrent dans le bourg après le pont et le temple, on peut facilement faire une belle balade en solo. Mais pour les grottes, mieux vaut louer les services d'un guide et disposer de torches frontales et de bonnes chaussures.

> *Trekking, raft, canoë-kayak et escalade :* la région a un fort potentiel en la matière. Adressez-vous à *Wildside* ou *Nam Lao Adventure* (voir « Adresses utiles »).

LE BARRAGE DE LA NAM NGUM

À un peu moins de 100 km au nord-est de Vientiane, ce barrage retient le plus grand lac artificiel d'Asie du Sud-Est. Les installations produisent l'électricité qui alimente Vientiane et une partie de la plaine du Mékong. Mais l'essentiel est exporté vers la Thaïlande par des lignes à haute tension. Cette énergie représente l'une des principales sources de revenus du Laos.

Ce lac recèle une autre curiosité. Créé en 1972, le barrage inonda plus de 200 km² de vallées boisées, ne laissant apparaître que les centaines de sommets qui forment maintenant les îles. Quand le prix du bois augmenta quelques années plus tard, les habitants prirent conscience de la richesse qui les attendait bien sagement au fond du lac : des milliers de troncs de teck imputrescible, dont la coupe ne risquait pas de défigurer le paysage ! Même si l'exploitation a tendance à se mécaniser, on peut encore voir des équipes d'incroyables plongeurs-bûcherons au travail, qui font ce boulot comme un travail classique, alors que les risques sont évidents. De longs chariots de bois flottant rapportent le butin vers la rive, où les scieries finissent de transformer la matière première.

Comment y aller ?

> *En voiture :* il est possible d'effectuer l'aller-retour dans la journée, à condition de partir tôt le mat. Si l'on est en voiture, on peut effectuer le retour par la route de montagne qui passe par Pak Khagnoung. À l'aller, sur la route 13, on traverse plusieurs villages où se tiennent d'intéressants marchés fréquentés par des minorités. Les plus remarquables sont ceux au km 52 (marché au gibier) et de Thalat au km 70.
> *En bus :* c'est plus compliqué. Un seul départ tôt le mat de la gare routière. Durée du voyage : 3h. Les autres bus ne vont que jusqu'à Thalat, d'où il faut prendre un *tuk-tuk* jusqu'au lac (20 mn).

Où dormir ? Où manger ?

🛏 On trouve des *bungalows* près du barrage.
🛏 Sur les îles elles-mêmes, on a le choix entre quelques *bungalows* très bon marché et un petit *hôtel* moins sommaire.
🍴 *Restaurant* près de l'hôtel flottant. On y sert des poissons du lac.

LUANG PRABANG   44 000 hab.   IND. TÉL. : 071

> Pour les plans de Luang Prabang, se reporter au cahier couleur.

⊙ Des collines verdoyantes et des monts couverts de forêts tropicales forment le cadre naturel de cette ville, troisième du pays par sa taille, mais première par sa beauté. C'est tout d'abord un site exceptionnel. Luang Prabang s'étend sur une langue de terre, tout en longueur, au confluent du fleuve Mékong et de la rivière Nam Kane, aux flots « couleur boue ». Le climat est une raison de s'y sentir bien. À environ 600 m d'altitude, en saison sèche (de novembre à mars) la chaleur est supportable.

Sur le plan culturel, la ville est la plus chargée d'histoire et la plus riche en monuments religieux du Laos. Quasiment pas de bâtiments modernes et pas du tout en hauteur. Une ville totalement horizontale, donc, une véritable splendeur. Elle a été classée au Patrimoine mondial de l'humanité par l'Unesco, ceci expliquant cela. Ville fluviale, ville royale à taille humaine, Luang Prabang se visite facilement à pied, même si bon nombre enfourchent leur bicloune pour se promener dans les proches environs.

UN PEU D'HISTOIRE

Le nom originel de Luang Prabang est *Jawa,* désignant un endroit indianisé ou entouré de jungle ou d'eau. La ville ne prit son nom définitif qu'en 1491, en l'honneur du grand bouddha d'Or fin, arrivé deux ans auparavant. *Luang* signifie « grand » et *Prabang* (ou *Phabang*) « statue d'or sacrée ». Entre-temps, la ville s'était appelée *Xieng Thong* (« cité royale »).

La capitale du royaume du Million d'éléphants et du Parasol Blanc

Luang Prabang fut la capitale du royaume du Laos jusqu'en 1563, date à laquelle le roi Setthathirat décida de s'établir à Vientiane. La ville redevint capitale royale après l'éclatement du pays en trois royaumes, à la fin du XVIIe s.

Longtemps suspectée de sympathie envers la royauté par le nouveau pouvoir établi en 1975, la ville, sévèrement contrôlée, ne fut approvisionnée en électricité durant la journée qu'à partir de 1990. Auparavant, les petites entreprises devaient faire tourner leurs groupes électrogènes pendant la nuit. Sortie de la léthargie de deux décennies (1975-1995) de marasme économique, la ville ouvre à présent ses bras au tourisme, une source importante de revenus pour elle.

UNE VILLE FRAGILE À PROTÉGER

La ville de Luang Prabang a reçu officiellement en décembre 1995 le certificat de l'Unesco proclamant son classement au Patrimoine mondial de l'humanité. Ce classement assure normalement la protection de la ville, ainsi que de son environnement naturel, ce qui inclut la vieille ville (centre historique), les berges de la Nam Kane et les collines autour du Mékong. Pas moins de quatre bailleurs de fonds (la région Centre, la Coopération française, l'Union européenne et enfin l'Unesco), il fallait bien cela pour supporter un ambitieux programme comprenant la mise en place de textes réglementaires concernant la protection du patrimoine, la création d'un comité local du patrimoine, la réalisation d'un plan de sauvegarde et de mise en valeur de la ville, ainsi que des réhabilitations exemplaires.

Un centre de coordination du programme de sauvegarde, la **maison du Patrimoine** *(au bout de la péninsule, zoom couleur F1, 121),* s'est installé dans les bâtiments de l'ancienne *maison des Douanes et Régies* (superbement rénovée). Pour le moment, ils ne sont pas réellement équipés pour recevoir le grand public et communiquent surtout au moyen de panneaux didactiques. Il faut dire que leur rôle a été avant tout de définir les règles de préservation du site, et d'initier et de coordonner les actions de sauvegarde, depuis l'aménagement des berges du Mékong et de la Nam Kane jusqu'à la remise en état des venelles transversales (y compris le système d'écoulement des eaux), en passant par la conception d'un mobilier urbain spécifique. Mais aussi la restauration ou la rénovation d'un certain nombre de bâtiments (la maison de bois princière du Ban Xieng Mouane, le marché, certains temples, etc.), l'éclairage nocturne des plus beaux monuments, la sensibilisation de la population à la préservation du patrimoine immobilier et écologique... Car Luang

Prabang possède aussi un ensemble de « zones humides » spécifique, de nombreuses mares en retrait des rues et des maisons, mi-naturelles mi-artificielles, et essentielles pour l'équilibre écologique de la ville (lire plus loin « À voir »). À la fois bassins de devers pendant la saison des pluies et jardins aquatiques (ou viviers naturels), certains ont aussi un rôle de système d'épuration, 100 % naturel.

Tout cela, toutefois, ne va pas sans effets pervers : les parcelles, dans le vieux centre, ont vu leurs prix augmenter considérablement, ainsi que les loyers. Et devenir de moins en moins accessibles financièrement aux Laotiens. Le danger serait que la ville se vide de ses habitants, pour n'être plus qu'un musée à ciel ouvert. Un équilibre bien délicat à trouver. En outre, alors que la circulation en ville reste assez fluide, avec une majorité de vélos et de petites motos (et peu de voitures), le nombre des 4x4 d'agences augmente substantiellement, au point de « faire un peu tache » dans ce grand village qu'est Luang Prabang... Sans doute le prix à payer, puisque le tourisme va devenir à terme la (ou une des) principale(s) industrie(s) du pays !

Comment y aller ?

Le voyage à Luang Prabang est celui qui pose le moins de problèmes au départ de Vientiane.

Par la route

➢ **De Vientiane :** 8-10 bus/j. (5 le mat dès 6h30, et le reste l'ap-m jusqu'à 19h30 env). Durée : 9-12h. Prévoir sa propre nourriture et aussi quelques bouteilles d'eau, car le voyage est long et il peut faire très chaud. Courte pause (20-30 mn) à Kasi. Il y a aussi des bus express, plus rapides, mais plus chers.

➢ **De Luang Nam Tha :** 1 départ/j. Route en très mauvais état.

➢ **De Paksé :** 2 bus/j.

En avion

✈ **Aéroport de Luang Prabang** (hors plan couleur général par F3) : on peut obtenir le visa laotien à l'arrivée à l'aéroport de Luang Prabang. Visa délivré pour 15 j. moyennant env 30 $.

À l'aéroport : service de change, téléphone. Pour aller au centre-ville, tuk-tuk bon marché et taxis (prix fixe, 6 $). Ticket à acheter en sortant, guérite à l'extérieur.

– **Renseignements Lao Airlines :** ☎ 21-21-73 (à l'aéroport). En ville : ☎ 21-21-72. ● lpq@laoairlines.com ●

➢ **De Vientiane :** liaison par Lao Airlines 2-4 fois/j. Arrivée à Luang Prabang 45 mn plus tard.

➢ **De Bangkok (Thaïlande) :** avec Lao Airlines, vol quotidien. Durée : 1h40. Également avec Bangkok Airways, 1-2 vols/j. ● bangkokair.com ●

➢ **De Chiang Mai (Thaïlande) :** 1 vol/j. avec Lao Airlines.

➢ **De Siem Reap (Cambodge) :** théoriquement, nov-avr, plusieurs vols/sem avec Bangkok Airways. Les lun et jeu en hte saison avec Lao Airlines. Nouveau vol circulaire avec Vietnam Airlines qui relie Hanoi, Luang Prabang et Siem Reap.

➢ **De Hanoi (Vietnam) :** 1 vol/j. avec Lao Airlines et Vietnam Airlines (voir ci-dessus). Env 1h de vol.

En bateau

➢ **De Houeisai :** il est possible de descendre le Mékong au départ de Houeisai (Huei Xai), ville située sur la rive gauche du Mékong, dans la province de Bokéo, à env 200 km au nord-ouest de Luang Prabang à vol d'oiseau, mais 300 km par le fleuve Mékong. Ville frontière, Houeisai se trouve juste en face de Chiang Khong, ville thaïlandaise. Sur les 300 km, près de 140 km de Houeisai à Pakbeng et 160 km de Pakbeng à Luang Prabang. Le voyage de descente du fleuve de Houeisai à Luang Prabang dure 2 j. en bateaux lents (les plus économiques, les moins confortables), sur lesquels on embarque avec les villageois. Départs en fonction des demandes. Ordre de prix pour le tronçon Luang Prabang - Pakbeng (après âpres négociations !) : 130 000 kips (env 15 $).

➢ *De Vientiane :* le voyage au départ de Vientiane dure 4-6 j. selon la hauteur des eaux. Le principal problème est de trouver un bateau qui fasse le trajet le plus long pour ne pas avoir à en changer trop souvent. Prévoir sa nourriture. Confort spartiate. Il faut compter de 230 000 kips (27 $) en *slow boat* à 450 000 kips (53 $) en *speed boat* pour cette expédition.

Orientation

Compte tenu de ses dimensions réduites, on ne risque pas de se perdre à Luang Prabang. La partie historique de la ville et les principaux monuments classés se trouvent dans la presqu'île formée par le confluent de la Nam Kane et du Mékong. Cette langue de terre, dominée par le mont Phousi, est traversée sur toute sa longueur par la rue Sisavang Vong (ou rue Phothisarath), qui devient au bout de la péninsule la rue Sakarine.

L'autre axe important est la rue Kitsarath Setthathirat qui part du Mékong, coupe la rue Phothisarath à hauteur de la poste et se prolonge jusqu'au quartier hmong à l'est. On trouve des plans de Luang Prabang dans les hôtels, mais préférez celui de l'office de tourisme, bien mieux fait, avec presque toutes les rues, et même leur nom (lorsqu'elles en ont un). Le rêve pour les trekkeurs urbains, tout est quasiment accessible !

Transports

– *Samlo :* c'est la moto à trois roues. Ici, il s'agit de motos équipées d'une sorte de side-car pouvant accueillir 2 personnes. On en trouve encore quelques-uns, mais peu après 19h, et, de toute façon, ils ont tendance à être supplantés par les *tuk-tuk*.

– *Tuk-tuk collectifs ou jumbos :* ces véhicules à moteur ont trois ou quatre roues, c'est variable. On les trouve un peu partout dans la rue, il suffit de les héler. On peut aussi, quand on est plusieurs, en louer un pour la journée pour réaliser les quelques excursions que l'on propose. Pour une course du nord au sud, tout dépend des talents du négociateur, mais prévoir 10 000 kips/pers (1,20 $). Attention, on vous propose souvent des prix *par personne*. Bien préciser que la course vaut pour le nombre total de personnes à transporter.

– Quelques *taxis* mais rares.

Adresses utiles

Infos touristiques et services

🄸 *Tourism Information Center (plan couleur général C2)* : *Sisavang Vong Rd.* ☎ *21-24-87. En face de la grande poste. Lun-ven 8h-11h30, 13h30-16h.* Vous y trouverez un plan de la ville (peu cher) plutôt bien fait, avec 1 ou 2 itinéraires thématiques, les horaires de bus, de bateaux, et quelques recommandations de savoir-vivre. Accueil en anglais, mais pas vraiment utile. Dans la pièce

d'à côté, la *police touristique :* ☎ *25-29-03.*

✉ *Poste (plan couleur général C2) :* en face de l'Hôtel Phousi, à l'angle des rues Sisavang Vong et Kitsarath Setthathirat. Tlj 8h-12h, 13h-16h30, mais le w-e, ne traite que les envois postaux. Pour les timbres, les petits paquets et envois EMS (lettres suivies).

🄸 *Bureau de l'immigration (plan cou-*

leur général D3, **6**) : rue Visounnarath. ☎ 21-24-53. Juste à côté du resto Visoun. Lun-ven 8h-11h et 14h-16h. Possible de faire prolonger son visa (2 $ par jour supplémentaire).

■ **Monument Books :** 2, Thou Gnai Thao Rd. ☎ 25-49-54. Lun-sam 9h-21h ; dim 9h-19h. Magazines, quelques livres en français.

■ **Location de vélos :** officiellement, on ne peut pas louer de vélos sans guide, mais en pratique... personne ne le fait. Location dans quelques boutiques de la rue Sisavang Vong, dans la rue Visounnarath et dans la plupart des *guesthouses* de Ban Houaxieng et de Ban Wat That *(plan couleur général C2)*. Bien vérifier les pneus et les freins avant d'enfourcher votre destrier ! En gros, compter 10 000 kips (1,20 $) la journée.

– Pour ce qui est des mobylettes et motos, aux dernières nouvelles, les étrangers non résidents n'avaient plus le droit d'en louer (à cause de la circulation et des routes dangereuses) ; donc renseignez-vous sur place lors de votre séjour pour savoir où ça en est... Évidemment, bien vérifier l'état des machines, et s'armer d'un casque (désormais obligatoire, même pour les locaux, même si tout le monde n'a pas encore pris le pli...).

– **Laveries :** dans les guesthouses ou dans les ruelles descendant vers le Mékong où sont concentrées les guesthouses pour routards (6 000 kips, moins de 1 €/kg).

Change

Première chose à savoir, le change est ici légèrement moins avantageux qu'à Vientiane, en particulier pour les euros, mais vous pouvez obtenir des dollars avec votre carte *Visa* (ce qui est plus pratique que les kips si votre périple vous mène hors du pays). Deuxième info capitale : le week-end, vous ne pourrez, en échange de votre carte *Visa* ou de vos chèques de voyage, obtenir que des kips. Enfin, quand vous recevez vos billets, vérifiez-les bien tous, on vous en glisse aisément des faux entre deux liasses...

■ **Banque pour le Commerce Extérieur Lao** *(zoom couleur D2, 7)* : très pratique, rue Sisavang Vong, face au Café des Arts. ☎ 25-29-83. Lun-ven 8h30-18h30 ; w-e 8h30-15h30. Change des devises sans commission (euros et dollars), les chèques de voyage (1 % de commission pour les kips, 3 % pour les dollars) ; retrait avec les cartes *Visa* et *MasterCard* – et le passeport – au guichet (3 % de commission). Dispose aussi d'un distributeur de billets. Une autre adresse au sud-ouest de la ville, sur la *rue Phou Vao (plan couleur général B4, 7)*. ☎ 25-28-55. Lun-ven 8h30-15h30. Assure en plus le service *Western Union*.

■ **Lao Development Bank** *(plan couleur général D3, 4)* : rue Visounnarath. ☎ 21-21-85. Tlj 8h-15h30. Bureau de change indépendant sur la rue même. On peut y changer des espèces ou des chèques de voyage, en kips. Accepte les cartes *Visa* et *MasterCard* (sauf le week-end), à condition de retirer au minimum 100 $ (commission de 3 %). Dispose d'un distributeur de billets. Assure le transfert d'argent via *Western Union*.

Cybercafés et téléphone via Internet *(oversea calls)*

@ **Rue Sisavang Vong** *(zoom couleur D-E2)* : une bonne dizaine de cybercafés jalonnent la rue principale. Ils sont tous bien signalés et pratiquent à peu près les mêmes tarifs. Mais aucun ne fonctionne lors des coupures d'électricité ! Souvent, proposent aussi les appels internationaux *(oversea calls)* via Internet, donc beaucoup plus abordables.

Compagnies aériennes, agences de voyages

■ **Lao Airlines** *(plan couleur général C3, 3)* : rue Visoun ; au sud de la rue Kitsarath Setthathirat. ☎ 21-21-72. Fax : 21-24-06. Tlj sf dim ap-m 8h-11h30, 13h30-

16h30. Également un bureau à l'aéroport : ☎ 21-21-73. Il est toujours recommandé de reconfirmer son billet la veille du départ, ne serait-ce que pour vérifier si les horaires n'ont pas changé.

■ *Thai Airways : auprès de l'agence* **LaokoInter** *(plan couleur général C3), rue Visoun, sur le trottoir opposé à Lao Airlines.* Unique agence représentant Thai Airways à Luang Prabang. Gère aussi bus, visas, et appels téléphoniques via Internet.

■ **Bangkok Airways** *(zoom couleur D2) : 57/6, rue Sisavang Vong.* ☎ 25-33-34. À l'aéroport : ☎ 25-32-53. ● *bangkokair.com* ● *Ouv en sem 8h-17h.*

■ **All Lao Service** *(zoom couleur D2, 8) : 5/7, rue Sisavang Vong.* ☎ 27-85 ou 25-35-22. ▯ 020-551-20-73. ● *alllaoservice@yahoo.com* ● *Tlj 7h30-22h.* Petite agence laotienne sérieuse. Elle propose tous les services possibles : billets de bus express, minivan, bateau et avion pour les principales villes du Laos mais aussi pour le Vietnam, la Thaïlande, le Cambodge et la Chine. Infos sur les excursions : randonnées (trekking), rafting sur les rivières et balades à VTT. Fait aussi cybercafé.

■ **Exotissimo** *(zoom couleur E1, 16) : le long du Mékong, vers la pointe.* ☎ 25-28-79. ▯ 020-557-13-13. ● *exotissimo. com* ● Une agence sérieuse organisant des séjours sur mesure, plutôt haut de gamme, axés aussi bien culture que nature. Une autre adresse à Vientiane (et partout en Asie du Sud-Est !). Très sérieux et compétent.

■ **Tiger Trail** *: rue Sisavang Vong ; tt près du Palais royal (zoom couleur D2).* ☎ 25-26-55. ▯ 020-557-02-21. ● *laos-adventures.com* ● Agence spécialisée elle aussi dans l'écotourisme. Surtout intéressant pour le canyoning, le rafting, etc. Leurs excursions « classiques » restent assez touristiques.

■ **Luang Say** *(zoom couleur E1, 10) : 50/4, rue Sakarine.* ☎ 25-25-53. ● *asian-oasis.com* ● *Lun-sam 8h-18h.* Prestations de luxe (c'est-à-dire avec plus de confort) à l'intention des groupes, principalement, notamment des croisières de 2 jours sur le Mékong, de Houeisai à Luang Prabang, avec 1 nuit à Pakbeng au *Luang Say Lodge,* les repas et l'entrée aux grottes de Pak Ou (à partir de 370 $ par personne, 20 % supplémentaires en haute saison).

■ **Diethelm Travel Laos** *(zoom couleur F1, 9) : 47/2, rue Sisavang Vong ;* ☎ 21-22-77. ● *diethelmtravel.com* ● *Dans une belle bâtisse tte blanche. Lun-sam mat.* Une des grandes agences en Asie. Services classiques mais un peu plus chers que la moyenne. Se reposeraient-ils sur leur réputation ? On le dit...

Urgences, santé

– Dans les cas graves, nécessité de se rendre à l'**hôpital chinois.** *Situé en dehors de la ville, un peu au-delà du marché Phosi (Talat Phosi) par une mauvaise route.* L'hôpital est mal équipé et manque de tout, mais les médecins sont bien organisés pour assurer en cas de nécessité une évacuation par avion sur Bangkok, où les hôpitaux sont de bon niveau. Contactez votre assurance pour obtenir son accord préalable, sinon vous ne serez pas remboursé.

– Pour les cas moins graves, plusieurs médecins de l'hôpital consultent en ville dans leur clinique privée, souvent associée à une pharmacie, le soir à partir de 17h.

Où dormir ?

Dans le centre historique, autour de la rue Sisavang Vong *(zoom couleur et plan couleur général C-D2-3 et zoom couleur D-E-F)*

Très bon marché (moins de 127 500 kips, soit 15 $)

Au détour des rues Ban Wat That et Ban Houaxieng, on trouve une tripotée de *guesthouses.* Ça pousse comme des champignons ! Ne pas hésiter à négocier les prix. Elles proposent toutes ou presque un service de laverie. Voici celles qui nous ont plu.

🛏 **Mala Guesthouse** (zoom couleur D2, **23**) : dans une petite impasse piétonne, juste en face de la maison de bois Xieng Mouane. ☎ 21-28-00. 📱 020-213-19-85. Double 50 000 kips. Une petite guesthouse au confort simple, sous une paillote, derrière un jardin croquignolet où les carpes passent et les cerfs trépassent (beaux trophées au-dessus de la réception !). Salle de bains commune, certaines chambres aveugles, mais au calme et pourtant en plein centre. Que demander de plus ? Plein de petits services pour vous aider (laverie, vente de carte SIM, resto).

🛏 **Viradesa Guesthouse** (plan couleur général C2, **20**) : Ban Wat That. ☎ 25-20-26. En dortoir, 30 000 kips/pers ; double 150 000 kips. Rien que pour le dortoir (en sous-sol, bas de plafond et sombre, mais propreté acceptable, avec 10 lits), avec toilettes sur le palier, les routards fauchés y viennent en nombre. La pension est un amalgame de bâtiments imbriqués, au bord d'une venelle qui descend vers le fleuve. Eau chaude et ventilo (quand même !). Bon accueil et ambiance auberge de jeunesse un peu rustique.

🛏 **Chanty Banchit Guesthouse** (plan couleur général C2, **21**) : 25/2, Ban Wat Noy. ☎ 25-25-38. 📱 020-567-64-90. Doubles 60 000-70 000 kips. Gentille maison méticuleusement tenue. Chambres simples, propres, avec (les plus chères) sa salle de bains. Au 1er étage, tout est en bois. Ventilo. Accueil vraiment sympa. Service laverie.

🛏 **Paphai Guesthouse** (zoom couleur E1, **28**) : Savang Watthana Rd, Ban Watnong. ☎ 21-27-52. ● paphaiGH@hotmail.fr ● Dans une ruelle qui va de la rue Sisavang Vong au Mékong. Double 80 000 kips. Une maison traditionnelle au bois lustré par le temps et croulant sous des montagnes de fleurs en pot. Seul inconvénient, l'absence d'intimité, puisque l'ancienne salle commune a été cloisonnée de fines nattes de bambou (on entend tout chez les voisins). 8 chambres au total (3 individuelles,

5 doubles). Moustiquaires aux fenêtres et ventilo. La salle de bains (eau chaude) est commune.

🛏 **Seng Phet Guesthouse** (plan couleur général C2, **24**) : Ban Houaxieng. ☎ 25-35-34. Dans la même rue que le Vilay. Doubles 80 000-100 000 kips. Maison qui dégage une sympathique intimité et propose 11 chambres, avec salle de bains. Grande simplicité, chambres pas bien grandes, mais propreté nickel, bon accueil, bons lits et atmosphère familiale. Et même, bananes offertes !

🛏 **Suan Keo Guesthouse** (plan couleur général C2, **27**) : Ban Wat That. ☎ 25-47-40. Doubles 100 000-120 000 kips. Environ 7 chambres, la plupart carrelées, avec gros ventilo et eau chaude. Très propre et accueil familial. Au 1er étage, un certain charme même, tout est en bois. Un de nos meilleurs rapports qualité-prix-accueil.

🛏 **Vanvisa Guesthouse** (plan couleur général C2, **30**) : 42/2, Ban Wat That. ☎ 21-29-25. 📱 020-540-81-33. ● vandara1@hotmail.com ● Doubles 100 000-150 000 kips. Chambres avec ou sans salle de bains. Ventilo, eau chaude, moustiquaire. à l'étage, chambres plus petites mais plus agréables. Déco rouge brique. Simple. Accueil sympa.

🛏 **Bougnassouk Guesthouse** (zoom couleur D-E1, **31**) : 1/3, Ban Xieng Mouane, rue Khemkhong. ☎ 21-27-49. 📱 020-577-15-99. Double 100 000 kips. Encore une petite pension familiale, simple et propre, au bord du Mékong. Maison récente avec un 1er étage en bois. Une poignée de petites chambres, au rez-de-chaussée (certaines sans fenêtre) ou à l'étage (vue sur l'arrière), avec ventilo, douche (eau chaude) et w-c carrelés. Fait aussi resto (quelques tables au bord du fleuve). Accueil familial.

🛏 **Champradid** (zoom couleur D2, **26**) : Ban Choumkong. ☎ 21-21-48. Dans la rue courant sur le côté du Palais royal. Quelques chambres simplissimes mais propres, avec 2 salles de bains communes. Resto au rez-de-chaussée. Bon accueil.

Bon marché (de 127 500 à 340 000 kips, soit 15 à 40 $)

🛏 **Tanoy Guesthouse** (plan couleur général C2, **29**) : Ban Wat That ; en face du Vilay. ☎ 25-21-01. Double 18 $. Au rez-de-chaussée, chambres les moins chères assez banales, et même aveugles, mais super-propres. Salles de bains assez rudimentaires. Accueil adorable.

Rattana Guesthouse (plan couleur général C2, **33**) : 4/2, rue Kok Sack, Ban Wat That. ☎ 25-22-55. • rattana.laopdr. com • Doubles 15-20 $. Deux petits bâtiments mitoyens modernes offrant une dizaine de chambres plaisantes, avec salle d'eau privée, et équipées de ventilo ou AC et TV câblée, selon le prix. Certaines, au 1er étage, partagent un agréable balcon. Réception anglophone et patronne francophone, très accueillante, qui vous donnera plein d'infos, si elle est là. Service laverie, location de vélos.

Souklanxang Guesthouse (zoom couleur E1, **34**) : Ban Wat Nong, dans une petite ruelle perpendiculaire au Mékong. ☎ 26-04-77. ▯ 020-213-11-33. • mctibay@gmail.com • souklanxang.weebly.com • Doubles 20-35 $. Wifi gratuit. Derrière un petit bassin, élégante maison de famille recélant quelques chambres sobrement aménagées mais propres, avec des sols carrelés et des murs boisés, sans oublier TV, AC et salle de bains. Les plus chères (2) sont à l'étage. Laverie. Organise des excursions dans les environs.

Heritage Guesthouse (zoom couleur E1-2, **35**) : 66/6, Ban Xiang Mouane. ☎ 25-25-37. ▯ 020-551-23-44. • moradok2003@yahoo.com • À 20 m de la rue Sisavang Vong, en descendant vers le Mékong. Double 25 $, petit déj non

compris. Une dizaine de chambres correctes un peu petites, certaines aveugles, pas bien fraîches, avec TV, clim' ou ventilo. Salle de bains sur caillebotis. Gentil accueil. En dépannage.

Xieng Mouane Guesthouse (zoom couleur D1, **37**) : 86/6, Ban Xieng Mouane. ☎ 25-21-52. • xiengmouane@yahoo.com • Doubles 35-45 $. Pour familles, 2 suites avec 2 chambres intéressantes. Dans une rue calme et verdoyante du centre, face au Wat Xieng Mouane. Cette vieille maison coloniale, patinée par le temps, a gardé fière allure et son cachet reste intact. Un bâtiment côté rue et un autre à l'arrière donnant sur le petit jardin. Quelques chambres dans celui-ci avec ventilo ou AC, salle de bains et une déco agréable. Pas de TV.

Sayo Guesthouse (zoom couleur D1, **38**) : face au temple Xieng Mouane. ☎ 25-26-14. • sayo@laotel. com • sayoguesthouse.com • Une grande et belle maison historique aux volets verts, construite à l'époque française, avec de vieux meubles et un jardinet. Une quinzaine de chambres spacieuses bien équipées (AC, frigo, salle de bains carrelée) pour 30 $ dans la maison principale ou 20 $ dans l'annexe (car plus petites, mais tout aussi bien équipées) à l'arrière. Quelques chambres pour 3 et une familiale à 70 $ très vaste, avec un p'tit charme vieillot. Bien tenu, accueil sympa et professionnel à la fois. Bon rapport qualité-prix.

Prix moyens (de 340 000 à 595 000 kips, soit 40 à 70 $)

La Maison de Xanamkieng (zoom couleur E2, **32**) : Siphoutthabat Rd. ☎ 25-51-23. • xanamkieng@yahoo. com • Doubles 50-70 $, petit déj compris servi dans un petit patio aux orchidées donnant sur la rue. Wifi gratuit. À 2 pas de la Nam Khan, une maison rénovée à la déco design et épurée. Une poignée de chambres tout confort (TV, clim'), un peu sombres, qui détonent complètement avec leurs teintes chaudes et leur mobilier élégant, loin du style lao traditionnel. On aimera ou pas, notamment la salle de bains de la n° 8

juste derrière... la TV ! Ou les galets dans la douche... Accueil adorable. Au fait, un xanamkieng est une poterie dorée, comme celle posée devant une céramique près de la réception. CQFD.

Ancient Luangprabang Hotel (plan couleur général C2, **43**) : Sisavang Vong, Ban Pakarm. ☎ 21-22-64. • ancientluangprabang.com • Résa conseillée (souvent complet). Doubles 55-65 $. Un hôtel moderne à l'architecture plaisante et, surtout, une douzaine de belles chambres aux noms d'animaux, agencées dans un style néocolonial élégant et sobre tout à la fois. Tout le confort désiré : AC, minibar et frigo, TV câblée, lecteur DVD et coffre-fort. Plaira à ceux qui souhaitent résider directement au cœur de l'animation (le marché de nuit se déroule à ses pieds). Petit resto et café Internet au rez-de-chaussée.

📍 *Say Nam Khane Guesthouse* (*zoom couleur E2, 36*) : ☎ 21-29-76. ● saynamkhane_lp@hotmail.com ● *Chambres à partir de 35 $; les plus chères dans une maison en bois sont à 65 $, petit déj inclus. Internet gratuit.* Pension charmante dans une maison joliment retapée, située dans un coude de la Nam Kane. Autant dire une des plus belles vues de la ville ; d'ailleurs, les prix s'en ressentent : ça grimpe ! Une petite vingtaine de chambres tout confort (AC, excellente literie, téléphone, minibar) et très agréables mais parfois un peu exiguës. L'accueil reste chaleureux et familial.

📍 *Senesouk Villa* (*zoom couleur E1, 40*) : rue Sakarine, face à la pagode wat Sene. ☎ 21-20-74. ▯ 020-557-03-75. ● sensouk@laotel.com ● *Doubles 30-50 $; pas de petit déj.* En plein centre de la péninsule, dans le quartier historique mais à l'écart de l'agitation, une jolie maison ancienne, bien rénovée. Bon accueil d'une famille laotienne. Chambres avec ventilo, douche et w-c. Au 1er étage, elles sont plus chères et donnent sur la pagode de l'autre côté de la rue. D'autres chambres sur le jardin à l'arrière, plus calmes. La bonne tenue de l'ensemble et la régularité d'année en année en font une bonne adresse. Attention toutefois, quelques chambres ont été « visitées » et « détestées ».

📍 *View Khem Khong Guesthouse* (*zoom couleur D1, 41*) : 104/6, Ban Xieng Mouane, rue Khemkhong. ☎ 21-30-32. ▯ 020-678-30-80. À 20 m de la pension Bougnassouk. *Chambres 15-45 $ (avec balcon).* Maison traditionnelle en bois, bien restaurée, avec des petites chambres calmes et propres au 1er étage (ventilo, fenêtres), toutes avec salle de bains. Laverie, thé et café. Quelques chaises sur la rive dominant le Mékong pour goûter aux bonnes heures du crépuscule. Accueil très sympa.

📍 *Tum Tum Cheng Guesthouse* (*zoom couleur F1, 39*) : 50/1, Ban Xieng Thong. ☎ 29-40-00. ● tumtumcheng@yahoo.com ● *Doubles autour de 35-40 $.* À l'extrémité de la presqu'île, dans un beau quartier calme et verdoyant. Hôtel de charme installé dans une vieille maison coloniale classée. Assez élégamment décoré, dans un style laotien classique. Bon accueil. Une dizaine de chambres en grande partie carrelées, avec douche (eau chaude) et w-c, ventilo ou AC, certaines un peu sombres, et petit balcon sur le jardin. Possède aussi une autre *guesthouse*, plus « artistique », la *Tum Tum Bamboo Art Guesthouse*, à deux pas, et un resto (voir « Où manger à »).

📍 *Sala Luang Prabang* (*zoom couleur D1, 45*) : 102/6, Ounkham Rd, Xieng Mouane. ☎ 25-24-60 ou 25-40-87. ● salalao.com ● *Doubles 50-75 $, petit déj inclus. Internet gratuit.* Patron architecte d'intérieur, le résultat est plutôt réussi. Demeure du XIXe s restaurée en hôtel de charme : boiseries, beaux carrelages anciens (français !), simplicité, confort et élégance. Toutes les chambres ont l'AC, quelques-unes donnent sur le Mékong (avec balcon et vue superbe), les autres sur l'arrière (plus calmes). Le succès aidant, il s'est enrichi d'annexes dans d'autres maisons du quartier (une quarantaine de chambres). Attention, certaines sont vraiment petites et les prix ont singulièrement grimpé. Accueil charmant, cependant.

Un peu plus chic (de 595 000 à 850 000 kips, soit de 70 à 100 $)

📍 *Auberge Le Calao* (*zoom couleur E1, 47*) : rue du Mékong. ☎ 21-21-00. ● calaoinn.laopdr.com ● *Double 80 $; quadruple 90 $; petit déj inclus.* Petit hôtel de charme, admirablement situé, au bord du fleuve. L'ex-maison *Doré*, datant de 1904, propose une poignée de chambres avec terrasse privée sur arches et surplombant le Mékong. Déco de caractère, mobilier de style laotien. Apprécier les photos de l'accueil retraçant l'histoire de la maison sur un siècle, impressionnant. Adorable jardin en terrasses face au fleuve, idéal pour le bon petit déj. Patronne délicieuse parlant un peu le français.

🏨 |◉| *The Apsara* (zoom couleur E1, **44**) : rue Kingkitsarath, Ban Wat Sene. ☎ 25-46-70. ● theapsara.com ● Doubles 75-120 $. Un hôtel de charme en surplomb de la Nam Kane, avec vue sur les collines et qui la joue design (un peu trop ?) décontracté. Deux petits

bâtiments abritent des chambres spacieuses avec sol en bois rouge, AC, téléphone et frigo mais pas de TV. Préférer celles de l'édifice principal, plus ou moins élégantes, avec des lits immenses tant en largeur qu'en hauteur, et surtout celles donnant sur le Mékong. Toutes sont décorées dans le style colonial avec quelques notes modernes. Propreté un peu limite. Au rez-de-chaussée, excellent resto (voir « Où manger ? »).

Chic (de 850 000 à 1 700 000 kips, soit de 100 à 200 $)

🏨 *Les 3 Nagas* (zoom couleur E1, **48**) : 97/5, rue Sakarine, Ban Wat Nong. ☎ 25-38-88. ● alilahotels.com/3nagas/ ● Au milieu de la péninsule, très bien situé. Chambres à partir de 105 $ et jusqu'à 150 $ pour les suites. Même gérant que l'*Éléphant* et le café *Ban Vat Sene*. Un bel établissement de charme installé dans une belle maison coloniale rénovée avec beaucoup de raffinement et d'attention, tant aux matériaux

qu'aux détails : le bois ici est roi. Tout confort évidemment (salles de bains vraiment superbes), et la plupart des chambres disposent d'un balcon privé (et/ou d'une terrasse) et d'un petit salon, et parfois d'un lit à baldaquin. Un autre bâtiment de l'autre côté de la rue, tout aussi ancien et tout aussi joliment restauré, abrite une partie des chambres. Rapport qualité/prix correct. Quelques désagréments côté intendance.

Spécial coup de folie

🏨 *Maison Souvannaphoum Hotel* (plan couleur général C3, **49**) : rue Phothisarath (ou Suranaphoum) ; dans le prolongement de la rue Sisavang Vong, au niveau de la fontaine. ☎ 25-46-09. ● coloursofangsana.com ● Doubles 190-370 $, petit déj inclus. Internet et wifi gratuits. Ancienne villa princière superbement rénovée, dans un parc-jardin élégant. Le hall, la salle de resto et les chambres (avec balcon pour certaines) ont été entièrement refaits dans

des tons clairs modernes, mariant design et tradition laotiens dans le mobilier et la décoration. Tout confort, évidemment, et service très professionnel, mais les salles de bains, plutôt raffinées, sont petites pour le standing, tout comme la piscine. Autant le savoir, atmosphère chicos et quelque peu empesée ! Dispose également d'un spa et une piscine. Le resto propose cependant une carte à prix beaucoup plus raisonnables.

Le quartier autour de la rue Visounnarath
(plan couleur général B-C-D-E3-4)

Très bon marché (moins de 127 500 kips, soit 15 $)

🏨 *Jaliya Guesthouse* (plan couleur général C3, **50**) : 070/2, Pamahaphasam Rd, Ban Viengxay. ☎ 25-21-54. 📱 020-587-13-15. En face de Lao Airlines. Doubles 10-15 $. On prononce

« Tialinia Guesthouse ». Au total, 24 chambres. Bâtiment en vieux béton sans charme, mais intérieur refait et propre, avec des chambres équipées de clim' ; douche (chaude) et w-c à l'intérieur ou sur le palier, selon le prix. Celles à 10 $ sont vraiment bien (avec bains privés carrelés). Une grande cour pleine de plantes accueille les chambres les plus chères de plain-pied. Laverie et location de vélos (motos). Dommage, accueil nul, mais bon rapport qualité-prix général.

🏠 *Thavisouk Guesthouse (plan couleur général C3, **51**) : Pamahaphasam Rd.* ☎ *25-20-22. Doubles 80 000-120 000 kips. Au rez-de-chaussée, Internet payant.* Doubles avec clim', correctes avec salle de bains carrelée nickel dans le 1er bâtiment. Dans celui du fond, moins chères, plus standard (avec ventilo, pas de TV) mais toujours bien tenues.

🏠 *Mano Guesthouse « La Maison du Bonheur » (plan couleur général D3, **52**) : Ban Viengxay.* ☎ *25-31-12.* ● *manosotsay@hotmail.com* ● *Double 15 $.* Excellent rapport qualité-prix et emplacement central. Bon accueil et ambiance conviviale. Une quinzaine de chambres pas très grandes mais décorées avec des bois locaux. Confort suffisant : carrelage reluisant, bonne literie, douche et w-c. Éviter celles donnant sur la rue et préférer l'arrière, plus calme. Meilleur rapport qualité-prix pour les chambres du rez-de-chaussée (les moins chères), car, au 1er étage, la vue ne mérite pas la différence de prix. Boissons fraîches et resto au rez-de-chaussée avec une terrasse équipée de jolies chaises.

🏠 *Sysomphone Guesthouse (plan couleur général E3, **53**) : 22/4, Ban Visoun.* ☎ *25-25-43.* 📱 *020-577-46-96. Doubles 70 000-100 000 kips.* Dans un quartier semi-campagnard et pourtant près du centre-ville. Des chambres assez sommaires, avec ou sans salle de bains, ventilo et vue sur la rivière Nam Kane. Laverie. Bananes offertes. Super accueil des proprios. Les autres *guesthouses* de la rue pratiquent les mêmes tarifs et proposent le même genre de confort basique.

🏠 *Chitlatda Guesthouse (plan couleur général D2-3, **55**) : rue Sisouphanh Latsavong.* ☎ *21-22-27. Doubles 60 000-100 000 kips.* Pension calme et bien tenue, située au pied du mont Phousi, sur son côté sud. Accueil gentil. Une vingtaine de chambres propres et rénovées, avec ou sans douche et w-c, et ventilo (en bas) ou AC.

🏠 *Cold River Guesthouse : 01/5, Ban Meuna.* ☎ *25-28-10.* 📱 *020-577-87-49.* ● *coldriverg.h@hotmail.fr* ● *Prendre la rue Phommatha en s'écartant du centre et tourner à gauche juste après* Pathana Boupha Antique House *(plan couleur général E3, **132**) qui fait l'angle ; descendre la ruelle par la droite, c'est un peu avt la rivière. Chambres simples 13 000-15 000 kips,* avec – nos préférées ! – ou sans vue sur la rivière, avec – encore nos préférées ! – ou sans salle de bains, mais eau chaude pour tout le monde. Ventilo. Pas bien grand mais confortable ; literie convenable et propre. On a vraiment l'impression de partager la vie de la famille qui nous héberge. Bananes gratuites. Laverie.

Bon marché (de 127 500 à 340 000 kips, soit 15 à 40 $)

🏠 *Sabaidee Guesthouse (plan couleur général C3-4, **54**) : 70, rue Thammikarat.* ☎ *25-31-43.* 📱 *020-561-82-75.* ● *sabaigh@hotmail.com* ● *Doubles 20-25 $, petit déj inclus.* À quelques centaines de mètres du centre par la rue Visounarath, dans une rue calme et verdoyante, au fond d'un beau jardin apaisant. Excellent rapport qualité-prix, un des meilleurs que l'on connaisse. Les chambres à l'étage sont moins chères que celles du rez-de-chaussée. D'une blancheur immaculée, elles ont toutes douche, ventilo ou AC et TV câblée. L'ensemble mériterait un peu de décoration. Laverie et location de vélos.

🏠 *Villa Namneua (plan couleur général D3, **42**) : dans une petite impasse perpendiculaire à la rue Vissounarath.* ☎ *25-29-33. Nuitée 30-40 $, petit déj inclus.* En face d'un marigot, une petite dizaine de chambres. Préférer celles de la nouvelle section, plus charmantes. Déco soignée, mobilier chiné, tout confort (clim', salle de bains modernes, TV) et calme absolu ! Enfin presque :

poules à proximité. Petite terrasse pour bouquiner ou observer les nénuphars. Sculpteur sur bois à deux pas pour se dégourdir un peu les jambes ! Accueil hélas insignifiant.

🛏 *Muong Lao (plan couleur général E3, 56) :* Phommathat Rd. ☎ 25-27-41. 📱 020-777-33-21. Pas loin de la station Caltex. *Doubles 15-20 $*. Gentille petite pension offrant des chambres d'un fort bon rapport qualité-prix. Notamment la n° 9, sur l'arrière, certes pas très grande, mais tout en bois avec clim' et une belle et vraie salle de bains. Certaines avec terrasse. Draps de lit raffinés, parquets bien cirés, on s'y sent bien.

🛏 *Rama Hotel (plan couleur général D3, 57) :* Ban Visoun, rue Visounnarath. ☎ 21-22-47. ● ramahotel.net ● *Doubles 34-39 $. Wifi gratuit.* Hôtel classique abritant des chambres assez standardisées, correctes et propres, d'un bon rapport qualité-prix. Tout le confort : AC, TV, frigo, douche avec eau chaude. Aucun charme mais carré et service impeccable.

🛏 *The Villa Sokxai 2 (plan couleur général D2, 59) :* Phousi Rd. ☎ 26-02-99. 📱 020-557-15-59. ● Sokxai2.com ● *Dans une ruelle, vers la rivière. Double 35 $, petit déj américain compris.* Assure le transfert aéroport, ferry et terminal des bus. Élégant petit hôtel sur un étage dans un coin intéressant. Propose une poignée de chambres d'un certain charme et très confortables : grand lit, AC, TV câblée, etc. Déco des salles de bains rigolotes. Grands balcons. Attention, les chambres sont fréquemment visitées...

Prix moyens (de 340 000 à 595 000 kips, soit 40 à 70 $)

🛏 *Lane Xang Guesthouse (plan couleur général E3, 58) :* Ban Visoun, rue Visounnarath. ☎ 21-27-94. 📱 020-581-89-88. ● villalanexang@yahoo.com ● *Double 45 $, petit déj compris.* Face à un temple que l'on aime beaucoup, le wat Visounnarath. Habitation de caractère datant de 1935, avec structure en bois apparente et joliment rénovée. Un peu moins d'une dizaine de chambres spacieuses et d'excellent confort avec grand lit, sol en bois rouge, frigo, clim', ventilo (certaines avec coin salon). Dommage, pour ce prix-là, les salles de bains ne sont pas bien jolies.

🛏 *Shayada Guesthouse (plan couleur général D3, 57) :* en face du wat Visounnarath (Visoun pour les intimes). ☎ 25-48-72. Peu de chambres, mais elles sont vastes, avec mobilier et linge de maison raffinés et petites touches de soie colorée en guise de déco. Petite préférence pour les chambres à l'étage, certaines doubles assez grandes conviendront parfaitement aux familles (ou aux amis !). Clim', salle de bains, parquet dans toutes, et même TV câblée (avec TV5 !). Balcon privé et/ou petite terrasse. Un rêve !

Plus loin du centre, au sud et à l'est de la ville (plan couleur général B-C-E3-4)

Prix moyens (de 340 000 à 595 000 kips, soit 40 à 70 $)

🛏 |◉| *Villa Ban Lao Hotel (plan couleur général C4, 60) :* Ban Mano, Thammamikalah Rd. ☎ 25-20-78. 📱 020-567-16-00. ● banlaohotel.com ● *À côté du wat Manorom. Doubles 50-70 $, petit déj inclus. Wifi gratuit.* Élégante et vaste demeure, avec une grande entrée décorée d'une fresque pittoresque et de gros meubles sculptés. L'ensemble présente un bon rapport prix-confort. AC, TV câblée. Du charme et de l'espace. Une belle adresse, mais accueil insipide. Excellente table (voir « Où manger ? »).

🛏 |◉| *Villa Treasure (plan couleur général B3, 46) :* 51/3, That Luang Village.

☎ 26-06-61. • villatreasure.com • Double 60 $, petit déj inclus. Le long d'une allée agréablement fleurie, une enfilade de chambres au calme, toutes identiques et un peu sombres mais grandes et confortablement meublées. TV, clim', frigo, minibar, déco soignée et linge de maison raffiné pour des lits *king size*. Petit resto, accueil en français et très bon entretien. Une très bonne adresse au bon rapport qualité-prix.

Un peu plus chic (plus de 595 000 kips, soit 70 $)

🛏 |●| **Le Parasol Blanc Hotel** (plan couleur général B4, **61**) : 11, Ban That Luang, 11, rue Phou Vao. ☎ 25-21-24 ou 25-24-96. • hotelinlaos-vicogroup. com • Double 80 $. Niché au cœur d'une végétation luxuriante de palmiers et bambous, l'hôtel borde un étang, dans un authentique quartier de la ville. Chaque chambre, spacieuse et confortable (AC, minibar, TV), bénéficie d'une terrasse privative face aux étendues d'eau ou à la verdure. Agréable bar-resto sur pilotis perché au-dessus d'un des étangs. Les visiteurs sont invités à partager librement la piscine du *Mouang Luang Hotel*, à environ 10 mn à pied de là. Quelques vols dans les chambres nous ont été signalés. Petit déj pas top.

🛏 |●| **Villa May Dou** (plan couleur général E3, **63**) : Ban Meuna. ☎ 25-46-01 ou 02. • villamaydou.com • À deux pas du vieux pont piéton et pas loin du centre ; au bout d'une allée. Doubles 85-105 $; suites familiales 170-210 $ (avec 2 chambres) ; petit déj compris. Resto avec menu 15 $. Dans un séduisant jardin tropical, tout à côté d'un vénérable temple, 2 grandes demeures traditionnelles, restaurées avec goût et offrant une quinzaine de superbes chambres. Bois précieux (lavabo en bois rouge !) et mobilier de style colonial. L'ensemble possède beaucoup de charme. Petit déj pris sous une grande structure type paillote. Service jeune, alerte et anglophone. Prêt de vélos. Une de nos meilleures adresses.

🛏 **Satri House** (plan couleur général B3, **64**) : 57, rue Phothisarath, Ban That Luang. ☎ 25-34-91 ou 92. • satri lao@hotmail.com • Double 120 $ en saison, 100 $ hors saison, petit déj compris. Un peu excentré, pas facile à trouver, pas un excellent rapport qualité-prix, mais tellement de charme ! Dans un jardin agréablement touffu, cette belle maison coloniale, restaurée et aménagée avec soin, dispose de moins de 10 chambres. Ambiance bien plus maison d'hôtes de luxe et de charme qu'hôtel, avec d'agréables salons communs. Toutes les chambres sont différentes, décorées avec goût de meubles et bibelots anciens, avec des salles de bains originales très réussies. Devant la maison, terrasse accueillante, et chaises longues autour de la minuscule piscine tout en longueur.

Spécial coup de folie

🛏 |●| **Résidence Phou Vao** (hors plan couleur général par B4) : en dehors de la ville, dans la partie sud, au bout de l'av. Phou Vao. ☎ 21-25-30. • residen cephouvao.com • Min 400 $ la nuit (pleine saison). Bien qu'un peu excentré, ce très bel hôtel de style colonial est bien situé. Il se trouve sur une hauteur, d'où l'on a une vue splendide sur la ville, surtout à la nuit tombée, lorsque seul apparaît le mont Phousi éclairé à l'horizon. Il abrite 32 chambres (et 2 suites), décorées avec une élégance coloniale, mâtinée de raffinement asiatique (bois et meubles tropicaux, sobriété des lignes). Elles sont tout confort, évidemment, équipées de salles de bains magnifiques, et donnent sur le parc. Il se murmure même que Mick Jagger vient y chercher quelque *Satisfaction*. Dans le jardin, à deux pas du resto (excellente table ; voir « Où manger ? »), très belle piscine bordée de bougainvillées et de frangipaniers, ouverte sur un merveilleux paysage. Pour prolonger les plaisirs, direction le spa, avec hammam où l'on respire les herbes du jardin. Massages. On est tombé sous le charme (faudrait être difficile !). Service exquis. La plus belle adresse de Luang Prabang.

♠ Villa Maly *(plan couleur général C3, 62) : Ban That Luang, Thammanikalat Rd.* ☎ 253-903. ● *villa-maly.com* ● *Un peu à l'écart du centre-ville mais pas trop. Nuitée 250-380 $.* Dans l'ancienne résidence réaménagée de la princesse Khampieng et du prince Khamtan, le petit-fils du roi Zakarine au XIXᵉ s. Une trentaine de chambres classiques toutes neuves, au style colonial, tout confort (on a envie de se lover dans les couettes épaisses des lits à baldaquin), au milieu d'un grand jardin tropical avec la piscine centrale. Hélas, les chambres sont les unes sur les autres et... se ressemblent toutes. Manque encore un peu de patine, mais ça viendra. Service (trop ?) discret.

Où manger ?

Dans le centre historique, autour de Sisavang Vong (plan couleur général E2, B3 et zoom couleur D-E-F1-2)

Très bon marché (moins de 30 000 kips, soit 3,50 $)

Comme partout au Laos, il est possible de se restaurer à très bon compte sur les étals des marchés. Le soir venu, entre 17h et 22h environ, en bas de la rue Kitsarath Setthathirat, des étals proposent d'excellents plats cuisinés à emporter. D'autres étals au début du marché de nuit, dans une ruelle longeant l'hôtel *Ancient Louang Prabang*, aux mêmes heures. Longues tables avec toile cirée, où l'on déguste poulet ou cochon laqué dans des feuilles de bananier, poissons grillés au charbon de bois. Stands végétariens également (bons légumes sautés pour 5 000 kips, soit 0,60 $).

|●| Seng Dao Restaurant *(zoom couleur E1, 70) : Kingkitsarath Rd.* ▯ 020-577-23-41. *Tlj 8h-21h.* Petite gargote au bord de la Nam Kane, où l'on vient à midi pour sa terrasse ouverte sur les rives voisines. Plats simples et bonne popote des familles, vraiment pas cher. Jus de fruits et bons *shakes*.

|●| Phou Si Restaurant *(zoom couleur D1-2, 71) : dans la rue perpendiculaire à Sisavang Vong et qui longe le flanc du Palais royal.* ▯ 020-577-18-88. *Tlj midi et soir jusqu'à 21h30. Plat env 25 000 kips.* Rien de particulier, la gargote classique et pas chère, à deux pas du brouhaha touristique. Cuisine d'inspiration locale fort goûteuse. Mention spéciale pour le *tom yam* aux pieuvres.

Bon marché (de 25 500 à 68 000 kips, soit 3 à 8 $)

|●| Mekong Fish *(zoom couleur E1, 72) : Souvanhakhampong. Tlj 7h30-23h30.* Sur le Mékong, en contrebas, une des plus belles terrasses. Cuisine goûteuse et bien servie : barbecue, burgers, pizzas, pâtes, sandwichs, steak et plats laotiens, comme les algues au sésame, le poisson au lait de coco, les viandes au curry, la *Laung Prabang ratatuille* (dans le texte)... Vins à partir de 10 $, jusqu'au château Noaillac médoc cru bourgeois à 24 $. Service jeune et sympa.

|●| Couleur Café *(zoom couleur E1, 73) : 48/5, Ban Wat Nong.* ☎ 25-46-94. *Tlj 7h-14h, 18h-23h.* Situé à l'écart de la rue principale, dans un quartier sympathique, tt près du Mékong. Café-resto à la française proposant d'excellents et copieux plats européens et laotiens. Pour les amateurs, steak-frites et salade, burgers maison, spécialités en cassolette. Excellentes glaces de chez *Paradlce*, le glacier de Vientiane.

|●| Nazim *(zoom couleur D2, 74) : Sisavang Vong, Ban Xieng Muan.* ☎ 25-34-

93. *En face du* café des Arts. *Tlj 11h-23h.* Honnête occasion de goûter la cuisine indienne (du Nord surtout) et de changer un peu de la laotienne. Plats bien servis : *chicken tikka masala* (poulet mariné au yaourt et cuit au tandoori, sauce épicée), *rogan josh* (agneau au curry), *raita* (concombre au yaourt), riz *byriani*, accompagnés des classiques *nan* et *roti...*

▐●▌ *Café Popkane (zoom couleur F1, 89) :* rue Sakarine ; tt près de la maison du Patrimoine. Tlj 8h-17h. Une adresse toute mignonne, cachée derrière les arbres, quelques tables à l'ombre, des bancs et du calme. Des plats laos tout simples, d'autres un peu plus occidentaux. Parfait aussi pour les petits déj qui s'éternisent.

▐●▌ *Khemkhane Food Garden (plan couleur général E2, 75) :* Phousi Rd. ☎ 21-24-47. 3 grandes terrasses sur pilotis en surplomb de la Nam Kane vous assurent une vue magnifique. La carte est bien fournie, mais côté cuisine, ça vire quelque peu à l'usine. Vaut surtout le détour pour sa superbe situation. Pour boire un verre, c'est pas mal non plus...

Prix moyens (de 68 000 à 127 500 kips, soit 8 à 15 $)

▐●▌ *Café Ban Vat Sene (zoom couleur E1, 80) :* Ban Wat Sene, rue Sakkarine. ☎ 25-24-82. Tlj 7h-22h. Happy hours 17h-19h. Même maison que *L'Éléphant* (voir plus loin), donc prestations et déco soignées (peintures, beaux objets, mobilier tressé), dans une belle maison rénovée. Carte de snacks et de petits plats laotiens bien tournés. Terrasse sympa. On aime aussi venir prendre son petit déj, pas donné mais si bon...

▐●▌ *Park Houay Mixay Restaurant (zoom couleur E1, 76) :* Ban Xieng Mouane, Sothikhoummane. ☎ 21-22-60. ▯020-551-14-96. Un resto traditionnel dans une maison en bois et bambou. Pour la cuisine laotienne, l'un des meilleurs dans cette catégorie de prix. Quelques spécialités : curry de poisson aux chanterelles, *olam* (ragoût aux légumes), la traditionnelle saucisse de porc de Luang Prabang (c'est le moment ou jamais de la goûter !), poulet à la noix de coco et son curry rouge, et tant d'autres choses.

▐●▌ *Tum Tum Cheng Restaurant (zoom couleur F1, 77) :* 29/2, rue Sakarine. ☎ 25-20-19. Proche de la guesthouse du même nom. Ouv dès le petit déj. Dans une maison bien retapée, salle coquette, voire un peu chic. Jolie déco où le bois domine, égayé de gongs et de soieries drapées. Au menu, préparations traditionnelles, currys doux ou épicés, et un choix de plats végétariens. Les budgets serrés se contenteront d'une bonne soupe pas chère. Propose aussi des cours de cuisine avec un chef laotien, mais franchement, c'est pas donné (compter 30 $ le cours !).

▐●▌ *Le Café des Arts (zoom couleur D2, 79) :* rue Sisavang Vong. ☎ 25-21-62. Tlj jusqu'à 23h30. Pour sa terrasse populaire, pour voir et être vu. Les routards en mal de pays s'y retrouveront : salades à composer soi-même, tartines de rillettes accompagnées de gratin dauphinois et bonnes brochettes, le tout arrosé de vin si on le souhaite. Excellentes viandes. Sert également des petits déj.

Plus chic (plus de 127 500 kips, soit 15 $)

▐●▌ *Arisai (zoom couleur E1, 78) :* 49-3, Sakkarine Rd. ☎ 25-50-00. Dans une ancienne boutique aménagée sur deux étages, un resto qui change un peu. Accueilli par la cuisine ouverte, on admire les jeunes mirmitons dirigés par un chef qui a longtemps officié à Aix-en-Provence. Et sa cuisine s'en ressent, naturellement tournée vers la Méditerranée. Ne vient-on pas ici pour son délicieux couscous, avec harissa maison ? Les autres plats revisités et adaptés valent aussi leur place sur la carte. Bonne petite sélection de vins (au verre notamment). Vaste salle à l'étage, climatisée (super en été !). Service attentionné. Une belle adresse.

|●| **The Chang Inn** (zoom couleur E1, 81) : rue Sakarine ; dans l'arrière-cour de l'hôtel du même nom. ☎ 25-35-53. L'un des spots de la cuisine thaïlandaise à Luang Prabang. Réputé notamment pour sa tom yam soup, soupe traditionnelle thaïe où viande ou poisson se mélange à la citronnelle, au lait de coco et autres délices du genre. à goûter au moins une fois dans sa vie ! Bon bœuf émincé épicé (lap mu). Cadre propret sans folie mais à l'ombre (ça peut servir). En revanche, le vendredi, la cuisinière est en congé, donc revenez un autre jour !

|●| **L'Éléphant** (zoom couleur E1, 82) : Ban Wat Nong. ☎ 25-24-82 (résas). À une centaine de mètres du Mékong, en face du wat Nong Sikhounmuang. Tlj midi et soir (réserver). Carte Visa acceptée. Une bonne adresse depuis plusieurs années. Dans un bâtiment des années 1960, avec une agréable terrasse (surtout le soir) et une grande salle aérée. Décor sobre et élégant tout à la fois. Clientèle à dominante occidentale. Cuisine élaborée et fine. Carte essentiellement française, tendance méditerranéenne, avec des incursions asiatiques : poêlée de grenouilles à la provençale, jarret d'agneau braisé à la cardamome d'Indochine, raviolis farcis aux champignons de Luang Prabang et excellent steak, pour les nostalgiques. Menu-dégustation laotien extra !

|●| **Restaurant Apsara** (zoom couleur E1, 44) : Ban Wat Sene, rue Kingkitsarath. ☎ 21-24-20. Ouv tte la journée jusqu'à 22h (mais cuisine fermée l'ap-m). La vaste et lumineuse salle, joliment meublée (style branché tropical), fait face aux collines de la Nam Kane. À la nuit tombée, cette terrasse avec ses lampes colorées est idéale pour déguster la cuisine de la maison et les petits plats du chef (laotiens et européens). Bon accueil, service diligent. Fait aussi hôtel (voir « Où dormir ? »).

|●| **Blue Lagoon** (zoom couleur D1-2, 71) : Ban Choumkhong ; une petite rue donnant tt simplement sur le jardin du Musée national, à côté du resto Phou Si. ☎ 25-36-98. Tlj midi et soir. Plat env 80 000 kips (9,40 $). Dans une maison élégante, cachée sous les palmiers, salle de resto ouverte sur la rue, calme et aérée. Service aux petits soins pour une cuisine traditionnelle lao-suisse (si, si, ça existe !). Les larb de poulet ou de bœuf en salade et autres mok (poisson ou viande cuits dans une feuille de bananier) côtoient sans vergogne les spätzli, petites nouilles germano-helvètes, et les pièces de bœuf. Assiettes joliment présentées. Pas donné quand même, mais goût sûr. Et en dessert, craquer pour la mangue flambée !

Dans le secteur de la rue Visounnarath
(plan couleur général B-C-D-E3-4)

Bon marché (de 25 500 à 50 000 kips, soit 3 à 8 $)

|●| **Atsalin Restaurant** (plan couleur général D3, 83) : petit resto lao-chinois situé dans les 20 premiers mètres de la rue Visounnarath, sur la droite en venant de la rivière Nam Kane, à peu près en face des Assurances AGL. Ni enseigne ni panneau, mais facile à trouver (en fait, c'est écrit « Noodle Zoup & Fired Noodles Shop »). Tlj 12h-minuit. Divisé en deux stands : d'un côté, la soupe aux crevettes et seiches, les légumes sautés au wok, etc. ; de l'autre, les canards laqués. Spécialités de riz jaune au canard ou au poulet et de kalapao (gros beignet au porc sucré ou salé). Excellent et vraiment authentique ! À déguster sur place, en salle ou en terrasse.

|●| **Lao Lao Garden** (plan couleur général D2, 84) : Phousi Rd. ☐ 020-997-01-06. Tlj midi et soir jusqu'à 23h30. Un des restos préférés des Européens pour son cadre extra plein de couleurs, ses recoins tamisés, le jardin, son service virevoltant et, surtout, son superbe barbecue à seulement 4 ou 6 $ suivant l'appétit ! Il s'agit d'une plaque chauffante sur charbon de bois pour le poulet, le porc et le bœuf (servis généreusement), doublée d'un bassin circulaire pour bouillir les légumes (ou les viandes au choix), synthèse en quelque sorte de la fondue chinoise et du barbecue

coréen... On met dans l'eau bouillante les légumes, vermicelles de riz, herbes, épices, œufs, et on se concocte une délicieuse soupe parfumée. Sinon, grand choix à la carte : burgers de buf- fle, grosses salades, *lao steak,* poisson- chat du Mékong, etc. Pour boire un verre, pas moins de 5 bars ; *happy hours* jusqu'à 22h. Billard. Super ambiance.

Plus loin, au sud de la ville

Bon marché (de 25 500 à 68 000 kips, soit 3 à 8 $)

|●| *Malee Lao Food Restaurant (plan couleur général B4, 85)* : Mano Rd, Ban Mano, dans une rue perpendiculaire à l'av. Phou Vao. 📱 020-777-25-99. Tlj 17h-23h30. La cuisine est typique et se déguste sur une grande terrasse de bois. Spécialités de Luang Prabang, comme les algues au sésame frites, la friture de poisson-chat, la salade de poulet épicée et des soupes compo- sées à la demande. Accueil affable. Une adresse authentique !

De prix moyens à un peu plus chic (de 68 000 à 127 500 kips, soit 8 à 15 $)

|●| *Restaurant de Villa Ban Lao Hotel (plan couleur général C4, 60)* : Ban Mano, Thammamikalath Rd. ☎ 25-20- 78. 📱 020-567-16-00. Resto installé sous une grande terrasse couverte der- rière la *guesthouse,* au calme. Cuisine locale d'excellente facture. On vous conseille vivement le *kanap* (sur com- mande), spécialité savoureuse de Luang Prabang. C'est d'ailleurs l'un des rares restos à offrir une authentique cui- sine laotienne. Beaucoup de plats que vous ne retrouverez pas chez les autres, comme le *lon som,* une recette rare (porc et poisson aux œufs, algue, noix de coco et piments) ; les bambous far- cis ; le *chaiton,* farci de porc et d'œuf qu'on fait frire ; la salade de poisson du Mékong (poché à l'eau bouillante, avec menthe, citronnelle, coriandre, piments, servi avec des haricots verts)... Resto un poil hors du circuit touristique, mais vous ne regretterez pas l'effort et les 10 000 kips du *tuk-tuk* !

Beaucoup plus chic (plus de 255 000 kips, soit 30 $)

|●| *Restaurant de la Résidence Phou Vao (hors plan couleur général par B4)* : voir « Où dormir ? ». ☎ 21-25-30. Résa impérative. L'une des meilleures tables (la meilleure ?) de la ville. Vaut surtout en soirée, pour un tête-à-tête en amou- reux, ou un excellent repas entre amis. Cuisine lao-franco-méditerranéenne de haute volée, absolument délicieuse. Saveurs inédites, présentations impec- cables, le chef s'amuse et aiguise les papilles de ses convives. Cadre inté- rieur sobre et élégant. Mais on vient sur- tout pour la terrasse, au bord de la pis- cine, illuminée de ses multiples lucioles, avec, en toile de fond surréaliste, le mont Phousi et ses temples, semblant flotter au loin. Service aux petits oignons.

Où prendre le petit déjeuner ?

🍽 *Café Ban Vat Sene (zoom cou- leur E1, 80)* : Ban Wat Sene, rue Sakka- rine. ☎ 25-24-82. Tlj 7h-22h. Voir « Où manger ? » plus haut. Excellentes for- mules très complètes, à déguster en lisant *Le Monde* du jour ou en pianotant sur son ordinateur (wifi gratuit pour les clients). So chic ! Ambiance sympa au petit matin, après les offrandes aux bonzes.

🍽 *Luang Prabang Bakery (zoom cou- leur D2, 86)* : 11/7, rue Sisavang Vong.

☎ 25-24-99. En face de l'agence All Lao Service. Wifi gratuit en terrasse pour les clients. À la fois boulangerie et pâtisserie. Propose aussi sandwichs, quiches, glaces, etc. Très bien pour le petit déj et le goûter. Gâteau à la banane, beignets, muffins, pain, jus de fruits et yaourt frais, entre autres. Dîner également, mais cuisine plutôt européenne, pas d'une folle originalité.

☛ **The Scandinavian Bakery** (zoom couleur D2, 87) : 52/6, rue Sisavang Vong. ☎ 25-22-23. Tlj 6h-22h. Grand choix de gâteaux secs. Le rendez-vous des routards anglophones (plutôt que francophones). Cadre plaisant. Terrasse.

☛ **Jo Ma** (plan couleur général C2, 88) : rue Chao Fa Ngum ; à deux pas de la fontaine et du Phousi Hotel. Tlj sf dim 7h-21h. Petite salle intérieure climatisée, vite pleine, tendance branchée, bois lazurés et parpaings, éclairée de quelques tableaux modernes. Bons sandwichs, mais aussi café, cappuccino, boissons fraîches diverses, muffins et autres brownies, quiches aux légumes et salades. Petite terrasse pas des plus agréable, car la rue est passante. Un peu cher.

Où boire un verre ? Où sortir ?

Teatime

🍸 **L'Étranger, Book and Tea** (plan couleur général D2, 90) : rue Phousi, Ban Apai. Lun-sam 7h-22h ; dim 10h-22h. À la fois bibliothèque de prêt, librairie d'occasion et salon de thé ! Très agréable, simple et sans chichis, et, en y laissant vos livres, vous permettez à de jeunes Laotiens de découvrir d'autres horizons que leur seul pays. Au 1er étage, il y a même des sofas pour profiter du film du soir (projection à 19h).

🍸 **Un petit nid, Biblio Bistro** (zoom couleur E1, 95) : rue Sakarine. ☎ 26-06-86. Tlj 7h-21h30. On aime bien cette adresse pour sa terrasse en contrebas de la rue. Parfait pour apprécier le passage ! Jus de fruits, cocktails, et même restauration pour jouer les prolongations.

– Voir aussi, ci-dessus, les adresses où prendre le petit déj.

Pubs

🍸 **Hi.ve Bar** (plan couleur général D2, 91) : rue Phousi, Ban Apai. Ouv 15h ou 16h-minuit. Happy hours 17h-21h. Tenu par des jeunes Laotiens, LE rendez-vous des jeunes du coin, où routards et locaux se retrouvent autour de petits verres pas trop chers. Une terrasse pour se vautrer sur des poufs, dans la verdure, des bidons en acier servant de tables. Une salle brique et bois avec recoins tranquilles, où le DJ se donne à fond ! Possibilité de grignoter snacks, pizzas et tapas. Le soir, atmosphère tamisée, cool et relax...

🍸 **Daofa** (zoom couleur D-E2, 93) : Sisavang Vong Rd. ☎ 25-26-56. Tlj 8h-23h. Happy hours 18h-21h. Petite terrasse tranquille pour apprécier le va-et-vient de la rue, un cocktail à la main. Ambiance sympa à la tombée de la nuit. Pour un dernier drink avant de rejoindre la discothèque du même nom ?

🍸 **Pack Luck Liquor** (zoom couleur D2, 94) : 10/6, rue Sisavang Vong. Tlj 9h30-23h30. Vin au verre 3 $. Wifi gratuit pour les clients. Un bar à vin tout nouveau, où l'on peut s'affaler sur de gros poufs pour déguster une vaste gamme de vins du monde entier, du rupert-rothschild sud-africain au penfold's australien, en passant par de gouleyants vins français. Atmosphère intime et tamisée à souhait.

Discothèques

Pour les 2 adresses ci-dessous, prenez un tuk-tuk ou un taxi pour la soirée, et demandez-lui de vous attendre.

♪ *Discothèque Dao Fa : à 3 km du centre-ville, sur la N13 ; entre le marché chinois et la gare routière du Sud, en face du stade de foot. Les taxis connaissent le lieu. Ferme à 23h30-minuit.* Banquettes autour d'une grande piste de danse animée par un orchestre et filmée par une caméra, dont les images sont projetées sur un grand écran. Lao-tiens et « étrangers » s'y trémoussent joyeusement, toutes générations confondues. Musique thaïe, laotienne (en live) et occidentale.

♪ *Muang Swa (plan couleur général B4, 92) : rue Phou Vao ; derrière la villa du même nom.* Le dancing à la laotienne. Ambiance joviale et sympa. Ferme aussi tôt que le *Dao Fa*.

Spectacles de danse lao

∞ *Ballets : dans l'ancien Palais royal (zoom couleur D2, 104).* ☎ 25-37-05. *Lun, mer, ven et sam, à 17h. Entrée : 8-20 \$. Billets en vente au guichet d'entrée du Palais royal ou par les agen-ces de voyages. Durée du spectacle : 2h. Petite buvette.* Des spectacles de danses traditionnelles (cérémonie de Baci) et ethniques.

À voir. À faire

✗✗✗ **Le reras (ou l'aumône) des bonzes :** un rituel immuable. Le cortège emprunte la rue Sisavang Vong (la rue principale), où il faut être entre 6h30 et 7h, car tous les monastères ne sortent pas exactement à la même heure. Se diriger tout doucement vers la pointe ; les moines remontant la rue en sens inverse, vous les verrez obligatoirement. Ce rite bouddhique est une vivante illustration de la dimension spirituelle de Luang Prabang et du Laos en général. Il concerne essentiellement de jeunes moines, pensionnaires pour quelques années dans les monastères de la ville. Chaque matin, au lever du soleil, dans les brumes matinales, des dizaines de bonzes, vêtus de la robe safran, portant leur large sébile en bandoulière, pieds nus et en silence, marchent dans les rues de la ville pour mendier leur nourriture, comme l'avait fait autrefois le Bouddha, qu'ils vénèrent. Ils reçoivent l'aumône de la population. Selon l'usage, les habitants donnent une boulette de riz gluant, ou des fruits, aux moines, avant que ceux-ci ne regagnent leur temple respectif.

L'aumône des bonzes, pratiquée depuis la nuit des temps, se révèle pourtant aujourd'hui menacée (en tout cas sous sa forme actuelle). En effet, beaucoup de visiteurs considèrent cela comme un spectacle hollywoodien. Ce n'en est pas un, mais bien un rituel religieux. Les moines sont gênés par les dizaines d'appareils photo des touristes qui les attendent au passage, quand ce ne sont pas carrément les minibus qui les coincent contre le trottoir ! Autre habitude, aussi, des touristes : se joindre à

> ### POURQUOI LES BONZES PORTENT-ILS UNE ROBE ORANGE SAFRAN ?
>
> *Selon les règles du « Vinaya » (le code monastique), la robe doit être teinte à l'aide d'une matière la moins onéreuse possible et facilement trouvable par un moine itinérant sans ressources. À l'époque du Bouddha, la teinte safran (ou d'autres tons proches de terre) était la plus facile à se procurer.*

l'aumône alors qu'ils ne sont pas bouddhistes... Imaginez un peu qu'un « touriste hindou » grimpe sur l'autel d'une église en pleine homélie, puis communie... Eh bien, finalement, c'est un peu ce qui se passe ici... Hélas, ce sont les agences qui organisent souvent cela pour leur riche clientèle thaïe ou japonaise, ravie de cet exotisme si original dans son anachronisme... Et de pouffer bêtement, de glousser et de se faire prendre en photo pendant le rite. Alors que respect et distance sont les maîtres mots si l'on veut vraiment approcher la spiritualité de la ville. À cause de cette situation, des rumeurs font état d'un possible abandon du rituel dans la rue principale.

🎥🎥 *L'ascension du mont Phousi* (*plan couleur général D2, 100*) : *entrée 20 000 kips/pers (env 2,50 $). Nous conseillons de commencer la visite de Luang Prabang par l'ascension du Phousi pour jouir depuis son sommet d'une belle vue sur les principaux édifices de la ville. Le meilleur moment pour y monter est la tombée de la nuit, lorsque le ciel rougeoie encore et que résonnent les cloches des monastères. La ville apparaît alors derrière le rideau de végétation dont se hérisse la colline, baignée par une lumière dorée.

– On y monte soit par les escaliers situés dans la rue Sisavang Vong, face à l'ancien Palais royal, soit par la rue Phousi, côté Nam Khane.

– En arrivant côté Sisavang Vong, sur la droite en route se trouve le *wat Pa Houak*, temple de petite taille très ancien, dont la façade comporte de belles sculptures en bois. Il renferme d'anciens manuscrits sacrés que l'on peut demander à voir si l'on a la chance de rencontrer le gardien. L'escalier comporte 328 marches. Bon, pas trop difficile. À mi-chemin, on peut faire halte sur une terrasse plantée d'un banian qui incarne l'arbre de l'Illumination. À cet endroit, on profite déjà d'un beau point de vue sur la ville. On en profite pour prendre ses billets.

– C'est au sommet du Phousi, au milieu d'un petit chaos de rochers, qu'est planté le *That Wat Chomsi,* stupa de 20 m de hauteur, érigé sur une pyramide à trois gradins. Construit au début du XIXe s, il a été restauré au temps du protectorat. Il est surmonté d'une fine flèche dorée que l'on aperçoit de loin. Le That Wat Chomsi est le point de départ d'une procession aux flambeaux, qui a lieu au moment du Nouvel An laotien. Côté vue, vers l'est, tout doré sur son fond de verdure, on aperçoit le *wat Pa Phone Phao* (temple de la Méditation). Ses pentes, qui s'élèvent jusqu'à environ 80 m, étaient couvertes de sanctuaires et de temples. Aujourd'hui, il n'en reste que cinq.

En descendant par le chemin derrière le That Wat Chomsi, sur le versant de la colline qui domine la Nam Kane, on accède au *wat* Tham Phousi.

🎥🎥 **Wat Tham Phousi** (*plan couleur général D-E2, 101*) : sorte de grotte qui abrite un bouddha en méditation. Les jeunes bonzes insisteront sûrement pour vous montrer 5 rochers, qui représentent la main du Bouddha et, plus loin, un bloc de pierre informe qui serait son pied. De là, un petit chemin en direction du nord mène au *wat Pakhé,* temple du XVIIIe s. Noter la porte dorée à gauche, où l'on voit, sculptés, 2 personnages européens, des Hollandais, premiers visiteurs de Luang Prabang. À l'intérieur, fresques bien abîmées qui racontent la vie de l'époque. Devant, un vieux wat ruiné du XVIe s.

🎥🎥 *L'ancien Palais royal et musée* (*zoom couleur D2, 104*) : *entrée dans la rue Sisavang Vong. Tlj sf mar 8h-11h30, 13h30-16h ; dernière entrée 30 mn avt la fermeture. Entrée : 30 000 kips (3,50 $).* Tenue correcte exigée, pantalon et bras couverts (sinon, on vous prête une chemise). Consigne gratuite pour les sacs et appareils photo (interdits dans l'enceinte).

Pour les Laotiens, l'ancien Palais royal est moins important que la précieuse relique qui s'y trouve, le bouddha d'Or (*Phabang* ou *Prabang*), sous la protection duquel le Laos est encore aujourd'hui très officiellement placé. La statue pèse 50 kg et mesure 83 cm de hauteur. D'après la légende, elle aurait été coulée à Ceylan au début de l'ère chrétienne et aurait été offerte à Fa Ngum, fondateur du Lane Xang, par le roi khmer Phaya Sirichantha. Selon les mauvaises langues, la statue que l'on voit au cours de la visite n'est qu'une copie ; le vrai bouddha se trouverait quelque part en lieu sûr à Vientiane. Cette version est d'autant plus crédible que le peuple a la hantise de se faire voler une nouvelle fois ce bouddha par les Thaïlandais, comme ce fut déjà le cas au XVIIIe s. La construction du palais date de 1904, sous le protectorat français.

– **À l'entrée du parc,** sur la gauche, une statue du roi Sisavang Vong, réplique de celle qui se trouve à Vientiane, rappelle que celui qui régna au moment de l'indépendance du pays fut l'artisan de la réunification. Sur la droite, le nouveau temple destiné à abriter le bouddha d'Or. Grande débauche de sculptures et ciselages dorés. Les petits défauts de construction lui donnent déjà un côté ancien et patiné.

– Tout au fond, l'*ancien Palais royal.* La pièce qui contient le bouddha d'Or jusqu'à présent est juste sur la droite, à l'extérieur du bâtiment principal, par rapport à l'entrée. La statue n'est visible qu'à travers une grille. Elle est entourée de tambours en bronze pour la guerre et pour la pluie, ainsi que de défenses d'éléphants sculptées et de paravents brodés par la reine.

La visite

– *La première salle* du palais est celle dite *du Protocole.* Le trône du patriarche suprême est à l'avant-plan, devant celui du roi, pour rappeler que le chef religieux était le personnage le plus important du royaume. De très beaux bouddhas datant des XVe et XVIe s sont exposés dans des vitrines. Ils proviennent tous des temples et des monuments de Luang Prabang aujourd'hui détruits.

– *Salle de réception du roi :* à droite de l'entrée. Elle est décorée de magnifiques peintures sur toiles de style Art déco, réalisées en 1930 par Alix de Fautereau, une artiste française. Les panneaux représentent des scènes colorées de la vie villageoise laotienne aux différentes heures de la journée (de gauche à droite). La plus belle de ces peintures est une scène de marché dans laquelle on reconnaît les différentes minorités à leurs habits. Les Hmong sont en noir, portant des paniers dans le dos. Les Akhas sont debout à droite et les Lao sont accroupis. Deux panneaux sculptés et dorés retracent l'épopée du *Râmâyana.*

– *Couloir des tambours de bronze :* ils datent de 600 à 1 000 ans. Décorés de grenouilles qui symbolisent la mousson (vie, fertilité, prospérité). Vers la fin du couloir, vitrine contenant de vénérables bouddhas du XVe s.

– Derrière la salle du Protocole, la *salle du Trône* a été richement décorée en 1960 avec des motifs en mosaïque de verre représentant la vie quotidienne et l'histoire du Laos. Le trône est en bois doré à la feuille. Le dernier roi, Sisavang Vathana, ne s'y serait jamais assis car il n'aurait jamais été couronné. C'est du moins ce que dit l'histoire officielle... À droite, le grand cierge pour les cérémonies de couronnement et symbolisant la longévité du règne. Juste à l'entrée de la salle sur la gauche du trône, un autre trône, plus petit, date du début du XXe s. Juste à côté, fresque montrant l'armée des chevaux et des éléphants. Au-dessus, scènes de prières. Panneau à côté, scènes de guerre. Derrière le trône, en bas, procession religieuse (figurant la vie antérieure du Bouddha quand il était prince). Impossible de tout décrire. Apprécier les coffres-forts de part et d'autre du trône (sont-ils d'époque ?). Belle collection de sabres. Vitrine centrale, ravissantes statuettes en or du XIXe s. Toutes celles des siècles précédents ont été volées par les Pavillons noirs. En dessous, bouddhas de cristal de roche des XVe et XVIe s, qu'on trouva à l'intérieur de la « Pastèque », le *That Mak Mo* (le « temple Pastèque »). Vitrine du fond, petits bouddhas en alliage or et argent. En face, bouddhas de bronze.

– *Salle de la bibliothèque du roi :* avec un portrait de la dernière famille royale (en haut, le roi et la reine ; au 2e rang, le fils décédé). Les quatre autres membres de la famille vivent en France. Beaucoup de livres concernant la politique chinoise. Manuscrits sur feuille de palme. Dans le couloir qui suit, sceaux royaux (ivoire et cuivre) et vieux billets. Costume de la reine en soie et richement orné. Et même un *Paris Match* de 1952 !

– *Chambre à coucher de la reine,* suivie de celle *du roi.* Noter la grande sobriété du décor. Robe de chambre et médailles du roi.

– *Salle des instruments de musique :* plus une collection de masques et de vêtements de danseurs du *Râmâyana.* Dans le couloir qui mène à la pièce suivante, coffres à manuscrits en feuilles de palme joliment décorés et travaillés.

– *Salle à manger :* elle a tout simplement été offerte par la France.

– Retour à la *salle du Trône :* dans la vitrine centrale, panier en or pour le bétel et boîtes contenant la chaux et le tabac. Jolies statuettes du XVIe s, casque en or, beaux bijoux et pierres précieuses.

– Dans la *salle de réception de la reine,* peinture en pied du dernier roi Sisavang Vong et de son fils, ainsi que celle de la reine Khamphouy (réalisée en 1964 par une artiste russe).

– Dans la *salle de réception du secrétaire du roi* sont exposés les cadeaux offerts aux souverains par les chefs d'État et gouvernements étrangers. Remarquer la somptueuse argenterie birmane et cambodgienne, le magnifique nécessaire de bureau thaïlandais, un boomerang aborigène, la belle porcelaine japonaise, le sac à main en rubis pour la reine et... les pin's russes ! On peut voir également un morceau de pierre de lune offert par les Américains caché sous une maquette d'*Apollo 11,* exposé dans une vitrine.

– En sortant dans le parc, on peut voir un spectacle assez insolite : tous les matins de mars, des jeunes gens viennent prendre des cours de danse classique. Le thème est toujours le même : le *Râmâyana* lao (variante de la version hindoue), que l'on interprète au moment des fêtes. Les répétitions sont décontractées, et les apprentis danseurs doivent subir la critique de leurs camarades. Tout au fond du parc, sur la droite en se dirigeant vers le Mékong, des bâtiments renferment les cinq automobiles de l'ancien roi, dont une DS.

🎥 *Le site de l'étang de Boua Kang Bung* (« *La Fleur sur l'Étang* » ; *plan couleur général D4, 120*) *:* les zones humides de Luang Prabang sont un réseau de mares, naturelles ou creusées par la population, utilisées comme jardins en y élevant des poissons et en y faisant pousser des végétaux. Alimentées grâce à une connexion à l'ensemble du bassin versant, elles engendrent une « coulée verte » au cœur d'un secteur relativement peu connu de la ville. Importantes à plusieurs titres (rôle d'épuration, rétention en cas d'inondation, intérêt paysager, faunistique et floristique mais aussi économique), il est essentiel de les préserver et de les mettre en valeur. C'est là le travail de la *maison du Patrimoine* (*zoom couleur F1, 121*) de Luang Prabang. Outre un gros travail d'étude des zones humides de la ville, elle tente de sensibiliser la population et les visiteurs à l'occasion de la mise en valeur de la mare de Boua Kang Bung, un ensemble de deux étangs bordés de maisons sur pilotis, accessibles par une passerelle. Tout le coin possède beaucoup de charme. Il s'insère d'ailleurs dans l'un des itinéraires élaborés par l'office de tourisme, et est mentionné sur leur plan.

Les temples

L'entrée de la plupart des grands temples est fixée à 20 000 kips (env 2,50 $). D'autres, de moindre importance, sont gratuits. En revanche, se promener dans le jardin entourant le temple est souvent gratuit.

🎥🎥 *Wat Xieng Thong* (*zoom couleur F1, 102*) *:* ouv 6h-18h. Entrée payante. Cet ensemble d'édifices sacrés dédié à la « ville de l'arbre de l'Illumination » est le plus riche de Luang Prabang. Leur bon état de conservation tient au fait que, depuis le XVIe s, ils étaient placés sous la sauvegarde de la royauté. Le wat Xieng Thong a été construit en 1560 par le roi Setthathirat dans le but de commémorer la mémoire de Tao Chanthaphanith, un commerçant originaire de Vientiane qui, bien avant l'arrivée du roi Fa Ngum, avait été, d'après la légende, élu roi de Luang Prabang.

– Dans la partie ouest (côté Mékong) de l'enceinte se dresse la *chapelle du bouddha couché,* aussi appelée la « chapelle rouge ». C'est un édifice élégant, orné de mosaïques de verre d'inspiration japonaise, datant de 1957, construit à l'occasion du 2 500e anniversaire du Bouddha. Il abrite un très ancien bouddha qui fut montré à Paris lors de l'Exposition coloniale de 1931. Les petits bouddhas sont des dons des villageois. Sur les murs, pochoirs à la feuille d'or, réalisés par les élèves de l'école des beaux-arts de Luang Prabang.

– Juste à côté, l'édifice principal, la *chapelle du bouddha sacré* (que l'on sort chaque année pour le Nouvel An). Ce sanctuaire est caractéristique de l'architecture de Luang Prabang, avec ses pans de toits qui descendent presque jusqu'au sol. Sur la façade arrière, on peut admirer la très belle mosaïque de verre représentant l'arbre de l'Illumination (l'arbre de la *bodhi*).

À l'intérieur de la chapelle du bouddha sacré, on retrouve la même décoration, au pochoir, doré sur fond noir, que celle des piliers extérieurs. Ces fresques racontent la légende de Tao Chanthaphanith. Au plafond est suspendue une longue gouttière en bois destinée à recevoir l'eau lustrale. Elle sert à asperger le grand bouddha sorti du temple à l'occasion du Nouvel An. À l'entrée, mur latéral de droite, représentation du paradis : on danse dans la maison céleste.

– Au fond de l'enceinte de la pagode, la **chapelle du char funéraire du roi** Sisavang Vong présente une façade décorée de bas-relief en bois doré, évoquant des scènes du *Râmâyana* lao. Construite en 1960, juste après la mort du souverain (en 1959), elle abrite un étrange char, haut d'une dizaine de mètres, monté sur des pneus (pour rouler) et sculpté de têtes de dragons. Ce char contient l'urne funéraire du roi la plus importante (sans ses cendres, déposées au That Luang). À l'arrière, une série de bouddhas de toutes tailles, assis, couché ou debout, en bois pour la plupart, ainsi que des stèles votives ornées de petits bouddhas.

– À l'extérieur du *wat,* près de la porte voûtée, subsistent deux gros poteaux en bois. Ce sont les piliers auxquels on attachait les éléphants. Les moines leur adressaient un sermon particulier avant qu'on ne les fasse défiler lors du Nouvel An.

🎥🏛 **Wat Maï** *(plan couleur général D2, 103) : entrée payante.* Construit entre la fin du XVIIIe et le début du XIXe s, ce très beau temple, également appelé *Banpakham,* était celui du patriarche suprême, que le nouveau régime appelle désormais le « président des moines » (l'ancien est mort après la révolution de 1975, à Bangkok). C'est là que le bouddha d'Or est exposé à la vénération des foules à l'occasion du Nouvel An. Le sanctuaire, rénové en 1970, est coiffé d'une toiture à cinq pans surmontée de trois parasols. Leur nombre augmente en fonction de l'importance sociale des donateurs. L'entrée est précédée d'un portique à colonnades, et le plafond est orné de motifs dorés sur fond rouge tandis que ceux des piliers sont dorés sur fond noir. En façade, des bas-reliefs en ciment doré représentent des scènes de la vie rurale et de la vie quotidienne des Laotiens. On y voit les principaux animaux du pays : cerf, tigre, rhinocéros, éléphant.

À l'arrière du temple, sous un abri, on remarque une immense pirogue. Elle mesure 25 m de longueur et peut accueillir 50 rameurs. Ne pas rater la fête des pirogues : au moment de la pleine lune d'août-septembre, 17 d'entre elles (représentant chacune un temple) participent à une superbe course sur la Nam Kane.

🏛 **Wat Sene Soukharam** *(zoom couleur E1, 105) : dans la rue Sisavang Vong, en remontant vers le nord après le Palais royal.* C'est le « temple des 100 000 trésors ». Construit en 1718 par le roi Kitsarath avec un toit à trois pans et 100 000 pierres du Mékong, rénové dans le style thaïlandais. Deux tigres en pierre gardent l'entrée du sanctuaire. Dans une petite chapelle sur le côté, un bouddha de 8 m, de facture moderne, dont la position des mains implore la pluie. À l'extérieur, on remarque deux belles pirogues de course, richement décorées au pochoir. On rappelle que les courses ont lieu aux mois d'août-septembre, à l'occasion de la fête *Ho Khao Padap,* sur la rivière Nam Kane. Cinquante rameurs par barque !

🏛 **Wat Visoun** *(plan couleur général D3, 106) : dans la rue du même nom, dans le centre-ville. Tlj 8h-17h30. Entrée payante.* C'est le plus ancien temple de Luang Prabang. Il abritait le *Prabang* avant l'arrivée des Pavillons noirs. Son origine remonte au XVIe s, mais il a été presque entièrement reconstruit en 1898. Il ne ressemble à aucun autre temple, avec ses fenêtres à balustres en bois inspirées du temple khmer de Wat Phou, dans le sud du pays. L'intérieur contient un grand nombre de statues et de stèles anciennes.

– Dans la même enceinte, à droite depuis la rue Visounnarath, voir le **That Mak Mo** *(plan couleur général D3, 107),* stupa de pierre édifié sur l'ordre de l'épouse du roi Visounnarath, en forme de pastèque (mais non, pas la femme du roi, le temple !). C'est là qu'on trouva les bouddhas de cristal de roche qu'on peut voir au Palais royal.

🏛 **Wat Aham** *(plan couleur général D3, 108) : mêmes horaires que le wat Visoun. Entrée payante.* Séparé du *wat Visoun* par un beau portique sur lequel veillent deux héros du *Râmâyana.* Près du monastère se trouve le plus important autel des génies de la ville.

🍴 *Wat Hosiang Voravihane (plan couleur général C2, **109**) : derrière l'*hôtel Phousi. C'est un temple imposant, richement décoré, datant du début du XXe s. On y accède par des escaliers aux rampes moulées en forme de *nagas*. L'intérieur du sanctuaire est décoré de dessins naïfs évoquant la vie du Bouddha et les horreurs de la vie.

🍴 *Wat That (plan couleur général C2-3, **110**) : derrière le wat Hosiang Voravihane.* Du début du XXe s, il a été reconstruit sur l'emplacement d'un ancien sanctuaire du XVIe s. Beaux bas-reliefs en bois sculpté en façade.

🍴 *Wat Pa Phai (zoom couleur E1, **111**) : en arrière de la rue Sisavang Vong, dans une petite rue perpendiculaire au Mékong, entre le Palais royal et la Villa Santi.* Belle entrée noyée sous les bougainvillées. Belles fresques représentant des scènes villageoises sur la façade du sanctuaire. Juste en face, le Centre culturel français ; cours de langues et petites expos.

🍴🍴 *Wat Xieng Mouane (zoom couleur D1, **112**) : derrière le wat Pa Phai.* On y accède par la rue parallèle au Mékong, à l'arrière du Palais royal, ou par la rue Sisavang Vong. Date de la fin du XIXe s. Jolie façade avec fresques, portes et encadrements ciselés. Ce petit sanctuaire décoré de mosaïques de verre et de bouddhas d'or peints au pochoir contient de très belles statues dorées debout. Le bouddha central date de 1853. Noter ce petit bouddha de bronze, à gauche de l'autel, datant du XVIe s. Dans l'enceinte du temple, une école d'artisanat destinée aux jeunes bonzes et patronnée par l'Unesco, afin d'assurer la transmission des techniques traditionnelles de sculpture, peinture, pochoir, etc. Prière tous les jours à 17h30.
– Juste derrière le wat, la *maison de bois Xieng Mouane (zoom couleur D1-2, **119**) : ouv 10h-17h.* Un bel exemple de restauration (sous l'égide de la maison du Patrimoine, bien sûr) d'une demeure traditionnelle en bois, sur pilotis, princière de surcroît, au milieu d'un jardin très bien entretenu. Même vide, elle vaut le coup d'œil. En face, un *centre d'information du patrimoine* avec une banque de données et une boutique.

À voir encore... si vous avez le temps

🍴🍴 *Wat That Luang (plan couleur général B3, **115**) : derrière le stade. Entrée payante.* C'est le grand reliquaire de Luang Prabang, datant du début du XXe s, où reposent les cendres de Sisavang Vong et de sa famille.

🍴 *Wat Choum Kong (zoom couleur D1, **113**) : attenant au wat Xieng Mouane.* Remarquez les 2 sculptures en granit d'inspiration chinoise, devant l'entrée. L'intérieur est décoré de fresques polychromes modernes de style naïf. Jardin avec statues de Bouddha très apaisant.

🍴 *Wat Manorom (plan couleur général C4, **114**) : au sud-ouest de la ville, non loin de Lao Airlines.* Le sanctuaire contient la plus imposante statue du Bouddha en bronze du Laos. Elle date du XIVe s et atteint, paraît-il, les 3 t. Mais il est probable que personne ne l'ait jamais pesée. Bon, pas palpitant.

🍴 *Wat Phabat Tay (pagode vietnamienne ; plan couleur général A4, **116**) : non loin du stade, en descendant vers le Mékong. Entrée payante.* La pagode, moderne, de style vietnamien, n'a pas grand intérêt. En revanche, on jouit d'un splendide panorama (surtout au coucher du soleil) des escaliers taillés dans la falaise qui domine le Mékong.

Sauna et massages

■ *Sauna et massages traditionnels laotiens, Croix-Rouge Laotiens (Lao Red Cross ; plan couleur général D-E3,* **122**) *: ☎ 25-28-56. Tlj 9h-21h. Bains de vapeur 16h-20h.* Compter 10 000 kips (1,20 $) le sauna, 40 000 kips (4,70 $) le massage d'1h. Allez donc essayer ce sauna aux herbes dans une cabane de bois. Entre chaque passage (pas plus de 10 mn à chaque fois, et ce à 4 ou 5 reprises), on boit quelques gorgées de thé, servi à volonté. Sympa. Apporter sa serviette. Possibilité de se faire masser, mais pour cela, il vaut mieux réserver dès votre arrivée. De toute manière, passez voir les horaires.

Les marchés

❀ **Le marché Phosi** (plan couleur général D4, **118**) : au sud de la ville. Y aller en tuk-tuk. C'est le plus intéressant. Grand marché de produits frais. On y trouve à peu près tout ce qui se mange au Laos, c'est dire... En particulier du miel des montagnes, de la sauce au piment confit et des algues du Mékong à faire frire.
❀ **Le marché nocturne artisanal** (plan couleur général C2, **119**) : le soir, à partir de 16h ou 17h, sur Sisavang Vong.

Achats

❀ **Mixay Boutic** (zoom couleur D2, **135**) : Sisavang Vong Rd, en face de The Pizza Luang Prabang. ☎ 25-35-35. ● art-of-mekong.com ● Tlj 9h-20h. Jolie boutique de textiles et vêtements à des prix plus élevés que ceux du marché, mais superbe qualité. Très belle soie.
❀ **Ban Khily Gallery** (zoom couleur F1, **131**) : 42/3, rue Sisavang Vong. ☎ 21-26-11. Tlj 10h-19h. Installée dans l'ancienne résidence de l'Alliance française, une très jolie boutique d'artisanat qui a relancé la production locale de fabrication du papier à base d'écorce de mûrier, essayant de remettre au goût du jour cette tradition laotienne. On y trouve des cahiers, des albums photo, des lampions, des abat-jour, etc. Travail artisanal soigné. Buvette à l'étage.
❀ **Orange Fruit** (zoom couleur E1, **136**) : house n° 67, Ban Wat Nong ; le long du quai du Mékong. Ouv... quand le patron n'est pas fatigué ! Un humour qu'on retrouve dans les objets détournés à vendre dans sa jolie boutique. Bric-à-brac chic et sympa. Quelques antiquités.

■ **Steambath Sauna & Massages** (plan couleur général C2, **123**) : à 50 m de l'av. Sisavang Vong, à deux pas du wat Maï. ☎ 25-27-38. Ouv 17h-22h. Compter 10 000 kips (1,20 $) le sauna et 34 000 kips (4 $) l'heure de massage. Dans une maison particulière. Légèrement meilleur marché que le Croix-Rouge Laotiens ; en revanche, plus amateur.

Sacs, vêtements et pièces de tissu à motifs traditionnels qui font de jolis cadeaux à offrir. Toute la rue est envahie. Et à 22h, on plie bagage !
– À l'angle de Setthatirat et Sisavang Road, petit marché hmong. Se réduit comme peau de chagrin, hélas. Plus animé le soir.
– **Marché du matin :** autour du wat Mai et dans le quartier de Ban Pakham. Entre 6h et 10h. Légumes, poissons, viandes.

❀ **Phothisak Bandhavong** (zoom couleur D1, **130**) : 4, Ban Xieng Mouane ; près du Mékong, à côté du Sala Luang Prabang. ☎ 21-26-54. À notre avis, le meilleur bijoutier de Luang Prabang. Son père a façonné la couronne du roi. Une visite à son atelier s'impose, ne serait-ce que pour le voir travailler. Ses prix peuvent paraître relativement élevés (et ils le sont), mais on comprend une fois qu'on l'a vu à l'œuvre.
❀ **Pathana Boupha Antique House** (plan couleur général E3, **132**) : rue Phommathat. ☎ 21-22-62. ▯ 020-557-06-58. Ouv 8h30-18h. CB acceptées. Dans une grande demeure traditionnelle, un des plus grands choix d'antiquités de la ville. Beaucoup de très belles pièces, mais elles ont leur prix, autant le savoir.
❀ **Kopnoi** (plan couleur général D2, **133**) : rue Phommathat. ☎ 26-02-48. ▯ 020-537-89-65. Le contraire de Boupha Antique House. Ici, vous découvrirez le nec plus ultra du contemporain et du design laotiens, meubles,

tissus, vêtements, objets d'art, petits cadeaux. Assez cher là aussi, ça va de soi, mais de grande qualité. Expos temporaires à l'étage.

⊛ *Satri Lao Silk :* 57/6, rue Sisavang Vong. De l'artisanat laotien à prix assez élevés mais très beau. Vaut le coup d'œil.

Que rapporter ?

– De belles poteries à col de cygne, caractéristiques de la région de Luang Prabang ; malheureusement, on en trouve rarement. En vente au marché et dans les villages environnants.
– Les piastres de commerce, monnaie d'argent de l'Indochine française, se trouvent en abondance chez les bijoutiers du marché central. Elles sont moins chères que dans le reste du Laos. Celles qui ont été frappées entre 1890 et 1910 ont un titrage en argent supérieur à celles émises dans les années 1920. Attention, cela a bien entendu suscité une petite industrie du faux (donc, ne pas les payer trop cher).
– Plusieurs magasins d'antiquités, notamment dans la rue Sisavang Vong : vieux tissus, poids et balances à opium, pipes, etc. On ne saurait trop vous recommander d'être prudent, d'abord parce qu'une arnaque est toujours possible, et surtout parce que certains de ces objets sont des pièces uniques du patrimoine laotien et doivent le rester.

Stages divers

■ *Maison Puang Champa* (zoom couleur E2, **134**) : Ban Xiang Muanh ; dans une ruelle perpendiculaire à la rue Sisavang. ☎ 020-567-05-52. ● puangchampa@yahoo.com ● laoheritagefoundation.org ● C'est d'abord l'une des plus authentiques demeures laotiennes de la ville. Abrite un atelier de broderie qui travaille pour les collections des plus grands couturiers, comme *Lacroix*. On y organise à certaines périodes, dans un cadre de charme (objets anciens superbes), des stages de cuisine, de broderie traditionnelle, de laque, de danse, etc. Excellent encadrement et cours vraiment intéressants.

➤ *DANS LES ENVIRONS DE LUANG PRABANG*

Excursions

Il vous suffira bien souvent de traîner près du Mékong à hauteur de la rue Kitsarath Setthathirat, ou encore de vous rendre au terminus des pick-up et minicamions chinois jouxtant le marché hmong (*plan couleur général C2, 119*) pour vous voir proposer un guide et un moyen de transport.

En bateau

⚹ *Les monastères et temples de Xieng Men :* plusieurs monuments religieux se trouvent sur la rive droite du Mékong, dans le district de Xieng Men, face à Luang Prabang. Entrée payante. Pour s'y rendre, en principe, navette régulière. Si elle n'est pas là, s'adresser à l'un des nombreux propriétaires de barques. On les trouve près de l'**embarcadère longues distances** (*plan couleur général C2, 13*), 200 m plus bas. Il suffit de demander aux bateliers de faire la traversée. Attention, on entend parfois des prix délirants. Normalement, la traversée pour les autochtones coûte 2 000 kips ; n'accepter donc qu'un prix qui s'en rapproche ! On trouve sans problème des bateaux pour le retour.

⚹⚹ *Le temple de Long Khoun :* à env 20 mn à pied du débarcadère. Entrée payante. C'est le plus intéressant de tous. Le chemin, rénové grâce à l'Unesco, traverse un village traditionnel et longe plusieurs temples classiques. Environnement paisible à souhait, peu de touristes. Arrivé au bout, on découvre ce petit ensemble monastique et le temple ne présentant pas cependant une architecture exceptionnelle, à part le pignon ouvragé. Ce sont les fresques à l'intérieur qui sont le vrai but de la balade. Joli portail d'entrée entouré de deux soldats chinois symbolisant les célèbres Pavillons noirs (des pirates qui ravagèrent la région). Passé le portail, on découvre à gauche les fresques les mieux conservées. De fait, l'ensemble se révèle assez dégradé mais, de-ci, de-là, on découvre des vestiges de belle facture. Le grand panneau de gauche évoque un épisode important de la vie du Bouddha. Après avoir idéalisé les choses à l'intérieur de son palais, le Bouddha découvre la vraie vie dehors. Dans la B.D. du haut, on distingue un char, des chevaux et le prince qui semble exécuter une sorte d'élégant ballet. A-t-il été attaqué, l'empêche-t-on de sortir ? Diverses interprétations sont possibles. En tout cas, noter la beauté incandescente des femmes dans les scènes inférieures, notamment les musiciennes à gauche. Elles dorment, dénudées, exhibant leurs charmes opulents (métaphore de la « vie irréelle »). Tout n'est que finesse dans les traits et les couleurs. On passerait des heures à détailler toutes ces scènes délicates. À gauche des musiciennes, une ravissante représentation d'éléphants et de tigres s'abreuvant dans les cascades. Plus à gauche, une autre fresque, hélas assez dégradée, montre une scène dynamique de bataille, des gens essayant de sortir des flots d'un torrent, des éléphants de remonter le courant... D'autres scènes à découvrir, le plus souvent à deviner. L'ensemble mériterait vraiment d'être restauré !

🏃 **La grotte sacrée de Sakarindh** (wat Tham) : *on y accède par un escalier assez raide à flanc de colline, en 5 mn. La grotte est fermée. Demander les clés au wat Long Khoun, situé à env 50 m en contrebas.* C'est dans cette grotte que le roi Sakarindh est resté méditer durant 3 jours avant son couronnement, au XIXe s. Il s'agit d'une profonde grotte dont les escaliers qui s'enfoncent semblent ne jamais finir. Les moines qui ouvrent la grille peuvent vous prêter des lampes électriques pour explorer les recoins de la grotte, dans lesquels on se fait surprendre par le regard éternel et bienveillant de multiples bouddhas. En contrebas, une excavation contient des statues en bois datant du XVIe s. Une source d'eau sacrée servant à asperger les statues au moment du Nouvel An se trouve à l'intérieur de la grotte.
– D'autres *wats* se situent dans les environs. Ils datent des années 1930. Au sommet de la colline, entre autres, se trouve le **wat Chom Phet.** Loin d'être le plus beau. De toute manière, il ne se visite pas. Dans le secteur et pour être complet, le **wat Xieng Men** présente un intérêt limité.

🏃🏃🏃 **Excursion en amont du Mékong, vers les grottes de Pak Ou :** le plus célèbre site bouddhique des environs de Luang Prabang. Il s'agit de plusieurs grottes sacrées, situées dans une falaise en aplomb du Mékong, à 35 km en amont de Luang Prabang. Entrée payante. *Louez un bateau à la demi-journée à l'***embarcadère de Pak Ou** *(zoom couleur F1, 14)* à Luang Prabang. Essayez de vous grouper. On loue le bateau entier, peu importe le nombre de personnes. Renseignez-vous sur les tarifs pratiqués auprès d'autres touristes. Ceux qui voudront visiter d'autres sites dans l'après-midi (voir plus loin « Excursion en aval du Mékong ») loueront le bateau pour quelques heures de rab. Compter environ 3-4h pour faire l'aller-retour et visiter tranquillement.
La balade en bateau permet d'observer la vie au bord du fleuve. On aperçoit notamment des pêcheurs et des orpailleurs. Pour un repas avec vue sur un paysage d'une douce sérénité, quelques restos sur pilotis en face de la grotte.

🏃 **Ban Xan Hai :** ce village est à peu près à mi-chemin entre Luang Prabang et Pak Ou. On y accède par des escaliers rudimentaires taillés dans la falaise. Les femmes qui distillent l'alcool de riz s'activent en contrebas du village, au-dessus du fleuve. L'alcool de riz (ou *lao-lao*) est la boisson alcoolisée la plus populaire du Laos. On le prépare en faisant fermenter du riz gluant cuit, mélangé à de la levure et de l'eau, dans de grosses jarres. Au bout de 8 jours, l'amidon du riz s'est transformé en alcool sous l'effet de la levure. On obtient alors une sorte de vin de riz sucré, le *lao kham-kham,* qui, dégusté tel quel, ressemble au vin nouveau. C'est cette boisson que les femmes distillent en la faisant bouillir dans des fûts métalliques posés sur des braises. La vapeur d'alcool se condense au contact de l'eau froide sans cesse renouvelée sur le couvercle du fût. Des enfants vont puiser l'eau dans le Mékong et la remontent dans des seaux portés en balancier. On peut déguster et acheter la production locale d'alcool de riz, très bon marché (présentation amusante et insolite, avec un gros scorpion à l'intérieur de la bouteille). Le village est une longue rue bordée de boutiques proposant à peu près les mêmes choses. D'ailleurs, vous retrouverez la plupart des exposants au marché de nuit de Luang Prabang.

🛶 *Les grottes de Pak Ou :* le bateau accoste au pied des escaliers en pierre qui conduisent à la grotte de wat Tham Ting, la « grotte des Stalactites ». Il est aussi possible de venir en minibus. Départ du parking au carrefour de la poste, 8h-14h. Compter autour de 68 000 kips, soit 8 $ l'aller-retour. Prévoir une lampe de poche, surtout pour la grotte du centre (mais sur place, on peut en louer une). Entrée : 20 000 kips (2,30 $). Il s'agit d'une falaise abrupte, trouée à sa base. On accède à la 1re grotte (il y en a 2) par une volée de marches où trônent des centaines de bouddhas de toutes tailles. C'est un lieu de pèlerinage qui fut longtemps habité par des ermites. Lors des fêtes du Nouvel An, on y apporte des statues, d'où le nombre impressionnant de statuettes amoncelées dans l'entrée de la

PÊCHEURS ET ORPAILLEUSES DU MÉKONG

Les femmes qui habitent les villages voisins du Mékong creusent la terre du rivage, puis la lavent dans des battes en bois pour en extraire une fine poussière noire où scintillent quelques paillettes d'or. Cette poussière est ensuite mise au contact du mercure qui dissout l'or. Puis le mercure est chauffé. En s'évaporant, il libère l'or qui sera vendu aux bijoutiers de la ville. Le sable des berges du Mékong est très riche en paillettes d'or, on les voit scintiller au soleil ; mais l'exploitation du métal jaune est difficile et peu rentable car les quantités extraites sont infimes et le mercure coûte très cher. Parfois, on rencontre des petites équipes plus professionnelles (souvent chinoises), utilisant des excavatrices pour remonter les cailloux et la terre.

grotte. Sur la droite, une formation rocheuse rappelle la forme d'un éléphant. En contrebas, il est possible de se faire dire la bonne aventure. Il suffit de tirer au sort des bouts de papier couverts de formules magiques en laotien. En sortant de la grotte, redescendre d'un niveau et prendre à droite les escaliers menant à la *grotte de wat Tham Poum*, « la grotte du Centre », située beaucoup plus en hauteur que la 1re. Des abris pour le pique-nique ont été aménagés entre les deux grottes. Belle vue sur la vallée du Mékong. La grotte de wat Tham Poum fut découverte par Francis Garnier et plus profonde que la précédente, elle s'enfonce sur 54 m. À l'entrée, un bouddha à gros ventre. La légende raconte que ce bouddha était un très bel homme courtisé par toutes les femmes, ce qui le troublait pour méditer. Il pria longuement les dieux afin de devenir moins séduisant. Ses vœux furent exaucés, les dieux lui donnèrent ce gros ventre. En pénétrant à l'intérieur, on note sur la droite une frise de bouddhas à la feuille d'or. À gauche, vestiges d'un petit aqueduc en bois sculpté qui amenait l'eau pour laver les bouddhas. Aux deux bouts, un cygne et un dragon. Dans les anfractuosités, des milliers de bouddhas (plus de 6 000) de toutes tailles. Sur la droite, un corps de lion sculpté dans la pierre, qui semble garder le sanctuaire.

🚣 En repartant sur Luang Prabang, on peut faire un crochet en bateau par la *rivière Nam Ou* qui se jette dans le Mékong à la hauteur de Pak Ou. Le détour vaut la peine pour le splendide paysage offert par les spectaculaires falaises de calcaire qui surplombent la rivière. En période de hautes eaux, on peut remonter la Nam Ou jusqu'à la frontière chinoise pour voir les nombreux villages ethniques de la province de Phongsaly. Mais, en saison sèche, on ne peut remonter la rivière que sur quelques centaines de mètres.

🌿 *Excursion en aval du Mékong :* en louant une barque pour quelques heures au même endroit que pour Pak Ou, il est possible de faire une très belle balade en aval du Mékong et de visiter plusieurs sites vierges de toute présence touristique de masse.

– *Le village des potiers de Bane Tiane :* sur la rive droite, à env 800 m en aval de Luang Prabang. Quelque 70 familles y vivent uniquement du travail de la terre glaise. On y fabrique des jarres en colombins, façonnées sur des tours manuels. Elles sont ensuite séchées au soleil et cuites dans de grands fours à bois. Depuis peu, certains potiers se sont reconvertis dans la fabrication de tuiles plates qui servent à la rénovation des temples de Luang Prabang. Ce sont des femmes qui effectuent ce travail sous une grande hutte. Les tuiles sont moulées dans un cadre en bois, puis séchées et cuites.

– *Pêcheurs et orpailleuses du Mékong :* en continuant la descente du fleuve, on aperçoit des pêcheurs. Certains utilisent de petits filets qu'ils étendent en s'enfonçant dans l'eau jusqu'à la poitrine. D'autres pêchent à l'épervier. Les prises sont assez maigres en période de basses eaux. Elles sont conservées dans des petites nasses en osier tressées par les pêcheurs, sur les berges du fleuve. Un peu plus loin, sur la rive gauche, on rencontre des orpailleuses, essentiellement en avril, mai et juin, avant les hautes eaux. Image hautement emblématique du Mékong.

🌿 *La grotte de Pha Tat Kê :* en aval, sur la rive droite, à env 20 mn de Luang Prabang. Un étroit chemin dans la falaise, parfaitement invisible, mène à la grotte. L'ascension est assez laborieuse, et l'escalade n'intéressera que les acharnés de la visite. Une minuscule entrée masquée par la végétation mène à une immense salle. Sur des autels sont disposées plusieurs dizaines de statues en bois, la plupart très belles et sans doute très anciennes.

Balade en *tuk-tuk* ou à mob

🌿 *Le village de Ban Phanom* (hors plan couleur général par F4) *:* à 3 km à l'est de Luang Prabang, au bord de la Nam Kane, par un chemin de terre accessible aux voitures, aux vélos, aux piétons (il fait chaud) et aux vélomoteurs. Un bus également depuis le marché central (se renseigner).

Ce village thaï lu, réputé pour la qualité de ses tisserands, est désormais extrêmement touristique. Dans le village, sous la halle du marché, la qualité des tissages est à regarder de près, et ce que l'on présente comme de la soie est en fait un mélange contenant plus de 80 % de coton. Dans le village aux maisons sur pilotis, les femmes travaillent sur leur métier à tisser.

Monter au *wat Phol Phao,* au-dessus du village, ne serait-ce que pour la vue exceptionnelle sur Luang Prabang. De là, la ville est enfouie dans une forêt de palmiers luxuriants que l'on ne soupçonne pas lorsque l'on est en bas.

🌿 *La tombe d'Henri Mouhot :* à env 4 km de Ban Phanom en suivant la route vers l'est. Y aller en voiture ou à cyclo. Faire env 3 km sur une piste qui part de Ban Phanom en direction de l'est ; arrivé dans un grand virage à droite, descendre à pied le chemin sur la gauche vers la rivière ; prendre à droite en bas et longer la rivière sur 250 m ; on aperçoit le tom-

> **TINTIN AVANT L'HEURE ?**
>
> *Mouhot eut envie de partir vers l'Asie après avoir lu les ouvrages de sir John Bowring, 4e gouverneur de Hong Kong. Il part de Londres le 27 avril 1858, le voyage durera 4 mois. Il embarque à bord avec son chien, qui s'appelle – ça ne s'invente pas – Tine-Tine.*

beau sur la droite, dans une clairière, à env 20 m du chemin. Henri Mouhot est l'un de ces explorateurs-aventuriers indépendants qui, à l'instar de René Caillé au Sahara, rapportèrent des informations précieuses aux futurs colonisateurs. Originaire de Montbéliard où il est né en 1826, il voyagea tout d'abord en Russie, où il était précepteur, puis se passionna pour l'Asie. Il y effectua trois voyages entre 1858 et 1861. Ses récits de voyages furent publiés dans plusieurs revues sous le Second Empire. En 1861, après avoir remonté le Mékong jusqu'à Luang Prabang, Henri Mouhot devait y mourir, épuisé par les fièvres, à l'âge de 35 ans. Sa tombe fut élevée par Doudard de Lagrée (en 1867), puis rénovée par Auguste Pavie (en 1887). Elle fut ensuite oubliée, et ce n'est qu'en 1990 qu'elle a été redécouverte et rénovée, à l'initiative de la ville de Montbéliard qui y a apposé une plaque commémorative.

🍴 *Les cascades du « kilomètre 3 » :* *à défaut d'une indication plus précise, nous désignerons ainsi ces petites chutes d'eau, à 3 km au sud de Luang Prabang, après la pagode vietnamienne de Phabat Tay. La balade est possible à pied, à bicyclette ou à cyclomoteur. C'est un endroit assez agréable, lieu de pique-nique pour les Laotiens le dimanche surtout, où l'on peut se baigner lorsque l'eau est assez haute. C'est une escapade sans prétentions mais sympa.*

🍴 *La cascade de Tad Sé :* *à env 15 km au sud de Luang Prabang, en suivant la route 13, près du village de Ban Mout. Pour y aller : mobylette ou bicyclette pour les plus courageux, puis 5 mn de bateau (payant). Entrée payante. C'est une série de rapides dans leur état naturel. La cascade n'est pas spectaculaire, mais c'est un endroit assez agréable. Sur place, possibilité de balades en pirogue à moteur.*

🍴🍴 *La cascade de Tad Kouang Si :* *à env 30 km de la ville, vers le sud-ouest. Au départ de Luang Prabang, on peut s'y rendre en louant un vélomoteur ou un minibus à la demi-journée ou même une pirogue à moteur. La piste, plutôt en bon état, traverse des villages hmong, des rizières et des forêts. Compter 1h de route, à l'aller comme au retour. Entrée 20 000 kips (2,30 $). Endroit agréable. Depuis le parking, prendre le sentier aménagé sur la droite qui mène, de piscine naturelle en piscine naturelle, au pied des chutes. Là, w-c et aire de pique-nique où les groupes organisent leur repas. Les plus courageux traverseront alors la rivière pour continuer à grimper sur la droite des chutes, au travers de la forêt et de ses chants d'oiseaux. On peut même voir des ours en chemin ! Attention, sol très glissant, prévoir de bonnes chaussures. Baignade autorisée tout en haut, ou tout en bas, dans les piscines naturelles. Les amateurs de quiétude arriveront avant 10h du matin.*
– On peut aussi jeter un œil au village juste avant l'arrivée au parking : maisons sur pilotis, moulin à eau et encore des piscines naturelles ! Et on peut même y loger.

🛏 🍴 *Khouane Souda Guesthouse :* *Ban Thapene, à 5 mn à pied du parking. Même propriétaire que la* Vanvisa *Guesthouse, à Luang Prabang, pour réserver.* Plongée dans la verdure, cette pension équipée possède 6 chambres doubles, dont 3 avec salle d'eau et 3 autres de style plus traditionnel en bois, avec sanitaires communs. Compter environ 10 $ par personne. Petit déj, formule pique-nique et dîner sur rendez-vous. Cuisine laotienne. Un peu cher quand même.
– Une autre *guesthouse,* pour les amoureux de solitude, avant le village. On ne vous la conseille pas : si elle est moins chère, elle est vraiment isolée.

QUITTER LUANG PRABANG

En avion

Vols intérieurs

Ts ces vols sont opérés par *Lao Airlines.*
➤ *Pour Vientiane :* 2-4 liaisons/j. Durée : 45 mn.
➤ *Pour Xieng Khouang (Phonsavan) :* 1 vol/sem, ven. Durée : 30 mn.
➤ *Pour Paksé :* 3 vols/sem, lun, jeu et sam. Durée : env 1h50.

Vols internationaux

➢ *Pour Bangkok :* vol direct quotidien (départ le mat) avec *Bangkok Airways*. Durée : 1h10. Billets et résas dans ttes les agences de voyages. Même fréquence avec *Lao Airlines*. Durée : env 1h50.
➢ *Pour Chiang Mai :* 1 vol/j. avec *Lao Airlines*. Env 1h de trajet.
➢ *Pour Siem Reap :* normalement, nov-avr, plusieurs vols/sem avec *Bangkok Airways*. Avec *Lao Airlines*, 3-4 vols/sem, en principe lun, jeu et sam (vol supplémentaire parfois mer). Durée : env 2h25. Avec *Vietnam Airlines,* 1vol/j. lun, mer, jeu et sam (trajet : 1h25).
➢ *Pour Hanoi :* 1-2 vols/j. avec *Lao Airlines*. Env 1h de trajet. Idem avec *Vietnam Airlines.*

Par la route

En bus, camion bâché ou pick-up

➢ *Pour Vientiane via Vang Vieng :* de la gare routière du Sud, 8-10 départs/j. 6h30-19h30, avec ou sans clim'. Durée : env 7h pour Vang Vieng et 9-12h pour Vientiane. 2 bus VIP (plus confortables, compter 5h de trajet) le mat.
➢ *Pour Oudom Xai :* 2 camions ou bus/j. jusqu'à la mi-journée au départ de la gare routière du Nord. Bonne route jusqu'à Ban Pakmong. Compter env 5-6h pour ce trajet de 190 km de route en partie en terre. Également des départs depuis la gare du Sud.
➢ *Pour Nong Kiaw :* 3 départs/j. le mat depuis la gare routière du Nord. Compter 3h de trajet.
➢ *Pour Phongsaly :* 1-2 départs/j., depuis la gare routière du Nord. Prévoir 11h de trajet. En fin d'ap-m, le bus arrive de Vientiane.
➢ *Pour Xieng Khouang :* 1 départ/j. tôt le mat, depuis la gare routière du Sud.
➢ *Pour Luang Nam Tha :* 1 bus ou 1 camion/j., en début de matinée, depuis la gare routière du Sud. Compter 8h de trajet.
➢ *Pour Phonsavan :* 1 départ/j. (vers 8h30) de la gare routière du Sud. Env 9h de trajet.

En bus express ou bus VIP (International bus)

➢ *Pour Vang Vieng (trajet 6h), Vientiane (8h), Paksé (18h) et Xieng Khouang (7h) :* différents types de bus express s'ajoutent aux bus traditionnels, aux mêmes gares. Des minivans sont aussi affrétés par certaines agences. Quant aux bus VIP, c'est le grand luxe ! Si vous n'êtes pas à 20 000 kips (2,30 $) près, ça vaut le coup ! Surtout pour les longs trajets. Par contre, certains routards ayant réservé leurs places n'ont pas pu monter à bord : le surbooking est fréquent. Arrivez tôt le jour du départ ! Adressez-vous, par exemple, à l'agence *All Lao Service* (voir « Adresses utiles »). Durée du trajet : 6-7h pour Vang Vieng et 9h pour Vientiane. Départs le mat.
➢ *Pour la Chine* (Boten-10h ; Jinghong-18h ; Kunming-25h), *le Vietnam* (Hanoi-35h ; Vinh-22h), *la Thaïlande* (Bangkok-22h et Chiang Mai-20h).

En bateau

Pour plus d'infos sur les moyens de transport et les possibilités offertes, voir la rubrique « Transports » dans « Laos utile ». Les agences de voyages de la rue Sisavang Vong et les *guesthouses* proposent quasiment ttes le service ; n'hésitez pas à comparer, histoire de voir où la commission est la plus faible ! Et à Luang Prabang, renseignez-vous au **bureau de navigation** (*zoom couleur D1, 15*). Quelques temps de trajet en *speed boat* : pour Pakbeng 3h, pour Houeisai 6h et pour Vientiane 9h.

LE NORD-OUEST

PAKBENG

IND. TÉL. : 081

À une grosse journée de bateau de Luang Prabang (soit environ 160 km au nord-ouest), le voyage jusqu'à ce village a quelque chose d'une aventure. Le Mékong se montre tour à tour étroit, puissant, désert, cisaillé de paravents de rocs noirs, de feuilletage de schistes et de récifs en socs de charrue. Pakbeng, bourgade hmong, accrochée à un flanc de montagne, ne possède qu'une rue principale le long de laquelle se répartissent les habitations et les commerces. La plupart des maisons construites avec du bois et des bambous, souvent sur pilotis, commencent cependant à être concurrencées par le béton. Depuis 2 ans, de nombreux hôtels se sont construits. En fin d'après-midi, dans la lumière rasante, en surplomb, intéressante vision sur l'activité du petit port. Pittoresque marché le matin, dans le coude de la route, au milieu du village.

Arriver – Quitter

➤ **Depuis et vers Oudom Xai :** pour effectuer les 131 km, compter 3h30 en minibus ; le goudronnage est quasiment terminé. C'est dire à quel point ce village porte en lui un parfum de bout du monde, et c'est pour cela que nous conseillons plutôt l'itinéraire en bateau. Pour Oudom Xai, le point de départ se trouve à env 1,5 km, à la sortie est du village, par la route 2. Compter une vingtaine de minutes à pied pour y aller. Départs quotidiens 9h-9h30, puis 11h. Bus ou pick-up qui partent quand ils sont pleins. Durée du trajet en pick-up : 5-6h. Billet : env 3 $. La route jusqu'à Muong Oun est une piste en mauvais état. De Muong Oun à Oudom Xai, la piste (pas de bitume) est en moins mauvais état.

➤ **Depuis et vers Houeisai et Luang Prabang :** bateau lent (de 30 ou 80 places). Compter 8-9h de trajet. Départ chaque jour de Pakbeng 8h et 8h30, mais il est préférable d'arriver bien avt pour réserver sa place. Compter env 125 000 kips (14,70 $) par personne pour Houeisai.

Adresse utile

🄸 **Office de tourisme :** *au centre de Pakbeng.* ☎ 21-24-83 *ou* 40-44-57. ● *ptdoudomxay@yahoo.fr* ● Renseignements complets et carte de la ville à disposition. Propose des coupons de réductions de 10 % sur activités et parcours découverte.

Où dormir ?

Hôtels et *guesthouses* se trouvent dans 2 endroits distincts : dans le village même ou dans un quartier qu'on atteint par la 1re route à gauche en remontant du port. C'est dans ce dernier que se situent les pensions pas chères les plus intéressantes et les hôtels de standing. Dans les petits hôtels, électricité coupée vers 22h30-23h.

Dans le village

De très bon marché à bon marché
(moins de 100 000 kips, soit 11,80 $)

🏠 **Monsavanth Guesthouse** (plan A2, 10) : à 100 m du port, dans la montée à gauche. 📞 020-577-19-35. Env 10 $. Chambres d'une rigoureuse simplicité mais propres ; murs blanc immaculé, salle de bains carrelée. Pour le prix, une excellente affaire !

🏠 **Phantavong Guesthouse** (plan A1, 11) : dans la rue principale. Toutes peti-

tes chambres en bois au confort très sommaire, mais propreté encore acceptable. Ventilo, moustiquaire, toilettes extérieures. Pour budgets serrés et routards pas trop sensibles au bruit.

🏠 **Donevilasak Guesthouse** (plan A1, 12) : dans la partie hte du village, sur la gauche du chemin, en face du resto Dockhoune. 📞 21-23-15. 📞 020-577-

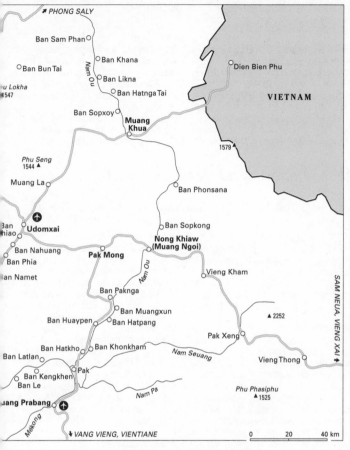

LE NORD-OUEST DU LAOS

08-99. À 5 $ la nuit, assez rustique, mais c'est l'un des moins chers. Ventilo, draps propres, moustiquaire dans chaque chambre, et salle de bains collective. Il y a une petite véranda extérieure, dernier salon pour papoter en regardant la rue. En revanche, pour plus de confort, ne pas hésiter à mettre 13 $ dans la nouvelle aile au fond. Resto devant, dans une bâtisse de caractère.

Phonethip *(plan A1, 13) : en dessous du* Phantavong, *dont elle partage le très sommaire confort.* Toutes petites chambres, petit ventilo, petite salle de bains commune, petit prix (mais un poil plus cher que son collègue). Là aussi, pour budgets serrés.

Meksavanh *(plan A2, 14) : rue principale, côté droit.* 020-578-23-90. Chambres rudimentaires et sanitaires communs (filet d'eau froide ou douche « à la casserole »). Propreté cependant acceptable. Si les autres sont pleins.

Vatsana Guesthouse *(plan A1, 15) : au-dessus du* Meksavanh. 21-23-02. 020-568-36-16. Modeste mais quand même un peu mieux que les précédents. Chambres avec ou sans salle de bains et, avec un peu de chance, eau chaude. Resto.

Un peu plus chic (de 250 000 à 400 000 kips, soit 29,40 à 47 $)

🏠 *Villa Salika* (plan A2, **16**) : sur la droite de la route principale, une des 1res pensions que l'on voit en remontant depuis l'embarcadère. ☎ 21-23-06. *Double 25 $; moins cher en basse saison.* Reconnaissable à ses murs blancs surplombant les rives du fleuve. Une quinzaine de chambres. Ce fut par le passé l'un des seuls hôtels de standing du village. Depuis, il s'est prodigieusement endormi et a perdu de son lustre. Chambres au confort minimum (parfois atmosphère sentant un peu le renfermé), meublées de bric et de broc... en conclusion, peu séduisantes. Petit déj médiocre pour compléter le tableau. Pour quasi le même prix, le *Phet Sok Xay Hotel* se révèle trois fois mieux.

Dans le quartier au-dessus du port

Bon marché (de 50 000 à 100 000 kips, soit 6 à 11,80 $)

🏠 *Guesthouse Bounmy* (plan A2, **17**) : en montant du débarcadère, prendre la route sur la gauche (le chemin menant au Luang Say Lodge). ☎ 21-22-49. Pension familiale mieux que la moyenne, avec des chambres simples mais propres, réparties dans 2 bâtiments différents. Dans l'ancienne structure, les chambres du 1er étage ont des cloisons de bois, l'électricité, une moustiquaire, et elles donnent sur le Mékong pour certaines. Douche et toilettes à l'extérieur. Dans le 2nd bâtiment, très récent, nous conseillons, pour à peine plus cher, les chambres à 8 $ très correctes pour le prix, avec salle de bains. Dans cette catégorie, une de nos meilleures adresses. En prime, accueil chaleureux. Sert le petit déj et fait aussi resto (terrasse dominant la vallée et le Mékong). Vérifier quand même la propreté des draps.

🏠 *Syvongsak Guesthouse* (plan A2, **18**) : la dernière à droite sur le chemin du Luang Say Lodge. ☎ 21-23-00. 📱 020-576-23-39. Même genre que le *Bounmy*. Pour quelques petits dollars de plus, on s'offre un établissement récent, aux chambres sans charme particulier mais à la propreté nickel et avec salle de bains. Là aussi, un rapport qualité-prix extra.

🏠 *Poy Latha Guesthouse* (plan A2, **19**) : en face du Phet Sok Xay Hotel. 📱 020-518-10-95. Petite structure familiale. Les chambres parmi les moins chères de Pakbeng et pourtant capables d'offrir une salle de bains à chacune. Certes très simples, mais propreté tout à fait acceptable et accueil affable.

🏠 *Santisouk* (plan A2, **20**) : à côté du Poy Latha Guesthouse. 📱 020-578-17-97. Correct, même genre que son petit voisin, cependant quelques « bucks » plus cher. Grand lit avec moustiquaire et salle de bains (mais pas d'eau chaude).

De prix moyens à plus chic (de 250 000 à 500 000 kips, soit 29,40 à 58,80 $)

🏠 *Phet Sok Xay Hotel* (plan A2, **21**) : à droite de la route, l'un des 1ers du quartier. ☎ 21-22-99. 📱 020-552-07-96. *Sur résa.* Impossible à rater par ses dimensions inhabituelles pour le coin. Récemment ouvert, c'est la nouvelle génération d'hôtels de petit standing au Laos. Architecture moderne pas déplaisante et chambres d'excellent confort (belle salle de bains, eau chaude permanente, eau minérale gratuite). Resto de l'autre côté de la route. Le meilleur hôtel dans cette catégorie.

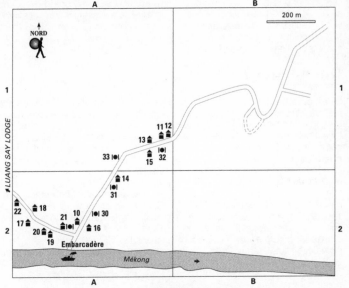

PAKBENG

≜ **Où dormir ?**

10 Monsavanth Guesthouse
11 Phantavong Guesthouse
12 Donevilasak Guesthouse
13 Phonethip
14 Meksavanh
15 Vatsana Guesthouse
16 Villa Salika
17 Guesthouse Bounmy
18 Syvongsak Guesthouse
19 Poy Latha Guesthouse

20 Santisouk
21 Phet Sok Xay Hotel
22 Pakbeng Lodge

|●| **Où manger ?**

21 Resto du Phet Sok Xay Hotel
30 Original Lao Food
31 Restaurant Pinekham
32 Restaurant Dockhoune
33 Ounhouan et Ari

Plus chic (à partir de 500 000 kips, soit 58,80 $)

≜ **Pakbeng Lodge** (plan A2, **22**) : Ban Done Khame. ☎ 21-23-04. 📱 020-557-05-77. ● pbglodge@laotel.com ● Double 74 $. Le plus éloigné du quartier. Grand hôtel de tourisme classique et fonctionnel, offrant des chambres de bon confort dans 2 gros bâtiments. L'un des favoris des groupes, qui débarquent d'ailleurs directement du bateau en bas de l'hôtel. Bar et resto.

Encore plus chic

≜ **Luang Say Lodge :** ☎ 21-22-96. Résas auprès de l'agence Asia (en France) ou des agences de voyages. Infos et images sur ● asia.fr ● mekongcruises.com ● Slt à 20 mn à pied au nord de Pakbeng, par un chemin de terre. Les hôtes sont pour la plupart des passagers qui font la croisière de 2 jours et 1 nuit sur le Mékong. Sur la rive gauche du fleuve, accrochés sur une rive verdoyante, les 16 bungalows sont des pavillons de bois construits dans des matériaux locaux (bois et bambous), arrangés avec soin et équipés d'un confort 4 étoiles (grand lit avec mousti-quaire, AC). Salle d'eau avec douche et w-c (eau chaude) dans chaque chambre, ou commune à 2 chambres pour certains pavillons. Le repas (dîner), sous

forme de buffet, se prend dans une grande salle à manger. Très bel endroit dans une nature sauvage. On se croirait « au milieu de nulle part ».

Où manger ?

Il s'est ouvert beaucoup de restos ces temps-ci. Sur le côté gauche de la grande rue, près du débarcadère, on en trouve une poignée qui se valent à peu près. Dans le village même, au moins une quinzaine se disputent les faveurs des visiteurs et offrent sensiblement les mêmes menus et mêmes prix (entre 4 et 8 $). Espérons que les plus anciens, qui s'étaient un peu assoupis, vont se réveiller devant le dyna-misme des nouveaux.

|●| *Original Lao Food (plan A2, 30) :* un des premiers à droite en remontant la rue principale (juste après la Villa Salika). Tenu par un jeune couple sympa. Elle en cuisine, lui au service et faisant de réels efforts pour apprendre le français. Comme, en outre, sa cuisine est plutôt bonne, nous aurions tendance à vous recommander chaleureusement cette petite adresse sans prétentions. Goû-teuse soupe au potiron *(pumpkin)* et plats classiques servis généreusement.
|●| *Restaurant Pinekham (plan A2, 31) :* sur le côté droit de la rue princi-pale, en montant vers le haut du village. Honnête cuisine locale et sandwichs, dans une salle bien tenue, prolongée par une terrasse dominant le fleuve (belle vue). Accueil assez routinier cependant, et cuisine qui lui emboîte

quelque peu le pas...
|●| *Restaurant Dockhoune (plan A1, 32) :* plus haut que le Pinekham, *sur le même côté.* Cadre en bois agréable. Carte affichée à l'extérieur. Cuisine très classique.
|●| *Ounhouan* et *Ari (plan A1, 33) :* côte à côte, à gauche en montant. Même carte, même style, 2 nouveaux restos un peu en surplomb de la rue. Cadre en bois agréable, éclairage bien tempéré et chandelle sur la table pour le *Ari.* Bonne cuisine et grand choix de plats tradition-nels.
|●| Enfin, ne pas négliger, dans le quar-tier au-dessus du port *(voir « Où dor-mir ? »)* le **resto du Phet Sok Xay Hotel** *(plan A2, 21), de l'autre côté de la rue.* Cadre plaisant, bonne animation et cui-sine fort correcte.

HOUEISAI (PROVINCE DE BOKÉO)   IND. TÉL. : 053

Une deuxième journée de bateau sur le Mékong, depuis Pakbeng, mène à cette ville étendue sur la rive, entre fleuve et forêt, dans une région appelée le Triangle d'Or. Y aboutissent les marchandises (tôles, vêtements, produits alimen-taires...) arrivées de Chine, qui rejoignent ici la Thaïlande par le fleuve. Bouti-ques d'artisanat très bien approvisionnées (nombreuses tribus dans la région) mais chères (beaucoup de clients thaïs). Nombreux petits hôtels à prix sages. C'est de là qu'on peut traverser le Mékong pour passer en Thaïlande. Rensei-gnez-vous sur les formalités au moment de votre passage. L'idée de cons-truire un pont entre Houeisai et Chiang Khong, en Thaïlande, est dans tous les esprits, mais rien de concret sur le terrain.

Comment y aller ?

➢ *Par le Mékong :* tte l'année depuis Pakbeng et Luang Prabang. Compter 1 j. pour Pakbeng et bien 2 j. en bateau pour Luang Prabang. L'embarcadère est à 2 km au sud de la ville.

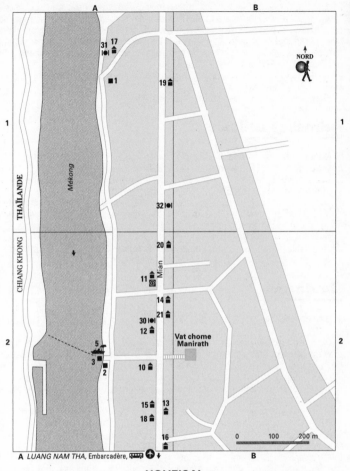

HOUEISAI

■ **Adresses utiles**

1 Bureau de vente des billets de bateaux
2 Bureau de l'immigration
3 Bureau de change Banque Lane Xang
🚌 Gare routière de Ban Pah Kham
⛴ 5 Embarcadère
@ 11 Internet

â **Où dormir ?**

10 Manirath Hotel
11 Saybadee Guesthouse

12 Guesthouse BAP
13 Friendship Guesthouse
14 Oudomphone Guesthouse 2
15 Keochampa Hotel
16 Thaveesinh Guesthouse
17 Guesthouse Pornvijit
18 Houeisay Hotel
19 Arimid Guesthouse
20 Thanormsab Guesthouse
21 Thaveesinh Hotel

|●| **Où manger ?**

30 Riverview
31 Restaurant Watsouly
32 Nutpop Restaurant

Possibilité, avec *Asia* (voir « Les organismes de voyages » dans « Comment y aller ? »), d'aller de Houeisai à Luang Prabang via Pakbeng à bord d'un bateau de croisières de 30 places. En 2 j. de navigation fort agréables sur le Mékong, on rejoint Luang Prabang. Arrêt juste avt Pakbeng (1 km) pour passer la nuit. L'hébergement est prévu dans le prix de la balade en bateau, au *Luang Say Lodge* à Pakbeng (voir plus haut). Balade assez chère, ça va de soi.

➢ *Depuis la Thaïlande (Chiang Khong) par le bac :* le bureau d'immigration est situé au niveau de l'embarcadère.

➢ *En avion :* l'aéroport est situé au sud de la ville.

Adresses utiles

■ *Bureau de vente des billets de bateaux (plan A1, 1) :* au-dessus de l'embarcadère. Tlj 8h-11h30, 14h-16h.

■ *Bureau de l'immigration (plan A2, 2) :* au-dessus de l'embarcadère, près du Duty Free Shop. Tlj 8h-18h. Attention à la queue certains jours. Il faut y passer obligatoirement avant de se rendre en Thaïlande. Service gratuit de 8h à 16h et payant de 16h à 18h (0,20 $) ; le

week-end, taxe de 0,20 $. Habilité à délivrer le visa laotien.

■ *Bureau de change Banque Lane Xang (plan A2, 3) :* au-dessus de l'embarcadère, juste en face du bureau de l'immigration. Tlj 8h-15h. Change les euros, les dollars US et les bahts. On trouve aussi un distributeur de billets.

▨ *Internet :* en face de Saybadee Guesthouse (plan A2, 11).

Où dormir ?

Bon marché (moins de 100 000 kips, soit 11,80 $)

🛏 *Manirath Hotel (plan A2, 10) :* au pied de l'escalier qui mène au sommet de la colline. ☎ 21-15-03. 🖥 020-548-40-75. L'endroit est peu séduisant vu de l'extérieur : peinture argentée sur béton et brique. Mais les chambres sont propres, claires et souvent avec terrasse. Salle de bains avec douche et w-c, ventilo, écran aux fenêtres, tout y est. Demander une chambre au 2e étage (plus calme). Pour les budgets très serrés, des chambres plus sommaires mais également bien tenues se trouvent à l'arrière de l'immeuble.

🛏 *Saybadee Guesthouse (plan A2, 11) :* rue principale. 🖥 020-548-40-75. Bon confort : douche et w-c (sol carrelé et eau chaude) dans la chambre (généralement spacieuse), et ventilo. Avec 2 fenêtres, les chambres n°s 12 et 14, au 2e étage, sont les plus agréables, car elles donnent sur des cours latérales et un bouquet d'arbres derrière lequel coule le Mékong. On voit aussi un bout de paysage avec des monts boisés. Notre meilleur rapport qualité-prix.

🛏 *Guesthouse BAP (plan A2, 12) :* rue principale. ☎ 21-10-83. Bon accueil de

Mme Chan Pheng. Elle parle le français et se montre fort aimable. Elle fait aussi resto et propose des excursions. Les chambres, avec plancher de bois ou carrelage, ont en majorité un ventilo et des toilettes (douche et w-c) à l'intérieur. Préférer celles donnant sur l'arrière (jardin), plus calmes.

🛏 *Friendship Guesthouse (plan A2, 13) :* rue Thanon Saykhong. ☎ 21-12-19. Le propriétaire parle un peu l'anglais. Ses chambres sont propres, avec douche et w-c, ventilo et carrelage net. Quelques-unes avec frigo, clim' et TV. Demander une chambre au 2e étage car elles sont plus claires. Sur le toit, une terrasse panoramique avec vue sur la ville et le Mékong (tables avec parasols pour écrire).

🛏 *Oudomphone Guesthouse 2 (plan A2, 14) :* rue principale. ☎ 21-13-08. 🖥 020-568-31-54. Au fond de l'impasse, loin de la rue. Pension classique, fonctionnelle, offrant des chambres correctes, assez spacieuses, avec sol et salle de bains carrelés, ventilo, clim'... Celles sans clim' sont presque 2 fois moins chères et d'un bon rapport qualité-prix.

🏠 *Keochampa Hotel (plan A2, 15) : rue principale.* ☎ 020-518-45-23. Tout à fait impersonnel, accueil routinier, mais assez propre. Quelques chambres avec des lits *king size* et au confort correct (clim', TV câblée).

🏠 *Thaveesinh Guesthouse (plan A2, 16)* : rue principale, 100 m après le Friendship. ☎ 21-11-55. 📱 020-568-30-22. Au rez-de-chaussée, une série de chambres extrêmement basiques et bruyantes mais à la propreté encore acceptable. Et puis, à 3 $, ce sont les moins chères de la ville et la providence des petits budgets, ou bien si tout est complet ailleurs.

🏠 *Guesthouse Pornvijit (plan A1, 17)* : près de l'embarcadère. ☎ 58-30-57. Petite pension dans le jardin, à l'arrière du resto *Watsouly* (voir « Où manger ? »). Très bon marché, mais chambres peu entretenues, assez petites et tristes. Quelques-unes avec ventilo, douche et w-c (mais dégradées).

🏠 *Houeisay Hotel (plan A2, 18)* : non loin du Manirath Hotel. Là aussi, un des moins chers, mais chambres mal tenues. Une désagréable impression de négligé. En dernier ressort !

🏠 *Arimid Guesthouse (plan A1, 19)* : plus vers le nord, sur la grande rue. ☎ et fax : 21-10-40. *Un des plus près du débarcadère. 10 bungalows de 2 chambres, avec ventilo, TV câblée et salle de bains. Le 1er complexe de ce genre à Houeisai, et il a, de ce fait, un poil vieilli. Mais ça reste très bien tenu et l'accueil est sympa. Le proprio parle d'ailleurs le français. Quelques chambres avec clim' à 14 $. Petite terrasse devant.

🏠 *Thanormsab Guesthouse (plan A2, 20)* : rue Khamkhong ; sur la droite en allant vers l'embarcadère des bateaux pour véhicules. ☎ 21-10-95. 📱 01-881-2412 (côté thaï). Maison basse, en retrait de la route, donc calme. Les chambres, équipées de ventilo ou d'AC, de salle de bains carrelée et eau chaude, sont propres et nettes. Nos préférées, les n°s 203 et 204, ont 2 fenêtres qui s'ouvrent sur les arbres et le jardin à l'arrière. Pas de petit déj.

Prix moyens (de 127 500 à 212 500 kips, soit de 15 à 25 $)

🏠 *Thaveesinh Hotel (plan A2, 21) : rue principale.* ☎ 21-15-02. 📱 020-568-33-33. • *Thaveesinh.info@Gmail.com* • Petit immeuble central de style néo-thaïlandais, avec des balcons donnant sur la rue. Quatre catégories. Confort assez standard : AC avec douche et w-c, TV, moustiquaire. Les plus belles chambres sont de couleur rose (si on aime).

Où manger ?

Il n'y a pas à proprement parler de marché, puisque tous les produits viennent de Thaïlande. Mais plusieurs marchands ambulants proposent des plats simples le long de la grande rue en fin d'après-midi.

🍴 *Riverview (plan A2, 30)* : rue principale. Un des populaires rendez-vous des routards du monde entier. Ferme plus tard que les autres et accueil sympa. Pour déjeuner ou boire un verre, la belle terrasse en bord de fleuve (en général, fermée le soir car trop éloignée du resto). Bon choix à la carte : *khoua sin kai* (poulet aux légumes), *khao phat ta-leh* (riz frit aux fruits de mer), *tom yam*, *ghong phet paa* (soupe de poisson au curry et lait de coco) et même des pizzas.

🍴 *Restaurant du Manirath Hotel* : voir plus haut. Bien sûr, tout ce qui est sur la carte n'est pas forcément disponible, mais l'ensemble est correct.

🍴 *Restaurant Watsouly (plan A1, 31)* : à l'embarcadère situé plus au nord de la ville. À droite en descendant vers le fleuve, près de la Guesthouse Pornvijit. Petit resto servant d'excellentes soupes locales et des plats laotiens à prix doux. Vue sur les bateaux et le fleuve.

🍴 *Nutpop Restaurant (plan A1, 32)* : rue principale. ☎ 21-10-37. Il est agréable de venir dîner dans ce grand jardin, au calme (très calme le soir même), sous un genre de paillote. En revanche, ne conviendra pas à ceux qui recherchent plutôt les lieux animés. Cuisine laotienne classique, servie généreuse-ment et bien faite, que l'on déguste en écoutant de la musique (souvent chanson française). *Laps* vraiment goûteux. Bons milk-shakes. De temps en temps, spectacle de danse. Accueil jeune et gentil.

À voir

🍴 **Wat Chome Khaou Manirath :** *au sommet de la colline, en face de la rue allant à l'embarcadère.* On y accède par un impressionnant escalier *naga* d'une centaine de mètres de longueur. Le temple prospère est habité par de nombreux novices, et conti-nuellement bercé par le bruit des clochettes accrochées un peu partout. La vue de là-haut englobe tout le Mékong et l'arrière-pays. Très belle vue au coucher de soleil.

QUITTER HOUEISAI

Par la route

🚌 **Gare routière de Ban Pah Kham** *(hors plan par A2) : à 3 km de Houeisai, sur la route de Luang Nam Tha.*
➤ **Pour Luang Nam Tha :** les bus, pick-up et les camions bâchés partent tlj (7h-10h), quand ils sont pleins. Les billets s'achètent sur place à la gare routière, où il vaut mieux arriver en avance pour être sûr d'avoir de la place. Si vous voulez être assis à l'avant près du chauffeur et non à l'arrière dans la bétaillère, payez un petit supplément. Il faut compter 6h (pour les 200 km) à bord de ces « taxis ou camions collectifs », un peu plus si vous avez pris place dans un camion. En principe, 2 bus tôt le mat. Possible aussi de faire le trajet en minibus affrété par les *guesthouses* (se renseigner auprès de la vôtre), durée 3h. De grands travaux de rénovation sont en cours sur la route 3. De larges portions ont été goudronnées ; ça devrait diminuer sensiblement la durée du trajet. En route, un arrêt est prévu à Vien Poukha ou à Ban Nam Ngeun pour le déj. On doit parfois s'arrêter à des postes de contrôle.
➤ **Pour Luang Prabang :** 12-14h de trajet.
➤ **Pour Vientiane :** 11h30 et 22h. Min 20h de trajet.
➤ **Pour Vang Vieng :** 1 départ en début de soirée.
➤ **Pour Oudom Xai :** 1 départ le mat.

En bateau

⛴ **Embarcadère** *(plan A2, 5) : pour les bateaux et pour les véhicules à destination de Chiang Khong, en Thaïlande. Situé au sud.*
➤ **Pour Luang Prabang (via Pakbeng) :** 1 départ/j., à condition qu'il y ait suffi-samment de passagers. S'il y a trop de passagers, il faut un 2e bateau. Entre 20 et 30 personnes embarquent sur le bateau. Toilettes à bord. Emporter de la nourriture et de la boisson. Compter 2 j. (avec 1 nuit à Pakbeng, non incluse dans le prix). Billet : 9,50 $ pour Pakbeng.
Il existe aussi des bateaux privés où l'on est moins entassé, mais il faut réserver sa place à l'avance. Soyez attentif aux affiches dans les *guesthouses* ou agences de voyages de Chiang Mai, Chiang Khong et Houeisai.
➤ **Pour Luang Nam Tha :** sf au pic de la saison sèche, il est possible de remonter la Nam Tha, un affluent du Mékong, depuis Paktha (à 30 km au sud de Houeisai) jusqu'à Luang Nam Tha. Il n'y a aucun service régulier. Il faut soit se rendre à Paktha pour s'entendre avec les bateliers, soit organiser le voyage depuis Chiang Khong ou Houeisai (se renseigner auprès des *guesthouses*). Compter en tt 2 bonnes jour-nées de bateau, parfois plus. Paysage tropical de monts couverts de forêt humide. Une belle aventure !

En avion

✈ *Le bureau de **Lao Airlines** se trouve à 3 km au sud de la ville et l'**aéroport** à 8 km.* Pour les résas et horaires : ☎ 21-10-26 ou 21-14-94. Les étrangers doivent payer en dollars, pas en kips.

➢ ***Pour Vientiane :*** 3 vols/sem (normalement lun, mer et ven). Billet aller : 80 $.
➢ ***Pour Luang Prabang :*** 3 vols/sem. Billet aller : 46 $.

Pour la Thaïlande

Rien de plus facile que de passer la frontière et de se rendre à **Chiang Khong,** petite ville de Thaïlande située en face de Houeisai. Passer tt d'abord au bureau de l'immigration, où un employé appose sur votre passeport un tampon de sortie du territoire laotien. Puis emprunter une pirogue à moteur pour traverser le Mékong. Le passage coûte 5 000 kips/pers (ou 20 Bts). Pas de navette régulière, il faut discuter avec les autres passagers et le batelier. Sur la rive thaïlandaise, il faut passer au poste de douane et faire tamponner son passeport (pas de visa pour la Thaïlande, seul le passeport suffit). De là, rejoindre la gare routière (20 Bts, soit 0,40 €) et bus pour Chiang Rai, Chiang Mai et Bangkok.

➢ ***Pour Chiang Rai :*** bus ttes les heures. Durée du trajet : 2h. Billet : 60 Bts (1,20 €).
➢ ***Pour Chiang Mai :*** bus 8h et 11h. Durée : 7h. Billet : env 220 Bts (4,40 €).
➢ ***Pour Bangkok :*** 2 bus/j., 1 le mat, 1 le soir. Durée : 13h. Billet : env 500 Bts (10 €).

■ ***Aya Service :*** ▯ *020-583-88-88.* ● *dis coverylaos.com* ● Organise les trajets pour Chiang Mai et Pai en minibus. Pour Chiang Mai : 16h et 18h30 (5-6h de route, env 250 Bts) et pour Pai 6h30 et 16h.

LUANG NAM THA

IND. TÉL. : 086

À une soixantaine de kilomètres au sud de la frontière chinoise (Yunnan) et à 106 km au nord-ouest d'Oudom Xai, Luang Nam Tha, capitale de la province du même nom, est une ville posée dans une plaine d'altitude où, en saison sèche, le climat est plus tempéré que tropical. En saison humide, la chaleur peut être très lourde. Luang Nam Tha se compose de deux agglomérations séparées de plusieurs kilomètres. Celle du sud s'est développée autour de l'aéroport. Celle du nord, beaucoup plus importante, abrite le marché, ainsi que les hôtels et restos. C'est celle-ci que nous décrivons, une grosse bourgade carrefour qui n'a rien de très ancien, où se mélangent routards sac à dos, habitants des villages ethniques et commerçants chinois. Idem pour les gares routières. Pour les trajets proches, comme Muang Sing, gare routière centrale (juste hors plan par A-B2). L'autre, sur le même chemin, plus au sud, à 5-6 km permet par exemple de gagner Oudom Xai.

CLIMAT

– ***En saison sèche :*** d'octobre à mars, la température oscille entre 10 et 30 °C.
– ***En saison humide :*** entre mars et octobre, température variant entre 25 et 40 °C.

Adresses utiles

🛈 ***Office de tourisme*** (plan B2) : ☎ 21-15-34 ou 31-20-47. ● *namha guides@ hotmail.com* ● Lun-ven 8h30-12h, 14h-17h ; w-e 8h30-11h, 16h-17h. Belle maison en bois, de style traditionnel, dont la construction et l'organisation ont été confiées à une ONG néo-zélandaise. On y parle l'anglais. Panneaux d'affichage sur les randonnées (trekking) dans les villages ethniques (inscriptions, horaires, conditions), infos sur les hébergements, plan de la ville et des environs, renseignements sur les transports collectifs (pick-up, bateaux). Juste à côté, *Nam Ha Ecoguide Service* (branche de l'office située juste à côté et moins cher que *Green Discovery*) peut vous donner d'autres infos.

⊠ **Poste** (plan B2) : au centre de la bourgade. Lun-ven 9h-17h.

■ **Banque pour le Commerce Extérieur Lao** (plan B1, 3) : juste à côté de la poste. Lun-ven 8h30-15h30. Change les chèques de voyage en dollars et en bahts. Possibilité de retrait d'argent avec les cartes de paiement internationales. Commission 4 % en kips, 6 % en dollars. Dispose désormais d'un distributeur de billets. Deux autres alternatives : le *kiosque de change* à la station de bus (uniquement pour l'argent liquide) ou la *banque Lanexang* à deux pas de *Darasavath Guesthouse.*

@ **KNT.com** (plan B2, 2) : rue principale ; à côté du resto Banana. ▯ 020-548-60-86. Ouv 7h-22h30. Matériel moderne et prix très abordables.

■ **Bureau de police :** juste avt la poste en venant du sud.

■ **Location de VTT** (hors plan par A-B2) : à la Boat Landing Guesthouse, à 6 km au sud du centre-ville. ☎ 31-23-98. Compter 5 $/j. et une caution. Organise des randos.

■ **Green Discovery** (plan A2, 5) : rue principale. ☎ 21-14-84. ● greendiscoverylaos.com ● Une grosse agence spécialisée dans l'écotourisme. Programmes assez variés mais quand même pas donnés. Bien vérifier avant le départ l'ensemble du matériel avec le guide.

Où dormir ?

Très bon marché (moins de 80 000 kips, soit 9,40 $)

🛏 **Guesthouse Darasavath** (plan B2, 10) : à la sortie de la ville, sur la gauche de la route principale en allant vers le sud. ☎ 31-23-84 ou 21-12-99. Chambres dans des bungalows en bois et bambou ou dans un bâtiment en dur. Assez rustiques, propreté encore acceptable. Équipées de moustiquaire, de douche et de w.-c. (à l'intérieur ou à l'extérieur selon prix). Fait aussi resto et change.

🛏 **Soulivong Guesthouse** (plan B1-2, 11) : à 50 m de l'office de tourisme, dans une petite rue parallèle à la rue principale. ☎ 312-253. ▯ 020-588-65-36. Petit bâtiment en béton (récent) de 2 étages, qui abrite 8 chambres simples avec ventilo et toilettes (à la chinoise) à l'extérieur (douche, en principe de l'eau chaude). Endroit calme et vue sur le jardin.

🛏 **Oudomsinh Hotel** (plan B1, 12) : au fond d'une impasse donnant sur la rue principale. ☎ 31-20-77. Petit déj slt sur commande. Genre motel autour d'une cour, calme assuré. Deux types de chambres au même prix. Côté rivière, les bungalows tout en bois, avec un p'tit charme, lino à fleurs, douche et toilettes à la chinoise. Terrasse intime donnant sur la mare aux canards et la verdure en contrebas. Nouvelles chambres sur la vaste cour, confortables, plus modernes et plus fraîches. Une adresse très intéressante (à peine plus chère que les 2 précédentes) mais qui, curieusement, ne se met pas en valeur (enseigne déglinguée et illisible sur rue) !

🛏 |●| **Heuan Guesthouse** (plan A1, 13) : rue principale. ☎ 21-11-11. ▯ 020-215-00-15. Sympathique petit hôtel-resto (voir « Où manger ? ») dans une jolie structure tout en bois rouge. 7 chambres au rez-de-chaussée. Certaines un peu sombres ou donnant sur un mur mais impeccables, avec salle de bains entièrement carrelée.

🛏 **Palanh Guesthouse** (plan B1, 14) : rue principale. ☎ 31-24-39. ▯ 020-598-50-00. Pas de petit déj. Une dizaine de chambres, dont 7 avec douche et w-c et ventilo. Ensemble très bien tenu, avec carrelage dans les chambres, toilettes nettes, petits ventilos sur pied. Eau chaude le soir. Vue sur le côté, la rue ou sur l'arrière (préférer ces dernières).

LUANG NAM THA

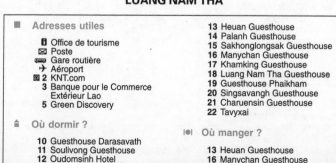

■ **Adresses utiles**

🛈 Office de tourisme
✉ Poste
🚌 Gare routière
✈ Aéroport
@ 2 KNT.com
3 Banque pour le Commerce Extérieur Lao
5 Green Discovery

🏠 **Où dormir ?**

10 Guesthouse Darasavath
11 Soulivong Guesthouse
12 Oudomsinh Hotel
13 Heuan Guesthouse
14 Palanh Guesthouse
15 Sakhonglongsak Guesthouse
16 Manychan Guesthouse
17 Khamking Guesthouse
18 Luang Nam Tha Guesthouse
19 Guesthouse Phaikham
20 Singsavangh Guesthouse
21 Charuensin Guesthouse
22 Tavyxai

🍽 **Où manger ?**

13 Heuan Guesthouse
16 Manychan Guesthouse

LE NORD-OUEST DU LAOS

🛏 *Sakhonglongsak Guesthouse (plan A1, 15) : rue principale.* ☎ 31-22-57. Une adresse centrale et une des moins chères. 9 chambres avec ventilo et toilettes à la chinoise assez propres. Carrelage et néons, moustiquaire aux fenêtres, mais les rideaux auraient bien besoin d'être changés. Chambres à l'arrière plus calmes mais moins bien que devant.

🛏 |○| *Manychan Guesthouse (plan A2, 16) : rue principale.* ☎ 31-22-09. ▯ 020-578-62-40. *Près de la poste et de l'office de tourisme.* Petite pension sans prétentions (propreté un peu limite parfois). Un autre bâtiment derrière, offrant des chambres spacieuses avec salle de bains carrelée, eau chaude. Vue sur jardin. Atmosphère familiale et sympa. Resto proposant l'une des meilleures cuisines de la ville (voir « Où manger ? »). Bien vérifier les fenêtres, certaines ferment mal. Et prendre sa douche en premier le matin : un seul ballon d'eau chaude pour toute la communauté !
– *Zucla Guesthouse :* ☎ 31-21-83. *Juste derrière* Manychan Guesthouse. Beau bâtiment, jardin sympa. Chambres vastes, préférer les plus élevées, plus lumineuses.

🛏 *Khamking Guesthouse (plan A2, 17) : juste à côté de la* Manychan. ☎ 31-22-38. ▯ 020-548-74-49. Récent et offrant une quinzaine de chambres nickel avec salle de bains carrelée, ventilo, etc.

🛏 *Luang Nam Tha Guesthouse (plan A1, 18) : 6, Pouthsapah Rd.* ☎ 31-23-30. *Pas de petit déj.* Grosse maison particulière au fond d'un jardin. Très propre. Chambres de bon confort avec coin salon, salle de bains carrelée (douche ou baignoire), eau chaude permanente, ventilo, lit original. Parking.

🛏 *Guesthouse Phaikham (plan B2, 19) : à 150 m de l'office de tourisme et à 50 m de la rue principale.* ☎ *et fax :* 31-23-02. ▯ 020-588-59-99. Un petit hôtel récent aux chambres (2 lits) claires et propres, équipées de carrelage, clim' et ventilo, toilettes (douche et w-c). TV câblée. Les mêmes chambres sans clim' et TV sont à moitié prix. Vue sur le jardin, coin vraiment tranquille.

🛏 *Singsavangh Guesthouse (plan A-B1, 20) : rue principale, 132/7, Xaysombuon.* ☎ 21-11-41. *En face de la* Heuan Guesthouse. On l'indique car c'est l'adresse la moins chère de la ville (environ 2,50 $), tout en étant tenue de façon convenable. Confort particulièrement spartiate (douche à la « casserole » et toilettes à la chinoise).

🛏 *Charuensin Guesthouse (plan A2, 21) : pour celles et ceux qui souhaiteraient résider tt près du terminal des bus.* ☎ 31-23-93. S'intitule la plus grande *guesthouse* de la ville, mais devrait plutôt s'appeler « Banal Hotel ». Aurait bien besoin d'être rénové. Mais conviendra aux budgets serrés, car un des moins chers (et avec salle de bains). Peut obtenir (affirme-t-il) le visa chinois.

De bon marché à prix moyens (de 80 000 à 150 000 kips, soit 9,40 à 17,70 $)

🛏 *Tavyxai (plan A2, 22) : dans une rue parallèle à la rue principale.* ▯ 020-536-36-53. Grosse villa cossue avec entrée à colonnes. Chambres assez spacieuses et confortables : salle de bains carrelée, eau chaude solaire, clim', ventilo, TV câblée... Bon rapport qualité-prix. Parking.

Où manger ?

– Plusieurs **gargotes** le long de la route principale et des restos parfois au rez-de-chaussée des pensions.
– Plusieurs **éventaires** en face du grand marché proposent des plats simples. Celui le plus au sud nous semble être le meilleur.
– *Le* **marché des produits frais** se trouve trois rues derrière le marché principal. Deux échoppes y vendent une excellente soupe.

l●l *Manychan Guesthouse (plan A2, 16) : voir « Où dormir ? ».* Non seulement c'est une sympathique *guesthouse,* mais c'est également un bon resto. Spécialités de steak au poivre ou au *blue cheese,* salade lyonnaise ou de mangues, poisson-chat bien cuisiné et plats laotiens classiques. Par contre, faut pas être pressé. Mais vous êtes en vacances, non ?

l●l *Heuan Guesthouse (plan A1, 13) :*

voir « *Où dormir ? ».* Resto au 1er étage dans un cadre en bois plaisant. Cuisine traditionnelle correcte. Très épicé par contre.

l●l Au *terminal des bus, 2 restos* côte à côte, l'un avec des tables en céramique. Propres et bons.

l●l Enfin, ne pas oublier le *Boat Landing Guesthouse & Restaurant (voir « Où dormir ? Où manger dans les environs ? »).*

Où dormir ? Où manger dans les environs ?

🏠 l●l *The Boat Landing Guesthouse & Restaurant (hors plan par A-B2) :* à 6 km au sud de la ville mais à slt 1 km de l'aéroport, au lieu-dit Ban Kone. ☎ 31-23-98. ● theboatlanding@ yahoo.com ● Double 50 $. Bungalows traditionnels en bois et rotin, face à la rivière Nam Tha. 6 chambres très confortables, beaucoup de charme (tout comme l'environnement, d'ailleurs). Jolis couvre-lits en coton tissé. Des panneaux solaires assurent des douches chaudes presque toute

l'année. Surtout, l'occasion de déguster l'une des cuisines les plus raffinées du Laos dans une belle salle à manger ouverte. Superbe carte de spécialités régionales. Impossible de tout citer, mais on a craqué pour le *gaeng bawt* (ragoût typique de porc, canard ou poulet à la fleur de bananier et parfumé à la citronnelle, basilic, échalotes, *fenell,* etc.), le délicieux *lap* dans sa version nordiste, le *kao soi (phó* version Laos du Nord)...

À voir

Un conseil, gardez une attitude respectueuse dans chaque village traversé. Pas d'extravagances, vous n'en serez que mieux reçu !

🥾 *Le village de Had Yao :* à 2 km au nord, sur la route de Muang Sing. Accessible à pied, à bicyclette ou en tuk-tuk. Peuplé par des Hmong, le village gère une coopérative artisanale qui fabrique des paniers, des bijoux, des tissus ethniques.

🥾 *Les chutes de Ban Nam Dee :* à 6 km au nord de Luang Nam Tha, le village de *Lao Houei* est peuplé par des Lanten, qui utilisent encore les caractères chinois dans l'écriture. Ce village est accessible à pied, mais il est préférable d'y aller à bicyclette ou en *tuk-tuk.* En suivant un sentier depuis Lao Houei, on arrive aux chutes de Ban Nam Dee, situées à 500 m du village. Demander aux villageois : « *Nam dtok tat you sai ? »* (« Où sont les chutes ? »). Petit péage et parking.

🥾 *La réserve naturelle de la Nam Tha :* infos et résas à l'office de tourisme ou chez Green Discovery *(voir « Adresses utiles »).* La réserve et la rivière Nam Tha offrent de nombreuses possibilités de promenades à pied, à bord de pirogues à moteur, en raft ou en canoë. Les bateaux se rendent jusqu'à la confluence de la rivière Nam Tha et de la Nam Ha. Les excursions durent de 1 à 3 jours. Le repas est inclus et se déroule dans un village lanten. Durant la saison sèche, les places sont limitées, car la taille des embarcations diminue en raison du faible niveau des eaux. Parfois, juste avant la saison humide, le passage est carrément impossible. Départ de la *Boat Landing Guesthouse & Restaurant,* à 6 km au sud de la ville.

LE NORD-OUEST DU LAOS

QUITTER LUANG NAM THA

En avion

✈ **Aéroport** *(hors plan par A-B2) : à 8 km au sud de la ville, dans une petite agglomération.* En pleine expansion. Prendre un *tuk-tuk*.
➤ **Pour Vientiane :** 3 vols/sem avec *Air Lao*. Durée : 45 mn. Prix : 72 $.

Par la route

🚌 **Gares routières** *(hors plan par A-B2) : sur la route venant de Houeisai.* La gare pour les destinations proches est juste à côté du centre. Pour les destinations plus lointaines, elle est à 7-8 km. Prendre un *tuk-tuk* pour y aller (10 000 kips, soit 1,20 $). Luang Nam Tha est au croisement de plusieurs routes importantes.
➤ **Pour Muang Sing :** en minibus ou pick-up. Départs 8h-15h quand ils sont pleins. Bonne route. Compter 2h de trajet.
➤ **Pour Houeisai :** vers le sud, compter 7-8h de route goudronnée à travers les montagnes couvertes de forêt tropicale humide. En saison sèche, 1 bus ou pick-up/j. 9h30. Trafic plus aléatoire en saison des pluies. Prix : 65 000 kips (env 8 $).
➤ **Pour Oudom Xai :** à 120 km, route vallonnée et sinueuse mais plutôt bonne. Après 1h, on atteint la jonction qui mène à la frontière chinoise. 1h plus tard, le bus s'arrête au bourg de *Namo,* situé à mi-chemin, dans une région pittoresque de falaises calcaires. Encore pas mal de forêts sur le trajet. 3 bus/j., départs 8h30,12h et 14h30. Prix : 32 000 kips (3,80 $). Route en mauvais état.
➤ **Pour Boten :** à la frontière chinoise, 50 km au nord-est. Durée : 2h. Service 7h30-12h assuré par des pick-up qui partent dès qu'il y a 14 passagers. Le bus s'arrête d'abord à la jonction de *Natoey,* où il y a parfois un 1er contrôle des passeports. De là, une route parfaitement bitumée rejoint le poste-frontière de Boten, 18 km plus loin. Prix : 12 000 kips (1,40 $). Attention : le visa chinois ne s'obtient pas sur place. Au Laos, il faut le demander à Vientiane.
➤ **Pour Phongsaly :** il y a 2 routes. Oubliez malheureusement la plus courte, un gros raccourci passant à travers un morceau de Chine avant de revenir en territoire laotien : seuls les frontaliers peuvent en profiter. La 2de option, donc obligatoire, consiste à faire étape à *Oudom Xai* avant de prendre un 2e bus le lendemain à destination de Phongsali.
➤ **Pour Muengla (Chine) :** à 125 km. Départ 8h. Prix : 45 000 kips (5,30 $).
➤ **Pour Luang Prabang :** à 300 km. Départ 9h30. Prix : 70 000 kips (7 $). Route en très mauvais état.
➤ **Pour Vientiane :** à 700 km. Départ 8h30. Prix : 140 000 kips (16,50 $).

En bateau

➤ **Pour Houeisai :** à la frontière thaïlandaise. Des pirogues à moteur pour 4-6 pers peuvent descendre la rivière Nam Tha jusqu'à son embouchure sur le Mékong, au village de *Pak Tha,* d'où l'on remonte jusqu'à Houeisai. Un voyage de 2 j. et 1 nuit hors des sentiers battus, dans des paysages sauvages. On dort dans un village, au bord de la rivière. Prix : 100 $/pers. Prévoir de la nourriture, de l'eau minérale et un vêtement imperméable, car les bâches de la pirogue n'abritent que les bagages !

MUANG SING   IND. TÉL. : 086

À 2h de route de Luang Nam Tha, ce village s'étend dans une vaste plaine entourée de montagnes, à 10 km de la frontière chinoise. Le marché, occupant autrefois la première place de l'opium sous le regard bienveillant de l'Administration française, reste l'un des plus étonnants de la région. Sur le plan historique, quelques tensions avec les Anglais dans le passé, notamment lorsqu'ils s'emparèrent de Muang Sing en 1895 (alors dans une zone d'influence française). Finalement, le Mékong délimita les frontières. En 1916, les Français chassèrent le dernier potentat local à cause des ses velléités d'indépendance. En 1946, la ville fut occupée par le Kuomintang (l'armée nationaliste chinoise en lutte contre l'armée Rouge de Mao).

Une bonne dizaine d'ethnies différentes (Hmong, Yaos-Mien, Akha, Thaï lue...) s'y retrouvent pour s'approvisionner et tenter d'écouler leur production traditionnelle. La région autour de Muang Sing est superbe et la plaine se prête à merveille à une balade à vélo dans les rizières et les villages avoisinants. Une curiosité : 8 km avant la ville, sur la droite, a poussé un arbre étrange. Formé de trois troncs qui ont grandi en parallèle, puis ont fini par se rejoindre et fusionner à 8 m de haut.

Il est possible, pour les aventuriers, de se rendre à Ban Chieng Kok, sur le Mékong, en camion (service très irrégulier), et là, de prendre un bateau pour Houeisai.

– Les frontières avec le Myanmar (ex-Birmanie) et la Chine du district de Muang Sing sont fermées aux touristes.

– *Conseil :* l'opium y est proposé plus ouvertement qu'ailleurs. Encore une fois, REFUSEZ ! Non seulement votre santé ne s'en remettra pas, mais vous risquez d'encourir les plus graves ennuis. Les cas d'arnaque où le revendeur vous dénonce lui-même à la police ne sont pas rares. C'est même la règle !

Adresses utiles

🖪 *Office de tourisme* (plan A1) : tlj 8h-17h. On y parle l'anglais. Organise des randonnées de 1, 2 ou 3 jours dans les villages des minorités ethniques. Prévoir 300 000 kips (35,30 $) par personne si 2 personnes y participent, repas compris. Petit marché artisanal juste en face (sauf pendant la mousson). ✉ *Poste* (plan A1) : face au marché. Lun-ven 8h-11h30, 13h-16h.

■ *Téléphone international Laotel* (plan B1, *1*) : lun-ven 9h-12h, 14h-17h.
■ *Lao Development Bank* (plan A1, *2*) : dans la rue menant au Singxay Hotel. Change.
■ On nous signale l'*agence Eco Trek Service* : dans la rue principale, face à la poste et installée dans l'ancien marché de la ville. Très bon accueil. Organisation sérieuse.

Où dormir ?

Très bon marché (80 000 kips, soit 9,40 $)

🛏 *Singsavangh Guesthouse* (plan A2, *10*) : dans une rue perpendiculaire à la rue principale. ☎ 21-23-49. 📱 020-563-97-83. Toute nouvelle pension dans une demeure particulière. Accueil chaleureux de la patronne. 8 chambres confortables aux fraîches couleurs (pour ceux qui aiment, le rose domine). Salle de bains avec eau chaude. Bar et karaoké.
🛏 *Anousone Guesthouse* (plan B1, *11*) : rue principale, à la sortie de la ville, après le pont (quartier Xiengchay). ☎ 21-23-70. 📱 020-548-63-09. Demeure de style cossu, offrant 14 chambres plaisantes. Grand lit, sol dallé, salle de bains carrelée, eau

chaude.
🛏 *Cham Tim Meng* (plan A2, *12*) : dans une ruelle tranquille perpendiculaire à la rue principale. ☎ 21-23-51. Petit hôtel moderne, fonctionnel ; pas de charme particulier mais nickel. Une vingtaine de chambres avec ou sans eau chaude.
🛏 *Muang Sing Guesthouse* (plan B1, *13*) : en retrait de la route principale. Sert le petit déj. Deux bâtiments disposés autour d'une cour intérieure : l'un en bois avec des cloisons en bois et des balcons (architecture certes traditionnelle, mais confort sommaire) et l'autre en béton blanc, où les chambres sont un peu mieux équipées. Là, 5 chambres

donnent à l'arrière sur les jardins et les champs (nos préférées, car calmes). Moustiquaire, ventilo, eau chaude. Électricité produite par groupe électrogène.

🛏 **Dan Neua Guesthouse** (plan B1, 14) : rue principale. ☎ 21-23-69. Bâtiment en dur sans caractère. Assez basique aussi. Si c'est plein ailleurs. Chambres avec ou sans salle de bains. Sol carrelé et eau chaude (solaire). Derrière, un nouveau bâtiment avec des chambres de meilleur confort à 10 $ (avec AC). Resto.

🛏 |◉| **Tai Lu Guesthouse** (plan B1, 15) : rue principale. ☎ 21-23-75. Sert le petit déj. Pension très centrale. Grande maison en bois de style traditionnel (longue véranda au 1er étage), avec des chambres simples et propres, donnant sur la rue ou sur l'arrière (calme). Cloisons en treillis de bambou, ne conviendra pas aux sommeils légers. Salle de bains avec eau chaude (solaire), w-c « à la chinoise ». Fait aussi resto (très recommandé, voir « Où manger ? »).

🛏 **Sangdaeone Hotel** (plan B1, 16) : au bout de la rue principale, 150 m après le pont sur la gauche (en venant du centre-ville). ☎ 21-23-76. Pension calme, car en retrait de la route. Les chambres du gros bâtiment en béton sont assez sommaires. Toilettes dans la cour à l'arrière. Là se cachent 4 bungalows en bois mieux équipés, avec ventilo, toilettes (lavabo, douche et w-c « à la chinoise », mais pas d'eau chaude), moustiquaire, et parmi les moins chers de la ville. À côté, une mignonne maison bleue offre 5 chambres sur jardin (plus confortables, plus chères aussi). L'ambiance est plutôt joviale et bon enfant. Propose aussi un barbecue lao pas mauvais du tout.

🛏 |◉| **Viengxay Hotel** (plan B1, 17) : dans la rue principale. ☎ 21-23-72 ou 25-26-30. Dans le bâtiment en dur derrière. Assez basique, mais propreté acceptable. 6 chambres, dont la moitié avec toilettes intérieures « à la chinoise ». Ventilo. Resto proposant une cuisine très bon marché mais fort banale (voir « Où manger ? »).

Bon marché (de 80 000 à 140 000 kips, soit 9,40 à 16,50 $)

🛏 **Puoiu 2 Guesthouse** (plan A1, 18) : dans une rue perpendiculaire à la rue principale. ☎ 21-23-48. 📱 020-568-69-09. Petit déj compris. Une dizaine d'agréables bungalows autour d'une vaste cour. Coin tranquille. Bon confort : salle de bains carrelée, eau chaude, ventilo. Accueil sympa.

🛏 **Singquangdao** (plan A1, 19) : à 100 m de la Puoiu 2 Guesthouse. ☎ 21-23-59. 📱 020-200-45-65. Là aussi, de confortables bungalows bien au calme, avec une terrasse pour voir couler les jours. Pour le même prix (une douzaine de dollars), 5 chambres dans des bâtisses en dur. Grandes salles de bains carrelées.

🛏 **Singcharoeun Guesthouse** (plan A2, 20) : à l'entrée du village, dans une rue perpendiculaire à la rue principale. ☎ 21-23-48. Hôtel sans grâce, offrant des chambres banales mais spacieuses, propres et carrelées. Resto correct, sans plus ; atmosphère informelle.

🛏 **Singxay Hotel** (plan B2, 21) : éloigné de la rue principale, derrière le marché, presque en pleine rizière. ☎ 21-23-64. Préférer les 5 nouvelles chambres dans la grosse demeure à celles des anciens bâtiments à côté. Fonctionnelles, sol dallé, salle de bains carrelée, eau chaude, ventilo.

Où dormir dans les environs ?

🛏 |◉| **Adima Guesthouse** (hors plan par B1, 22) : à 8 km, en pleine campagne. ☎ 21-23-72. 📱 020-239-33-98. Vers la frontière chinoise. Doubles avec sdb 6-8 $. Ce sont 8 cottages sur pilotis de style traditionnel construits en matériaux locaux (bois et brique). Vue idéale sur rizières et montagnes chinoises. Resto en terrasse proposant un excellent choix de spécialités. Navette pour Luang Nam Tha 2 fois par jour. Superbe camp de base pour se bala-

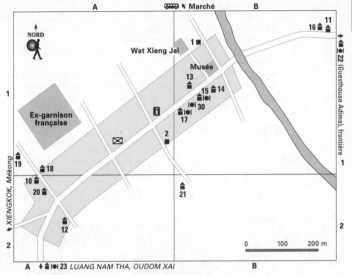

MUANG SING

■ **Adresses utiles**

- **ℹ** Office de tourisme
- **⊠** Poste
- 🚌 Gare routière
- **1** Téléphone international Laotel
- **2** Lao Development Bank

🏠 **Où dormir ?**

- **10** Singsavangh Guesthouse
- **11** Anousone Guesthouse
- **12** Cham Tim Meng
- **13** Muang Sing Guesthouse
- **14** Dan Neua Guesthouse
- **15** Tai Lu Guesthouse

- **16** Sangdaeone Hotel
- **17** Viengxay Hotel
- **18** Puoiu 2 Guesthouse
- **19** Singquangdao
- **20** Singcharoeun Guesthouse
- **21** Singxay Hotel
- **22** Adima Guesthouse
- **23** Stupa Mountain – Phou That Lodge

|●| **Où manger ?**

- **15** Resto de la Guesthouse Tai Lu
- **17** Resto du Viengxay Hotel
- **30** Vieng Phone

der dans les tribus alentour. Village akha à 500 m.

🏠 |●| **Stupa Mountain – Phou That Lodge** (hors plan par A2, **23**) : 5 km avt d'arriver à Muang Sing. ☎ 31-20-85. *Piste à gauche de la route.* Littéralement accrochés à la montagne, dans un environnement nature extra, une dizaine de bungalows confortables. Assez spacieux, matériaux naturels (mur en bambou, sol en paille tressée, couvertures *thaï lue* ou *thaï dam*), eau chaude solaire. Terrasse avec panorama de rêve pour rédiger ses cartes postales et resto. Excellent accueil. Organise d'intéressantes visites dans les tribus et observation des activités locales (agriculture, production du *lao-lao*, etc.).

Où manger ?

Attention, les restos ferment de bonne heure (maximum 20h30-21h pour les plus tardifs).
– On trouve au marché quelques marchands de soupe.

|●| *Resto du Viengxay Hotel* (plan B1, 17) : voir « Où dormir ? ». Cuisine traditionnelle pas chère mais sans éclat. Pain au petit déj et bière fraîche à toute heure.

|●| *Resto de la Tai Lu Guesthouse* (plan B1, 15) : voir « Où dormir ? ». Très bonne cuisine locale à prix sages, notre préféré. Plats élaborés avec une touche personnelle. Goûter à l'aubergine grillée à l'ail et aux oignons (eggplant teow), au salo, viande émincée à l'ail, échalotes, menthe, galanga et haricots verts, à la soupe de fleur de banane et porc, au lap, au tom yam, bonnes viandes grillées, etc. Accueil affable.

|●| *Vieng Phone* (plan B1, 30) : rue principale. Rien de particulier, c'est ordinaire et économique.

À voir. À faire

🎭 *Le Musée ethnographique* (plan B1) : rue principale, peu avt le pont. Lun-ven 8h30-16h30 ; w-e 8h30-11h30. Dans l'une des plus belles maisons traditionnelles de la ville.
– *Au rez-de-chaussée* : collections de costumes traditionnels de toutes les ethnies locales (Yao, Akha, Thaï dam, Thaï lue, Thaï neua, Phumoi hmong, Lolo, Khamu, etc.). Expo de vieux métiers, tissus, objets domestiques, section sur la pêche (nasses) et les instruments de musique.
– *Au 1er étage* : collection de gongs et cymbales de moines du XIXe s. Des objets divers, bols de moine, manuscrits en sanscrit sur feuilles de palme, petits bouddhas assis des temples de la ville, boîtes à bétel, cloches à éléphants... Quelques armes en bronze, dont une curieuse lance en forme de corne de buffle. Un intéressant petit musée donc, récemment rénové.

➢ *Randonnées (trekking) dans les villages ethniques :* les randonnées sont organisées par l'office de tourisme, qui fournit aussi les guides accompagnateurs formés par eux. En moyenne, une randonnée de 2 j. et 1 nuit coûte 30 \$/pers (min 5 pers, max 8 pers). Une randonnée de 3 j. et 2 nuits coûte 40 \$/pers (min 4 pers, max 8 pers). Le prix inclut le sac de couchage (fourni par l'office de tourisme) et l'eau. On peut choisir sa randonnée selon la distance et la durée. Les groupes marchent environ 6h par jour. Les villages sont habités par des minorités (Akha, Thaï lue, Yao ou Hmong). Le village le plus loin se trouve à 3 jours de marche.

TREKS AU PAYS AKHA

Au départ de Muang Sing, nombreuses occasions de randonnées dans une campagne sublime, à l'ombre des premières « montagnes » chinoises. Nature encore brute de forme, prodigue en paysages et modes de vie intacts. Paysages de douces collines, de rizières, boqueteaux d'arbres, chemins de terre livrant tous les clichés du labeur paysan. Territoire des ethnies Akha, Hmong et Yao qui ont su jusqu'à présent préserver leurs coutumes. Les villages akha, quant à eux, présentent l'architecture la plus originale, avec leurs hautes demeures de bois sur pilotis, les longs balcons chargés d'étoffes et de vêtements, les femmes filant ou tissant, dans leurs beaux atours de tous les jours. Quand elles ne tissent pas, elles se retrouvent à la fontaine pour le linge, les ablutions et papoter, lieu privilégié de rencontre et de vie sociale. Mais le plus étonnant, lorsque vous abordez un village akha, c'est la « porte des Esprits » : un genre d'arc de triomphe à l'entrée, censé éloigner les mauvais esprits. Flèches menaçantes, arcs bandés, lances acérées clouées sur les montants et pointées vers l'extérieur. Les techniques guerrières évoluant, des lance-roquettes et des mitraillettes en bois sculpté (et même des obus) sont venus enrichir la panoplie. Si l'envie de prendre une photo vous taraude, faites-le, bien sûr, très discrètement. Possibilité d'acheter des tissus, des écharpes, des bonnets faits main (les indigos hmong sont très beaux).

QUITTER MUANG SING

Par la route

🚍 *Gare routière* (hors plan par B1) : *3ᵉ rue à droite après Lao Télécom.* Bus, pick-up et des camions bâchés. Billets en vente sur place.

➤ *Pour Luang Nam Tha :* 2h de trajet pour une soixantaine de km. Route refaite récemment. Bus 25 places ou pick-up. Env 6 départs, 8h-15h30.

➤ *Pour Oudom Xai :* rejoindre d'abord Luang Nam Tha, d'où partent des minibus jusqu'à 12h.

➤ *Pour Houeisai par la route et le Mékong :* la piste de terre allant jusqu'à Xieng Kok a été récemment refaite. Le voyage ne s'apparente plus au *Camel Trophy* comme autrefois, en tt cas en saison sèche. Elle passe par *Muang Long*, à 46 km au sud-ouest de Muang Sing (4 départs/j.). Compter env 2-3h de pick-up pour un trajet de 76 km au total.

À Xieng Kok, prendre un bateau à destination de Houeisai. En principe, les *speed boats* ayant été interdits (trop dangereux), il ne reste donc que les bateaux dits « lents ». On parle aussi d'un projet de pont entre Xieng Kok et le Myanmar (ex-Birmanie), mais aucune date n'est avancée.

➤ *Pour la frontière chinoise du district de Muang Sing :* elle se trouve à 11 km au nord. On y va en *tuk-tuk* ou à bicyclette. Attention, cette frontière est fermée aux touristes étrangers. Pour passer en Chine, il faut se rendre à Boten (voir chapitre suivant).

BOTEN

Pour les étrangers, Boten reste l'unique point de passage terrestre entre la Chine et le Laos. Grâce à cette situation privilégiée, ce village est en plein développement. Un *duty free shop* a même ouvert ses portes. On y trouve, entre autres, de bonnes bouteilles de bordeaux (au bout du monde, voilà une bénédiction qui ne se refuse pas) ! À part Laotiens et Chinois en visite ou venus faire du business, le touriste est ici très routard sac à dos. Un kiosque de la *Lanexang Bank* permet d'acquérir ses premiers yuans ou renminbis (monnaie chinoise), mais vous pouvez aussi bien vous adresser aux particuliers qui attendent après le poste-frontière chinois.

Comment y aller ?

➤ *De Luang Nam Tha* (53 km) : compter 2h de trajet en pick-up.
➤ *D'Oudom Xai* (96 km) : 3h de route.

Premiers pas en Chine

L'ensemble des formalités frontalières entre Laos et Chine s'effectue en général très rapidement et sans problème (pas de petites commissions...).

Le passage est possible entre 8h30 et 16h30 (heure laotienne). Après avoir fait tamponner son passeport côté Laos, on prend un nouveau pick-up pour traverser le no man's land qui sépare les deux pays (5 mn de trajet, moins de 1 $) avant de présenter son visa côté chinois.

– *Attention :* ce visa ne s'obtient pas sur place. Il faut le demander auprès des ambassades chinoises dans votre pays (avant de venir) ou au plus proche, à Vientiane, Chiang Mai ou Bangkok.

OUDOM XAI (MUANG SAI)

IND. TÉL. : 081

À 110 km au sud-est de Luang Nam Tha et environ 200 km au nord de Luang Prabang, c'est un point de passage obligé pour ceux qui veulent aller plus au nord. La ville a peu de charme, mais elle est entourée de collines verdoyantes qui lui servent d'environnement agréable (c'est au moins ça !). Sous l'effet de l'expansion économique de la région depuis les années 1994-1995, la ville attire des travailleurs chinois qui construisent des routes. Cette ancienne bourgade endormie, où le plus vieux bâtiment date d'à peine 50 ans, est ainsi devenue la petite « capitale » de la province la plus active du Nord. Ce que l'on appelle « l'ancienne ville » se trouve vers le mont That, entre celui-ci et la rivière. Ce n'est qu'un quartier de maisons basses.

UN PEU D'HISTOIRE

L'histoire d'Oudom Xai résume bien ce qu'a connu le nord du pays depuis trente ans. En partie bombardée par l'aviation américaine pendant la deuxième guerre du Vietnam (entre 1963 et 1966), elle est hâtivement rebâtie en cahutes sur pilotis après la guerre. Elle végète jusqu'au début des années 1990, quand le gouvernement décide d'en faire une plaque tournante du commerce avec le Vietnam, la Chine et la Thaïlande. La province bénéficie, en effet, d'un solide réseau routier, mis en place par les Chinois dans les années 1970.

Orientation

Tout se passe autour du carrefour, au croisement des routes 1 et 4 : gare routière, marché et restos. Les hôtels les plus intéressants sont au pied d'une colline, à l'ouest du carrefour.

Adresses utiles

🛈 *Point infos touristiques :* en plein centre, près de la rivière. Plein de renseignements sur la région. Excellent site internet ● oudomxay.info ● ▯ 020-240-44-57 ou ☎ 21-24-83.

✉ *Poste (plan A1) :* le long de la route principale, à 100 m du marché, trottoir d'en face.

▣ *Internet Café (plan B2, 1) :* lun-ven 8h-16h. Compter 600 kips/mn et 500 kips/mn à partir de 30 mn.

■ *Téléphone (plan A1, 5) :* possibilité de téléphoner et de faxer depuis la poste, ainsi que de l'agence téléphonique privée, située dans le bâtiment mitoyen à la poste (ouv notamment le midi et en début de soirée). Appel possible vers l'étranger. Également 2 cabines téléphoniques (à carte magnétique) le long de la rue principale, l'une face à

la poste, la seconde face à la gare routière.

■ *Bureau Lao Airlines – aéroport* (hors plan par B2, 2) : ☎ 31-20-47. À 2 km au sud de la ville, sur la gauche. On se repère à la tour de contrôle.

■ *Lao Development Bank (plan A1, 3) :* à la sortie de la ville en direction de Phongsali, sur la gauche. Lun-ven 8h-15h. Sur une butte gazonnée, une grande maison de style « californien-basque ». Accepte les dollars US et les euros, mais, attention, elle refuse les cartes de paiement et les chèques de voyage.

– *Marché (hors plan par A1, 4) :* 500 m au sud du croisement central de la ville. Prendre la rue qui part du *Sinthong Hotel.*

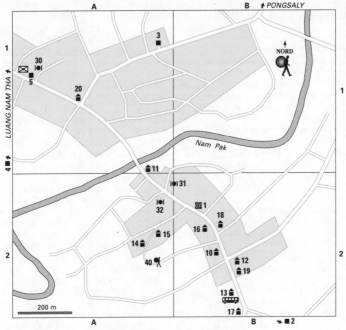

OUDOM XAI (MUANG SAI)

LE NORD-OUEST DU LAOS

- **Adresses utiles**

  - ⊠ Poste
  - @ 1 Internet Café
  - 🚌 Gare routière
  - 2 Bureau Lao Airlines
  - 3 Lao Development Bank
  - 4 Marché
  - 5 Téléphone

- **Où dormir ?**

  - 10 Vilavong Guesthouse
  - 11 Vivanh Guesthouse
  - 12 Say Lomien Guesthouse
  - 13 Phanmisay Guesthouse
  - 14 Phouxay Hotel

  - 15 Phuthat Guesthouse
  - 16 Vongprachith Guesthouse
  - 17 Ou Dom Kham Hotel
  - 18 Litthavixay Guesthouse
  - 19 Surinphone Hotel
  - 20 Singthong Hotel

- **Où manger ?**

  - 30 Souphailins Restaurant
  - 31 Kanya Restaurant
  - 32 Pholay Restaurant

- **À voir**

  - 40 Colline Phu That

Où dormir ?

Très bon marché (80 000 kips, soit 9,40 $)

🏠 **Vilavong Guesthouse** *(plan B2, 10)* : 13, North Rd *(rue principale)*. ☎ 21-25-03. 📱 020-598-11-83. *Au pied de l'escalier de la colline Phu That ; à proximité de la station-service PTT, en retrait de* la route. Twins *au même prix. Pas de petit déj.* Une grande et agréable demeure particulière. Accueil affable et bel escalier de bois rouge menant à des chambres nickel. Excellente literie (grand lit), salle de bains carrelée, eau chaude, sol dallé, TV câblée, ventilateur... Un de nos meilleurs rapports qualité-prix.

🏠 **Vivanh Guesthouse** *(plan A1, 11)* : *rue principale, quartier Navannoy ; près du pont.* ☎ 21-22-19. 📱 020-549-75-15. 4 chambres correctes au rez-de-chaussée d'une demeure basse. Bon confort : salle de bains, eau chaude, AC en option.

🏠 **Say Lomien Guesthouse** *(plan B2, 12)* : *quartier Phoosai.* ☎ 21-13-77. *Pas de petit déj.* Grosse bâtisse offrant 34 chambres bien tenues avec grand lit, salles de bains carrelées, eau chaude, ventilo, etc. Possibilité de clim'. Les plus chères sont spacieuses.

🏠 **Phanmisay Guesthouse** *(plan B2, 13)* : *rue principale, quartier Nalao.* 📱 020-564-62-22 *ou* 542-4333. *Fax :* 21-22-18. Pour ceux qui souhaiteraient dormir près de la station de bus. Rien de luxueux mais propre, eau chaude, TV et ventilo.

🏠 **Phouxay Hotel** *(plan A2, 14)* : *quartier Navannoy.* ☎ 31-21-40. 📱 020-547-43-79. • *phouxay@yahoo.com* • *Petit déj compris.* Genre motel avec chambres donnant sur une grande cour. Ancien hôtel d'État, aurait besoin d'un bon p'tit coup de jeune. Bien tenu cependant. Avec salle de bains carrelée, eau chaude, TV câblée, ventilo et clim'. Quelques chambres avec sanitaires communs très bon marché.

🏠 **Phuthat Guesthouse** *(plan A2, 15)* : *à côté de la pension* Sivankhan, *au bord d'un chemin tranquille.* ☎ 21-15-13. Nuits calmes car la pension est à l'écart de la route. Quelques chambres ultra-basiques (certaines pas vraiment nettes, en voir plusieurs), séparées par des cloisons de bambou tressé, avec ventilo et moustiquaire, mais des toilettes extérieures (w-c « à la chinoise »). Service de laverie. À notre avis, pour dépanner seulement.

🏠 **Vongprachith Guesthouse** *(plan B2, 16)* : *perpendiculaire à la route, sur le flanc nord de la colline du That.* Bâtisse en dur donnant sur une cour intérieure. Se dégrade de plus en plus au fil des années. Chambres équipées de douche et w-c, ventilo, et d'un grand lit (ou sinon 2 ou 3 lits). Les mieux placées se trouvent au bout du bâtiment (loin de la route), au 1er étage. Si vraiment tout est plein ailleurs. Éviter les chambres du bas, assez sinistres.

– Éviter absolument la **Linda Guesthouse,** malgré son nom (*linda* = « jolie »), c'est un épouvantable taudis...

Bon marché (de 80 000 à 140 000 kips, soit 9,40 à 16,50 $)

🏠 **Ou Dom Kham Hotel** *(plan B2, 17)* : *rue principale, quartier Nalao.* ☎ et *fax :* 21-22-02. 📱 020-578-00-89. Un des hôtels de petit standing de la ville. Point de chute des hommes d'affaires. Au total, 33 chambres de bon confort (grand lit, AC, TV câblée, salle de bains carrelée, eau chaude...). Resto avec vue sur les rizières, mais ne fait guère preuve de zèle culinaire (parfois fermé si peu de clientèle).

🏠 **Litthavixay Guesthouse** *(plan B2, 18)* : *rue principale, quartier Phuu Sai.* ☎ 21-21-75. 📱 020-558-02-61. • *litthavixay@yahoo.com* • Apparaît un peu plus chic de l'extérieur qu'à l'intérieur, mais propose néanmoins des chambres propres, à différents prix suivant le confort.

Plus chic (autour de 250 000 kips, soit 29,40 $)

🏠 **Surinphone Hotel** *(plan B2, 19)* : *rue principale, quartier Phooxai.* ☎ 21-27-89. 📱 020-598-03-99. *Petit déj compris* mais banal. Gros hôtel moderne et fonctionnel, aux chambres confortables. Service assez dilettante.

🏠 **Singthong Hotel** *(plan A1, 20)* : *au grand carrefour de la rue principale et de la route pour Phongsaly.* ☎ 31-20-61. 📱 020-558-00-81. Ancien petit hôtel de standing des temps passés, genre soviétique. Assez cher aujourd'hui pour la qualité proposée, mais reste cependant bien tenu. Bâtisse aussi imposante qu'impersonnelle, offrant de grandes chambres dénuées de charme, avec salle de bains et ventilo. Thermos d'eau chaude à la saison fraîche.

Où manger ?

Il y a toujours au marché les vendeurs de soupe pour vous dépanner.

|●| *Souphailins Restaurant* (plan A1, 30) : quartier Noon Teeng. ☎ 21-11-47. *Pas loin de la poste.* Dans une impasse, cette pittoresque demeure particulière abrite une adorable petite auberge. Patronne charmante concoctant une délicieuse cuisine régionale dans un cadre chaleureux (murs pleins de souvenirs). Petite terrasse. Menu en anglais, d'où nous vous avons extrait le poisson cuit dans une feuille de bananier, le *lap,* un bon gaspacho *(jam jen luam mid)* et les tripes au gingembre. Quelques plats européens.
|●| *Kanya Restaurant* (plan A-B2, 31) : juste avt le pont, sur un chemin, maison avec véranda. ☎ 31-20-77. Posters vrais, moulures fausses, vitrine exposant une photo d'un officier laotien, des néons, des fleurs artificielles, des ventilos. Une grande salle proprette, où l'on sert une variété de plats laotiens à prix doux.
|●| *Pholay Restaurant* (plan A2, 32) : à côté de la station-service, face à Linda Guesthouse. Petit resto populaire très routard. Chromos aux murs, nappes en velours, propre. Bonne cuisine traditionnelle servie copieusement. Toutes les variétés de riz et légumes sautés. Vin au verre.

À voir

À la tombée du jour, allez faire un tour au sommet de la **colline Phu That** *(plan A2, 40),* véritable mamelon au milieu de la plaine. La vue sur le bassin et les montagnes qui l'encerclent vous fera oublier les désagréments de la ville. Le *that* perché tout en haut a été achevé en 1997, sur les ruines d'un ancien stupa bombardé en 1975.

QUITTER OUDOM XAI (MUANG SAI)

En avion

✈ *L'aéroport* (hors plan) est au sud-ouest de la ville.
➢ *Pour Vientiane :* 3 vols/sem lun, mer et ven.
➢ *Pour Luang Prabang :* 2 vols/sem.
➢ *Pour Phongsaly :* les vols de mer et sam en provenance de Luang Prabang et à destination de Phongsaly peuvent faire escale s'il y a 3 passagers au min.

Par la route

🚌 *Gare routière* (plan B2) : juste après le pont sur la droite en venant de Luang Prabang. Bus, pick-up et camions bâchés partent chaque mat à partir de 7h30. Derniers départs aux alentours de 12h pour Luang Namtha et Boten.
➢ *Pour Pakmong, Luang Prabang, Nong Khiaw :* Pakmong (82 km) est un carrefour routier au sud d'Oudom Xai ; 3 départs/j. 12h, 14h et 16h. Durée : 3h de voyage sur une route très sinueuse. Prix : 2,20 $. De Pakmong, correspondance vers Luang Prabang (2h supplémentaires vers le sud, route excellente) ou Nong Khiaw (au bord de la Nam Ou, 45 mn vers l'est par une bonne route). Également des bus directs (solution plus confortable) depuis Oudom Xai pour Luang Prabang et Nong Khiaw (21 000 kips, soit 2,50 $).

➤ **Pour Nong Khiaw** (112 km) : en moyenne 3h30-4h de trajet. Prix : 3,10 $.
➤ **Pour Muang Houn** (92 km) : 2h30 de trajet. Prix : 2,10 $.
➤ **Pour Muang Beng** (64 km) : 4 bus/j. 8h-16h. Durée : 1h30. Prix : 1,40 $.
➤ **Pour Muang Khoua** (100 km) : vers le nord-est, par la route du Vietnam ; 3 départs/j. vers 8h30, 11h30 et 14h. Durée : 3h. Prix : 2,80 $. Pour ceux qui ne veulent pas séjourner à Oudom Xai, il est en principe possible de parcourir le trajet Luang Nam Tha - Muang Khoua dans la même journée. Très fatigant néanmoins.
➤ **Pour Luang Nam Tha** (env 132 km) : vers l'ouest par une route acceptable bitumée ; 3 départs/j. 8h30, 11h30 et 15h30. Durée : 4-5h. Prix : 3,20 $. Très beaux paysages de montagnes couvertes de forêt tropicale humide (mais fraîche en hiver !).
➤ **Pour Pakbeng** (env 144 km) : par la route 2 (piste en terre). C'est l'embouchure de la rivière Beng sur le Mékong, d'où l'on peut continuer en bateau vers Luang Prabang ou Houeisai et la frontière thaïlandaise. Prix : 2,20 $. 2 départs/j. 8h et 10h. La 1re liaison est directe, la 2de comporte un changement de pick-up à Moung Houn. Prix : 3,30 $. Le voyage est somptueux mais éreintant. Durée : env 5h.
➤ **Pour Boten** (frontière chinoise ; 100 km) : départs 8h30 et 10h. Durée : 3h30. Prix : 2,80 $.
➤ **Pour Muang Laa** (162 km) : départ 7h30. Durée : 6h30. Prix : 4,90 $.
➤ **Pour Luang Prabang** (env 200 km) : 3 départs/j. 9h, 12h et 14h. Durée : 5h. Prix : 2,10 $.
➤ **Pour Phongsaly** (215 km) : vers le nord, via Ban Sinxay (carrefour vers le Vietnam également appelé Pak Nam Noy), Boun Tai et Boun Neua. Départ tlj 8h, à bord de pick-up ou de camion. La route, extrêmement sinueuse et accidentée, est à peu près bitumée jusqu'à Pak Nam Noy. Au-delà, c'est de la piste souvent impraticable pendant la saison des pluies. Bien plus au nord, le macadam refait son apparition, frontière chinoise de Ban Yo oblige. Le voyage est assez dur à cause de l'inconfort des moyens de transport employés, mais forêts, villages et les pittoresques autochtones lui donnent une dimension d'aventure qui fait oublier les petites souffrances. Durée : env 6h. Billet : 6 $.
➤ **Pour Vientiane** (env 750 km) : plusieurs bus relient Oudom Xai à Vientiane quotidiennement. Départs 9h-14h et 16h et 18h en bus VIP. Durée : 24-26h de trajet. Prix : 11 $.

PAKMONG

À une soixantaine de kilomètres d'Oudom Xai, Pakmong est un autre carrefour routier. Les bus et minibus entre Luang Nam Tha et Luang Prabang s'y arrêtent. De là, on peut donc rejoindre Luang Prabang, mais aussi Oudom Xai, Muang Khoua, ainsi que la plaine des Jarres et Sam Neua, tout à l'est, par le prolongement de la route 1.

|●| Quelques gargotes autour du carrefour. On peut aussi faire ses courses : fruits, boissons, biscuits, etc.

Où dormir dans les environs ?

Vous pouvez vous arrêter pour la nuit à **Nambac,** gros bourg situé à 8 km à l'est le long de la route de Nong Khiaw, mais ça présente peu d'intérêt.

🏠 **Bouthieme Guesthouse :** à l'entrée du village, non loin du marché. Propose des chambres en contreplaqué, sombres et bruyantes. Le groupe électrogène qui fournit le courant y est pour beaucoup.

NONG KHIAW

À 26 km à l'est de Pakmong et environ 200 km au nord de Luang Prabang, ce gros village est situé sur les deux rives de la Nam Ou, dans un site naturel particulièrement beau. Des collines et des monts rocheux, aux contours usés et couverts de végétation luxuriante, composent un paysage à cette vallée, au fond de laquelle coule la Nam Ou. La partie ancienne du village (et la plus habitée) se compose d'un chemin de terre autour duquel se répartissent des dizaines de maisons en bois enfouies dans des jardins luxuriants. Le centre *(Ban Nong Khiaw)* se trouve en surplomb de la rivière, sur la rive droite. Un pont moderne en béton (construit par les Chinois en 1973) relie cette partie-là à un autre quartier de la ville, *Ban Sop Houne,* situé sur la rive gauche.

Par son site exceptionnel et son paysage tropical tempéré (et vert), Nong Khiaw est une de nos étapes préférées dans le nord-est du Laos. L'étape obligée pour ceux qui arrivent de Luang Prabang en bateau, ou pour ceux qui souhaitent poursuivre vers Muang Khoua.

Le village bénéficie désormais de l'électricité jour et nuit, ainsi que du téléphone.

➢ Aujourd'hui, à défaut de routes praticables, la Nam Ou sert encore de voie de communication économique aux régions enclavées du nord-est du Laos ou vers Louang Prapang. Des bateaux à moteur (à fond plat) assurent la liaison de Nong Khiaw avec Muang Khoua, puis Hat Sa, petit port fluvial à 20 km à l'est de Phongsaly (voir plus bas). Un beau voyage pour des routards aventureux et pas trop attachés à leur confort !

Arriver – Quitter

En bateau par la Nam Ou

⚓ *Embarcadère (plan B2) :* sur la rive droite de la rivière Nam Ou, en aval du pont.

➢ *Pour Luang Prabang :* c'est possible, mais le trafic est très irrégulier depuis que les camionnettes et les camions bâchés assurent de multiples liaisons quotidiennes par la route, maintenant excellente. Les locaux ont donc délaissé ce moyen de transport traditionnel. Une solution : essayez de vous grouper entre routards pour affréter votre propre bateau. Quel que soit le nombre de personnes, vous aurez à payer l'équivalent de 8 à 10 places. Tarif : compter env 60 $ pour le bateau, à diviser par le nombre de passagers à bord. Durée : 5h. Possibilité de se faire déposer en cours de route aux grottes de Pak Ou.

➢ *Pour Muang Ngoy :* départs jusqu'à 15h dès qu'il y a 15 passagers. Durée : 1h. Prix : 10 $/pers. Paysage superbe.

> **LA NAM OU, UN GRAND AFFLUENT DU MÉKONG**
>
> *Venue des hautes montagnes (près du village de Ban Lantuy Nyai) aux confins du Laos et du Yunnan (Chine), la Nam Ou est l'une des plus belles rivières du Laos. Elle est moins longue, moins large et moins profonde que le Mékong, dans lequel elle se jette au niveau des grottes de Pak Ou. Elle traverse de merveilleux paysages de montagnes rocheuses et boisées, coule dans des vallées encaissées, décrit des méandres paresseux où se cachent des plages de sable, et arrose en les fertilisant les berges et les jardins des villages laotiens. Une façon merveilleuse de regagner Luang Prabang. Dès que le niveau de l'eau baisse, c'est là qu'on loue le professionnalisme des capitaines, zizaguant parmi les centaines de rochers effilés, parfois à fleur d'eau...*

LE NORD-OUEST DU LAOS

➢ *Pour Muang Khoua et Phongsaly :* pour qu'il parte, le bateau doit en théorie faire le plein de 10-15 passagers, ce qui n'arrive pas tlj. Un conseil : soyez patient, car parfois un batelier est obligé de se rendre à votre destination quel que soit le nombre de voyageurs. Alternative toujours possible : se regrouper avec d'autres routards pour louer un bateau. Pour Muang Khoua, compter 6h et 5 \$/pers. Pour Phongsaly, on peut continuer sur Hat Sa, le port de Phongsaly, le même jour (si toutefois il y a un départ dans la foulée) ou le lendemain.

Par la route

🚌 *Arrêt des minibus, camionnettes et tuk-tuk (plan A1) :* appeler ça une gare routière serait exagéré. Néanmoins, c'est ici qu'arrivent et partent les *tuk-tuk,* les pick-up, les camions bâchés et les minibus.

➢ *Pour Luang Prabang :* minibus ts les mat 7h30. Sinon, des camions bâchés et des pick-up partent quand ils sont pleins. Durée : env 3h de voyage. Prix : 2 \$. Trajet soit direct, soit avec changement à Pakmong.

➢ *Pour Sam Neua et Phonsavan :* 1 départ/j. Compter 15h de trajet pour Sam Neua, 2 j. pour Phonsavan car stop nécessaire pdt la nuit (plus sûr dans l'état actuel des choses que la route Luang Prabang - Phonsavan).

Où dormir ?

Très bon marché (moins de 80 000 kips, soit 9,40 \$)

🛏 ▮◉▮ *Sunset Guesthouse (plan B1, 10) :* sur la rive gauche de la Nam Ou, dans le quartier de Ban Sop Houne. ☎ 25-39-33. 📱 020-557-10-33. ● sun setgh@hotmail.com ● De la route principale, prendre à droite un chemin (panneau indicateur). Paisible pension, située en surplomb de la Nam Ou, dans une végétation luxuriante. 8 chambres propres et simples comme tout, dans une maison en bois sur pilotis, avec matelas et toilettes extérieures (douches séparées). Également une dizaine de jolis bungalows en bois (25 \$ pour 2 et 20 \$ pour 1 personne), face à la rivière, avec tout le confort. Grande salle de bains, eau chaude permanente, hyper-propre. Le patron, un Laotien jovial et dynamique, parle l'anglais et est ravi de s'exprimer en français. Fait aussi snack, resto et laverie. Une véranda pour le farniente et une terrasse stratégique pour le coucher de soleil. Cuisine familiale (voir « Où manger ? »).

🛏 *Sengdao Guesthouse (plan A1, 11) :* à gauche juste avt le pont en venant d'Oudom Xai. ☎ 25-39-01. 📱 020-537-96-77. Propose 4 bungalows corrects qui dominent la rivière Nam Ou et la vallée. Salle de bains privée. Accueil quel-conque. Resto sur terrasse avec belle vue.

🛏 *Sunrise Guesthouse (plan B1, 12) :* sur la rive gauche de la rivière, juste après le pont sur la gauche en venant du centre du village de Nong Khiaw. 📱 020-517-35-03. 9 bungalows en bambou, simples, bien tenus. Salle de bains avec toilettes « à la chinoise ». Accueil aimable. Le patron parle un peu l'anglais. Fenêtre avec vue sur les arbres (des tecks) et la Nam Ou en contrebas.

🛏 *Manypoon Guesthouse (plan A1, 13) :* à droite de la route principale, en entrant dans le village, quand on vient d'Oudom Xai. ☎ 25-39-08. 📱 020-577-42-95. Une maison en dur aux chambres à l'étage très rudimentaires mais suffisantes, avec lits en bois, draps blancs, petite fenêtre sur cour et toilettes extérieures (douche au jet d'eau ou « à la casserole », w-c « à la chinoise », en plus tout en bas !). Accueil souriant de la patronne, pharmacienne au rez-de-chaussée.

🛏 *Bamboo Paradise Guesthouse (plan B1, 14) :* sur la rive gauche de la Nam Ou, près de la Sunset Guest-house. ☎ 25-47-19. 5 bungalows en bambou avec salle de bains (toilettes

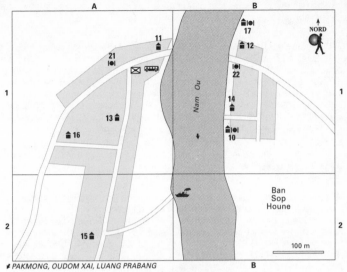

NONG KHIAW

PAKMONG, OUDOM XAI, LUANG PRABANG

■	**Adresses utiles**
🚐	Arrêt des minibus, camionnettes et *tuk-tuk*
🚤	Embarcadère
✉	Poste

🏠 Où dormir ?

10 Sunset Guesthouse
11 Sengdao Guesthouse
12 Sunrise Guesthouse
13 Manypoon Guesthouse

14 Bamboo Paradise Guesthouse
15 Somnyot Guesthouse
16 Phay Boun Guesthouse
17 Nong Kiau River Side

🍽 Où manger ?

10 Sunset Guesthouse
17 Resto du Nong Kiau River Side
21 Nazim
22 Pizzeria Phanoi

« à la chinoise »). Confort assez sommaire, mais propreté acceptable et accueil jeune et sympa. Possibilité de se restaurer.

🏠 Somnyot Guesthouse (plan A2, **15**) : à droite dans la rue qui part du pont et de la route nationale. L'une des plus rudimentaires de la ville. Tout juste acceptable. Vraiment si tout est complet ailleurs.

Bon marché (de 80 000 à 140 000 kips, soit 9,40 à 16,50 $)

🏠 Phay Boun Guesthouse (plan A1, **16**) : à droite de la route en entrant dans le village quand on vient d'Oudom Xai, à 200 m du pont. ☎ 25-39-28. 📱 020-537-91-42. Petit déj servi. Cadre verdoyant. Dans le bâtiment principal, chambres au lino usé et sans confort (toilettes communes), très abordables. Petits chalets sur cour, plus chers, bien sûr, avec salle de bains carrelée, douche chaude et w-c à l'occidentale. Pas très grands mais convenables.

Un peu plus chic (à partir de 250 000 kips, soit 29,40 $)

🏠 |●| *Nong Kiau River Side* (plan B1, **17**) : après avoir passé le pont, c'est à gauche, juste après le Sunrise. ☎ 25-47-70. 🖂 020-240-66-77. ● nongkiau. com ● *Double 28 $.* Tout nouveau, tout beau : de vastes bungalows sur pilotis, avec vue sur la rivière et qu'on atteint par un petit chemin. Chambres hautes de plafond. Excellent confort (agréable salle de bains) et joli décor intérieur pour un prix encore très raisonnable. Très grand lit et ventilo. Resto proposant une excellente cuisine (voir « Où manger ? »).

🏠 Ne pas oublier les 4 agréables bungalows de la *Sunset Guesthouse* (voir « Très bon marché »).

Où manger ?

|●| *Sunset Guesthouse* (plan B1, **10**) : voir « Où dormir ? ». Une sélection de plats laotiens et occidentaux succulents que l'on déguste sur la superbe terrasse. Populaire à juste raison.

|●| *Nazim* (plan A1, **21**) : à gauche avt le pont en venant d'Oudom Xai. La succursale du *Nazim* de Luang Prabang. Cuisine indienne, pour changer un peu. Très correcte et servie généreusement. Tous les classiques, *chicken tikka masala* (poulet mariné au yaourt et cuit au four) ou *vidaloo* (au curry, très épicé), *rogan josh* (agneau ou bœuf), etc., arrosés d'un bon *lassi.*

|●| *Pizzeria Phanoi* (plan B1, **22**) : à droite juste après le pont. ☎ 25-39-19. Agréable terrasse pour de bonnes pizzas (un peu chères cependant pour le pays !). Sinon, cuisine traditionnelle. Quelques bungalows à louer en contrebas du resto (mais assez sommaires, peu d'intérêt).

|●| *Resto du Nong Kiau River Side* (plan B1, **17**) : à gauche après le pont (voir « Où dormir ? »). ☎ 25-47-70. 🖂 020-570-50-00. Dans un cadre fort plaisant, au son des coassements des grenouilles, découvrez une des cuisines laotiennes les plus élaborées qu'on connaisse... et guère plus chère que dans les autres restos de la ville. Délicieux *spring rolls* maison, *tom yam* parfumé où le poisson a bien mijoté (et pas trop épicé pour une fois !), *lap,* sanglier et crevettes en saison, tous les classiques, plus des spaghettis et une bonne variété de desserts. Atmosphère peu routarde (même plutôt chic) et supercalme certains soirs. On vient ici avant tout pour la cuisine !

À voir

🦌 Visite possible des *grottes de Pha Tok,* ainsi qu'une *cascade* à 7 km à l'est du village, sur la rive gauche de la rivière Nam Ou. On peut y aller en *tuk-tuk* ou à pied (compter 2 à 3h pour l'aller-retour) en suivant la route au-delà du pont, en direction de Phonsavan. Balade bucolique parmi les canards qui se sèchent sur le bitume et les buffles qui semblent vous demander la permission de traverser la route.

MUANG NGOI

À 1h de bateau en amont de Nong Khiaw, sur la rive gauche de la Nam Ou. Accessible uniquement par la rivière, Muang Ngoi est un curieux mélange de bout du monde et de haut lieu de villégiature routarde.
– *Infos pratiques :* pas encore de téléphone ; électricité entre 18h et 22h (parfois minuit) ; possibilité de changer dollars et bahts, mais cours pas terrible.

Arriver – Quitter

⛴ *Pour les départs, se rendre dès 8h au bureau de la navigation, juste au-dessus de l'embarcadère.*

➢ *Depuis et vers Nong Khiaw :* compter 1h de navigation et 10 $/pers. Paysage superbe. Départs jusqu'à 15h dès qu'il y a 15 passagers. Pour repartir, plusieurs départs/j., le dernier en général vers 14h.

➢ *Pour Muang Khoua :* départ quotidien à peu près garanti, car il n'y a pas d'autres moyens de transport. Compter 5h env de beau voyage avec de nombreux rapides et arrêts au niveau des villages. Si vous avez de la chance, vous verrez un marché installé à même les rives. Prix : 50 000 kips (6 $) par pers.

Où dormir ?

L'unique rue de ce petit village s'allonge parallèlement à la rivière. L'embarcadère se trouve à l'extrémité nord, d'où l'on escalade les berges pour rejoindre la rue qui part sur la droite. Énormément de choix et le bonheur des petits budgets, puisqu'on trouve des bungalows à 3 $...

Très bon marché (moins de 50 000 kips, soit 6 $)

🛏 *Saylom Guesthouse :* à droite en montant le petit chemin depuis l'embarcadère. À 2 $ le bungalow, un des moins chers du village. Électricité de 18h à 21h. Sanitaires extérieurs sommaires (douche paresseuse ou « à la casserole »). Propreté globalement acceptable.

🛏 *Streamside (Riverside) :* à côté du Saylom. Là aussi, une demi-douzaine de bungalows en bambou, avec hamac, miniterrasse et vue privilégiée sur la rivière. Même prix. En bas, une grande chambre à 4 $. Toilettes « à la chinoise » et douche « à la casserole ». En principe, électricité jusqu'à minuit.

🛏 *Nicksa :* sur la rue principale. Même genre que les précédents, même prix. 4 bungalows avec terrasse et hamacs. Sanitaires communs assez sommaires (eau froide). Coin tranquille. Possibilité de se restaurer.

🛏 *Kaikeo :* tt au bout de la rue principale. Sur la rivière, 5 bungalows qu'on ne décrit plus. Originalité : la patronne fabrique aussi des hélices de bateau en alu. Correctement tenu. Sanitaires rustiques (mais vous l'aviez deviné). À côté, le *Seng Thong,* même genre.

🛏 Bien d'autres bungalows du même type, comme le *Vita,* le *Boupha,* le *Moon,* etc. À Muang Ngoi, vous ne dormirez jamais dehors...

Bon marché (de 50 000 à 80 000 kips, soit 6 à 9,40 $)

🛏 ⏐◉⏐ *Lattanavongsa Guesthouse :* immédiatement en surplomb de l'embarcadère. ☎ 030-514-07-70. Chambres assez spacieuses avec petit balcon, dans un bâtiment d'un étage faisant face à la rivière. Eau froide. Salle à manger en terrasse. Patronne très gentille.

🛏 *Ning-Ning :* à côté de Lattanavongsa Guesthouse. ☎ 030-514-08-63. Bungalows fort corrects, avec sanitaires communs et eau chaude. Sur l'arrière, 4 chambres agréables et spacieuses, avec salle de bains carrelée et eau chaude. Pas chères du tout, à saisir sans hésiter.

🛏 *Alounemai Guesthouse :* prendre la rue principale, puis petit chemin à gauche sur 200 m et une ultime passerelle. ☎ 020-568-02-25. Au pied de la montagne, dans un bel environnement, une longue maison en bois pour amateurs de tranquillité et de nature. Chambres assez vastes, avec salle de bains. Certes cloisons assez minces, mais pour 5 $, une de nos meilleures adresses. Terrasse.

🛏 *Phetdavan Guesthouse :* à l'entrée de la rue principale. Chambres claires, bien tenues. Au rez-de-chaussée, un peu plus sombres. Grande terrasse au 1er étage, avec poufs et hamacs. Accueil gentil.

Où manger ?

D'abord, quasiment toutes les *guesthouses* nourrissent leurs hôtes. Ensuite, de nombreux restos dans la rue principale affichent à peu près la même carte et les mêmes prix.

|●| Le *Nang Phone Keo* prétend proposer la seule baguette fraîche du village. À deux pas, le *Sengdalare* aussi (normal, il est boulanger). Le *Lalita,* avec son petit forgeron installé devant, est assez sympa... Le *Keomany,* sur la gauche de la rue en partant de l'embarcadère, propose un poulet au gingembre et riz sauté correct, mais, dit-on, la patronne est souvent absente. Quant au resto *Alounemai* (probablement lié à la *guesthouse* du même nom), on l'aime bien pour son cadre original et son côté intime : de petits box tranquilles où l'on se restaure assis sur des coussins.

À voir

🏃 *La rivière :* bien sûr. On peut organiser un certain nombre d'excursions en amont vers des villages et des grottes ou en aval vers une cascade. Se renseigner au petit bureau de la navigation. Compter 5 $ pour une embarcation pouvant emmener 5 personnes pendant 2 à 3h de balade.

🏃 *La vallée :* Muang Ngoi se situe au confluent de la Nam Ou et d'une petite rivière venant de l'est par une magnifique vallée. C'est l'occasion d'une superbe promenade. Pour cela, prendre le chemin (indiqué) qui part vers l'intérieur des terres après *Boupha Guesthouse.* Au-delà de l'école, il faut s'acquitter d'un petit péage de 0,20 $ pour continuer. Rester sur le sentier le plus large. Au bout de 20 mn, on atteint une belle grotte d'où émerge un ruisseau. Escalader les éboulis sur la gauche pour y entrer, mais toute visite sérieuse nécessite guide et torches. Encore 20 mn de marche, et l'horizon s'élargit. Rester sur le flanc nord de la vallée pour atteindre *Bannaka,* un intéressant village habité par des Khamu et des Lao.

LA PROVINCE DE PHONGSALY

Région la plus septentrionale du Laos, bordée par la Chine et le Vietnam. Son relief particulièrement tourmenté d'une part, la menace liée à la présence de tribus guerrières descendues du Yunnan d'autre part, ont longtemps contribué à son enclavement. Il a fallu attendre la fin du XIXᵉ s et une mission conduite par l'explorateur français Auguste Pavie, alors vice-consul de Luang Prabang aux côtés du roi Ong Kham, pour que l'on puisse enfin remonter la rivière Nam Ou à hauteur de Phongsaly. Aujourd'hui encore, en dépit de son ouverture progressive vers le sud, Phongsaly reste à bien des égards plus proche de ses voisins du nord que de Vientiane.

MUANG KHOUA
IND. TÉL. : 081

Porte d'entrée de la province au confluent de la Nam Ou et de la Nam Pak, ce petit port fluvial commande aussi le passage vers le Vietnam, en direction de Diên Biên Phu. Cet important nœud d'échanges commerciaux accueillera peut-être un jour plus de voyageurs si cette frontière finit par s'ouvrir aux étrangers. Le bourg s'étage sur la colline qui marque le confluent.
L'électricité n'est disponible qu'entre 18h et 22h.

Arriver – Quitter

En bateau

🚤 Attention, se rendre à l'embarcadère dès 8h. Départs théoriquement quotidiens.

➢ **De Luang Prabang :** de préférence par la rivière Nam Ou. Compter un peu plus de 9h en pirogue. S'il n'y a pas de liaison directe, rejoindre d'abord Nong Khiaw, puis continuer en pirogue.

➢ **Depuis et vers Nong Khiaw :** compter 6h et 6 $/pers ; en sens inverse, 4h.

➢ **Pour Hat Sa (Phongsaly) :** en bateau, les rives se resserrent, les méandres et rapides se multiplient et certains secouent bien (prévoir un imper). Nombreux villages. De la belle aventure. Compter 5-6h. Prix : 5 $/pers.

Par la route

🚌 **Gare routière :** *sur le rond-point principal de la ville.*

➢ **Depuis et vers Oudom Xai :** route 4, en direction de Diên Biên Phu. Compter 4h de route en pick-up. Dans l'autre sens, départ 8h. Compter 4h et 100 km de trajet. Bonne route dans sa majorité. Prix : 2 $.

➢ **Pour Phongsaly :** nécessité de passer par Oudom Xai.

➢ **Pour la frontière vietnamienne :** 103 km, 6h de trajet sur route. Bac pour franchir la rivière. Ensuite, la route suit la rive gauche vers l'aval avt d'escalader les montagnes en direction de Diên Biên Phu, mais attention, il n'y a toujours pas de passage pour les étrangers à cette frontière.

Adresses utiles

✉ **Poste :** *prendre le chemin à droite après* Keophila Guesthouse *au lieu de continuer vers* Sernali Hotel. Dans une vieille villa sur la droite.

■ **Téléphone :** *cabine à cartes devant le* Sernali Hotel *fonctionnant 24h/24, quand elle n'est pas en panne. Central téléphonique surplombant la banque, ouv aux heures de bureau.*

■ **Lao Development Bank :** *face à la* Singsavanh Guesthouse, *au rond-point du village.* Change bahts, dollars et euros.

■ **Bureau de la navigation :** *à 100 m sur la gauche en remontant la rue depuis la rivière.* Infos concernant les départs, arrivées et résas, mais on peut aussi bien aller directement au port le matin.

Où dormir ?

Très bon marché (moins de 80 000 kips, soit 9,40 $)

🏠 |●| **Nam Ou Guesthouse :** *la seule au bord de la rivière.* ☎ 21-08-44. 📱 020-588-79-78. Accessible depuis les berges par un long escalier de bois. Chambres avec ou sans salle de bains (eau froide ou chaude). Resto en terrasse surplombant la rivière. Ensemble un peu vétuste. Le patron parle un peu le français et l'anglais. Accueil correct. Souvent plein.

🏠 **Keophila Guesthouse :** *en remontant depuis le port, sur la droite dans l'angle du 1ᵉʳ virage.* ☎ 21-08-07 ou 41-20-22. Un peu de céramique à la mode chinoise, mais ça reste globalement sommaire. Propre dans l'ensemble. Les chambres doubles à l'étage sont assez grandes, avec salle de bains (eau chaude). Électricité de façon quasi permanente.

🏠 **Manchay Guesthouse :** *chez M. Xiengmanh, 100 m plus haut.* ☎ 21-08-41. 9 chambres, dont 2 avec salle de bains. Très basique mais d'ensemble bien tenu. Toilettes « à la chinoise ». Cloisons de séparation en rotin ; gare aux ronfleurs... Accueil sympa.

🛏 *Singsavanh Guesthouse :* encore 100 m plus loin, au-delà du marché, au niveau du rond-point central du village. ☎ 21-08-12. Chambres simplissimes de 2 ou 3 lits avec moustiquaire individuelle, certaines avec salle de bains. Pas d'eau chaude. Très bon marché et assez propre. Sortie découverte organisée tous les 10 jours (vers

un marché villageois).

🛏 *Sengaly Guesthouse :* en bas de la route menant à l'embarcadère, sur la droite. ☎ 21-08-38. 📱 020-533-35-47. Une des moins chères là aussi, et propreté relativement acceptable. Chambres pas bien grandes, à part la n° 4 qui possède en outre un lit *king size*. Pas d'eau chaude et toilettes « à la chinoise ».

Prix moyens (de 140 000 à 250 000 kips, soit 16,50 à 29,40 $)

🛏 *Sernali Hot I :* en face de Manchay Guesthouse. ☎ 41-20-30. L'hôtel de petit standing de la région. Bâtiment moderne de 2 étages. Parquet de bois rouge dans les escaliers et dans les

chambres ; on enlève les chaussures. Chambres avec grand lit ou lits jumeaux. Bon confort. Resto ne fonctionnant pas souvent. Parking.

Où manger ?

– *Petites gargotes du port :* quelques cabanes en bambou des 2 côtés de la rue qui part du port. L'offre est plus que minimale : des soupes, du poulet, parfois une bière, et voilà tout.

🍽 *Nam Ou Guesthouse :* voir « Où dormir ? ». Ce resto en terrasse est l'un des grands rendez-vous des routards. Cuisine correcte et bien servie. On n'obtient pas nécessairement tout ce qu'il y a sur la longue carte, mais on est assuré d'y trouver le poulet ou le canard mariné à l'ail et grillé, le *tom yam,* la soupe au potiron, le steak riz frit. Le soir,

un générateur privé prend le relais du public, pour le bénéfice de ceux qui restent attablés.
🍽 *Saby-Saby :* dans la rue menant au port, sur la gauche. Ferme assez tôt (avt 21h). Agréable terrasse avec vue sur la rivière, où l'on a plaisir à parler entre routards. Cuisine classique. Les plats viennent parfois à manquer à la carte.

À faire

➤ *En solo :* emprunter la passerelle métallique suspendue au-dessus de la Nam Pak ; de l'autre côté, un sentier plat et parfaitement délimité part sur la gauche, vous conduisant dans une vallée calme et bucolique à travers plantations, rizières et jardins maraîchers. Compter 4 à 5 km aller-retour. Idéal pour aller à la rencontre des paysans.

➤ *Randonnées guidées :* des guides locaux parlant plus ou moins bien l'anglais organisent des marches de 2-3 j. autour de Muang Khoua. Pas plus de 5h de marche/j., mais la dénivelée n'est pas négligeable. Prix tt compris (guide, hébergement, nourriture, tuk-tuk si nécessaire, etc.) : à partir de 20 $/j. et par pers ; à partir de 4 pers, vous pouvez négocier à la baisse jusqu'à 15 $. La région est riche en ethnies : Akha, Hmong, Thaï dam, Khamu, Tamoy. En général, le circuit démarre par une longue ascension vers les crêtes. Avec un peu de chance, vue superbe jusqu'au Vietnam. Après la nuit dans un village hmong, redescente vers la Nam Ou.

PHONGSALY

Construite au lendemain de la Première Guerre mondiale sur les pentes du mont Phu Pha (1 625 m), l'agglomération rappellera à certains l'architecture et les modes de vie des villages du Moyen Népal. Pas grand-chose à y faire, sinon observer ses habitants : un mélange particulier de Phounoy, une ethnie d'origine tibéto-birmane majoritaire dans la région, et d'immigrants chinois plus ou moins anciens. Au cours des années 1930 à 1950, la ville était le dernier bastion de l'armée française dans le nord du pays (juste avant la frontière chinoise). Peu avant le départ des colons en 1952-1953, quelque 36 militaires français du 6e régiment des chasseurs laotiens étaient stationnés en priorité à Phongsaly.

Aujourd'hui, marcher au cœur du paysage mouvementé et spectaculaire de la province et voyager sur la Nam Ou justifient pleinement qu'on s'aventure dans ces confins.

La culture de l'opium demeure un grave problème dans cette région. Ce n'est pas l'affaire du voyageur, qui n'a que peu de risques de se trouver aux prises avec un problème de sécurité lié à cette culture et son trafic.

De novembre à mars, Phongsaly a parfois la mauvaise habitude de s'envelopper d'un cordon de brume. Avec l'altitude, il peut alors faire sacrément frisquet, le mercure pouvant descendre certaines nuits jusqu'à 5 °C.

Arriver – Quitter

En avion

⤴ **Aéroport :** à **Boun Neua**, à 41 km de Phongsaly (1h de trajet).
➢ **De Vientiane :** 2 liaisons/sem, jeu et ven, avec Lao Airlines. Mêmes liaisons pour Vientiane. Escale possible à Oudom Xai si un groupe de passagers le désire.

Par la route et en bateau

➢ **De Luang Prabang et Muang Khoua :** via Hat Sa, le port de Phongsaly sur la Nam Ou (23 km vers l'est). Depuis Muang Khoua, départs quotidiens de bateaux lents. Durée du voyage : 5-6h en bateau lent. De Hat Sa, à Phongsaly, 1 200 m de grimpette plutôt raide sur une piste médiocre ! Les petits camions 8 t d'origine chinoise attendent les passagers. Prix : 5 000 kips (0,50 $). Durée du trajet : 1h. En sens inverse, départ du pick-up pour le port Hat Sa chaque mat vers 7h30. Bateaux lents tlj.

Par la route

🚌 **Gare routière :** attention ! Ts les départs (ou presque) de Phongsaly se font tôt le mat. Venir dès 7h.
➢ **En bus, de Luang Prabang et Vientiane :** 1-2 départs/j., depuis la gare routière du Nord. En sens inverse, départ ts les 2 j. Prix : 6 $ pour Luang Prabang, 14 $ jusqu'à Vientiane (plus de 24h de voyage quand même !).
➢ **D'Oudom Xai :** 230 km de route et de piste sinueuse, souvent défoncée et parfois impraticable pdt la saison des pluies (voir plus haut « Quitter Oudom Xai »). Compter 9h de trajet en moyenne. Dans l'autre sens, départ quotidien de camions bâchés (être à la gare dès 7h). Dessert également Boun Neua (aéroport), Ban Yo (frontière chinoise) et Ban Boun Tai.

Orientation

L'ensemble de cette agglomération assez étendue se répartit sur les sommets d'un réseau de collines dominé par le mont Phu Fa au nord. La rue principale fait de nombreux lacets en venant du sud. La place, où se trouve la station de bus, marque l'entrée du « centre-ville », la partie la plus haute de Phongsaly (et la plus proche du mont Phu Fa), où se concentrent hôtels, restos et commerces.

Adresses utiles

✉ **Poste :** en montant depuis la station de bus, à droite dans l'ancien bâtiment de la banque, face au central téléphonique. À condition de ne pas être trop pressé...

■ **Telecom Office :** ☎ 41-20-08. Lun-ven 8h-11h30, 13h30-17h. Fax. Cabine à cartes magnétiques à l'extérieur (appels directs vers l'étranger).

■ **Lao Airlines :** à 50 m au-dessus de la poste, dans un bâtiment neuf sur la droite de la rue. ☎ 21-00-32. Lun-ven 8h-16h. Déserté dès 9h les jours de vol, car tout le monde va à l'aéroport.

■ **Lane Xang Bank :** dans la rue commerçante, 100 m au-dessus du Phongsaly Hotel. Lun-ven 8h30-16h (ferme parfois plus tôt !). Change dollars, euros (mais mauvais cours) et argent chinois.

– **Marché :** en surplomb, face à la gare routière. Ensemble de bâtiments en brique avec couverture en tuiles vertes.

Où dormir ?

Très bon marché (moins 80 000 kips, soit 9,40 $)

🛏 **Phongsaly Hotel :** 5 mn de montée depuis la gare routière. En face d'une petite place, juste à l'entrée de la partie la plus ancienne de Phongsaly. Un grand immeuble de 4 étages. Grand resto au rez-de-chaussée. Chambres de 3 lits avec sanitaires extérieurs. Réduction si occupation individuelle. Aussi des doubles avec salle de bains, eau chaude. Accueil pas très dynamique, souvent complet néanmoins. Resto inégal.

🛏 **Yuhua Hotel :** immédiatement à côté de la gare. Immeuble neuf de 2 étages avec resto et petite épicerie au rez-de-chaussée. Chambres avec ou sans salle de bains. Pas d'eau chaude. L'ensemble, comme ailleurs à Phongsaly, nécessiterait un coup de balai supplémentaire et un peu d'entretien. Tenu par des Chinois du Yunnan. Pas forcément chaleureux, mais comme une sorte d'animation familiale. Un Laotien très sympa, parlant l'anglais et le français, est marié à la fille de la maison. Un bon compromis.

🛏 **Boukmixay Guesthouse :** descendre la route sur 500 m depuis la gare routière. Bâtiment gris béton, à gauche dans un virage. Chambres individuelles ou doubles avec ou sans salle de bains ; eau froide seulement. Accueil sympa ; une des filles parle l'anglais.

🛏 **Sandsaly Guesthouse :** à mi-chemin de l'hôtel Phongsaly en venant de la gare routière ; sur la droite de la rue après le virage. Chambres à l'arrière avec salle de bains, certes basiques (un lavabo et un bac) mais les moins chères de la ville. Un peu vétuste. Accueil sympa.

Bon marché (de 80 000 à 140 000 kips, soit 9,40 à 16,50 $)

🛏 **Phu Fa Hotel :** au lieu-dit Ban Chom Meung, après les bâtiments administratifs de la province, sur la gauche. L'établissement, à l'allure de caserne, abrita jadis un consulat chinois. Une vingtaine de chambres pouvant accueillir 2 ou

3 personnes, toutes équipées de douche (avec eau chaude) et toilettes « à l'européenne ». Chambres spacieuses, avec terrasse. Pas mal de groupes. Discothèque certains soirs de fête et parfois le week-end. Par contre, côté propreté, c'est pas ça.

Où manger ?

– Dans la partie ancienne de la ville, 200 m au-dessus du *Phongsaly Hotel,* repérer l'inscription « Bakery Service » : **Bounchanh,** le vétérinaire de la ville, perpétue la tradition du pain *falang* (demander *khao tchi* ; 1ʳᵉ fournée vers 18h30).

|●| **Laksam Restaurant :** *à côté du* Phongsaly Hotel, *dans une petite maison en bois.* Tout est bon et pas cher, du riz sauté aux frites, en passant par le porc au gingembre et les steaks (parfois de daim). Patronne très sympa.

|●| **Ahn Feu Restaurant :** *plus haut dans la rue commerçante, en allant vers* la place du vieux marché, juste avt le virage. La meilleure soupe de nouilles de la ville, relevée et parfumée.

|●| **Les restos des hôtels :** ceux du *Yuhua* (bonnes nouilles sautées) et du *Phongsaly Hotel* proposent une cuisine du Yunnan de qualité variable. Pas cher cependant et plutôt copieux.

À voir. À faire

✻ **Acheter du thé :** *sur le marché, en face de la gare routière.* Vous trouverez du thé vendu sous une forme cylindrique, compressé dans une enveloppe de bambou. Au goût légèrement fumé, il révèle une infusion foncée comme certains *tuocha* du Yunnan. À 0,20 $ les 300 g, n'hésitez pas à découvrir cette saveur.

🦟 **Le mont Phou Fa** *(1 625 m) : prendre la rue qui monte à gauche du* Phongsaly Hotel, *puis tourner à droite à l'embranchement sur la route de Hat Sa et marcher 500 m ; un chemin empierré part sur la gauche au niveau d'une source et d'un grand panneau blanc en laotien.* Pas de difficulté notable, compter 30 mn de grimpette au cœur de la forêt. Une longue rampe d'escaliers permet de négocier la section finale. Emporter quelques milliers de kips, l'entrée étant payante (plus cher si vous avez un appareil photo ou une caméra). Superbe panorama sur Phongsaly et sa vallée.

➢ **Randonnée en solo :** de nombreux sentiers rayonnent autour de Phongsaly vers des *villages phounoy* à moins de 1 jour de marche aller-retour. On peut reconnaître cette ethnie tibéto-birmane par l'habitude qu'ont les femmes âgées de porter des guêtres de coton pour se protéger des sangsues. Certaines de leurs maisons sont encore recouvertes d'un toit de chaume descendant très bas et couvrant les quatre côtés. L'itinéraire le plus facile consiste à rejoindre les deux villages phounoy de **Khounsouk Noy** (1h15 aller simple) et **Khounsouk Luang** (45 mn supplémentaires à partir de Khounsouk Noy). Il suffit de prendre la route en terre qui s'engage au pied du *Phu Fa Hotel* avant de s'orienter plein nord. Le chemin, parfaitement balisé de bout en bout, est accessible aux deux-roues (et même aux voitures en saison sèche). Champs de riz sur brûlis, quelques rizières en terrasses commencent à faire leur apparition en contrebas. Superbe coucher de soleil.

➢ **Randonnée guidée de plusieurs jours :** la province a le potentiel pour devenir un paradis du trekking. Accidentée, peu de routes, mais beaucoup de sentiers, une couverture forestière encore importante, malgré les ravages de la déforestation et de la culture sur brûlis, beaucoup d'ethnies. Cependant, contrairement au récent développement constaté à Namtha ou Vang Vieng, vous ne trouverez pas ici d'agence à proprement parler, mais seulement de jeunes guides indépendants parlant l'anglais.

Onkham, professeur de collège, et Baibu, un de ses anciens élèves, se partagent l'essentiel du travail. Leurs prestations sont honnêtes. Le prix proposé est de 15 $ par jour et par personne, tout compris (dont trajet bateau et véhicule si nécessaire), négociable jusqu'à 10 $ à partir de 3 jours et plus de 3 personnes.

BOUN TAI

Mérite une petite halte sur votre itinéraire d'Oudom Xai à Phongsaly. Ancien fort français abritant les bureaux de l'administration du district. En face du fort, restes d'un four en brique et d'un puits du début du XXe s. Malgré ses apparences de « village-rue », comme c'est un peu trop souvent le cas au Laos, Boun Tai pourra vous faire prendre la clé des champs. En quittant la grand-route sur la droite en venant du sud, vous serez en 2 mn au bord de la rivière Nam Lan. Et sur la gauche, toujours en venant du sud, vous pouvez faire une balade de 3h aller-retour en direction du village lao de Ban Naway, vue sur rivière, collines et rizières garantie.

Arriver – Quitter

➢ **De Phongsaly :** 92 km de route vers le sud via le carrefour de Ban Yo. Compter 3h de trajet et 16 000 kips (1,90 $).
➢ **D'Oudom Xai :** 140 km de route. Compter 5-6h de trajet selon saison. Desservi par les bus allant à Oudom Xai.

Où dormir ? Où manger ?

🛏 *District Guesthouse : juste après le pont sur la gauche en venant du sud.* Maison blanche abritant 6 chambres de lits jumeaux avec moustiquaires et sanitaires individuels. Très rudimentaire. Entretien approximatif. Pas d'électricité le soir.
🛏 *Deux autres pensions traditionnelles en bois le long de l'unique route à la sortie du village (vers le nord) et 50 m sur la droite après le fort (en venant du sud).* Sanitaires collectifs, douche au seau, mais nettement plus agréable.

🍴 *Nam Lan Restaurant : à droite après le pont, juste avt le marché couvert.* La proximité de la rivière Nam Lan assure l'approvisionnement en poisson, tout aussi délicieux en soupe que frit. Les viandes ne sont pas en reste ; ne manquez pas de goûter notamment à la viande boucanée, spécialité de la maison. Probablement la meilleure table de la province.

LE NORD-EST

XIENG KHOUANG, PHONSAVAN ET LA PLAINE DES JARRES

IND. TÉL. : 061

Xieng Khouang, province montagneuse du nord-est du Laos, compte un peu moins de 200 000 habitants. C'est aussi un point de passage pour le Vietnam. Très éprouvée par les bombardements américains dans les années 1960, elle a subi d'importantes modifications de sa population. Son ancienne capitale, qui s'appelait également Xieng Khouang, a été totalement détruite et remplacée par la ville nouvelle de Phonsavan. La province est surtout peuplée de minorités thaïes et hmong. On y pratique la culture du riz d'altitude sur brûlis et celle du pavot. La province est, en effet, l'une de celles qui produisent le plus d'opium.

UN PEU D'HISTOIRE

La province fut longtemps indépendante avant de passer sous influence vietnamienne. Au XIXᵉ s, elle fut tour à tour le théâtre d'expéditions de bandits chinois et de raids vietnamiens. Durant la guerre américaine, Xieng Khouang fut l'une des premières provinces à être libérées grâce à l'aide massive des Nord-Vietnamiens, qui considéraient la région comme stratégique. Ils y installèrent plusieurs batteries de DCA qui justifièrent aux yeux des Américains leurs bombardements intensifs. Après 1975, de nombreux Vietnamiens sont venus s'installer dans la province, et un nombre important de conseillers soviétiques y avaient établi leurs quartiers. Le principal intérêt de la région est archéologique. La célèbre plaine des Jarres se trouve en effet dans cette région. Ces grosses pierres creusées, regroupées en plusieurs sites, parsèment une plaine à la végétation rase, battue par les vents. On n'en connaît pas vraiment l'origine, ce qui confère à cette région un troublant parfum de mystère.

PHONSAVAN

Ville moderne sans charme, mais camp de base incontournable pour la visite des célèbres sites de la plaine des Jarres. Intéressantes balades aux alentours et nombreux villages hmong et thaïs. Pour dormir, de très belles adresses sur les collines dominant la ville.

Arriver – Quitter

Par la route

La route est superbe depuis Luang Prabang (par Phou Khoun). Elle a été terminée en 2003 et traverse de magnifiques paysages : montagnes, villages de minorités... Attention : nombreux virages ! Certaines personnes sont victimes d'une sorte de « mal de mer »... En principe, pas de problèmes de sécurité. Il n'y a pas eu d'incidents depuis plusieurs années et il y a des postes de police et de l'armée tout du long.

Route Phonsavan-Vientiane

➢ Deux possibilités : reprendre le même parcours, c'est-à-dire route 7 jusqu'à Phou Khoun, puis rejoindre la route 13 jusqu'à Vientiane en passant par Vang Vieng.
➢ Si vous êtes en 4x4, il existe une nouvelle route, enfin... plutôt une ancienne route que les Français ont tracée : Phonsavan-Paksan, via Mouang Khoun et Tha Viang (voir une carte). Route fort jolie, avec rivières et cascades pour vous accompagner. Attention, c'est vraiment de la piste pour le moment, et praticable slt en saison sèche (4x4 obligatoire !). Vraiment pittoresque, on traverse une forêt tropicale, beaucoup moins de virages et de montagnes. Ils sont d'ailleurs en train d'en retaper une partie, notamment avt d'arriver à Paksan (env 50 km). Une fois finie, cette route sera l'axe principal qui reliera la capitale à Phonsavan et ça fera gagner du temps ! Route strictement conseillée aux passionnés de piste (motards et 4x4). Pas de problème de sécurité, de plus en plus de touristes se lancent sur cette piste.

En bus

- 🚌 **Terminal des bus :** à env 3 km du centre, sur la route 7.
- ➢ **Pour Vientiane :** 6 bus/j. Durée : 10-11h en bus ordinaire et 8h en bus VIP.
- ➢ **Pour Luang Prabang :** 9-10h de route en bus ordinaire, 8h en VIP.
- ➢ **Pour Vang Vieng :** bus VIP quotidien vers 7h30. Compter 7h de route (et 6 $).

En avion

✈ L'avion reste donc le moyen le plus rapide pour se rendre dans la province de Xieng Khouang. Mais l'aéroport de Phonsavan (il s'agit plutôt d'un terrain d'aviation) possède un équipement sommaire. En conséquence, les horaires d'aller et de retour varient beaucoup en fonction des conditions météo.
- ➢ **De Vientiane et de Luang Prabang :** avec Lao Airlines, 2 vols/j. au départ de Vientiane, 1 autre au départ de Luang Prabang.
- ➢ **Pour Vientiane :** 1 vol/j. 14h40, plus mer et ven à 17h35 (à titre indicatif). Durée : env 30 mn.
- ➢ **Pour Luang Prabang :** en principe, mer et ven à 16h35. Durée : env 30 mn.

Adresses et infos utiles

🛈 **Tourism Office** (plan B1) : un peu plus haut que le White Orchid. ☎ et fax : 31-22-17. 📱 020-587-46-89. Se prétend office de tourisme provincial, mais c'est avant tout une agence de voyages. Quasiment pas de matériel lors de notre passage.
■ **Soukdavan Currency Exchange** (plan B1, 2) : rue principale. À côté du resto Simaly. ☎ 31-24-09. Ouv 8h-18h. Change et transfert d'argent.
■ **Lao Development Bank** (plan B2, 3) : à 500 m sur la droite, dans la rue partant de la poste.
■ **Lao Airlines** (plan B2, 4) : juste à côté de Lao Development Bank.

Problèmes de santé

– **L'hôpital** est une coopération entre le Laos et la Mongolie. Les gens d'ici l'appellent d'ailleurs « l'hôpital mongol »... Correct pour petits bobos et petite chirurgie. Certes, ce n'est pas un hôpital moderne comme en Thaïlande, le Laos restant pauvre question santé publique, mais, en principe, les touristes peuvent passer aux urgences dans la nuit sans souci (échographie et appareil de radiologie).
– Comme docteur, conseillé de voir le **Dr Sivay,** qui a un diplôme français (faculté de Lyon) ; il parle le français et un peu l'anglais. C'est le meilleur ici ! Il a une **clinique-pharmacie** avec échographie en plein centre, juste en face de la poste. Facile à voir, il y a un panneau avec son nom... Horaires d'ouverture (pour consultation) de la clinique : de 6h à 8h, de 12h à 14h et de 17h à 20h. Sinon, sa pharmacie est ouverte toute la journée. Il se peut qu'il ne soit pas à la clinique, car il travaille bien évidemment à l'hôpital, mais sa femme est toujours là et peut l'appeler en cas d'urgence. 📱 020-566-00-25.

Où dormir ?

Très bon marché (autour de 50 000 kips, soit 6 $)

🛏 **Dokkoune Guesthouse** (plan B1, 11) : rue principale. ☎ 31-21-89. 📱 020-563-47-92. Chambres 3-6 $. L'un des hôtels les plus pros de la ville. Bounnam Shokvansay, le proprio, tient aussi une agence de voyages et de location de voitures. Dans un bâtiment moderne en retrait de la rue, environ 35 chambres assez spacieuses, avec salle de bains carrelée, eau chaude, TV câblée. De l'autre côté de la rue, à côté du Koukham, une annexe proposant des

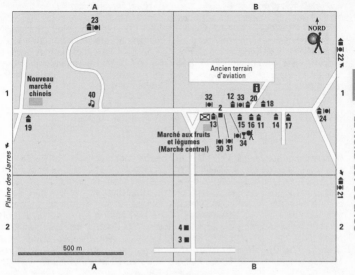

PHONSAVAN

LE NORD-EST DU LAOS

■ Adresses utiles

- **🛈** Tourism Office
- **✉** Poste
- **2** Soukdavan Currency Exchange
- **3** Lao Development Bank
- **4** Lao Airlines

🛏 Où dormir ?

- **11** Dokkoune Guesthouse
- **12** Hôtel Koukham
- **13** Van Aloun Hotel
- **14** Meuang Khuane Hotel
- **15** Hôtel Hayhin
- **16** Nice Guesthouse
- **17** Vinhthong Guesthouse
- **18** Phonsavanh Hotel
- **19** Banna Plain of Jars House
- **20** White Orchid Guesthouse
- **21** L'Auberge de la Plaine des Jarres
- **22** Hôtel Phouchan
- **23** Vansana Plain of Jars Hotel
- **24** Saing Savanh

|●| ⍩ Où manger ? Où boire un verre ?

- **21** Restaurant de l'Auberge de la Plaine de Jarres
- **30** Phonekeo
- **31** Simaly
- **32** Sanga
- **33** Phonexay
- **34** MAG

♪ Où sortir ?

- **40** Chittawan

⚑ À voir

- **34** MAG

---

chambres plus confortables (de 8 à 15 $). Transfert gratuit de l'aéroport ou du terminal des bus.

🛏 **Hôtel Koukham** *(plan B1, 12) : rue principale.* ☎ *21-12-16.* Modeste pension, mais propreté acceptable. Onze chambres au sol dallé et salle de bains carrelée. Réception parlant un peu l'anglais.

🛏 **Van Aloun Hotel** *(plan B1, 13) : rue principale.* ☎ *31-20-70.* Simplissime mais assez propre. Chambres au sol dallé, avec ou sans salle de bains mi-carrelée (certaines avec toilettes « à la chinoise » ou « à l'occidentale », eau chaude pour toutes à certaines heures), ventilo. Accueil aimable.

🛏 **Meuang Khuane Hotel** *(plan B1, 14) : rue principale. À côté du* Vinhthong. Seulement 4 chambres, propres, fonctionnelles. TV câblée et ventilo. Accueil un peu frais.

🛏️ |●| *Saing Savanh* (plan B1, *24*) : tt au bout de la rue principale, au carrefour. ☎ 21-11-31. 📠 020-563-44-01. Chambres modestes mais propres, avec ou sans salle de bains (les moins chères avec toilettes « à la chinoise »). Eau chaude. Bon accueil. Resto à côté correct et proposant une longue carte.

🛏️ *Hôtel Hayhin* (plan B1, *15*) : dans le centre-ville, près du marché. ☎ 31-22-52. 7 chambres au confort particulièrement spartiate. Pas très bien tenu, accueil nul. Salle d'eau commune. Certes un tout petit poil moins cher que les autres mais tellement moins bien aussi. En dernier recours...

Bon marché (de 50 000 à 100 000 kips, soit 6 à 11,80 $)

🛏️ *Nice Guesthouse* (plan B1, *16*) : rue principale. ☎ 31-24-54. 📠 020-561-62-46. ● naib_thoj@hotmail.com ● Chambres moins de 10 $. L'archétype du petit hôtel sympa, propre, méticuleusement tenu. Une quinzaine de chambres nickel et un accueil affable, que demander de plus ?

🛏️ *Vinhthong Guesthouse* (plan B1, *17*) : rue principale. ☎ 31-20-47. ● vinh tong_g@yahoo.com ● Assez basique mais en général bien tenu et, surtout, patron accueillant et assez original : il a transformé la réception de son hôtel en petit musée de la guerre américaine, déployant une panoplie incroyable d'armes, de mines, de munitions (rassurez-vous, mon tout désactivé !). Certaines chambres ont les sanitaires et la douche privés. On vous reconduit à l'aéroport à votre départ.

🛏️ *Phonsavanh Hotel* (plan B1, *18*) : rue principale. ☎ 31-22-06. Les moins chères sont vraiment très ordinaires (certaines avec toilettes à la chinoise). Pour 2 $ de plus, chambres plus spacieuses et de bon confort, avec cadre de bois verni, sol dallé, draps roses, grand lit, TV, ventilo, eau chaude... Demander à en voir plusieurs (la plus belle, la n° 15).

🛏️ *Banna Plain of Jars House* (plan A1, *19*) : à l'entrée de la ville, en face du marché chinois. ☎ 21-24-84. 📠 020-248-28-16. ● bannagroup.com ● Chambres 6-8 $. Moins bien que l'apparence extérieure ne le laisse supposer. Chambres certes propres mais très banales et les moins chères sont sans fenêtre. TV câblée pour certaines cependant. Pour quasiment le même prix, préférer quand même le *Nice* ou le *White Orchid*.

De bon marché à prix moyens (de 80 000 à 200 000 kips, soit 8 à 20 $)

🛏️ *White Orchid Guesthouse* (plan B1, *20*) : rue principale ; à l'angle de la rue menant à l'ancien aéroport. ☎ 31-24-03. 📠 020-533-85-43. ● chonglengku@aol.com ● Petit déj compris. D'abord, c'est une plaisante et engageante façade vert pâle avec véranda ; ensuite, un confort intérieur et un accueil conformes à la première impression. Chambres pour tous les budgets, à l'excellent rapport qualité-prix. Patron hospitalier et parlant bien l'anglais. Les plus chères à 20 $ proposent espace, salle de bains carrelée, TV câblée, ventilo, coin salon. En dessous, quasi le même confort mais surfaces plus petites. Une de nos meilleures adresses dans cette catégorie.

Plus chic (plus de 340 000 kips, soit 40 $)

🛏️ |●| *L'Auberge de la Plaine des Jarres* (hors plan par B2, *21*) : sur une colline en dehors de la ville. C'est l'hôtel de l'agence Sodetour. 📠 030-170-282. ● auberge_plainjars@yahoo.fr ● Compter 40-45 $. Loin de tout mais un vrai havre de paix. On dort dans des bungalows sur pilotis, aux airs de chalet, certains avec une vue superbe sur la campagne. Très confortables et spacieux, avec chambre double, salon et salle de bains avec eau chaude. En hiver, on peut même se réchauffer auprès d'un feu de bois devant la cheminée du salon. Beaucoup de charme tout ça, enrichi d'un superbe resto de cuisine française aux accents et parfums laotiens (voir « Où manger ? Où boire un verre ? »). Accueil pro et sympa de Sanya Vincent, le jeune patron, totalement francophone et particulièrement attentionné pour ses hôtes.

🏠 ▮●▮ *Hôtel Phouchan (hors plan par B1, 22) : à quelques km de la ville et là aussi en plein campagne. Compter 40 $ pour 2, petit déj compris.* Grands chalets en bois de style finlandais (d'ailleurs, les patrons sont de là-bas), qui s'accordent bien avec le paysage et comprenant chacun 3 chambres confortables et assez spacieuses. Terrasses avec chouettes panoramas. Resto.

🏠 ▮●▮ *Vansana Plain of Jars Hotel (plan A1, 23) : dominant la ville, l'hôtel moderne de petit standing de la ville.* ☎ 21-31-70 ou 73. ● vphotel@laotel. com ● *Bien indiqué de la rue principale (à env 400 m). Doubles 40-50 $, petit déj compris.* Deux longues rangées de chambres horizontales à côté de la réception. Excellent confort. Resto. Moyennant un backchich, possibilité d'aller en ville le soir ou d'aller dîner à l'*Auberge de la Plaine des Jarres* (se mettre d'accord sur l'heure de retour). Le matin, de là-haut, émouvante découverte de la ville dans les brumes matinales.

Où manger ? Où boire un verre ?

– Au **marché** et dans la rue centrale, plusieurs **boutiques à soupe** permettent de se restaurer sommairement mais convenablement.

▮●▮ *Phonekeo (plan B1, 30) : rue principale.* Populaire resto sino-laotien. Grands posters et chromos aux murs, gros ventilos, longues tables où ouvriers, retraités, expats et touristes dégustent côte à côte une excellente et copieuse cuisine traditionnelle à des prix extra. Quelques spécialités : le *lap* (abondant !), la soupe de poisson (genre *tom yam* moins épicé), le riz frit tradi ou de bonnes frites avec la viande de son choix.

▮●▮ *Simaly (plan B1, 31) :* même genre, même prix que le *Phonekeo*.

▮●▮ *Sanga (plan B1, 32) : rue principale.* ☎ 31-23-18. Un des favoris des routards aussi. Propre, sol dallé, nappes en tissu. Cuisine bien préparée. Goûter au *lap* de porc, aux *spare ribs* et nouilles sautées aux légumes, au poulet parfumé aux herbes et servi généreusement, « spagette » (dans le texte !). Quelques tables dehors.

▮●▮ *Phonexay (plan B1, 33) : rue principale.* ☎ 21-21-87. *Juste en face de la Nice Guesthouse.* Carte assez courte, cuisine plus simple que le *Sanga* mais correcte quand même. Sandwichs et *fruit-shakes*. Très bon marché. Bon accueil.

▮●▮ 🍸 *MAG (plan B1, 34) : rue principale.* Dépend de l'expo antimines à côté. D'ailleurs, pour vous mettre dans l'ambiance, le décor est composé de mines et de grosses bombes (désamorcées, ça va de soi). En revanche, la carte a bonne mine, bien qu'un peu chère pour le coin (mais ça va à une bonne cause !). L'occasion d'y boire un verre ou de manger un peu à l'européenne. Petit déj, soupes, snacks, spaghettis bolognaise, pizza, *fish and chips*, barbecue de poulet ou bœuf et les classiques plats laotiens. À l'intérieur, atmosphère tamisée. Terrasse extérieure. Un des Q.G. des expats et des démineurs.

De prix moyens à plus chic

▮●▮ *Restaurant de l'Auberge de la Plaine des Jarres (hors plan par B1, 21) :* voir « Où dormir ? ». Prendre un taxi et convenir d'une heure de retour.

Compter max 85 000 kips (10 $). On y mange remarquablement bien, à condition de commander son repas à l'avance. On peut notamment y déguster des œufs de fourmis (pleins de protéines). Viandes superbes (aux frites croustillantes si on veut changer un peu du riz), servies dans le cadre chaleureux d'un intérieur montagnard vraiment agréable. Quelques vedettes de la carte : les papillotes de *panine* aux aromates ou les filets de *panine* au beurre d'orange, le sauté de poulet au gingem-

bre, le porc au caramel... Vin au verre. Service jeune et diligent. Pour digérer et prendre le café, les profonds fauteuils du salon, la cheminée en hiver où crépite un bon feu... Excellente bandeson en sourdine (blues, jazz, rock années 1970, chanson française). Et une addition, somme toute, tout à fait raisonnable !

Où sortir ?

♪ *Chittawan* (plan A1, **40**) : rue principale ; un peu avant le nouveau marché, sur le même trottoir. Ouv 20h-minuit. La

boîte disco la plus populaire. Bruyante à souhait.

À voir. À faire

🍖 *MAG* (plan B1, **34**) : rue principale. Lun-ven 8h-20h ; w-e 16h-20h. Boutique présentant l'histoire du minage, les bombardements de la région, le travail des démineurs et organismes qui s'en occupent. Bien sûr, expos de toutes les variétés de mines. On peut prolonger la visite au café à côté, il y en a autant.

🏵 *Le marché central* (plan B1) : c'est la principale attraction de la ville. On y trouve tout ce qui se mange dans la région : écureuils, porcs-épics (plus rares quand même), coqs sauvages, œufs de fourmis (pleins de protéines), viande de cerf, cochons d'Inde, etc. On peut aussi y déguster de très bons beignets et des brioches farcies à la viande, cuites à la vapeur.

🏵 Il existe aussi un *marché couvert* (construit par les Chinois), dans la rue principale *(plan A1)*, où l'on vend les articles de bazar habituels. Un bon endroit pour acheter des étoffes, des bijoux traditionnels et des boîtes en argent ciselé. Une curiosité : les bijoutiers exposent souvent ostensiblement de nombreux lingots d'argent dans leurs vitrines... quasiment pas protégées !

LA PLAINE DES JARRES

On se perd en conjectures sur l'origine et la fonction des jarres, ces récipients de forme cylindrique et de taille variable. On ne les a pas datées avec précision, mais on suppose que leur origine remonte au Ier s av. J.-C. (pour les plus anciennes). Toutes les hypothèses ont été émises pour expliquer leur fabrication, y compris les plus farfelues. Une légende locale prétend que les jarres auraient été non pas creusées mais moulées à partir d'un mélange de pierre écrasée, de canne à sucre et de peau de buffle ! Elles auraient ensuite été cuites dans une grotte située sur l'un des sites, dont la voûte est percée d'une sorte de cheminée. Cette version ne tient pas la route une seconde, car même l'œil le moins averti aperçoit les traces de coups de burin à l'intérieur des jarres, preuve qu'elles ont été taillées et creusées dans de grosses pierres.
Tout le mystère réside dans le fait que les jarres sont en grès, une pierre que l'on ne trouve pas à proximité des sites. En ce qui concerne leur fonction, l'hypothèse la plus vraisemblable est qu'elles devaient avoir un usage funéraire. La plupart des sites où sont concentrées les jarres sont sur des buttes. Or, on sait que les hommes des civilisations mégalithiques enterraient leurs morts dans des tumulus. Par ailleurs, on sait aussi que les jarres étaient fermées à la manière de sarcophages, comme l'attestent les couvercles de pierre que l'on rencontre encore ici et là. Enfin,

le fait que les jarres soient regroupées et de taille variable laisse à penser que leur disposition servait à marquer la hiérarchie sociale d'un groupe. Il ne s'agit là cependant que d'hypothèses.

La plaine compte plusieurs centaines de jarres, dont certaines sont immenses et pèsent jusqu'à 3 t. Nombre d'entre elles ont été détruites par les bombardements américains ou pillées et emportées. Il en reste cependant suffisamment pour que le visiteur se fasse une idée.

À voir

🏹 **Le site de Ban Ang** (ou « site n° 1 ») : c'est le plus important. Il se trouve à 7 km à l'est de Phonsavan, non loin d'une base aérienne construite par les Soviétiques. Entrée payante. Accès possible en tuk-tuk. L'endroit a été aménagé et comporte une petite cafétéria et une boutique d'artisanat local. C'est le site le plus ample. En haut du 1er chemin, ancien trou de bombe et une des plus grosses jarres du site (6 t). C'est également l'une des seules à posséder un col bien dessiné. Dans le coin, plusieurs dizaines d'autres jarres, de taille variable. En contrebas, sous une petite colline rocheuse, on aperçoit l'entrée de la grotte. Celle-ci ressemble à un trou creusé artificiellement. Dans la voûte, trois cheminées communiquent avec le sommet de la colline. C'est là que les jarres auraient été fabriquées. En chemin, vers la colline en face, on découvre la seule jarre sculptée (la n° 217). En un style très primitif, un homme avec les bras levés. Sur sa droite, à terre, un couvercle partiellement enterré. Devant, une jarre arborant encore le sien.

🏹 **Le site de Nancout** (ou Phou Sala Tau, site n° 2) : plus ramassé, situé sur deux petites collines. À gauche du chemin, la 1re, boisée, porte le nom de « colline des Cabanes » ou « des Tables » (parce que certaines jarres sont horizontales). Vous noterez aussi que beaucoup de jarres semblent n'être creusées qu'aux deux tiers... Tout en haut, s'il n'y a pas de groupe, atmosphère d'intimité pour les découvrir et belle vue sur les environs. Dans l'une des jarres, un arbre a poussé et l'a fait éclater. Sur la 2e colline, un bel ensemble de jarres et juste un petit bosquet d'arbres. Ample panorama également. Là aussi, l'une de jarres arbore une figure d'homme. Très gros couvercle à terre.

🏹 **Le site de Siang De** (ou site n° 3) : le plus éloigné, à l'ouest de Phonsavan (à 35 km env.). Petit groupe de jarres en haut d'une colline. Son intérêt réside plutôt dans son approche. On laisse le véhicule au parking, et c'est une agréable petite balade de 1 km par les rizières et deux ponts de bois de niveaux différents (un pour chaque saison). C'est la région d'élevage de chevaux semi-sauvages.

🏹 **Old Capital** : à 32 km. Visite incluse dans la plupart des circuits guidés. Intéressant pour son atmosphère un peu décadente. Au centre de cette vieille capitale, les belles ruines d'un temple encore habité par une statue du Bouddha. Un peu plus loin, les ruines de la riche demeure d'un médecin français du temps du protectorat. Plus intéressant, le très ancien stupa dans la campagne aux alentours. Date du XVIe s. L'immense trou au milieu fut creusé par les fameux Pavillons noirs en 1827. Bien sûr, ils ne possédaient pas une âme d'archéologue et recherchaient un trésor. Noter que, à l'intérieur, ils creusèrent même en hauteur. Aujourd'hui, pathétique ruine perdue dans la nature, envahie par la végétation et qui se dégrade inéluctablement. On devine encore l'élégance de l'architecture et la finesse du décor. À moins de 1 km, un autre vestige de stupa, le carré Chom Phet.

À faire... si vous avez le temps

🏹 On peut entreprendre une balade en voiture jusqu'à **Nang Hét,** à la frontière vietnamienne. L'itinéraire permet de visiter plusieurs villages hmong ou taï dao et de s'arrêter à la grotte de Ban Nam Koun (Tham Piou).

LE SUD

Le sud du Laos affiche un caractère en profond décalage avec le reste du pays. Très tôt placée sous la domination khmère, cette région est en effet le berceau de la civilisation préangkorienne, comme en atteste le site du temple Wat Phou, dans la province de Champassak... Le particularisme du Sud s'est poursuivi à l'époque moderne car, jusqu'en 1947, c'était une colonie française, au même titre que Vientiane. S'il fut relativement développé par rapport au reste du pays, son activité économique se concentrait essentiellement dans la plaine du Mékong, alors principale voie de communication et de transport dans cette région de l'Asie. À proximité du fleuve légendaire, le plateau des Bolovens demeure aussi extraordinairement riche sur le plan agricole. Le climat tempéré et les pluies abondantes permettent toutes les cultures : du thé et du café introduits par les Français aux hévéas, en passant par le teck, le riz, les arbres fruitiers (bananiers, litchis...) et autres cultures maraîchères.

Pour l'heure, cependant, le développement agricole de la région ne semble pas être la préoccupation majeure des autorités. Plutôt qu'à la mise en valeur des terres, on assiste en ce moment au pillage systématique des forêts, dont les arbres partent par camions entiers vers les menuiseries de la Thaïlande. De fait, l'ouverture économique accélère certainement la mainmise de la Thaïlande sur cette partie du Laos qu'elle a toujours convoitée. Plusieurs installations hydroélectriques servent notamment à alimenter en électricité la rive thaïlandaise du Mékong, ce qui renforce encore l'importance stratégique de cette région du Laos pour son puissant voisin. Enfin, la construction récente d'un grand complexe hôtelier avec casino près des superbes chutes de Pha Peng laisse présager le pire quant à l'avenir touristique de la région... Une raison supplémentaire pour se dépêcher de visiter le sud du Laos, qui conserve encore l'essentiel de son charme.

Comment y aller ?

La vallée du Mékong reste l'épine dorsale du Sud. À partir de *Vientiane,* on peut rejoindre Savannakhet et Paksé en bus sur la route 13, tte droite et en parfait état. Mais on peut aussi désormais gagner cette région depuis le *Cambodge* (par Veun Kham, près des chutes de Pha Peng), la *Thaïlande* (3 points de passage possibles au niveau de Thakhek, Savannakhet ou Paksé-Van Tao) et le *Vietnam* (par Nam Phao et Dan Savan, à proximité du plateau des Bolovens). Hormis à Veun Kham, ts les postes-frontières laotiens délivrent aux touristes un *visa on arrival,* ce qui vous dispense de vous le procurer à l'avance auprès des consulats laotiens des pays en question (vérifier quand même avt le départ, ça se ferme aussi vite !). On peut enfin prendre l'avion entre Vientiane et Paksé, cette dernière ville constituant un excellent camp de base d'où l'on peut explorer le sud du Laos.

THAKHEK

IND. TÉL. : 051

À 360 km au sud de Vientiane, Thakhek, capitale de la province de Khammouane, est une petite ville charmante avec ses maisons coloniales, son église et sa petite place ; autant de témoignages de la présence française du début du XXe s.

Thakhek et sa région méritent qu'on s'y attarde 1 ou 2 jours. À quelques kilomètres, le *Wat Pha That Si* constitue l'un des temples incontournables du

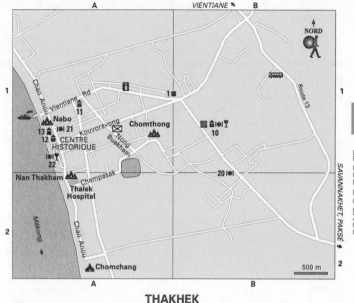

THAKHEK

■ Adresses utiles	11 Thakhek Mai Hotel
🗿 Thakhek Tourism Information Centre	12 Southida Guesthouse
✉ Poste et téléphone	13 Khammouane Mekong Hotel
🚌 Gare routière	
⚓ Embarcadère	⦿ ❡ Où manger ? Où boire un verre ?
1 Banque pour le Commerce Extérieur Lao	
ⓐ 10 Thakhek Travel Lodge	10 Resto du Thakhek Travel Lodge
ⓐ Où dormir ?	20 Gargotes des marchés
10 Thakhek Travel Lodge	21 Keysone
	22 Smile Barge Restaurant

pays, en bord de Mékong, avec sa réplique en face, côté thaïlandais. De même, dans les environs, on peut visiter les grottes pittoresques de *Konglor* et *Nong Paa Fa (Buddha Caves)*. Enfin, toujours à proximité de Thakhek, par la route 12, on découvre avec émerveillement un long couloir traversant l'un des plus beaux sites paysagers du Laos. Il s'agit d'un important massif karstique s'étendant jusqu'à la petite bourgade de Mahaxai...

Arriver – Quitter

En bus

🚌 *Gare routière (plan B1)* : sur la route 13, à env 3 km du centre-ville, que l'on rejoint aisément en tuk-tuk.
➤ *Vientiane (360 km)* : au moins 5 bus/j. dans les 2 sens. Durée : 5h. De plus, la plupart des bus assurant la liaison Vientiane-Savannakhet ou Paksé passent par Thakhek.

➢ **Savannakhet** *(120 km) :* env 15 bus/j. dans les 2 sens. Durée : env 2h.
➢ **Paksé** *(385 km) :* env 15 bus/j. dans les 2 sens. Durée : 7h.
➢ **Don Khong** *(515 km) :* env 15 bus/j. dans les 2 sens. Durée : env 12h.
➢ **Veun Kham** *(frontière du Cambodge ; 545 km) :* quelques bus allant à Don Khong font ensuite leur terminus à Veun Kham. Env 13h de trajet. Frontière ouv tlj 6h-18h. On peut désormais acheter un visa pour le Cambodge valable 1 mois (compter 20 $) au poste-frontière (se renseigner quand même avt le départ). *Attention,* dans le sens inverse, l'immigration laotienne ne délivre pas de *visa on arrival* ; il convient donc de passer par un consulat du Laos au préalable.
➢ **Hanoi** *(Vietnam) :* quelques liaisons/sem passant par la ville frontière de *Nam Phao.* Compter 15h de trajet. Il est nécessaire de posséder un visa avt d'entreprendre ce voyage. En sens inverse, on peut acheter un *visa on arrival* valable 30 j. au poste-frontière laotien, contre 30 $ et 2 photos (se renseigner quand même avt le départ).

En bateau

⛴ **Embarcadère** *(plan A1) : à l'extrémité ouest de Vientiane Rd.* On y trouve le poste-frontière laotien et un bureau de change (dollars et bahts slt).
➢ **Nakhom Phanom** *(Thaïlande) :* les bateaux traversent le Mékong dans les 2 sens quand ils ont fait le plein de passagers, 8h-18h. En arrivant au poste-frontière laotien, il est possible d'acheter un *visa on arrival* valable 30 j. contre 30 $ et 2 photos d'identité (se renseigner quand même avt le départ). Dans l'autre sens, les voyageurs occidentaux n'ont pas besoin de visa pour entrer en Thaïlande et y rester moins de 30 j.
➢ **Vers le sud :** pas de bateau, ou de temps en temps à la saison des pluies... Se renseigner sur place, et voir également auprès des agences de voyages de Vientiane.

Adresses utiles

ℹ **Thakhek Tourism Information Centre** *(plan A1) : Vientiane Rd.* ☎ 21-25-12. ● ecotourismlaos.com ● Tlj 8h-16h. Plutôt efficace. Organise des treks sympas dans la région et renseigne sur les meilleures balades à y faire.
✉ **Poste et téléphone** *(plan A1) : à l'angle des rues Nong Buakham et Kouvoravong.* Également des téléphones internationaux et le service de transfert d'argent *Western Union.*
◼ **Banque pour le Commerce Extérieur Lao** *(plan A-B1, 1) : Vientiane Rd. Lun-ven 8h30-15h30.* On peut changer euros, dollars, bahts et autres chèques de voyage *American Express* en dollar ou en euros ; possibilité d'obtenir kips et dollars avec les cartes *Visa* et *MasterCard,* moyennant commission. Service de transfert d'argent *Western Union* à la poste (voir précédemment).
@ **Internet :** on peut se connecter au **Thakhek Travel Lodge** *(plan B1, 10).*
◼ **Police touristique :** ☎ 25-06-10.

Où dormir ?

De très bon marché à bon marché (de 30 000 à 110 000 kips, soit 3,50 à 13 $)

🏠 **Thakhek Travel Lodge** *(plan B1, 10) : à proximité du marché du km 2.* ☎ 030-530-01-45. Doubles 3-11 $ selon confort ; lit dortoir env 3 $. Tenue par un couple lao-danois, cette pension propose des hébergements pour tous les budgets. De la chambre avec ou sans salle de bains, clim' ou ventilo, au dortoir. Tout est propre et bien tenu. Bon rapport qualité-prix. Fait aussi resto et organise des visites de la région en *tuk-tuk* et à moto. Notre meilleure adresse, malheureusement un peu loin du Mékong et de sa magie.

🛏 *Thakhek Mai Hotel (plan A1, 11)* : Vientiane Rd. ☎ 21-20-43. *Doubles 8-10 $ selon confort.* Bâtisse d'architecture soviétique, renfermant des chambres avec ou sans salle de bains, ventilo ou clim'. Propreté correcte.

🛏 *Southida Guesthouse (plan A1, 12)* : rue Chao Anou. ☎ 21-25-68. • V_teovy@yahoo.com • *Doubles 8-11 $ selon espace.* À 50 m du Mékong, on trouve dans cette *guesthouse* des chambres assez spacieuses, toutes avec salle de bains, clim', TV et frigo. Pas bien propre.

Prix moyens (à partir de 140 000 kips, soit 16,50 $)

🛏 *Khammouane Mekong Hotel (plan A1, 13)* : au bord du Mékong. ☎ 25-07-77. Un grand bâtiment vert lagon en arc de cercle. Toutes les chambres avec salle de bains, clim', TV, frigo et vue sur le fleuve ; propres mais un peu austères et parfois défraîchies.

Où manger ? Où boire un verre ?

Très bon marché (moins de 20 000 kips, soit 2,30 $)

🍽 *Gargotes des marchés (plan B1-2, 20)* : au marché du km 2, situé à l'angle de Vientiane et Kouvoravong Rd, et au marché Sooksomboon. On y mange soupes, brochettes, nouilles sautées, etc., pour trois fois rien.
🍽 *Keysone (plan A1, 21)* : dans une petite rue perpendiculaire à la rue Chao Anou. À deux pas du Mékong, voici de bonnes spécialités laotiennes et vietnamiennes à déguster entre deux balades dans la région. Petite salle sans charme et quelques tables dans le jardin.

De bon marché à prix moyens (de 20 000 à 100 000 kips, soit 2,30 à 11,80 $)

🍽 🍸 *Resto du Thakhek Travel Lodge (plan B1, 10)* : voir « Où dormir ? ». Certainement le meilleur resto du patelin. Une foule de bons petits plats asiatiques et internationaux à engloutir sur une terrasse couverte avec beau mobilier en bois et donnant sur le jardin. Également pas mal pour prendre un verre.

🍽 🍸 *Smile Barge Restaurant (plan A1, 22)* : dans un bateau amarré sur le Mékong. Ouv le soir slt. Ce resto flottant pittoresque concocte des recettes laotiennes tout à fait correctes. Sur le quai, une terrasse avec quelques tables pour prendre un verre, les yeux sur le Mékong « couleur café ». Musique et karaoké certains soirs.

SAVANNAKHET

IND. TÉL. : 041

Plantée au bord du Mékong, à près de 500 km de Vientiane, Savannakhet est la capitale de la province la plus peuplée du pays, qui porte aussi le même nom. La ville perd peu à peu son rôle de premier pôle économique du Sud au profit de Paksé, et, à voir les environs, il semble que la province ait déjà dévoré tout son bois... Mais Savannakhet possède un certain charme, à défaut d'attractions fascinantes, et demeure en décalage avec Mukdahan, sa moderne jumelle thaïlandaise, de l'autre côté du fleuve.

– **Important :** *Ratsavong Seuk Road (plan B1-2-3)* est actuellement la rue qui concentre l'essentiel de l'animation de la ville, avec ses commerces en tout genre ouverts en soirée, notamment aux alentours du *Old Market (plan B1)*. Une autre zone se développe également à environ 3 km au nord du centre-ville, au bord du Mékong, un peu avant le pont qui draine l'essentiel du trafic régional vers la Thaïlande *(hors plan par A1)*. Du coup, le *centre historique (plan A-B3)* et son *embarcadère (plan A-B3)*, aujourd'hui désertés, sombrent dans une douce léthargie...

TU TIRES OU TU POINTES ?

À « Savan », 2 habitants sur 10 descendent de ces Vietnamiens « importés » par les Français pour encadrer les autochtones. Leur dynamisme fait de Savannakhet une ville agréable et plutôt animée en soirée... Après avoir salué Ratsavong Seuk, le génie protecteur de la ville installé dans un kiosque au bord du Mékong, faites un pèlerinage dans le quartier colonial français avec ses charmantes maisons basses, sa place et son église. Et puis étonnez-vous devant les baguettes de pain qui se vendent au coin des rues, donnant ainsi le change à ces joueurs de boules laotiens en chapeau de paille qui continuent à se prendre pour Marius, ponctuant leurs commentaires d'expressions françaises du genre « c'est bon ! ».

Arriver – Quitter

En bus

🚌 *Gare routière (hors plan par B1) :* un peu excentrée, elle se situe à l'extrémité nord de Ratsavong Seuk Rd, à 5 km.

➤ *Vientiane (483 km) :* 8-15 bus/j. dans les 2 sens. Durée : 8h. De plus, la plupart des bus assurant la liaison Vientiane-Paksé s'arrêtent à Savannakhet.

➤ *Thakhek (120 km) :* 8-15 bus/j. dans les 2 sens. Durée : env 2h. La plupart des bus pour Vientiane s'y arrêtent.

➤ *Paksé (265 km) :* 9-15 bus/j. dans les 2 sens. Durée : 4h.

➤ *Don Khong (395 km) :* env 15 bus/j. dans les 2 sens. Durée : env 6h.

➤ *Veun Kham (frontière du Cambodge ; 425 km) :* plusieurs bus allant à Don Khong font ensuite leur terminus à Veun Kham. Env 8h de trajet. Frontière ouv tlj 8h-18h. On peut désormais acheter un visa pour le Cambodge valable 1 mois

■ **Adresses utiles**	**12** Savanbanhao Hotel
	13 Phonevilay Hotel
🛈 Savannakhet Tourism Information Centre	**15** Phonepaseud Hotel
✉ Poste	**16** Saisouk Guesthouse
🚌 Gare routière	**17** Nongsoda Guesthouse
⚓ Embarcadère	**18** Rattanasavanh Hotel
✈ Aéroport de Savannakhet	**19** Hoong Thip Hotel
1 Lao Development Bank	**20** Lao Lao Der Guesthouse
2 Lao Airlines	
3 Banque pour le Commerce Extérieur Lao	|◉| 🍸 **Où manger ? Où boire un verre ?**
4 Hôpital provincial de Savannakhet	
5 Consulat du Vietnam	**20** Lao Lao Der Guesthouse
6 Consulat de Thaïlande	**30** Gargotes du marché
16 Saisouk Guesthouse	**31** Hay Tien
17 Nongsoda Guesthouse	**32** Common
	33 Chez Boune
🛏 **Où dormir ?**	
	🍴 ⛰ **À voir. À faire**
10 Xayamoungkhoun Guesthouse	
11 Leena Guesthouse	**30** Marché
	40 Wat Sayaphoum
	41 Église Sainte-Thérèse
	42 Musée des Dinosaures

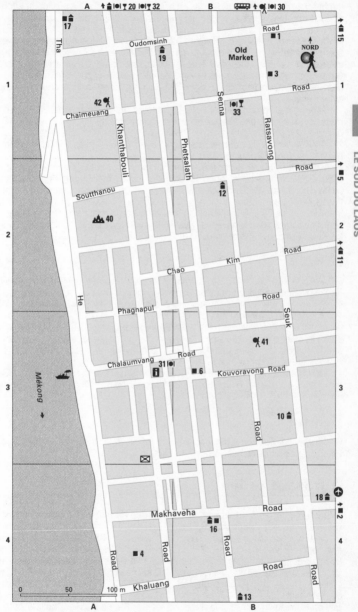

SAVANNAKHET

(compter 20 $) au poste-frontière (se renseigner quand même avt le départ). *Attention,* dans le sens inverse, l'immigration laotienne ne délivre pas de *visa on arrival* ; il convient donc de passer par un consulat du Laos au préalable.

➤ *Dan Savan (frontière du Vietnam ; 250 km) :* généralement 3 bus/j. dans les 2 sens. Durée : env 10h. La route 9, qui relie Dan Savan à Savannakhet, est mauvaise et le trajet épuisant. Il est nécessaire de posséder un visa avt d'entreprendre un voyage au Vietnam. En sens inverse, achat possible au poste-frontière laotien d'un *visa on arrival* valable 30 j., contre 30 $ et 2 photos (se renseigner quand même avt le départ).

➤ *Danang (Vietnam ; 510 km) :* 1-2 bus/j., souvent de nuit, et pas moins de 15h de route. En chemin, le bus marque un arrêt à *Huê (Vietnam ; 410 km)* après env 12h de trajet. Voir précédemment « Dan Savan » pour les questions de visa.

➤ *Vinh (Vietnam ; 630 km) :* généralement 1 bus/j. Durée : env 20h. Voir précédemment « Dan Savan » pour les visas.

➤ *Mukdahan, Ubon Ratchathani et Bangkok (Thaïlande) :* avec l'ouverture récente d'un *nouveau pont (hors plan par A1)* enjambant le Mékong à quelques km au nord de Savannakhet, des bus desservent ces destinations tlj dans les 2 sens. Les routards occidentaux n'ont pas besoin de visa pour entrer en Thaïlande et y rester moins de 30 j. Dans l'autre sens, en arrivant au poste-frontière laotien, on peut se procurer un *visa on arrival* valable 30 j. contre 30 $ et 2 photos (se renseigner quand même avt le départ).

En bateau

⚓ *Embarcadère (plan A3) : à l'extrémité ouest de Chalaumvang Rd.* On y trouve un poste-frontière laotien qui était encore en fonction lors de notre dernier passage, malgré l'ouverture du nouveau pont reliant Mukdahan, en Thaïlande.

➤ *Mukdahan (Thaïlande) :* au jour où nous bouclons ce guide, des bateaux traversent toujours le Mékong dans les 2 sens, généralement 6 fois/j. 9h-16h. Voir précédemment pour les questions de visa. *Attention,* ce passage de frontière par le fleuve pourrait bien disparaître au profit du nouveau pont récemment ouv (se renseigner).

➤ *Vers le sud :* pas de bateau, ou de temps en temps à la saison des pluies... Se renseigner sur place, et voir également auprès des agences de voyages de Vientiane.

En avion

✈ *Aéroport de Savannakhet (hors plan par B4) : à env 2 km au sud-est du centre-ville.* Toujours fermé aux dernières nouvelles...

Adresses utiles

ℹ️ *Savannakhet Tourism Information Centre (plan A3) : Kouvoravong Rd.* ☎ 21-42-03. ● savannakhetguides2@yahoo.com ● Tlj 8h-11h30, 13h30-16h30. Pas mal d'infos pratiques bien utiles. Organise aussi des visites historiques guidées du centre-ville en anglais et d'intéressants treks ou balades en pirogue dans la région, axés sur la découverte de la nature sauvage et des villages reculés.

✉️ *Poste (plan A3) : Khanthabouli Rd.* Appels téléphoniques internationaux et

service de transfert d'argent *Western Union.*

◼ *Argent : Banque pour le Commerce Extérieur Lao (plan B1, 3), Ratsavong Seuk Rd. Lao Development Bank (plan B1, 1), Oudomsinh Rd.* Lun-ven 8h30-16h. Offrent les mêmes prestations : change des euros, dollars, bahts, francs suisses, dollars canadiens et chèques de voyage *American Express* en dollars ou en euros ; possibilité d'obtenir kips et dollars avec les cartes *Visa* et *MasterCard,* moyennant

PLANS ET CARTES
EN COULEURS

SOMMAIRE

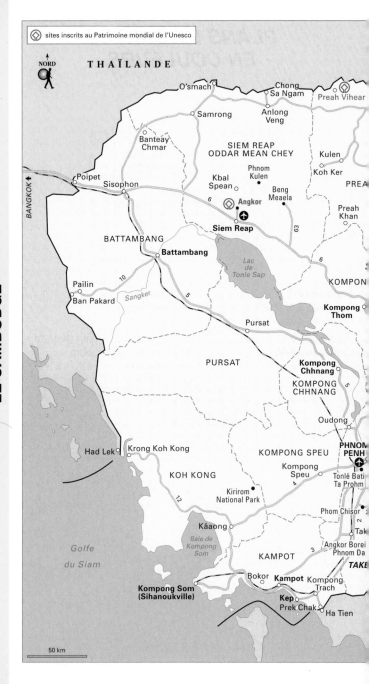

LE CAMBODGE

◎ sites inscrits au Patrimoine mondial de l'Unesco

NORD

THAÏLANDE

O'smach

Chong
Sa Ngam

◎ Preah Vihear

Samrong

Anlong
Veng

Banteay
Chmar

SIEM REAP
ODDAR MEAN CHEY

Kulen

Kbal
Spean

Phnom
Kulen

Koh Ker

PREA

BANGKOK

Poipet

Beng
Meaela

Sisophon

◎ Angkor

Preah
Khan

Siem Reap

6

63

BATTAMBANG

Battambang

Lac
de
Tonlé Sap

6

KOMPON

Païlin

10

Sangker

5

**Kompong
Thom**

Ban Pakard

PURSAT

Pursat

**Kompong
Chhnang**

KOMPONG
CHHNANG

5

Oudong

Had Lek

Krong Koh Kong

KOMPONG SPEU

**PHNOM
PENH**

KOH KONG

Kompong
Speu

Tonlé Bati
Ta Prohm

4

12

Kirirom
National Park

Phom Chisor

2

Golfe
du Siam

Kàaong

Baie de
Kompong
Som

KAMPOT

Tak

3

Angkor Borei
Phnom Da

TAKE

Bokor

Kampot

Kompong
Trach

**Kompong Som
(Sihanoukville)**

Kep

Prek Chak

Ha Tien

50 km

LE CAMBODGE

PHNOM PENH

PHNOM PENH

PHNOM PENH – REPORTS DU PLAN

■ **Adresses utiles**

- ✈ Aéroport international de Pochentong
- 🚌 Station de bus du marché central
- ⚓ Embarcadère
- 🛈 Ministère du Tourisme (office de tourisme)
- ✉ Poste principale
- 1 International SOS
- 2 Hôpital Calmette
- 3 Institut Pasteur
- 4 Naga Clinic (urgences 24h/24)
- 5 Ambassade et consulat de France
- 6 Consulat honoraire de Belgique et Compagnie fluviale du Mékong
- 7 Consulat de Suisse
- 8 Ambassade du Canada
- 9 Ambassade et consulat du Laos
- 10 Ambassade et consulat de Birmanie
- 11 Ambassade de Thaïlande
- 12 Consulat du Vietnam
- 13 Centre culturel français et Carnets d'Asie
- 14 Air France
- 15 KU Travel
- 🚌 16 Neak Krorhorm
- 17 Apsara Tours
- 18 ANZ Royal Bank
- 19 Western Union (Singapore Banking Corporation)
- 20 Cambodian Commercial Bank
- 21 Canadia Bank
- 22 Pharmacie de la Gare
- 23 Monument Books
- 24 Meta House
- 26 Angkor Motorcycles
- 27 The Bike Shop
- 🚌 28 Mekong Express
- 29 Sorya et GST Bus
- 35 Capitol Tours
- 41 Tour Asia

🛏 **Où dormir ?**

- 30 Lazy Fish Guesthouse
- 31 Simon's II, Guesthouse Number 9, Lakeside Guesthouse n° 10 et Grand View Guesthouse
- 32 Burly Guesthouse et Sky Park Guesthouse
- 33 Spring Guesthouse
- 34 Keov Mean Guesthouse
- 35 Capitol
- 36 Lucky II Guesthouse
- 37 The King Guesthouse
- 38 Narin 2 Guesthouse
- 39 Cara Hotel
- 40 Sary Rega Guesthouse et L'Auberge des Jardins d'Orient
- 41 Indochine 2
- 42 Cosyna Hotel et Bougainvillier Hotel
- 43 Golden Gate Hotel
- 44 Blue Lime
- 45 Scandinavia Hotel
- 49 Le Pavilion
- 50 Khmer Royal
- 51 Amanjaya Hotel
- 52 Himawari
- 54 Raffles Hôtel Le Royal
- 55 Hôtel Cambodiana et librairie Cambodiana

🍴 **Où manger ?**

- 40 Resto de la Sary Rega Guesthouse
- 53 Food Center du centre commercial Sorya
- 54 Resto du Raffles Hôtel Le Royal
- 65 Friends (Mit Samlanh)
- 66 Le Lotus Blanc
- 67 Le Rit's
- 68 Chez Mama
- 69 Enjoy Restaurant & Café Shop
- 70 Romdeng
- 71 An Nam
- 72 Chi Cha
- 73 Comme à la Maison
- 74 Restaurant Calmette
- 75 Khmer Surin
- 76 Ban Thai
- 77 Tea Club Café Restaurant
- 79 Boat Noodles
- 80 Pop Café
- 81 The Shop
- 82 Nouveau Pho de Paris
- 83 Khmer Saravan
- 84 Pho de Paris
- 85 FCC
- 86 River House
- 87 On the Corner et Chiang Mai Riverside
- 88 Shiva Shakti
- 89 Lilay
- 90 Le Duo (La Potenza)
- 91 Orussey Restaurant
- 92 Malis
- 93 Warung Bali

🍸 🎵 **Où boire un verre ? Où sortir ?**

- 54 Elephant Bar
- 85 Le bar du FCC
- 86 River House Lounge
- 95 Mekong River
- 96 K-West Café
- 97 Riverside Café
- 98 La Croisette
- 101 Java Café
- 102 Heart of Darkness
- 103 Pontoon
- 104 Dodo Rhum House
- 105 Tamarind Bar
- 106 Memphis Pub
- 108 Golden Boss

🍿 ⛰ **À voir**

- 2 Hôpital Calmette
- 5 Ambassade de France
- 54 Hôtel Royal
- 110 Palais royal
- 111 Musée national des Beaux-Arts
- 112 Musée du Crime génocidaire (Tuol Sleng)
- 113 Pagode d'Argent (wat Preah Keo)
- 114 Wat Phnom
- 115 Wat Ounalom
- 116 Wat Saravan
- 117 Wat Bottum Vaddey
- 118 Wat Langka
- 119 Wat Svay Popeh
- 120 Wat Chen Damdek
- 121 Wat Tuol Tom Poung
- 122 Marché central (psaar Thmay)
- 123 Marché Orussey (psaar Orussey)
- 124 Vieux marché (psaar Chah)
- 125 Marché olympique (psaar Olympic)
- 126 Cour de justice
- 128 Marché russe (psaar Tuol Tom Pong)

🛍 **Achats**

- 67 Le Rit's
- 81 Couleurs d'Asie, Water Lily Creations et Bliss
- 85 Orange River
- 112 Village Works
- 150 NCDP
- 151 Tabitha
- 153 Bazar
- 154 Hanuman
- 155 Ambre

🎭 **Spectacles**

- 127 Sovanna Phum

PHNOM PENH – REPORTS DU PLAN

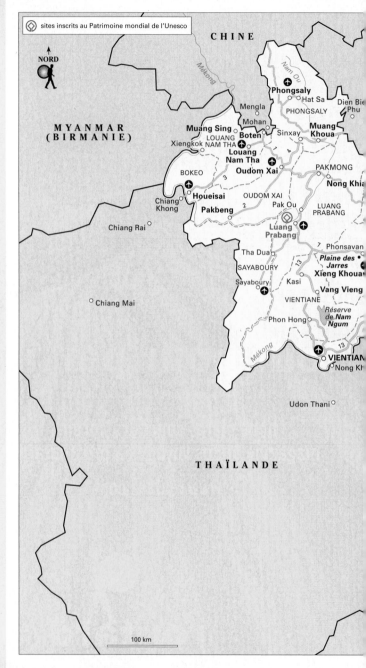

8

LE LAOS

○ sites inscrits au Patrimoine mondial de l'Unesco

NORD

CHINE

MYANMAR
(BIRMANIE)

Mekong

Nam Ou

Phongsaly
Hat Sa
PHONGSALY   Dien Bie
                   Phu

Mengla
Mohan   Muang
Muang Sing   Sinxay   Khoua
LOUANG   Boten
Xiengkok NAM THA
         Louang
         Nam Tha
BOKEO   Oudom Xai   PAKMONG

                 OUDOM XAI   Nong Khia
Chiang
Khong   Houeisai   Pak Ou LUANG
         Pakbeng   PRABANG
Chiang Rai
                         Luang
                         Prabang
                                 Phonsavan
         Tha Dua   Plaine des
         SAYABOURY   Jarres
                               Xieng Khoua
         Sayaboury   Kasi
Chiang Mai   Vang Vieng
                 VIENTIANE
                         Réserve
                         de Nam
         Phon Hong   Ngum

                         Mékong   13
                               VIENTIAN
                               Nong Kh

                 Udon Thani

         THAÏLANDE

100 km

LE LAOS

LUANG PRABANG – PLAN GÉNÉRAL

Rues

Venelles (piétonnes)

BAN HOUAXIENG Noms de quartiers

NORD

Mékong

BAN PAKH.

12

BAN HOUAXIENG

43

29 24

88

20, 21, 27

33

109

BAN WAT THAT

30

110

Phothisarath Rd · Chao Fa Ngum Rd

Kits.

49

Samsenth.

BAN VIENG

62

64

50

46

115

54

Ancien stade

60

114

116

61

Phou Vao

7

92

85

0   100   200 m

↘ Résidence Phou Vao

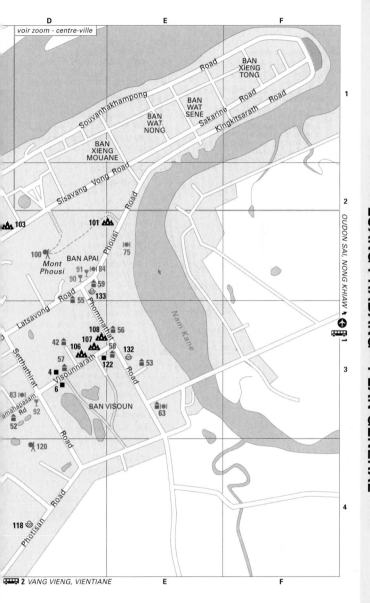

voir zoom - centre-ville

OUDON SAI, NONG KHIAW

Nam Kane

VANG VIENG, VIENTIANE

LUANG PRABANG – PLAN GÉNÉRAL

■ **Adresses utiles**

B Tourism Information Center et Police touristique
✉ Poste
✈ Aéroport de Luang Prabang
🚌 **1** Gare routière du Nord
🚌 **2** Gare routière du Sud
3 Lao Airlines
4 Lao Development Bank
6 Bureau de l'Immigration
7 Banque pour le Commerce Extérieur Lao
13 Embarcadère longues distances

🛏 **Où dormir ?**

20 Viradesa Guesthouse
21 Chanty Banchit Guesthouse
24 Seng Phet Guesthouse
27 Suan Keo Guesthouse
29 Tanoy Guesthouse
30 Vanvisa Guesthouse
33 Rattana Guesthouse
42 Villa Namneua
43 Ancient Luangprabang Hotel
46 Villa Treasure
49 Maison Souvannaphoum Hotel
50 Jaliya Guesthouse
51 Thavisouk Guesthouse
52 Mano Guesthouse « La Maison du Bonheur »
53 Sysomphone Guesthouse
54 Sabaidee Guesthouse
55 Chitlatda Guesthouse
56 Muong Lao
57 Rama Hotel et Shayada Guesthouse
58 Lane Xang Guesthouse
59 The Villa Sokxai 2
60 Villa Ban Lao Hotel
61 Le Parasol Blanc Hotel
62 Villa Maly
63 Villa May Dou
64 Satri House

🍽 **Où manger ?**

60 Restaurant de Villa Ban Lao Hotel
75 Khemkhane Food Garden
83 Atsalin Restaurant

84 Lao Lao Garden
85 Malee Lao Food Restaurant

☕ **Où prendre le petit déjeuner ?**

88 Jo Ma

🍸 **Où boire un verre ?**
Où sortir ?

90 L'Étranger, Book and Tea
91 Hi.ve Bar

🎵 **Discothèque**

92 Muang Swa

🎭 ⛰ **À voir. À faire**

100 Ascension du mont Phousi
101 Wat Tham Phousi
103 Wat Maï
106 Wat Visoun
107 That Mak Mo
108 Wat Aham
109 Wat Hosiang Voravihane
110 Wat That
114 Wat Manorom
115 Wat That Luang
116 Wat Phabat Tay
120 Site de l'étang de Boua Kang Bung

■ **Sauna et massages**

122 Sauna et massages traditionnels laotiens, Croix-Rouge Laotiens
123 Steambath Sauna & Massages

⊛ **Marchés**

118 Marché Phosi
119 Marché nocturne artisanal

⊛ **Achats**

132 Pathana Boupha Antique House
133 Kopnoi

LUANG PRABANG – REPORTS DU PLAN GÉNÉRAL

LUANG PRABANG – REPORTS DU ZOOM (CENTRE-VILLE)

LUANG PRABANG – ZOOM (CENTRE-VILLE)

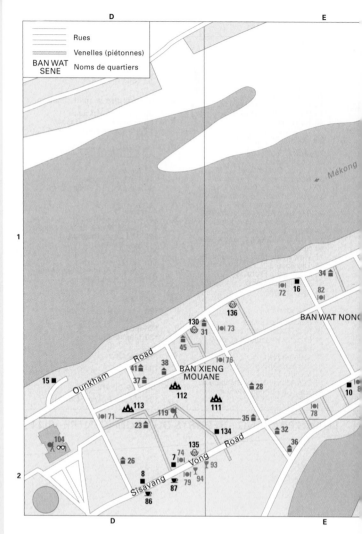

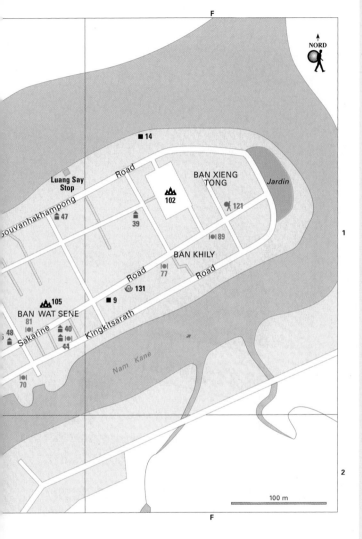

LUANG PRABANG – ZOOM (CENTRE-VILLE)

commission. Service de transfert d'argent *Western Union* à la poste (voir précédemment).

■ *Téléphone :* appels internationaux à la poste (voir précédemment). On trouve également des magasins pour téléphones portables sur Ratsavong Seuk Road, et notamment juste à côté de la *Banque pour le Commerce Extérieur Lao (plan B1, 3)*. Achat possible de cartes SIM locales ou de recharges en crédit de communication (voir la rubrique « Téléphone, télécoms » dans « Laos utile »).

■ *Hôpital provincial de Savannakhet (plan A4, 4) :* Khanthabouli Rd. ☎ 21-22-31. Urgences 24h/24. Valable uniquement pour les petits bobos. En cas de diagnostic plus sérieux, ils organisent une évacuation vers l'hôpital international de Mukdahan, en Thaïlande (voir les rubriques « Urgences » dans « Laos utile » et « Adresses et infos utiles. Urgences, santé » à « Vientiane »).

■ *Lao Airlines (hors plan par B4, 2) :* à l'aéroport de Savannakhet. ☎ 21-21-40.

■ *Consulat du Vietnam (hors plan par B2, 5) :* Sisavang Vong Rd. ☎ 21-24-18. Lun-ven 7h30-11h, 13h30-16h30. Pour un séjour de moins de 1 mois, on obtient son visa de tourisme dans la journée, sinon compter 3 jours ouvrables. Prévoir des dollars et 2 photos d'identité.

■ *Consulat de Thaïlande (plan B3, 6) :* Kouvoravong Rd. ☎ 21-23-73. ● thaisvk@mfk.go.th ● Lun-ven 8h30-12h. Pour les ressortissants occidentaux, le visa de tourisme n'est nécessaire que si vous envisagez un séjour de plus de 1 mois en Thaïlande. Dans ce cas, prévoyez : une photocopie du passeport, 2 photos d'identité et les références de votre hébergement en Thaïlande. Dépôt le matin et retrait le lendemain après-midi vers 14h-14h30.

▣ *Internet :* sur Ratsavong Seuk Rd, entre Chaimeuang et Kouvoravong Rd (plan B1-2). Concentration de boutiques pour se connecter.

■ *Location de vélos :* chez *Leena Guesthouse* (hors plan par B2), *Nongsoda Guesthouse (plan A1, 17)* et *Saisouk Guesthouse (plan B4, 16)*.

Où dormir ?

De très bon marché à bon marché (de 30 000 à 100 000 kips, soit 3,50 à 11,80 $)

🛏 *Leena Guesthouse* (hors plan par B2, 11) : Chao Kim Rd. ☎ 21-24-04. À deux pas du centre-ville, dans un véritable havre de paix verdoyant, voici des chambres avec salle de bains et ventilo, toutes parfaitement tenues. Les plus chères ont clim', eau chaude et TV. Celles du rez-de-chaussée sont plus sombres, mais c'est une bonne adresse quand même.

🛏 *Saisouk Guesthouse* (plan B4, 16) : Phetsalath Rd. ☎ 21-22-07. Petite pension de famille installée dans une charmante maison traditionnelle mi-béton mi-bois. À peine une dizaine de chambres parfaitement tenues, avec ou sans sanitaires, et clim' pour les plus chères. Ambiance routarde et bon rapport qualité-prix-accueil.

🛏 ▯◀ *Lao Lao Der Guesthouse* (hors plan par A1, 20) : à 3 km au nord du centre-ville, au bord du Mékong, un peu avt le pont. ☎ 21-22-70. ● laolao_der@yahoo.com ● Voici des chambres d'une tenue irréprochable, toutes avec salle de bains, clim' et ventilo. On a bien aimé celles du 1er étage de la maison, avec leur petit balcon plongeant littéralement dans le Mékong au milieu de la verdure. Un charme fou ! Sur place, également un resto qui mérite le déplacement pour ses bonnes petites spécialités laotiennes servies sur une adorable terrasse en bois surplombant ce fleuve qui nous fait tant rêver. Également sympa d'y prendre un verre au fil de l'eau. Prévoir un répulsif antimoustiques pour le soir, même en saison sèche.

■ *Nongsoda Guesthouse* (plan A1, 17) : Tha He Rd. ☎ 21-25-22. Dans cette villa tranquille au bord du Mékong, une bonne dizaine de chambres propres, toutes avec salle de bains, clim',

TV et frigo. Certaines, nos préférées, donnent sur le fleuve ; d'autres sont plutôt sombres. Jolie vue sur le coucher de soleil depuis la terrasse. Vérifier ses draps.

🛏 **Savanbanhao Hotel** *(plan B2, 12)* : Senna Rd. ☎ 21-22-02. ● sbtour@laotel.com ● Un vaste choix de chambres propres mais sans charme. Selon votre budget : de la plus rudimentaire, sans sanitaires, à celle équipée d'une salle de bains, clim', TV et frigo. Préférer celles du 1er étage, plus lumineuses et avec du parquet.

🛏 **Xayamoungkhoun Guesthouse** *(plan B3, 10)* : Ratsavong Seuk Rd. ☎ 21-24-26. Une agréable maison ancienne avec plusieurs terrasses et salles communes. On y trouve des chambres assez simples mais bien tenues, toutes avec salle de bains et ventilo. Les plus chères ont aussi clim', TV, frigo et eau chaude. La rue étant bruyante, évitez les chambres en façade. Accueil souriant.

🛏 **Phonevilay Hotel** *(plan B4, 13)* : Phetsalath Rd. ☎ 21-22-84. *Un peu à l'écart du centre.* Plusieurs chambres spartiates avec ventilo et sanitaires communs. Et puis d'autres, plus chères, avec salle de bains, clim', TV et frigo. L'ensemble est aéré, lumineux, un peu défraîchi mais propre. Accueil réservé.

De prix moyens à un peu plus chic (de 150 000 à 350 000 kips, soit 17,70 à 41,20 $)

🛏 **Rattanasavanh Hotel** *(plan B4, 18)* : Makhaveha Rd. ☎ 21-22-11. Fax : 25-32-11. Un hôtel d'une quarantaine de chambres nickel, au confort standardisé (salle de bains, clim', TV, frigo), et aménagées avec beaucoup de bois ; ce qui leur donne un certain cachet par rapport à la « strictitude » du bâtiment.

🛏 **Hoong Thip Hotel** *(plan A1, 19)* : à l'angle de Phetsalath et Oudomsinh Rd. ☎ 21-22-62. ● hoontip@laotel.com ● Même si l'architecture générale a quelque chose de froid et martial, les chambres sont confortables (salle de bains, clim', TV, frigo), spacieuses et vraiment bien tenues.

🛏 **Phonepaseud Hotel** *(hors plan par B1, 15)* : Santisouk Rd. ☎ 21-21-90. Fax : 21-29-16. Une succession de maisons basses abritant des chambres vraiment impeccables, toutes avec salle de bains, clim', TV et frigo.

Où manger ? Où boire un verre ?

Très bon marché (moins de 20 000 kips, soit 2,30 $)

|●| **Gargotes du marché** *(hors plan par B1, 30)* : à l'extrémité nord de Ratsavong Seuk Rd, juste à côté de la gare routière. On y engloutit les traditionnelles soupes de nouilles, brochettes de viandes, riz gluant...

|●| **Popotes de rues** *(plan B2-3)* : au coin des rues sur Ratsavong Seuk Rd. Des petits marchands ambulants proposent des sandwichs baguette-pâté à dévorer sur le pouce.

Bon marché (de 20 000 à 50 000 kips, soit 2,30 à 6 $)

|●| **Hay Tien** *(plan A-B3, 31)* : sur la grande place de l'église. Dans une maison coloniale basse, une cantoche sans prétentions pour avaler des plats simples à consonances chinoises. C'est bon, même si le choix est limité.

|●| 🍸 **Common** *(hors plan par A1, 32)* : à 3 km au nord du centre-ville, au bord du Mékong, un peu avt le pont. Un resto-bar qui vaut vraiment le déplacement. Il s'agit d'une jolie terrasse tout en bois surplombant le Mékong. Atmosphère un brin chic, avec nappes et lampions. Côté fourneaux, on se régale

d'excellentes spécialités laotiennes en regardant la vie du fleuve : pirogues de pêcheurs et barges de transport flirtant avec le nouveau pont… Si certains « regardent les bateaux en suçant des glaces à l'eau », nous, on regarde les bateaux en mangeant des plats lao-

tiens ! Également idéal pour boire un verre. Prévoir un répulsif antimoustiques pour le soir, même en saison sèche.

|●| ▼ *Lao Lao Der Guesthouse* (hors plan par A1, 20) : voir « Où dormir ? ».

Prix moyens (de 50 000 à 100 000 kips, soit 6 à 11,80 $)

|●| ▼ *Chez Boune* (plan B1, 33) : Chaimeuang Rd ; face au Old Market. ☎ 21-51-90. On a beaucoup aimé cet excellent resto tenu par un Laotien francophone mitonnant soupes, salades, sandwichs, pizzas, crêpes et de fabu-

leux morceaux de bœuf. Nos papilles s'en souviennent encore ! Cadre un brin classe avec jolie terrasse et mobilier en bois. Certainement la meilleure table de la ville, également idéale pour boire un verre ou un café.

À voir. À faire

🎥🎥 *Wat Sayaphoum* (plan A2, 40) : au bord du Mékong. C'est le plus ancien temple de la province de Savannakhet, construit en 1896, trois ans après l'arrivée des Français. Cette pagode est joliment décorée dans le style traditionnel laotien et abrite une intéressante fabrique de bouddhas (côté fleuve), sans oublier de nombreux enfants bonzes rieurs !

🎥 *L'église Sainte-Thérèse* (plan B3, 41) : Chalaumvang Rd. Édifiée en 1914, cette étonnante église est surtout fréquentée par la communauté vietnamienne catholique.

🎥 *Le musée des Dinosaures* (plan A1, 42) : Khantabhouli Rd. ☎ 21-25-97. Tlj 8h-12h, 13h-16h ; parfois fermé le w-e. Entrée : 5 000 kips (0,50 $). Ce tout petit musée fut créé en 1991 autour d'ossements de dinosaures retrouvés dans la région. C'est aussi un hommage au géologue français, Josué Heilman Hoffet, qui fut, en 1936, « l'inventeur des dinosaures du Laos » dans la région de Tang Vay. Le musée n'a visiblement aucun moyen, mais on y est toujours accueilli à bras ouverts.

🎥 *Le Musée historique* (hors plan par A4) : Khantabhouli Rd. Passer l'hôpital vers le sud ; c'est juste après sur la droite, dans un ancien bâtiment colonial entouré de verdure. Lun-ven 8h-11h, 13h30-16h. Entrée : 5 000 kips (0,50 $). Quasiment abandonné et déprimant. Vestiges de guerre et des photos noir et blanc, consacrées à un rejeton du coin, Kaysone Phonvihane, 1er président du pays. On le retrouve en compagnie de Fidel Castro et de François Mitterrand…

🎥🎥 *Le marché* (hors plan par B1, 30) : à l'extrémité nord de Ratsavong Seuk Rd, juste à côté de la gare routière. Des halles modernes très animées, où l'on se perd dans le bric-à-brac de victuailles et produits divers. Petit choix d'artisanat.

➤ DANS LES ENVIRONS DE SAVANNAKHET

🎥🎥🎥 *That Inheng* : à env 15 km de Savannakhet. Prendre la route 9 vers l'est et tourner à droite à hauteur de Inheng Village ; c'est indiqué. Prévoir 90 000 kips (11 $ env). Tlj 7h30-17h30. Entrée : 5 000 kips (0,50 $). Bâti au XVIe s, c'est l'un des plus beaux stupas du Laos, décoré de bas-reliefs de style khmer et entouré de centaines de bouddhas dorés. Cherchez donc les sculptures érotiques et visez la porte d'entrée du *that*, ornée du dieu Shiva…

PAKSÉ

IND. TÉL. : 031

À 265 km de Savannakhet, cette ville animée et commerçante est le chef-lieu de la province de Champassak, au confluent du Mékong et de la rivière Sedon. Créée au début du XXe s par les Français, qui en avaient fait leur centre administratif du Sud et un point de contrôle de la navigation sur le Mékong, Paksé a conservé le charme suranné des villes coloniales, avec ses quelques vieilles maisons basses et d'anciens bâtiments administratifs plutôt bien conservés. Sa proximité avec la Thaïlande, d'où l'on arrive par le poste-frontière de Vang Tao en traversant le plus long pont du Laos (1 380 m, de construction japonaise), en fait aussi la plaque tournante des importations dans le sud du pays, en même temps qu'un pôle économique majeur...

Paksé demeure pour les routards un point de départ idéal pour visiter le sud du Laos, notamment le temple Wat Phou et le plateau des Bolovens.

Arriver – Quitter

En avion

✈ *Aéroport international de Paksé* (hors plan par A1) : sur la route 13 en direction de Savannakhet, à env 2 km au nord-ouest du centre-ville. Pour gagner le centre-ville, sortir du terminal. Ne cédez pas aux prix exorbitants de la compagnie installée à l'intérieur. Là, prenez un tuk-tuk. Infos vols : ☎ 25-14-60. On y trouve un poste-frontière où l'on peut acheter un *visa on arrival* valable 1 mois, moyennant 30 $ et 2 photos d'identité. Également un bureau de change (euros, dollars, bahts, chèques de voyage *American Express*), où l'on obtient aussi des kips et dollars avec les cartes *Visa* et *MasterCard*, moyennant commission. Les destinations suivantes sont desservies par *Lao Airlines*.

➤ *Vientiane :* généralement 1-2 vols/j. dans les 2 sens. Durée : 1h15.
➤ *Luang Prabang :* 2 vols/sem dans les 2 sens. Durée : 1h30.
➤ *Siem Reap* (Cambodge) : théoriquement 1 vol/j. dans les 2 sens. Durée : 50 mn.
➤ *Phnom Penh* (Cambodge) : essentiellement 2 vols/sem dans les 2 sens. Durée : 1h.

En bus

🚌 *Gare routière du Nord* (hors plan par A1, 1) : sur la route 13 en direction Savannakhet, à env 8 km au nord-ouest du centre-ville. Compter 8 000 kips (1 $) pour s'y rendre en *tuk-tuk*. Départs pour les villes situées au nord du pays, le Vietnam et la Thaïlande.

➤ *Vientiane* (736 km) : env 15 bus/j. dans les 2 sens. Durée : 13h. La plupart des bus marquent un arrêt à Savannakhet et à Thakhek.
➤ *Savannakhet* (265 km) : 9-15 bus/j. dans les 2 sens. Durée : 4h.
➤ *Thakhek* (385 km) : env 15 bus/j. dans les 2 sens. Durée : 7h.
➤ *Danang* (Vietnam) : 5-6 bus/sem dans les 2 sens, pour env 18h de trajet, via *Dan Savan* que l'on atteint après 8h de route. Il est nécessaire de posséder son visa avt d'entamer un voyage au Vietnam.
➤ *Ubon Ratchathani* (Thaïlande ; 130 km) : généralement 1 bus/j. dans les 2 sens, pour env 3h de trajet, via *Vang Tao.* Les routards occidentaux n'ont pas besoin de visa pour entrer en Thaïlande et y rester moins de 30 j. Dans l'autre sens, au poste-frontière laotien, on peut acheter un *visa on arrival* valable 1 mois contre 30 $ et 2 photos d'identité (vérifier quand même avt le départ). À Ubon Ratchathani, on rejoint aisément *Bangkok* en train ou par avion avec *Thai Airways*.

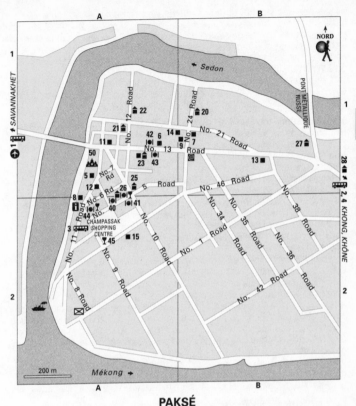

PAKSÉ

■ Adresses utiles

🛈 Paksé Tourism Information Centre
✉ Poste
🚌 1 Gare routière du Nord
🚌 2 Gare routière du Sud
🚌 3 Station des bus VIP
🚌 4 Station des bus VIP pour la Thaïlande
✈ Aéroport international de Paksé
⚓ Embarcadère
@ Internet
5 Banque pour le Commerce Extérieur Lao
6 Lao Development Bank
7 Consulat du Vietnam
8 Lao Airlines
9 Inter-Lao Tourisme
11 Dao Heung Air Booking
12 Indocruise
13 Supérette
14 Diethelm Travel Laos
15 Hôpital provincial de Paksé

â Où dormir ?

20 Sabaidy 2 Guesthouse
21 Narine Guesthouse
22 Phonesavanh Guesthouse
23 Lanekham Hotel
25 Sala Champa Hotel
26 Paksé Hotel
27 Champassak Palace Hotel
28 Hôtel Résidence du Champa

|●| ▼ Où manger ? Où boire un verre ?

26 Resto du Paksé Hotel
40 Sedone Restaurant
41 Xuan Mai Restaurant
42 Jasmin Indian Restaurant
43 Pizze Boy
44 Sinouk Coffee House
45 Lao Tour

🎎 ⛰ À voir

50 Wat Luang

🚌 *Station des bus VIP pour la Thaïlande* *(hors plan par B1, 4)* **:** *au km 2 sur la route 13, en direction du sud ; derrière le marché du soir.* ☎ *21-22-28.* Vraiment pratique, car tte proche du centre-ville. Bus confortables, rapides et directs mais un peu plus chers que les autres. À voir selon vos finances... En tt cas, ce moyen de gagner la Thaïlande est beaucoup plus simple que de prendre un taxi collectif jusqu'à Vang Tao, puis un bus jusqu'à Ubon Ratchathani, etc.

➤ *Ubon Ratchathani (130 km)* **:** compter 3 bus/j. dans les 2 sens pour 3h de voyage, via *Vang Tao.* À Ubon Ratchathani, ces bus se prennent à côté du magasin *Big C Makro.* Voir précédemment pour les questions de visa.

🚌 *Gare routière du Sud* *(hors plan par B1, 2)* **:** *au km 8 sur la route 13 en direction du Cambodge, au sud-est du centre-ville, après le stade.* Compter 8 000 kips (1 $) pour s'y rendre en *tuk-tuk.* Départs pour les villes du Sud, la région des « 4 000 îles » et le plateau des Bolovens.

➤ *Champassak (35 km)* **:** généralement 2 bus/j. Durée : env 1h. Sinon, les taxis collectifs partant du centre-ville de Paksé sont certainement plus pratiques.

➤ *Don Khong (130 km)* **:** compter 9-15 bus/j. dans les 2 sens pour 2h30 de voyage, via les villages de *Ban Hat Xaï Khoun,* où l'on traverse le Mékong sur des pirogues à moteur ; ou bien, un peu plus loin, *Ban Hat,* pour embarquer sur un bac.

➤ *Don Khône et Don Det (135 km)* **:** généralement 6 bus/j., pour env 2h30 de trajet jusqu'au village de *Ban Nakasang* où vous attendent des pirogues à moteur pour traverser le Mékong.

➤ *Veun Kham (frontière du Cambodge ; 165 km)* **:** plusieurs bus pour Don Khône et Don Det font ensuite leur terminus à Veun Kham. Env 3h de trajet. Frontière ouv tlj 8h-18h. On peut désormais acheter un visa valable 1 mois (compter 20 $) directement au poste-frontière cambodgien (se renseigner quand même avt le départ). *Attention,* dans le sens inverse, l'immigration laotienne ne délivre pas de *visa on arrival* ; il convient donc de passer par un consulat du Laos au préalable. *Bon à savoir* : à partir du centre-ville de Paksé, il existe 1 liaison/j. en minibus climatisé pour le Cambodge (Siem Reap et Phnom Penh), organisée par les agences de voyages locales.

➤ *Plateau des Bolovens* **:** 5 bus/j. pour *Saravane* et 3 bus/j. pour *Paksong.* Les départs de Paksé ont généralement lieu en matinée.

➤ *Siem Reap (Cambodge)* **:** 1 liaison en minibus/j. Pour le visa, lire « Laos utile ».

🚌 *Station des bus VIP* *(plan A2, 3)* **:** *rue 11. En plein centre-ville.* Vraiment pratiques, confortables et rapides mais un peu plus chers que les autres bus. À vous de voir...

➤ *Vientiane (736 km)* et *Luang Prabang (1 136 km)* **:** 2 bus/j. desservent successivement ces 2 villes (et aucune autre) dans les 2 sens.

En taxi collectif

➤ *Champassak, Don Khong, Don Khône et Don Det* **:** plus nombreux que les bus mais toujours bondés, les taxis collectifs se prennent généralement en plein centre-ville. *Bon à savoir* : les agences de voyages de Paksé organisent 1 liaison/j. en minibus climatisé, vraiment pratique mais plus chère.

➤ *Vang Tao (45 km)* **:** des taxis collectifs assurent la liaison avec la frontière thaïlandaise *(ouv tlj 8h-16h ; extension jusqu'à 18h moyennant finances, et taxe supplémentaire le w-e pour* overtime*),* que l'on passe à pied. *Attention,* les postes d'immigration ne sont pas très visibles, et certains lecteurs sont passés sans s'en rendre compte, pour se retrouver plus tard avec une amende, leur passeport n'ayant pas été tamponné ! Pour les questions de visa vers la Thaïlande, voir précédemment. Côté thaïlandais, on trouve un distributeur d'argent liquide pour retirer des bahts avec une carte *Visa* ou *MasterCard,* et puis des bus pour Ubon Ratchathani et Bangkok. Ouf, quelle aventure ! Entre nous, les bus directs pour Ubon Ratchathani au départ de Paksé (voir précédemment) sont quand même plus pratiques et ne coûtent pas forcément plus cher...

En bateau

🚢 *Embarcadère* (plan A2) : *derrière la poste.*
➤ *Champassak et Don Khong :* 1 bateau-taxi public/j. en début de matinée mais trop aléatoire pour qu'on le recommande. Préférer les liaisons organisées par les agences de voyages de Paksé pour respectivement 1h et 6h de navigation.

Adresses utiles

🛈 *Paksé Tourism Information Centre* (plan A2) : rue 11. ☎ 21-20-21. Lun-ven 8h-12h, 13h30-16h. Des infos pas toujours réactualisées, et puis de grands panneaux présentant les meilleures attractions de la région : Bolovens, « 4 000 îles », Wat Phou et le parc national de Xe Pian.
✉ *Poste* (plan A2) : à l'angle des rues 1 et 8. Tlj 8h-12h, 13h-17h. Téléphone et fax internationaux. Service de transfert d'argent *Western Union.*
■ *Argent : Banque pour le Commerce Extérieur Lao* (plan A1, *5*), rue 11. *Lao Development Bank* (plan A1, *6*), rue 13. Lun-ven 8h30-15h30. Offrent les mêmes prestations : change des euros, dollars, bahts, francs suisses, dollars canadiens et chèques de voyage *American Express* en dollars ou en euros ; possibilité d'obtenir kips et dollars avec les cartes *Visa* et *MasterCard,* moyennant commission. Sachez enfin que la *Banque pour le Commerce Extérieur Lao* possède un petit guichet sur la rue pour le week-end (ouvert de 8h30 à 15h). Service de transfert d'argent *Western Union* à la poste (voir précédemment). Le week-end, il est aussi possible de faire du change au *marché du matin* (lire plus loin la rubrique « À voir »).
■ *Consulat du Vietnam* (plan B1, *7*) : rue 24. ☎ 21-20-58. Fax : 21-28-27. Lun-ven 7h30-11h30, 14h-16h30. Indispensable de s'y rendre pour obtenir un visa si vous envisagez de poursuivre vos tribulations au Vietnam.
■ *Lao Airlines* (plan A1-2, *8*) : rue 11. ☎ 21-22-52. Lun-ven 8h30-11h30, 14h-16h. Également un autre bureau à l'aéroport (ouv tlj). On paie cash et uniquement en dollars.
■ *Dao Heung Air Booking* (plan A1, *11*) : rue 13. ☎ 21-22-50. La seule agence de Paksé où l'on peut acheter des billets d'avion (Lao Airlines, Thai

Airways...) avec les cartes *Visa* et *MasterCard.*
■ *Inter-Lao Tourisme* (plan A-B1, *9*) : rue 24. ☎ 21-27-78. ● *interlao.laopdr.com* ● Succursale de l'ex-agence officielle, à présent privatisée, basée à Vientiane. Assure une gamme de services irréprochables dans la plupart des provinces du pays.
■ Une autre agence plébiscitée par nos lecteurs, *Paksé Travel : Ban Thalaung* propose des excursions variées. Tarifs dégressifs en fonction du nombre de participants. 📱 *020-227-72-77* ou *020-226-63-66.* ● *paksetravel@yahoo.com* ●
■ *Diethelm Travel Laos* (plan A-B1, *14*) : rue 21. ☎ 21-25-96. ● *diethelm-travel.com* ● Cette agence thaïlandaise internationale, réputée pour le sérieux de ses prestations, organise toutes sortes d'excursions dans la région et tout le Laos. Assez cher quand même.
■ *Indocruise* (plan A1, *12*) : rue 11. ☎ 25-14-46. Résas en France auprès de l'agence Asia : ☎ 01-44-41-50-10. ● *asia.fr* ● *mekong-cruises.com* ● Organise des croisières de 3 jours et 2 nuits à bord du *Wat Phou,* une barge en bois de 34 m de long transformée en hôtel flottant. En tout, 12 cabines doubles confortables, avec salle de bains et clim'. Itinéraire : Paksé - Champassak - wat Phou - région des « 4 000 îles », et retour à Paksé en minibus. Du très haut de gamme : compter quelque 600 $ par personne, tout compris ! Paiement cash seulement.
■ *Coups de main :* en cas de gros coup dur, sachez que Jérôme Letemplier, le patron français du *Paksé Hotel* (plan A1-2, *26*), est en contact permanent avec l'ambassade de France à Vientiane...
■ *Hôpital provincial de Paksé* (plan A2, *15*) : rue 46. ☎ 21-20-18. Valable pour les petits bobos, mais en cas de

problème sérieux, ils organisent une évacuation vers l'hôpital d'Ubon Ratchathani, en Thaïlande (voir les rubriques « Urgences » dans « Laos utile » et « Adresses utiles. Urgences, santé » à « Vientiane »).

■ **Location de vélos :** dans la plupart des *guesthouses* et au *Lanekham Hotel* (plan A1, **23**).

@ **Internet :** au croisement des rues 13 et 24, plusieurs boutiques pour se connecter. Ouv tard et accès bon marché. Proposent également d'intéressantes liaisons téléphoniques internationales via le Web et gravent vos photos numériques sur CD.

■ **Supérette** (plan B1, **13**) : rue 13. Bon choix de produits importés : laitages, chocolat, biscuits, etc.

LE SUD DU LAOS

Où dormir ?

De très bon marché à bon marché (de 40 000 à 100 000 kips, soit 4,70 à 11,80 $)

🛏 **Sabaidy 2 Guesthouse** (plan B1, **20**) : rue 24. ☎ 21-29-92. ● sabaidy2 laos.com ● Dans cette villa coloniale des années 1930, on trouve des dortoirs (4 personnes) et des chambres doubles, avec ou sans salle de bains, ventilo ou clim'. Et même des lits en dortoir ! Propreté exemplaire, même si la peinture s'écaille un peu çà et là. Agréable terrasse pour discuter avec des routards du monde entier. Nombreux sont ceux qui organisent leur expédition pour le plateau des Bolovens chez M. Vong, qui a vécu 28 ans en France. Du coup, accueil en français.

🛏 **Narine Guesthouse** (plan A1, **21**) : rue 21. ☎ 21-29-27. Ce bâtiment récent à 1 étage abrite des chambres avec ou sans salle de bains. Toutes ont ventilo, clim' et TV. L'ensemble est propre. Bon rapport qualité-prix. Et puis, ils sont sympas « les gars de la *Narine* » !

🛏 **Lanekham Hotel** (plan A1, **23**) : rue 13. ☎ 21-33-14. ● lanekhamhotel@ yahoo.com ● Des chambres correctes et propres, toutes avec salle de bains et ventilo. Les plus chères ont clim', TV et frigo. Celles donnant sur la rue sont vraiment bruyantes. Une adresse juste pour ronfler, car atmosphère pas franchement folichonne. Location de scooters et motos.

🛏 **Phonesavanh Guesthouse** (plan A1, **22**) : rue 12. ☎ 21-28-42. ● phone savanh-gh@yahoo.com ● Chambres avec ou sans salle de bains, ventilo ou clim' ; eau chaude et TV pour les plus chères. Dans un bâtiment sans charme mais à peu près propre, même si un bon coup de peinture serait bienvenu.

De prix moyens à plus chic (de 140 000 à 400 000 kips, soit 16,50 à 47 $)

🛏 **Sala Champa Hotel** (plan A1, **25**) : à l'angle des rues 5 et 10. ☎ 21-22-73. Fax : 21-26-46. Dans cette ancienne villa coloniale, voici de jolies chambres confortables (salle de bains, clim'...), aménagées avec des meubles d'antan. Celles de l'étage sont vraiment charmantes. Les moins chères se situent dans un bâtiment annexe moderne planté devant la villa. Propreté limite. Accueil pas top.

🛏 |●| **Paksé Hotel** (plan A1-2, **26**) : rue 5. ☎ 21-21-31. ● hotelpakse.com ● On aime bien cet hôtel à la déco ethnique chaleureuse et de bon goût. En tout, une bonne soixantaine de chambres confortables (salle de bains, clim', TV, minibar) et impeccables. Les plus chères sont spacieuses et jouissent d'une vue imprenable sur le Mékong. Fait aussi resto (voir « Où manger ? Où boire un verre ? »). Excellent accueil en français.

🛏 **Champassak Palace Hotel** (plan B1, **27**) : rue 13 ; près du pont sur la rivière Sedon. ☎ 21-22-63. ● champassak-pa lace-hotel.com ● Construit en 1969, l'ancien palais du prince Boun Oum a été transformé en hôtel après son exil. Les amateurs de charme monumental seront séduits ! Chambres immenses et confortables (salle de bains, TV, clim', minibar), dont les plus chères se trouvent dans le bâtiment le plus ancien. Fait aussi resto. Et puis, du dernier étage, on jouit d'une superbe vue panoramique sur la région tout entière.

🛏 *Hôtel Résidence du Champa* (hors plan par B1, **28**) : au bord de la route 13 en direction du sud, juste à côté du stade. ☎ 21-21-20. ● champare@laotel. com ● À 2 km du centre-ville, une bonne quarantaine de chambres confortables (salle de bains, clim', TV, minibar), toutes décorées avec du bois dans le style laotien. Celles situées à l'étage sont plus agréables. Propreté sans faille. Fait aussi resto. Ambiance bric-à-brac ethnique à la réception.

Où manger ? Où boire un verre ?

Très bon marché (moins 20 000 kips, soit 2,30 $)

|●| *Gargotes des marchés* : au **marché du soir** et au **marché du matin** (hors plan par B1), ts deux situés sur la route 13, au km 2 en direction du sud, à côté du stade ; au **marché central** (Champassak Shopping Centre ; plan A2), en plein centre-ville. On y mange soupes, brochettes, nouilles sautées, etc., pour des clopinettes.
|●| *Sedone Restaurant* (plan A2, **40**) :

rue 5 ; face au marché central (Champassak Shopping Centre). ☎ 21-21-55. Tlj 6h-22h. Les plats ont du goût et mêlent recettes laotiennes, chinoises et vietnamiennes. Bref, c'est l'un des bons rendez-vous de Paksé à prix modiques. Fait aussi taxi, notamment pour se rendre aux stations de bus. Vend aussi des excursions.

Bon marché (de 20 000 à 50 000 kips, soit 2,30 à 6 $)

|●| *Xuan Mai Restaurant* (plan A2, **41**) : à l'angle des rues 5 et 10. ☎ 21-32-45. Tlj 6h-23h. L'accueil chaleureux de ce petit resto n'a d'égal que sa cuisine vraiment excellente, faite de spécialités vietnamiennes, chinoises, thaïes et laotiennes, à dévorer dans une salle qui ressemble à un garage.
|●| *Jasmin Indian Restaurant* (plan A1, **42**) : rue 13. Tlj 7h-23h. Un indien servant aussi des spécialités laotiennes et malaisiennes. Carte démesurée mais claire, où l'on débusque des crêpes que le chef réalise devant vous. Bon rapport qualité-prix. Vend également des billets de bateau, minibus, excursions, etc.
|●| *Pizze Boy* (plan A1, **43**) : rue 13. ☎ 25-52-55. Quoi de plus étonnant que ce resto italien tenu par des Laotiens ! Au menu, pâtes, pizzas et, bien sûr... des spécialités locales ; on ne se refait pas ! Vraiment bon et un brin dépaysant.

|●| 🍷 *Sinouk Coffee House* (plan A2, **44**) : à l'angle des rues 9 et 6. ☎ 21-25-53. Tlj 8h-20h. Très prisé par les Occidentaux de passage, ce bistrot propose un bon choix de cafés (chaud, glacé, espresso, allongé...) qui viennent directement de chez le patron-producteur, dans les Bolovens. Également des jus de fruits frais, petit déj et une petite carte de snacks corrects, servis sur du mobilier en rotin. Idéal pour goûter un moment de repos. Accueil gentil.
🍷 *Lao Tour* (plan A2, **45**) : à l'angle des rues 9 et 46. Ce beer garden à la sauce laotienne, en fait une terrasse sur rue avec tables et chaises en bois, attire la jeunesse du cru qui picole avec allégresse. Souvent de la musique live le soir, autant dire de la vraie guimauve ! Propose aussi un peu de cuisine. Ambiance amicale sympa.

De prix moyens à plus chic (à partir de 70 000 kips, soit 8,20 $)

|●| ⍟ *Resto du Paksé Hotel* (plan A1-2, *26*) : voir « Où dormir ? ». Perchée sur le toit de l'hôtel, cette terrasse à la jolie déco ethnique offre une vue imprenable sur le centre historique de Paksé, cerné par le Mékong et la rivière Sedon. Un tantinet chic mais pas guindé du tout. Dans l'assiette, d'excellentes spécialités asiatiques, et de très bons plats qui font la réputation de la cuisine française et internationale. Service prévenant et stylé. On peut aussi simplement y prendre un verre au coucher du soleil, ou en soirée pour flirter... Un peu cher toutefois.

À voir. À faire

⍓ *Wat Luang* (plan A1, *50*) : au bord de la rivière Sedon, en plein centre-ville. Richement décoré, ce temple fut construit au tout début du XXe s et contient une école et un monastère. Jolie vue sur la rivière et le pont français, que traversent souvent des groupes de bonzes dans un formidable contraste de couleurs !

⍓⍓ *Champassak Historic Museum* (hors plan par B1) : au km 1 de la route 13, vers le sud, avt le stade. Tlj 8h30-11h30, 13h30-16h30. Entrée : 5 000 Kips (0,60 $). On y découvre des vêtements traditionnels de la région, objets rituels ou de la vie quotidienne, instruments de musique, outils (charrue, métier à tisser...), mais aussi des éléments architecturaux provenant des ruines du temple khmer Wat Phou. Et puis, bien sûr, le lot habituel de bombes, roquettes, pistolets mitrailleurs et autres souvenirs de guerre américains, qui nous conduisent forcément à la section consacrée à l'apologie du communisme laotien, son agriculture, son industrie, son artisanat et ses transports...

⍓ *Le temple chinois* (hors plan par B1) : au bord de la route 13, vers le sud, après le stade. C'est l'un des rares temples chinois du Laos. Sa façade polychrome possède de belles décorations (bambous, paysages...) et des bas-reliefs multicolores. À voir en passant, car l'intérieur ne se visite pas.

⍓ *Le marché central* (Champassak Shopping Centre ; plan A2) : en plein centre-ville. Tlj 8h-16h30. C'était l'un des plus animés et colorés du Laos... mais il a entièrement brûlé. En remplacement, le moderne *Champassak Shopping Centre* s'élève sur 3 étages et demeure le plus grand complexe commercial du Laos avec ses escalators chromés... On y trouve tous les produits frais, bien sûr, mais aussi vêtements, pharmacies, appareils électroniques, etc., sans oublier le tout 1er supermarché du Laos, avec de vraies caisses enregistreuses ; on n'arrête pas le progrès ! Sur place, également quelques *gargotes* pas chères pour engloutir, à la bonne franquette, soupes de nouilles, poulets grillés, beignets de bananes...

⍓⍓ *Le marché du soir* (hors plan par B1) : au km 2 sur la route 13 en direction du sud, côté gauche quand on vient du centre, et à proximité du stade. Tlj du mat au soir. Classiques stands de fruits et légumes, d'étonnantes guirlandes de grenouilles, et puis des étals de viande particulièrement odorants, dont la visite seule vaut son pesant de tripes ! À proximité, de l'autre côté de la route, le *marché du matin* nous immerge encore dans ce Laos authentique qui nous plaît tant...

– *Massages :* chez *Dok Champa Massage*, rue 5 ; juste en face de l'hôtel Paksé (plan A1-2, *26*). Tlj 10h-22h. Petit salon de massages traditionnels où les routard(e)s peuvent abandonner un peu de fatigue, de la tête aux pieds. Prix doux.

➤ *DANS LES ENVIRONS DE PAKSÉ*

🏃 *Le village de tisserands de Ban Sapaï* (hors plan par A1) : à 17 km au nord de Paksé. Sur la route 13, à env 14 km, prendre sur la gauche au niveau d'un temple ; c'est à 3 km (panneau). La plupart des maisons du village sont dotées, au rez-de-chaussée, d'un ou plusieurs métiers à tisser. En revanche, achat des tissus (à meilleur prix qu'à Paksé) dans une seule maison. Cette visite peut faire l'objet d'une excursion à vélo (route totalement plate). Sur le trajet, remarquez l'étonnante succession de cimetières colorés. À gauche en venant de Paksé, cimetière pour les Laotiens (crémation essentiellement). À droite, cimetières catholique et vietnamien...

LE PLATEAU DES BOLOVENS

Le plateau des Bolovens, peuplé d'environ 120 000 habitants, est l'une des principales régions agricoles du Laos. Il se distingue à la fois par ses plantations d'hévéas, tecks, théiers, caféiers, bananiers, litchis, riz et autres cultures maraîchères, qui façonnent les paysages en le rendant si attachant. Pourtant, le secteur a été très éprouvé par la guerre du Vietnam et ses nombreux bombardements américains sur la fameuse piste Hô Chi Minh qui le traverse...

On accède tout simplement au plateau des Bolovens par la route depuis Paksé, et il est possible d'y passer plusieurs jours en utilisant les taxis locaux et en séjournant dans des *guesthouses* ou des *resorts* pittoresques. Les routards pressés pourront, eux, s'adresser aux agences de voyages proposant généralement des excursions d'une journée à la carte. Voici donc la boucle classique – de Paksé à Paksé en passant par Saravane – pour visiter les Bolovens et ses principaux points d'intérêt. Goudron et piste alternent le long du chemin. Bien sûr, il existe de nombreux autres sites et villages reculés à découvrir par vous-même...

TAD FAN

🏃🏃🏃 Les plus hautes chutes d'eau du Laos dégringolent dans une gorge vertigineuse de 200 m de profondeur, noyée par la jungle luxuriante de Dong Hua Sao, l'une des réserves naturelles les plus riches en biodiversité du pays... Le *Tad Fan Resort* (voir plus loin) y organise des treks, avec passage de ponts suspendus, baignade en aval des chutes, observation d'animaux, etc. On peut également se rendre dans les petites plantations de thé et café des environs, créées au temps de la colonie française, pour ainsi découvrir tout le processus de transformation : de l'arbre à la tasse que l'on déguste en fin de visite... Tad Fan, c'est notre petit coup de cœur dans les Bolovens, d'autant que le lieu est largement moins fréquenté que Tad Lo (voir plus loin).

Arriver – Quitter

➤ *En bus :* 3 bus/j. sur la ligne Paksé-Paksong, dans les 2 sens sur la route 23. Les départs de Paksé (gare routière du Sud) ont généralement lieu en matinée. Tad Fan est situé au km 38, et il ne reste que 500 m à parcourir à pied.
➤ *En voiture :* à slt 30 mn de Paksé par la route 23...

Où dormir ? Où manger ?

🛏️ |●| **Tad Fan Resort :** *sur la route 23, au km 38.* 📞 020-553-14-00 *ou* 020-573-39-29. ● *tadfane.com* ● *Double env 32 $; triple env 40 $.* Dans ce petit coin de nature perdu dans la forêt tropicale, bercé par le bruit des chutes d'eau, on a craqué pour ces charmantes maisonnettes en bois sur pilotis abritant une quinzaine de chambres, assez rudimentaires certes mais nickel. Chacune dispose d'une salle de bains et d'une petite terrasse pour goûter à la quiétude de l'environnement, les yeux dans le vert. Un peu cher quand même. Fait aussi resto (plats autour de 2 $), mais service lent.

PAKSONG

🍴 À environ 50 km de Paksé. Quelques bus s'y rendent chaque jour depuis la *gare routière du Sud*. Cette ville a été rayée de la carte par les bombardements américains, avant d'être reconstruite. Son marché, avec des gargotes pour casser la croûte, est très animé. Il est aussi le point de départ des taxis collectifs qui desservent la région. À la sortie de Paksong, en direction de Saravane, remarquez les stupas de deux révolutionnaires : le Laotien à gauche et le Vietnamien à droite.

Où dormir ?

🛏️ **Paksong Guesthouse :** *un peu plus loin que le marché, sur la gauche. Doubles 7-12 $ selon confort.* Quelques maisons en dur dans un petit jardin verdoyant et tranquille. Une dizaine de chambres, toutes avec salle de bains et ventilo ; les plus chères avec clim' et TV. Vraiment propre et sans bavure. Et pour la croûte, allez au marché !

BANKO PHOUNG

🍴🍴 À environ 54 km de Paksong, toujours sur la route 23, qui mène à Saravane. Étalé de part et d'autre de la route, ce village est habité par des Protomalais de l'ethnie Katou, qui sont animistes. Ils ne s'habillent plus en costume traditionnel mais ont conservé leur principale coutume qui consiste à confectionner leurs cercueils de leur vivant, traditionnellement stockés sous les greniers à riz... Dans le village, les enfants sont souvent nus et se promènent en ribambelle parmi poules et cochons. Tous les habitants, du plus âgé au plus jeune, fument le tabac dans des pipes à eau en bambou. Attention aux comportements qui risqueraient de déranger : manque de discrétion, photos sans autorisation et tenue un peu trop déshabillée.

SARAVANE

🍴 À 116 km de Paksé, ce gros bourg, reconstruit tant bien que mal après avoir été détruit par la guerre, ne présente pas d'intérêt majeur en dehors de son marché, particulièrement riche en couleurs, odeurs, saveurs et tranches de vie animées.

Arriver – Quitter

➤ **En bus :** 5 bus/j. sur la ligne Paksé-Saravane, dans les 2 sens, sur la route 20. Les départs de Paksé (gare routière du Sud) ont généralement lieu en matinée. Durée du trajet : 2h.

Où dormir ? Où manger ?

🛏 *Chindavone Guesthouse : dans le centre, à proximité du carrefour du marché. Double env 8 $.* Dans ce petit ensemble de maisons en dur ou en bambou, voici des chambres bien équipées (salle de bains, clim', TV) et toutes propres. Accueil familial gentil.

🍴 *Gargotes du marché :* on y mange soupes de nouilles, brochettes de viande, beignets, etc., pour *peanuts !*

🍴 *Vilayvone Restaurant : dans le centre, à côté du marché et face au Département des Finances.* De bonnes spécialités, bien goûtues, à dévorer dans une salle quelconque. Pour ceux qui seraient un peu effrayés par les gargotes rustiques du marché.

TAD LO

🏛🏛🏛 Situé en bordure du plateau des Bolovens, à 80 km de Paksé, Tad Lo est réputé pour ses 3 belles chutes d'eau, qui en ont fait une vraie station touristique. Possibilité de baignade et balades pittoresques dans la forêt...

Arriver – Quitter

➢ *En bus :* env 5 bus/j. entre Paksé et Saravane, dans les 2 sens, sur la route 20. Les départs de Paksé (gare routière du Sud) ont généralement lieu en matinée. En route, descendre au pont de la rivière Séxet et marcher sur 2 km (panneaux).

Où dormir ? Où manger ?

🛏 🍴 *Tad Lo Lodge : en bordure de la forêt, près d'une cascade.* ☎ 034-21-18-89. ● *souriyavincent@yahoo.com* ● *Double env 25 $.* De part et d'autre de la rivière, ces charmantes maisons en bois et en dur abritent de jolies chambres aménagées avec un goût assuré, toutes avec salle de bains, ventilo, moustiquaire, petite terrasse sur la rivière. Fait aussi resto sur une grande terrasse surplombant la rivière. Service de transfert depuis Paksé sur demande. Et balades à dos d'éléphants d'1h30 très appréciées, compter 5 $ par personne. Véritable cachet et tenu de main de maître.

🛏 🍴 *Saisee Guesthouse & Resort : de l'autre côté du pont.* ☎ 034-21-18-86. *Doubles 6-20 $ selon confort.* Les fauchés apprécieront les chambres rudimentaires mais propres, installées dans des bungalows en bambou sur pilotis et toutes équipées de salle de bains, ventilo, moustiquaire et petite terrasse. Les plus chères se trouvent, elles, face aux chutes d'eau, dans des maisonnettes en bois plus spacieuses et décorées avec soin mais sans équipement supplémentaire. Fait aussi resto. Une bonne adresse pour toutes les bourses.

À faire

🏛🏛🏛 *Promenade à dos d'éléphant :* environ 1h à la découverte des somptueux paysages entourant Tad Lo.

TADXE PHASOUAM

🏛🏛🏛 À 38 km de Paksé par la route 20, au cœur d'une nature luxuriante, voici encore de belles chutes d'eau avec un joli petit pont de lianes à traverser pour la photo.

Où dormir ? Où manger ?

🏠 |●| *EcoLodge : dans la forêt, au bord de la rivière.* 📱 *031-25-12-94. Double env 27 $.* On est vraiment emballé par ce petit bout de jungle où ont été semées, jusque dans les arbres, de charmantes petites maisons en bambou. Mobilier rustique et simple, ventilo, moustiquaire, terrasse donnant sur le torrent, sans oublier douche et w-c à ciel ouvert ! Bref, une communion de tous les instants avec Dame Nature. Fait aussi resto, installé sous une magnifique paillote en bois, où l'on sert de bons plats asiatiques et internationaux à prix moyens. Un vrai coup de cœur !

CHAMPASSAK

IND. TÉL. : 031

⌖ À environ 35 km au sud de Paksé, Champassak s'étire sur 3 km sur la rive droite du Mékong, le long d'une route qui mène au fameux wat Phou. Le village connut son heure de gloire au début du XXe s, lorsque les Français protégeaient la famille princière, comme en témoignent quelques belles villas rougies par la poussière... Aujourd'hui, Champassak s'épanouit dans une tranquillité absolue, loin des voitures, et demeure un endroit rêvé pour se reposer et faire du vélo.

Arriver – Quitter

En bus

➢ *Paksé (35 km) :* souvent 4 bus/j. dans les 2 sens, pour env 1h de trajet. Sinon, les taxis collectifs sont certainement plus pratiques (s'organiser éventuellement avec votre *guesthouse*)... On vous dépose généralement sur la rive gauche du Mékong, à *Ban Muang* (situé à 4 km de la route 13), d'où vous prendrez une pirogue à moteur ou l'un des bacs pour traverser le fleuve (30 000 kips, soit 50 $), puis gagner en *tuk-tuk* le petit bourg de Champassak, situé 2 km plus au sud.

En bateau

⚓ *Embarcadère : à 2 km au nord du bourg de Champassak.*
➢ *Paksé* et *Don Khong :* 1 bateau-taxi public/j., en début de matinée, mais trop aléatoire pour qu'on le recommande. Préférer les liaisons organisées par les agences de voyages de Paksé ou de Don Khong (voir *Pon's Guesthouse* dans « Adresses utiles » à « L'île de Khong »), pour respectivement 1h30 et 5h de navigation. Sinon, en dehors de tt circuit, la loc de pirogues à moteur privées est aussi possible ; à vous de voir. En tt cas, c'est le moyen le plus agréable et le plus proche de la nature pour découvrir les paysages grandioses du Mékong, qui mesure par endroit près de 2 km de large ! Sachez aussi que les bateaux pour Don Khong s'arrêtent le plus souvent à *Ban Séné,* sur la côte ouest de l'île, à 8 km de *Ban Khong* qui est le bourg principal. Enfin, quand il s'agit de remonter le fleuve, les bateaux sont bien moins rapides qu'à la descente, et il est parfois préférable d'attraper un bus ou un taxi collectif...

Adresses utiles

🛈 *Champassak Visitor Information Centre : dans le centre, env 50 m au* nord du 1er rond-point, côté fleuve. Lun-ven 8h-12h, 13h30-16h30. Pas mal d'infos sur les transports du coin et les balades à faire dans la région.

✉ **Poste :** à 100 m au nord du 1er rond-point, côté fleuve. Téléphone national seulement.

■ **Lao Development Bank :** au niveau du 1er rond-point, côté campagne. Lun-ven 8h30-15h30. On y change euros, dollars, francs suisses, bahts et chèques de voyage American Express en dollars. Aucun moyen de se procurer des kips avec une carte de paiement, mais service de transfert d'argent Western Union.

■ **Hôpital :** à env 600 m au sud du 1er rond-point, devant la boutique Inter-net, prendre la rue côté campagne (panneau). Juste pour les petits bobos, et encore...

■ **Pharmacie Kanhkam :** à 2 km au sud du bourg, juste avt le 1er pont, côté fleuve. ☎ 25-14-06. Tlj 6h-18h. Stock limité et beaucoup de produits chinois.

▣ **Internet :** boutique pour se connecter à env 600 m au sud du 1er rond-point, côté fleuve, et juste devant la rue de l'hôpital. Dans ce petit bout du monde, c'est toujours sympa de rester en contact avec sa tribu.

■ **Location de vélos :** normalement dans toutes les guesthouses.

Où dormir ? Où manger ?

De très bon marché à prix moyens (de 20 000 à 200 000 kips, soit 2,30 à 23,50 $)

🛏 **Kamphouy Guesthouse :** à 100 m au sud du 1er rond-point, côté campagne. ☎ 25-27-00. Une dizaine de chambres ventilées, réparties dans une grande villa et ses 2 annexes en bambou et en dur, plantées dans le jardin. Avec ou sans salle de bains selon votre budget. Vraiment propre et bien tenu. Une très bonne adresse.

🛏 ▮◯▮ **Anouxa Guesthouse :** à 1 km au nord du 1er rond-point, côté Mékong. ☎ 21-32-72. Dans ce charmant petit jardin bordé par le Mékong, on a le choix entre des chambres avec salle de bains et ventilo installées dans des bunga-lows en bambou, et puis des chambres en dur climatisées, avec petite terrasse privée donnant sur le fleuve. Tout est nickel et vraiment très agréable. Sur place, également un bon resto-terrasse dominant le Mékong, avec un large choix de plats laotiens. L'une de nos adresses préférées à Champassak.

🛏 **Thavisap Hotel :** à env 500 m au nord du 1er rond-point, côté campagne. ☎ 92-00-81. Un hôtel sans charme, avec des chambres plutôt bien équipées (salle de bains, clim'...) et propres, réparties dans 2 bâtiments.

À voir

🍴 **Les villas princières :** à 150 m au sud du 1er rond-point, côté campagne. Il s'agit de 2 belles villas coloniales témoignant des fastes passés du roi de Champassak et de son frère. Dans l'une d'elles se trouve une stèle du Ve s écrite en sanskrit, provenant du wat Phou.

🍴🍴 **Wat That :** à env 2,5 km au sud du bourg. Cet autre temple de Champassak possède un curieux sanctuaire construit dans le style colonial. On peut demander à y voir des nang sao phouk, qui sont de très anciens manuscrits en langue pali, gravés sur des feuilles de latanier. Le latanier est une sorte de palmier, dont les feuilles séchées étaient utilisées comme support pour écrire des textes religieux ou profanes. Ces manuscrits sont nombreux dans les temples du sud du Laos, et une mission archéologique allemande a entrepris de les recenser afin de les préserver. Au pied de la tour du tambour notamment, remarquez aussi les immenses pirogues colorées, utilisées pour des courses rituelles...

🕴 **Wat Phra Ong None :** à env 4 km au sud de *Champassak* après le 2ᵈ pont, côté Mékong. Interdiction de prendre des photos du bouddha couché sans autorisation, sinon le film se voile. C'est du moins ce qu'affirment les moines !

> ➤ **DANS LES ENVIRONS DE CHAMPASSAK**

🐘🐘🐘 **Les villages aux éléphants :** à une quarantaine de km au sud de *Champassak*. **Ban Khiet Ngon** et **Ban Papho** figurent parmi les rares villages du

SANG POUR SANG

Ce petit temple abrite un bouddha couché auquel est rattachée une étrange légende. Un jour, un pêcheur qui était dans sa barque sur le Mékong aiguisa son couteau sur un rocher affleurant à la surface de l'eau. Le rocher se mit à saigner. Le pêcheur recommença et le rocher cria sa douleur. Effrayé, l'homme courut ameuter le village. On sortit alors le rocher de l'eau pour s'apercevoir qu'il s'agissait d'une statue du Bouddha, qui aussitôt se mit à parler : « Je ne veux pas partir d'ici, sauf si vous m'amenez au temple royal, le wat Vuang Kao. » Ce qui fut fait, et le wat Vuang Kao devint ainsi le wat Phra Ong None (« le temple du Bouddha couché »).

Laos à posséder des troupeaux d'éléphants domestiques. On est en plein cœur de la *réserve nationale de Xe Pian,* l'une des plus importantes d'Asie du Sud-Est. Réputée pour ses mammifères, dont le tigre et le léopard et ses reptiles en tout genre...

Comment s'y rendre

À partir de la route 13, sur la rive gauche du Mékong, tourner au carrefour de Ban Tang Beng (situé au km 48 au sud de Paksé) en direction d'Attopeu. Les non-motorisés peuvent demander au bus Paksé - Don Khong de s'y arrêter. Des passeurs attendent parfois les voyageurs pour organiser ensuite leur acheminement dans les villages (mais c'est long pour la faible distance !).

Pour les motorisés, après 6 km le long de cette route 18 vers Attopeu, un chemin défoncé se dessine sur la droite ; le suivre sur 2 km jusqu'au village de Ban Khiet Ngon. Pour Ban Papho, de la route 18 en direction d'Attopeu, tourner à droite au km 14, Ban Papho est situé à 4 km à l'écart par une piste en bon état. *Bon à savoir* : un sentier de 8 km relie les 2 villages. Pas mal d'agences de voyages organisent l'excursion dans les villages, au départ de Paksé notamment (entre autres, *Green Discovery*). En outre, il est quasi obligatoire de réserver la balade à dos d'éléphant ; les agences se révèlent donc utiles, d'autant que peu de responsables villageois parlent l'anglais.

– Le village de Ban Khiet Ngon et Phou Assa : plusieurs *eco-trails* autour du village (avec signalisation et explications très bien faites sur la végétation locale), et possibilité de faire du canoë sur l'étang. Mais le village est surtout connu pour *Phou Assa,* l'un des sites les plus curieux qu'il soit donné de voir au Laos : un plateau d'origine volcanique à l'aspect lunaire, que l'on peut atteindre depuis le village lors d'un trek encadré ou à dos d'éléphant ; le village possède en effet près d'une vingtaine de pachydermes domestiques. Penser à réserver au moins un jour à l'avance : 📞 030-534-65-47. Prix : environ 10 $. Bien préciser au cornac que vous souhaitez faire une pause au sommet, car ils ont un peu tendance à presser l'allure au retour.

🏠 🍽 **Kingfisher Ecolodge :** à 1 km du centre du village. 📞 030-534-50-16. • kingfisherecolodge.com • *Doubles 16-48 $ selon confort.* Si les petits bruits de la nuit vous importunent, passez votre chemin ! Au cœur de ce paradis de nature sauvage (quelle vue !), on a

adoré les jolies maisonnettes laotiennes en bambou sur pilotis, abritant des chambres avec ventilo, moustiquaire et sanitaires communs. Les plus chères sont aussi équipées d'une salle de bains et se trouvent dans de sublimes maisons traditionnelles en bois, dont l'atmosphère est digne des magazines de déco. Fait aussi resto. Une adresse exceptionnelle, tenue par un couple lao-italien aux petits soins et qui vient vous chercher sur demande. On est sous le charme !

– *Le village de Ban Papho :* complètement paumé dans la cambrousse tropicale, ce village sans eau ni électricité, qui semble jailli de la nuit des temps avec sa panoplie de métiers d'artisanat traditionnels, compte plusieurs éléphants domestiques. Moins organisé que son voisin, donc assurément plus authentique. Bien sûr, balades possibles sur le dos des pachydermes à travers les rizières et visite d'une école de dressage.

🏠 |●| *Boon Hom Guesthouse :* à env 1 km de l'entrée du village. ☎ 030-534-62-93. Double env 3 $; lit dortoir env 1,50 $. On loge dans la maison des proprios, qui sont des gens absolument délicieux parlant un peu l'anglais et le français. Chambre d'hôtes rustique à souhait, avec moustiquaire, et d'une propreté irréprochable. Également un dortoir avec matelas à même le sol. Pas d'électricité ni d'eau courante pour la toilette, qui se fait dehors avec un seau. Les routards bourlingueurs apprécieront l'authenticité ! Fait aussi resto, avec une carte variée et pas chère.

À voir également

🏃 *Oum Mouang :* env 15 km au sud de Champassak, sur la rive gauche du Mékong, face à l'extrémité sud de l'île de Deng (Don Deng). Accès possible en pirogue à moteur pdt les htes eaux au départ de Ban Muang, en face de Champassak ; on remonte alors la rivière Tomo jusqu'à Ban Tomo ; là, demandez à quelqu'un de vous conduire jusqu'aux ruines... Par la route, il faut tourner à droite, à la sortie du village de Lak 40 (au km 40 de la route 13), juste après le passage de la rivière Tomo, une dizaine de km au sud de Ban Muang ; faire encore 4,5 km sur une piste qui traverse les rizières, puis s'arrêter à la forêt et marcher env 5 mn. Tlj 7h30-16h30. Entrée : 10 000 kips (1,20 $). Datées du IVe s avant notre ère, ces ruines khmères sont dispersées dans une forêt clairsemée en bordure de la rivière Tomo. On aperçoit au pied des arbres quelques chapiteaux ornés de *nagas*, des linteaux de portes, et on distingue encore une allée bordée de lingams. Seul est encore debout un petit édifice en latérite, où l'on découvre un beau bas-relief représentant Brahma...

WAT PHOU

◈ C'est certainement le site archéologique le plus intéressant et le plus important du Laos, classé au Patrimoine mondial de l'humanité par l'Unesco en décembre 2001. Pour les amoureux des vieilles pierres, sa visite justifie à elle seule un voyage dans le sud du pays. Toutefois, si vous avez déjà visité les temples d'Angkor Wat, au Cambodge, la découverte du wat Phou vous semblera quelque peu... insignifiante.

Le *wat Phou,* littéralement « temple de la Montagne » en lao, est le berceau de la civilisation khmère, bien avant la fondation d'Angkor. Les premières recherches sur le site ont été entreprises au début du XXe s par le Français Henri Parmentier, de l'École française d'Extrême-Orient. Du coup, on connaît assez précisément le passé du wat Phou, grâce également aux descriptions des Annales de la dynastie chinoise Sui, datant du Ve s de notre ère. À cette époque, il existait un pays dans le delta du Mékong, le royaume de Founan, qui était vassal de la Chine, et appelé « Chenla ». À la fin du VIe s, les royaumes des pré-Khmers et des Chams qui peuplaient le sud du Laos actuel s'allièrent

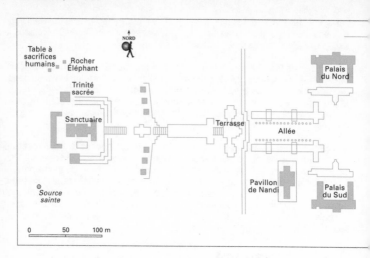

contre le Funan, qu'ils parvinrent à vaincre. Puis les habitants du Cambodge s'attaquèrent à leurs alliés chams, qui furent battus à leur tour. Dès lors, les ancêtres des Khmers firent du site actuel du wat Phou leur principal centre religieux. Pourquoi ? Parce que à une époque très reculée, des religieux, sans doute venus de l'Inde, avaient vu, dans les formes généreuses de la montagne verdoyante dominant le temple et appelée aujourd'hui Phou Bassak (*Lingam Parvatha* en langue sanskrit, soit « le lingam de la Montagne ») une forme phallique !

Toute une société s'était donc organisée autour de ce lieu sacré. On y trouvait le temple du Lingam sur l'actuel site du wat Phou, où vivaient prêtres et brahmanes, sans oublier la ville de Sresthapura, fondée par le roi Devanika au Ve s. Cette dernière se situait à l'emplacement du village que l'on croise après le 2nd pont sur la route de Champassak au wat Phou. Sresthapura s'étendait ainsi sur 4 km, et ses vestiges, actuellement sous terre, n'ont jamais été fouillés. Selon les archéologues, cette ville comptait plusieurs milliers d'habitants...

Les ruines que l'on peut voir sur le site du wat Phou datent, elles, du IXe au XIIe s de notre ère. Elles sont impressionnantes, bien qu'assez mal conservées. Une mission archéologique franco-lao-italienne y fait régulièrement de nouvelles découvertes, aidée en cela par le statut de Patrimoine mondial de l'humanité, qui permet également de mener certaines restaurations. Un musée financé par le Japon a notamment été inauguré à l'entrée du site début 2003. Enfin, pour l'heure, le wat Phou demeure un site sacré pour les bouddhistes, qui l'ont, en quelque sorte, annexé au XVIe s...

Arriver – Quitter

➢ *En tuk-tuk ou à vélo :* le site du wat Phou est situé à slt 8 km au sud de Champassak. Il est facile de faire l'aller-retour en *tuk-tuk* (on les trouve près du débarcadère et au niveau du 1er rond-point, sinon, on peut les héler sur la route), ou encore, et c'est plus agréable, à vélo. Prévoir 10 000 kips (1,20 $) pour la loc de vélo à la journée et 70 000 kips (8,20 $) pour la ½ journée en *tuk-tuk*.

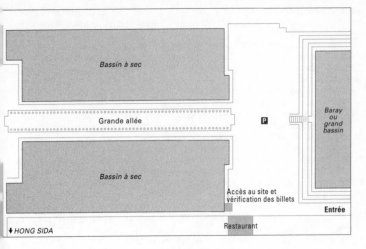

WAT PHOU

À voir

🎎🎎🎎 *Tlj 8h-16h30. Entrée : 30 000 kips (3,40 $). Taxe pour le parking !* Après avoir jeté un petit coup d'œil au musée situé devant la porte d'entrée, on accède enfin au fameux wat Phou. Le site archéologique étant orienté sur un axe est-ouest, il est préférable de le visiter en début de matinée, quand la lumière est vraiment favorable. En pleine journée, sous un soleil de plomb, prévoir chapeau, lunettes noires, crème solaire, et même une ombrelle, comme c'est la mode ici ! Compter une demi-journée d'exploration en prenant son temps...
– **Le baray ou grand bassin :** à l'extrémité est (avant le parking), il servait aux joutes nautiques. Et puis l'eau est symbole de vie et de sacré, d'où l'importance de ce bassin dans l'organisation du temple... Aujourd'hui à l'abandon, il sert à la baignade des buffles !
– **La grande allée :** débute derrière le *baray* et mène aux ruines des 2 principaux palais. Sur toute sa longueur, environ 200 m, elle est bordée de *lingams* (phallus) de Shiva.
– **Le palais du Nord (palais des hommes) :** planté sur la droite au bout de la grande allée, il s'agissait en fait d'un lieu de culte où étaient rendus certains rituels. Construit en latérite et grès, il compte de nombreuses sculptures hindoues, qui ont largement survécu quand le wat Phou devint un temple bouddhiste. Ainsi, cette fausse porte ornée de bas-reliefs, où l'on voit Çiva et son énergie féminine Parvati sur leur taureau Nandi ; avec sur le linteau, Vishnou chevauchant le dieu ailé Garuda... Le palais dispose aussi de fenêtres à balustres qui ont inspiré l'architecture laotienne.
– **Le palais du Sud (palais des femmes) :** juste en face du palais du Nord. Édifié en grès, donc plus résistant aux affres du temps que le précédent, il montre les mêmes motifs décoratifs hindoues... À l'ouest immédiat de ce palais, voici les ultimes vestiges du **pavillon de Nandi,** en fait un temple dédié au fameux taureau. Construit en blocs de grès, c'était un bâtiment étroit, formé d'une série de 4 portiques. C'est d'ici que partait un chemin vers le sud, rejoignant Angkor. De l'autre côté de l'allée, au nord, des fouilles archéologiques récentes ont révélé la présence d'un édifice symétrique...

– *Les 1ers escaliers* montant vers le sanctuaire se situent dans l'axe de l'allée centrale, après les 2 palais. Ils sont bordés de très beaux frangipaniers aux fleurs odorantes. Sur la *1re terrasse,* partiellement dallée, on admire à droite une statue qui fait toujours l'objet d'un culte assidu (nombreuses offrandes !). Selon les Laotiens, elle représenterait Phaya Komatha, fondateur du temple. Une légende tenace veut qu'une course ait opposé les 2 architectes du wat Phou et d'Angkor, à qui finirait le 1er. Celui d'Angkor gagna et fit résonner le gong, dont le son, selon la légende, pétrifia Phaya Komatha dans la position où l'on peut encore le contempler... Face à lui, un fragment de tête d'éléphant est posé sur un rocher. Également une belle image de Çiva dans le tas de pierres qui domine la statue de Phaya Komatha. Derrière lui, 2 belles statues sans tête couchées par terre. On remarque aussi plusieurs chapiteaux sculptés ornés de *nagas* à plusieurs têtes.

– *Le sanctuaire,* à l'origine brahmanique, s'élève au sommet d'une sorte de pyramide à 7 degrés de 11 marches chacun (ouf !). Il s'agit d'un petit bâtiment en forme de croix, richement orné de sculptures représentant différentes divinités du panthéon hindou. Sur le linteau de la façade de gauche, un bas-relief montre Krishna déchirant le démon-serpent Kala. Au bas de chaque pilier sont représentés des gardiens en prière. Toujours à l'extérieur, sur le côté latéral droit, la déesse de la Terre tresse ses cheveux pour donner la vie. À l'intérieur, sur le linteau de la porte centrale, Çiva chevauche Airavata, l'éléphant à 3 têtes...

Le saint des saints abritait autrefois une grande sculpture, le lingam Parvatha. La sculpture, en grès vert, était en permanence arrosée par l'eau d'une source descendant de la montagne et canalisée jusqu'au sanctuaire. La source se trouve derrière le bâtiment, gisant de la falaise, et sa canalisation a été mise au jour par des fouilles archéologiques récentes. Depuis le XIVe s, c'est une grande statue du Bouddha qui remplace le lingam Parvatha à l'intérieur du sanctuaire.

– Derrière le sanctuaire saint des saints, côté nord, un bas-relief sculpté dans un rocher montre la *trinité sacrée (trimurti)* sur laquelle repose la religion hindoue : Shiva au milieu, entouré de Brahma à gauche et de Vishnou à droite.

– En continuant vers le nord, gardant ainsi la montagne à main gauche, vous tombez sur un petit lieu de cérémonie moderne et un monastère. À l'arrière de celui-ci, dans une caverne rocheuse, quelques beaux bouddhas antiques... Passez alors sous le monastère et longez encore la falaise sur environ 50 m pour découvrir, tels des explorateurs : la *table à sacrifices humains* ! Sur cette pierre taillée en forme de crocodile qui rappelle aussi la forme d'un corps humain, on pratiquait, paraît-il, des sacrifices de jeunes filles vierges... À côté, une étrange sculpture représente un serpent à 2 têtes sur des escaliers. On passe ensuite devant une *plate-forme* qui serait le salon où le roi assistait au sacrifice rituel, avant d'arriver au gros *rocher Éléphant.* On y observe en effet un éléphant à 3 têtes, taillé dans le grès...

|●| *Restaurant :* juste à l'entrée du site archéologique, devant le guichet de contrôle des billets. Ne pas hésiter à y manger : carte limitée, mais c'est fort bon et pas cher du tout.

Fête

– La grande fête bouddhique du *Mahakhabousa* dure 3 jours et commence 2 jours avant la pleine lune de février. Il s'agit d'une fête-pèlerinage prenant des allures de foire avec boxe, combats de buffles et de coqs, loteries, manèges, et quête des bonzes le jour même de la pleine lune, vers 7h du matin, dans les ruines...

➤ DANS LES ENVIRONS DU WAT PHOU

🎇 *Hong Sida :* à gauche avt l'entrée du wat Phou, en suivant la piste en direction du sud sur env 1 km, on arrive aux ruines de Hong Sida, le palais de la déesse Sida (un drôle de nom... !). Le temple était un sanctuaire hindou datant de la même époque que le wat Phou. Aujourd'hui, envahi par la végétation, il est presque entièrement en ruine (ne pas s'y aventurer, danger : serpents !). À 50 m face à l'entrée du temple, on distingue vaguement les vestiges de l'allée bordée de lingams qui y menait. On raconte qu'il y a quelques années, des militaires ont trouvé un trésor dans les ruines et qu'ils l'ont emporté...

🚶 *Bane That :* à env 30 km au sud. Pour y aller, prendre la route en direction du sud jusqu'à Done Thalat ; passer le village et tourner à droite 3 km plus loin, puis faire encore 6 km sur une mauvaise piste. Il s'agit encore d'un site khmer de la même époque que le wat Phou. On y voit 2 grands édifices en forme de cheminée, caractéristiques de l'art khmer, ainsi qu'une stèle portant des inscriptions en langue pali...

🚶 *L'ascension du Phou Bassak :* en venant de Champassak, demandez au village avt le wat Phou. La montée et la descente se font en 2 j. On peut dormir aux trois quarts du chemin car il y a un point d'eau. C'est une très belle balade qui grimpe jusqu'au sommet de la montagne sacrée. L'ascension n'est pas très difficile mais doit être faite avec un guide local avec, au préalable, l'obtention d'une autorisation auprès des autorités du district.

LE DISTRICT DE SIPHANDONE

Dans l'extrême sud du Laos, juste avant la frontière cambodgienne, le Mékong se divise en une multitude de bras où sont éparpillées des myriades d'îles luxuriantes de végétation. Voici donc le district de Siphandone, mot qui signifie « les 4 000 îles » en lao. Ici, le Mékong n'est plus navigable à cause des rapides et de spectaculaires chutes d'eau. Sur les îles de Khône et de Det, on peut encore voir les vestiges d'une ligne de chemin de fer construite par les Français pour contourner ces obstacles à la navigation... On peut également prendre une pirogue pour tenter d'aller observer les fameux dauphins d'eau douce du Mékong... Aux dernières nouvelles, l'Unesco envisagerait aussi de classer cette région des « 4 000 îles » – et notamment Don Khône et Don Det – au Patrimoine mondial de l'humanité ; une décision qui freinerait certainement le développement incontrôlé des *guesthouses* de fortune et autres complexes touristiques de mauvais goût, avec casinos ; véritables outrages à la magie sauvage du Mékong...

L'ÎLE DE KHONG (DON KHONG)   IND. TÉL. : 031

C'est la plus grande île du Mékong et aussi la plus au nord de cette magnifique région des « 4 000 îles ». Si le paysage est ici moins paradisiaque que sur les autres îles, on peut y découvrir quand même quelques endroits sympas pour flâner. Et que dire de la population locale... accueillante comme sans doute nulle part ailleurs. L'actuel président est né ici et porte d'ailleurs le nom de la région... Don Khong est en tout cas un bon point de départ pour partir explorer les îles voisines en pirogue à moteur, en se prenant pour des explorateurs ! Toutefois, les amateurs de dépaysement tropical total iront directement aux îles de Khône et de Det.

Arriver – Quitter

En bus et taxi collectif

➢ **Paksé** *(130 km) :* 9-15 bus/j. dans les 2 sens, pour 2h30 de voyage, via les villages de **Ban Hat Xaï Khoun,** où l'on traverse le Mékong sur des pirogues à moteur ; ou bien, un peu plus loin, **Ban Hat,** pour embarquer sur un bac. À Paksé, les bus partent et arrivent à la gare routière du Sud. *Bon à savoir :* plus pratiques et plus nombreux que les bus mais toujours bondés, les *taxis collectifs* se prennent généralement en plein centre-ville de Paksé, et certaines agences de voyages organisent même 1 liaison/j. en minibus climatisé, vraiment commode mais plus chère. Pour le retour, les taxis collectifs partent généralement de **Ban Hat Xaï Khoun** ou **Ban Hat** très tôt le mat. Se renseigner auprès de *Pon's Guesthouse* (voir « Où dormir ? » à Don Khong). Plus tard dans la journée, il vous faudra rejoindre le carrefour de la route 13 où circulent d'autres bus et taxis collectifs...

➢ **Champassak** *(95 km) :* quelques taxis collectifs entre *Ban Muang* et *Ban Hat Xaï Khoun* ou *Ban Hat,* pour 1h30 de voyage. Sinon, rejoindre la route 13 où circulent plus de bus et de taxis collectifs...

➢ **Don Khône et Don Det** *(10 km) :* généralement 6 bus/j. sur la ligne Paksé (gare routière du Sud) - Veun Kham s'arrêtant à **Ban Hat Xaï Khoun** ou **Ban Hat,** et bien sûr au village de **Ban Nakasang,** où vous attendent des pirogues à moteur pour traverser le Mékong. Également des taxis collectifs sur cette liaison, et puis, encore plus pratique : un minibus climatisé chaque mat au départ de la *Pon's Guesthouse* (voir « Où dormir ? » à Don Khong) pour *Ban Nakasang.*

➢ **Veun Kham** *(frontière du Cambodge ; 30 km) :* plusieurs bus au départ de Paksé pour Don Khong et Don Khône font ensuite leur terminus à Veun Kham. Frontière ouv 6h-18h. On peut désormais acheter un visa valable 1 mois (compter 20 $) pour le Cambodge directement au poste-frontière (se renseigner quand même avt le départ). *Attention,* dans le sens inverse, l'immigration laotienne ne délivre pas de *visa on arrival* ; il convient donc de passer par un consulat du Laos au préalable. *Bon à savoir :* au départ de Paksé et avec un court arrêt à **Ban Hat Xaï Khoun** ou **Ban Hat,** 1 liaison/j. en minibus pour le Cambodge (Siem Reap et Phnom Penh) est organisée par les agences de voyages de Paksé. Se renseigner aussi auprès de *Pon's Guesthouse* (voir « Où dormir ? » à Don Khong).

En bateau

➢ **Champassak et Paksé :** 1 bateau-taxi public/j. partant et arrivant à l'embarcadère de Ban Sène, mais trop aléatoire pour qu'on le recommande. Préférer les liaisons privées organisées par les agences de voyages de Paksé. Se renseigner également auprès de *Pon's Guesthouse* (voir « Où dormir ? » à Don Khong).

➢ **Don Khône et Don Det :** liaisons quotidiennes privées, organisées notamment par *Pon's Guesthouse* (voir « Où dormir ? » à Don Khong).

Adresses utiles à Ban Khong

✉ **Poste :** *au nord immédiat de l'embarcadère pour Ban Hat Xaï Khoun. Lun-sam.* Téléphone et fax internationaux.

@ **Internet :** plusieurs connexions dans une maison en bois, juste à droite de *Pon's Guesthouse (plan, 11),* ainsi qu'au *Villa Muang Khong Hotel (plan, 14).* Assez cher.

■ **Telecom Office** *(plan, 1) : au tt début de la route menant à Ban Sène.* Pour les coups de fil internationaux.

■ **Agricultural Promotion Bank** *(plan, 5) : au sud du village.* ☎ 21-30-28. Pour changer euros, dollars, bahts et *travellers cheques American Express* en dollars.

■ **Hôpital** *(plan, 4) : à la sortie sud du*

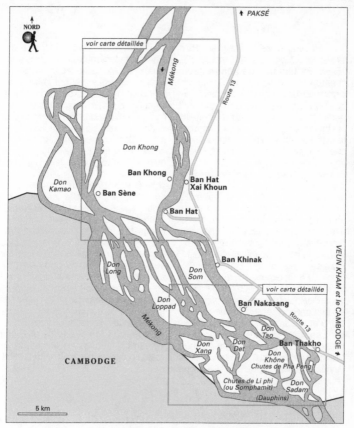

LE DISTRICT DE SIPHANDONE

village, après le pont, côté Mékong. Pour les petits bobos seulement. Certains médecins parlent le français.

■ *Pon's Service Tour (plan, 11)* : ☎ 21-40-37. Service quotidien de bateau-taxi pour les îles de Khône et de Det, avec départ en début de matinée devant la *guesthouse.* Sur demande, excursion en bateau à la journée à destination des chutes de Pha Peng et Li Phi ou alternativement vers les îles de Long, Loppadi, etc. Loue également des vélos (1 $ par jour) pour faire le tour de l'île et propose un service de mini-bus quotidiens pour Paksé, le Cambodge (Siem Reap, Phnom Penh...) et la Thaïlande (Ubon Ratchathani). Vraiment efficace et accueil en français.

■ *Location de vélos :* dans la plupart des *guesthouses.*

Où dormir ? Où manger ? Où boire un verre ?

Toutes nos adresses se situent dans le village de ***Ban Khong*** ; les *guesthouses* de ***Ban Sène*** ont fermé faute de routards, sans doute repoussés par le bruit infernal des pirogues à moteur circulant en masse dans ce coin de l'île...

LAOS / LE DISTRICT DE SIPHANDONE

De très bon marché à prix moyens (de 30 000 à 200 000 kips, soit 6 à 23,50 $)

🛏 |●| *Mékong Guesthouse (plan, 15) : au sud du village, côté Mékong.* ☎ 21-36-68. En fonction de son budget, chambres avec ventilo et sanitaires communs dans la maison principale en bois, ou avec salle de bains et clim' dans un bâtiment en dur le long du Mékong. Toutes sont propres et bien tenues. Fait aussi resto et propose toute une gamme d'excursions en bateau, commentées en anglais.

🛏 *Khang Khong Villa Guesthouse (plan, 10) : à l'angle de la place centrale du village.* ☎ 21-35-39. Cette vaste maison en bois ouverte à tous les vents abrite une dizaine de chambres, toutes avec salle de bains (eau froide) et ventilo. Les plus chères, lumineuses et avec vue sur le jardin, se trouvent à l'étage. Propreté sans faille.

🛏 |●| ▮ *Pon's Guesthouse (plan, 11) : au cœur du village.* ☎ 21-40-37. *Résa conseillée, car souvent complet.* Toutes les chambres disposent d'une salle de bains et de la clim' ; les moins chères sont au rez-de-chaussée et les plus onéreuses et spacieuses, à l'étage. Vraiment impeccable. Sur demande, ils viennent vous chercher aux aéroports de Paksé et d'Ubon Ratchathani (Thaïlande), ainsi qu'aux frontières cambodgienne et thaïlandaise. Sur place, également un excellent resto-bar-terrasse avec vue sublime sur le Mékong, et puis toute une panoplie de transports (voir *Pon's Service Tour* dans « Adresses utiles à Ban Khong ») vraiment utiles. Accueil sympa et dynamique, en français. Un nouvel hôtel à quelques mètres (toujours face au Mékong), en construction.

🛏 |●| *Don Khong Guesthouse (plan, 16) : à l'angle de la place centrale du village, devant le Mékong.* ☎ 21-40-10. Toutes les chambres avec sanitaires complets, clim' et ventilo ; rutilantes de propreté. Celles du 1er étage sont plus lumineuses et certaines ont même vue sur le fleuve. Côté resto, on s'est régalé de la bonne spécialité-curiosité maison : un poisson du Mékong cuit dans une feuille de bananier et servi avec du lait de coco (à commander à l'avance), hmm ! Accueil aimable, en français.
– Dans cette fourchette de prix, voir également ci-dessous les hébergements proposés par le *Souksan Hotel.*

De prix moyens à un peu plus chic (de 200 000 à 350 000 kips, soit 23,50 à 41,20 $)

🛏 |●| *Souksan Hotel (plan, 12) : au nord du village, côté fleuve.* ☎ *et fax :* 21-20-71. Dans cet ensemble assez disgracieux mais vraiment propre, on trouve d'abord des chambres rudimentaires avec salle de bains et ventilo, installées dans des bungalows en bambou. Ensuite, dans des bâtiments en dur plus récents, d'autres chambres pareillement équipées mais un peu plus chères. Enfin, celles équipées de la clim' sont à un prix dingue ! Bon resto-terrasse sur le fleuve, à prix raisonnables.

🛏 *Auberge Sala Done Khong (plan, 13) : au sud du village, devant le Mékong.* ☎ 21-20-77. ● *salalao.com* ● Réparties dans 2 charmantes maisons de style colonial en bois, une douzaine de chambres confortables et impecca-bles, toutes avec salle de bains et clim'. Celles du 1er étage, les plus chères, ont beaucoup de cachet : meubles en bois exotique, déco raffinée, parquet... Certaines possèdent même salon et terrasse privée. Assurément l'adresse la plus authentique de l'île, mais, hélas, ils pratiquent le surbooking...

🛏 |●| *Villa Muong Khong Hotel (plan, 14) : au sud du village, en bord de fleuve.* ☎ 21-30-11. ● *xbtravel-vlmkhotel. laopdr.com* ● *Internet.* Un ensemble bien structuré de bâtiments en dur, avec joli microjardin tropical donnant sur le Mékong. Toutes les chambres sont nickel et confortables (salle de bains, clim', TV). Sur place, resto de cuisine laotienne et européenne. Location de bateaux pour les îles de Khône et de Det. Accueil aimable.

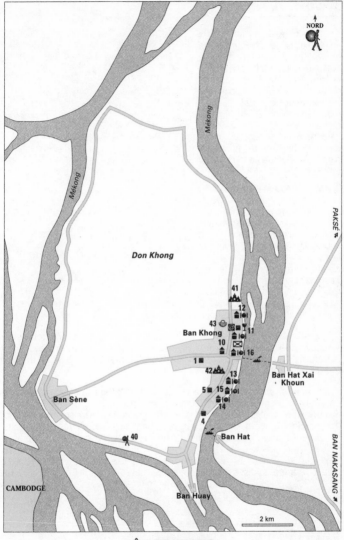

L'ÎLE DE KHONG

■	**Adresses utiles**	⌂ ⎪◎⎪ ▼	**Où dormir ?**
			Où manger ?
⊠	Poste		**Où boire un verre ?**
▩	Internet		
1	Telecom Office	**10**	Khang Khong Villa
4	Hôpital		Guesthouse
5	Agricultural	**11**	Pon's Guesthouse
	Promotion Bank	**12**	Souksan Hotel
▨ **11**	Pon's Service	**13**	Auberge Sala Done
	Tour		Khong
		14	Villa Muong Khong Hotel

15	Mékong Guesthouse
16	Don Khong Guesthouse

⍍ ⛰ **À voir**

40	Ban Hinsiou Tai
41	Wat Xieng Vang
42	Wat Phouang Keo
43	Marché

À voir. À faire

Wat Xieng Vang *(plan, 41)* : au nord du village de Ban Khong, au bout de la piste qui longe le Mékong. Ce temple est unique en son genre car il est construit dans le plus pur style colonial. Malheureusement très endommagé et presque en ruine, il devrait être restauré grâce à l'argent d'une fondation américaine ; le vénérable du monastère a en effet effectué un long séjour aux États-Unis...

Wat Phouang Keo *(plan, 42)* : sur la place centrale du village de Ban Khong. On ne peut pas manquer son bouddha gigantesque, protégé par son non moins impressionnant *naga* à 7 têtes. Sur le mur d'enceinte, comme partout ailleurs, remarquez la liste des familles donatrices. Ici, les sommes se chiffrent en dollars...

> **« QUAND ON PARTAIT DE BON MATIN... »**
>
> *Le vélo est certainement le meilleur moyen pour découvrir l'île (la plupart des guesthouses en louent). Dans ce cas, on conseille d'éviter les grandes chaleurs et de pédaler à la fraîche, c'est-à-dire avant 8h ou après 16h. La balade la plus simple consiste à faire le tour de la partie sud de l'île. Compter alors 1h30 sans les arrêts. Ainsi, prendre la route partant de la place du village de Ban Khong, vers l'ouest, pour traverser l'île dans un paysage de rizières, sur 8 km de terrain plat. La partie la plus intéressante du trajet se trouve à l'ouest, au bord du Mékong... En pédalant vers le nord (itinéraire plus long que la boucle sud), on longe les habitations simples entre fleuve et rizières au vert tendre. Les habitants sont toujours souriants et contents de saluer un étranger...*

À l'intérieur, un stupa émouvant, un peu particulier car il est consacré à un Français, Claude Vincent, initiateur du tourisme au Laos.

Le marché *(plan, 43)* : petit marché local qui vaut la visite, surtout tôt le matin. Au beau milieu d'une myriade de couleurs et d'odeurs, on découvre de beaux fruits et légumes, des poissons de taille mékonguesque, du sucre de palme, et des pharmacies où acheter des médicaments à l'unité.

Le sucre de palme : rencontré partout au Cambodge, le palmier à sucre est également présent à Don Khong, surtout dans l'extrémité sud de l'île, au village de **Ban Hinsiou Tai** *(plan, 40)*. De janvier à avril, on assiste généralement à la fabrication du sucre. D'abord, de longues tiges de bambou fixées au tronc des palmiers permettent d'accéder à leur sommet. Les fruits sont alors décrochés, puis pressés, et le jus ainsi obtenu est chauffé pendant 5h, afin d'obtenir par évaporation une pâte épaisse. Celle-ci est alors versée dans de petits moules ronds en feuille de palmier. Après refroidissement, on obtient des pavés d'environ 6 cm de diamètre et pesant 200 g. Vendus sur les marchés de la région, ils représentent pour Don Khong une source non négligeable de revenus...

Fête

Suang Heua : une spectaculaire course de bateaux qui a lieu début décembre, dans la semaine qui suit la fête nationale. Plusieurs jours avant la manifestation, les habitants de la région affluent dans une ambiance fébrile de kermesse et envahissent la place centrale de Ban Khong, au beau milieu d'un petit parc d'attractions avec manèges et grande roue... Sur l'eau, ce ne sont que pirogues décorées et équipages synchronisés. Les terrasses des restos au nord du village demeurent les meilleurs endroits pour assister aux courses. Ambiance moins coincée que sur la Tamise, on vous l'assure !

L'ÎLE DE KHÔNE (DON KHÔNE), L'ÎLE DE DET (DON DET) ET LES CHUTES DE PHA PENG

Les îles de Khône et de Det, toutes deux voisines, ont joué un rôle important pour la navigation sur le Mékong au temps du protectorat français. En effet, pour contourner les écueils et autres rapides infranchissables du coin, on avait construit une ligne de chemin de fer de 14 km de long entre ces 2 îles, et aménagé poste de douane et bureau télégraphique sur Don Khône. Il ne reste pas grand-chose de ce glorieux passé, sinon quelques villas coloniales en assez mauvais état et un curieux pont de chemin de fer permettant de passer d'une île à l'autre.

Beaucoup de routards passent plusieurs jours dans ces îles vraiment charmantes, dépaysantes et encore oubliées du réseau électrique (lumière jusqu'à 22h seulement). Du coup, les *guesthouses* fleurissent et l'endroit perd peu à peu de son authenticité. Gageons qu'avec leur classement au Patrimoine mondial de l'humanité par l'Unesco un jour, ces îles retrouveront un peu de leur caractère sauvage...

Arriver – Quitter

En bus et taxi collectif

➢ *Paksé (140 km) :* 6 bus/j. dans les 2 sens, pour 3h de route, via le village de *Ban Nakasang,* où l'on traverse le Mékong sur des pirogues à moteur (compter 15 000 kips pour Det et 30 000 kips pour Khône, soit respectivement 1,75 et 3,50 $). À Paksé, les bus partent et arrivent à la gare routière du Sud. *Bon à savoir :* plus pratiques et plus nombreux que les bus mais toujours bondés, les *taxis collectifs* se prennent généralement en plein centre-ville de Paksé, et certaines agences de voyages organisent même 1 liaison/j. en minibus climatisé, vraiment commode mais plus chère. Pour le retour, on trouve généralement des taxis collectifs à *Ban Nakasang,* en hte saison slt (se renseigner auprès de votre *guesthouse,* qui connaît certainement des liaisons privées en basse saison). Autre solution pour le retour : rejoindre le carrefour de la route 13 où circulent d'autres bus et taxis collectifs...

➢ *Champassak (105 km) :* quelques taxis collectifs entre *Ban Muang* et *Ban Nakasang,* pour 2h de voyage. Sinon, rejoindre la route 13 où circulent plus de bus et de taxis collectifs, ou voir avec sa *guesthouse.*

➢ *Don Khong (10 km) :* généralement 6 bus/j. sur la ligne Paksé-Veun Kham, s'arrêtant à *Ban Nakasang* et bien sûr à *Ban Hat Xaï Khoun* ou *Ban Hat,* où vous attendent pirogues à moteur ou bacs pour traverser le Mékong. Également des taxis collectifs sur cette liaison ; et puis, encore plus pratique : un minibus climatisé chaque mat au départ de la *Pon's Guesthouse* (voir « Où dormir ? » à Don Khong) pour *Ban Nakasang.* Toutefois, il est peut-être plus plaisant de faire le voyage en pirogue à moteur...

➢ *Veun Kham (frontière du Cambodge ; 20 km) :* plusieurs bus au départ de Paksé, via Don Khong et Don Khône, font ensuite leur terminus à Veun Kham. Frontière ouv 6h-18h. On peut désormais acheter un visa valable 1 mois (compter 20 $) pour le Cambodge directement au poste-frontière (se renseigner quand même lors du départ). *Attention,* dans le sens inverse, l'immigration laotienne ne délivre pas de *visa on arrival* ; il convient donc de passer par un consulat du Laos au préalable. *Bon à savoir :* au départ de Paksé et avec un court arrêt à *Ban Nakasang,* 1 liaison/j. en minibus climatisé pour le Cambodge (Siem Reap et Phnom Penh) est organisée par les agences de voyages de Paksé. Se renseigner aussi auprès de *Pon's Guesthouse* (voir « Où dormir ? » à Don Khong) qui affrète des minibus avec clim' pour le Cambodge.

LAOS / LE DISTRICT DE SIPHANDONE

En bateau

➢ *Don Khong :* pas de bateau-taxi public, mais slt des liaisons quotidiennes privées en pirogues à moteur, organisées notamment par *Pon's Guesthouse* (voir « Où dormir ? » à Don Khong). Voir également auprès de sa *guesthouse*.

Adresses utiles

■ *Argent :* pas de banques sur les 2 îles, mais possibilité de changer essentiellement des dollars dans la plupart des *guesthouses*, à un taux pas franchement avantageux. Bref, prenez vos précautions avant !

■ *Téléphones :* quelques téléphones internationaux dans les 2 îles (renseignez-vous auprès de votre *guesthouse* et comparez les tarifs pour éviter l'arna-

que) ; sinon, le réseau des téléphones portables couvre largement la zone.

@ *Internet :* connexions chez *Pan's Guesthouse* (plan, 13), sur l'île de Khône ; et au *Souksan Hotel* (plan, 1), situé à l'extrémité nord de l'île de Det.

■ *Location de vélos :* la plupart des *guesthouses* disposent de ce service, vraiment utile et agréable pour sillonner les sentiers des 2 îles.

Où dormir à Don Khône ?

Attention : des vols à l'intérieur même des chambres nous ont été signalés par des lecteurs.

Très bon marché (de 20 000 à 80 000 kips, soit 2,30 à 9,40 $)

🏠 *Somphamit Guesthouse* (plan, 12) : en face de Mr Bounh's Guesthouse, côté Mékong. ☎ 030-513-51-45. Dans un agréable jardinet ombragé et bordé par le fleuve, une poignée de chambres dans des maisonnettes en bois et bambou, spartiates mais nickel, toutes avec sanitaires complets, moustiquaire et jolie terrasse individuelle sur le Mékong.

🏠 ❙●❙ *Pan's Guesthouse* (plan, 13) : juste à côté du débarcadère, côté Mékong. ☎ 030-534-69-39. 4 blocs de

2 bungalows. Chambres assez petites. Un peu cher.

🏠 *Mr Bounh's Guesthouse* (plan, 12) : juste à côté de l'auberge Sala Done Khône, côté campagne. ☎ 030-656-52-98. Au cœur d'un petit jardin, des paillotes très simples en bois ou en bambou abritant des chambres rudimentaires, avec salle de bains, moustiquaire et terrasse privée donnant sur le jardin. Des petites bêtes s'invitent souvent.

De prix moyens à un peu plus chic (de 150 000 à 300 000 kips, soit 17,70 à 35,30 $)

🏠 ❙●❙ *Auberge Sala Done Khône* (plan, 10) : ☎ 030-52-56-390. ● salalao. com ● Au cœur d'un joli jardin planté de palmiers, bougainvillées, hibiscus, etc., cette superbe maison coloniale, ancien dispensaire français, abrite aujourd'hui des chambres de charme, toutes avec salle de bains, ventilo, moustiquaire et de beaux meubles en bois exotique. Un cachet fou ! Également d'autres cham-

bres plus petites, moins chères mais de même confort, dans une grande maison laotienne en bois sur pilotis, avec terrasse privée sur le jardin. Propreté sans faille. Resto (voir « Où manger à Don Khône ? »).

🏠 *Sala Phae* (plan, 14) : sur le Mékong. ☎ 030-525-63-90. ● salalao.com ● Dans ces jolies maisons flottantes en bambou avec panneaux solaires sur les

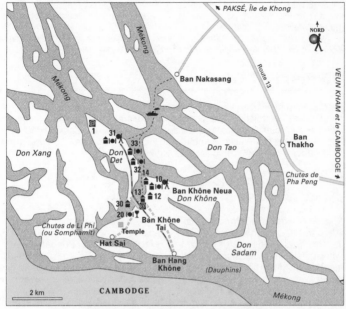

LES ÎLES DE KHÔNE ET DE DET

■ **Adresses utiles**

@ **1** Souksan Hotel
@ **13** Pan's Guesthouse

â **Où dormir à Don Khône ?**

10 Auberge Sala Done Khône
12 Mr Bounh's Guesthouse et
      Somphamit Guesthouse
13 Pan's Guesthouse
14 Sala Phae

|●| ♟ **Où manger ? Où boire
un verre à Don Khône ?**

10 Resto de l'Auberge Sala
      Done Khône

20 Seng Ahloune Restaurant

â |●| **Où dormir ? Où manger
à Don Det ?**

30 Santiphab Guesthouse
31 Mr Toh's Bungalows
32 Mr Boun Hom Bungalows
33 Mr Phao's Sunrise
      Bungalows

⚒ **À voir**

10 Anciennes maisons
      coloniales
31 Chemin de fer

toits, on est vraiment séduit par les quelques belles chambres équipées de salle de bains, ventilo, moustiquaire et mignonnette terrasse au fil de l'eau. Un charme dingue, mais très cher quand même. Un plan pour routard friqué !

Où manger ? Où boire un verre à Don Khône ?

|●| ♟ **Seng Ahloune Restaurant** (plan, **20**) : au sud du pont, côté fleuve. Une agréable terrasse couverte en bambou, surplombant le Mékong, avec vue imprenable sur le pont de l'ancien chemin de fer français. Côté fourneaux, on se régale de rouleaux de printemps et de currys, dont la réputation n'est plus à faire chez les routards qui sillonnent les « 4 000 îles ». Idéal aussi pour boire

un verre au soleil couchant ; et là, un cocktail *lao-lao* viendra parachever la magie du fleuve mythique...

|●| *Resto de l'Auberge Sala Done Khône* (plan, **10**) : voir « Où dormir à Don Khône ? ». À l'image de l'auberge, un resto-terrasse décoré avec beaucoup de goût et perché en surplomb du Mékong. Choix restreint, mais cuisine laotienne fine et de qualité.

Où dormir ? Où manger à Don Det ?

Avec le classement du site au Patrimoine mondial de l'humanité par l'Unesco, ces *guesthouses* pourraient tout bonnement disparaître ! Mais jusque-là, dépaysement garanti, notamment sur la rive est de l'île, l'extrémité nord commençant à être trop bétonnée et surfréquentée à notre goût. *Attention* : des vols à l'intérieur même des chambres nous ont été signalés par des lecteurs.

Très bon marché (de 20 000 à 40 000 kips, soit 2,30 à 4,70 $)

🛏 |●| *Santiphab Guesthouse* (plan, **30**) : juste à côté du pont. 📞 030-534-62-33. Une dizaine de paillotes en bambou, abritant autant de chambres rudimentaires : moustiquaire, terrasse privée avec jolie vue sur le fleuve et le pont ; sanitaires communs. Également plusieurs maisonnettes en bois avec salle de bains, plus chères. Propreté correcte. Idéal pour goûter au calme de Don Det, à deux pas de l'animation de Don Khône.

🛏 |●| *Mr Toh's Bungalows* (plan, **31**) : juste au sud de l'ancien quai de chargement des navires français. 📞 030-531-58-65. Au bord de l'eau, une poignée de bungalows en bois et en bambou, tranquilles et tout simples : moustiquaire, terrasse sur le Mékong et sanitaires extérieurs pas toujours très propres ; mais bon, pour le prix... Agréable resto-terrasse au fil de l'eau

et plein de bouquins pour tuer le temps.

🛏 |●| *Mr Boun Hom Bungalows* (plan, **32**) : au bord du Mékong. 📞 020-528-01-35. L'oreille bercée par le clapotis langoureux du fleuve, voici quelques maisonnettes spartiates en bois ou en bambou, équipées de moustiquaire, terrasse privée sur le Mékong, et salle d'eau pour les plus chères. Propreté acceptable vu le prix. Joli resto-terrasse sur le fleuve.

🛏 |●| *Mr Phao's Sunrise Bungalows* (plan, **33**) : au bord du Mékong. 📞 020-656-96-51. Plusieurs bungalows sommaires en bois avec moustiquaire, sanitaires communs à peu près corrects et petite terrasse ombragée pour buller, les yeux perdus dans les myriades d'îles flottantes. Pour les repas : resto-terrasse sur le fleuve. Accueil chaleureux.

À voir

🎭🎭 *Les anciennes maisons coloniales* : à partir de l'*Auberge Sala Done Khône* (plan, **10**), ancien dispensaire français, marchez vers le sud-ouest, le long de l'unique chemin longeant le fleuve. Quelques dizaines de mètres plus loin, une maison d'habitation pour les colons français, en ruine, puis une autre maison blanche aux volets bleus, en fait l'ancien bureau de poste... Enfin, l'actuel dispensaire, qui faisait office de bureau pour le chef de colonie et les ingénieurs des Ponts et Chaussées.

🎭🎭 *Le chemin de fer* (plan, **31**) : construite à la fin des années 1920 pour contourner une zone où le Mékong n'est pas navigable, cette petite ligne mesurait 14 km et passait de Don Khône à Don Det sur un superbe pont de 150 m de long pour 3 m de large. Le train comptait 12 wagons. Passagers et marchandises débarquaient au sud de l'île pour rembarquer au nord, et vice versa. Les embarcadères en béton sont toujours là : au village de Ban Hang Khône pour celui du sud et à côté de *Mr Toh's Bungalows (plan, 31),* sur Don Det, pour celui du nord. Au village de Ban Khône Tai, dans le prolongement sud du pont, on peut aussi admirer une locomotive à vapeur qui n'a pas bougé de ses rails rouillés depuis l'arrêt de l'exploitation ferroviaire en 1945. Et puis observez çà et là comment les habitants ont totalement démantelé la voie ferrée, se servant des rails pour clôturer leurs jardins. Décidément, rien ne se perd, ici ! Au coucher du soleil, le pont est devenu le rendez-vous des touristes. Mais cela ne trouble pas vraiment la quiétude des lieux, et le spectacle vaut vraiment la peine d'être vu... À vous de choisir votre heure si vous souhaitez profiter du site en solitaire.

🐾🐾🐾 *Les chutes de Li Phi (encore appelées **Somphamit**) :* à l'ouest de Don Khône. *Entrée : 9 000 kips (1 $). Du débarcadère, prendre la piste à droite et passer sous le pont du chemin de fer, avt de longer le temple, en continuant une quinzaine de minutes (env 1,5 km).* Les chutes de *Li Phi,* ce qui veut dire en lao quelque chose comme « le gouffre du Fantôme », sont ainsi appelées car, à l'endroit où elles tombent, se forme comme un cul-de-sac sous courant qui retient les épaves. Et lorsque le Mékong charrie des cadavres, c'est ici qu'ils échouent. Les chutes ne sont pas très hautes, mais le cadre est sauvagement beau, peut-être même plus beau qu'aux chutes de Pha Peng...

🍴 🍷 Quelques *gargotes* sur place, histoire de ne pas mourir de soif et de faim après la petite marche.

➤ DANS LES ENVIRONS DE DON KHÔNE

🐾 *Les dauphins d'eau douce :* nous conseillons de faire l'excursion avant 9h ou après 16h, car les dauphins se montrent peu aux heures chaudes, et cela peut aussi éviter les insolations !

➤ *Deux itinéraires sont possibles :* le 1er consiste à suivre le tracé de l'ancienne voie ferrée en direction du sud, sur environ 7 km de terrain plat à travers la forêt, pour arriver à Ban Hang Khône, où se trouve l'ancien embarcadère sud, livrant aussi un panorama magnifique sur le Mékong et la frontière cambodgienne (bien compter 3h l'aller-retour à pied). La 2de possibilité : prendre le chemin qui relie Ban Khône Neua à Ban Khône Tai, continuer en direction du temple et tourner sur la gauche juste avant celui-ci ; environ 30 mn plus tard, on arrive à *Hat Sai* (mot à mot « port fait de sable »), où des gens du cru proposent également leurs services. Compter 1h15 de sortie en pirogue (25 mn de trajet dans chaque sens, et 30 mn d'observation). Prix : 8 $ par pirogue, chacune d'elles pouvant en moyenne embarquer 3 personnes.

En chemin vers le lieu où les dauphins résident, jolis défilés de roches volcaniques et, à la saison sèche, étrange spectacle d'arbres penchés dans le sens du courant, comme immortalisés à jamais... Possibilité de débarquer en catimini sur la rive cambodgienne pour mieux observer. Les douaniers sont dans le coup et le montant du bakchich est fixe. C'est tout juste si on ne vous remet pas un ticket ! On a pu bénéficier d'une vingtaine d'apparitions de dauphins en 30 mn. Toutefois, ne vous attendez pas à voir les dauphins sortir complètement de l'eau, comme dans les films du commandant Cousteau. Il faut généralement se contenter de juste apercevoir leurs ailerons et leur museau au moment où ils respirent (surtout, ne pas les toucher !)... Et puis, dites-vous que votre visite et ce qu'elle rapporte à la population locale demeurent le meilleur moyen de préserver cette espèce qui ne compte plus que quelques dizaines de spécimens sur la planète. Ce n'est pas que les dauphins soient exterminés volontairement. Au contraire, ils sont considérés comme des animaux sacrés. Mais les mailles des filets des pêcheurs laotiens et les explosifs des braconniers cambodgiens ont fait beaucoup de mal à l'espèce des dauphins d'eau douce. On les appelle dauphins d'Irrawady, car on les trouve également dans le grand fleuve birman qui porte ce nom... Depuis quelques années, une équipe américano-canadienne veille à la protection de l'espèce ; elle a financé parallèlement la construction d'une école, tout en tentant d'aider les riverains à utiliser des techniques de pêche moins meurtrières pour les gentils dauphins blancs.

🏃 **Les chutes de Pha Peng :** *à proximité de la route 13. Entrée : 10 000 kips (1,20 $). Pour s'y rendre, prendre un bus ou un taxi collectif au départ de Ban Nakasang ou Ban Thakho.* Voici donc le fameux « Niagara du Mékong » ; entendez les plus grandes chutes d'Asie du Sud-Est (15 m de haut). Avec leur bruit d'enfer, elles sont vraiment spectaculaires, et l'on jouit d'un beau panorama en montant jusqu'au kiosque qui les surplombe. En descendant au pied des chutes, l'atmosphère devient presque irrespirable tellement il y a de vapeur d'eau en suspension dans l'air... Malheureusement, la tranquillité de ce site semble aujourd'hui assez compromise puisqu'un complexe touristique avec casino a vu le jour à proximité... Et la rénovation de la route 13 entre Paksé et la frontière du Cambodge a également accentué la fréquentation touristique, l'accès aux chutes étant désormais vraiment aisé (environ 2h30 de route depuis Paksé)...

QUITTER LE LAOS

Avt même de quitter le Laos pour la **Chine** et le **Vietnam,** il est obligatoire d'obtenir un visa auprès des consulats concernés, à présenter ensuite au poste-frontière en question. Pour la **Thaïlande,** les ressortissants occidentaux n'ont pas besoin de visa si leur séjour n'excède pas 1 mois. Enfin, il est désormais possible de se procurer un *visa on arrival* directement au poste frontière du **Cambodge,** sans passer par un consulat au préalable (se renseigner quand même avt le départ, car les choses changent si vite !). Avt de se rendre dans un pays limitrophe, bien s'assurer que les points de passage sur les frontières sont ouverts, car ils peuvent s'ouvrir et se fermer comme des fleurs exotiques. Et puis consulter aussi les rubriques « Formalités » dans « Avant le départ » de la rubrique « Utile » de chaque pays.

En avion

✈ Au Laos, seules les villes de **Vientiane, Luang Prabang** et **Paksé** possèdent des **aéroports internationaux,** avec des vols réguliers pour les principales villes ou capitales du Sud-Est asiatique.

Par la route

Voir « Laos utile » pour les postes-frontières. Et ne pas hésiter à demander aux autres routards que l'on croisera, les choses changent très vite !

routard
ASSURANCE
L'ASSURANCE VOYAGE
MONDE ENTIER

VOTRE ASSISTANCE « MONDE ENTIER » LA PLUS ETENDUE

RAPATRIEMENT MEDICAL **ILLIMITÉ**
(au besoin par avion sanitaire)
VOS DEPENSES : MEDECINE, CHIRURGIE, (env. 1.960.000 FF) **300.000 €**
HOPITAL, GARANTIES A 100% SANS FRANCHISE
HOSPITALISE : RIEN A PAYER ! ... (ou entièrement remboursé)
BILLET GRATUIT DE RETOUR DANS VOTRE PAYS : **BILLET GRATUIT**
En cas de décès (ou état de santé alarmant) **(de retour)**
d'un proche parent, père, mère, conjoint, enfant(s)
*BILLET DE VISITE POUR UNE PERSONNE DE VOTRE CHOIX **BILLET GRATUIT**
si vous êtes hospitalisé plus de 5 jours **(aller - retour)**
Rapatriement du corps – Frais réels **Sans limitation**

RESPONSABILITE CIVILE «VIE PRIVEE» A L'ETRANGER

Dommages CORPORELS (garantie à 100%) ....(env. 4.900.000 FF) **750.000 €**
Y compris Assistance Juridique (accidents)
Dommages MATERIELS (garantie à 100%) ....(env. 2.900.000 FF) **450.000 €**
(dommages causés aux tiers) **(AUCUNE FRANCHISE)**
Y compris Assistance Juridique (accidents)
EXCLUSION RESPONSABILITE CIVILE AUTO : ne sont pas assurés les dommages
causés ou subis par votre véhicule à moteur : ils doivent être couverts par un contrat
spécial : ASSURANCE AUTO OU MOTO.
CAUTION PENALE .... (env. 49.000 FF) **7.500 €**
AVANCE DE FONDS en cas de perte ou de vol d'argent ..(env. 6.500 FF) **1.000 €**

VOTRE ASSURANCE PERSONNELLE «ACCIDENTS» A L'ETRANGER

Infirmité totale et définitive (env. 490.000 FF) **75.000 €**
Infirmité partielle – (SANS FRANCHISE) **de 150 € à 74.000 €**
(env. 900 FF à 485.000 FF)
Préjudice moral : dommage esthétique (env. 98.000 FF) **15.000 €**
Capital DECES (env. 98.000 FF) **15.000 €**

VOS BAGAGES ET BIENS PERSONNELS A L'ETRANGER

Vêtements, objets personnels pendant toute la durée de votre voyage à l'étranger :
vols, perte, accidents, incendie, (env. 13.000 FF) **2.000 €**
Dont APPAREILS PHOTO et objets de valeurs (env. 1.900 FF) **300 €**

routard
ASSURANCE
L'ASSURANCE VOYAGE
MONDE ENTIER

BULLETIN D'INSCRIPTION

NOM : M. Mme Melle

PRENOM :

DATE DE NAISSANCE :

ADRESSE PERSONNELLE :

CODE POSTAL :   TEL.

VILLE :

E-MAIL : ....

DESTINATION PRINCIPALE..

Calculer exactement votre tarif en SEMAINES selon la durée de votre voyage :
7 JOURS DU CALENDRIER = 1 SEMAINE

Pour un Long Voyage (2 mois…), demandez le *PLAN MARCO POLO*
Nouveauté contrat Spécial Famille - Nous contacter

COTISATION FORFAITAIRE 2009-2010

VOYAGE DU   AU   =
                                                              SEMAINES

Prix spécial (3 à 50 ans) :   **22 € x**   =   €

De 51 à 60 ans (et – de 3 ans) :   **33 € x**   =   €

De 61 à 65 ans :   **44 € x**   =   €

Tarif "**SPECIAL FAMILLES**" 4 personnes et plus : **Nous consulter au 01 44 63 51 00**
Souscription en ligne : www.avi-international.com

Chèque à l'ordre de ROUTARD ASSURANCE – *A.V.I. International*
28, rue de Mogador – 75009 PARIS – FRANCE - Tél. 01 44 63 51 00
Métro : Trinité – Chaussée d'Antin / RER : Auber – Fax : 01 42 80 41 57

ou Carte bancaire : Visa ☐   Mastercard ☐   Amex ☐

N° de carte :

Date d'expiration :   Signature

Cryptogramme :   Notez les 3 derniers chiffres du numéro à
7 chiffres au verso de votre carte

*Je déclare être en bonne santé, et savoir que les maladies
ou accidents antérieurs à mon inscription ne sont pas assurés.*
Signature :

Faites des copies de cette page pour assurer vos compagnons de voyage...

Information : www.routard.com / Tél : 01 44 63 51 00
Souscription en ligne : www.avi-international.com

INDEX GÉNÉRAL

O

P

R-S

T

V

W

X

OÙ TROUVER LES CARTES ET LES PLANS ?

Les **Routards** *parlent aux* **Routards**

Faites-nous part de vos expériences, de vos découvertes, de vos tuyaux.
Indiquez-nous les renseignements périmés. Aidez-nous à remettre l'ouvrage à jour.
Faites profiter les autres de vos adresses nouvelles, combines géniales... On adresse
un exemplaire gratuit de la prochaine édition à ceux qui nous envoient les lettres les
meilleures, pour la qualité et la pertinence des informations. Quelques conseils cependant :
– Envoyez-nous votre courrier le plus tôt possible afin que l'on puisse insérer vos
tuyaux sur la prochaine édition.
– N'oubliez pas de préciser l'ouvrage que vous désirez recevoir.
– Vérifiez que vos remarques concernent l'édition en cours et notez les pages du
guide concernées par vos observations.
– Quand vous indiquez des hôtels ou des restaurants, pensez à signaler leur adresse
précise et, pour les grandes villes, les moyens de transport pour y aller. Si vous le
pouvez, joignez la carte de visite de l'hôtel ou du resto décrit.
– N'écrivez si possible que d'un côté de la lettre (et non recto verso).
– Bien sûr, on s'arrache moins les yeux sur les lettres dactylographiées ou correctement écrites !
En tout état de cause, merci pour vos nombreuses lettres.

Les Routards parlent aux Routards :
122, rue du Moulin-des-Prés, 75013 Paris

e-mail : guide@routard.com
Internet : routard.com

Le Trophée du voyage humanitaire ROUTARD.COM
s'associe à VOYAGES-SNCF.COM

Ils ont aidé à la création d'un poste de santé autonome au Sénégal, à la reconstruction
d'un orphelinat à Madagascar... Et vous ?
Envie de soutenir un projet qui favorise la solidarité entre les hommes ? Le Trophée du
Voyage Humanitaire Routard.com est là pour vous ! Que votre projet concerne le
domaine culturel, artisanal, écologique, pédagogique, en France ou à l'étranger, le
Guide du routard et Voyages-sncf.com soutiennent vos initiatives et vous aident à les
réaliser ! Si vous aussi vous voulez faire avancer le monde, inscrivez-vous sur
● *routard.com/trophee* ● ou sur ● *tropheesdutourismeresponsable.com* ●

Routard Assurance 2010

Routard Assurance et Routard Assurance Famille, c'est l'Assurance Voyage Intégrale.
Dépenses de santé et frais d'hôpital pris en charge directement sans franchise jusqu'à
300 000 € + caution + défense pénale + responsabilité civile + tous risques bagages et
photos. Assurance personnelle accidents : 75 000 €. Très complet ! Tarif à la semaine
pour plus de souplesse. Tableau des garanties et bulletin d'inscription à la fin de chaque
Guide du routard étranger. Pour les départs en famille (4 à 7 personnes), demandez le
bulletin d'inscription famille. Pour les longs séjours, contrat *Plan Marco Polo* « spécial
famille » à partir de 4 personnes. Pour un voyage « éclair » de 3 à 8 jours dans une ville
d'Europe, bulletin d'inscription adapté dans les guides villes avec des garanties allégées
et un tarif « light ». Également un nouveau contrat *Seniors* pour les courts et longs
séjours. Si votre départ est très proche, vous pouvez vous assurer par fax : 01-42-80-
41-57, en indiquant le numéro de votre carte de paiement. Pour en savoir plus : ☎ 01-
44-63-51-00 ou ● *avi-international.com* ●

Photocomposé par MCP - Groupe Jouve
Imprimé en France par Aubin
Dépôt légal : août 2009
Collection n° 13 - Édition n° 01
24/4734/0
I.S.B.N. 978-2-01-244734-9